〈北海道大学大学院法学研究科叢書(22)〉

米田雅宏著

「警察権の限界」論の再定位

有斐閣

目次

《凡例》

- 引用文中における傍点は、特に断りがない限り原文のもの、ないし原文における強調形（イタリック体など）を意味する。
- 引用文中における〔 〕内の語句は、筆者が補ったもの、また引用文中における……は筆者による省略を意味する。
- 推論図式を示す表記のうち、——は演繹的推論を、‖は非演繹的推論（帰納的推論）であることを示す。
- 本書では敬称を省略する。

序章　「警察権の限界」論の行方

第一節　本書の問題関心――「警察権の限界」論と「実定法の定め」

一　公共の安全と秩序の維持を担う警察組織を規律する警察法（昭和二九年六月八日法律第一六二号）は、警察官の具体的な権限を規律する警察官職務執行法（昭和二三年七月一二日法律第一三六号）と相まって、我が国の警察法秩序の基盤をなしている。ところで〝公共の安全と秩序の維持〟は洋の東西を問わず国家の基本的任務であるが、その任務を主に担う警察組織の活動と法律によるその統制は、過去において常に緊張関係にあったし、今日もまたそれは変わるところはない。それは一つに治安の確保という任務が、国家（権力）そのものの正統性・存在意義と密接に結びつくためであり、過去の歴史が示すように、為政者が治安活動の名のもと、体制の維持などその本来の任務を超える価値を見出そうとしてきたことにもよる。(1) ヨーロッパ諸国、例えばドイツにおいて、国家がその父権的性格から臣民の幸福を授けんとした警察国家体制に対抗し、一八世紀後半から顕在化してきた法治国家思想、中でも警察〝法〟(Polizeirecht) は、このような国家活動を民主的に正統化された法律によって規律しようとするものであったが、(2) 我が国の警察法秩序もまた基本的にこの法治主義の思想を実現すべく形成されてきたものであったと言ってよい。(3) 治安活動を担う国家（警察）活動の正統性を認めつつ、これに議会法律の枠をはめる（コントロールする）ことを中心的な課題とする警察法学は、過去に行われた警察活動の負の歴史を踏まえ、警察活動の適正な統制に力を注いだのである。一九世紀末、我が国の警察法学の生成期において、行政警察規則（明治八年三月七日太政官達第二九号）を基礎にして理論化された、いわゆる「警察権の限界」論もまた、そのような試みの理論的産物の一つであった。法治国家に相応しい詳細な実定法がなお十分に整備されていない時代にあって、〝警察消極目的の原則〟〝警察公共の原則〟〝警察責任の原則〟〝警察の比例原則〟等によって構成された「警察権の限界」論は、[4]法律による統制の不備を補う規範（〝条理〟）として大きな役割を果たしたのである。

二　しかしこの「警察権の限界」論は、第二次世界大戦終了後間も無く、批判の対象とされた。治安の悪化という一定の社会的診断の下、効果的な犯罪抑止を実現するためには限界論は不要、さらには有害でさえあるとの、特に警察実務サイドからの批判である。[5]日本国憲法が制定され、市民の自由・権利を制限する警察活動には常に法律の根拠が必要とされることが徹底された今日では、条理に過ぎなかった限界論はもはやその歴史的使命を終えた。むしろ条理に過ぎない限界論が、未だ警察活動を規律する規準として用いられるならば、それは「実定法の定め」を軽視する法治主義の原理に悖る態度であり、立法者によって警察に付託されたその本来の任務を妨げるおそれすらある、というのがその理由である。[6]確かに「警察権の限界」論が今日の実定法の定めに十分な根拠を持たないことは、現行法を見る限り疑う余地はなく、限界論批判の理論的正当性は学説においても承認されているところである。[7]

しかし、本書の問題意識はここから出発する。

《「実定法の定め」の名のもとで、実力行使を伴う警察活動固有の特徴が平準化され、その統制の質が緩んでいるということはないだろうか。公共の安全と秩序の維持という任務を国家が誠実に履行しようとすればするほど、法治国家原理との鋭い緊張関係が生まれ、法治国家たることを掲げながらもそれを裏から掘り崩す危険性があることに、「実定法の定め」を唱える議論は果たしてどこまで自覚的だろうか。》

確かに、かつて警察活動を規律する規範として通用していた条理が、法律ないし憲法上の規範に取って代わり、現行憲法下において限界論と同様の規律が及ぼされているとすれば、同理論はもはや不要となる。「実定法の定め」と無関係な規範の承認が、議会によって制定された〝法律〟による行政の統制を謳う法治主義の原理に違背することは疑いを得ないところである。しかし限界論に対するこのような批判が真に妥当する為には、法律ないし憲法上の規範が同理論と同様の規律を十分に確保していることが前提とされなければならない。先に述べたように、〝条理〟という形で限界論が論じられたのは、そもそも当時における法律ないし憲法上の規範では法治主義の理念を十分に実現することができないという法状況を踏まえたものであった。従って、法源を問題にするのであれば、限界論が担った法治主義の理念が、今日の法律ないし憲法によって果たして、またどの程度実現されているのか、その検証作業は不可欠となろう。しかし限界論を批判する議論の中で、このような検証作業は十分に行われているだろうか。(8)

もっとも、限界論は法律ないし憲法上の規範に取って代わったとする主張の本来の意図は、限界論が規律する内容が警察活動のみに妥当する法理であるかのような印象を与えることを避けるところにあったと見ることもできる。確かに限界論は警察領域における法治主義の理念の一つの表れであり、その内容は警察以外の国家機関にも妥当するものがある。〝警察の比例原則〟は、今日では比例原則として憲法上の原則として承認されているところであるし、また〝警察公共の原則〟を構成する〝私生活不可侵の原則〟も、プライバシー権として憲法一三条にその根拠を求める見解が示されているところである。しかし他方でこれらの議論についても、限界論が本来実力行使を伴う警察活動固有の特徴を考慮に入れていたことを等閑視し、限界論の表面的な命題（テクスト）のみを批判の対象としていないか、慎重に検討されなければならない。警察もまた他の行政機関の場合と同じく、憲法が定める基本的人権の尊重等の制約に基づく限界を考えれば足りるとの主張(9)は、限界論が担っていた法治主義理念を、警察組織に与えられた機能・役割について十分に考慮することなく憲法ないし法の一般原則に〝解消〟し、警察活動の統制を逆に緩めかねない、と思われるからである。(10) この点に関する配慮がない場合、限界論批判はともするとーー批判者の主観的な意図を必要以上に超えーー〝条理〟を問題とする文脈では法治主義を重視しているかのように見えつつも、実質的には法治主義を体現する「警察権の限界」論の内容そのものまでーー十分な検証のない「実定法」の名のもとにーー曖昧にし、また否定することになりかねない。限界論が、多くの厳しい批判があるにもかかわらず今なお完全には放棄されていないのは、(11) 以上のような懸念がその背景にあるためと考えることもできる。

三　しかし、また他方で限界論を無批判に支持する議論にも問題がないわけではない。同理論を主張しさえすれば現実に求められる警察活動を十分に規律できるほど、事態は決して単純ではない。国内においては親密圏内における暴力事件が急増し、児童虐待や家庭内暴力は今日、暴力事件全体の実に二割半近くを占めるに至っているほか、(12) ストーカー事件も年々増加し、警察による迅速な対応に大きな期待が寄せられている。また海外に目を転じれば、〝九・一一事件〟〝パリ同時多発テロ〟などを契機に、誰がいつどこで被害者となるのか全く予想がつかないテロの脅威に、世界各国の政府は、犯罪阻止にかかる多様な権限を警察に認める法整備を推し進めている。(13) 特にテロ行為の情報化・グローバル化は、それに対応する国家並びに国家間によるテロ対策の必要性を高め、通信傍受やビデオカメラ監視などの技術革新に基づく対策を急速に進展せしめている。(14) これらの対策の中で特に重視されているのは、予測不可能で時に不可逆的な損害をもたらす犯罪を阻止するには刑事罰などの事後的な対策ではなく、危険発生前の、国家による包括的な予防的措置が必要である、という視点である。そしてこの視点は、現在、〝国家の基本的任務〟〝「安全の中の自由」論〟〝犯罪予防の法理〟〝危険の防御から危険の事前配慮へ〟等といった、一種の説得的定義に類する記述概念を介して、新しい規範秩序を形成する動因にもなっているところである。今や立法者の主たる関心は、如何に新しい危険に対応する新たな「実定法の定め」を設け、実効的な治安維持活動を展開するかに向けられる。限界論批判で展開された《警察活動の規準となるのは「実定法の定め」である》という主張は、このような背景によっても支えられているのである。

かくして、限界論という枠組み自体が時代遅れのものとなり、差し迫った課題に適応できないほどその有効性を既に失っているとするならば、求められ増加する警察活動の近時の現象を警察国家と称し、法治主義の厳格な遵守を唱えたところで、警察活動を規律する真に有効な規範を提示することは期待できない。むしろ限界論の〝形〟に固執することは、現実の警察活動の実態やその必要性から目をそらし、警察活動の適正な統制をかえって阻害することにもなりかねないだろう。ここからもう一つの本書の問題意識が生まれる。

《「警察権の限界」論を支持する議論は、同理論の名のもとで警察活動の実態に目を瞑り、その活動領域を制限することだけに関心を向けていないだろうか。「警察権の限界」論はそのままでは有効な統制法理とならないことに気づきながら、これを実効的なものとする解釈論の展開を怠ってはいないだろうか。》

限界論を支持する議論にあっても、現実の警察活動の必要性を踏まえた有効な統制規範を解釈論として提示することが求められるのであり、その意味では限界論批判者に対してと同様の課題が、限界論を支持する側にも課せられると考えられるのである。

四　かくして「警察権の限界」論をめぐる論争の行方は、〝条理〟として形成された同原則の問題点を認識しつつも、同原則が担っていた法治主義の理念を減ずることなく、警察活動の実態を踏まえた内容豊かな規範として再構成できるかどうかが鍵を握る、ということになる。現実に求められる警察活動を法治主義の理念の下に置く規範体系が明確に示されてはじめて法治主義がその本来の機能を発揮し、また現実の実務にも寄与し得るとするならば、まずは、

〝理論〟そのものではなく、〝理論〟が担っている規範を、法律ないし憲法規範の中から合理的に再構成して提示しなければならない。この規範が明確にされない限り、「実定法の定め」の名のもと、――規律密度の低さを介して――結局、〝国家の正統性〟ないし〝警察の存在意義〟などの法外的理由により警察権限の発動要件が緩やかに解釈される可能性があるからである。しかし、決して規律密度が高いとは言えない我が国の警察法令から内容豊かな法治国家的規範体系を導くことは、果たして可能なのだろうか。「警察権の限界」論、実定法の定め、法実務をすべて射程に入れるような規範体系は如何にして成立可能なのだろうか。本書が取り組もうとするのは、以上のような問いである。

（1）近世ドイツ並びに一九世紀ドイツ（プロイセン）の治安維持組織の活動実態については、参照、松本尚子「近世ドイツの治安イメージとポリツァイ」林田敏子ほか編『警察（近代ヨーロッパの探究）』（ミネルヴァ書房、二〇一二）一七頁以下、矢野久「プロイセン警察からナチ警察へ」林田ほか編・前掲一四九頁以下。

（2）Vgl. H. Boldt/M. Stolleis, Geschichte der Polizei in Deutschland, in: H. Lisken/E. Denninger (Hrsg.), Handbuch des Polizeirechts, 5. Aufl. 2012, S. 9ff.

（3）参照、美濃部達吉『日本行政法下巻』（有斐閣、一九四〇）八頁以下、田中二郎『新版行政法下巻（全訂第二版）』（弘文堂、一九八三）二九頁以下、田上穣治『警察法（新版）』（有斐閣、一九八三）一頁以下。

（4）その内容は論者によって異なるが、その基本的思想は、オットー・マイヤー（O. Mayer）が理論化したそれに影響を受けたものである。参照、田中・前掲（3）五五頁以下、田上・前掲（3）六〇頁以下。もっとも明治憲法下において限界論が論じられたのは、学説の一部にとどまったことにつき、関根謙一「明治憲法下における警察権の限界の理論」「警察行政の新たなる展開」編集委員会編『警察行政の新たなる展開（上巻）』（東京法令出版、二〇〇一）二一四頁以下（同『関根謙一警察法等論文集』（立花書房、二〇一八）所収四一七頁以下）、参照。

（5）代表的論考として、関根謙一「警察の概念と警察の任務（二）」警察学論集三四巻四号（一九八一）七一頁以下（同『関根謙一警察法等論文集』（立花書房、二〇一八）所収二三四頁以下）、田村正博「警察の活動上の『限界』（上）（中）（下）」警察学論集四一巻六号一頁以下、七号六七頁以下、八号（一九九八）七九頁以下、同『全訂警察行政法解説（第二版）』（立花書房、二〇一五）七二頁以下。

（６）田村正博『全訂警察行政法解説（第二版）』（立花書房、二〇一五）七九頁以下は、次のようにはっきりと述べている。
『警察権の限界』論は、法律の具体的な根拠なしに国民の権利・自由を制限することができることを前提としたものであって、現行憲法が制定され、国民の権利・自由を制限する活動には全て法律の根拠を要することとされたことによって、法的な意義は失われた。現行憲法下で『警察権の限界』として述べられてきたことは、無意味又は誤ったものか、憲法又は一般的な法理の反映であるのにすぎない。」

（７）参照、藤田宙靖「二一世紀の社会の安全と警察活動」警察政策四巻一号（二〇〇二）七頁（同『行政法の基礎理論上巻』（有斐閣、二〇〇五）所収四二八頁）、髙木光「警察行政法の現代的位置づけ」「警察行政の新たなる展開」編集委員会編『警察行政の新たなる展開（上巻）』（東京法令出版、二〇〇一）一七二頁以下。

（８）小山剛「田村警察行政法学――憲法学の視点から」大沢秀介ほか編『社会の安全と法』（立花書房、二〇一三）二六頁は、限界論を否定し、新たな規範体系を提示した警察実務家による『警察権限法制における憲法と法の一般原則に立った指導理念』（田村正博）について、「多かれ少なかれ抽象的であり、効果的な限界論となり得ているかどうかは、具体的事例における適用を見て判断されるべきであろう。」と評する。

（９）田村・前掲（６）七六頁以下。

（10）藤田宙靖「警察行政法学の課題」警察政策一巻一号（一九九九）三一頁（同『行政法の基礎理論上巻』（有斐閣、二〇〇五）所収三四七頁以下）は、行政法総論に対する警察法各論は成立するか、という問題に関連して、次のように述べている。
「今後あるべき警察行政法学は、まず以て、いわゆる『制定法上の警察概念』、すなわち、現行の警察法（昭和二九年法律第一六二号）が想定する『警察』の活動を対象とすべきものと考える。……警察法なる一般法が、この意味での警察行政活動を、一定領域を成すものとして、多様な行政の中から切り出しているということ自体、規範学の見地からして極めて重要なことであって、実定法が示すこのような関心の意味を、法学的に追求してみる意義と必要は大であると思われるからである。……まずは実定警察法の定める警察につき考察し、他の類似の行政活動については、ここでの考察が、果たしてまた何処まで、それらにおいても通用し得るものかを、改めて個別的な検討の対象とする方が、より合理的な作業であると考える。」

（11）磯部力「犯罪予防の法理――行政法の視点から」警察学論集六〇巻八号（二〇〇七）七八頁以下は、皮肉を込めながら「『警察権の限界』の理論だけは相変わらず健全」と評している。

(12)　日本経済新聞二〇一七年一月一九日朝刊記事による。

(13)　各国のテロ対策法制については、大沢秀介ほか編『市民生活の自由と安全 各国のテロ対策法制』(成文堂、二〇〇六)、初川満編『テロリズムの法的規制』(信山社、二〇〇九)、大沢秀介ほか編『自由と安全――各国の理論と実務』(尚学社、二〇〇九)、岡本篤尚『《9・11》の衝撃とアメリカの「対テロ戦争」法制』(法律文化社、二〇〇九)、植松健一「連邦刑事庁(BKA)・ラスター捜査・オンライン捜索(一)(二)(三・完)――憲法学的観点からみたドイツにおける『テロ対策』の現段階」島大法学五二巻三＝四号一頁以下、五三巻二号(二〇〇九)一頁以下、五三巻四号(二〇一〇)八五頁以下、大沢秀介ほか編『変容するテロリズムと法』(弘文堂、二〇一七)。

(14)　この問題領域における研究業績は枚挙にいとまがない。差し当たり、大沢秀介編『フラット化社会における自由と安全』(尚学社、二〇一四)、星周一郎『防犯カメラと刑事手続』(弘文堂、二〇一二)、法セミ編集部編『共謀罪批判――改正組織的犯罪処置法の検討』(日本評論社、二〇一七)。

第二節　本書の方法と構成

第一款　本書の方法

一　本書は、右に記した課題に答えるため、「警察権の限界」論を警察実務の具体的な問題に投影させるとともに、プロイセン警察行政法並びにこれを範とする各州のドイツ警察・秩序法を適宜参照する方法を通じて、我が国の警察活動を規律する実効的な法治国家的規範体系を探究することにしたい。このような方法を採用することによって、「警察権の限界」論の規範的内実が具体的な紛争の中で精緻化され、また規律密度の高いドイツの「実定法の定め」

を参照することで、限界論の理念を具体的に反映した我が国の「実定法の定め」の可能性も明らかになる、と考えるからである。従って本書の考察は全編を通して、おおむね、(1)「警察権の限界」論が我が国の具体的な警察実務を適切に処理し得る規範体系であるか否かを、具体の紛争を念頭に置きつつ批判的に検討した上で、(2)ドイツ警察・秩序法の規律構造を、我が国の実定法ないし学説・判例を分析するための視角として提示し、(3)さらに限界論を、紛争解決に相応しい法治国家的規範体系として合理的に再構成することを試みた上で、(4)当該規範体系が我が国の法実務において果たして実際に妥当し得るか否かを検証する、という手順を踏むことになる。

二　もっとも「警察権の限界」論を軸とした本書の考察に対して、古色蒼然とした限界論は一旦これを解体し、新しい規範体系の構築を目指すべきではないか、という批判もあるかもしれない。[15] しかし本書は、限界論を最初から放棄してしまうことに対しては、次に述べる理由により慎重であるべきであろうと考えている。

第一に、仮に限界論を放棄した場合、同理論がその成立当初において向き合ってきた問題それ自体も見失いかねない、という理由である。周知の通り、「警察権の限界」論は一九世紀末、法治国家的行政法学の体系化とほぼ同時期に成立した理論であるが、[16] 中でも我が国に大きな影響を及ぼしたオットー・マイヤー（O. Mayer）の限界論は、臣民に〝善き秩序を妨害しない自然法上の義務〟が賦課されていることを前提に、法に先行する目的適合的警察行政と臣民の安全とを法治国家的に調整する「市民的自由の理論」[17] として提示されたものであった。[18] もっとも臣民の自然法上の義務の実現との関係で警察権の限界の内容（警察権の発動要件並びに警察措置の内容）を明らかにしようとするマイヤーの構成については、既に当時から、実定法の概念によらない義務を通じて警察国家的思考を温存させていると批判されていた。[19] しかしこれを目的適合的警察行政と法律適合性原理との妥協の産物として評価することは妥当ではない。というのもマイヤーが（批判があることを承知しつつ）[20] 臣民の自然法上の義務を導入したのは、マイヤー自身〝法治国家の厳格な形式性は実効的な危険防御を妨げる〟ということを明確に自覚し、臣民に〝善き秩序を妨害しない義務〟

を課すことによって抽象的な法命題（一七九四年プロイセン一般ラント法（ALR））を矯正・補充し、これによって実効的な危険防御を図ろうとする実践的な考えを有していたからである。[21] つまりマイヤーは、〝警察というものの法的理念には、危険の防御と、法治国家は自由を保護すると思い込んでいる形式主義との、全く克服することのできない矛盾が含まれている〟ことを冷徹に見抜き、[22] かつての警察国家の理念を受け継いだ臣民の自然法上の義務をその時々の事案に応じて柔軟に解することで、法治国家の厳格な形式性を克服し、もって実務に寄与する危険防御を図ることを意図していたのである。このような問題の所在は、現代の法治国家においても警察権の発動要件が必ずしも詳細に具体化されていないという形で表われているところであり、[23] 限界論の成立当時において既に抱えていた問題が、今もなお残されたままになっている。先に見た〝国家の基本的任務〟〝「安全の中の自由」論〟〝犯罪予防の法理〟等といった法秩序の形成動因も、規律密度の低い既存の実定法の定め（形式性）に対する新しい矯正・補充理論であると見ることが可能だからである。[24] 従って限界論（並びにこれが背負ってきた歴史）を考察の軸とすることは、このような《法治国家の形式性と警察任務の遂行との矛盾ないし緊張関係》を踏まえた考察を要請すると考えられるのである。

第二に、限界論を放棄した場合、同理論が具体の警察実定法に反映され得るものであること、また実際に反映されているという事実を見落としかねない、という理由である。これも周知の通り、ドイツでは、「警察権の限界」論は的に調整する規範がプロイセン上級行政裁判所による判例政策によって形成されるに至っている。そしてその規範は「マイヤーのプロジェクト」[25] として留まることなく、その後、法治主義の漸進的な実現とともに、自由と安全を具体最終的に法典化され（一九三一年プロイセン警察行政法）[26]、その基本構造は今日、ドイツの多くの州警察法において採用されるに至っている。これはすなわち、法治主義の理念が反映されていなかったプロイセン一般ラント法（ALR）が、具体の紛争との関係において裁判所によって解釈される過程で、警察がどの範囲までの活動が求められるかといった法的規準が明確にされ、マイヤーが懸念していた「法治国家の厳格な形式性」という課題が徐々に克服されてきた、ということを意味する。[27] これは、現実に行われた警察活動の必要性とその統制の歴史の痕跡が「実定法の定め」の中に残されてきた、と言い換えることもできる。[28] この事実は、限界論が裁判という具体の法実務の実践を通じて実定法規範へと結実し得る可能性を、また我が国においては限界論そのものが問題なのではなく、限界論が具体的紛争の中で具体化されなかったことが問題であるという可能性を示すものである。事実、我が国では戦前、行政裁判が列記主義により限られてきたことから、限界論が法実務において具体化されず抽象的・理論的な法理として留まっていたが、[29] しかし、それは限界論の唯一の姿というわけではない。そういった意味では、「警察権の限界」論は、将来的な実定法規範への結実を意識して、非体系的で規律密度が低い実定法を整序し方向付ける、少なくとも〝指針〟としての役割を果たし得るものと言えるだろう。限界論を構成する個々の原則も、警察権限の行使において特に法治国家的統制を及ぼす必要のある結節点をある程度において体系的にまとめたものであり、法治国家的統制に見通しを与えるという点ではその意義を失うものではない、と考えられるのである。

以上の通り、本書は、限界論の法源やそのテクストのみを問題とし、限界論が歴史的に果たしてきた法治国家的警察法体系を〝零点〟に解消してしまうことのないよう、警察活動を規律する法治国家的規範体系を慎重に探り当てることにしたいと考えている。

三　ところで、「警察権の限界」論に関しては、これまでにも多くの優れた先行研究がある。とりわけ限界論が我が国の論者によってどのように理解・分析・批判されてきたのか（例えば、明治憲法と限界論の関係、観念論と限界論の関係、警察義務概念をめぐる自然法と実定法の関係、警察裁量の統制など）、またプロイセン警察行政法をはじめとするドイツ警察・秩序法の条文解釈（とりわけ警察一般条項について）や判例（警察介入請求権の成立過程など）について、既に戦前から多くの紹介・分析がある。[30] その意味では、本書がこれら先学の研究に付け加え得る知見は、ごく僅かなものに過ぎない。それでもなお「警察権の限界」論を主題とする本書に特徴があるとすれば、次の三点にまとめることができるだろう。

第一に本書は、警察法理論史（学説史）でも警察法思想史でもなく、実定法、特に第二次大戦後の警察改革の影響を強く受けて制定された我が国の実定警察法令の解釈論に焦点を合わせて論を展開する点に特徴が認められる。戦後警察改革を受け最低限の警察法令から出発した我が国は、詳細な条文構造の欠如ゆえ警察法の任務規範（警察法二条一項）の定めに比重がかかり、それが〝必要である〟という（ある種素朴な）理由により警察官の具体的権限を推論しやすい構造となっている。しかし、このような〝任務規範から権限規範の警察国家的推論〟は、結論ありきの法解釈を誘発しやすい。本書は、条文解釈に負担を強いかねない（法外的）要素との緊張関係において、規律密度の低い「実定法の定め」の中から、警察官の具体的な権限行使を規律する規範体系を導き出す方法に関心を向けている。当然これは、限界論の中に、先に触れた《法治国家の形式性と警察任務の遂行との矛盾ないし緊張関係》の問題が存在することを踏まえての問題意識である。

第二に本書は、ドイツ警察・秩序法の検討を通じて得られる、あり得る一つの法治国家的規範体系のモデルが、我が国の実定警察法令ではどのように位置付けられるのか、またさらに我が国の法実務のレベルでも妥当し得るものであるかを具体的に検証する点に特徴がある（従って本書はドイツ法研究それ自体を目的とするものではない）。先に述べたように、我が国の限界論はドイツと異なり、具体の紛争の中で規範が精緻化されるという経験を経てこなかった。従って、我が国において限界論の可能性を探るためには、法治国家的規範体系モデルの妥当性を我が国の法実務、とりわけ裁判実務において具体的に検証することが不可欠となる。本書では裁判例を多く分析の対象としているが、それは以上のような理由による。

第三に本書は、従来では決して盛んであったとは言えない、警察法理論と実務の対話を可能にするための議論を展開する点に特徴がある。我が国のように規律密度の低い警察法令を前提とした場合、警察法理論は時として実務と離れた、体系化のための体系化を、また警察実務は現場の強力な規定力によって（良くも悪くも）柔軟な実定法解釈を展開しやすい。このような理論と実務の乖離を埋めるためには、警察法理論を実務の観点から不断に検証し、紛争処理に相応しい規範を具体化するための見通しを示す必要がある。本書が右に記した第一、第二のような特徴を与えているのも、本書が、最終的には「警察権の限界」論を中心とした警察法理論を警察実務に照らして新たに位置付け直すこと、そしてこれにより理論と実務との間で継続的な対話を実現させることに狙いを定めているからである。思うに、国家（警察）活動の正当化と統制に、法律〝学〟として取り組むことの意義は、問題を可能な限り適切な場所に位置付け、実務における問題の処理に見通しを与えることにある。そこで重視されるのは、言語を通じた規範の体系化であり、体系化を通じた規範の整合性・首尾一貫性の確保、つまり実務に寄与するための可能な限りシンプルな規範体系の提示である。但し、言語（ないし概念）による体系化を施そうとする場合、時として言語そのものに過剰な意味を付与してしまうおそれがあることに、注意を向ける必要がある。かつて我が国で盛んに議論された〝警察〟概念論争（警察概念に福祉的活動を認めるか否かを巡る論争）を想起すれば、このことは明らかであろう。[31] よって我々が行うべきは、「警察権の限界」論を実務、つまり紛争の実際（コンテクスト）に応じてこれを可能な限り経験化し、その上で新たな（そして更新されることも予定した）規範体系を構築する、ということになる。[32]

以上要するに、本書は、我が国の伝統的な警察法理論たる「警察権の限界」論を、現実の紛争のコンテクストの中に投影させ、我が国の実定警察法令、より具体的には、歴史的背景により断片的な規律構造を呈する実定警察法令の上に再定位することの必要性、重要性を論じ、もって警察法理論と警察実務との対話を図ることを目的とするもの、とまとめられる。

（15）　例えば、田村・前掲（６）四五頁以下は、「警察権の限界」論に代わる警察権限法制の指導理念として、「法律による行政の原理」

「基本的人権の尊重」のほか、「平等原則」「責務達成義務」「法令化」を挙げているが、田村によれば警察に関して他と異なる特別の法原理があるわけではない（ただ、警察が強い執行力を持つ組織であることから他の機関の場合以上に、行き過ぎの防止と積極的な介入とが共に求められる点に特色があるという）。

(16) O. Mayer, Deutsches Verwaltungsrecht, Bd. 1, 3. Aufl. 1924, S. 212ff. タイトルに同理論を冠してこれを論じるものとして、K. Wolzendorff, Die Grenzen der Polizeigewalt, Bd. 1, 1905.

(17) Mayer, a.a.O. (Anm. 16), S. 212.

(18) なお奥平康弘「警察権の限界——条理上の限界について——」田中二郎ほか編『行政法講座第六巻』（有斐閣、一九六六）六九頁は、マイヤーの限界論について『観念論』によって措定された警察権の非法治主義的性格を対象として、これにいま一度法治主義的な制約を課さんとして、登場した」ものであり、「いわば、『観念論』において貫徹しえなかった法治主義のロール・バックである」と解説している。

(19) Vgl. G. Jellinek, Besprechung von O. Mayer, Deutsches Verwaltungsrecht, 1. Band, 1895, VerwArch 5 (1897), S. 309f.; R. Tohma, Der Polizeibefehl im badischen Recht, 1906, S. 50f.; Wolzendorff, a.a.O. (Anm. 16), S. 89f.

(20) マイヤーは批判的論者に対し、自然法の役割を過大評価し過ぎていると反論するが、第二版以降、自然法上の義務概念の使用を避けるようになっている（例えば Mayer, a.a.O. (Anm. 16), S. 212 では、臣民の義務は「一般的思考から」直接明らかになる、と説明されている。）。

(21) O. Mayer, Deutsches Verwaltungsrecht, Bd. 1, 1. Aufl. 1895, S. 253. 詳しくは、拙稿「現代国家における警察法理論の可能性（一）——危険防御の規範構造の研究・序説」法學（東北大学）七〇巻一号（二〇〇八）六五頁以下、参照。

(22) Mayer, a.a.O. (Anm. 21), S. 253.

(23) 例えば、田中二郎編『法律学演習講座・行政法（下）』（青林書院、一九五六）二八五頁以下に見られる次のような説明は、その典型例であろう。

「警察は、主として将来発生することあるべき危害に対する作用であり、ありとあらゆる危害を予見し、それに対する処置をもれなく予定することは性質上不可能であるから、警察権に対する法治主義の制約は、形式的に止まらざるをえない場合が多い。例えば、法の根拠としては、単に必要と認めるときは必要の措置をとることができるというような漠然とした授権規定をおくのみで、警察権発動の対象、条件、態様等についてなんら制限を定めず、警察機関に広汎な裁量を与えることがそれである。」

(24) A. Merkl, Allgemeines Verwaltungsrecht, 1927, S. 265 の次の指摘は、今日においてもなお重みがある。
「警察の支配的見解は、はじめは真剣に警察国家に対して追悼文を捧げるにもかかわらず、その考察が進むにつれて警察国家に新たな生命が芽生える。法治国家は決定的に法的なものとして与えられているにもかかわらず、しかし法治国家的警察法理論の中で、法外的な国家が我々と対置することになるのである。」

(25) C. Engel, Herrschaftsausübung bei offener Wirklichkeitsdefinition. Das Proprium des Rechts aus der Perspektive des öffentlichen Rechts, in: ders./W. Schon (Hrsg.), Das Proprium der Rechtswissenschaft, 2007, S. 210f.

(26) 同法の法典化の経緯並びにその法的意義については、参照、S. Naas, Die Entstehung des Preussischen Polizeiverwaltungsgesetzes von 1931, 2003, S. 1ff. マイヤーの警察法理論がプロイセン警察法システムにとって古典的な地位を占めていることにつき、参照、F. Mayer, Die Eigenständigkeit des bayerischen Verwaltungsrechts, dargestellt an Bayerns Polizeirecht, 1958, S. 138f.

(27) プロイセン一般ラント法（ALR）の解釈にかかるプロイセン上級行政裁判所の裁判例の分析については、H. Heuer, Die Generalklausel des preussischen Polizeirechts von 1875 bis zum Polizeiverwaltungsgesetz von 1931, 1988, S. 1ff. 法治国家的警察法体系の彫琢に尽力したプロイセン上級行政裁判所の功績を評価するものとして、B. Pieroth/B. Schlink/M. Kiesel, Polizei- und Ordnungsrecht, 7. Aufl. 2012, S. 6f.

もっともプロイセン警察行政法を専ら自由主義的に理解することに対しては慎重である必要がある。プロイセン一般ラント法（ALR）からクロイツベルク判決を経てプロイセン警察行政法に至る過程を、H. Reinke, »Das Amt der Polizei« - Eine Einleitung, in: ders. (Hrsg.), »...nur für die Sicherheit da...« - Zur Geschichte der Polizei im 19. und 20. Jahrhundert, 1993, S. 19f. は「ドイツ警察史のライトモチーフ」と呼ぶが、プロイセン警察行政法を立法過程の観点から分析した研究（V. Götz, Vor 60 Jahren - Preußisches Polizeiverwaltungsgesetz, JuS 1991, S. 805ff.）によれば、プロイセン警察行政法の実質的警察概念や警察義務者にかかる諸原則などの編纂は、あくまで立法化に伴う付随的な目的に過ぎず、むしろその主たる狙いは、警察力を効果的に発揮し得るための、（後にナチス警察へと繋がる）現場警察の統一、警察処分に対する法的救済措置並びに警察命令法の整備などの改革にあった、と評されているからである。もっともこの問題は、解釈論を扱う本書とは別に論じられるべきプロイセン警察行政法全体の歴史的評価に関わる問題である。詳細については、参照、Naas, a.a.O. (Anm. 26), S. 6ff.

(28)　このことは、例えば、集会の自由や出版の自由がドイツの憲法上の権利の中で特に、警察一般条項による制限に対して〝polizeifestig な基本権〟である、と称されてきたこととも無関係ではない。このような視点を我が国の限界論において見出すものとして、藤田・前掲（7）一〇頁以下。藤田は、警察公共の原則（民事不介入の原則）との関連において、同原則は「警察組織というものの属性並びに歴史的経緯に伴う『悲しい運命（さだめ）』と切り離して考えることはできない」と述べている。

(29)　プロイセン一般ラント法（ALR）は、本来的には任務規範に過ぎなかったところ、プロイセン上級行政裁判所によって有権的に権限規範に読み替えられた。しかし我が国では、行政警察規則に対外的効果を有する条文もあったにもかかわらず、プロイセン上級行政裁判所のような役割を果たす国家機関が存在しなかったため、同様の〝読み替え〟が行われる機会がなかったのである。

(30)　枚挙に暇がないが、代表的なものとして、美濃部達吉「警察の観念」法学協会雑誌三〇巻八号（一九一二）三九頁以下、鵜飼信成「Polizei の観念——その発展史的考察——」美濃部達吉教授還暦記念『公法学の諸問題第一巻』（有斐閣、一九三四）三六九頁以下、佐々木惣一『警察法概論』（日本評論社、一九三六）、田上穣治「普魯西警察法制の概要」東京商科大学研究年報（法學研究）二号（一九三三）三二一頁以下、同「警察法の歴史的習俗的性格」一橋論叢八巻四号（一九四一）四〇六頁以下、柳瀬良幹「警察の観念——歴史的観念と合理的観念」（一九三五）同『行政法の基礎理論（二）』（弘文堂、一九五八）所収一七三頁以下、同「警察権の限界——主としてその根據に就て」（一九三七）同『行政法の基礎理論（二）』（弘文堂、一九五八）所収二〇三頁以下、戒能通孝編『警察権』（岩波書店、一九六〇）、上杉信敬「プロイセン警察法における便宜主義の限界——過度の限界を中心として」法学論叢一〇〇巻一号（一九七六）七三頁以下、高橋明男「西ドイツにおける警察的個人保護——警察介入請求権をめぐる学説と判例（一）（二・完）」阪大法学一三九号一一七頁以下、一四〇号（一九八六）一三七頁以下、今村哲也「Polizei 法における個人の保護（Ⅰ）（Ⅱ）（Ⅲ）」山形大学紀要（社会科学）一八巻二号一〇九頁以下、一九巻一号（一九八八）四九頁以下、二一巻二号（一九九一）一頁以下、田村・前掲（5）警察学論集四一巻六号一頁以下、七号六七頁以下、八号七九頁以下、須藤陽子「日独警察法理論の相違——『警察権の限界論』に対する批判に答えて」同『比例原則の現代的意義と機能』（法律文化社、二〇一〇）所収九三頁以下。また、近年刊行された包括的なモノグラフィーとして、島田茂『警察法の理論と法治主義』（信山社、二〇一七）一頁以下、関根謙一『関根謙一警察法等論文集』（立花書房、二〇一八）一頁以下。なお、第二次大戦後の警察法研究の大まかな流れについては、終章を参照。

(31)　代表的な見解として、美濃部・前掲（30）三九頁以下、佐々木・前掲（30）八頁以下。両見解の詳細な検討として、関根謙一「明治憲法下における警察の概念」成田頼明先生古稀記念『政策実現と行政法』（有斐閣、一九九八）四四九頁以下（同『関根謙一警察法

等論文集』（立花書房、二〇一八）所収三〇〇頁以下）。

（32）従って、本書は「警察権の限界」論そのものを維持存続させることを目的とするようなものではない。その意味では限界論を放棄することを主張する限界論批判論者と、その方向性において基本的に異なるところはない。しかし限界論の枠組みは、規律すべき警察活動の結節点を大まかに捉える役割をなお果たし得るのではないか、また仮に限界論を放棄するにせよ、そのような態度決定をする前に、限界論が担っている法治国家的規範体系を「実定法の定め」の中で確認する作業を丁寧に行うべきではないか、というのが本書の立場である。

第二款　本書の構成

一　次に、本書全体の構成について述べておきたい。本書は補論を含め、以下の五つの章によって構成されている。「第一章　脱警察化と行政機関に対する警察の役割」では、「警察権の限界」論を構成する原則の一つである〝警察消極目的の原則〟を取り上げ、同原則と結びつくアクチュアルな問題が、行政機関の所掌事務への警察介入の問題であることを示し、またその警察の介入が脱警察化という戦後警察法を規律する法理念との関係において果たして、またどのような理由で正当化され得るかという論点について、執行警察の組織的特徴を踏まえながら検討を加えるものである。「警察権の限界」論が、警察実務においてどのような法的問題として位置付けられるのか、また詳細な規律を欠く警察法・警察官職務執行法の制定経緯を踏まえながら、紛争解決に相応しい法治国家的規範体系はどのようなやり方を通じて合理的に導き出すことができるのかを論ずるものであり、第二章以降で展開する分析スタイルの雛型ないしモデルを提示するものとなっている。

「補論　私人による警察活動とその統制」では、近年進展が目覚しい警察法分野における公私協働の意義と課題を、ドイツ警察法で実施されている二つの公私協働モデルを素材にしながら明らかにするものである。伝統的に警察活動は警察官吏が担うものと理解されてきたが、今日では私人もまた、何人にも認められる「万人権」を通じて警察活動の一部を担う現象が現れている。〝第三の脱警察化〟とも呼ばれる、このようなドイツの公私協働が、今日における我が国の警察実務にどのような問題を投げかけているのかを分析している。

「第二章　警察による『個人』の保護――警察公共の原則」では、「警察権の限界」論を構成する原則の一つである〝警察公共の原則〟を取り上げ、同原則が主として〝民事不介入の原則〟の名の下で実務上大きな影響力を有していることの原因と、同原則が規律しようとしている真の問題の所在を、警察概念論争の中から明らかにするとともに、民事紛争への警察介入の具体例を示すことで、警察の関与が果たして、また如何なる条件の下で許容されるのかについて検討を加えるものである。この検討の中では、《警察による〝個人〟の保護》という命題が、〝公共の安全〟〝個人権〟〝私権〟のいずれの保護を念頭に置くものであるのか、また警察による個人の保護が、私人の自律的意思の尊重との関係において果たして、またどの程度まで許されるのかを明らかにしている。ドイツと我が国との間で同問題の取り扱われ方の違いが顕著に表れており、これが実定法制度の違いにも反映されていることが明らかとなろう。

「第三章　危険概念の規範構造」では、〝警察消極目的の原則〟〝警察公共の原則〟の問題に共通する課題として、警察権限の発動条件たる危険概念の規範構造の解明に取り組むものである。ドイツにおいて危険概念は伝統的に、警察活動の限界を規律する法治国家的警察法の中心概念であるとされてきたところ、我が国ではこれまで〝警察の比例原則〟の一部として部分的に論じられてきたに過ぎなかった。行政機関の所掌事務（第一章）や民事紛争（第二章）への警察介入が実際上認められるか否かも、最終的には現場に臨場する警察官吏の危険判断にかかわっているところ、しかし今日に至るまで危険、とりわけその概念要素たる損害発生の〝蓋然性〟について十分に解明されてきたとはいえない。このような状況下で特に懸念されるのは、危険存否の判断過程がすべて警察官吏の主観に還元され、一種の決断主義（危険防御の〝必要性〟に基づいた、警察による最終決定）を招いてしまうおそれである。イデオロギー的対立を含め、およそ非法実証主義的な要素は、法実証主義的に構成することの難しい法概念を通じて実定法解釈に流れ込むことに注意を払うならば、そしてまた限界論をめぐる対立の核心は実は危険の判定方法にあるとするならば、危険概念の規範構造の解明が極めて重要な作業ということになる。このような理由から本書は、本章を全編のハイライトとして位置付け、最も多くの紙面を費やして検討を加えている。

「終章『警察権の限界』論の再定位――まとめに代えて」では、第一章から第三章までの考察結果を踏まえ、警察法理論と実務の対話のあるべき姿、より具体的には、「警察権の限界」論を警察実定法令の中で再定位することの意義と、またそのような姿勢が警察実務と理論との間で実りある対話を可能にすることを、〝親密圏内における人身の安全確保〟という今日の法実務の喫緊の課題を素材として論じようとするものである。終戦直後から現在に至るまでの警察法学の議論状況を踏まえつつ、警察法理論を実務の観点から不断に検証し、紛争処理に相応しい規範を導き出す方法について提示している。

二　なお右に記した構成からも明らかなように、本書は「警察権の限界」論を構成するすべての原則について網羅的に検討を加えるものではない。「警察権の限界」論の中で右に挙げた三つの原則（「警察消極目的の原則」「警察公共の原則」「警察の比例原則」）を特に取り上げるのは、これらの原則にかかわる問題すべてが、今日において最もアクチュアルであり、警察実務に寄与する規範体系の探究に有意な素材を提供するものと考えるからである。[(33)][(34)]以上を確認した上で、以下検討を始めることとしたい。

(33)　なお、本書の内容の全体像を簡潔に示したものとして、拙稿「警察規制の概念と手法」高木光ほか編『行政法の争点』（有斐閣、二〇一四）二四二頁以下がある。

(34)　同時に本書は、「警察権の限界」論の再定位のみならず、古典的行政法と称されている警察法の分析が、行政法学一般の課題解明に寄与する可能性を探るという意図も副次的に有している。そのような可能性を一部探究したものとして、拙稿「国家賠償法一条が定める違法概念の体系的理解に向けた一考察(一)(二・完)──職務義務違反説の可能性」法學(東北大学)八一巻六号一頁以下、八二巻一号(二〇一八)一頁以下、同「伝統的許可制度の現代的変容(上)(下)──原子炉設置許可とバックフィット命令を素材にして」法時九〇巻七号八〇頁以下、八号(二〇一八)九六頁以下。従って本書にとって警察法は、行政法学ないし公法学研究のための一つの参照領域として位置付けられるものでもある。

第一章　脱警察化と行政機関に対する警察の役割

序節　はじめに

一　近時、行政機関による公的任務の遂行において、警察との連携ないし協力の必要性が唱えられることがある。例えば、産業廃棄物処理行政における環境官庁と警察の連携・協力[(1)]、消費者保護行政における消費者庁と警察の連携・協力[(2)]、要保護児童の発見・保護における児童相談所と警察の連携・協力[(3)]、いじめ・少年非行への対応における学校教育機関と警察の連携・協力[(4)]、大規模災害における自治体と警察の連携・協力[(5)]等々である。このような連携・協力が必要とされる理由は個々の問題領域毎に様々であり、またその具体的方法についても一様ではない。しかしいずれにせよ、行政機関による公的任務の遂行において警察に何かしらの関与が期待されている状況が存在することは間違いないと言ってよい。もっとも警察法（昭和二九年六月八日法律第一六二号）二条により警察に割り当てられている〝責務〟と課せられている〝限界〟との関係において、これらの連携・協力が果たして、またどのようなものであるべきかは、個々の問題領域に立ち入る前に、一度詳細な検討が必要であるように思われる。これはすなわち、そもそも警察が担い得る任務の範囲（より正確には管轄の範囲）はどこまでかという問いに関わる問題である。

二　一九九四年に行われた警察法改正（平成六年法律第三九号）は、この問題を検討する上で一つの素材となりうるだろう。同改正は、警察庁内部部局の編制の新設ないし変更を行うものであり、中でも「市民生活の安全と平穏」を所掌事務と明記する生活安全局の設置を重要な柱と位置付けるものであった。これは形式的には、従来からあった刑事局保安部を生活安全局に格上げする組織改編に過ぎない。しかし警察庁の各局は、警察庁独自の権限事項を除き、都道府県警察が行う事務を前提としてこれに関与することとなっているため、各局の所掌事務の総体は警察法二条一項が規定する警察の責務の範囲を実質上具体化する機能を果たす。[6] ゆえに、内部部局が新設されるということは、「警察庁の所掌事務に関し、次に掲げる事務をつかさどる」(同法二二条)という規定を通じて、警察責務の中に新たに当該部局の所掌事務が取り入れられることにもつながるわけである。[7] このことから一部の学説では、警察法二条一項の責務内容が、今後内部部局の所掌事務規定を通じて、裏から掘り崩されるおそれがあるのではないかと危惧されたのであった。[8]

この問題については、「異色な行政組織法[9]」と称される警察法の規範構造を、その改正プロセスとともに慎重に検討する必要があるが、ここでの関心は、(組織法であれ作用法であれ)個別の法規定を通じた警察活動の範囲拡大が、警察の責務を「厳格に」限定した警察法二条二項との関連において果たして、またどの程度認められるか、という点にある。警察実務家の中には、警察に権限を付与する個別法の規定さえあれば警察法二条一項の責務範囲とは無関係に警察の責務とすることが可能との見解(行政解釈)があるが、[10] 他方で戦後警察法の姿を刻印する警察法二条二項(濫用防止)に示されるように、警察の活動はあくまで限定的なものに留まるべきであって、市民生活への安易な介入は慎むべきという見解も根強く存在する。しかしこのような見解の対立は、我が国の警察が負う負の遺産に対する印象的考察に由来するところも多く、警察が担い得る任務の範囲について法解釈上の議論は十分に深まっていないように思われる。これは、従来から問題として指摘されながらもなお火種が燻ったままになっている、警察法学上の古典的論点と関連しているように思われる。それは、「警察権の限界」論の一つを構成する警察消極目的の原則の妥当性についてである。まず、この問題から検討を始めることにしよう。

（1）北村喜宣「行政的対応の限界と司法的執行――産業廃棄物の不法投棄をめぐる環境行政と環境警察の活動（一）～（四・完）」自治研究六九巻七号五三頁、八号六七頁、九号四四頁、一〇号（一九九三）六九頁、同『行政法の実効性確保』（有斐閣、二〇〇八）二〇五頁以下、坂井孝行「産業廃棄物事犯の現状と警察の対応」法律のひろば五二巻七号（一九九九）三五頁以下。

（2）「特集　生活経済事犯対策と消費者保護（上）生活経済事犯全般・関係機関との連携」警察学論集六一巻一一号（二〇〇八）一頁以下の各論文。

（3）望月彰「児童虐待ケースにおける警察と児童相談所の協力関係について」司法福祉学研究三号（二〇〇三）五一頁以下、山田不二子「子ども虐待対応における警察の役割」警察政策一三巻（二〇一一）二五頁以下等。

（4）「国際犯罪学会第一六回世界大会フォーラム・パネルディスカッション」警察政策一四巻（二〇一二）一九八頁以下の各論文。

（5）山口敏「犯罪被害から子どもを守り、非行を防止するための関係機関との連携について――学校と警察の連携を中心に」警察政策研究一二号（二〇〇八）七一頁以下。

（6）田村正博『全訂警察行政法解説』（東京法令出版、二〇一一）二二頁。

（7）参照、坂元洋太郎「警察組織の分析」菊田幸一ほか編『社会のなかの刑事司法と犯罪者』（日本評論社、二〇〇七）一九一頁。もっとも注意を要するのは、警察法二条一項が規定する責務が課せられるのは〝執行機関としての（都道府県）警察〟である（警察法三六条二項。参照、警察制度研究会編『全訂版警察法解説』（東京法令出版、二〇〇四）五六頁）。しかしながら本文で述べたように、国家公安委員会が管理する警察庁の各局は、都道府県警察が行う事務を前提としてこれに関与することとなっていることからすると、国家公安委員会の所掌事務が警察法二条二項と全く無関係に存在するということも考えられない。例えば犯罪による収益の移転防止に関する法律（平成一九年法律第二二号）は、疑わしい取引として届出のあった情報の集約、分析及び提供を金融庁から国家公安委員会・警察庁に移管したことにより（同法三条）、同時に警察法施行令（昭和二九年政令第一五一号）別表第一に規定される警視庁及び道府県警察本部の刑事部の所掌事務として「犯罪による収益の移転防止に関すること」が追加され、警視庁及び道府県警察もまたその権限行使の一端を担うこととなっている。

（8）参照、白藤博行「警察法『改正』の行政法学的検討」吉川経夫編『各国警察制度の再編』（法政大学出版局、一九九五）二一六頁、二二一頁以下。また、同「『安全の中の自由』論と警察行政法」公法研究六九号（二〇〇七）五六頁以下。さらに、中央省庁等改革のための国の行政組織関係法律の整備等に関する法律（平成一一年法律第一〇二号）に伴う警察法改正に関して、同「リスク社会下の警察行政」ジュリスト一三五六号（二〇〇八）八八頁以下も参照。

（9）稲葉馨「行政組織法としての警察法の特色」警察政策四巻一号（二〇〇二）一四頁。

（10）田村正博「警察の活動上の『限界』（中）」警察学論集四一巻七号（一九八八）六八頁、警察制度研究会編・前掲（7）五七頁。

第一款　立法原則としての警察消極目的の原則？

一　周知の通り警察消極目的の原則とは、〝警察権の行使は、公共の安全と秩序の維持という消極的な目的に限定される〟という考えを示すものとされ、伝統的に警察活動を統制する法理の一つとして警察法学上位置付けられてきた。(11)

我が国においてこの原則の出自としてしばしば取り上げられるのは、美濃部達吉の論考「警察ノ観念ヲ論シテ憲法第九條ニ依ル獨立命令權ノ範圍ニ及フ」（法学志林一二巻三号、四号、六号（一九一〇））であるが、既に関根謙一の研究にあるように、同論文は福利目的も含んだ、帝国憲法九条が定める独立命令（これは〝警察〟命令と称された。）の範囲を保安目的に限定することを意図したものである。(12)同論文は、プロイセン一般ラント法（ALR）に規定された〝警察〟の任務を危険の防御に限定したクロイツベルク判決並びにその精神を共有した同時代の学説と共通の思想的基盤に立つものであり、警察法領域において自由主義的思想を体現するものであった。もっともドイツと共通の思想的基盤に立つということは、同原則が我が国においても同じ適用形態をとることを意味しない。クロイツベルク判決の精神を反映したプロイセン警察行政法が警察一般条項において警察による福祉活動を実定法上否定したのとは異なり、我が国においては福利目的を明示的に規定した帝国憲法九条が存在し、さらに戦後同規定が廃止されるや否や、独立命令の制限という実践的意味もまた消滅してしまったからである。警察消極目的の原則が、戦後の比較的早い時期か

ら多くの論者によって疑問視されることとなったのはよく知られるところである。(13)

二　しかしそれでもなお同原則は条理として主張されたこともあって、実定法の規定の有無に関係なく、また同原則の時代的コンテクストとも切り離されて、〝警察権力を制限する法治国家的理念を表現するもの〟として今なお語られることがある。(14)この原則の意義を高く認め、さらに「立法原則」としてこれを展開したのは高田敏である。高田は、同原則が既に本来的意味を失ったことを認めつつも、「本来的な警察機関に消極目的の作用と同時に積極目的の作用をも授権することは、国民の基本権保障の見地からすれば妥当性を欠く」ゆえ、同原則は「現在、立法原則として意味を有する」という。

「すなわち、危険の防止・除去のための機関に或種の福祉配慮的任務を与える方向は、『古の警察国家への歩み』を示すものであって、警察庁の権限を危険防除に限定することは、警察国家への歩みを防止する保障でもある、ということになろう。ただ私には、立法原則としての消極目的の原則を以上の意味にとどめず、さらに、行政警察の項で警察領域の限定に関して述べた原則（行政警察と呼ばれているものは原則として（交通警察以外は）警察に包摂されないこと——筆者註）を本来的警察行政庁への授権に際する立法原則とし、それを警察消極目的の原則に包摂することも考えられるべきではないか、と思われる。その場合には、その原則は、脱警察化（Entpolizeilichung）の立法原則化を意味することになる。(15)」

しかしながら、既にその妥当性が疑問視されてきた同原則を、現在において立法原則として転用することにはなお慎重な検討を要する。第一に、警察消極目的の原則でいうところの〝警察〟概念は、講学上の概念と実体法上の概念が明確に区別されることなく、我が国では非常に曖昧に用いられている。そもそも、自由主義的法治国家的警察概念を確立したとされるクロイツベルク判決も〝警察（Polizei）〟が福祉配慮的任務を担うことを完全に否定するものではなく、特別な法律の根拠なく警察一般条項に基づいてこれを行うことは許されないとしたものに過ぎない。また〝福祉配慮的任務〟と称されるものが、全行政分野を総称するかつての理解から、危険の防止・除去と間接的に関連するようなものに至るまで幅広く想定されていることからしても[16]、同原則は警察活動の範囲を画する規準としてはなお抽象的であることは否めない[17]（〝消極目的〟と称される「公共の安全と秩序の維持」概念の曖昧性については、高田もまた認めているところである。[18]）。また第二に「行政警察と呼ばれているものを本来的警察行政庁に授権しないこと」についてもなお同様に慎重な検討が必要である。そもそも行政警察に関する事項（建築・営業・衛生など）は基本的には危険防御の任務を前提とする（ないし包含する）ものであり、いわゆる脱警察化とはこの任務を警察機関から行政機関に移譲するものであるから、そもそも警察消極目的の原則の適用・拡大に直接かかわる問題ではないし[19]、また以上の点を問わないにしても（〝消極〟という言葉の意味を《警察が行う活動を可能な限り最小限にする》という意味で理解するとしても[20]）、一般の行政機関もまた公権力行使の担い手である以上、脱警察化そのものが果たして、またどのような理由から肯定的に評価されるのか、もう一つ説明が必要とされよう。[21]高田が用いる「警察」、「本来的な警察機関」、「警察庁の権限」、「本来的警察行政庁」といった用語が、執行機関としての警察を念頭に置くのか（国家）公安委員会・警察庁・警察署長などの行政官庁を指すのか、なお明確ではない。また第三に、「妥当性を欠く」という表現から示されるように、そもそも立法原則なるものが立法政策上の原則に留まるものなのか、それとも憲法上の原則なのか（それとも他の何かなのか）、判然としないという問題も残る。[22]

これらの点を踏まえると、警察消極目的の原則（の拡大や立法原則化）を唱えることで「警察国家への歩みを防止する」試みが、果たして、またどの程度、有効かつ正しいアプローチなのか、改めて問われなければならない。このような文脈において、警察概念をあくまで実定法の定めに基づいて理解し、そこから具体的な警察権限の範囲を考察しようとする見解が登場してくるのは容易に想像できることであった。例えば、藤田宙靖は「『消極目的からする規制』という見地からする領域画定は、純粋に理論的な見地からは不可能ではないが、……消極目的の行政活動かそれとも積極目的を持った活動かの区別が、多くの場合困難となっている今日の行政活動の現実に鑑みると、我が国実定法の考察にとって、このような見地が、果たしてまたどの程度有効かについては、疑わしい」と述べた上で、「今後あるべき警察行政法学は、まず以て、いわゆる『制定法上の警察概念』、すなわち、現行の警察法（昭和二九年法律第一六二号）が想定する『警察』の活動を対象とすべき」であり、「警察法なる一般法が、この意味での警察行政活動（いわゆる「行政警察」。我が国の行政組織法上「警察組織」に属するものとされている組織体・行政機関が行う活動の中で、（司法ではなく）「行政」としての性格を有すると考えられる活動――筆者註）を、一定領域を成すものとして、多様な行政の中から切り出しているということ自体、規範学の見地からして極めて重要なことであって、実定法が示すこのような関心の意味を、法学的に追求してみる意義と必要は大であると思われる」とするのであった。[23]

もっとも、現行の警察法が想定する〝警察組織〟の活動を考察の対象とするということは、あくまで法学的（実定法的）な議論の出発点に立ったということに過ぎず、警察が他の行政機関が所管する任務との関係において果たして、またどの程度まで関与できるか、という本章で設定した問いに直接答えるものではない。[24]当然のことながら実定法の定めを出発点とするということは、実定法の規定に従えば――憲法に反しない限り――どのような任務でも警察に割り当てることが可能であることを意味するものではない。個々の法律規定は、警察の活動を規律する法秩序（本書ではこれを便宜上警察法秩序と称する。）全体の趣旨目的に照らしつつ関連規定と矛盾抵触なきよう、そして一貫性を担保する法内在的な準則に最低限従わなければならないからである。この意味において、高田が提示する（拡大された）警察消極目的の原則もまずは現行警察法に通底する理念・考え方を踏まえた上で、実定法の定めの中で検証されなければならない。[25]

三　このような観点から考察すると、警察官職務執行法（昭和二三年七月一二日法律第一三六号。以下、警職法と略す。）一条一項が規定する「他の法令の執行」の解釈は、この問題を解く検証素材として適例と言いうるだろう。警察の任務を規定する警察法二条二項によれば警察の活動は同一項で掲げられた責務の範囲に「厳格に……限られる」と規定しているが、他方で警察官の個別的権限を規定する警職法一条一項は、「この法律は、警察官が警察法（……）に規定する個人の生命、身体及び財産の保護、犯罪の予防、公安の維持並びに他の法令の執行等の職権職務を忠実に遂行するために、必要な手段を定めることを目的とする。」と規定した上で、八条で「警察官は、この法律の規定によるの外、刑事訴訟その他に関する法令及び警察の規則による職権職務を遂行すべきものとする。」と定めている。この法律の文言を形式的に読む限りでは、「他の法令」が警察法の定める警察責務に入らない職務を警察に任ずる場合でも、警職法上の権限を行使することが可能になりそうである。[26]しかし、この問題については、従来から学説上二つの相対立する見解が存在していた。[27]

一つは、警察法二条二項は警察責務を「厳格に」限定しその拡大を防ぐ趣旨であるとして、他の法令の執行をあくまで警察法が定める警察責務の内容に限定する見解（限定列挙説）である。例えば、須貝脩一は「警察法第一條は、警察の責務を終局的完結的に決定したものである点に於て、行政警察規則第一條が警察の元来の職務を一應定めたものにすぎず、それ以外の他の法令により異種的諸行政機能が警察に委ねられ得たのと全く異なつて居る」[28]という。「新たなる法律または条例を以てすれば、警察機関に右の事務以外の事務を委ねることも不可能ではないかに見える〔が〕、新たなる法律によつて、警察法の規定による職務以外の事務を警察に委任することは警察本来の職務の能率を害するか、または警察権の濫用に導くおそれがあり、警察法立法の精神に反する」[29]というのがその理由である。もう一つは、他の行政機関が明確に所掌していないものについては「交通の取締り」以外の（例えば産業警察、衛生警察といった）狭義の行政警察であっても警察の責務に含まれるとする見解（例示列挙説）である。[30]例えば警察実務家である高石和夫は、現代社会における生活危険の増大の、国民意識の不安からくる「規制需要の高まりは、警察に対して、これら生活危険の規制を求める、規制需要の範囲及びそれに伴い利害調整機能を果たすべく期待されている分野の範囲を、著しく拡大させている」という。ゆえに高石によれば、「警察の責務」である「公共の安全と秩序の維持」の概念は、「時と所とを異にして、その内容に変化のある、『動く概念』であり、『本質的に進化する概念』であ」って、「警察が、従来、『警察の責務』と解してきた範囲を超える規制需要に対して、警察は、それを『警察の責務』外であると速断して、拒否してはならない」というのである。[31]

　最近では後者の例示列挙説が支持されていると評されているようであり、[32] また事実、実務においても既に「他の法律によって警察機関に権限を与えている場合は、それが本条（警察法二条——筆者註）に規定する責務の範囲内であるかどうかにかかわらず、その権限の行使が認められることはいうまでもない」（強調——筆者）と一般的に理解されているところである。[33] しかし同説が、警察法二条二項の定める〝限界〟との関係において、果たして、またどの程度説得的であるかは、学説判例上、十分に検証されていない。[34] そもそも法が「厳格に……責務の範囲に限られる」と強調して規定している場合には、これが最終的規律、すなわち特別法によっても変更できない規律であると解するのが法解釈として、また警察法（特に旧警察法（昭和二二年法律第一九六号））の制定経緯からしても自然な態度であるし、[35] またこのことは、旧警察法一条が「警察は、国民の生命、身体及び財産の保護に任じ、犯罪の捜査、被疑者の逮捕及び公安の維持に当ることを以てその責務とする。」と定め、具体的に「公共の秩序の維持」「生命及び財産の保護」「犯罪の予防及び鎮圧」「犯罪の捜査及び被疑者の逮捕」「交通の取締」に加え「逮捕状、勾留状の執行その他の裁判所、裁判官又は検察官の命ずる事務で法律をもつて定めるもの」（同法二条）のみを挙げていたことからも裏づけられる。[36] 現に警職法八条により「刑事訴訟その他に関する法令及び警察の規則」として想定されているのは刑事訴訟法の他、風俗営業等取締法、古物営業法、質屋営業法、道路交通法、遺失物法、銃砲刀剣類所持等取締法等、多くは一般的権限を持つ警察官が警察責務の枠内で特殊具体的な事態に対処する場合の特別な職権職務を定めたものであり[37]、警職法と一般法・特別法の関係にあるとみることが可能な法令である。そうであるとするならば、警察責務と全く無関係な職権職務を担わせることは、この一般法・特別法の関係から離れ、警察責務を「厳格に」限定した警察法に法体系上違背すると評することも直ちに不可能とは言い切れないであろう。また、警察の責務外であると想定されている〝産業警察〟〝衛生警察〟といった任務についても、警察がこの任務を（許認可権限を含めて）全面的に担うのか、それとも行政機関が行う立入り調査等に一部関与するに留まるのかによっても随分と結果は異なる。仮に警察の責務と全く無関係な職権職務を遂行することが認められるとしても、警察法二条二項に照らしてもなおこれが正当化されるのか、論証負担を負わなければならないのであって[38]、個別法の規定さえあれば警察法二条の責務とは無関係に警察任務とすることが可能との見解は決して「いうまでもない[39]」と即断できる問題ではないようにも思われる。いずれにせよ、警察の任務範囲をめぐる問題は、我が国の警察法ないし警職法制定の経緯を踏まえ、改めて慎重に考察し直す必要がありそうである。

(11)　代表的なものとして、田中二郎『新版行政法下巻（全訂第二版）』（弘文堂、一九八三）五六頁。

(12)　関根謙一「明治憲法下における警察の概念」成田頼明先生古稀記念『政策実現と行政法』（有斐閣、一九九八）四五二頁以下（同『関根謙一警察法等論文集』（立花書房、二〇一八）所収三〇三頁以下）。参照、島田茂「明治憲法下における警察法理論の構造」甲南法学五三巻二号（二〇一二）四頁以下（同『警察法の理論と法治主義』（信山社、二〇一七）所収三一一頁以下）。

(13)　参照、田村・前掲（6）七〇頁以下。

(14)　美濃部の警察概念が学問上の概念として構成されたことも大きな理由として挙げられている。参照、関根・前掲（12）五〇九頁以下。また、戦後田中二郎が、当初警察消極目的の原則を限界論として挙げていなかったにもかかわらず、一九六二年（昭和三七年）『新版行政法下巻』（弘文堂）で特に説明もなく新たにこれを追加していることを指摘するものとして、須藤陽子「日独警察法理論の相違――『警察権の限界論』に対する批判に答えて」立教法学八〇号（二〇一〇）一八七頁（同『比例原則の現代的意義と課題』（法律文化社、二〇一〇）所収一一四頁以下）。

（15） 高田敏「現代行政の展開と警察法」公法研究三四号（一九七二）二二八頁。同様の主張として、杉村敏正編『行政法概説各論（第三版）』（有斐閣、一九八八）八六頁。参照、島田茂「警察規制の概念と手法」芝池義一ほか編『行政法の争点（第三版）』（有斐閣、二〇〇四）二一三頁。

（16） 福祉配慮的任務を給付行政ないしサービス業務と言い換えることができるならば、現実の警察実務においては既に、犯罪被害者の救済、暴力団離脱者に対する援護、風俗営業・警備業等の適正化、青少年保護、住宅防犯の目的のためにする相談・助言業務等を行っている。成田頼明「警察法五〇年の回顧と展望」警察学論集五七巻七号（二〇〇四）五九頁は、このような事実をもって同原則を疑問としている。もっとも、危険防御か福祉かという対立は本来、父権的絶対主義国家からの脱却という主題の下、個人の自律の確立にかかる問題として論じられてきたテーマであって、個別具体的な機関の権限を念頭に置いた議論とは次元が異なるものであったことに注意が必要である。B. Drews/G. Wacke/K. Vogel/W. Martens, Gefahrenabwehr, 9. Aufl. 1986, S. 49 は、本来危険の防御にかかわる建築警察や営業警察が、時折「福祉警察（Wohlpolizei）」と称されたことは不幸であったと述べている。

（17） 他方で白藤博行「『安全の中の自由』論と警察行政法」公法研究六九号（二〇〇七）六〇頁は「法秩序形成」と対比させた上で「法秩序維持」たることを求める「警察消極目的の原則」の根拠を、「国家による権力（Macht）と実力（Gewalt）の独占」と「私人による実力行使の禁止」に求め、同原則は「実力による紛争解決」が「紛争の平和的解決」との関係において常に補充的、消極的でなければならないという紛争解決の原理・原則を示したものと説明する。しかし近代国家成立のために正当に認められた「実力を有する特別な行政権」である警察が、どのような範囲の任務を担い得るかという問いは、近代国家成立の説明根拠である「権力独占」や「自力救済の禁止」から直ちに答えが導かれるものではない。「実力による紛争解決」も完全に排除されていない以上（否、私人に代わり、実力による紛争解決が国家にこそ認められるのであれば）、やはりどのような場合にそれが認められるのか、実定法による詳細な内容形成が必要となろう。その意味において「法秩序形成」や「法秩序維持」といった概念も、「権力独占」概念などと同様になお記述的説明概念にとどまり、警察の具体的な活動を規律する規範とするには不十分であるように思われる。

（18） 高田・前掲（15）二二九頁。

（19） 杉村編・前掲（15）八六頁が、警察消極目的の原則を「本来的な警察機関に対しては原則的には消極目的のための作用を授権すべきであるという立法原則」と称していたのに対して、古谷洋一編『注釈警察官職務執行法（四訂版）』（立花書房、二〇一四）四五頁は、

「これは、行政裁量を統制する手段としての『警察消極目的の原則』の議論とは異なり、行政事務の分配に関する一定の立場からの政策的な提言（……）とでもいうにすぎないものである」と批判する。

(20) なお同原則は、規制権限不行使による損害賠償請求訴訟において被告国側が規制権限行使義務を否定し責任を回避する論拠として持ち出されるケースもある。参照、大阪地判平成一五年三月一三日判例時報一八三四号六二頁以下。

(21) 脱警察化によっても国家による介入が自由主義的に解されることにはならない旨、Vgl. Drews/Wacke/Vogel/Martens, a.a.O. (Anm. 16), S. 52f.

(22) ちなみに髙木光「警察行政法の現代的位置づけ」「警察行政の新たなる展開」編集委員会編『警察行政の新たなる展開』（東京法令出版、二〇〇一）一七七頁以下は、高田説を検討した上で「高田説によれば、現行の風営適正化法や道路交通法も『積極目的』を含む限りで、憲法違反ないし警察法二条違反ということになりかねない」とし、「『組織としての警察』に『犯罪の予防』に直接の関係を有しない様々な『任務ないし所掌事務』を割り当てることは、他の行政機関との役割分担や国民への影響という見地から『立法政策的』に望ましくはないが、憲法違反は生じず」、また「警察法二条一項はそれほど強い規範的意味を持たないと考えるのが穏当であろう」との立場を示す。

(23) 藤田宙靖「警察行政法学の課題」警察政策一巻一号（一九九九）三一頁以下（同『行政法の基礎理論上巻』（有斐閣、二〇〇五）所収三四七頁以下）。この考えに基本的に賛同するものとして、髙木光「警察行政法論の可能性」警察政策二巻一号（二〇〇〇）一七頁以下。

(24) 藤田・前掲（23）三二頁も続けて次のように述べ、その課題に言及している。
「〔警察法第二条一項二項〕に定められた、『責務』及び『限界』が、警察機関の行う行政活動に対する法治主義的制約につき、どのような具体的意味付けを与えるかを検討することこそが、先ず以て、行政法各論としての警察行政法学の課題であるというべきである。」

(25) ちなみに〝実定法の定めに基づいた検討〟ということに関連して、白藤博行「リスク社会下の警察行政」ジュリスト一三五六号（二〇〇八）八八頁は、実定法の内容を法実証的に考察する必要性を論じた拙稿（「危険概念の解釈方法（四・完）——損害発生の蓋然性と帰納的推論」自治研究八四巻一号（二〇〇八）一一八頁——本書第三章）に言及しながら「米田がいうところの『立法者により』『実定法規範に組み込まれた（広い意味での危険防御の）法技術を発見する姿勢』はことのほか重要である」としつつも、他方で、個別法令による警察庁の事務の拡大が準備されてきた現実を踏まえつつ、「実定法による警察規制の可能性を探求する際に、事柄の本質からして安易に実定警察法規範そのものへの過信・過重負担がないかといったところから、まずは出発しなければならない」と、くぎを刺していた。

実定（警察）法への「過信」「過重負担」に対する同種の疑念・批判については、白藤以外からも提示されている。例えば、岡田健一郎「日本公法学における『警察』についてのメモ――経済的自由規制目的二分論を出発点として」一橋法学七巻二号（二〇〇八）四三六頁以下は、警察という存在それ自体の合憲性を論じる文脈においてであるが、「〝法〟や〝国家〟の最終的な根拠づけではなく、個別具体的な法関係の内容的規定に関する根拠づけ」を問題にすべきとする筆者の見解に対し、「行政法学と憲法学を、この問題に関して同様に扱うことにはいささか問題がある」とする。岡田によれば、「行政法学はさしあたり当該法令の合憲性を前提に解釈論を展開することが多いと思われるのに対し、憲法学は当該法令の合憲性を、時には『〝法〟や〝国家〟の最終的な根拠づけ』にまで遡って検討せざるを得ない場面も存在する」からであり、むしろ「実定（行政）法の『メタ理論』を問うことが憲法学の課題」であるという。また桑原勇進『環境法の基礎理論――国家の環境保全義務』（有斐閣、二〇一三）一三六頁以下は、批判的に論じられる国家の基本権保護義務を擁護する文脈において、やはり「個別の法律関係それ自体から行政法関係を基礎づけること」を重視する筆者の立場を、かつて学説が厳しく批判してきた、行政手続に関する最高裁の制定法律準拠主義と同様の立場であり、「かなり問題」があるとし、むしろ立法による多数者の専制を防止するという観点からすれば、憲法的義務（基本権保護義務）と構成するほうが有効である、と指摘している。

いずれの疑念・批判も、個別の実定法のみに着目する筆者の考察態度を問題にしているという点で共通していると言ってよい。この問題は警察活動の統制方法のみならず、国家（ないし政治）と法の関係性についての考察態度ないし向き合い方にもかかわる重要な論点を含んでいる。しかし、少なくとも筆者が想定している「（個別の）実定法」とは、制定法律準拠主義を導くような狭い理解に立つものではなく、むしろ（――なおその構造が解明される余地のある――比例原則などの憲法原理に支えられた）個別実定法の内在的・体系的理解を通じて、警察活動の統制パースペクティブを拡大させることを志向するものであることを確認しておきたい。個別実定法の内在的・体系的理解を追求することで実定警察法が本来有する統制パースペクティブを（再）確認、（再）発見し、多数者の専制に対する、実効的な統制を可能にすることが、筆者がとる立場である（この立場は憲法的統制そのものを否定するものではない。）。「個別実定法の内在的・体系的理解を追求する」方法の開拓は、筆者に課せられた継続的な課題であるが、その回答の一端については、終章で示している。

(26)　また宮田三郎『警察法』（信山社、二〇〇二）一〇頁は、警察法二条の文言からすると、伝統的な行政警察作用を警察の責務から除外することは「文理的に疑問」、「法解釈論としては無理」と述べる。

(27)　田宮裕＝河上和雄編『大コンメンタール警察官職務執行法』（青林書院、一九九三）五九頁以下。

(28)　須貝脩一『警察法逐条解説』（法律文化社、一九四八）一九頁以下。

(29)　須貝脩一『行政法総論』（有信堂高文社、一九七六）一〇頁。同旨、加藤陽三監修『全訂警察法逐條解説』（新警察社、一九五二）二四頁。

(30)　高石和夫「現代社会と警察の責務（下）講学上の『警察』概念と警察行政」警察公論三五巻一一号（一九八〇）四五頁。他に、松井真理「学問上の『警察』の意味」警察公論三八巻一号（一九八三）九二頁以下、田村・前掲（10）六八頁等。

(31)　高石・前掲（30）四七頁以下。他方で高石は、この場合「保安警察も狭義の行政警察も、ともに警察法二条一項の『公共の安全と秩序の維持』に含まれるが、他の行政機関が明確に所掌している限りにおいて『警察の責務』の範囲が縮減された結果になっている」と説明する。この「縮減」という表現は、本章のテーマとの関連において吟味に値する表現である。

(32)　田宮＝河上編・前掲（27）六〇頁。但し同書は、例示列挙説に対し、①戦後の警察改革の歴史に照らすと、警察法の責務規定は安易な拡大解釈を許さないほうがよい、②行政取締法規に罰則を付することが多いが、その結果違反行為の予防・取締の責務は警察組織も負担することになり、警察の所掌が無限に広がりかえって能率的・効果的な不法事犯の抑止・除去が期待できなくなるおそれがある、③これに伴い予防・取締の重点の置き方などもすべて警察の裁量に任されることになるが、これをコントロールする適切な方法がない、④従って、犯罪捜査と治安維持のために必要な強力な人的・物的な組織と法的な権限を与えられている警察組織が、市民生活に深く関わる各種の許認可・統制・監視・取締等の行政権限をも与えられることになると戦前のような警察国家をつくり出すおそれがある、と以上四つの問題点を指摘している。

(33)　警察制度研究会編・前掲（7）五七頁。

(34)　例外として島田茂「憲法改正と最近の警察法学の動向」法の科学三八号（二〇〇七）三七頁以下が、本章と同様の視点からこの問題に触れている。

(35)　このような見解を唱えるものとして、既に加藤監修・前掲（29）二四頁。また、田上穣治『新版警察法』（有斐閣、一九八三）二七〇頁は、「警察の活動が、厳格に……警察の責務に限られるべきものとしたことは（警二条）、立法権を拘束せず、特別な法律によって例外の規定を設けても差し支えないようにみえる」が「特定の警察作用がいずれの機関の権限に属するかは、組織法によって決定されるから、警察法を改正しない限り、警察の責務の範囲外において普通警察機関の権限を認めることはできない」と述べる。

(36) 警察官職務執行法の前身である警察官等職務執行法の作成に深くかかわった上原誠一郎『警察官等職務執行法解説』（立花書房、一九四八）五〇頁も、同法一条が規定する「他の法令の執行等」の内容につき、明確ではないとしつつも所謂司法警察の事務を指すものと考えられる、と述べている。

(37) 参照、出射義夫『警察権限詳論』（警察時報社、一九五九）二〇二頁以下。

(38) ちなみに宮崎清文「警察権の限界――特に一般警察機関のそれについて」中原英典ほか編『警察学の諸問題』（立花書房、一九五〇）一八一頁は「現在では、一般警察機関が与えられた責務の範囲外で活動することは警察法違反である」と明言するが、そこで想定されている責務の範囲外の活動とは政治警察であり、比較的、限界事例として明確なものが挙げられている。

(39) 警察制度研究会編・前掲（7）五七頁。但し同書は、この文脈では「警察」ではなく「警察行政機関」という表現に言い換えている。その限りにおいて警察行政機関、つまり国家公安委員会が達成すべき目的は、警察法二条一項の責務に限定されず、警察行政機関が担う任務は大きく開かれる余地が出てくる。但し他方で国家公安委員会の任務・所掌範囲は「個人の権利と自由を保護し、公共の安全と秩序を維持する」任務とされており、――これを「究極目的」と言うかどうかはともかく――警察行政機関の任務・所掌範囲を画する外縁もまた示されている（警察法五条一項。平成一一年の中央省庁再編の法改正で明記された。参照、佐藤英彦「警察行政機関の任務、所掌事務及び権限」河上和雄ほか編『講座日本の警察第一巻』（立花書房、一九九三）五五頁以下）。犯罪被害者等給付金支給法の規定に基づく給付金支給、あるいは従来金融庁の所管であった「疑わしい取引として届け出のあった情報の集約、分析及び提供」（犯罪による収益の移転防止に関する法律）は「個人の権利と自由を保護し、公共の安全と秩序を維持する」任務であるとするのが現行法の立場であるが、いずれにせよ「個人の権利と自由を保護し、公共の安全と秩序を維持する」作用の規範的内実を――警察法二条が定める警察責務との異同を踏まえつつ――警察法秩序の体系的理解の中で明確にする作業が求められよう。この点に関し、「個人の権利と自由を保護し、公共の安全と秩序を維持する」任務はあくまで国家公安委員会の任務であり、警察庁の任務は警察法二条の責務のままであるという見解を提示するものとして、参照、白藤博行「『監視社会』と『警察行政法』理論の展開」法律時報七五巻一二号（二〇〇三）三七頁以下。

第二款　問題設定の再定式化――警察任務一般条項論

一　警察は、警察法二条が定める責務と限界との関係において、果たして、またどの程度、他の行政機関が所管する任務に対し関与することが認められるか、という本章で立てた問いは、実は戦後、公共の安全と秩序の維持と直接的に関わらない任務が警察以外の他の行政機関に配分されることとなった（旧）警察法制定当時において、一部の警察実務家の間では既に自覚されていたところであった。例えば宮崎清文は「警察権の分配――現行法における一般警察機関と特別警察機関の関係」(40)（一九五〇）と題する論考において次のようにその問題の所在を明らかにしている。

「従来の我が国の警察が保持して来た行政警察――それは時としては拡張解釈により所謂保育行政に迄及んでいたのであるが――分野における権限も、これを学問上より定義する時は広義の警察作用と言うを得べく、たとえそれが他の行政庁に移譲せられても、依然として広義の警察作用の一環と見做すことは必ずしも不可能ではない。これに対し新しい実定法上の警察を狭義の警察と称するならば、我が国の警察が広義の警察から狭義の警察に転化したことは、表現方法を変えるならば、警察の地方分権とは異つた意味で所論警察組織部外への警察権の分配が行われたとも考えられるのである。他方狭義の警察においても行政警察的権能は全然否定されたわけではなく、国民の生命、身体、財産の保護、或は公安の維持という形で一般的な責務を有しているのであつて、今仮に権限の移譲を受けた各個の行政庁を特別行政警察機関と称するならば、これ等と一般警察機関との間における権限の競合、両者の連絡調整等の問題は当然予想されなければならない。(41)」

同論考は、近く問題になるであろう警察組織運営上の課題を一般的に提示するものであったが、しかしその後この問題が正面から取り上げられ、議論されることはなかった。(42) その理由を探究することは我が国の警察法秩序の変遷史という観点からも興味深い課題であるが、一つの仮説として、我が国における戦後の警察改革が警察事務の市町村への移管や公安委員会制度の創設等、主として警察の民主化・地方分権に狙いが置かれたこと、また現行警察法への改正論議においても警察に対する民主的な管理と能率的運営の達成、地方分権と国の関与という、どちらかというと垂直的権限配分に議論が集中したことから、行政機関との権限分配という水平的権限配分への視点が不十分であった、つまり内務省の解体・脱警察化という政治的課題に関心が集まり、(43) そのドグマーティシュな意味、具体的には行政機関と警察の権限配分を論ずる視点が（宮崎を例外として）欠落していた、と考えられそうである。確かに戦後の警察改革は、これまで行政警察の名の下であらゆる国民生活に干渉してきた警察の機能を整理し、その責務を限定することを重要な改革の柱としていた。しかしこれだけでは警察の任務範囲を規範的に画定するには十分とは言い難い。これを裏づけるかのように実際我が国では、警察の責務を限定してもなお必然的に生じうる問題、つまり〝危険防御の任務に関し行政機関と警察とで管轄が競合した場合に、これをどのように調整するか〟という問題について、法律上ほとんど規律されていない。(44)

二　むろん、この問題を解決しようとする議論が全く存在しなかったというわけではない。例えば田上穣治は、他の国家機関の任務であるものはすべてもはや警察の任務ではない、とすることによって一定の解決策を提示している。田上によって提示された〝警察の補充性の原則〟によれば、法律によって警察とは異なる国家機関の権限に配属された事項はすべて、警察の管轄領域から排除されるという。例えば、民事法秩序や刑事法秩序の維持は裁判所の管轄領域であり、ゆえに警察の責務から除かれる。(45) もっとも田上はこれを警察の目的、つまり〝公共の安全〟という任務の観点から説明しているため議論が管轄衝突の問題からずれてしまっている。というのも、公共の安全の維持の任務が警察以外の機関にも法律上属せしめられることがあるにもかかわらず、そこで想定されている機関は、私権や国家刑罰権の実現を担う裁判所のみであり、行政機関については触れられていないからである(46)。しかしいずれにせよ警察機関の任務について一定の限界を画そうとする試みが存在していたことは注目されてよい。

これに対し警察実務家である松井真理は、警察の補充性の原理の主張者は法律解釈の議論と政策論議を混同しているとこれを批判している。松井によれば、複数の行政機関が同じような行政客体に対し同じような活動を行っている場合であっても、それぞれの行政機関ごとに実現しようとする行政目的が異なるのであるから行政組織法上は問題ないという。公共の安全と秩序の維持の任務が既に他の行政機関に割り当てられているにもかかわらず警察がこれに関わると、確かにそれは行政効率という観点から政策的に不適当ということになるが、しかし決して違法になるわけではないという(47)。また同じく警察実務家である田村正博も、「〔警察と他の機関の間で〕任務レベルで重複していても、それぞれが排他的な関係にはならない」と述べる。「他の機関が個人の生命、身体及び財産の保護と公共の安全と秩序の一部を任務としているからといって、警察の責務の対象外とされ、警察の責任が解除されるわけではな」く、「犯罪捜査における特別司法警察職員制度のように、合理的な理由がある場合には、複数の行政機関が担当することもあり得る」。むしろ「重複する任務を持つ機関等との間では、相互に連絡をとりつつ、協力してそれぞれの任務を果たすことが求められている(48)。」というのである。このような理解は、現在、警察実務で一般的に共有されていると言えよう。

三　しかし田村が述べるような、警察と他の行政機関の関係を論ずる場合、もう少し慎重な調査・検討を行う余地があるように思われる。第一に、複数の行政機関が担当することがあり得る「合理的な理由」とは一体何か。換言すれば、具体例として挙げられている「特別司法警察職員制度」は、警察と一般行政機関の関係に、果たして、またどの程度まで一般化できるか（他の機関が捜査機関と一般行政機関であることで違いは存在しないか）。第二に、警察と他の行政機関との間で排他的な関係にならないとしても、協力関係の在り様に全くルールは存在しないのか（両機関の権限行使の優先関係の有無など）。第三に、「相互に連絡をとりつつ、協力してそれぞれの任務を果たす」とは、どのような形態で行われるのか（私人に対する侵害的行為を伴うのか否か、事実上の協力か法的効果を伴う協力かなど）、またそこには限界は存在しないのか。しかしこれらの点は右の説明だけでは必ずしも明らかではない。この問題については後に改めて検討するが、少なくとも右説明では「警察の責任」という名で警察の広い活動領域（守備範囲）が示されているようにも見える。もしこのような理解が妥当するとした場合、他の行政機関が明確に所掌していないものについてはもちろんのこと、他の行政機関の権限であると定められている場合でも、それが警察の責務から明確に排除されない限り、公共の安全と秩序維持に関する事項は警察活動の対象となるという見解も成立することになろう。[49] 公共の安全の秩序の維持を図るために警察と他の行政機関が協力することそのものに異論はないとしても、このような理解は、警察法二条が厳格に限定した責務との関係において、果たして、またどの程度妥当するだろうか。両機関の協力関係を論ずる前に、まずこれらの協力関係の在り様が現行警察法秩序の中で整合的な形で説明される必要があるように思われる。そこで検討されるべきなのは、《他の行政機関の権限であると定められている場合でも、それが警察の責務から明確に排除されない限り、警察活動の対象となる》という命題（以下、本章ではこれを便宜的に〝警察任務一般条項論〟と呼ぶ。）が、我が国の警察法秩序において果たして、またどの程度妥当するかである。[50] 警察消極目的の原則によって展開されている主張もまた、この命題の妥当性を問うという形で別に論じるのが相応しいだろう。警察の責務から明確に排除されない限り警察活動の対象とされるのであれば、警察は「他の行政作用に付随して行われる警察作用」とされる行政警察の定義を通じて（公共の安全と秩序の維持に直接的に関連しない）他の行政作用にも関与可能という議論が生まれるからである。[51]

行政機関に対する警察の役割をめぐるこの種の問題は特に裁判の対象になることもなかったため、[52] これまで人々の関心を集めることはなかったといってよい。しかし「所論警察権の分配に関する諸問題は何れも何等かの意味で我が国の警察制度の民主化、更に広い意味では行政機構の民主化と密接な関連を有する」[53]ことからすれば、行政機関の任務に警察との何かしらの関わりが必要とされる状況においても警察の活動範囲が曖昧になることのないよう、警察法その他関連法規の趣旨目的に照らしその限界を可視化しておく必要があろう。そしてまたこれが可視化されるのであれば、行政機関に対する警察の役割もまたより明確となり、行政機関と警察との効果的・最適な連携・協力関係の構築に寄与すると考えられるからである。近時、警察実務の中からも、警察活動への期待の高まりを受け、両機関の権限分配に関する規範に関し、「領土専管的・排他的・固定的なものではなく、一種の相互乗り入れ的な業務運営を可能とするような規定振りないし解釈態度が必要となるのではないか」と、両機関の連携に係る規範の在り様を模索しようとする見解も示されているところである。[54]本章の問題意識とも共通して、大変興味深い指摘である。

四　本章は以上述べたような問題意識に基づき、警察消極目的の原則をめぐる従来の問題を《他の行政機関の権限であると定められている場合でも、それが警察の責務から明確に排除されない限り、公共の安全と秩序維持に関する事項は警察活動の対象となる》という命題の妥当性の問題として新たに位置づけ直し、その当否を検証することを通じて、行政機関に対する警察の役割並びにその限界を明らかにしようとするものである。付言するに、本章は警察の役割ないし権限が拡大することそれ自体の当否について論じるものではない。むしろ警察の役割が大きくなっている現状を踏まえた上で、行政機関と警察の規範的な関係を警察法秩序の中に適切に位置づけ、両機関による見通しの良い権限行使の在り様を探ることに主たる狙いがある。[55]

以下検討を始めるにあたり、本章は、我が国の警察法秩序の構造を相対的に眺めるためのいわば〝ものさし〟として、ドイツ警察・秩序法の任務配分原理を用いることとしたい。ドイツ警察・秩序法は、我が国と同様の脱警察化（危険防御権限の分散化）を経験しつつも、我が国とは異なり明確な規範的要請の下で行政機関と警察の役割分担を規律している。ゆえに、この任務配分原理を参照することにより、本稿が設定した課題解決の糸口が見つかり、また同時に我が国の警察法秩序の規律構造の特徴とその問題点も発見することができるのではないかと考えるからである。(56) むろんドイツと我が国との間では、連邦制の採用に基づく統治構造の違いをはじめ、人口の相違、警察組織の形態、これを規律する実定法の構造もまた同じではない。しかしそれでもなお、公共の安全と秩序の維持という任務は洋の東西を問わず国家の基本的作用であることに加え、我が国はドイツと同様の法治国家の仕組み（法律適合性原理と裁判所による権利救済）を採用し、戦後ドイツ（の多くの州）と同じく英米的な警察制度の影響を一部受けながら警察法制度が形成されていること等の点において、多くの共通点を有していることもまた事実である。従って以下では、ドイツ警察・秩序法の任務配分原理を手掛かりとして、本章で立てた課題に迫っていくこととしたい。

五　なお検討に入る前に論点が拡散しないよう、また議論が混乱しないよう、いくつかの重要な前提を付しておきたい。

第一に、本章が対象とするのは警察法二条が規定する警察、すなわち執行機関としての（都道府県）警察であり、（国家）公安委員会や警察庁、警察署長など行政官庁としての警察行政機関は含まない。むろん本章冒頭で言及したように、国家公安委員会が管理するところの警察庁の所掌事務が警察庁長官による指揮監督（警察法一六条二項）を通じて（都道府県）警察に及びうることを踏まえると、公安委員会ないし警察庁と執行警察の権限関係や実際の運用、そして何よりも「個人の権利と自由を保護し、公共の安全と秩序を維持する」警察行政機関の任務・所掌範囲の輪郭について慎重な考察が必要である。(57) しかし、本章は差し当たり警察の他の行政機関の任務への関与の在り様に関心を持つものであるため、行政官庁としての警察行政機関については取りあえず考察の対象から除く。第二に、行政機関の任務遂行において警察との連携・協力が問題となるのは、大きく、(1)秩序違反訴追（行政刑罰）時における警察との連携・協力の局面と、(2)危険防御任務における警察の連携・協力の局面の二つに分けられるが、本章は専ら後者の局面を取り上げるものとする。確かに捜査活動も犯罪予防という点で危険防御に資するため両者は密接な関連にあるが、犯罪捜査は既に発生した犯罪行為に対する国家刑罰権行使の準備行為としての性格を持ち、またその具体的手続が刑事訴訟法によって詳細に規律されるなど両者にはなお大きな違いが存在する。[58] ゆえに本章では、互いの任務特性を平準化させないという意味においても、前者の局面は検討対象から除くこととしたい。警察と海上保安庁・特別司法警察職員等との協力関係についても、その多くは捜査権の行使に絡み刑事訴訟手続に服することから、やはり本稿の対象から除く。[59] 第三に、行政機関に対する警察の役割を考察する際、原則として警察の権限に関する規定を設けていない、行政機関が所管する法律で規定された任務[60]に対する警察の関与を対象とする。現行法を眺めると、警察の個別的権限を定める法律としては警職法以外に、(1)警察責務を特定の領域において具体化した、警察庁が所管する法律（質屋営業法、風俗営業等取締法、銃砲刀剣類所持等取締法など）のほか、(2)警察庁所管の法律ではないが警察と極めて類似した性格と権限を有する執行機関（収税官吏・消防職員、少年補導職員）の権限行使において、警察にも一定の権限行使を認めた法律が存在するが（消防法二八条、少年法一六条、国税徴収法一四四条）[61]、しかしこれらの法律は既に内容上警察責務に関連するか、あるいは執行機関としての警察の権限と性質上密接な関連を有するものであるため、本章では直接の考察対象としない。本章では警察の権限に関する規定を何ら設けていない、行政機関が所管する法律で定められた任務の実施において、警察は果たして、またどの程度関与しうるかを主たるテーマとして設定するものである。

以上の前提の下、まず次節では、ドイツ警察・秩序法の任務配分原理、具体的には脱警察化の法的含意並びに、警察と行政機関の役割分担を規律する法原理を明らかにすることで、分析視角を獲得する。続いて第二節ではこの分析視角に基づき、我が国の警察法秩序における警察任務一般条項論の妥当性を、学説並びに個別の実定法を通じて検証する。そして最後に、これら検討結果を踏まえて、我が国の警察法秩序の規範構造の特徴とその問題点について総括することとしたい。

（40）宮崎清文「警察権の分配――現行法における一般警察機関と特別警察機関の関係」中原英典ほか編『警察学の諸問題』（立花書房、一九五〇）一四四頁以下。

（41）宮崎・前掲（40）一四六頁。この論点については、宮崎清文『警察官のための行政法講義（四訂版）』（立花書房、一九五九）二一七頁以下でも取り上げられている。

（42）戦前・戦後のドイツ警察法の変遷を丹念に追いながら、制定間もない我が国の警察法を分析した土屋正三氏（元警察大学校教授）もまたこの問題を「将来におけるわが警察のオリエンテーションとして、考究に値する」と指摘していたところである（土屋正三「広義の警察と狭義の警察」警察研究二八巻四号（一九五七）二四頁）。しかし須藤陽子「即時強制の系譜」立命館法学三一四号（二〇〇七）一〇〇三頁（同『行政強制と行政調査』（法律文化社、二〇一四）一九六頁）も指摘するように、「両者（警察組織と一般行政組織――筆者註）の関係がどうあるべきかという議論は現代においてもなお十分ではない。」。

（43）戦後警察改革史については、差し当たり、地方自治研究資料センター編『戦後自治史第五巻（警察および消防制度の改革）』（文生書院、一九七七）七頁以下、警察庁警察史編纂委員会編『戦後警察史』（警察協会、一九七七）五三頁以下、古川純「警察改革」加藤善雄ほか編『現代の警察』（日本評論社、一九八〇）一九二頁以下等、参照。

（44）須藤・前掲（42）一〇〇二頁は、「強大過ぎた警察権を抑制しようとする時代の趨勢にあっては、積極的に警察の関与をいうことは難しかったと思われる」と評している。

（45）田上・前掲（35）三二頁。

（46）言い換えると、田上は国家における管轄（Zuständigkeit）ではなく、国家の権限（Kompetenz）を論じていると言える。

（47）以上、松井真理「警察法二条一項の意味」警察公論三八巻二号（一九八三）九二頁。

（48）以上、田村・前掲（6）三六頁。

（49）田村・前掲（10）七〇頁。

（50）園部敏『行政法論』（法律文化社、一九五七）二六三頁は、戦前の警察は「他の機関の権限に属しない限り行政活動は警察機関によってなすべきものと説かれた」とする。

（51）事実、（都道府県）警察が生活保護などの福祉的活動に関わることは組織形態、専門的知識を持った人員の観点から見ても実際上困難であり、警察消極目的の原則を支持する論者もこのような可能性にまで警戒するものではないであろう。むしろ警察の責務（もちろん、論者によってその範囲に見解の相違はあるが）の枠組みの中で、〝予防〟を名目として警察の活動範囲が新たな法律の制定を通じて、あるいは他の行政機関の所掌事務を通じて拡大することに警戒するものと思われる。

(52) しかし組織法違反（管轄外の権限行使）が、権限行使の当・不当に留まらず、適法・違法判断に影響を及ぼすことは当然ありうる。ドイツ警察法においてこの問題を追求するものとして、P. M. Huber, Die Unaufschiebbarkeit - Rechtmäßigkeitsvoraussetzung polizeilicher Maßnahmen, BayVBl. 1989, S. 5ff.

(53) 宮崎・前掲（40）一四六頁。

(54) 荻野徹「新しい『警察法学』の構想」関根謙一ほか編『講座警察法第一巻』（立花書房、二〇一四）四二頁。

(55) なお結論を先取りすれば、本章では、警察一般条項任務論の否定ではなく、これに一定の〝合理的再構成〟が施される必要があることを論じようとするものである。

(56) P. Schneider, Polizei und Gefahrenabwehr in Japan, 2001, S. 118 は、日独警察法において多くの共通点があることを指摘しつつも、日本の法令には警察と他の行政機関の任務の競合を調整する規定が存在しないことに注目している。

(57) これらの問題を精緻に分析するものとして、島根悟「現行警察制度の基本構造に関する一整理」関根謙一ほか編『講座警察法第一巻』（立花書房、二〇一四）二三七頁以下。

(58) 但しこのことは、両者に異なる法原理が妥当することを直ちには意味しない。それぞれの個別具体的権限が機能的に等価であることを理由に両任務に共通の法（適正手続や比例原則など）が適用されることがあるのは当然である。参照、櫻井敬子「犯罪予防と行政法」渥美東洋編『犯罪予防の法理』（成文堂、二〇〇八）九二頁以下。

(59) この問題に関する分析は、既に宮崎・前掲（40）一五五頁以下が行っている。

(60) 従って、当初から警察庁が所管している法律（道路交通法、売春防止法、銃砲刀剣類所持等取締法のほか、風俗営業法、古物営業法、質屋営業法といった営業取締法令）の実施に係る警察の活動については対象外である。現在の警察庁の所管法令は、警察庁ホームページを参照。

(61) 国会の各議院や裁判所における秩序維持活動を定めた法律（国会法一一五条、裁判所法七一条の二、法廷等の秩序維持に関する法律三条二項など）もこのカテゴリーに含めることが可能であろう。但し、これが警察の責務内とされるか責務外とされるかは議論がある。責務外であるとするものとして、宍戸基男ほか編『新版警察官権限法注解上巻』（立花書房、一九七七）二七頁。

第一節　ドイツ警察・秩序法の任務配分原理――分析視角

第一款　脱警察化

第一項　「警察行政庁」――執行警察と行政警察

一　人の知るように、ドイツ各州が定める警察法の多くは一九三一年に制定されたプロイセン警察行政法（以下、PrPVGと略す。）を模範としている。これらの警察法に規定されている警察一般条項の雛型とされたPrPVG一四条一項は「警察行政庁は、現行法の枠内において、公共の安全あるいは秩序を脅かす危険を公衆あるいは個人から防御するために、義務に適合的な裁量に基づき必要な措置をとらなければならない」と規定していたが、同条項で規定されている「警察行政庁」とは、公共の安全と秩序の維持（危険防御）を担う行政機関一般（通常警察行政庁と特別警察行政庁）を指すものであった。[62]ここで注意を要するのは、本条文の起草段階において既に、PrPVG一四条一項に基づく警察行政庁の任務には福祉増進任務は含まれないことがクロイツベルク判決から続く判例法理からして当然とみなされており、新たに明文を以てこれを確認する必要はないと考えられていたという事実である。[63]従って、我が国で言うところの警察消極目的の原則は、ドイツでは少なくとも一般条項のレベルでは既に決着がつけられていたと言ってよい。

二　しかしこの警察行政庁は、PrPVG一四条二項の規定（個別法で委託される任務）に基づき、健康・衛生・営業・建築・農業・狩猟・山林・漁業など広範囲の任務も担い、執行警察（Vollzugspolizei）と行政警察（Verwaltungspolizei）

の組織を一体として包含していた。すなわち制服を着用した執行官吏と官庁内部の官吏との間には明確な区別がなく、警察行政庁が発した警察処分は、代執行や直接強制など強制手段が必要とされる場合において執行警察によって執行される構造となっていた。(64) つまり執行警察は、組織内部において警察行政庁の一部門として、警察行政庁の「目や耳としてのみならず、腕として」活動したのである。(65) さらに警察行政庁が有した権限は以上に留まらない。立法作用としての警察命令権のほか、刑事処分といった司法的権限もまた有していた。このような広範に及ぶ任務と〝公共の秩序〟概念の拡張解釈とともにその極限まで行き着いた先が、ナチズムによる警察の政治警察化、秘密警察化、そして軍事化であったことは周知の通りである。(66) 戦後ドイツの警察法は、このナチズムによる警察組織体制の解体から出発することになる。

(62) Vgl. H.-H. Pioch, Polizeirecht einschließlich der Polizeiorganisation, 2. Aufl. 1952, S. 47.
(63) E. Klausener/C. Kerstiens/R. Kempner, Polizeiverwaltungsgesetz vom 1. Juni 1931. Textausgabe mit Quellenmaterial, Kurzen Erläuterungen und Ausführungsbestimmungen, 3. Aufl. 1931, S. 57.
(64) Vgl. G. Enderling, Die Aufgaben der Ordnungsämter, 2. Aufl. 1952, S. 17f.; D. Bastian, Westdeutsches Polizeirecht unter alliierter Besatzung (1945–1955), 2010, S. 123.
(65) Pioch, a.a.O. (Anm. 62), S. 110.
(66) ナチスの警察法理論については、参照、宮崎良夫「ナチズムの警察法論（一）——ドイツにおける警察観および警察法理の変遷」社会科学研究三四巻五号（一九八三）一頁以下、島田茂「一九三二年プロイセン警察行政法に関する一考察（二）」甲南法学四七巻三号（二〇〇七）一頁以下（同『警察法の理論と法治主義』（信山社、二〇一七）所収四六頁以下）。

第二項　脱警察化の法的含意

一　第二次世界大戦後、警察行政庁に属していた任務は、戦勝国による占領の下、州毎に様々な形で廃止もしくは複数の行政機関に移譲された。占領国は既存のドイツ警察制度を、非ナチ化、非軍事化、分権化並びに民主化の方針の下で解体することで一致し、警察組織はそれぞれの占領国の警察モデルに沿って新たに編成されることになった[67]。中でも注目されるのは、伝統的なドイツ警察制度を徹底して変革することを志向した、イギリス・アメリカによる警察改革である[68]。

二　イギリス・アメリカの両国は、警察は国家の保護よりも市民の保護に寄与すべきとする、アングロサクソン流の自己防衛の思想に従い、立法作用である警察命令権や司法作用である刑事処分権を廃止するとともに、警察の地方分権化を徹底させることを改革方針としたことで知られる[69]。イギリスの占領地域で実施された「イギリス占領地域におけるドイツ警察システムの再建に関する指令」（一九四五年九月二五日）によれば、警察と関連のないすべての活動を排除し、これを徐々に他の行政庁に移譲することによって、警察の責任と任務をその本来の領域に制限し、警察からあらゆる司法的並びに立法的権力を撤廃し、行政警察を特別な組織として新たに確立することが改革の主要目的とされた。警察の概念は、「他の行政庁とは無関係に自らの任務を遂行する独自の非軍事的組織」として定義され、「生命並びに財産の保護、法律と秩序の維持、犯罪の防止と解明、犯罪者の裁判所への送致」と必然的に結びつかない目的の遂行のためには「警察という用語を用いてはならない」とされたのである[70]。これにより、かつて警察行政庁に属していた《公共の安全・秩序の維持あるいは犯罪行為の予防といった任務と直接関連のない任務》（いわゆる行政警察）が警察の活動領域から取り除かれ、新たに〝秩序行政（Ordnungsverwaltung）〟[71]として一般行政機構に編入もしくは新たに組織される一方[72]、警察は制服を着用した保安警察として、急迫の危険の除去を目的とする緊急的な措置（unaufschiebbare Maßnahme）を講じる機関へと縮小されることになった[73]。これはすなわち、危険防御任務は第一に秩序行政庁が担い、警察はただ〝緊急時における危険防御、犯罪行為並びに秩序違反の訴追の際の検察官との協働、執行援助並びにその他法律で委託された任務〟に限定されるというシステムの確立であり、危険防御は、法律が明示的に警察にその任務を割り当てていない限り秩序行政庁が権限を有するという〝秩序行政庁の権限の推定〟〝警察任務の列記主義〟が妥当することを意味した。[74] この種の改革は、危険防御の任務の担い手を警察と秩序行政庁に組織的に分離させる点に特徴があるため、これによって成立した組織形態は一般に分離システムと言われている。[75]

三　ところで、警察と秩序行政庁を組織的に分離させるこの警察改革は、権力の相互抑制の体制を整えることで警察による権限濫用を阻止する目的を実現するためであった。[76] このような効果を指して、分離システムはしばしば〝脱警察化〟の成果と評されたが、しかしこのような改革にドイツ側から全く批判がなかったというわけではない。[77]

一つは、警察権力の濫用を警察組織の分離によって阻止しようとする考えは今日ではもはや根拠がないとする批判である。かつて警察概念は、「国家が尊重する自由の範囲は、警察権力の範囲から読み取られる」[78]という法治国家保障機能と密接に結びついていたが、基本法制定以来、すべての国家権力が法と法律に拘束され、基本権への介入には常に議会による詳細な法律の根拠が必要とされると、もはや警察の活動範囲を限定することそれ自体に法治国家的意味を見出すことは困難となる。そもそも秩序行政庁を新たに設けるといっても、それは単に言葉の使用方法にかかわる形式的な問題であるに過ぎず、例えば〝建築警察（Baupolizei）〟を〝建築監督（Bauaufsicht）〟に言い換えたところで公共の安全と秩序の維持のための（実質的意味における）警察上の権限に何ら影響を与えるものではない。[79] むしろ秩序行政庁に対して警察という呼び名を用いないことは、従来、警察に対して適用されてきた法原則、特に比例原則が秩序行政庁にも適用されることを覆い隠す、というわけである。[80] また第二に――特にこちらが実際上重要な批判であったが――、危険防御を担う機関が警察と秩序行政庁の二つに分離されると、危険防御の任務の履行責任を互いに転嫁し合うなど両者の間に常に権限争議が発生し、法的安定性を損なうという批判である。[81] とりわけ新たに創設された秩序行政庁に対しては、どのような法律が適用されるのかなお曖昧であり、警察組織改革はかつての秩序立ったプロイセン警察の仕組みを破壊し、秩序行政庁による処分が執行警察によって確実に履行されないなど、（占領当局の意図とは逆に）法的不安定性を助長するおそれがある、[82]と言うのである。

しかし他方でこれらの批判は、必ずしも多くの支持を集めることにはならなかった。第一の批判に対しては、脱警察化の象徴的意義が強調された。つまり、警察と秩序行政庁の概念的ないし組織的な分離によって、かつての警察が有した〝無限の権限〟が再び想起されるのを阻止し、ナチズムの時代との明確な決別を表明することができる点が強調された。[83]また、プロイセン警察の伝統的なシステムでは組織内部では行政警察と執行警察とに分けられていたとしても、外部、つまり市民の目からはいつも〝警察〟が活動していると映るが、分離システムでは市民は自分が誰と向き合っているのかを明確に認識することが可能となり、責任の所在を明らかにするという点において市民にとって有益であるとされた。[84]さらに、分離システムそのものは、警察に対して適用される比例原則が秩序行政庁にも等しく適用されることを妨げるものではない、ともされた。

もっとも第二の批判については、一部、正当な内容を含むものであった。というのも、確かに新たに創出された秩序行政庁にも、かつてのPrPVGがそのまま適用されるのか疑問が呈されており、秩序行政庁の権限行使にかかる法的根拠がなお不明確なままだったからである。この点に関し、一部の学説では、警察組織が占領当局によって根本的に変更せしめられた以上、警察並びに秩序行政庁の活動には、新たな法律上の規定の根拠が必要であるとの見解が主張された。[85]このような見解は多くの論者においても一致していたが、しかし実務的にはかつてのPrPVGが広く解釈されるべきか狭く解釈されるべきか、という問題のみが論じられたため、法的不安定性の除去は最終的には州政府並びに占領当局による政治決定を待つほかなかった。[86]しかし占領当局は専ら組織的な問題、つまり形式的警察法にのみ関心を寄せていたため、この種の警察実体法上の問題については特に具体的な手当てを講じることはなく、また州政府の多くも単に占領当局の形式的警察法に対する要求を州法において実現するということのみ集中していたため、一向に改善されることはなかった。もっとも一部の州では、このような法的不安定性を解消すべく、早くから秩序行政庁の活動を支える法的根拠の制定に向け議論が行われていたことは注目されてよい。この問題にいち早く取り組み改善を試みたのは、シュレスヴィヒ＝ホルシュタイン州であった。[87] 同州は〝シュレスヴィヒ＝ホルシュタイン州による警察の引き継ぎのための法律〟（一九四七年一月四日）四条において、「警察の機関は、以前の行政警察の任務の枠内において、執行措置の遂行を求める行政庁の要請に応じなければならない。」という規定を設けた。脱警察化により秩序行政庁から執行警察が失われることになる以上、警察の援助なしでは秩序行政庁による処分は事実上履行されず放置されかねない。同規定は秩序行政庁の活動に実体法上の根拠を与えるものではなかったが、脱警察化によって必然的に発生する〝秩序行政庁からの執行機構の喪失〟という問題を解決しようとしたのである。しかしその後、さらにシュレスヴィヒ＝ホルシュタイン州政府は、秩序行政庁の実体法上の法的根拠を整備すべく対策を講じた。同州の内務大臣は、一九四九年三月八日の訓令を発令し、秩序行政庁はPrPVGに定められた手段（処分（PrPVG四〇条以下）と命令（PrPVG二四条以下））を引き続き用いることができることを確認するとともに、一九四九年の警察法（一九四九年三月二三日）では、その適用対象を秩序行政庁にも及ぼし、PrPVG一四条一項とほぼ同様の一般条項を一条一項に設けるほか、同条三項において「一項の諸原則は、……公共の安全あるいは秩序の維持のために活動する限り行政庁にも適用される。警察はこの範囲における執行措置の実施のための行政庁の要請に応じなければならない。」と明確に定めることで、ついに秩序行政庁の活動に明確な法的根拠を与えたのである。[88] このような内容を持つ警察法の規律はその後、内務省訓令という形ではあるがニーダーザクセン州でも採用されることとなった。

四　ともあれ各州は、占領期を経て再び主権を回復した後、改めて独自の警察法を制定することになったが、基本的には、占領期に行われた警察改革の路線を踏襲することになった。確かに占領当局による警察改革は、ドイツ警察法の伝統からすれば決して容易に受け入れられるものではなく、占領当局の関与が徐々に緩和されるにつれ、各州は独自の警察制度、就中プロイセン警察行政の「復原」[89] へと向かうことになった。しかし戦後警察改革の最も重要な柱であった警察からの立法的・司法的権限の剥奪をはじめ、組織分離による執行警察の純化という方向性については――ノルトライン＝ヴェストファーレン州などの例外はあったものの――大きく変更されることはなかった。(90) それは分離システムが市民と直接向き合う執行警察のみを〝警察〟と呼ぶことでナチズムとの断絶を鮮明にするとともに、脱警察化のデメリットについては新たな法規定で手当てをすることによって法的安定性を確保しうることから、なお維持可能と考えられたことによる。各州の警察法をある程度において統一すべく、連邦及び州内務大臣会議によって定められた〝統一警察法模範草案〟(一九七七年)(91) においても、採用されたのは分離システムであった。

五　しかし他方で秩序行政庁の創設や警察の名称云々とは別に見落としてはならないのは、組織内部的にせよ執行警察と行政機関を区別し、これに応じた権限の違いを設けている点では、プロイセン警察行政と同じ組織体制を維持する統一システムにおいても異ならないという事実である。統一システムにおいても二つの組織は区別され(行政警察(警察行政庁)と執行警察)、行政警察(警察行政庁)が中心的に危険防御任務を遂行する一方、執行警察は――法律上別段の規定がない限り――緊急時における危険防御を担うという構造となっている。従って、統一システムを採用する州もまた、警察を行政警察と執行警察の機能的に二つに区別させている限りにおいて分離システムと基本的に大きな違いはないということになる。警察から一般行政を組織的に分離するということが脱警察化の主要な狙いの一つであったとするならば、統一システムでは脱警察化は行われなかったとの評価は行政機関の名称や組織の形式的分離のみを問題とし、両行政機関の〝組織体制・機能〟〝任務履行の方法〟〝職員の育成方法〟といった組織的特徴を考慮に入れていない点で、表層的であると評されることになる。(92)

例えば執行警察には、〝室外での業務〟〝現場との近接性〟〝事実行為に基づく危険制圧の迅速性〟〝口頭主義、非形式性〟といった特徴が挙げられる。執行警察は、急迫の危険を迅速に現場で制圧することに長けている。二四時間サービスを提供しうるのは――消防と医師による救急業務を除けば――執行警察のみであり、あらゆる事故・地滑りの危険・健康への危険・自然災害において常に執行警察が事実上最初の権限行使者となる性質を持つ。[93] このことは刑事訴訟法に規定される犯罪捜査の領域にも当てはまる。これに対して秩序行政庁（警察行政庁）には、〝室内での業務〟〝現場から距離がある〟〝処分による危険の制圧（即座には実現しない危険への対応）〟〝一般的抽象的規律による危険（抽象的危険）の防御〟〝書面主義、形式性〟といった特徴が挙げられる。秩序行政庁は官署の中（屋内）で事務的な業務を行い、中長期的に危険に対処することに長けている。例えば抽象的危険への対応として、徹底した調査に裏づけられた統計的データに基づき一般的抽象的規範を制定することなどがその一例である。つまり、執行警察は執行機関として外勤業務に従事するのに対し、秩序行政庁は事務的に（デスクワークとして）、とりわけ書面による処分の発令といった形式で危険防御措置を講じる、といった特徴を指摘することが可能である。[94] もとより、右に見たような両機関の組織的特徴は、あくまで抽象的・傾向的・理念的なものであって現実には異なる部分もある。[95] しかしここで注目されるのは、相応の手段と相応の専門的人員を備えた異なる行政機関の存在が、危険防御を状況に応じたきめ細かな任務遂行を可能にしているという点である。[96] この文脈で理解される両機関の組織的分離は、もはや権力抑制という権力分立の古典的理解[97]だけでは説明できない。むしろ危険防御を実効的に遂行するために相応しい組織機構とはどのようなものであるべきかという機能的な理解に基づいていると言えよう。[98]

これを裏づけるように、そもそもドイツにいう脱警察化とは、ナチズムの反省に基づいた権力抑制という観点からのみ理解されるようなものではなかった。戦後の脱警察化による改革は、警察から軍事的機能・立法的機能・司法的機能を取り除くとともに、これを地方分権化することに最も重要なミッションがあったが、その程度は占領国によって濃淡があり、フランス占領下の州のように組織体制としては戦前と殆ど変更がないケースもあったところである。これは、既にドイツ警察法が広い意味での脱警察化（警察権限の縮減）を経験してきたものであったことにも由来している。振り返ってみるとドイツ警察法の展開は、拡大していく行政活動が警察から徐々に切り離されていく歴史であり、少なくとも第一次世界大戦並びにワイマール時代以降は、危険防御に関わる行政組織は急速に細分化されていた。[99] ワイマール時代には、危険防御はもはや制服を着た執行警察の独占的任務ではないという認識が共有されており、執行警察（国家）保安警察）と（地方）行政警察は、実質的には機能的に区別されていた。[100] というのも、建築警察、衛生警察、外国人警察のような伝統的な行政警察は、徐々に官僚的業務を担う一般行政活動と共通性を獲得する一方、パトロール、捜査、強制権の行使等といった古典的な警察業務との類似性を明らかに失っていったからである。その決定的な要因は、その対処において行政機関による特別な専門的知識を必要とする生活様式の登場と、これに伴う危険の増大にあった。[101] つまりそこには既に事態処理のために相応しい行政組織の機能的分離の発想が生まれていたのである（「真正の脱警察化」[102]）。このような事実を踏まえると、戦後の脱警察化も決して「占領軍によって感染させられた、警察を保安警察と秩序行政に組織上解体するという流行病」[103] として単純に評価されるものではなかった。[104] 占領当局による脱ナチの指令は、確かに実体的警察概念を採用するドイツ警察法の伝統を破壊するものとして理解しうるものではあったが、ドイツ警察法の歴史においても以前から同様の方向性を示す傾向が存在していたことからすれば、[105] 戦後の脱警察化もまたその延長として、あるいは再継続として理解しうるものだったのである。[106]

六　このような観点からすると、脱警察化を単に権力抑制に基づく組織的分離の観点からのみ消極的に理解するのは一面的ということになる。脱警察化という言葉は、確かに国家権力の抑制と均衡という権力分立の古典的機能を――戦前の反省を踏まえるという政治的コンテクストの中で――警察組織の領域において表現したものであることは間違いない。[107] しかし、手段の相違を踏まえた組織法的観点、並びに権力分立の新たな意味づけから同現象を観察するならば《危険防御は秩序行政庁が主たる権限を有し、警察は急迫の危険に対応する緊急権限を有する》という組織の特性に適合的な権限行使の問題として新たに捉え直すことも可能となろう。[108]

そこで以下では、このような意味での脱警察化の具体的姿（脱警察化の法的含意）に注目し、〝組織の特性に適合的な権限行使〃という視点から見た、秩序行政庁と執行警察との具体的な役割分担について確認することにしたい。ここにこそ、脱警察化の法ドグマーティシュな意義が認められると考えられるからである。以下では分離システムを採用する統一警察法模範草案（一九八六年補正のもの。以下、MEPolGと略す。）の条文規定を中心に、また関連する州警察法の規定も参照しながら、危険防御の任務を遂行する両機関の適正な役割分担並びに協働の在り様について見ていくこととする（以下では原則として分離システムを念頭に、「警察」と「秩序行政庁」という用語を用いることとする。）[109]。

(67) Vgl. Bastian, a.a.O. (Anm. 64), S. 9ff. 保木本一郎「西ドイツにおける警察法の動向——行政警察の解体」加藤善雄ほか編『現代の警察』（日本評論社、一九八〇）二二〇頁以下。

(68) アメリカについては、Vgl. O. Gönnenwein, Die Gestaltung des Polizei- und Ordnungsrechts in den Ländern der amerikanischen und französischen Besatzungszone, VVDStRL 9 (1952), S. 181ff. イギリスについては、Vgl. H. J. Wolff, Die Gestaltung des Polizei- und Ordnungsrechts insbesondere in der britischen Besatzungszone, VVDStRL 9 (1952), S. 134ff.

(69) Vgl. Wolff, a.a.O. (Anm. 68), S. 143.

(70) アメリカの占領地域では、一九四七年五月二二日の軍事政府の公共の治安制度に関する指令第九章に基づいて行われた。Vgl. Drews/Wacke/Vogel/Martens. a.a.O. (Anm. 16), S. 14.

(71) 危険防御任務を担う行政庁は様々な名称で呼ばれており、例えばハンブルク、ニーダーザクセン州、ザクセン州等では危険防御の行政庁、ベルリン、ブランデンブルク州等では秩序行政庁、バイエルン州では安全行政庁、ヘッセン州では危険防御行政庁と呼ばれている。以下、本章では便宜上、秩序行政庁という用語を用いる。

(72) 秩序行政庁は、通常、一般秩序行政庁と特別秩序行政庁に分かたれる。一般秩序行政庁とは危険防御に関するあらゆる任務に対して権限を有する行政庁であり、例えば州政府（Landesregierung）、管区政府（Bezirksregierung）、行政区長官（Regierungspräsidium）の他、自治体行政庁（Kommunalbehörde）としての郡長（Landrat）、市町村（Gemeinde）などが挙げられる。これに対して特別秩序行政庁とは、危険防御の任務が法令によって明示的に委託された場合にのみ権限を有する行政庁であり、建築秩序行政庁や環境官庁など、一般行政とは異なる組織として特に特別な専門的知識を要する危険防御任務を担う行政庁である。もっとも行政実務では、一般秩序行政庁と特別秩序行政庁の区別に重要な意味はなく、単に特別危険防御法令に対する警察一般条項の補完性を、組織上からも分かりやすく示すことに寄与するに過ぎないと理解されているようである。Vgl. M. Möller/G. Warg, Allgemeines Polizei- und Ordnungsrecht, 6. Aufl. 2011, S. 19.

（73） Vgl. Gönnenwein, a.a.O.（Anm. 68）, S. 183f.

（74） Vgl. K.-H. Friauf, Polizei- und Ordnungsrecht, in: E. Schmidt-Aßmann（Hrsg.）, Besonderes Verwaltungsrecht, 1995, S. 177; W.-R. Schenke, Polizei- und Ordnungsrecht, 7. Aufl. 2011, S. 279. この点において、同システムは〝秩序行政庁システム〟と呼ばれることもある。Vgl. F.-L. Knemeyer/W. Müller, Neues Polizeirecht in den jungen Bundesländern, NVwZ 1993, S. 437.

（75） 分離システムがとられた州としてバイエルン州、ベルリン、ハンブルクほか多数。他方でフランスの占領地域に属していた州（バーデン＝ヴュルテンベルク州、ザールラント州など）では、警察と秩序行政庁という形では分離されず、秩序行政庁は〝警察〟の一部門に留まることで、かつての統一的なプロイセン警察行政法のシステム（警察の基幹としての執行警察部門と建築警察や保健警察など専門的知識を要する部門の、警察行政庁内部での区別）が維持されることとなった（これは統一システムないし混成システムと呼ばれる。）。このような制度改革は、占領国であるフランスが警察制度を新たに創設するための一般的な方針を立てることを放棄し、単に非ナチ化・非武装化・分権化の方針の下でナチに関する法律の廃止や命令制定権の廃止にとどめたからとされている。Vgl. Gönnenwein, a.a.O.（Anm. 68）, S. 181ff.

（76） Vgl. T. Würtenberger/D. Heckmann/R. Riggert, Polizeirecht in Baden-Württemberg, 6. Aufl. 2005, S. 8f. イギリスの占領地域での警察改革は最もラディカルなものであり、伝統的に警察に属していた旅券発給や住民登録に関わる任務も秩序行政の任務として位置付けるほか、さらに警察長ないし警察官吏の任免権を持つことで警察を統制する（住民代表者によって構成された）いわゆる警察委員会（Polizeiausschuß）も設置された。参照、土屋正三「戦後の西ドイツにおける警察法の変遷——主としてイギリス占領地域について」レファレンス三八号（一九五四）一頁以下。これに対しアメリカの占領地域ではイギリス占領地域ほど改革は徹底されなかったようであり、旅券発給や住民登録に関わる任務はなお警察に残された。ゆえに、これらの任務を警察から取り除いたイギリス占領地域の脱警察化においてこそ、本質的転機が認められるとの見解もある。Vgl. V. Götz, Allgemeines Polizei- und Ordnungsrecht, 15. Aufl. 2013, S. 11, S. 224; Bastian, a.a.O.（Anm. 64）, S. 20ff.

（77） Vgl. H. J. Wolff, Die Rechtsgrundlagen der sogenannte Ordnungsverwaltung im nordwestdeutschen Geltungsgebiet der preußischen Polizei -Verwaltungs - Gesetzes, MDR 1950, S. 5ff.; ders., Werdendes Polizei- und Ordnungsrecht in den Ländern der britischen Besatzungszone, DVBl. 1951, S. 300ff.; Gönnenwein, a.a.O.（Anm. 68）, S. 195; A. Lorentz-Link, Verhältnis zwischen Polizei- und Ordnungsbehörden, 1998, S. 50ff.; G. Wacke, Das Frankfurter Modell eines Polizeigesetzes, DÖV 1953, S. 390 によれば、このような分離は、ドイツ行政警察の性質に関する不明確な理解に基づいているという。この時期におけるドイツの学説の展開とその意味を丹念に追ったものとして、島田茂「一九三二年プロイセン警察行政法に関する一考察（三）」甲南法学四七巻四号（二〇〇七）七頁以下（同『警察法の理論と法治主義』（信山社、二〇一七）所収八八頁以下）。

（78）Vgl. F. Werner, Wandlung des Polizeibegriffs? DVBl. 1957, S. 809f.

（79）事実、一部の州では任務の移譲ではなく名称だけが変更された。Vgl. E. Denninger, Polizeiaufgaben, in: H. Lisken/ders, Handbuch des Polizeirechts, 5. Aufl. 2012, S. 275.

（80）B. Drews/G. Wacke, Allgemeines Polizeirecht, 7. Aufl. 1961, S. 16f.

（81）Vgl. Wacke, a.a.O.（Anm. 77）, S. 391; Gönnenwein, a.a.O.（Anm. 68）, S. 195; H. J. Wolff, a.a.O.（Anm. 77）, S. 5.

（82）Vgl. Wolff, a.a.O.（Anm. 77）, S. 5.

（83）Vgl. Lorentz-Link, a.a.O.（Anm. 77）, S. 59.

（84）F.L. Knemeyer. Rechtsgrundlagen polizeilichen Handelns - Grundlinien einer Polizeigesetzgebung in den neuen Bundesländern, LKV 1991, S. 321ff.

（85）K. Kleinrahm, Das Polizeiverordnungsrecht nach der Neugestaltung der Polizei in der britishen Zone, DV 1948, S. 109. Vgl. Bastian, a.a.O.（Anm. 64）, S. 122.

（86）戦後直後において各州の警察法を調査検討したPioch, a.a.O.（Anm. 62）, S. 214 は、「かつての行政警察上の任務遂行のために自治体行政や州行政の一般行政庁にPrPVGの関連規定が類推適用されるのか否か、あるいは、法律上の規律が必要か否かという問題は、なお解明を必要とする。」としていた。

（87）以下、Vgl. Bastian, a.a.O.（Anm. 64）, S. 123ff.

（88）Vgl. Bastian, a.a.O.（Anm. 64）, S. 123ff. また、土屋正三「シュレースウィッヒ・ホルシュタインの警察組織法（一）」警察研究二七巻五号（一九五六）一九頁以下も参照。

（89）　F. Werkentin, Die Restauration der deutschen Polizei, 1984.

（90）　その際、各州における分離システムはその内部でさらに二つのサブシステムに分かたれることとなった（Vgl. F.-L. Knemeyer, Polizei- und Ordnungsrecht, 9. Aufl. 2002, S. 32f.）。一つは、組織的には警察と秩序行政庁を分離させながらも一つの法律の中で両者に共通の法的根拠を提供するシステム（いわゆるベルリンモデル（Berliner Modell））、もう一つは、組織的に警察と秩序行政庁を分離させるのみならず、それぞれの機関に対する法的根拠も法律上別々に設けることで、両者の分離をより厳格に貫くシステムである。警察と秩序行政庁にそれぞれ独自の法律（そして法的根拠）を与える後者の分離システムは〝純粋な分離システム〟と呼ばれることがある。もっとも詳細に見ると、純粋な分離システムにおいてさらなる区別も見られる。ノルトライン＝ヴェストファーレン州とブランデンブルク州では秩序行政庁の権限を規律する法律の中で、部分的に警察法の権限規定が援用されているため、異なる法律に基づく法的根拠の分離が再び緩和されることになっている。これに対してバイエルン州とテューリンゲン州は明確な区別を維持しており完全に純粋な分離システムを貫いている。もっともこれら権限規定の適用関係が複雑・多様であることが、両機関の任務配分を不明確にしている、と指摘するものとして、H. A. Wolff, Empfiehlt sich der Erlass eines einheitlichen bayerischen Polizei- und Sicherheitsgesetzes?, BayVBl. 2004, S. 737ff.

（91）　Vgl. G. Heise/R. Riegel, Musterentwurf eines einheitlichen Polizeigesetzes, 2. Aufl. 1978, S. 29. 一九七八年の統一警察法模範草案の翻訳として土屋正三「西ドイツ統一警察法模範草案（一）～（一二・完）」警察研究三四巻一号三五頁以下、二号一一一頁以下、三号一一四頁以下、六号一一八頁以下、七号一一八頁以下、八号（一九八一）一四三頁以下、三五巻一号一三七頁以下、三号一二八頁以下、四号一三二頁以下、五号一四一頁以下、六号一二八頁以下、七号（一九八二）一三二頁以下。

（92）　Knemeyer, a.a.O. (Anm. 90), S. 7.

（93）　Vgl. E. Denninger/R. Poscher, Die Polizei im Verfassungsgefüge, in: H. Lisken/E. Denninger, Handbuch des Polizeirechts, 5. Aufl. 2012, S. 100f.

（94）　Vgl. C. Gusy, Polizei- und Ordnungsrecht, 8. Aufl. 2011, S. 28ff.; D. Kugelmann, Polizei- und Ordnungsrecht, 2. Aufl. 2012, S. 28.

（95）　執行警察もまた行政警察的な任務（内務行政の他、銃砲の取締りや集会規制など）を処理することもあるし、秩序行政庁も執行警察的な任務を遂行することがある。後者に関しては、例えばノルトライン＝ヴェストファーレン州秩序行政庁法（OBG NW）一三条一項一文は明文で「秩序行政庁は自らに課せられた任務を自らの職員でもって遂行するものとする」と規定するほか、またザクセン＝

アンハルト州公共の安全と秩序法八七条も「安全行政庁は、危険防御の任務が業務時間外でも遂行されうるよう保障しなければならない。」と規定している。

（96）Vgl. Drews/Wacke/Vogel/Martens. a.a.O.（Anm. 16）, S. 49ff.

（97）Vgl. J. Ipsen, Niedersächsisches Gefahrenabwehrrecht, 1995, S. 200.

（98）M. Möstl, Sicherheitsgewährleistung im gewaltenteilenden Rechtsstaat, in: M. Demel u.a.（Hrsg.）, Funktionen und Kontrolle der Gewalten, 2001, S. 53ff.; ders., Die staatliche Garantie für die öffentliche Sicherheit und Ordnung, 2002, S. 419ff. 行政組織の任務適合性については、Vgl. E. Schmidt-Aßmann, Das allgemeine Verwaltungsrecht als Ordnungsidee, 2. Aufl. 2004, S. 248f.（エバーハルト・シュミット－アスマン／太田匡彦ほか訳『行政法理論の基礎と課題　秩序づけ理念としての行政法総論』（東京大学出版会、二〇〇六）二五〇頁以下）。

（99）Vgl. H. Boldt/M. Stolleis, Geschichte der Polizei in Deutschland, in: H. Lisken/E. Denninger（Hrsg.）, Handbuch des Polizeirechts, 5. Aufl. 2012, S. 17.

（100）Pioch, a.a.O.（Anm. 62）, S. 45ff.; U. Behrendes, Polizeiliche Zusammenarbeit mit Ordnungsbehörden und sozialen Diensten im Rahmen der Gefahrenabwehr und eines ganzheitlichen Präventionsansatzes, in: M. Kniesel/E. Kube/M. Murck（Hrsg.）, Handbuch für Führungskräfte der Polizei, 1996, S. 173.

（101）Vgl. H. Scholler/B. Schloer, Grundzüge des Polizei- und Ordnungsrechts in der Bundesrepublik Deutschland, 4. Aufl. 1993, S. 7.

（102）Vgl. Drews/Wacke/Vogel/Martens. a.a.O.（Anm. 16）, S. 52.

（103）G. Dürig, Art. 2 des Grundgesetzes und Generalermächtigung zu allgemeinpolizeilichen Maßnahmen, AöR 79（1954）, S. 57f.

（104）Vgl. F.-L. Knemeyer/R. Behmer, Vom LStVG zu einem Allgemeinen Sicherheitsgesetz（ASG）, BayVBl. 2006, S. 100.

（105）例えばイギリス占領地域において新たに設置されることとなった警察委員会もまた、ドイツ警察法にとって全く馴染みのないものではなかった。確かに警察官吏を統制するための市民による委員会は存在しなかったが、警察命令を統制することを意図した雑多な委員会は存在しており、国家作用に市民が関与するという思考そのものは既に前世紀初頭から存在していたとされる。Vgl. Boldt/Stolleis, a.a.O.（Anm. 99）, S. 30f.

（106）Vgl. Götz, a.a.O.（Anm. 76）, S. 11; Boldt/Stolleis, a.a.O.（Anm. 99）, S. 30f.

(107) Vgl. M. Möstl, Sicherheitsgewährleistung im gewaltenteilenden Rechtsstaat, in: M. Demel u.a. (Hrsg.), Funktionen und Kontrolle der Gewalten, 2001, S. 53ff.

(108) このような観点からすれば、統一システム・分離システムの優劣に関する議論も、両者ともに組織的・機能的分離が存在し、それぞれ危険防御任務に適した組織構造を備えている点で、純理論的な関心事に留まることになる。事実、両システムの違いは実務上も重要な問題とみなされていない。Vgl. Würtenberger/Heckmann/Riggert, a.a.O. (Anm. 76), S. 9.

(109) 統一システムでは、行政警察（警察行政庁）と執行警察の間の関係は、実務に大きく依存し、分離システムのように協働形態が必ずしも明確に規律されていない、とされているからである。Vgl. Lorentz-Link, a.a.O. (Anm. 77), S. 134f.

第二款　警察と秩序行政庁の役割分担と協働

MEPolG 一条によれば、警察の任務は「公共の安全並びに秩序の維持、犯罪訴追、執行援助、その他法令によって委託された任務」と規定されている。このうち、本章で設定した《行政機関に対する警察の役割》を考察する上で特に重要な任務は、〝公共の安全並びに秩序の維持（危険防御）〟と〝執行援助〟である。

ドイツ各州で定められている警察・秩序法によれば、危険防御の任務は警察のみならず秩序行政庁にも割り当てられていることから、警察と秩序行政庁との間には一般の行政機関同士には見られない特別な法関係が成立する。[110] 以下では、(1)危険防御の任務遂行における、警察と秩序行政庁の間の管轄区分を規律する〝補完性原理〟を取り上げ、その内容を分析するとともに、(2)危険防御以外の任務遂行における警察と秩序行政庁の協働関係について概観する。これを通じて、我が国の警察法秩序を検証する分析視角を得ることとしたい。

(110) Vgl. H.G. König, Bayerisches Sicherheitsrecht, 1981, S. 65.

第一項　危険防御任務における管轄区分

第一　補完性原理——概要

一　既に述べた通り、ドイツ各州で定められている警察・秩序法によれば、危険防御の任務は警察のみならず秩序行政庁にも割り当てられており（共管競合事務としての危険防御任務）、特に分離システムを採用する州の警察・秩序法では——組織分離が任務分離を連想することのないよう——これを明文でもって明らかにしている。[111] もっとも警察と秩序行政庁との間で管轄競合（Zuständigkeitskonkurrenz）が生じることにより、かえって効率的な任務履行が損なわれることのないよう、互いの管轄領域を適切に画すことが必要とされる。[112] 一般に管轄（Zuständigkeit）とは任務（Aufgabe）と組織（Organisation）を結びつける概念であり、国家組織内部においてどのような行政庁がどのような任務を遂行しなければならないのかを表す概念であるが、このような管轄規定が明確に存在しない場合、行政組織は常に発生する（消極的ないし積極的）権限争議（Kompetenzstreitigkeit）により機能不全に陥るおそれがあるからである。[113] 警察と秩序行政庁の管轄関係を、両機関の組織的特徴を背景にしつつ規律するのは、以下に記すMEPolG 一a条である。

MEPolG 一a条

警察は、危険の防御が他の行政庁によっては不可能であるか或いは適時には不可能であると認められる場合に限り、活動するものとする。

右規定はすなわち、危険防御の任務が警察と秩序行政庁に割り当てられている場合には秩序行政庁による任務履行が優先され、警察は、危険の防御が当該行政庁によっては不可能もしくは適時には不可能と認められる場合に限り――たとえ秩序行政庁の管轄領域であったとしても――自らの管轄権として警察法に基づき行動することが可能であることを定めるものである[114]（これにより認められることとなる警察の管轄は、〝移動した管轄〟とか〝第二次管轄〟と称されることがある[115]。）。同条項が定める考えは補完性原理（Subsidiaritätsprinzip）と呼ばれ、各州の警察法においても広く採用されるところとなっている[116]。

右のような警察の活動範囲を最もシンプルに表す事例として、次のようなケースが挙げられる[117]。Ｘがカラオケパーティを行うため自宅にカラオケボックスを設置し、三〇人のゲストを招待したところ、深夜二時になっても歌声が続いたため、隣に住む住民が警察に通報し、臨場した警察官ＡがＸに対しカラオケボックスの撤去を命じたというケースである。まずこの場合、カラオケによる騒音行為は州がたいていの場合定めている騒音防止法に違反し罰則対象となる行為であるため、これを犯罪行為として捜査することは当然警察の任務（犯罪行為の訴追準備）となる。しかし撤去命令の主たる目的は夜間の騒音を止めさせることであるから、ここで秩序行政庁による危険防御との管轄競合が問題となる。右に見た補完性原理によれば、警察は、秩序行政庁が危険防御措置を講ずることができない、もしくは適時には不可能と認められる場合に限り行動することができる。従ってこのケース、つまり夜間では秩序行政庁は業務外であり連絡がつかない状況であることから、二四時間待機・行動のできる警察が撤去命令を命じることになる[118]。ここにおいて警察が行使する権限は「緊急権限（Eilkompetenz）[119]」、あるいは事態対処に「最初に介入する権限（Recht der ersten Zugriffs）」などと呼ばれている[120]。もっとも秩序行政庁の権限はこの警察の緊急権限によって排除されることはない[121]。緊急ケースにおいてもなお秩序行政庁に権限は残されており、秩序行政庁が活動可能な状況になると、警察の活動はそこで終了することになる。

二　ところで、警察の権限が他の秩序行政庁に対して補完的であるとされているのは、第一に、当該行政庁がその時々で管轄の範囲内にある任務履行対象に関して最も専門的な知識を有しており、かつ、最も効果的に任務を遂行することができると考えられていることにある[122]（「専門家による危険防御の質の向上[123]」）。もっとも他方で、夜間で問題が起きた右ケースのように秩序行政庁の活動が翌日に開始されるまで事態を放置することは、危険防御の実効性を大きく損なう。このような場合には、秩序行政庁の管轄に関係なく、機動力・即応力のある警察によって措置が講じられる必要がある。MEPolG 一ａ条は、以上のような考えに基づき、危険防御任務履行における警察と秩序行政庁の適切な管轄区分と実効的な危険防御の要請とを、両機関の組織的特徴を踏まえて調整しているのである[124]。

(111)　例えば、ザクセン＝アンハルト州公共の安全秩序法（SOG LSA）一条一項は、「安全行政庁と警察は、この法律で特別の定めのない限り、危険防御において共通の任務を担う。」と定めている。
(112)　Vgl. W. Seidel, Die Problematik der Verteilung der Gefahrenabwehr auf verschiedene Behörden, 1965, S. 85ff.
(113)　Vgl. F. Rachor. Organisation der Sicherheitsbehörde in Deutschland, in: H. Lisken/E. Denninger, Handbuch des Polizeirechts, 5. Aufl. 2012, S. 149ff.; M. Jestaedt, Grundbegriffe des Verwaltungsorganisationsrechts, in: W. Hoffmann-Riem/E. Schmidt-Aßmann/A. Voßkuhle (Hrsg.), Grundlagen des Verwaltungsrechts, Bd. 1, 2. Aufl. 2012, S. 986ff.
(114)　もっとも特別法により特定の任務を専ら警察に委ねているような場合には、同条項は適用されない。
(115)　H. P. Prümm/H. Sigrist, Allgemeines Sicherheits- und Ordnungsrecht, 2. Aufl. 2003, S. 237.
(116)　ヘッセン州治安秩序法（HSOG）二条、テューリンゲン州警察任務法（ThürPAG）三条、ノルトライン＝ヴェストファーレン州警察法（PolGNW）一条一項、バイエルン州警察任務法（BayPAG）三条、ニーダーザクセン州危険防御法（NGefAG）一条二項、参照。他方で、統一システムが採用されたバーデン＝ヴュルテンベルク州の警察法では、警察官吏は「即時の活動が必要と認められる場合に」警察任務を遂行する（BWPolG 六〇条二項）とされており、要件が若干異なっている。
(117)　Vgl. M. Thiel, Polizei- und Ordnungsrecht, 2013, S. 55. その他の具体例として、Vgl. D. Schipper/F. Hainka, Allgemeines Verwaltungsrecht und Polizeirecht, 2. Aufl. 1978, S. 55ff.; Möller/Warg, a.a.O. (Anm. 72), S. 24ff.
(118)　そしてこのような警察の補完性は、危険防御に関するあらゆる領域において妥当すると考えられており（Vgl. Möller/Warg, a.a.O.

(Anm. 72), S. 24)、他の任務に付随して一部、危険防御の任務も担っているような行政庁の施設管理権（Hausrecht）や、さらに刑務所や学校のような公の施設内での「懲戒権（Disziplinargewalt）」に対しても妥当すると考えられている。Vgl. Gusy, a.a.O. (Anm. 94), S. 66; J. Dietlein, Polizei- und Ordnungsrecht NRW, in: ders./M. Burgi/J. Hellermann, Öffentliches Recht in Nordrhein-Westfalen, 4. Aufl. 2011, S. 294.

(119) 「緊急権限（Eilkompetenz, Eilfallkompetenz）」は警察法の伝統的概念であり（既にプロイセン警察行政法一二条に規定されている。）、〝効果的な危険防御は、管轄規定によって無に帰することがあってはならない〟という法思考を表す概念であるともされている。Vgl. A. Borsdorff, Eilfallkompetenz, in: M. H. W. Möllers (Hrsg.), Wörterbuch der Polizei, 2. Aufl. 2010, S. 530.

(120) Vgl. B. Pieroth/B. Schlink/M. Kniesel, Polizei- und Ordnungsrecht mit Versammlungsrecht, 7. Aufl. 2012, S. 85ff.

(121) K. Habermehl, Polizei- und Ordnungsrecht, 2. Aufl. 1993, S. 196.

(122) Vgl. Gusy, a.a.O. (Anm. 94), S. 66.

(123) Behrendes, a.a.O. (Anm. 100), S. 175.

(124) もっとも同規定そのものは、各州の警察組織形態が多様であることを踏まえ、採用に当たり州に留保権を与えている。しかし今日では補完性原理は、ドイツ警察・秩序法に共通する基本思考としてみなされている。Vgl. Denninger, a.a.O. (Anm. 79), S. 277. ノルトライン＝ヴェストファーレン州警察法（NWPolG）一条一項三文、ブレーメン警察法（BremPolG）六四条一項一号など参照。

第二　緊急権行使の要件とその認定

一　ところでMEPolG一a条によれば、警察が秩序行政庁に対して補完的に活動することが認められるのは、秩序行政庁による危険防御が適時ではない場合の〝時間的緊急ケース〟と、秩序行政庁による危険の防御が不可能である場合の〝事項的緊急ケース〟とされている。[125]

前者の〝時間的緊急ケース〟とは、警察法の古典的原則とされる「警察法上の緊急性の原則（polizeirechtlicher Grundsatz der Unaufschiebbarkeit）」が想定するケースであり、警察による活動を見合わせてしまえば公共の安全と秩序が大きく損なわれてしまうようなケースを指す（先に挙げたカラオケ事件はこのケースである。[126]）。この場合、秩序行政庁による適時な活動が不可能であるか否かは、〝秩序行政庁が権限を行使するまで待ち続けると必要な措置を講ずることが困難になる、あるいは無に帰してしまうか否か〟によって判断される。[127] この判断基準はしばしば「遅滞の危険（Gefahr in Verzug）[128]」という特殊な危険概念と結びつけられ、管轄の変更（Zuständigkeitsverschiebung）にあたっては、損害との時間的近接性と高度の蓋然性が必要であると解されている。[129]

もう一つの〝事項的緊急ケース〟とは、時間的に見れば秩序行政庁が権限行使できるにもかかわらず、秩序行政庁が講じる方法では十分な成果が挙げられないケースを指す。[130] 十分な成果が挙げられない理由としては、〝法的な理由〟と〝事実上の理由〟の二つが想定されている。〝法的な理由〟とは、秩序行政庁にそもそも危険防御権限が認められていない場合である。例えば、防御措置を講じるために必要な手段（例えば身元確認措置、拘禁、押収、家宅捜査、データ徴収・加工といった権限）が秩序行政庁に全く認められていないか、あるいは一部しか認められていない場合などがこれに該当する。もう一つの〝事実上の理由〟とは、秩序行政庁が、法的な権限は有するが当該権限を行使するために必要な人的・物的手段、あるいは専門的知識を有する執行職員を事実上有していない場合である。例えば危険防御のため大規模施設を警護する必要がある場合にもかかわらず、秩序行政庁に十分な数の外勤職員が欠けているような場合である。このように秩序行政庁が法的ないし事実上、危険防御措置を講ずることができない場合に、警察は秩序行政庁に対して補完的に活動することが認められることになる。[131]

もっとも、右のいずれかのケースが存在している場合でも、幾つかの州では、警察活動にさらに一定の制限を課している。それはすなわち、補完的に認められる警察活動は、本来的に権限を持つ秩序行政庁が自己の管轄する任務を再び引き受けることができるまでの〝仮の措置〟（例えば期限付き営業禁止など）に限定される、というものである。[132] 確かにMEPolG一ａ条自体は、緊急時に行う警察活動の種類に関しては何も規定していない。従って一部の学説では、同条項が「危険の防御が他の行政庁によっては不可能である……場合に限り」警察は活動することができると規定していることを根拠にして、警察は緊急措置に限定されるという見解を導き出している。[133] MEPolG 一a条を読む限り、危険がまだ継続している場合において秩序行政庁が再び危険防御措置を講ずることが可能になった場合には、秩序行政庁において危険防御が義務付けられることになるため、もし警察が事後に取り消すことが不可能な措置を講じてしまった場合には、秩序行政庁は自らの考えに基づいた危険防御措置（例えば、秩序行政庁は既に行われた警察の措置を取り消したり、是正することなど[134]）を講ずることができなくなってしまうからである。但し、以上のような理由で警察活動を仮の措置に限定することが適切であるとされるのは、〝時間的緊急ケース〟の場合のみである。[135] 秩序行政庁が活動できる状況にない〝事項的緊急ケース〟においては、警察活動を仮の措置に限定しなければならない理由は存在しない。[136] このケースでは、警察は危険を完全に防御しうるし、またしなければならないと解されている。警察活動が仮の措置に限定されるか否かは、ゆえにケースに応じて判断されなければならないことになる。

二　ところで、分離システムを採用する州、中でも〝純粋な分離システム〟を採用する州では、警察と秩序行政庁の権限はそれぞれ別々の法律で規定されているため、警察には警察法に規定されている権限が、また秩序行政庁には（一般）秩序法に規定されている権限が認められることになる。しかし特別秩序法を適用する特別秩序行政庁の任務遂行において、補完性原理が適用される緊急ケースが認められる場合、警察はどのような権限規定に基づくことができるかが問題となる。つまり特別秩序行政庁の管轄領域において緊急ケースに警察が行使する権限は、特別秩序法上の権限か、それとも警察法に基づく警察固有の権限かという問題である。[137]

通常は特別秩序法の権限は、基本的に特別秩序行政庁にのみ付与されていると解されうる。従って例えばホフマン＝リーム／アイフェルト（W. Hoffmann-Riem/M. Eifert）は、「実体法上は警察の権限は、その時々の規律領域、あるいは主たる権限を持つ行政庁に妥当する規律に服するので、例えば終局的な規律を及ぼす秩序特別法においては、治安秩序法その他の規範を援用することは排除される」と述べ、あくまで特別秩序法に基づく権限が排他的に適用されるとの立場を支持している[138]。しかしながらこのような結論は、特別秩序法が定める管轄規定だけから結論づけることはできない。なぜなら、ここでは管轄規定それ自体が問題となっているのではなく、緊急ケースにおいて特別秩序法と警察法のいずれの権限規定が適用されるのかが問題となっているからである。換言すれば、一般警察法の特別法として優先適用される特別秩序法上の権限が、なぜ緊急のケースにおいてもそのまま適用されるのか、さらなる理由づけが必要となるのである[139]。

確かに特別秩序法は多くの場合において、特別秩序行政庁に対してのみ権限を付与しているため警察は特別秩序法上の権限を持たないことが一般的であり、従って仮に警察による措置が求められる場合であっても、常に《特別法は一般法に優位する》という原則が尊重されなければならないということになる。しかし警察が特別法上の権限を有していないということは、直ちに特別法が警察による活動を排除しているということを意味しない。というのも、ドイツ危険防御法の伝統的体系、就中、警察一般条項の体系によれば、特別秩序法が緊急ケースに関し何ら警察権限を規定していない場合であっても、特別法上の命令ないし禁止規範が毀損される〝危険〟があれば警察は警察一般条項に基づき警察法上の権限を行使することが認められる構造になっているからである。この考えに従えば、たとえ特別秩序法が適用される領域であっても、緊急ケースがある限り、警察は他の行政庁の権限とは無関係に自らの任務の枠内において独自に活動する権限を有するということになる。特別秩序法が緊急のケースの場合をも規律領域内で終局的に規律している場合にのみ、警察はその特別法の規定に服するということになるのである[140]。

三　さて、右のような、警察の秩序行政庁に対する補完的な権限行使の説明の仕方は、学説によって様々である[141]。しかし多くの場合、《危険防御は秩序行政庁に優先的に義務付けられ、警察は補完的な権限のみ有する》であるとか、《警察による、危険防御の緊急管轄（権限）(Notzuständigkeit)》あるいは《警察に対する秩序行政庁の優先》など、

〝優先〟〝補完的〟〝緊急権限〟〝秩序行政庁の第一次権限〟といった、いわば序列関係を示す概念とともに、補完性原理が説明されている。[142] しかし他方でこのような序列関係に基づく説明に対し否定的な学説も存在する。クネマイヤー（F.-L. Knemeyer）によれば、警察はMEPolG一a条によって直接独自の権限が認められているのであって、決して秩序行政庁の従属機関や補助機関などではないという。[143] クネマイヤーによれば、MEPolG一a条は、警察官吏にあらゆる危険の防御を義務付けるのではなく、他の秩序行政庁によっては防御が不可能あるいは適時には不可能であると認められるような危険の防御のみを義務付けるものであり、[144] それは危険防御任務をそれぞれの機関にさらに割り当てる役割を果たすものである。ゆえに、このMEPolG一a条によって割り当てられた、猶予の余地のない危険防御の領域では、警察は直接的に権限を有するのであり、それはまさに警察独自の権限として位置付けられる。[145] ディートライン（J. Dietlein）もまた、警察の補完的権限を〝緊急権限〟あるいは〝最初に介入する権限〟といった概念で説明するのは誤解を招きやすいと注意を促している。[146] 警察は自らに付与された任務を独自の判断で遂行するのであって、緊急ケースに限り行動するというようなものではない。緊急ケースにおいて警察が介入する場合であっても、それは警察に〝優先権〟が認められるという問題ではなく、ただ――警察と並行して権限を有する――他の秩序行政庁が適時に行動できない場合には警察が本来課せられている任務を遂行する、というに過ぎない。ゆえに序列関係による説明は否定されなければならないというわけである。

　これを裏づけるかのようにMEPolG一a条によれば、警察は秩序行政庁による危険の防御が不可能もしくは適時には不可能であると「認められる」（erscheinen）場合にのみ活動するとされており、同条項の要件の充足は専ら警察官吏の視点から判断されることになっている。このように法律が警察官吏の主観的判断を考慮に入れているのは、迅速な危険防御の必要性はしばしば現場において明らかになるため、その現場に臨場する警察官吏こそが危険を最もよく評価することができると考えられているからである。[147] また「不可能である場合」ではなく、不可能であると「認められる場合」とされているのは、警察はしばしば慎重な検討を行う間もなく迅速に、介入すべきか、それとも秩序行政庁に危険防御を委ねるべきかを決定しなければならず、仮に客観的に〝正しい〟事情が判明してからの行動が求められるのであれば遅きに失する、と考えられているからである[148]。従って警察官吏が判断の基礎とすべき事実は、客観的な事実状況そのものである必要はないということになる。もっとも主観的判断は、恣意的判断とは厳に区別される。それは最低限、平均的な警察官吏が専門的に受けた教育と手持ちの情報に基づき理性的な判断によって評価認定されたものでなければならない。従って、その認定において特に重視されなければならないのは、特定の危険状況に対してどのように対応するかを判断する基準時点ということになる。緊急の判断が求められる場合では、事後になって初めて明らかとなるような事実は無視されてもよいが、警察官吏にとって認識可能であった事実は常に考慮されなければならない[149]。つまりここでは、〝事実状況の理性的かつ専門的な判断に基づき、警察官吏による決定の時点で認識可能であった事情によれば秩序行政庁が危険を防御しえなかった、あるいは適時に防御することができなかったという推論を正当化できるかどうか〟が重要である（従って、その限りにおいて警察官吏には〝裁量〟は認められない[150]）。これが正当化できない場合、その警察活動は、秩序行政庁の権限を侵しているという理由から違法と評価されることになる。逆に言えば、違法と評価されるのは、警察官吏が決定時点において既に認識されていた不適切な前提条件に、明らかに依拠していた場合（緊急であるとの評価が正当化できない場合）などに限られることになる[151]。警察官吏による、このような主観的判断は、確かに場合によっては任務の限界づけ基準として曖昧な点が残ることは否めないが、他方でこれにより危険防御に必要な柔軟性が確保されるという利点も認められることになるのである[152]。

四　ちなみに、右に見たような、緊急ケースにおける秩序行政庁ないし警察による対応が現実的にも可能となるためには、警察からの遅滞のない情報提供が円滑に行われなければならない[153]。というのも、秩序行政庁はしばしば警察からの情報提供によって初めて制圧すべき危険状況を知るからである。よって、幾つかの州の警察法では、警察と秩序行政庁が協働すべきことを明示的に規定した上で、[154] 同時に相互間の報告義務も規定している。[155] MEPolG 一 a 条第二文もまた、補完性原理を規定した第一文に続き、「警察は、秩序行政庁が把握することが当該行政庁の任務履行にとって重要であると認められる全ての事象を、遅滞なく当該行政庁に報告するものとする。[156]」と定めている。[157] なお、同規定によれば、報告義務の履行の際、事象に関する知見が秩序行政庁の任務遂行のために「必要」であるかどうかは重要ではなく、その知見が「重要であると認められること」で十分とされている。ある特定の情報が秩序行政庁の任務履行にとって実際に必要であるか否かまで警察が判断しなければならないとするのは、警察に過剰な負担を強いてしまうと考えられているからである。[158] むろん警察が個人データを秩序行政庁に提供するような場合は、MEPolG 一 a 条第二文は適用されない。連邦憲法裁判所が一九八三年に下した国勢調査判決[159]が示すように、各人が有する情報の自己決定権により、個人データを警察が秩序行政庁に提供する場合にはさらに個別の法律上の根拠が必要とされているからである。[160] いずれにせよ、この報告義務は、通常の行政過程において防御されるべき事実が警察によって把握されていた場合には、特に重要性を増す。[161] というのも、この報告を受けることで本来的に権限を有する行政庁が事態を把握し、これを処理するのに最も近い行政庁として、任務遂行を自ら引き受けるか否か、あるいは警察が講じた仮の緊急的措置を継続するか取り消すか、といった最終的な決定を行うことが可能になるからであり、この報告義務の存在によってはじめて「危険防御システムが完全なものとなる[162]」からである。

五　以上要するに MEPolG 一 a 条は、機関の組織的特徴を踏まえ、危険防御における警察の活動を緊急ケースに割り当てることで警察と秩序行政庁の活動の棲み分け・役割分担を規定していると評することができる。効果的な危険防御のためには、それぞれの機関の組織適正に応じた適切な役割分担に基づき任務にあたることが必要とされる。特に秩序行政庁に対して警察が果たす補完的役割は、危険防御という任務が――管轄規定に関係なく――〝いつでも〟有効に履行される、という理念によって支えられている（「危険防御は如何なる猶予も黙認しない」[163]）。警察が、「住民のあらゆる生活空間ないし関心事項に最初に介入する、横断的機能をもったユニヴァーサル官庁」(164)と称される所以である。警察は、専門的知見を有する行政機関がその時間的制約・執行力不足などにより対応できない事案に目を光らせ、これに該当した場合に迅速に、秩序行政庁が対応可能になるまでの間、暫定的に事態に対処することが、補完性原理の核心ということになろう。このような役割分担が実現してはじめて、あらゆる危険が効果的に防御されるのである。

（125）Vgl. Lorentz-Link, a.a.O.（Anm. 77）, S. 114ff.

（126）このような限界づけは、道路交通の監督、特に違法駐車された乗用車を牽引する局面において特に問題とされる。Vgl. Möller/Warg, a.a.O.（Anm. 72）, S. 24ff.

（127）逆に言えば、緊急ではないケースでは秩序行政庁は自らこれに対応しなければならない、ということを意味する。その意味においては、同原則は警察活動を制限する作用を持つと言いうる。Vgl. H. Honnacker/P. Beinhofer, Polizeiaufgabengesetz -PAG-, 19. Aufl. 2009, S. 31.

（128）同概念は伝統的には刑事訴訟法の分野（裁判官の命令によらない捜索の要件）で用いられてきた。森口佳樹「ボン基本法一三条における『遅滞の危険』概念の一考察――最近のドイツ連邦憲法裁判所判決を手掛かりとして」経済理論三〇七号（二〇〇二）九一頁も参照。

（129）Vgl. A. Pewestorf/S. Söllner/O. Tölle, Praxishandbuch Polizei- und Ordnungsrecht, 1. Aufl. 2013, S. 33.

（130）この《事項的緊急ケース》は、MEPolG によって初めて導入された。Vgl. Habermehl, a.a.O.（Anm. 121）, S. 199.

（131）W. Schmidbauer/U. Steiner, Bayerisches Polizeiaufgabengesetz und Polizeiorganisationsgesetz Kommentar, 3. Aufl. 2011, S. 57f. なおこの場合に警察が行使する緊急権限は、《時間的緊急ケース》では警察一般条項に基づく措置、また《事項的緊急ケース》では警察法上規定されている標準措置（Standardmaßnahmen）になるのが一般的であるとされる。Vgl. Habermehl, a.a.O.（Anm. 121）, S. 200.

（132）Vgl. Gusy, a.a.O.（Anm. 94）, S. 66.

(133) しかし、このような特別な規定がなくても、多くの場合警察は技術的専門的知識や相応の設備を欠いているため、警察が仮の措置に留まるべきことは、補完性という思考そのものからも直接導き出される、という見解もある。Denninger, a.a.O.（Anm. 79), S. 277.

(134) Vgl. Pewestorf/Söllner/Tölle, a.a.O.（Anm. 129), S. 33.

(135) なお、他の秩序行政庁の庁舎施設内では、警察は当該行政庁の同意の下でのみ行動することが許されることになる。同意を必要としないのは、適時に同意が得ることができない場合に限られ、例えば、職員を脅し暴力をも辞さないデモによって行政庁舎が占拠されてしまったような場合がこれに該当する。他方、秩序行政庁の自主的かつ明示的な意思がある場合には、これに反して警察が活動することは許されない。権限ある秩序行政庁は危険防御を自らの任務として受け取るや否や、警察はもはやこの危険に対処する権限を持たないからである。Vgl. Gusy, a.a.O.（Anm. 94), S. 66f.

(136) Vgl. Habermehl, a.a.O.（Anm. 121), S. 200.

(137) K. Merten/H. Merten, Hamburgisches Polizei- und Ordnungsrecht, 2007, S. 41.

(138) W. Hoffmann-Riem/M. Eifert, Polizei- und Ordnungsrecht, in: W. Hoffmann-Riem/H.-J. Koch (Hrsg.), Hamburgisches Staats- und Verwaltungsrecht, 3. Aufl. 2006, S. 167. もっともこのような帰結が整然と導かれるためには、警察官吏に特別法の領域に関するに高度な法的素養が求められることになるだろう、と、実務上の実現可能性には疑義を抱いている。

(139) R. Poscher/B. Rusteberg, JuS 2011, S. 891.

(140) Vgl. Poscher/Rusteberg, a.a.O.（Anm. 139), S. 891.

(141) これはすなわち、MEPolG 1a条は、管轄規定（Zuständigkeitsregelung）にかかわる問題であるのか、それとも任務配分（Aufgabenzuweisung）それ自体に関わる問題であるのかの争いでもある。補完性原理を定める条文の文言は州によって一致しておらず、またその体系的位置付けもまた異なっている。多くの州の法律は補完性原理を定める条文を任務規定の中に配置しているが、他の州の法律では組織ないし管轄規定の中に配置している。Vgl. Denninger, a.a.O.（Anm. 79), S. 277. H.U. Gallwas/H. A. Wolff, Bayerisches Polizei- und Sicherheitsrecht, 3. Aufl. 2004, S. 69 のように、権限配分規範と管轄区分規範を互換的に使用する例もある。Vgl. Lorentz-Link, a.a.O.（Anm. 77), S. 111.

(142) Vgl. Schenke, a.a.O.（Anm. 74), S. 279; Gallwas/Wolff, a.a.O.（Anm. 141), S. 69; Friauf, a.a.O.（Anm. 74), S. 177; E. Rasch, Allgemeines Polizei- und Ordnungsrecht, 2. Aufl. 1982, S. 32. テューリンゲン州においては、「この法律に基づく秩序行政庁の措置は、警察

の措置に対して優先する。」と明記されている（ThürOBG三条一項）。

(143) Knemeyer, a.a.O.（Anm. 90), S. 54.

(144) Knemeyer, a.a.O.（Anm. 90), S. 54.

(145) このような立場からすると、MEPolG一a条は同法一条一項によって一般的に配分されている任務（危険防御）を限定する規範（Aufgabenabgrenzungsnormen）として解釈されるべきものとなる。Vgl. Knemeyer, a.a.O.（Anm. 90), S. 54; Habermehl, a.a.O.（Anm. 121), S. 198.

(146) Dietlein, a.a.O.（Anm. 118), S. 294. またディートラインによれば、「最初に介入する権限」は、警察の現場でのプレゼンスと密接に結び付く概念であるため明確な輪郭を持つ警察の権限領域を表すことができるが、身体への実力行使など直接強制が必要となるような場合には執行援助（これについては後述）という方法もありうるため、「緊急権限」という表現ではなお曖昧であるという。

(147) Schmidbauer/Steiner, a.a.O.（Anm. 131), S. 58.

(148) Vgl. Heise/Riegel, a.a.O.（Anm. 91), S. 29; J. Vahle, Polizeiliche Aufgaben und Subsidiaritätsgrundsatz, Verwaltungsrundschau, 1991, S. 203.

(149) Schmidbauer/Steiner, a.a.O.（Anm. 131), S. 58. この場合、本来的に権限を有する秩序行政庁に対し情報確認のために警察から（電話などを通じて）コンタクトがとられる必要もある。Vgl. Pewestorf/Söllner/Tölle, a.a.O.（Anm. 129), S. 33f.

(150) Vgl. Huber, a.a.O.（Anm. 52), S. 6f. は、管轄規定は原則として厳格に解釈されなければならないとする。他方、同規範を評価余地あるいは裁量規範として理解するものとして、Götz, a.a.O.（Anm. 76), S. 173; VGH Mannheim, VBlBW 1984, S. 21; VGH Mannheim, VBlBW 1990, S. 301.

(151) VGH Mannheim, NJW 1990, S. 1618f. Vgl. Merten/Merten, a.a.O.（Anm. 137), S. 39.

(152) Vgl. Gallwas/Wolff, a.a.O.（Anm. 141), S. 69.

(153) Vgl. Götz, a.a.O.（Anm. 76), S. 173f.

(154) 参照、SOGLSA一条一項、メクレンブルク＝フォアポンメルン州治安秩序法（SOGMV）一一条、シュレスヴィヒ＝ホルシュタイン州行政法（SchlhLVwG）一七二条、ヘッセン州治安秩序法（HSOG）一条六項。

(155) 報告義務に代表されるこのような協働の一般的義務は、後に見る執行援助や職務共助といったその他の協働形態からも付随的に導かれるものではあるが、しかし報告義務は、警察と秩序行政庁が自らの判断に基づき自発的に行うという点で、他の行政庁からの要請があって初めて行うその他の協働形態とは区別される。Vgl. Lorentz-Link, a.a.O.（Anm. 77）, S. 133.

(156) 同じくSchlhLVwG一七二条は「秩序行政庁と警察はその事物管轄の枠内において協働して活動し、重要な事件（Vorkommnisse）や措置（Maßnahme）について相互に報告しあうものとする。」と規定している。

(157) 当初この第二文は七八年草案では規定されていなかったが、八六年補正草案で導入された。

(158) Vgl. K. Meixner/J. M. Martell, Gesetz über die öffentliche Sicherheit und Ordnung Sachsen-Anhalt, 2001, §1 Rn. 25.

(159) BVerfGE 65, 1.

(160) もっとも、SchlhLVwG一九二条一項によれば、個人データはそれが警察並びに秩序行政庁の任務の履行のために必要である限り、両機関の間で引き渡されてもよいとされている。

(161) Vgl. Knemeyer, a.a.O.（Anm. 90）, S. 73; A. Dietel/K. Gintzel, Allgemeines Verwaltungs- und Polizeirecht für Nordrhein-Westfalen, 9. Aufl. 1980, S. 53f.

(162) Denninger, a.a.O.（Anm. 79）, S. 277.

(163) D. Kugelmann, a.a.O.（Anm. 94）, S. 65.

(164) Vgl. A. Pewestorf/S. Söllner/O. Tölle, Polizei- und Ordnungsrecht, Berliner Kommentar, 2009, S. 91.

第二項　執行援助・職務共助

一　秩序行政庁に対する警察の役割としては、警察の緊急権限の他に、さらに危険防御以外の任務の履行も挙げられる。執行援助（Vollzughilfe）がそれである。

秩序行政庁は、多くの場合、独自の執行職員を有していないことから、実力組織である警察を組織法上分離してしまうと、秩序行政庁は自ら下した行政行為を執行できない状況に陥りうる。特にこのような問題が生じるのは、実力行使が必要とされる直接強制を行う場合である。そこで、直接強制が実施されるべき状況ではあるが秩序行政庁自らがこれを執行することができない場合、警察は秩序行政庁からの要請に基づいて当該執行の援助、つまり直接強制を行うことが認められている。(165) これは、確実な義務履行による法的安定性の確保という法治国家的要請に基づくものであり、警察の任務を規定するMEPolG一条三項は、この執行援助を警察固有の事務として明記している。執行援助の要件効果を具体的に定めるMEPolG二五条を示せば、以下の通りである。

MEPolG二五条

一項　警察は、直接強制を実施すべきであり、かつ、他の行政庁がそれに必要な執行力を用いることができない、又はその措置を他の方法では実施することができないときは、他の行政庁の要請に応じて執行援助を行う。

二項　警察は執行援助の実施の種類及び方法についてのみ責任を負う。その他については、職務共助の諸原則が準用される。

三項　職務共助の義務は、これを妨げない。

この執行援助は他の行政庁からの要請に基づき行われるものであるが、警察は当該行政庁によって発せられた措置の執行に関してのみ援助するのであって、執行すべき措置それ自体は行政庁自らが下す。ゆえに、執行援助によって実現されるべき措置の適法性は要請する行政庁が責任を負い、要請される警察は執行援助の実施の種類や方法についてのみ責任を負うことになる（同条二項）。(166) 執行援助が認められる要件が厳しく限定されているのは（同条一項）、一つに、警察は本来、差し迫った危険の防御、犯罪対策・秩序違反対策に集中すべきであり、警察に馴染みのない任務を負わせることで過剰な負担がかかるのを避けるため（従って、執行援助は直接強制に限られ、代執行や強制賦課金のような他の強制手段を用いることは、同規定により排除される。）、もう一つに、本来、秩序行政庁は原則として自らに委託された任務を自らの人的並びに物的手段でもって履行するのが原則とされていることから（権限の自己行使の原則[167]）、執行援助を広範囲に認めることで秩序行政庁が必要な執行力を簡単に放棄することのないようにするため、とされている（加えて、執行援助の内容が実力行使を伴う直接強制であり、権利侵害の程度が大きいということも挙げられる[168]）。

ちなみにここで注意を要するのは、①警察が行う執行援助と、②秩序行政庁が自ら下した措置を自らの力で強制的に実施する場合において、これを円滑に行うために警察が講じる保護の供与[169]とは、区別される点である[170]。直接強制が実施されなければならない場合、秩序行政庁には、通常、二つの選択肢が存在する。一つは、秩序行政庁が行政行為を自ら執行するが、その際執行職員が妨害にさらされることのないよう警察官吏に保護してもらう方法と、もう一つは、警察に直接、執行援助を要請する方法である[171]。執行職員に差し迫る危険に対処することは、警察が行う通常の危険防御措置であるから、保護の供与は「執行時における保護（Vollstreckungsschutz）」であり、執行援助は「執行の援助（Vollstreckungshilfe）」である、と整理されることになる。執行時における保護においては警察は、秩序行政庁による執行手続において、秩序行政庁の職員と相並ぶ形で援助活動を行うのである[172]。

ところでMEPolG二五条二項第二文によれば、執行援助には職務共助（Amtshilfe）の諸原則（連邦行政手続法（VwVfG）七条）が「準用される」と規定されており、執行援助と職務共助との間に密接な関係性があることが示されている。職務共助とは、独立分離した行政庁が行政効率の向上のため互いに補完し合う憲法上の制度であり（基本法三五条）、個別ケース毎に、援助を要請された行政庁が、援助を要請する行政庁の職務活動を補佐する事実的あるいは法的活動をいう[173]。例えば、書類の閲覧・提出、コピーの送付、建物や機器、人員（特に事務員や専門家）の手配、技術的援助等が典型例であり、直接外部に作用することのない、従って侵害的特徴を持たない内部的な措置が中心となる[174]。この職務共助は、連邦と州のすべての行政庁に要請される措置であると解されているため（基本法三五条一項並びに連邦行政手続法四条以下）、当然、警察と秩序行政庁との関係にも妥当するが、しかし執行援助も職務共助も共に秩序行政庁からの〝要請〟に基づいて行われるものであるため、当該要請が果たして執行援助を求めるものなのか、それとも職務共助を求めるものなのか、明確にされなければならないことになる。

この点、一部の学説は、執行援助に関する規律を職務共助の規律に参照せしめていることを理由に、執行援助を職務共助の下位類型、つまり職務共助の特殊形態（直接強制を対象とする職務共助）として位置付けている。[175] しかしこの見解に対する支持は少数に留まっている。連邦行政手続法四条二項によれば、その援助活動が、要請された行政庁の固有の事務として既に義務付けられている場合には職務共助とはみなされないとされているところ、まさに警察の執行援助はMEPolG一条三項に基づき固有の事務として割り当てられているからである。[176] 実際、執行援助は、職務共助とは異なり、秩序行政庁が行う実力行使レヴェルでの援助である点にその特徴がある。ゆえに多くの学説は、警察上の執行援助を職務共助とは異なる制度として位置付けている。[177] ともあれ、〝職務共助の諸原則〟が執行援助にも準用されることになっていることから、ここで同原則について簡単に確認しておきたい。[178] というのも、この原則は、秩序行政庁と警察の法的関係を考察する上で、重要な視点を含んでいるからである。

二　先に述べたように、そもそも職務共助とは憲法上の制度であり、基本法二〇条二項に基づく権力分立の原則とドイツの連邦制度と密接に結びついている（基本法三五条）。[179] 権力分立の原則や連邦制度は、本来、国家権力の一体性の現れである「法的主体の一体性」を意図的に妨げようとするものであるが、それでもなお、国家機関は公共の利益の実現のため、同時に「国家作用の一体性」も追求しなければならない。[180] ゆえに、基本法三五条一項は、職務共助という相互の共助システムを導入することによって、権力分立から生じる障害（任務不履行の危険）を克服することを意図しているのである（「法的主体の一体性」の部分的回復）。[181] もっとも職務共助は、国家権力を抑制し個人の自由を保護する役割を果たす権力分立と連邦制の制度を裏から掘り崩すようなものであってはならないため、職務共助を認めるにあたっては、常に国家機能を高める機能的・組織法的側面と、権力分離や機能分離を通じた市民の自由保護の側面の、二つの要素が考慮に入れられなければならない[182]。かくして、過剰な権力から個人を保護するための管轄区分を維持しつつ、国家作用の一体性を部分的に回復する職務共助の機能（調整機能）を詳細に定めているのが、連邦行政手続法四条以下（あるいはそれに対応する州の行政手続法の規定[183]。）が規定する〝職務共助の諸原則〟ということになる。同法四条は「職務共助義務」の内容を、五条は「職務共助の前提条件と限界」を、そして六条以下は職務共助実施の細目を定めている（六条（援助を提供する複数の行政庁の選択基準）、七条（職務共助の実施において適用される法令など）、八条（職務共助の費用[184]））。その中から、特に重要と思われる規定を取り上げれば、以下の通りである[185]。

①同法四条一項によれば、職務共助は、他の行政庁に対して常に補完的なものでなければならず、また援助によって実現されるべき措置の適法性についての責任は、要請する行政庁が負うものでなければならない、とされている（七条二項）。これは、あくまで自らに課せられた任務の履行は行政庁自らが実施すべきものであり、援助が実施される場合でも、それは補完的なものに留まり、行政庁の権限にとって代わるものではないことを確認したものである。また、②この場合の補完的活動は継続的な措置としてではなく、個別ケース毎に想定されるものであり、従って職務共助が行われるためには、まず援助を求める行政庁からの個別的な要請が存在しなければならない、とされている。仮にこの職務共助が継続的措置として行使されるのであれば、事実上、その共助活動は要請される行政庁の固有の任務に属することになり、かくして職務共助は問題にならないことになるからである（四条二項第二文）。従って、例えば、他の行政庁のデータベースに独自にオンライン接続するようなことは、個別毎の要請の欠如、また継続的な措置であるという二つの理由から職務共助の限界を超えるということになる[186]。さらに③法律適合性原理からの当然の要請として、援助を要請する行政庁は、職務共助という方法で自己の任務範囲を拡大することは許されず、あくまで予め定められた法律上の任務範囲を超えてはならない。また同様に、要請された行政庁も、その共助活動において、法律上付与された権限の範囲内に留まらなければならない。要請される行政庁が、職務共助を通じて自らの任務並びに権

限を拡大することができるとなると、権力分立ないし法治国家的管轄区分秩序を潜脱することになるからである。任務と権限を職務共助の方法を通じて任意に結びつけることは、任務規範から権限規範を推論することを意味し（警察国家的推論）、法治国家的警察法の歴史的展開（任務と権限の厳格な分離）に逆行することになる。

三　かくして、執行援助や職務共助といった共助のシステムが――法治国家的管轄区分秩序を維持しつつ――権限の分散化による行政の機能不全を回避し、国家作用の一体性、任務履行の実効性を支えていることが分かる。特に、秩序行政庁から実力行使を担う執行機関が分離されたことに対する手当て（〝執行の担い手〟の確保）が、法律上、警察任務の中で詳細に明記されている点は、我が国には認められない大きな特徴と言うことができよう。

（165）　もっとも、州法の規定によっては、「執行警察官吏が持つ特別な能力、知識あるいは手段が必要とされる限りで」あらゆる執行活動ができるとしているものもあるが（バーデン＝ヴュルテンベルク州警察法（BWPolG）六〇条五項。〝広い意味における執行援助〟と呼ばれる。）、多くの州はMEPolGと同じく直接強制の適用に限定している（〝狭い意味における執行援助〟と呼ばれる。）。Vgl. Denninger, a.a.O. (Anm. 79), S. 271.

（166）　よって、秩序行政庁からの要請に対して、警察は当該行政庁が下した命令（例えば立ち退き命令）が――無効でないかぎり――適法か否かにつき独自の審査義務ないし審査権限はないと解されている。W.-R. Schenke/R. P. Schenke, Polizei- und Ordnungsrecht, in: U. Steiner (Hrsg.), Besonderes Verwaltungsrecht, 8. Aufl. 2006, S. 298f.

（167）　Vgl. P. Stelkens/H. J. Bonk/M. Sachs, Verwaltungsverfahrengesetz, 7. Aufl. 2008, §5 Rn. 4. これを明示的に規定するのは、ニーダーザクセン州公共の安全秩序法（Nds.SOG）五〇条、ノルトライン＝ヴェストファーレン州秩序行政庁法（NWOBG）一三条、等。

（168）　Vgl. Lorentz-Link, a.a.O. (Anm. 77), S. 177f.

（169）　これを明示的に規定するものとして、バーデン＝ヴュルテンベルク州行政執行法（BWL）七条、ノルトライン＝ヴェストファーレン州行政執行法（NwVwVG）六五条二項二文。

（170）　F.-L. Knemeyer, Polizei- und Ordnungsrecht, 6. Aufl. 1995, Rn. 85.

（171）　Vgl. W. Kay, Amts- und Vollzugshilfe als polizeiliche Aufgabe, Die Polizei 1982, S. 109.

（172）Vgl. Lorentz-Link, a.a.O.（Anm. 77）, S. 188.

（173）なお職務共助は、裁判所の法律共助（GVG一五六条）とは区別される。

（174）Vgl. W. Martens, Polizeiliche Amts- und Vollzugshilfe, JR 1981, S. 354; T. Würtenberger, Polizei- und Ordnungsrecht, in: D. Ehlers/M. Fehling/H. Pünder（Hrsg.）, Besonderes Verwaltungsrecht, 3. Aufl. 2013, Rn. 130ff. 我が国において、同制度を詳細に紹介・分析するものとして、古屋等「行政機関相互の協力関係――ドイツ行政手続法（VwVfG）における職務共助（Amtshilfe）をめぐって」茨城大学人文学部紀要社会科学論集三一巻（一九九八）八三頁以下。

（175）例えば、R. Leinius, Zum Verhältnis von Sitzungspolizei, Hausrecht, Polizeigewalt, Amts- und Vollzugshilfe, NJW 1973, S. 448; Heise/Riegel, a.a.O.（Anm. 91）, S. 27; Kay, a.a.O.（Anm. 171）, S. 107. Pieroth/Schlink/Kniesel, a.a.O.（Anm. 120）, S. 82も同旨か。

（176）また訓令関係（指揮監督関係）の枠組みの中で行われる援助は職務共助と評価されないため（連邦行政手続法四条二項一号）、検察官の指揮に基づいた刑事訴訟上の捜査活動への協力も、職務共助とは位置付けられないことになる。

（177）Vgl. Knemeyer, a.a.O.（Anm. 90）, S. 68f. さらに警察法は、職務共助の諸原則の「準用」と規定していること、またMEPolG二五条三項が執行援助を職務共助に対する固有の事務として明確に示していることも、執行援助は職務共助の下位類型であることを否定する根拠とされている（執行援助が職務共助の下位類型であるならば、この規律も不要となるからである。）。Vgl. Lorentz-Link, a.a.O.（Anm. 77）, S. 177.

（178）古屋・前掲（174）八三頁以下。

（179）この制度確立までの歴史並びにその意義については、Vgl. B. Schlink, Die Amtshilfe, 1982, S. 344ff. 古屋・前掲（174）八七頁以下。

（180）なお、これら「一体性」の法的意味が、論理的にも歴史的にも多義的であることにつき、磯村篤範「行政機関相互間の協力関係と法的問題点の所在（Ⅰ）」大阪教育大学紀要第Ⅱ部門四一巻二号（一九九三）八〇頁以下。

（181）Vgl. Lorentz-Link, a.a.O.（Anm. 77）, S. 141.

（182）Vgl. Lorentz-Link, a.a.O.（Anm. 77）, S. 141ff.

（183）州による連邦行政手続法の実施の際、既に州に行政手続法が制定されている場合には、連邦法は適用されないことになっているが（連邦行政手続法一条三項）、職務共助に関する規定に関しては、州の行政手続法は連邦行政手続法にほぼ準拠する形となっている。

（184）詳細については、古屋・前掲（174）八九頁以下を参照。

(185) 以下、Vgl. Denninger, a.a.O. (Anm. 79), S. 273ff.
(186) 情報提供（情報共助 Informationshilfe）を内容とする職務共助がもたらす意義とその法的問題点については、参照、古屋等「職務共助の要件と情報提供の限界」茨城大学人文学部紀要・社会学論集三二巻（一九九九）一二三頁以下。

第三款　小　括

一　以上、ドイツ警察・秩序法における警察と秩序行政庁の関係について概観してきた。ドイツの法制度と我が国の法制度を単純に比較することはできないが、それでも脱警察化の経緯、またこれを踏まえて制定された実定法の規定の在り様などを踏まえると、ドイツ警察・秩序法の特徴、並びに我が国の警察法秩序を評価分析するための重要な視点を、いくつか指摘することができる。

第一に、ドイツで行われた脱警察化は、かつての警察任務を単に他の行政機関に移譲するという消極的観点からのみ実施されているのではなく、警察と秩序行政庁の組織・権限の特性を考慮に入れた上で、それぞれの機関の特性に適合的な任務を配分しているという点である。確かに機関の特性に応じた任務配分の要請は、何も警察や秩序行政庁のみならず、すべての国家機関の任務配分を考える上でも妥当する。しかし特に警察に配分される任務は、秩序行政庁と同じく危険防御の任務を担いつつ、行政機関が適時に行動できない場合などに限り権限行使が認められるという管轄区分を採用する点において、他の行政機関の間には見られない特徴が認められる(187)。これは一方で、行政機関は専門的知見に裏づけられた危険防御を行うべきこと、他方で、警察はその機動性・即応性に基づいた緊急権限の行使により〝隙間なき危険防御〟を行うべきという規範的要請を伴うものである(188)。そしてこの役割分担が現実にも適切に機能するためには、互いの情報交換、とりわけ警察から秩序行政庁への情報提供が特に重要となることを踏まえ、補完性原理を規定する条文には常に報告義務規定が用意されている点も見逃せない。互いの連絡体制の存在があって初めて、警察と秩序行政庁との適切な役割分担、つまり実効的な危険防御が完全なものとなる、と認識されているのである。

第二に、危険防御の任務を警察と秩序行政庁夫々に割り当てたことによるデメリットへの手当てが、警察の緊急権限の行使のほか、執行援助ないし職務共助の制度を通じて講じられている点である。むろん、我が国のように、旧警察法が有していた非効率な警察活動の問題点を克服すべく、自治体警察の廃止・都道府県警察の新設を柱とする現行警察法の制定（旧警察法の改正）も、分権化・分散化への対応という意味において同様の問題意識に基づくものであったと言える。しかし、権限分散化による危険防御の機能不全を阻止する、これらドイツの制度が、権力分立や連邦制度が持つ権力抑制機能を維持する形で、また同時に、警察を、他の行政機関の外部業務を一手に引き受ける「雑用係（Mädchen für alles）」[189]としないよう配慮する形で、一定の限界を伴って用意されていることは確認されてよい。特に注目すべきなのは、危険防御の実効性と個人の自由保護との調整が行政手続法といった一般法のレヴェルで立法において行われている点である。執行援助を認める諸要件、そして詳細な〝職務共助の諸原則〟の規定は、共助システムにおいて侵犯されやすい法治国家的要請を改めて確認するものであった。

いずれの視点も、我が国において近時盛んにその重要性が指摘されている、警察とその他の機関（民間も含む）の連携（多機関連携）を考える上で、重要な視角となりえよう。

二　しかし、このような、警察と秩序行政庁の整序された法関係にもかかわらず、警察が事実上、秩序行政庁の全管轄（Allzuständigkeit）をカヴァーしてしまうことに対する警戒感が示されていることも、同時に確認しておかなければならない[190]。例えば、ベーレンデス（U. Behrendes）は、本来警察の緊急権限というのは時間的要素のみを考慮に入れるものであったにもかかわらず、一九八六年のMEPolG改訂によって、さらに秩序行政庁による事実上の執行の不可能性も加味されることになったことで、秩序行政庁の権限が「知らぬ間に（auf kaltem Wege）」警察に移行するのではないか、と懸念を示している[191]。というのも、警察は人的・物的手段の投入によって新たな任務領域を〝推論〟することができ、他方、秩序行政庁は人的・物的手段の撤収によって割り当てられた任務から引き上げ、警察にその履行を完全に委ねる、ないし押し付けることができるようになるからである[192]。確かに、現場に赴かない秩序行政庁が警察が活動する恒常的な緊急ケースを実質上規定し、法律上の管轄区分を事実上変更することになってしまえば、立法者が予め規律した管轄区分規定並びに補完性規定の趣旨が没却されるおそれがある。ゆえにベーレンデスは、立法者はこのような事態を回避すべく、警察にいわゆる権限の権限（Kompetenz-Kompetenz）〟を与えないよう、財政的手当て等を通じて行政機関に必要な人的・物的手段を手配しなければならない、というのである[193]。また、デニンガー／ポッシャー（E. Denninger/R. Poscher）も、秩序行政庁への危険防御権限の移譲は専門領域に対応する新たな〝監督〟行政庁の創出によって進められた一方、実力行使が事実上〝執行〟領域に集中することで警察の介入権限が広く認められる傾向にあるとし、将来、警察は、固有の執行力を放棄した秩序行政庁の援助機関となるだろう、という見方を示している。かくしてデニンガー／ポッシャーは、このような事実上の権力集中は所管原理（Ressortprinzip）に反する、と指摘するのであった[194]。

もっとも実際上、法律で定められた管轄区分に反して警察活動が行われ、これが裁判で争われたというようなケースはドイツではあまり存在しないようである。実際、「裁判実務におけるその（危険防御における秩序行政庁と警察の管轄区分の――筆者註）意味は、事案の再現に必然的に伴う難しさに直面すると、それほど大きくない可能性があり、……加えて、実務においては、疑わしいケースにおいて、延期不可能な措置であるか否か、また誰が事案に最も早く適切に介入することができるか、ということについて、警察と秩序行政庁との間で予め了解し合っているのがおそらく通例である[195]」との評価も存在するところである[196]。しかし、秩序行政庁の危険防御権限（専門家による質の高い危険防御）と即時的・機動的な活動を展開しうる警察との適切な役割分担の在り様を確認しておくことは、我が国における行政機関と警察との管轄区分を考察する上で、決して無意味ではないだろう。次節ではこれらの一応の観察結果を分析視角として、行政機関に対する警察の役割と限界を、我が国の現行警察法秩序に照らして具体的に検証してみることにしたい。

(187) 島田・前掲（34）三八頁以下は、ドイツの〝執行警察〟という概念に注目し、同概念は「単に、制度として存在している警察機関の組織と権限を説明するためにつくられたものではな」く、「警察の政治的中立性、機能的観点からの規制権力の分散、警察権の発動の予測可能性の確保などの自由主義的な諸要請に適合的な警察の概念定義としてつくられたものである」として、同概念そのものにも市民法治国的原理を見出している。

(188) これを国内治安の確保という憲法上の要請として理解するものとして、M. Möstl, Die staatliche Garantie für die öffentliche Sicherheit und Ordnung, 2002, S. 421. またさらに、国家の基本権保護義務からこれを説明しようとするものとして、G. Robbers, Sicherheit als Menschenrecht, 1987, S. 233.

(189) Denninger, a.a.O.（Anm. 79）, S. 271.

(190) Vgl. H.J. Lange, Sicherheitskooperationen und Sicherheitsnetzwerke in der eingreifenden Verwaltung-Zum Verhältnis von Polizei und Ordnungsverwaltug, in: K. Lenk/R. Prätorius (Hrsg.), Eingriffsstaat und öffentliche Sicherheit, 1998, S. 83.

(191) Vgl. U. Behrendes, Von der Eilzuständigkeit zur Allzuständigkeit?, Die Polizei 1988, S. 227.

(192) Behrendes, a.a.O.（Anm. 191）, S. 227.

(193) これを踏まえベーレンデスは、秩序行政庁には組織上、最低限次のような体制が整備される必要性があることを唱える。すなわち、第一に、秩序行政庁が市民や警察と常に電話で連絡が取れる状態にあること（緊急業務体制の整備）、第二に、特別な専門知識が必要とされるような、現場での緊急業務のために、常時、十分な人的物的装備を備えること、第三に、その対応に専門的知識が必要となる、現に危険状況が進行中である場所において常時プレゼンスを確保すること（例えば街頭補導など）、である。Behrendes, a.a.O.（Anm. 100）, S. 175.

(194) Denninger/Poscher, a.a.O.（Anm. 93）, S. 101.

(195)　Huber, a.a.O. (Anm. 52), S. 5.

(196)　Vahle, a.a.O. (Anm. 148), S. 203 は、秩序行政庁に代わり警察の介入を必要とするような緊急ケースの存在を個別ケースにおいて判断することは——実務的には大きな問題であるにもかかわらず——非常に難しいという。両機関の管轄区分に関する問題が、法律問題としてではなく政策的な（ないし組織運営上の）問題として論じられる傾向があるのも、このような事情が背景にあるものと思われる。

第二節　分析視角に基づく我が国の警察法秩序の検証

第一款　我が国の脱警察化の法的評価

一　ドイツ警察法史において形成されてきた、警察と秩序行政庁の役割分担ないし管轄区分を分析視角として、我が国における警察と行政機関のそれを見た場合、果たして、またどのような評価が可能であろうか。

既に言及したように、我が国における戦前の警察の任務は、プロイセン警察行政と同様、保安警察のみならず、建築警察・衛生警察・産業警察など多くの行政警察権限を伴うものであった[197]。かつての警察組織は、内務省官制、警視庁官制、地方官官制など主として官制の形式で多数に散在し、警察以外の他の行政組織と特に分離されず規定されていた[198]。もちろんこれらの警察組織も厳密にいうと任務領域に応じて細かく細分化されていたが[199]、各種行政警察権限は最終的には行政執行法を通じて、警察官吏によって履行される体制にあった。田中二郎もある座談会において「内務省のほかの局所管の行政をやってゆく場合でも、こと命令強制等の執行面では警察の力を借りる必要がありましたし、ほかの省がどんな政策を実施する場合でも、こと権力的にこれを実施するに当たっては警察の力を借りなければならなかった」[200]と評している。

しかし、第二次世界大戦後、我が国の警察制度は抜本的に改革された[201]。昭和二〇年八月に発表された「降伏後における米国の初期の対日方針」（SWNCC 150）に基づき、まずは政治警察・特高が、そして昭和二〇年一二月一〇日「地方勤労行政機構の改正、整備に関する件」（内務次官通牒）で、勤労行政及び社会保険行政が警察行政から除外された（脱警察化）。もっともこのような脱警察化はすべて右方針に基づいた個別の対応措置であって、これが規範的に統一的に初めて整理されたのは、昭和二二年一二月一七日に公布された旧警察法（法律第一九六号）一条においてである。旧警察法は、「警察は、國民の生命、身体及び財産の保護に任じ、犯罪の捜査、被疑者の逮捕及び公安の維持に当ることを以てその責務とする。」と定めるとともに、「公共の秩序の維持」「生命及び財産の保護」「犯罪の予防及び鎮圧」「犯罪の捜査及び被疑者の逮捕」「交通の取締」「逮捕状、勾留状の執行その他の裁判所、裁判官又は検察官の命ずる事務で法律をもつて定めるもの」を警察の責務とした（同法二条）。警察の責務がこのように限定されたのは、占領当局が我が国の警察改革の方向を探るために策定したヴァレンタイン報告書（昭和二一年六月九日）が「警察部から直接警察の職務に属しない事項はすべて分離す可きである」とし、警察の責務から新聞紙検閲、保健、厚生、衛生等を除外し、「(一) 治安の維持、(二) 生命、財産の保護、(三) 法規違反者の逮捕、(四) 犯罪の予防捜査、(五) 其の他の法令の施行」に限るべきことを勧告したことに基づく。そして昭和二二年四月一二日、警察行政事務の大幅な整理と将来警察が保有する行政権限に関し根本方針を定めた「行政警察法規の改正及び事務の移譲について」（内務次官通牒）により、以後、行政警察分野における権限が他の行政庁へ次々と移譲されることになったのである[202]。しかし本章冒頭で既に述べたように、対日方針発令から旧警察法の制定に至るまでの過程において、警察と行政機関の管轄区分について十分に議論された形跡は認められない。警察から非警察的任務を分離すべきという占領当局の改革方針に沿うことが中心の中にあって、旧警察法と改正ないし新たに制定されることとなった行政警察関連立法とは、必ずしも有機的・規範的に結びつけられることはなかったのである。(203)

二　もっとも、ヴァレンタインによる調査と並行して行われた内務省による警察制度改革において、脱警察化のドグマーティシュな姿が一部示されていたことは注目されてよい。内務省警保局が中心となって作成した「警察制度改革試案（二一、七。警保局）」では、脱警察化による関係法令整備の全体像が――おそらく初めて体系的に――示されている。(204)同試案に付された「参考　行政警察関係事務中次の要領で之を警察部以外での委譲を考慮する。」によれば、「（一）都、道、府、県の他の部又は、市、町、村に於いてなさしむるを可とするもの」「（二）通常事務は委譲するが権限の一部（例へば臨検等）を警察に留保すべきもの」「（三）市に対しては消防の外左の事務を担当させ、その警察取締をもなさしめる。」「（四）行政警察関係事務中警察に事務を留保すべきもの。」「（五）法令又は取締を廃止すべきもの。」の計五つの観点から、在るべき行政警察関係事務の移譲が整理されている。また、警察制度改革に関する内務大臣からの諮問に対して警察制度審議会（審議会では、内務省の警察制度改革の案が参考案として提出された(205)）が示した答申に基づき、警保局が作成した「警察法案（二二、一、一五）」においても、行政警察関連事務の移譲に関する部分につき次のような条項が設けられている。

「警察法案（二二、一、一五）

……

第一章　総則

第一款　警察の職務及び権限

第一条　警察は公共の安寧秩序を維持し、生命及び身体並びに財産に対する障害を除きその安全を保護することを趣意とする。……

第二款　警察官の職務心得

……

第三款　他の行政庁との関係

第一六条　特殊の警察職務を執行するために特別行政庁をおく場合は、別に法律を以って定めるものの外本法を準用する。

第一七条　法令の違反取締に関して必要あるときは警察の趣意に反しない限り、当該行政庁は警視庁の協力を求めることができる。」

この警察法案では、「第一款　警察の職務及び権限」に加え、MEPolG 一 a 条（他の行政庁との関係）と同じように、「第三款　他の行政庁との関係」という節目が用意されている点が注目される。つまりここでは、警察と、警察の組織とは区別された他の行政庁との関係、並びに法律の適用関係等を、警察法という一般法の中で規範的に整理しようという意図が法案作成者にあったことが明確に覗える。しかし、同法案はＧＨＱから承認を受けることはなかった。戦後混乱期における治安確保のため、従来の警察制度から漸次的な改革を志向した同法案に対し、[206] ＧＨＱは戦前の警察体制を残す中途半端な改革案を是としなかったのである。この後に、旧警察法制定の直接的な切っ掛けとなる、かのマッカーサー書簡（片山総理宛書簡）が出された。[207] これにより、警察と行政機関との関係について規範的に整理する視点は、旧警察法制定にかかる政治的駆け引きの中で見失われてしまったのである。[208]

もっとも警察法はあくまで組織法であり、警察の具体的な権限を規定することについては最初から想定されていなかったということも考えられよう。事実、既に警察法の立法過程において、行政警察全般を網羅した警察の職務権限を定める権限法の立案が考えられていたようであり、この段階において改めて警察と行政機関の具体的な管轄区分を規定することが予定されていたのかもしれない。しかし、憲法施行に伴い急を要したこと、個人の生命、身体及び財産の保護、公共の秩序の維持にあたる行政警察作用が極めて多岐にわたり、これを網羅的に定めることが技術的に困難であること、また戦前の警察権の濫用の歴史から警察権限を定めることに対する警戒感も強かったことから、結局、同権限法（つまり、警察官等職務執行法）は必要最小限度の事項を定めることを目的として立案されることになったことは、周知の通りである。[209] このような事実は、警察の責務並びに権限と、移譲された他の行政機関の危険防御権限との管轄区分について自覚的に検討されなかったことを推認させるものでもある。

三　では、なぜ、警察と行政機関の管轄区分について法律で規律されることがなかったのだろうか。一つの、しかし重要な理由として考えられるのは、我が国ではドイツと異なり、警察一般条項に体現されるような法治国家的警察法体系が存在していなかったという点である。既に第一節で見たように、ドイツにおいても戦後は形式的意味における警察法は大きな改革を迫られたが、占領終了後再びドイツが主権を回復すると、多くの州は――秩序行政庁と警察を組織的に分離する体制は維持しつつも――再びプロイセン警察行政法の法体系を採用した。かくして、プロイセン警察行政法では想定されていなかった、秩序行政庁と警察のそれぞれの法的根拠をめぐる議論が（過去の法体系との連続性の確保という意味において）自然に登場することとなった。これに対し我が国では、もともとプロイセン警察行政法のような、警察一般条項を含む法治国家的警察法体系そのものが存在せず、個別の法律毎の規律が中心であったため、行政機関と警察の関係性ついて論じる動機づけ、ないし問題意識が――一部警察法案に現れることはあったものの――弱かった。かくして先述の通り、警察官吏の具体的権限を定める警職法もまた、戦後混乱期において既に行われていた最低限度の警察活動にとりあえず法的根拠を与えるという意図の下で緊急的・暫定的に制定されることになった（またそれが可能だった）と考えられるのである。[210] このような事情を背景にすると、我が国において、行政機関と警察との管轄区分の在り様について議論する土壌が存在しなかったのは、やむを得ないとも言えよう。

もっとも学説においては、旧警察法の規範構造を行政警察規則との対比において深く洞察し、警察と行政機関の法関係を説く見解もあった。例えば須貝脩一は、「舊い警察組織が多數の諸官制に散在し、警察以外の他の行政組織と特に分離されずに規定せられて」おり、「警察が國家行政の推進者として比較的廣汎な職務の範圍を認められるとともに組織上も他の行政から特に分離せられることなく一般行政組織の一部をな」していたのに対し、「新しい警察組織が一個の統一的立法によつて、警察以外の他の行政組織と分離して全く獨立に規定せられることになつたのは、警察の職務を比較的狭い範圍に制限するとともに他種の國家行政作用との關連を一應切斷し、組織上も一般行政組織から分離獨立せしめることとなつたのに照應する」（強調――筆者）との見解を披露していたところである。[211] しかし脱警察化のドグマーティシュな意味を探るこのような見解はむしろ例外であった。[212]

では、脱警察化のドグマーティシュな意義を我が国の警察法秩序において見出す方法は、これにより完全に閉ざされたのであろうか。危険防御任務における警察と行政機関の関係を現行警察法秩序において規範的に整理・調整する余地はもはや残されていないのだろうか。そこで以下では、ドイツ警察・秩序法の分析で得た視角に基づき、我が国警察法秩序においてドイツ警察・秩序法にいう補完性原理が、果たして、またどの程度妥当するかを、序節第二款で見た〝警察任務一般条項論〟の妥当性の検証という形を通じて明らかにしたい（第二款第一項）。その上で、行政機関と警察の規範的な関係を我が国の警察法秩序の中に位置付けることを試みたい（第二項）。

(197) 参照、警察制度調査会編『警察制度百年史』（警察制度調査会、一九七五）一二一頁以下。

(198) 須貝・前掲（28）二頁以下。

(199) 詳細については、警察制度調査会編・前掲（197）一二一頁以下、由井正臣＝大日方純夫『官僚制　警察』（岩波書店、一九九〇）四八七頁以下。

(200)　大霞会編『内務省史第四巻』（地方財務協会、一九七一）二五八頁。
(201)　詳細については、古川・前掲（43）一九二頁以下、三浦陽一「占領下警察改革の一断面」歴史学研究四九八号（一九八一）四七頁以下、武藤誠「占領下における日本警察――ＧＨＱ資料にみる戦後警察制度の改革（上）（中）（下）」警察学論集三五巻一号七六頁以下、二号一〇四頁以下、三号（一九八二）一〇一頁以下、西村めぐみ「対日占領下における警察制度改革」一橋論叢一〇九巻一号（一九九三）九八頁以下、小倉裕児「マッカーサーと四七年警察改革」関東学院大学経済学会研究論集『経済系』一八八集（一九九六）一七四頁以下などを参照。
(202)　また、従来の警察法令（閣令、省令、庁府県令）の殆どが法律の根拠を持たない省令又は道府縣令であったため、昭和二二年四月一八日公布「日本国憲法施行の際現に効力を有する命令の規定の効力等に関する法律」（昭和二二年法律第七二号）の同年五月三日の施行により、同年一二月三一日限りで失効されることとなった。もっとも、その中の必要なものは新たに特別法として制定されることになったが、宮崎・前掲（40）一五三頁によれば、この新たな特別法の制定により、行政事務移譲の方針は「別な観点から」検討を加えられることにもなった、という。しかし、そこでいう「別な観点」が意味するものについては示されてはいない。
(203)　昭和二二年の警察改革における、警察権限の縮小をめぐるＧＨＱの態度と国内動向を詳細に検討するものとして、福沢真一「占領改革と警察権限の縮小――昭和二二年警察改革の政治過程を中心に」政治経済史学三九九号（一九九九）二六頁以下。
(204)　地方自治研究資料センター編・前掲（43）四九頁以下。
(205)　諮問の第一には「憲法及び地方制度の改正に伴ひ実施すべき警察制度改革の根本方針を如何に定むべきか、その要綱を示されたい。」と記されており、実際の調査審議では「従来の警察で取り扱っていた犯罪の予防検挙、公共の安寧秩序の維持等警察本来の任務以外の事項を整理すること。その際委譲する事務は、警察以外のどういう機関に取り扱わせることが適当か。」が検討されている。そしてこの審議において参考案として示された、内務省の警察制度改革の案（警察制度改革の方向性）には、「(二)　警察事務の整理　警察事務を再検討し、警察事務中本来の職務に関係の薄い事務（所謂行政警察事務の大部分）を整理して他に委譲し、警察は本来の任務たる犯罪の防圧、個人の生命財産の保護治安の維持に専念させることとし、従来の警察の概念を整理し新しい警察の概念をうちたてる。」との記述がある。参照、自治大学校編・前掲（204）五八頁以下。
(206)　参照、田中八郎「戦後の警察制度の変遷」警察研究四五巻七号（一九七四）六三頁。
(207)　このあたりの詳細な経緯については、参照、警察庁警察史編纂委員会編・前掲（43）一頁以下、田中二郎ほか「〈座談会〉現行警

察法制定二十年の回顧と展望」警察研究四五巻七号（一九七四）三頁以下、上原誠一郎「マッカーサー書簡前後（一）～（三・完）」警察研究四五巻七号七五頁以下、八号九〇頁以下、九号（一九七四）六八頁以下。

(208)　もっとも旧警察法の施行日から、「警察法の施行に伴う関係法律の整理に関する法律」が施行されている。この法律については内務局長官から通達が出されているが、その中では「（関係法令の）改正の趣旨」は「従来警察になおその職務権限を留保されていた若干の関係法律の一部の事務を、警察法第一条の趣旨に鑑み、今後完全に警察の手を離して夫々主務庁に移譲しようとするものであ」って「各庁に於ては警察法施行と同時に速かに事務の部外移譲、事務組織の整理改廃を行ない、警察事務の円滑なる執行に支障ないよう各庁に於ては警察法施行と同時に速かに事務の部外移譲、事務組織の整理改廃を行ない、警察事務の円滑なる執行に支障ないよう御配慮願いたい」と記されていた。しかし、「警察事務の円滑なる執行に支障のないよう」留意して行われた（はずの）「部外移譲、事務組織の整理改廃」が、実際上、果たして、またどのような規範的観点に基づき行われたのか、確認することはできない。荻野徹「警察事務の範囲と分担」安藤忠夫ほか編『警察の進路』（東京法令出版、二〇〇八）七二〇頁以下は、「〔警察制度改革の過程では〕行政警察という概念を用いてあるべき事務の範囲を検討しているわけではない」と述べ、やはり規範的・体系的な整理が行われなかったことを指摘している。

(209)　参照、上原・前掲（36）二四頁。

(210)　上原・前掲（36）二〇頁以下、同「警察官等職務執行法について（上）」警察研究一九巻一〇号（一九四八）一二四頁以下。

(211)　須貝・前掲（28）三頁。

(212)　もっとも、本書とは別の観点から、消防法を例にしつつ、我が国の法制度の変容に即した脱警察化の意義を「取締りをもっぱらとする行政活動から、アメリカ法の影響を受け、危険の発生を『予防』する目的を明確にした規制的予防的行政活動と危険を除去する権力的な行政活動を組み合わせた行政活動・行政分野を形成する契機となった」と評価分析するものとして、須藤陽子「『行政調査に関する一考察』――警察権の分散と規制的予防的行政活動の導入」立命館法学三二〇号（二〇〇八）二三頁以下（同『行政強制と行政調査』（法律文化社、二〇一四）所収九五頁）がある。

第二款　実定法の検証

第一項　警察任務一般条項論の〝合理的再構成〟

一　我が国の警察法秩序において、危険防御任務における警察と行政機関の関係は、どのように規範的に整理・調整されるだろうか。戦後警察改革の指導的方針であった脱警察化を踏まえつつ、この問題に早くから注目したのは、本章冒頭で紹介した宮崎清文であった。

宮崎は、警察の任務範囲を縮小させるという旧警察法の立法経緯からすれば、行政機関が新たに担うことになった任務領域では警察の権限は排除される、と主張した。すなわち「〔新たに制定された〕特別法は、具体的には、広義の警察権を分掌している個々の特別警察機関の、各々の権能の根拠を為しているのであるが、同時に一般警察機関のそれ等に対する職権行使の限界をも、直接間接に規定しているわけであって、その限りに於ては、これ亦実定法上の警察権の限界を意味するものたることを失わない[213]」、と。宮崎によれば、警察からの権限の移譲に基づいて設置されたものは、特定の行政機関のみが特別法に基づき付与された行政的権限を行使することになるのであって、その限りにおいて警察の職権行使はその管轄領域においては全面的に排除されると解釈されているのである[214]。従って「将来特別法によりかかる範囲外の行政的権限が一般警察機関に包括的に与えられた場合のことが予想される」としても、宮崎によれば、それは「実質的には警察法違反であり、かかる権限を一般警察機関が行使することは、目的よりする処の限界を逸脱したもの[215]」となる。もっとも、警察もまた警察法に基づき、公共の秩序の維持、生命財産の保護という責務を有し、更に警職法は警察官吏に各種危険防御権限を認めているため、これらの権限の行使が特別法により行政機関に付与された危険防御権限とどのような関係に立つのかが問題となる。しかしこれについても宮崎は、警職法は「飽く迄も警察法に規定する警察官等の職務執行に際しての基準とその限界を示したものであって、これを以て直ちに特別法においても二次的に職権を行い得ると為すのは当を得たものではない(216)」と断じる。確かに現行法には一部に特別法の中で一般警察機関に対して協力義務や個別的権限を定めるものもあるが、このような「協力関係を規定せる特別法の方が寧ろ例外的であ」って、「行政事務の移譲が、一般警察機関が本来かかる行政事務を担当すべきではないと云う根本的な理由に基づいて行われた以上、今日そのような特別法の分野に於て何等権限が規定されていないのは当然のこと(217)」とするのである。以上要するに、ここでは、警察事務の移譲により行政機関に設置され又は権限を付与されたものについては、危険防御任務の分散化・専門性の確保という意味において、警察の権限は一切排除されると理解されている(218)。

二　しかしながら時を経て田村正博は、他の機関の職員が有する権限行使との関係を、警職法四条一項（避難等の措置）の適用において次のように説いているのが注目される。

「警察官の権限を認めた法律の特別の規定が他にある場合には、特別の規定に基づく権限が行使され、この規定（警察官職務執行法四条一項（避難等の措置）――筆者註）に基づく権限は補完的に行使されるのにとどまる。一方、危険な事態が現実に生じた場合に対処する権限が他の機関（の職員）に与えられている場合でも、警察としての権限と責任とが失われるものではなく、警察は、関係機関と連絡をとりつつ、必要に応じて、警察官職務執行法等に基づく権限を行使することとなる（……）。他の機関の職員の権限行使を警察の権限行使に優先させるという特別の規定がない限り、警察の権限と他の機関の権限との間に優劣の差はない(219)。」

右説明は、本章序節第二款で紹介した〝警察任務一般条項論〟を具体的に展開したものと見ることが可能であろう。特別法で他の機関に定められている権限行使にあっても、警察としての責任と権限が失われるものではない、とされているからである。

田村の右説明において特に注目すべきなのは、第一に、「法律の特別の規定が他にある場合に」「〔警職法四条一項に基づく警察官の〕権限は補完的に行使されるのにとどまる」の意味、第二に、「他の機関の職員の権限行使を警察の権限行使に優先させるという特別の規定がない限り」「危険な事態が現実に生じた場合に」「警察は、関係機関と連絡をとりつつ、必要に応じて、警察官職務執行法等に基づく権限を行使することとなる」の意味である。

まず第一の点についてであるが、本来、特別の規定が他にある場合は特別の規定に基づく権限が行使されることで事足りるはずであり、しかしそれでもなお警職法に基づく権限行使が「補完的に行使される」というのは、どのような理由によるものか、明らかにされなければならない。しかしそれ以上に第二の点について、「危険な事態が現実に生じた場合に対処する権限が他の機関（の職員）に与えられている場合」は通常、法律が他の機関の職員の権限行使を警察の権限行使に優先させようとしていると解釈することが通例であり、通常はこれで事足りるはずであるが、なぜ、さらに警察としての権限について言及する必要があるのか明らかにされなければならない。「危険な事態が現実に生じた場合に対処する権限が他の機関（の職員）に与えられている」のは、法律がまさに当該職員に権限行使を行わせるためであり、その当該法律の趣旨目的を踏まえるならば、「他の機関の職員の権限行使を警察の権限行使に優先させる」ために常に「特別の規定」が必要とされるとは限らない。このように見ると、右見解は——少なくとも文言上においては——「警察としての権限と責任とが失われ〔ない〕」という前提から警察の権限行使を他の行政分野に展開させる解釈であると言うことも不可能ではないだろう。

しかし、ドイツ警察・秩序法で得た分析視角に基づくならば、田村の右見解は合理的に再構成し得る余地が認められる。つまり、ドイツ警察・秩序法に通底する補完性原理の考え方によれば、危険防御の任務に関しては原則として秩序行政庁が権限を行使しつつも、危険防御が秩序行政庁によっては不可能もしくは適時には不可能であると認められるケースには、その限りで警察が（暫定的に）固有の危険防御権限を行使することが許された。これはすなわち、危険防御機関の組織上の分離によって効果的な危険防御が損なわれるのを防ぐ目的に基づくものであった。この考え方に従って《「他の機関の職員の権限行使を警察の権限行使に優先させるという特別の規定がない限り」「危険な事態が現実に生じた場合に」「警察は、関係機関と連絡をとりつつ、必要に応じて、警察官職務執行法等に基づく権限を行使する」》という見解を改めて合理的に再構成するならば、《警察は、他の機関（の職員）による権限行使が不可能もしくは適時に行使することが不可能であると認められる場合に限り、警察官職務執行法等に基づく権限を行使することができる》と言い換えることもできよう。[220]「危険な事態が現実に生じた場合」とはたいていの場合、緊急に対応すべき事情と考えられ、またその場合には既に行政機関（の職員）による（適時な）対応が困難であることが推定されるからである。田村の言う、「警察としての権限と責任とが失われない」という意味を《危険防御の任務が隙間なく確実に履行されなければならない》という意味で理解するのであれば、「警察の権限と他の機関の権限との間に優劣の差はない」という見方も、成り立たないわけではない。この場合の警察の活動はあくまで警察の判断に基づいた独自の権限（警職法）に基づくものであり、秩序行政庁と主従の関係にあるわけではないからである。実際、田村も別の箇所において「他の機関の任務と権限に属することは、それぞれの機関の責任において対処されるべきことであるが、警察は、実際に危険な事態が生じている場合に通報を受けて警察官職務執行法等に基づいて現場的一時的な措置を講ずるほか、必要に応じて、関係機関に意見を伝え、行動を求めるべき立場にある」[221]と、右結論と同様の見解を述べている。これは要するに、「危険な事態が生じている場合」においては、行政機関と警察とで権限行使の要件がしばしば重複すること、その限りで即応力・機動力のある警察は多くの場合、行政機関の管轄領域内であっても権限を行使できる状況にあることが、このような評価を可能にしているものと思われる（警察は、事実上現場における〝最初の権限行使者〟である。）。〝執行〟警察としての組織的特徴を踏まえた見解と言えよう。[222]

三　このように合理的に再構成された警察任務一般条項論を踏まえた場合、宮崎の見解は、どのように評価されるべきだろうか。警察事務の移譲により警察官の権限が全面的に排除されたと見る宮崎の見解は、実効的な危険防御という視点からすると、狭く厳格な見解とも言え、行政機関による危険防御が完全に実効的に行いうるという前提がない限り現実的とは言えないだろう。その意味において直ちに採用することは難しいように思われる。しかしながら他方で、危険防御の実効性を過大に評価し「危険な事態が現実に生じた場合」の警察の権限行使に注目しすぎることにも、慎重である必要がある。「危険な事態が現実に生じた場合」と「行政機関（の職員）による（適時な）対応が困難である場合」を同列に論じることは、行政機関の管轄領域の存在を見失うおそれがあるからである。次に記すように、補完性原理を規定するMEPolG一a条の（個別）理由書においても、この点は、同条文を適用するに当たって特に注意喚起されているところである。

「この条文は内容的には、警察は緊急的に必要であると認められる措置について権限を有する、と定める現行の警察法に倣ったものである。しかし、〔警察と行政機関の〕管轄区分を明確にするためには、措置の緊急性に着目するよりも、他の行政機関が全く、あるいは適時に行動することができないか否かに着目することの方がより適切である」[223]（強調——筆者）

宮崎は、行政機関による危険防御を脱警察化の理念として捉えていたのであって、警察の緊急的権限を認めるにしても、行政機関による権限行使の範囲を常に意識する姿勢は見落とされてはならないであろう。

(213) 宮崎・前掲（38）一七七頁。
(214) 宮崎・前掲（40）一六五頁以下。そして宮崎はこれを論証すべく実定法を調査し、従来警察の監督・取締を受けてきた建築、食品衛生、興業場、旅館、公衆浴場等が現行法ではそれぞれ特定行政庁、食品衛生監視員、環境衛生監視員等の指導・監督の下に置かれていても、これらの機関の有する監督権限は主として建築並びに衛生的見地からの臨検・検査・物件の収去等であって、実際、現行法規には警察に関する規定を何ら設けていないと述べる。
(215) 宮崎・前掲（38）一八九頁。しかし宮崎は続けて、「〔しかしながら〕形式的には有効と解せざるを得ない。」とも述べている。
(216) 宮崎・前掲（40）一六六頁。
(217) 宮崎・前掲（38）一九三頁。
(218) 宮崎・前掲（40）一六二頁は、これを「極めて当然」と述べている。
(219) 田村・前掲（6）二二一頁。同『現場警察官権限解説（第三版）上巻』（立花書房、二〇一四）四六頁も参照。
(220) そしてドイツの実定法の仕組みに依るならば、さらにこの場合の権限行使は一時的・補完的なものに限定され、権限行使終了後には、行政機関にこれを報告することが義務付けられるという流れになる。
(221) 田村・前掲（6）六〇頁。
(222) 髙木光「行政介入請求権」原田尚彦先生古稀記念『法治国家と行政訴訟』（有斐閣、二〇〇四）一二九頁（同『行政訴訟論』（有斐閣、二〇〇五）所収二二八頁）は、組織としての警察を、現場でのマンパワーを多く有し、また「差し迫った危険」＝「切迫した危険」に対処することが責務とされている行政組織と評している。
(223) Heise/Riegel, a.a.O. (Anm. 91), S. 29.

第二項　「隙間なき危険防御」の法的位置付け

ところで、警察任務一般条項論を右に見たように合理的に再構成したとしても、これを我が国の警察法秩序においてどのように位置付けるかは、一つの問題である。というのも、そもそも我が国ではドイツのような補完性原理をMEPolG 一ａ条のような形で明文化しているわけではないため、直ちにドイツと同列に論じることはできないように思われるからである。しかし補完性原理が、戦後の脱警察化を踏まえつつも〝隙間なき危険防御〟を遂行するという理念に支えられていることを踏まえるならば、同じく脱警察化を経験した我が国の警察法秩序が、ドイツと全く異なる土俵の上に立っているというわけでもなかろう。明文の条文規定が存在しないという事実は、脱警察化のドグマーティシュな意味が認められない、ということを直ちに結論づけるものではない。むしろ、個別の現行法令の中に現れた僅かな規範の中から、行政機関と警察との適切な管轄区分の要請を読み取り、警察法秩序の中に整合的に位置付ける可能性は残されているようにも思われる。実際、我が国の現行法令の中には、補完性原理類似の管轄区分を規定する立法が存在する。災害対策に関連する一連の立法がそれである。

災害対策基本法（昭和三六年一一月一五日法律第二二三号。以下、災対法と略す。）六〇条一項は「災害が発生し、又は発生するおそれがある場合において、人の生命又は身体を災害から保護し、その他災害の拡大を防止するため特に必要があると認めるときは、市町村長は、必要と認める地域の居住者等に対し、避難のための立退きを勧告し、及び急を要すると認めるときは、これらの者に対し、避難のための立退きを指示することができる。」と規定しつつ、六一条一項で「前条第一項……の場合において、市町村長が同条第一項に規定する避難のための立退き……を指示することができないと認めるとき、又は市町村長から要求があつたときは、警察官又は海上保安官は、必要と認める地域の居住者等に対し、避難のための立退き……を指示することができる。」と規定している。そして三項で「警察官又は海上保安官は、第一項の規定により避難のための立退き……を指示したときは、直ちに、その旨を市町村長に通知しなければならない。」と定めている。同様の条文構造は、同法六三条（市町村長の警戒区域設定権等）一項・二項にも見られるが、さらに原子力災害対策特別措置法（平成一一年一二月一七日法律第一五六号）二七条の二第一項（市町村長の避難の指示等）と二七条の三第一項（警察官等の避難の指示）並びに、二七条の六第一項（市町村長の警戒区域設定権等）と第二項においても見られる。これらの条文構造は、MEPolG 一ａ条と類似していると言えよう。

もっとも、災対法六一条一項の規定は、ドイツの補完性原理に比べると変則的な規定振りとなっていることにも注意が必要である。第一に、警察が市町村長に代わって立退き指示をすることができる要件として「市町村長が同条第一項に規定する避難のための立退き……を指示することができないと認めるとき」（要件①）の他に、「市町村長から要求があつたとき」（要件②）という要件も定めている。②の要件には全く条件が付されていないことからすると、市町村長の権限を安易に放棄してしまうおそれがあるが、ただ要件①とのバランスを考えると、これは要件①の認定を行いやすいように市町村長から警察への通報と理解する余地があろう。[224] また第二に、本来、要件①に該当するような場合には、警察官が警職法に基づいて自らの任務として権限を行使するのがドイツの補完性原理の姿であるが、しかし災対法の規定によれば警察による立退きの指示権限は同法六一条一項で定めている権限であり、警職法四条一項に基づく避難等の権限ではない。このような規定の存在は、災対法が警察に（緊急のケースにあっても）同法上の権限行使のみを認めたという意味において、主たる権限行使者はあくまで基礎的自治体の市町村長であるという同法の基本的立場と整合性をとったもの[225]と理解することができよう。いずれにせよこれら条項は、ドイツの補完性原理の条項と類似したものであり、[226] 同規定は、我が国において補完性原理の考えが条文の形で示された数少ない規定と言うことができる。

しかし災対法に見られるような考え方は、我が国の警察法秩序では一般的な法原理として承認されているわけではなく、あくまで個別法による例外規定とみなされている。[227] 例えば、古谷洋一編『注釈警察官職務執行法（四訂版）』（二〇一四）は、警職法四条の解釈適用の解説において一般法と特別法の関係を重視する（従来の警察実務でもある）見解に否定的な観点から、「一つの事項について、合理的な理由がある場合に複数の行政機関が重畳的に関与することはあり得るのであって、利用可能なあらゆる手段を用いての対応が求められる危険な事態における措置については、関係機関の活動の一元化が特に求められる場合として明文で優先関係が規定されている場合のほかは、各機関がそれぞれの権限を適切に行使して対処することが予定されているものと解すべきである」[228]と論じている。「関係機関の活動の一元化が特に求められる場合」とはここでは災対法が想定されているが、このような特段の事例に該当しない限り重層的な関与が認められるとする立場は、時に「具体的な危険を避けるために必要やむを得ないような事態」という解釈一本で、警察が他の行政機関の管轄領域に介入し、一時的・暫定的な措置であるべきという視点が見失われないとも限らない。今一度確認するに、補完性原理とは「隙間なき危険防御」という要請と同時に、権限が事実上競合する場合であっても特別法によって付与された秩序行政庁による権限行使がまずは適用されるべきであり、警察が他の行政機関の管轄領域に関与することができるのは、あくまで《危険防御が秩序行政庁によっては不可能である、もしくは適時に不可能であると思われるケース》で、しかも《秩序行政庁が改めて任務履行ができる体制が整うまでの暫定的・一時的措置に限る》、という内容を含むものである。[229]同原理の右規範的意味を再確認するのであれば、《行政機関の管轄領域における危険防御任務の履行においては、行政機関に付与された権限が主たる役割を果たす》という言い回し・表現は――たとえ警察が緊急ケースにおいて権限行使する場合があったとしても――決して過小評価されるべきではないだろう。[230]脱警察化のドグマーティシュな意味は、まさにここに認められるからである。（新）警察法が制定されてまだ間もない頃、出射義夫『警察権限詳論』（一九五九）は、「明文のない警察官の援助その他」の見出しの下で次のように解説していた。

「警察官との関係について規定のない行政取締法規であってしかも実質的には各種の行政警察の概念に属するものについて、警察官との関係を欠くからといって、警察官は無関係であるわけにはいかない。……国民の生命、身体又は財産の保護と公共の秩序の維持の責務を持つ警察官は、これらの警察官の援助に関する規定のない行政取締法の対象となっている事柄について、国民の権利が危殆に陥り又は社会公共の秩序（法的秩序）が乱れようとしている場合には、本来の警察官の職権職務が発動されなければならない。この関係については……警察所管以外の行政警察においては、その所管官署が第一次的に監督行政の責任を負うこととし、警察権と競合する場合は原則として、所管官署の要求又は連絡によって警察官の職権を行使することになっているのである。即ち、警察官はその固有の権限の行使を二次的なものとしているのである。これは、広義の行政警察を戦後の民主化と事務の効率化の要請に基いて警察の責務を限定しようとしたための行政体系なのである。[231]」（強調――筆者）

しかし、脱警察化をこのようにドグマーティシュな形で提示した見解は、これまで十分に評価されてきたとは言えない。我が国の警察法秩序においても「戦後の民主化と事務の効率化の要請に基づいて警察の責務を限定しようとした」「行政体系」を、補完性原理という形で改めて明確に提示することは十分可能と考えられるのではないだろうか。[232][233]

(224)　なお、原子力災害対策特別措置法二七条の三第一項は「〔市町村長による措置を〕待ついとまがないと認めるとき、又は市町村長から要求があったとき」に警察官の活動を認めるということで、一定の条件（時間的緊急ケース）を付しているが、災対法六一条一項は「市町村長が同条第一項に規定する避難のための立退き……を指示することができないと認めるとき」と定めるのみで、その理由（時間的緊急ケースなのか事項的緊急ケースなのか）は明示していない。

(225)　参照、浅見勝也「災害対策基本法と警察の任務、権限について」警察研究三二巻一二号（一九六一）五九頁以下。

(226)　さらに災対法六一条一項は、警察官吏による要件存否の認定に関し、MEPolG 一ａ条と同様、「認めるとき」と定めている点でも、補完性原理条項と類似している。

(227)　田村・前掲（6）二二一頁註七二は、同条項を、行政庁の職員の権限が警察官の権限に優先することを法律上明示的に定めている特別な規定として挙げている。このような評価も、戦後我が国の脱警察化が執行警察と行政庁との役割分担を十分に検討したものではなかったことを踏まえると、無理もないと言える。

(228)　古谷・前掲（19）二七二頁註五。

(229)　田中二郎「新行政執行制度の概観（二）」警察研究一九巻一二号（一九四八）八頁も、警職法四条が定める避難等の措置に関連して次のように述べていた。「かような危険事態の生じた場合の措置については、災害救助法、消防法、地方自治法等他の法令にも種々の定めがあり、これらの法令に基き、當該公務員が、その措置を講ずべき第一次の責任者になっているが、個々の警察官等も亦、それらの者が、それらの措置を講ずるまでの、應急的・第二次的責任者として、……諸措置を講ずることができるのである。」（傍線――筆者）。

(230)　田宮＝河上編・前掲（27）三〇頁は、警察権を規律する主な法原理の一つとして「警察補充の原則」を挙げ、これを「警察権を発動するのはなるべく最後の手段であることが望ましい。また、それぞれ専門の行政組織が効果的に警察障害に対処する制度のほうが望ましい。何故なら、警察組織の権限の肥大化を回避することは、人権尊重を求める憲法上の一政策でもあるからである」と、警察の権力抑制に比較的重点を置いた法原理として捉えている。

(231)　出射・前掲（37）二八三頁以下。また既に上原・前掲（36）一二九頁も、次のように述べていたところである。「犯罪を豫防し鎮壓することは警察の責務の最も重要なものであり、これに關する種々の取締法規において、それを直接に執行する任にある當該官吏又は吏員の力が及ばない場合においては、それを最終的に執行するのは警察官であることを銘記しなければならない。」（強調――筆者）。警察法制定間もない時期から既に警察実務において同様の理解が示されていた点は、注目すべきである。この場合、「力が及ばない場合」とは如何なる場合かが、法解釈上極めて重要な論点になることは言うまでもない。

(232)　もっともこのような見解は、藤田宙靖「二一世紀の社会の安全と警察活動」警察政策四巻一号（二〇〇一）九頁以下（同『行政法の基礎理論上巻』（有斐閣、二〇〇五）所収四三〇頁以下）を通じ、学説並びに実務においても徐々に浸透しつつあるように思われる。参照、白藤・前掲（17）六一頁、荻野・前掲（54）四一頁。

(233)　なお付言するに、我が国の警察法秩序は、警察と行政機関の関係を一般的に規律する補完性原理について明文規定を設けていないが、他方で、危険状況に直ちに対応できるように、警察が行政機関からの要請に基づき行政機関による職務執行（例えば、立入調査や臨検等）を援助することを規定した一連の個別規定が存在する（例えば、高齢者虐待の防止、高齢者の養護者に対する支援等に関する法律（平成一七年一一月九日法律第一二四号）一二条。児童虐待の防止等に関する法律（平成一二年五月二四日法律第八二号）一〇条）。もっともこの警察による援助は、ドイツ警察・秩序法にいう執行援助のように警察自らが直接強制を実施するものではない（しかし戦前は、旧伝染病予防法に基づく人に対する隔離処分や物に対する消毒等の処分といった直接強制の実施に、警察官吏が直接関与していたとされる。参照、須藤陽子『行政強制と行政調査』（法律文化社、二〇一四）一九八頁以下）。そうではなく、行政機関の職員の力ではその職務遂行が不十分な場合に、警察において付与されている権限を行使することで、円滑な職務執行を支えることを目的とするものである。行政機関に対する警察の役割として、我が国で典型的な例として挙げられるのは、〝行政機関の職務執行の過程で危険な事態が発生する可能性があることを前提に、行政機関が警察に援助を要請することができる旨を法律で予め規定した上で、不測の事態に備えるという、「行政機関の職務執行時における援助」〟である（この問題について初期に注目した論考として、園部敏「行政上の共助――行政機関の『実力による応援』」同『行政法の諸問題』（有信堂、一九五四）七一頁以下）。この場合の警察活動は、行政機関の権限を行政機関に代わって行使するというのではなく、あくまで警察に付与されている権限を行使するに止まる。これは、ドイツ警察・秩序法で言うところの〝執行時における保護〟に該当すると言えよう。

第三款　小　括

一　ドイツ警察・秩序法に規定されている補完性原理を、脱警察化のドグマーティシュな評価を通じて、我が国の警察法秩序にも整合的に位置付けることが可能か。この問題を探ってきたこれまでの考察によれば、脱警察化には、行政機関による（質の高い）危険防御措置の確保、並びに迅速な執行警察による活動とその限界という規範的要素が存在することが明らかとなった。我が国においてもドイツと同様、脱警察化を経て警察法が制定された経緯を踏まえると、警察実務において現在支配的な見解、つまり、《他の行政機関の権限であると定められている場合でも、それが警察の責務から明確に排除されない限り、警察活動の対象となる》という命題（警察任務一般条項論）は、脱警察化のドグマーティシュな意義を確認した上で《他の行政機関の権限であると定められている場合には、原則として当該行政機関が権限を行使しなければならないが、行政機関によっては危険防御が不可能もしくは適時には不可能であると認められる限りにおいて、警察が暫定的な措置を講じる》という命題に再構成する余地があるように思われる。右再構成により、従来の実務的慣行を否定することなく、また、行政機関の任務に対する警察のアドホックな関与を回避しながら、両者のより質の高い連携を構築することが可能になると考えられるのである。

二　もっとも、これを実際上においても実現するためには、行政機関による危険防御の体制が十分に整えられていなければならない。脱警察化の理念を踏まえた警察法の解釈を展開した宮崎は、行政機関による危険防御の体制に言及しつつ、次のように説いていた。

「今日に在つては、一般警察機関より権限の移譲を受けた行政機関の側で、受入態勢が未だ十分整つておらぬ処が少なからず存し、警察官等が事実上本来の責務を超えた活動を余儀なくされていることが多い。又これに対する輿論と云うものも、一般警察機関のかかる活動の限界を厳密に批判し得る迄には向上していないのが実情のようである。併しそれは飽く迄も過渡的な現象に過ぎぬのであつて、法治主義の徹底した現行憲法下に在つては、公安の維持或いは犯罪の予防と云うような漠然とした行政的権限を行使する場合は極めて慎重たるを要するのであり、社会通念に基いた厳密なる客観的事実認定を俟たずしては、決してみだりに警察権を発動してはならないのである。[234]」（強調――筆者）

これは、「警察官等が事実上本来の責務を超えた活動を余儀なくされていること」を「過渡的な現象」と捉えた上で、事実から規範命題の導出を戒めたものとも評し得る。しかし近時では、現在の行政組織は安全と秩序を害する危険・障害の増大に対し有効・適切に対応できていないという事実認識に基づき、警察に一定の（場合によっては、本来の責務を超え得る）活動が要請されるところとなっている。[235] 警察実務家の荻野徹は、現状を次のように述べている。「具体的な状況の下で求められるのは、各機関の権限の境界や優先劣後を再確認し、これに従って整然と行動することではなく、法的な『趣旨目的』はどうであれ、『事実上の』効果として被害者・相談者にとって望ましい措置が『実際に』発動されることである。[236]」、と。確かに事実において、現実の社会において対応すべき事態は時間とともに刻々と変化するのであり、警察が活動すべき条件も常に予め一義的に明らかであるわけではない。警察と行政機関との間の静態的な管轄区分に従って紛争が生じるのではなく、紛争に対応すべくその時々で権限が行使されるのである。児童虐待やＤＶ、ストーカー事件など現代的な課題にも対応可能なように、「占領法制の特徴とされるプリミティブな『民主化と分権化』理念[237]」をより実効的なものにすべきであると主張されるのも、以上のような認識に立つものと言えよう[238]。

しかし警察活動の現実の必要性を強調することは、明確な自覚がないまま警察の権限を拡大させるおそれがあることにも注意しなければならない[239]。行政機関は徐々に事務作業が中心となり、自らに課された危険防御の任務を主として書面手続において履行する一方、警察は、行政機関による対応不備を補うべく馴染みのない行政任務を引き受けることで、本来課されている以上の任務を担う傾向にある。しかもそれは、明確な法律変更（管轄変更）というよりも、むしろ現実の必要性を背景として事実上行われるという特徴がある[240]。しかし、行政機関に対する警察のこのような〝リザーブ機能〟を事実上のものとして認めてしまうと、国家機関同士の権限紛争の原因となるほか、管轄規定を定めた立法による法治国家的保障を弱体化させる原因にもなり得よう[241]。ここで注意しなければならないのは、このような〝静かな権限移動〟に対する明確な認識と、この権限移動を防ぐ具体的な体制整備である。警察の役割の拡大は、行政機関の専門的知識の欠如（あるいは、行政機関による政策の失敗）ないし執行体制の不十分性と表裏一体の関係にある[242]。その意味において、我が国の現行警察法秩序において、果たして、またどの程度まで行政機関による危険防御体制が整備されているのか、改めて検討されなければならない[243]。

三　この点に関連し我が国では、行政刑罰の適用における行政機関と警察との協働にからみ、生活経済事犯への対応が問題実例として挙げられることがある。警察実務家の四方光の分析によれば、通常、監督庁が独自に指導や行政処分を行って違法状態を解消しているのであれば問題がないところ、実際には、行政処分件数よりも警察による送致件数の方が多いという。そして、これは、当該行政法の執行体制の構造として、法秩序維持の一定部分を警察に依存している、と理解することができるという[244]。四方は、行政刑罰に違反して事業活動を展開する犯人グループ、とりわけ行政指導・行政処分には従おうとしないが犯罪者グループほど悪質ではない企業（第三類型）への対応が最も重要であるとの認識を示した上で、次のように述べている。

「警察の方では、警察は行政法施行の肩代わりをする責任も権限もないと考えており、犯罪の構成要件を満たし可罰性もある事案でなければ捜査に着手しないので、行政部局の方では『警察が協力してくれない』という不満を言うだけでは自らは何も進めないというものである。……行政機構の設計上、第三類型の事業者への対応全体を警察の責任・権限に属させるという選択肢は、理論的にはあり得ても、実際にそのような選択をすれば、警察は著しく肥大し、それこそ警察国家になってしまう[245]。」

右指摘は、生活経済事犯に関し、産業振興型の従来の行政手法では対応が難しい案件への行政部局への執行体制を問うたものであるが[246]、しかし同指摘は危険防御の領域においても当てはまると考えられる。仮に行政機関による対応の不備を理由に警察が対応しなければならないとするならば、警察に過重な負担を課すのみならず、行政機関は危険防御の任務において主要な責務を果たすという視点も、また警察は一時的・仮の措置に留まらなければならない、という脱警察化のドグマーティシュな視点も見失われてしまう[247]。このような見地からすると、行政機関においても危険防御の任務が存在することを改めて確認する意義は小さくないように思われる[248]。この点、田村正博は、公共の安全秩序の維持のための各種の事業規制は、これまで事業所管の行政機関が産業の振興と併せて担当するのが一般的であり、他の行政目的（産業保安、保健衛生、経済発展など）のための規制が実質的に犯罪予防に寄与していたにすぎなかったが、近年では安全確保目的や犯罪予防目的を重視し、犯罪予防目的を事業の健全な発展と並ぶ位置付けとして警察が援助を行うこと等を定める不正アクセス禁止法やピッキング防止法、またいわゆる安全安心まちづくり条例が制定されていることを好意的に評価している。(249) これらの近時の法制度の運用実態については改めて慎重に検討する必要はあるが、確かに、かつて産業警察・衛生警察・建築警察と呼ばれていた任務がそれぞれ専門の行政機関によって担わされる一方、社会の発展とともに危険防御以外の任務も同時に担うことになった結果、本来の危険防御の任務が執行体制も含め相対的に後景に退くことになったことは否定できない。(250)「犯罪予防を他の目的の制度の付随的なものとしてきたそれまでの立法政策(251)」では、危険の迅速な認知という観点からも、また執行体制の整備という観点からも不十分という評価が下されることになろう。しかし、急迫の危険ではない、対処の難しい危険の防御（犯罪予防を含む）を実施しうるのは、本来、独自の専門的知見（行政ノウハウ）を有している行政機関である。(252)《急迫の危険に限られない、行政庁による専門的知見に基づいた危険防御と、同時に緊急の場合に市民（あるいは時には被害者）を保護する機動的な警察活動を実現する仕組み》を構築するためには、行政機関の側でも危険防御任務を自らの任務として引き受ける体制が整えられなければならない。(253) 現場対応を重視し、その場での判断が常態化・固定化することのないよう、行政機関による危険防御体制を含め、両者の関係を改めて適切に位置付ける必要があるように思われるのである。荻野もまた「多機関連携を実効あらしめるには、これを、追い詰められた現場担当者の機転に丸投げするのではなく、平素の準備段階から、関係機関相互の協力が円滑に行われるような事務配分の在り方を模索すべき(254)」であり、「各機関の権限配分に関する規範についても、領土専管的・排他的・固定的なものではなく、一種の相互乗り入れ的な業務運営を可能とするような規定振りないし解釈態度が必要となるのではないか(255)」と今後の課題を提示していた。ドイツ警察・秩序法の分析において明らかになったのは、専門的知見を用いた行政機関による質の高い危険防御と、緊急時における警察による迅速な措置という、〝両者の権限が連動した隙間のなき危険防御〟の姿である。本章で取り扱った補完性

原理は、〝相互の乗り入れ的な業務運営を可能とするような規定振り〟の候補たりうるのではないだろうか。(256)

(234) 宮崎・前掲（38）一九四頁以下。
(235) 参照、田宮＝河上編・前掲（27）五九頁以下。
(236) 荻野・前掲（54）四一頁。
(237) 櫻井・前掲（58）九六頁。
(238) 田村・前掲（6）六二頁は、行政の力が弱まり、自由化が進んだ社会においては、行政機関の役割分担においても現実の執行がどのようにして確保されるかという点を踏まえて検討しなければならず、社会的な状況の変化を無視して既存の理論だけを語ることは弊害が大きいとする。
(239) Vahle, a.a.O. (Anm. 148), S. 205.
(240) Vgl. Gusy, a.a.O. (Anm. 94), S. 4f.; W. Finke/W. Sundermann/J. Vahle, Allgemeines Verwaltungsrecht, 8. Aufl. 1992, S. 113 は、管轄の変更は法律によってのみ許されるとする。
(241) しかしかつて土屋・前掲（42）二四頁は、我が国の法律はドイツと異なり、執行警察と行政警察の区分が明瞭ではない、とした上で、「行政庁が一々直属の執行機関を有することなく、原則としてはその決定を警察をして執行せしめるとしたならば、ひとり行政の経済化であるのみならず、警察と国民生活とを緊密に結びつける利益は少なからざるものがあろう」という見方も示していた。
(242) 例えば、本来、社会的発展に伴う危険や妨害の除去は行政庁の対象であるところ、行政庁の施策の失敗により住居が十分に提供されないことから住宅難が発生し、この住宅難から警察が対応すべき住居の不法占拠が発生する、といった具合いにである。Vgl. Gusy, a.a.O. (Anm. 94), S. 4f.
(243) また須藤・前掲（233）二〇〇頁も、『強制』を担保する人的環境が戦前・戦後で大きく変わっている」とした上で、「法律上の『強制』の仕組みを明確化するのみならず、行政目的を実現する事実行為としての『執行』の在り方、『執行の担い手』、警察組織の関与の在り方に注目すべき」と述べている。
(244) 四方光「罰則適用過程からみる行政法――生活経済事犯の取締りを中心に」警察政策一一巻一号（二〇〇九）二三〇頁。
(245) 四方・前掲（244）二四七頁。

(246) その上で四方・前掲（244）二四八頁以下は、具体的に、行政機関と警察との理想的な役割分担を実現するためには、第一に行政部局内に専門的な技能・経験を有する担当者又はチームを設置すること（例えば「監視Ｇメン」のような活動部隊を持つことなど）、第二に、警察では少なくとも行政部局からの通報・告発に対応できるだけの取締体制を整備すること、第三に、行政部局内部及び警察との間における緊密な連絡体制を確立することが必要、と提言する。先に紹介したベーレンデスの主張と共通する点も多い。前掲（193）、参照。

(247) 一般行政の機能不全・執行不全・実効性確保手段の不備を、警察活動の拡大が必要であることの理由とすべきでないことにつき、白藤・前掲（17）六一頁も参照。

(248) 野口貴公美「秩序違反行為の『行政手法による取締り』――軽犯罪法を契機として」警察政策一二巻（二〇一〇）一〇九頁が、秩序違反行為の「行政（とりわけ、地方自治体の）手法による取締り」の可能性を理論的に整序することによって行政刑罰の濫用（インフレ）の解消につながると述べている点は、このコンテクストにおいても、傾聴に値する。

(249) 田村・前掲（6）二八頁。

(250) 四方・前掲（244）二四六頁は、事態対応に対する行政部局の危機意識の欠如を懸念している。

(251) 田村・前掲（6）二八頁。

(252) 行政機関の権限が適切に行使されなかったことを理由とする損害賠償請求事件として、高松地判平成一七年四月二〇日判例時報一八九七号五五頁がある（評釈として、横田光平「判批」自治研究八四巻五号（二〇〇八）一三〇頁以下）。同事件は、認可外保育施設で乳幼児が施設長の虐待行為により死亡したことにつき、同保育施設に対する県知事並びに県警察の対応不備の違法性が問われた事件である。その中で高松地裁は、警察権限の不行使については、犯罪捜査権限を行使すべき状況ではなかったとして違法性を否定する一方、県知事の施設に対する指導監督権限についてはその違法性を認定しているが、その中で、次のような判断が示されている。「児童の生命や身体の安全が確保されるべきことへの期待は一般に大きいといえるから、警察権限を含む一般的な行政権限の行使の場面とは、若干異なる視点、すなわち、同法〔児童福祉法〕が第一義的な目的と定める児童の福祉の保障をより重視した運用が求められる」（強調――筆者）、と。行政機関の専門性に基づいた規制権限の必要性を、警察権限を含む一般的な行政権限と対比させている点は、注目に値しよう。

(253) 櫻井敬子「行政法の観点から見た組織犯罪対策」警察学論集六一巻四号（二〇〇八）七七頁以下は、組織犯罪対策においては「司法警察から行政警察への重点移動」が重要であるとし、行政機関による行政警察活動への期待を語る。また同「犯罪予防と行政法」渥美東洋編『犯罪予防の法理』（成文堂、二〇〇八）九八頁は、「犯罪予防が秩序維持という行政の中核的領域に属する問題と位置づけられる以上、警察組織以外の他の行政機関の役割が相対的に重要」なのであって、また生活安全条例の策定にあっても「発想が司法警察的にならないよう、施策が偏らないよう留意すべきである」とする。

(254) 荻野・前掲（54）四二頁。

(255) 荻野・前掲（54）四二頁。

(256) そして本章では十分に検討できなかったが、これに法理論的な裏づけをより明確に与えようとするならば、任務（Aufgabe）、権限（Befugnis）、権限（Kompetenz）、管轄（Zuständigkeit）、執行官吏（Vollzugsbeamte）といった行政組織法上の基礎概念を明晰にする作業が不可欠となろう。Vgl. M. W. Fügemann, Zuständigkeit als organisationsrechtliche Kategorie, 2004, S. 9ff.

第三節　おわりに——断片的規律と解釈構成

一　最後に、次章以降の分析のため、本章の検討を通じて得た問題意識について確認しておきたい。

我が国の警察法秩序において行政機関に対する警察の役割を考察しようとする時、特に注目せざるを得ないのは、危険防御を担う両機関の役割分担について明確な法規定が存在しないという事実である。ドイツにおいてそれは、警察・秩序法や行政手続法という一般法によって明示的に規律されているが、我が国の場合、多くは特別法の中で個別に規定されており、断片的な規律構造を形成している。ドイツでは、警察と秩序行政庁に適用される法規定をそれぞれ明確に区別しようとする議論があり、また、脱警察化の流れの中にあっても危険防御の隙間を埋めるべく、両機関の役割分担につき明確な法規定が用意されたことも想起するならば、我が国のような断片的な規律構造の姿は、危険防御の実効性という点においても（規律の断片・隙間による執行の欠缺）、また法治国家的法秩序における法規定の在り様（明確性・予見可能性・法的安定性の確保）という点においても、決して望ましいものとは言えない。確かにドイツの場合は既に警察一般条項が存在し、脱警察化後も、その適用の有無との関連において警察と行政機関との関係が論じられたのに対し（その意味において連続性・法的安定性が存在していた。[257]）、我が国においてはこのような事情が存在しなかったため、個別法毎に分断的に考察せざるを得ない歴史的・政治的事情があった。そして、このような断片的な規律構造は、行政執行法の廃止などを通じてむしろ脱警察化が意図したところでもあった。[258] しかし、特別法の規律などを通じて警察官の個別権限を規定するといった立法技術の多用は、不透明な警察法令の適用を招き[259]、機動的な警察活動やその見通しのよい統制を妨げる原因にもなりうる。[260] 法的枠組みに基づく警察活動の透明性が確保されない限り、また行政機関と警察の連携の限界が明確にされない限り、行政機関の執行体制の欠如という事実を前に、警察は、その求めに応じて、いわばなし崩し的に行政機関の事務に関わることにもなろう。現代国家の進展による分業体制の要請とともに、いわば必然的に秩序行政庁の執行機能が後退し、また警察に期待される範囲が事実上（本来の範囲を超えて）拡大してくることを直視するならば、警察法秩序が両機関の境界を明確に定めることの意味は、その意識的な歯止めという観点においても、また執行機関としての警察に最も期待される職責をより実効的なものにするという観点においても、小さくないように思われるのである。

二　しかしながらこの問題は、単に立法による対応の必要性を唱えるだけでは十分ではない。これまでの我が国の歴史を振り返ると警察法関連の法律改正は容易ではないし、また仮に立法化されたとしても、その中身は、ドグマーティクに裏打ちされた、明確な輪郭を持つ法概念の束を通じて実現されるものでなければならないからである。[261] このような観点からすれば――立法化を論ずる前に――既存の断片的な法規定の中から警察活動にかかる法治国家的要請を見出し、これに明確な法的輪郭を与えた上で〝体系化〟すること、そして将来の立法化に備えることも一つの有力な選択肢としてあり得るだろう。本章で明らかにしたように、我が国では脱警察化はただ消極的な組織分離のみが注目され、危険防御の隙間に関する問題意識が見失われていた。しかし、脱警察化の歴史は法治国家進展の歴史と無関係ではない以上、既存の法秩序を前提にした上でもなお法治国家原理が命ずるところに従い、行政機関と警察の管轄区分を――占領下における歴史的産物としてではなく――法治主義に適合的に解釈することは不可能ではないように思われる。事実、警察実務においても既に古くから行政機関による力が及ばない場合の警察官吏による活動について語られてきたところであるし[262]、また補完性原理の考えを一部表出させていた災害対策基本法の規定（六〇条、六一条。より具体的には警察官の権限行使の要件）は、本来、一般法である警職法（昭和三三年警職法改正法案）の中で実現させることが想定されていたものであり、ただ警察権限拡大に対する懸念に配慮するという政治的理由から、警職法ではなく災害対策基本法の中で（一部）実現されることになったという経緯があったことにも注目したい[263]。いずれにせよここで重要なのは、断片的な規律を前提に（いわば制定法準拠主義の如く）個別の条文解釈に取り組むことではなく、警察活動を規律する法体系全体の内在的分析を行うことで、法の隙間を埋めること、つまり警察活動に係る法治国家的要請を現行警察法秩序の中に適切に位置付け、体系化しようとする態度である。これはすなわち、僅かな条文を手がかりに法治国家的警察法理論を〝解釈構成する（dogmatisieren）〟[264]作業とも言いうるだろう[265]。このような作業によってはじめて、我が国の警察法秩序において、明確性と予見可能性、そして法的安定性を確保することが可能になり、延いては将来の立法化への橋渡しにもなると考えられるのである。

もっとも、分断された法の隙間をどのようにして埋めるかという問いは、法適用権者の解釈作法をめぐる問題と密接不可分であり、容易ではない。執行警察活動固有の統制法理を個別法律の単なる解釈問題として捨象することなく、そしてまた、かつて行われたような、講学上の警察概念による〝悪しき体系化〟に陥ることのないよう、如何に断片的規律の背後にある法体系をドグマーティクの定礎の上に組み立てるか、が鍵である。この問題は、長年の課題である、我が国の法治国家的警察法理論の再構成の方法論とも深く結びついていると考えられるが、さらにこの問題の重要性を明確にするため、次章以降においてさらに考究を続けることにしたい。

(257) 第一節第一款第二項、参照。
(258) 成田・前掲(16)五三頁は「警職法の不備は、……個別法の特別規定によってその例外を定めるバイパス方式によって補完されている」と評したが、このような規律構造の複雑さは、警職法制定の歴史的経緯を強く反映した我が国警察法秩序の一つの特徴である。
(259) 警職法は行政執行法の一部を取り入れるものであった一方、本来警職法で規律される予定だった銃砲刀剣類の一時保管権限は、銃砲刀剣類所持等取締法で規定されることになるなど、警察官吏の権限にかかる法規定の制定・改正は常に政治情勢の影響を受けるものであった。雄川一郎ほか『行政強制（ジュリスト増刊）』(有斐閣、一九七七)二九頁、参照。
(260) このような意味において、配偶者暴力防止法における警察官の権限規定の定め方(警察法、警察官職務執行法の適用を確認的に規定する立法手法)についても——当該事案に見合った権限発動要件を定める形となっていない点において(また警察官吏の権限行使が十分に規律されていないという点において)——疑問なしとしない。
(261) 参照、雄川ほか・前掲(259)三一頁以下。
(262) 上原・前掲(36)一二九頁、参照。
(263) この点については、古谷洋一「警察官権限法の整備に関する一考察」「警察行政の新たなる展開」編集委員会編『警察行政の新たなる展開上巻』(東京法令出版、二〇〇一)三三七頁以下、参照。その意味において、警察官の権限行使要件(警職法四条)の緩和が補完性原理の中で実現したということは、警察の緊急権限の性格に注目したという点で興味深い。
(264) ここで用いるdogmatisierenの用語に〝解釈構成する〟という訳語を当てる際、守矢健一「日本における解釈構成探求の一例——磯村哲の法理論の形成過程——」松本博之ほか編『法発展における法ドグマーティクの意義』(信山社、二〇一一)三頁以下を参考とした。
(265) 危険防御の法分野においてドグマーティシュな提案を実践する論考として、ラルフ・ポッシャー／拙訳・解説「国内治安法制における介入閾——最近の憲法判例に照らして見たその体系」北大法学論集六五巻四号(二〇一四)一三一頁以下。

補論　私人による警察活動とその統制

序節　はじめに

周知の通り、伝統的に公共の安全と秩序の維持は、国家組織としての警察（官吏）が担うとされてきた。自らの安全を守るための私的な実力行使は制限され、これを業として行う警備業もまた警備業法によって厳しく規制されてきた。しかし二〇〇三年、警察庁が取りまとめた『緊急治安対策プログラム』で「国民の自主防犯行動を補完又は代行する警備業を警察の犯罪抑止対策体系に積極的に位置付ける」ことが示され(1)、また翌年、警備業法に警備業者の指導教育体制を整備する規定等が盛り込まれたことにより、同法は規制法から育成法へと一歩踏み出すこととなった(2)。警備業者の専門性を向上させ、これに公共の安全と秩序の維持を新たに担わせんとする動きは徐々に広がりを見せつつあり、その活動範囲の拡大に大きな期待が寄せられている(3)。

同様の動きは、ドイツでも既に一九九〇年代から進行し、国家財政の危機と治安悪化による自己防衛の需要の高まりを背景にして、警察と私人の協働活動（Police-Private-Partnership）は広範囲に及んでいる(4)。しかしまた同時に、私人が警察活動の一端を担うことは伝統的自由主義的警察法の〝侵食〟を招きかねないとして、協働形態に対応した独自の法規制の必要性も早くから指摘されている(5)。

以下では、この分野で先行するドイツ警察法の議論状況を概観し（第一節、第二節）、私人が警察活動の一端を担う場合の法的問題を確認することで（第三節）、我が国における公私協働の議論の行方を探ることとしたい。

（1）同年、犯罪対策閣僚会議『犯罪に強い社会の実現のための行動計画』では「生活安全産業としての警備業の育成と活用」が謳われている。このような方針は、既に警察庁『平成一四年警察白書』において示されていた。

（2）成田頼明「警備業の法的性格とその治安政策への位置づけ」警察政策八巻（二〇〇六）二八頁は、「警備業にとっては画期的な出来事」とこれを評している。

（3）警備産業の実態については、「特集　驚きの警備産業」週刊ダイヤモンド九五巻四七号（二〇〇七）二八頁以下が詳しい。

（4）Vgl. R. Stober, Gesetzlich normierte Kooperation zwischen Polizei und privaten Sicherheitsdiensten, 2007, S. 4f.; A. Wohlnick, Tätigkeit, Auswirkungen und Wahrnehmung privater Sicherheitsdienste im öffentlichen Raum, 2007, S. 5ff. このような動きは、「第三の脱警察化」とも呼ばれている。Vgl. R. Stober, Staatliches Gewaltmonopol und privates Sicherheitsgewerbe, NJW 1997, S. 891.

（5）A. Peilert, Police Private Partnership, DVBl. 1999, S. 282ff.; R. Pitschas, Gefahrenabwehr durch private Sicherheitsdienste?, DÖV 1997, S. 393ff.

第一節　Police – Private – Partnership の諸形態

第一款　公共の安全確保任務の私人への委託

国家任務の基本に属する公共の安全確保任務の履行を私人に委ねるという場合、ドイツ警察法学がまず問題としたのは、権力独占との抵触であった。この点に関し学説は、権力独占の規範的意味（基本法二〇条三項、三三条四項）を再検討した上で《権力独占は安全独占を意味しない》(6)と確認し、国家が公共の安全確保任務に対する責任（保障責任(7)）

を完全に放棄してしまわないことを前提に、任務履行の一部を私人に委託することを認めている（機能的民間委託）。[8]既に実務上も、契約を通じた警察補助の委託として、レッカー事業、交通信号整備事業が、また法律に基づいた高権の委託（特許）として、連邦国防軍の施設の監視、航空行政における乗客・荷物の検査などが認められている。[9]もっとも、委託が認められる任務の範囲は無制限ではなく、たとえば、しばしば議論される公道での駐車違反の確認や速度違反車両の監視業務は、学説判例上否定的に解されている。[10]私人自らがデータを徴収しこれを警察に報告する一連の行為は、国家任務の核心領域に属する訴追行為の端緒であり、秩序違反法（Ordnungswidrigkeitenrecht）を支配する「義務適合的裁量行使の原理」（現場での具体的な状況を考慮した上で行政機関自らが秩序違反の有無について決定することを命じる原理）に反するというのがその理由である。[11]委託の可否ないし監督の実効性を考える上で〝任務の性質〟はなお重要な考慮要素とされており、[12]統制不能な私人の行為は黙認しないという法治国家の姿勢が貫かれていると言ってよい。

（６）　この命題は、権力独占といった概念や国家の本質といったものではなく、あくまで高権的権限の官吏への留保を規定する基本法三三条四項の解釈から導かれている。同項は例外を否定するものではないと解されているゆえ、委任を認める十分で客観的な理由が存在する場合には、私人への委託も可能とされている。Vgl. F. Ossenbühl, Eigensicherung und hoheitliche Gefahrenabwehr, 1981, S. 36f.

（７）　保障責任については、山田洋「『保証国家』とは何か」法律時報八一巻六号（二〇〇九）一〇四頁以下（岡村周一ほか編『世界の公私協働――制度と理論』（日本評論社、二〇一二）所収一四一頁以下）。この場合、生存配慮任務の委託に比して国家に要求されるのは、いかなる事態の発生でも最低限度の安全水準を保ちうる、受託者の質の高さの維持と信頼性の確保並びに受託者に対する継続的な監督権の行使である。受託者による侵害行為から第三者を保護するには、裁判手続等を通じた事後的救済では不十分であるという認識がその背景にある。Vgl. C. Gusy, Polizei- und Ordnungsrecht, 7. Aufl. 2009, Rn. 163.

（８）　すべての任務を私人に委ねることはできないという点では一致している（実体的民間委託の禁止）。Vgl. R. Pitschas, Polizei und Sicherheitsgewerbe, 2000, S. 96ff. これら学説の議論状況については、参照、高橋明男「ドイツにおける警察任務の『民営化』、民間委託、民間との協同」多胡圭一編『二十一世紀の法と政治』(有斐閣、二〇〇二)一二三頁以下。

(9) Vgl. R. Stober, Police-Private-Partnership aus juristischer Sicht, DÖV 2000, S. 267f.; Peilert, a.a.O. (Anm. 5), S. 283.

(10) 詳細は、米丸恒治『私人による行政』(日本評論社、一九九九)一六九頁以下。

(11) Vgl. I. Mohrdiek, Privatisierung im Bereich öffentlicher Vehrkehrsräume, 2004, S. 133ff. これを認めるには、少なくとも高権を付与する特許が必要とされる。なお、櫻井敬子「警備業の法的性格——行政任務の官民分担の観点から」法学会雑誌四四巻二号(二〇〇九)八頁は、指定確認検査機関が行う建築確認などを例に挙げつつ、我が国の「現行制度の理解としては、『裁量判断』こそ公権力行使のコア」であるとする。また、楠芳伸「警察行政の民間委託についての一考察」安藤忠夫ほか編『警察の進路』(東京法令出版、二〇〇八)一〇四頁以下も参照。

(12) 参照、戸部真澄「私人による『公権力の行使』」法律時報八〇巻八号(二〇〇九)一〇一頁以下(岡村周一ほか編『世界の公私協働——制度と理論』(日本評論社、二〇一二)所収一三三頁以下)。

第二款　安全パートナーシップ

他方、公共の安全確保任務の領域で独自の展開を見せるのは、これまで見たように、任務履行の一部をいわば行政組織の一員として私人に委ねるのではなく、警察と私人とが各々固有の立場で互いに協力して共通任務を処理する協働のモデルである(安全パートナーシップ)[13]。このような協働モデルの登場の背景には、民間委託と並行して現れた《安全に対する認識の変化》がある。すなわち、公共の安全の確保は〝社会全体の任務〟であり、安全感情を脅かす犯罪リスクを効果的に阻止するためには、警察(ないし自治体)と市民社会(警備業者・地域住民等)とが、その有する力に応じて互いに協力していかなければならないという認識である(「安全ネットワーク」論)[14]。

このような協働形態には幾つかのモデルが存在するが[15]、その代表例としてしばしば取り上げられるのが、警察と警備業者とが各々の任務（多くはパトロール等の警戒対策）を遂行しながら、その過程で得た安全に関する情報を互いに共有することで公の安全と秩序を確保する協働（デュッセルドルフモデル）と、地下鉄や駅構内といった「半公共空間(halböffentlicher Raum)」における安全と秩序を、警察と警備業者がまさに共に行動することで確保する協働（ミュンヘン地下鉄警備モデル）である。以下、これを詳しく見ていきたい。

(13)　緊急時には国家による保護が期待できないとの理由により、私人には自らの安全を守る万人権（Jedermannsrechte）が現行法上認められ（BGB二二六条以下、八五九条。その他、StGB三二条以下並びにStPO一二七条）、またその行使を契約により警備業者に委ねることも認められているため、私人が持つこのような権限をうまく活用しようというわけである。

(14)　これは、自己責任を強化する目的で汚染企業等に安全管理任務を委ねる環境法律の増加と軌を一にするが、警察法における私人との協働は、犯罪の潜在的犠牲者との協働であるゆえ、潜在的妨害者との協働である環境法におけるそれとは異なる。Vgl. M. Möstl, Die staatliche Garantie für die öffentliche Sicherheit und Ordnung, 2002, S. 307.

(15)　詳細は、F. Jungk, Police Private Partnership, 2002, S. 10ff.

第二節　インフォーマルな協働

第一款　デュッセルドルフモデル

最初に取り上げる協働モデルは、一九九二年にデュッセルドルフ商工会議所の仲介の下、四つの警備業者とデュッセルドルフ警察（後にデュッセルドルフ市も参加）が締結した協定である（この協定類似の協働は、Das Düsseldorfer Modell

と称される。)。一年の試行期間を経て実施されたこの協定には、効率的な任務履行を確保するための様々な仕組みが取り決められている。中でも重要なのは、警備業者が、「観察、認知、報告」という方針に基づき、自らの任務の枠内で得られた情報(迅速な対応が必要な犯罪行為の徴候や不審な人物の行動など)を自身の中央指令センターを通じて警察の指令センターに報告し[16]、他方警察は、公園・広場における犯罪状況、催事、デモなど当面重要な安全情報を記した現況レポートを作成しこれをすべての構成員に伝えるという仕組みである[17]。犯罪の主な原因が、しばしば警察が容易に接近できない私人の生活領域に存することに鑑み、警察と警備業者が各々の任務履行の枠を維持しつつ私的領域に存する情報を広く共有することで、警備業者は自らの任務の質の高い遂行が容易となり、他方警察は早期に犯罪を発見、阻止することが可能になるというわけである(〃協働と予防の相互連携〃[18])。ここでは〃情報ネットワーク〃が、伝統的な危険防御から協働的な犯罪対策への展開にとって中心的役割を果たすと目されている[19]。

この協定では、効率性の追求と同時に協働に伴う様々な問題点が慎重に回避されている点が注目される。まず、協定は契約ではなく紳士協定であるとされ、警備業者には何ら法的義務がないことが確認されている[20]。これにより警備業者の活動が警察に帰属されることはなく、国家賠償などの責任追及が回避されている。また警備業者によるパトロールは、駐車違反の確認業務などと同様、秩序違反並びに犯罪行為の確認・訴追という国家任務の核心領域に触れるおそれがあるが、警備員は〃偶然入手した情報〃のみを警察に報告し、あくまでその主要な任務は自力救済など万人権に基づく依頼者個人の保護にあるとされているため、権力独占との抵触は問題とされない[21]。このモデルの利点は、このように両者の間でインフォーマルな関係を保つことにより、法改正や国家による人的財政的負担を必要とせずに効率的に安全確保任務を履行できる点にある。

しかし他方で、利点に対応した問題点も指摘されている。警察は、インフォーマルな関係を利用して事実上私人の万人権を公共の秩序維持の目的のために活用しているという問題(法治国家的拘束の回避)があるほか、情報交換を目的とする協働においてはとりわけ個人情報に係るデータ保護が問題となる。(22) 具体的には、警察によってのみ調査が認められる個人情報を、協働を通じて警察が警備業者に提供してしまうことや、警察が警察法上適法に入手し得ない個人情報を、警備業者を介して入手すること等が懸念されている。(23) 現行法上この点に関する規制は十分でない。警察から警備業者への情報転送に関しては州警察法の多くが一定の制限を設けてはいるものの、(24) 警備業者から警察への情報転送に関しては不十分なものに留まっている。(25) むしろ、支配的見解によれば、警備業者が偶然入手した情報（しかも多くのケースは匿名化されている。）を警察に報告することは一般市民による日常的な情報提供行為と何ら異ならないゆえ、そもそも問題はないとみなされている。(26) しかし公共の安全確保を目的として常に安全情報を監視し、しかも一般市民からも広く情報を収集せんと能動的に巡回する行為は、その目的・機能の点において一般市民と同列に論ずることはできないといった見解や、(27) 警察と警備業者の協働は、ギブアンドテイクというよりもむしろ警備業者が情報の「取次者としての役割（Melderfunktion）」を果たしているとの見解もあり、(28) データ保護の統制の緩みないし欠如を指摘する声は少なくない。情報ネットワークによって構築されたインフォーマルな協働という形式が、一体的なデータ保護ガヴァナンスを難しくしているのである。(29)

(16) 警察の指令センターと接続する中央指令センターは、構成員たる警備業者が一年交代で指定する。この指令センターは、他社の巡回警備員との直接的な無線連絡を持たず、自社の巡回警備員にのみ指揮命令権を持つ。但し、緊急の場合には、巡回警備員は携帯電話で警察の指令センターと連絡をとってもよいことになっている。また一般市民は、警備業者を警察への通報の仲介役として利用することもできる。

(17) このレポートは定期的に更新される。またその他にも、毎月警察主催で参加機関が集まる安全協議会が開催され、協調して措置を講じるべき現況などが審理される。

(18) Vgl. Jungk, a.a.O. (Anm. 15), S. 45ff.; R. Ochs, Zusammenarbeit zwischen Polizei und privaten Sicherheitsdiensten, Die Polizei

2005, S. 71ff.

（19）警察内部や社会における諸アクター間の機能的なコミュニケーションは、安全確保の有効性・効率性を実現する上での基本条件である旨、R. Pitschas, »Sicherheitspartnerschaften« der Polizei und Datenschutz, DVBl. 2000, S. 1806.

（20）法的効力がない紳士協定であることを示すため、協定では意図的に「協働作業（Zusammenarbeit）」ではなく「協働作用（Zusammenwirken）」であることを確認している。Jungk, a.a.O.（Anm. 15）, S. 12.

（21）F. Jungk, Police Private Partnership, in: R. Stober/H. Olschok（Hrsg.）, Handbuch des Sicherheitsgewerberechts, 2004, S. 574.

（22）Vgl. Pitschas, a.a.O.（Anm. 19）, S. 1805f.

（23）Vgl. Jungk, a.a.O.（Anm. 15）, S. 103ff.; A. Peilert, Datenschutzrechtliche Probleme im privaten Sicherheitsgewerbe und in Sicherheitspartnerschaften, in: ders.（Hrsg.）, Private Sicherheitsdienstleistungen und Datenschutz, 2006, S. 70ff.

（24）Vgl. A. Peilert, Das Datenschutzrecht des Sicherheitsgewerbes und Videoüberwachung, in: R. Stober/H. Olschok（Hrsg.）, Handbuch des Sicherheitsgewerberechts, 2004, S. 234.

（25）共同パトロールにおける情報交換に関するデータ保護法上の問題一般については、Vgl. Peilert, a.a.O.（Anm. 23）, S. 230ff.

（26）そもそも連邦データ保護法にいうデータの徴収（Erheben）に該当しない。Jungk, a.a.O.（Anm. 15）, S. 109ff.

（27）Vgl. Jungk, a.a.O.（Anm. 15）, S. 109ff.

（28）Vgl. M. Winkler, Private Wachdienste als Horch- und Guckposten der Polizei?, NWVBl. 2000, S. 292ff.

（29）データ徴収・転送に関する法的規制が警察（州警察法）と私人（連邦データ保護法・州データ保護法）とで異なっているため、協働的警察活動に対する一体的統制の分断を導くことになっている。

第二款　ミュンヘン地下鉄警備モデル

次に取り上げる協働モデルは、公共近距離旅客交通（ÖPNV）といった「半公共空間」の安全と秩序を確保すべく、警察と警備業者とが共同して行うパトロールであり、通称、ミュンヘン地下鉄警備モデル（Das Münchner U-Bahn-Bewachungsmodell）と呼ばれている。デュッセルドルフモデルと異なるのは、警察と警備業者との間で業務内容に関する契約等が一切締結されず、単に警察の側において行政規則として性格づけられる内部的な方針（Konzeption）が存在するに過ぎない点にある。

この内部的な方針は、ミュンヘン警察西部方面本部の服務規程と相まって、警備員に警察官吏が随行すること（共同パトロール）について規律するものであり、警備員は地下鉄の領域内で家産権（Hausrecht）を行使し刑事告発等を行う一方、警察官吏はこれら活動の遂行を、職務質問や犯罪捜査等一般の警察任務と並行して支援（unterstützen）する旨を規定している。[30] もっともこのような共同パトロールにおいても、警察は警備員に対して何ら命令権限を有さない（従って警備員は警察補助者ではない。）。警備員（警備会社）は、あくまでミュンヘン地下鉄監視会社（ＭＵＧ：五一％はミュンヘン都市事業公社（Stadtwerke München：ミュンヘン市）によって出資されている。）からの委託を受け、その地下鉄警備業務規則（U-Bahnbewachungsordnung）に従って任務を行っているからである。警察官吏と警備員との組織的な連絡は警察監督部が担うが、この機関は随行員に対する業務監督についてＭＵＧと調整するのみで、警備員自身に対して直接命令するものではない。[31]

共同パトロールによる協働の利点は、契約締結といった煩雑な手続を要せず警察官吏単独によるパトロール業務のコストダウンを可能にすることに加え、警察官吏の権限と警備員の権限を相互に補い合うことができるという点にある。つまり、同じ空間において警察官吏は高権の担い手として公共の安全と秩序の維持に寄与する権限を行使する一方、警備員は家産権を行使し交通事業体の利益を守ることで、実質上共通する保護法益が複数の介入権限によって漏れなくカバーされるのである。[32]

しかし他方でやはりこのモデルに対する問題点も示されている。第一に、私的主体である警備員が地下鉄など「半公共空間」においてパトロールを実施し秩序違反者の刑事告発を行うことは、国家任務の核心領域に抵触するおそれはないか、という点である。[33] 確かに一般市民もまた秩序違反者を刑事告発する権限を有するが、警備員のように組織的に行われるのでもなければ報酬を得て行われるものでもない。この点は、「半公共空間」における私的主体の私法上の活動をどのように評価するかにもかかってこよう。[34] また第二に、共同パトロールの過程で警備員が第三者に傷害を負わせてしまった場合、警察官吏と警備員との間に何ら法的関係が存在しないことを理由に、警察は職務責任（Amtshaftung）を免れることができるかという問題である。確かに警備員はMUGの履行補助者であり、警察補助者ではない。しかし他方で警備員はMUGを通じてミュンヘン市の給付行政に属する都市事業公社の履行補助者でもあり、行政補助者として位置付けることが可能な立場にもある。支配的見解によれば、職務責任は国家が自らの任務を私法形式で履行している限りにおいて否定されるが、[35] 第三者にとって共同パトロールは〝総体〟として警察に帰属される行為と判断されるのが自然であり、実際にも道路上で警備員と警察官吏の作業領域を互いに区別することは困難である。共同パトロールという形式をとることで警察官吏は警備員の活動を常に近くで監視することができるという利点も強調されているが、そのようなチェックも確実に機能するのかという点で疑問も残るとされている。

(30)　事業活動を妨害したり、第三者の権利を侵害する者に対しては、刑法（StGB）三二条（正当防衛）以下が規定する万人権が行使される。正当防衛の結果として犯罪行為が阻止された場合、続いて警備業者はその行為者を刑事訴訟法（StPO 一二七条）に従い、一時的に拘束し警察に引き渡すことになる。このような対応は、しばしば検札時の無賃搭乗者とのやり取りの中で講じられる。

(31)　デュッセルドルフモデルの場合、警察と警備業者とで締結された協定の法的拘束力は意図的に否定されていたが、ミュンヘン地下鉄警備モデルの場合、警察官吏は、ミュンヘン警察本部、ミュンヘン市長、バイエルン州内務大臣が関与した行政規則（内部的方針）に拘束され、また警備業者もMUGとの契約により警察との協働が義務付けられていたため、両者は法的にはともかく実際上は非常に強く結びついていた。Vgl. Jungk, a.a.O.（Anm. 21）, S. 580f.

(32)　Vgl. Jungk, a.a.O.（Anm. 15）, S. 203ff.

(33)　C. Gusy, Polizei und private Sicherheitsdienste im öffentlichen Raum, VerwArch 92（2001）, S. 348 は、専ら警察の権限に委ねられ

るべき領域として、①特別に中立性が要求される領域（公道など、異なる法的担い手の利益が互いに競合している場合）、②特別に正統性が要求される領域（利害関係者の権利の衝突を調整するための措置が著しく困難な場合）、③特別に統制の必要性が求められる領域（時宜を得た十分な、外的並びに内的統制メカニズムが全く存在しない場合）を挙げている。

(34) この点、二〇〇二年の改正営業法三四a条が、公的空間、あるいは事実上公共的性格を持つ家産権行使領域内で警備活動を行う場合に専門知識試験に合格することを警備員に義務付けたことで、部分的に明示的な法的根拠が与えられることとなった。参照、『諸外国における警察権限研究報告書』（警察庁、二〇〇四）一九二頁。しかし、なお不十分な根拠規定であることにつき、次節参照。

(35) Vgl. F. Ossenbühl, Staatshaftungsrecht, 5. Aufl. 1998, S. 26f.

第三節　協働のリスクとその法的統制――協働的警察法

以上、これらの二つの協働モデルの実態を見た時、財政危機に直面して登場した一連の協働任務の浸透は、国家の後退という名に隠れインフォーマルな警察活動を密かに拡大させていると言うことができるだろう。安全パートナーシップにおける協働の危うさは、私人による自己防衛（万人権の行使）に期待をかけることにより、私人の権限領域と警察の権限領域との境界が曖昧なまま任務が遂行され、警察活動に対する厳格な法的統制が弱められる点にある。

ドイツにおいては現時点において、協働のパートナーである警備員の質や給付能力を担保する統一的な育成システムは存在していない。確かに警備業は専門知識の有無の審査を予定した営業法三四a条によって規律されているが、これは警察との協働活動までも想定した規定ではない(36)。さらに警備業者は自らの利潤を第一に追求するため、国家の狙いと必ずしも一致するとは限らず、その限りにおいて両者の間で利害衝突が起こり得る。加えて警備業者が、契約等に反し、第三者に回復困難な損害を与える実力行為を行う危険性も常に存在する(37)。協働を統制する法的定めがないまま任務が遂行されるとすれば、警察活動に対する規律の漏れを生み出し、インフォーマルな行為の統制を益々困難にする。[38] 脱警察化（脱国家化）の流れは、かえって市民にとっては「危険な贈り物」[39]となるのである。

そこで現在学説では、警察任務のこのような事実上の協働を阻止するとともに、多様な内容を持つパートナーシップに対応した法的枠組みを与えるため、インフォーマルな協働の行為形式を体系的・手続的に合理化し、協働活動に見通し可能性を与えるような「協働的警察法」の形成が唱えられている。[40] 具体的には、（公益保護を目的に継続的かつ広範囲に及ぶ）高権と（個人法益の保護を目的に一時的かつ限定的にのみ作用する）万人権との違いを明確に区別した上で、協働契約の内容並びに契約締結プロセス（業者の選定・経過・終了）、警備員の質（給付能力）の維持・信頼性の確保、[41] 情報交換の局面におけるデータ保護といった項目に関する一群の法規定、換言すれば、安全ネットワークによって分解された国家の〝権限、責任並びに正統性〟の一体性を補正し、（〝財政危機〟〝営業利益〟〝安全感情〟〝リスク統制〟等が混在した）協働活動の透明性を確保するような統制メカニズムである。[42] このような法形態においては、《厳格に規律された介入権限の原理》から《内容的・手続的・組織的規律より構成される、規範的な品質保証の原理》へという警察法のパラダイム変化を見て取ることもできよう。なぜなら、日常の監視業務を超える戦略的な取組みにおいては、単なる予防的思考の強化ではなく、市民社会における安全確保の新しい〝デザイン〟が問題となっているからである。[43] むろん、これが規律法の分散による伝統的自由主義的警察法の弛緩を意味するか否かは一つの検討課題ではある。

しかしまた他方で、事実上広がっている協働活動を所与のものとして評価することに警戒感があることも見過ごすことはできない。とりわけ協働が多用されるパトロール業務は、一般市民と接触する機会が多いゆえ、安全を促進させるどころかかえって第三者を不安に陥れるおそれが高い。しかもパトロール業務は警備業務全体の中で収益性が高い部門であり、協働の多くは実際上市場原理に大きく影響を受けているという。[44] 安全という商品の市場を通じた供給は安全格差を生むおそれがあることに鑑みると（〝私益による公益の侵食〟）、公共の安全確保の任務に私人が関与することそれ自体の当否を〝協働の成果〟と〝統制の実効性〟という両面から検証する姿勢は依然求められていると言えよう。[45] 警備業者の組織的な投入、安全に対する認識の変化、協働のトレンドといった現象が、私人を準警察へと突然変異させることはない。明確な規範的要請を持たない協働を豊富にすることで、国家の対抗原理となるはずの私人の自由がいつのまにか効率性を示す道具概念に成り下がってはいないか、国家の後退が個々人の自衛意識を刺激し社会における私的アクターを強力に安全ネットワークへと取り込むことになっていないか、といった観点から警備業者の権限の範囲を慎重に画す作業はその第一歩となろう。

翻って我が国の協働論を見ると、警察の防犯対策における警備業者の活動の実態やその波及効果は、なお十分に解明されているとはいえない。[46]「警備業を警察の犯罪抑止対策体系に積極的に位置付ける」諸々の施策を展開する場合でも、事実上の協働を黙認することにならないよう、インフォーマルな形式を含む協働形態を子細に分析し、警備業者の活動範囲を明確に画定していくことが必要であろう。[47] ドイツ警察法における公私協働論は、こういった視点を含め、私人による警察活動の可能性を、その危険性とともに教えてくれる。

(36) Vgl. S. Rixen, Vom Polizeirecht über das Gewerberecht zurück zum Policeyrecht?, DVBl. 2007, S. 227.

(37) H. Bauer, Public Private Partnerships als Erscheinungsformen der kooperativen Verwaltung, in: R. Stober (Hrsg.), Public-Private-Partnerships und Sicherheitspartnerschaften, 2000, S. 34.

(38) 一部では「法的に未開地な領域」とも評されている。Vgl. Stober, a.a.O. (Anm. 9), S. 262.

(39) R. Pitschas, Neues Verwaltungsrecht im partnerschaftlichen Rechtsstaat?, DÖV 2004, S. 235.

(40) Vgl. Pitschas, a.a.O. (Anm. 8), S. 177ff.

(41) なお、退職警察官吏が民間警備会社に再就職することの問題性につき指摘するものとして、G. Nitz, Private und öffentliche Sicherheit, 2000, S. 119ff.

(42) その具体例の検討として、S. Storr, Zu einer gesetzlichen Regelung für eine Kooperation des Staates mit privaten Sicherheitsunternehmen im Bereich polizeilicher Aufgaben, DÖV 2005, S. 101ff.; J. Artelt, Verwaltungskooperationsrecht - Zur Ausgestaltung der

Zusammenarbeit von Polizei und Sicherheitswirtschaft, 2009, S. 222ff.

（43） R. Pitschas, Polizeirecht im kooperativen Staat, DÖV 2002, S. 227.

（44） Vgl. F. Schoch, Privatisierung polizeilicher Aufgaben?, in: W. Kluth/M. Müller/A. Peilert (Hrsg.), Wirtschaft-Verwaltung-Recht, Festschrift für R. Stober, 2008, S. 570f.

（45） Vgl. Rixen, a.a.O. (Anm. 36), S. 221ff. また協働が強調されるのは、警備業者と警察の各々の権限によって行われる連続した連携作業（通報→検挙）が単にこれまで円滑でなかったことの反省に拠っている部分も少なくなく、協働の必要性を過大評価しすぎであるとの見解もある。

（46） 例外として、平原恭隆「警備業と警察の今後」警察学論集四九巻五号（一九九六）四〇頁以下。また、田中智仁『警備業の社会学』（明石書店、二〇〇九）二〇九頁以下も有益である。

（47） 参照、高橋明男「警察機能の分散・集中と地方公共団体・民間組織の役割」公法研究七〇号（二〇〇八）二〇二頁以下、櫻井・前掲（11）一〇頁。

第二章　警察による「個人」の保護——警察公共の原則

序節　はじめに——従来の議論の整理

一　我が国において、「民事不介入原則の呪縛」(1)からの脱却が唱えられて久しい。(2)そもそも民事不介入という言葉は、かつて警察が債権の取立てまがいのことを行ったり、債権者の依頼を受けて警察の権限をちらつかせて支払いを強要したりすることがあったことの反省から、「警察実務関係者の中から、刑事警察の運営管理の適正化のスローガンとして使用され始めた」(3)もののようであるが、学説上では、伝統的に〝民事上の法律関係不干渉の原則〟と呼ばれ、「警察権の限界」論である〝私生活不可侵の原則〟〝私住所不可侵の原則〟と並び〝警察公共の原則〟を構成する原則の一つとされてきた。(4)田中二郎による定義によれば、〝警察公共の原則〟とは、「警察は、ただ、公共の安全と秩序を維持するという消極的な目的のためにのみ発動しうるのであって、公共の安全と秩序の維持に直接関係のない私生活・私住所及び民事上の法律関係は、原則として、警察権の関与すべき限りでない」(5)という原則を意味するとされている。

この原則に関しては——とりわけ〝警察〟の概念定義とも関連して(6)——これまでにも様々な議論があったところであるが、しかしその意味するところは必ずしも明らかとはいえず、また論者においても見解が一致しているわけではない。例えば、そもそも〝民事上の法律関係〟という場合の〝民事〟とは何か、〝民事上の法律関係〟にかかわる紛争であるということによってなぜ警察介入が認められないと解されるのか、警察は〝原則として〟介入できないとした場合、では如何なる場合であれば介入することができるのか、また介入できるとした場合、どの程度の措置まで認められるのか、といった点など、なお理論的に検討されなければならない論点が数多く存在する。このような状況のまま民事不介入原則の克服を語ることは、警察権力の厳格な統制という観点から決して望ましいことではないし、また同時に警察による私人の権利保護を実効的に図っていく建設的な議論も期待できない。

二　そこで本章では、警察活動を法による厳格な統制の下に置くと同時に、その行使の適切な軌道を明確に示すという観点から、〝警察公共の原則〟が有する規範的意味を——その存否を含めて——明らかにするとともに[7]、多様なコンテクストの中で論じられる同原則を実務上の観点から正しく位置付け直すことを目的としたい[8]。以下では、まず我が国において〝警察公共の原則〟がどのように理解されてきたのかを整理し（第一節）、次に「個人の生命、身体及び財産の保護」を規定する警察法二条一項と〝警察公共の原則〟との関係について検討する（第二節）。その上で我が国において〝警察公共の原則〟が議論されるべき真の問題の所在を確認し、今後の議論の方向性について示すこととしたい（第三節、第四節）。

（1）　田村博「『民事不介入原則』の呪縛」警察公論五四巻七号（一九九九）一四頁以下。民事不介入の原則の見直しが強まったのは、昭和五〇年代、特に暴力団が自己の活動資金を確保するため、交通事故、倒産・整理、競売、債権取立などの民事問題に介入する傾向（いわゆる、民事介入暴力）が強まったことに対応している。参照、日弁連民事介入暴力対策委員会編『民暴対策論の新たな展開』（きんざい、二〇〇〇）一一頁以下。「民事介入暴力」とは一般に、民事には警察は介入してこないということを逆手にとって犯罪行為を行うことを言うが、警察実務による定義によれば、「暴力団又はその周辺にある者が暴力団の威嚇力を背景にこれを利用し、一般市民の日常生活又は経済取引について司法的救済が十分機能していない面につけ込み、民事上の権利者や一方の当事者、関係者の形を取って介入、関与するもの」とされている。参照、東京弁護士会民事介入暴力対策特別委員会編『新版民事介入暴力対策マニュアル』（ぎょうせい、二〇〇四）三頁。

（2）このような認識は、二〇〇〇年七月一三日に警察刷新会議によって策定された「警察刷新に関する緊急提言」にも反映されており、そこでは「『民事不介入』についての誤った認識の払拭と部内教育の充実」との表題の下、「警察にとって、事前に犯罪を防止することは重要な責務の一つである。放置すれば刑事事件に発展するおそれがある場合には、必要な措置を講ずるのは当然である。このことを警察組織内に徹底させて『民事不介入』についての誤った認識を払拭させなければならない。」と提言されている。また、田村正博『今日における警察行政法の基本的な考え方』（立花書房、二〇〇七）五四頁以下、特別企画「検証・『民事不介入』の揺らぎ」法学セミナー五五〇号（二〇〇〇）五六頁以下も参照。

（3）関根謙一「明治憲法下における警察権の限界の理論」「警察行政の新たなる展開」編集委員会編『警察行政の新たなる展開上巻』（東京法令出版、二〇〇一）一八六頁（同『関根謙一警察法等論文集』（立花書房、二〇一八）所収三八七頁）。

（4）田中二郎『新版行政法下巻全訂第二版』（弘文堂、一九八三）五八頁以下。ちなみに塩野宏『行政法Ⅱ（第四版）行政救済法』（有斐閣、二〇〇五）五二頁では、民事不介入の原則は「市民的法治国原理のコロラリー」と説明されている。

（5）田中・前掲（4）五八頁。

（6）明治憲法下における警察概念の詳細な研究として、参照、関根謙一「明治憲法下における警察の概念」成田頼明先生古稀記念『政策実現と行政法』（有斐閣、一九九八）四四九頁以下（同『関根謙一警察法等論文集』（立花書房、二〇一八）所収三〇〇頁以下）。

（7）なお、本章で取り扱う〝警察公共の原則〟は、主として〝民事上の法律関係不干渉の原則〟である。〝私生活不可侵の原則〟〝私住所不可侵の原則〟は、既に多くの論者によって指摘されているように、日本国憲法下では憲法の人権保障規定によって確認されているところである。もっとも、〝民事上の法律関係不干渉の原則〟と〝私生活不可侵の原則〟〝私住所不可侵の原則〟が伝統的に〝警察公共の原則〟の名の下で一つに纏められてきたことが、多くの誤解を招く原因の一つとなっているという点については後に示す通りであり、その限りで、他の二つの原則にも触れることがある。

（8）それはつまり、「従前の『警察公共の原則』ないし『民事不介入』といった言葉の背後にあった理念そのものを再度十分に評価すること」（藤田宙靖「二一世紀の社会の安全と警察活動」警察政策四巻一号（二〇〇二）八頁（同『行政法の基礎理論上巻』（有斐閣、二〇〇五）所収四三〇頁）に他ならない。

第一節　警察概念と「民事上の法律関係不干渉の原則」

我が国において〝警察公共の原則〟がどのように理解されてきたのかを明らかにするためには、まず、我が国の警察法研究の草分けである美濃部達吉並びに佐々木惣一両氏の見解を検討するのが有益であろう。(9)

（9）両者の「警察権の限界」論に関する研究として、参照、関根・前掲（3）一八四頁以下。また、同「警察権の限界についての覚え書き」成田頼明ほか編『行政の変容と公法の展望』（有斐閣学術センター、一九九九）二三八頁以下（同『関根謙一警察法等論文集』（立花書房、二〇一八）所収三七六頁以下）。

第一款　美濃部・佐々木の理解

一　美濃部は『日本行政法下巻』において、〝警察公共の原則〟を「警察権の限界に關する各種の原則」という項目の中で次のように述べている。

「警察は社會公共の秩序を保持することを目的とするものであるから、警察権を以つて人民の自由を拘束するのは、其の生活行動が社會公共に影響を及ぼす場合でなければならぬ。其の影響する所が單に其の人の一身又は一家族に止まり、公共の秩序に關係しないものに付いては、警察は一般にこれに關與しない。これを警察公共の原則と謂ひ、又は私生活自由の原則と謂ふ。(10)」

「私生活自由の原則から生ずる最も重要な結果は、私住所の自由に在る。私住所の自由とは、直接に公衆と接觸しない家宅内の生活行動が、原則としては私生活の範圍に屬するものとして、警察の干渉の外に置かれることを意味する。若し公然の場所で行はれるならば、警察禁止を受くべき行動でも、私住所内で行はれるものは、原則としては各人の自由に放任せられるのである。勿論、私住所内でも、直接に社會公共に影響すべき行動や狀態に付いては、警察制限を受くることを免れないもので、防火警察・衞生警察・靜謐警察などは、此の意味に於いて私宅内の行動にも立入つて拘束を加へることが有（る）。」[11]

その上で美濃部は、右に述べた「私生活自由の原則から生ずる他の一の結果」として「單純な民事上の關係に付いては、警察は原則としてこれに關與しないこと」を警察権の限界として挙げている。

「民事上に於ける債務の不履行や其の他の民事上の不法行爲に對しては國家は權利者自身の要求ある場合に司法權に依つてこれが保護を加へるだけで、警察權を以つて進んでこれに干渉しないことを原則とする。それは、民事上の關係は一般に特定の當事者の利益のみに關するもので、直接に社會公共に影響を及ぼすものではないからである。」[12]

以上要するに、美濃部にあって警察の民事上の関係への不関与は、「民事上の關係は一般に……直接に社會公共に影響を及ぼすものではない」という理由から、私生活自由の原則の一コロラリーとして根拠づけられているということが確認される。[13]

二　一方、佐々木は、『警察法概論』において美濃部のいう〝警察公共の原則〟を「第九章　警察權の發動の限界」という章立ての中でではなく「第一〇章　警察權と直接被害者の任意」[14]という独立の章において次のように説明していることが注目される。

「私法の法規に違反する行爲は、社會の秩序に對する障害でもあることは疑ない。然るに、私法の法規に違反する行爲があるときは、被害者たる社會の外、之に依つて直接に被害を受くる者がある。買主が代金を拂はざるときは賣主が直接の被害者であり、他人の不法行爲に依つて損害を受けた者は、其の他人の行爲に依る直接の被害者である。而して、此の場合、國家は、其の場合の社會生活の秩序の障害を除去するの手段として、民事裁判を行ひ、其の結果、之を除去するものとし、且、其の民事裁判は、直接の被害者が、民事訴訟を提起する場合に、爲され、而も民事訴訟を提起すると否とは、其の直接の被害者の任意に委ねてゐるのである。故に、私法の法規に違反する事實あるも、警察權を發動して、之を除去し、例へば、代金を支拂はしめ、損害を賠償せしむることを得ないのである。[15]」

以上要するに、佐々木にあって警察の民事上の関係への不関与は、「國家が、制度上直接の被害者の意思に基てのみ、他の法的手段たる民事裁判を行ひ、以て、社會生活の秩序の障害を除去す、と定めてゐる[16]」という理由から根拠付けられているということが確認される。

三　ここで注目されるのは、警察が民事上の関係に関与しえないとする両者の理由づけの違いである。右に述べたように民事上の関係に警察が関与しないのは、美濃部にあっては「民事上の關係は一般に特定の當事者の利益のみに關するもので、直接に社會公共に影響を及ぼすものではないから」と説明されているのに対し、佐々木にあっては「國家が、制度上直接の被害者の意思に基てのみ、他の法的手段たる民事裁判を行ひ、以て、社會生活の秩序の障害を除去す、と定めてゐるから」と説明されている。つまり、警察が民事関係に干渉しうるか否かの判断基準が、美濃部にあっては〝私生活の社会公共への影響〟という社会学的要素（言い換えれば条理）[17]に、佐々木にあっては〝被害者の任意を前提とした障害除去制度〟に依拠せしめられているのである。では、この両者の理由づけの違いをどのように評価すればよいであろうか。

〝私生活の社会公共への影響〟を警察の不関与のメルクマールとする美濃部の理由づけは、警察が社会公共の秩序維持をその任務とする国家機関であることを前提とすると、一見説得力があるようにも見える。私生活が社会公共に影響を及ぼさないのであれば、そもそも警察の出る幕は存在しないからである。しかし〝社会公共への影響〟といった非法律学的・社会学的要素は、警察による私生活への関与の範囲を極めて曖昧なものとする。美濃部は「唯民事上の關係でも、單に當事者間の利益に關するだけではなく、同時に公衆の安全・衞生・風俗・交通・其の他公共の利益に影響する場合に於いては、警察は其の公共の秩序を保持する爲めに、これに關與することが有り得る」[18]と述べ、一定の場合には警察の民事上の関係への関与を認めるのであるが、その基準もまた当然〝社会公共への影響〟によって判断されることとなり、ここでも曖昧な判断が行われる可能性がある。奥平康弘が指摘するように、《民事上の関係は、一般に、直接に社会公共に影響を及ぼすものではない》という理由づけによって民事関係の自由を条理上導くのであれば、当然《ある特定の民事関係は、公益上重大である》として同じく条理により介入が許容されることになるのである[19]。このような問題は〝私生活〟という非法律学的概念を基礎にして民事関係への警察の関与の範囲を画そうとする思考そのものに端を発している。

これに対して佐々木は、このような問題性を十分に自覚している。

「社會生活が私法の法規の定むる所に從て行はるゝ、といふことは、疑もなく社會生活の秩序である。其の點に於て、衞生の良好なること、交通の安全なること、風俗の健全なること等と、何等異る所はない。……從て、他人の財物を毀損することや、他人に代金を支拂はざることやは、社會生活の秩序に影響を及ぼすものであり、警察權が私生活に干與せず、公生活に干與する、といふの意味に於ては、決して私生活ではなく、公生活である。警察權が、民法の法規に違反する行爲に干與しない、といふことの根拠を、それが私生活である、といふ点に求むるが如きは、警察權が私生活に干與せず、といふ場合の私生活の意味を誤るものであり、且、私生活を以て、社會生活の秩序に影響を及ぼさゞる生活又は公共の秩序と關係なき生活といふ意味のものとする立場に於ては、矛盾である。(20)」

「要するに、私法上の行爲を以て警察權の干與を受けざる私生活なりとし、又、民事關係は警察權の干與を受けず、とするのは、警察權は私生活に干與しない、といふに所謂私生活の意味を誤解するものである。此等の行爲も、社會生活の秩序の障害を生ずることがあるのであるが、唯、國家は、現行制度の下に在ては、一般には、警察權の發動に依て右の障害を除去することを爲さない、といふ建前を取つてゐるのである。

右の如く、社會生活の秩序の障害あるにも拘らず、警察權を發動せざることは、國家が、此の場合警察權を發動せざることを以て、寧ろ社會生活の秩序を保持する所以であるとし、特に之を定むるものである。即ち、特別の理由に依て定められたる法に基く結果である。警察の性質に基く結果ではない。(21)」（強調——筆者）

つまり佐々木は、私法規定に違反する行為は等しく社会生活の秩序に障害を及ぼすものであるが（社会公共への影響の度合いを問題とする美濃部とはこの点で大きな違いがある。）、ただ現行法はその障害の除去を警察の措置によるのではなく民事裁判所によって除去するとしているため、警察は関与することができない、としているのである。このような説明は、美濃部が「民事上の關係は一般に特定の當事者の利益のみに關するもので、直接に社會公共に影響を及ぼすものではない」という理由から警察の関与を否定していることと、極めて対照的である。佐々木の説明は、〝被害者の任意〟という要素に〝私的自治の原則〟の理念を明確に捉え現行法制度を理解するものであり、〝私生活〟という概念が持つ印象的な論拠を徹底して排除するものと評することができよう。(22) このことは、佐々木は美濃部と比べて法実証主義的であるとする通説的見解を裏づけるものでもある。(23)

(10) 美濃部達吉『日本行政法下巻』(有斐閣、一九四〇) 七二頁以下。
(11) 美濃部・前掲 (10) 七三頁以下。
(12) 美濃部・前掲 (10) 七四頁。
(13) 「民事上の関係への不関与」を「私生活自由の原則」の一コロラリーとする美濃部の説明は、オットー・マイヤー (O. Mayer, Deutsches Verwaltungsrecht, Bd. 1, 3. Aufl. 1924, S. 216ff.) から影響を受けたものである。
(14) 佐々木惣一『警察法概論』(日本評論社、一九三六) 九九頁以下。
(15) 佐々木・前掲 (14) 一〇〇頁。
(16) 佐々木・前掲 (14) 一〇〇頁。
(17) 美濃部のこのような理解は田中二郎にも受け継がれている。参照、田中・前掲 (4) 五九頁。田上穣治『警察法 (新版)』(有斐閣、一九八三) 六八頁以下も同趣旨。
(18) 美濃部・前掲 (10) 七四頁。
(19) 奥平康弘「警察権の限界——条理上の限界について——」田中二郎ほか編『行政作用 (行政法講座第六巻)』(有斐閣、一九六六) 八四頁註六。
(20) 佐々木・前掲 (14) 一〇〇頁以下。
(21) 佐々木・前掲 (14) 一〇二頁以下。
(22) 佐々木は、前掲 (14) 一〇三頁において「備考」として明示的に「私は、曾て之を警察の限界として説明したことがある (拙著「日本行政法論」各論一四〇頁以下)。茲に之を訂正する。」と述べている。
これに対して田上穣治は、美濃部の見解を引用しながら、「私住所の自由についても、各人に對する障害は結局社會に對する障害となるが、一身上の安全はなるべく各人自ら保護する所に任ずるのを適當とするからであり (……)、この點で民事上の關係を限界論から除外されるのは當らない」と佐々木説を批判している (田上穣治「警察法の歴史的習俗的性格」一橋論叢八巻四号 (一九四一) 四一五頁)。しかしながら、田上が依拠するところの美濃部の説明は《一身上の安全は各人が自ら保護することが適當である》という理由よりも、むしろ、《その行為が他の多数人の生活に影響しない》(美濃部・前掲 (10) 七三頁) という理由に力点が置かれている点に注意が必要である。

（23）参照、藤田宙靖「行政法学における法解釈方法論——その学説史覚え書き——」ジュリスト増刊『法の解釈』（有斐閣、一九七二）一七三頁以下（同『行政法学の思考形式（増補版）』（木鐸社、二〇〇二）所収一三三頁以下）。

第二款　「警察」の「民事」介入の真正の意味

一　さて、その理由づけは異なるにせよ美濃部・佐々木は、共に自由主義的思想に基づき[24]、警察の民事関係への関与を否定するのであるが、両者とも警察の関与を一切認めないという立場ではなく、一定の場合に警察による民事介入を承認する[25]。社会公共への影響をその基準とする美濃部はもとより、〝被害者の任意〟を基準に警察の関与を否定する佐々木もまた、次のように述べ警察が民事関係に関与しうることを認めている。すなわち、「私法の法規に違反する生活に警察が干與しないのは、警察權の性質に依るのではなく、全く現行制度の一般的建前の結果であるから、特別の法制を設け、私法の法規に違反する行爲に對して警察權の干與を認むることは何等妨ぐるものではない。蓋し、國家は、私法の法規に違反する或行爲に付、其の社會生活の秩序を障害すること頗る大であり、必ず之を除去するの手段を取るを要すとする場合には、特別の法制を設け、前述の如く、直接の被害者が任意に國家の手段を要求すると否とに關係なく、國家が、自己の意思に基て、其の權力を用ゐ、其の障害を除去するのである。其の權力は卽ち警察權に外ならぬ。[26]」（強調——筆者）。ちなみに右の説明は、美濃部と同様に《私法の法規に違反する行為が社会生活の秩序を障害することが極めて大きい場合に警察介入を認める》とも読めなくはないが、しかし佐々木にあって警察と民事を分かつのはあくまで《被害者が任意に国家の手段を要求するか否か》という基準であるということに改めて注意が必要である[27]。

では、佐々木は警察が民事関係に介入する例としてどのようなケースを想定しているのであろうか。佐々木が挙げるのは次のようなケースである。

「例へば、特別の法制を設けて、雇主と勞働者との關係に於て、雇主が所定の賃錢を支拂はず、勞働者が所定の勞働を爲さゞるとき、警察權を用ゐて、之を支拂はしめ又勞働を爲さしむるが如きは、少しも妨げないが、それは警察權の發動を認めるものである。(28)」（これを以下、①の例と呼ぶ――筆者）「例へば、一般に、賣買に於ける代金、雇傭契約に於ける賃金等の額が、過度に多額なることは、社會生活の秩序の障害となるものであるから、警察の見地より其の額を制限することは少しも妨げない（これを以下、②の例と呼ぶ――筆者）。又、警察上の見地よりして、一定の物の賣買を禁止し（これを以下、③の例と呼ぶ――筆者）、又警察上の見地よりして、其の價格に付警察官廳の認可を受けしむることも（これを以下、④の例と呼ぶ――筆者）、亦同じく妨げない。……現に案内業者取締規則第八條、代書人規則第六條には、料金に付警察官廳の認可を受くべきことゝし、銃砲火藥類取締法第七條に依れば、火藥類は行商して之を販賣するを得ずと規定する。此等の規定は皆私法上の行爲の内容として或事實の生ずることを制限するものである。(29)」

二　しかしながら、ここで挙げられた例の幾つかには疑問がないわけではない。

第一に、佐々木が前提とする警察概念との整合性である。佐々木によれば「警察とは、國家が、一般統治の下に在る社會生活の秩序の障害を除去するが爲に、其の障害の原因たる事實に對する干與を、權力を用ゐて人の自然の行爲の自由を制限することを中心として、爲す所の包括的の活動(30)」をいう。この警察概念の定義は、複数の要素で構成されているが、中でも重要なのは「其の障害の原因たる事實に對する干與を……人の自然の行爲の自由を制限することを中心として、爲す」という要素である。この要素は、《人は、本来、肉体的及び精神的な行為を自由に事実上行う力を自然に有しているが（これを称して、人の自然の行為の自由と言う。）、ただ、この自然の行為を自由のままに放任する場合には、人がある行為の作為・不作為の結果、社会生活の秩序の障害を生み出すことがあるため、国家は、社会生活の秩序の障害を除去するために、人の自然の行為の自由（障害の原因たる事実）を制限して事実上ある行為を為さしめ又は為さざらしめる必要がある》という理解に基づいている。このように警察を《人の自然の行為の自由を制限し、事実上ある行為を為すこと為さざることを制限するもの》と理解すると、人の為す行為の〝法的効果〟を制限することは、佐々木の理解によれば〝警察〟ではないということになる。しかし料金決定という私法上の行為の効果を最終的に完成させる行政行為であり、私人の法律行為を前提として、その私人の行動の〝法的効果〟を直接にコントロールする警察官庁の認可は（④の例）、佐々木によれば警察作用とされている。(31)(32)よって佐々木が《民事関係に警察が関与する》とか《私法の法規に違反する生活に警察が関与しうる》と考えている場合の〝警察〟は、佐々木が前提としているところの「人の行為の自由を制限する」警察概念とは必ずしも一致せず(33)、少なくとも④の例は民事関係への警察の関与の例としては相応しくないと言うことができる。

しかし第二に、《人の行為の自由を制限する》警察概念と一致する③の例であってもなお、これを民事関係への警察権の関与の例として挙げるには、更に慎重な説明が必要となる。これは、佐々木が「警察權の發動は人の自然の自由を制限するものであるから、固より、警察權の發動其自身としては民法の定むる所を制限するものではないが、併し、民法上の行爲及び民法上の權能と或關係を有する」と述べている点とかかわる。(34)確かに佐々木は正当にも「銃砲火薬類取締法第七條……の規定は皆私法上の行爲の内容として或事實の生ずることを制限するものである」（③の例）として、これを警察権の発動と評している。(35)この警察権の発動は私人の行動の〝法的効果〟ではなく〝自然の行為の自由〟を制限することを意味するからである。しかし佐々木によれば、警察権を発動して人に一定の態度を命令するのは人の自然の行為の自由を制限するものと言えるが、その行為が民法上の権能の発現として存するものであるときはその命令は民法上の権能の行使の制限となる、と説明されている。(36)確かに自然の自由を制限する銃砲火薬類取締法七条が売買を禁止し売買契約を結ぶことができないようにすることによって〝事実上〟民事上の権能を規制しているということには変わりはなく、その限りで警察の民事関係への関与と言うことも不可能ではない。しかしこのような説明では自然の行為の自由を規制する警察の性格を正確に表すことはできない。(37)むろん佐々木はその直後において「併し、此の場合と雖、警察權の發動に依て民法上の法律行爲の効力を制限するものではなく、自然の行爲の自由を制限するものである」(38)とし、警察権はあくまで自然の行為の自由を規制するものであるということを確認しているが、この点、柳瀬良幹の説明はより明快である。

「警察は、人の行為を事実上の行動として見、事実上にそれをなす自由を制限し又はこれを回復せしめる作用であつて、従つて一見権利又は能力を制限又は回復せしめるが如き場合でも、その直接の目的が事実上の自由の制限又はその回復にある場合はすべて警察に属する。……固より実際においては、警察作用の結果法律上の権利又は能力に変動を生ずることは屢〻見るところであつて、例えば結社の解散の結果法人の消滅を来し、保護のために投票権が失われ、物の破壊又は使用禁止に依つて所有権の消滅又は制限を生ずる如き、これであるが、これらの場合においても、警察作用たるものはただ事実上における人の結合の禁止・身体の自由の拘束・物の存在又は使用の禁止に止まり、それに伴う権利又は能力の消滅又は制限はその直接の効果ではなく、警察作用の結果生じた事実上の状態の変化に対して他の法が附着せしめた効果にすぎない。所謂所有権の警察制限は、実は権利たる所有権の制限ではなくして、所有権の効果たる事実上の使用処分の自由の制限たるものである。(39)」

そして佐々木が、警察の民事関係への関与の例として挙げていた銃砲火薬類取締法七条（改正後の火薬類取締法一七条、一八条）に基づく譲渡販売の禁止制限についても、柳瀬は民事関係への関与の例としてではなく端的に警察の事項であるとするのであった(40)。これについては、我が国の警察法理論に大きな影響を与えたオットー・マイヤー（O. Mayer）が、警察一般条項に基づいてではなく特別法に基づき民事関係に警察が関与することができる例があることを認めつつも(41)、この場合の民事関係への警察権の介入は「外形的なものに過ぎない(42)」と述べていたことが想起されるべきであろう。《民事関係に警察権が関与する》という命題は、実は民事関係への関与そのものではなく、民法上の行為の結果として生じる事実上の状態への関与を意味するのである(43)。

三　これまで多くの論者は〝警察公共の原則〟でもって民事関係の警察の不関与を説明してきたが、このうち肝心の〝民事関係〟という概念については〝法律上の行為としての民事行為〟と〝事実上の行動としての民事行為〟を区別することなく、また〝法律行為〟と〝法律関係〟を区別することなく(44)、漠然と「民事関係の自由(45)」と称してきたと言うことができる(46)。そもそも自然の自由を制限する警察が法律関係へ介入することは概念上不可能であるにもかかわらず〝民事関係〟への警察の関与について議論されてきたこと自体、既に問題があろう(47)。警察権は民事上の〝(法律)行為〟に関与することができるとしても、それは事実上民事の世界に関与しうるという意味であって法的には〝自然の行為の自由〟に関与しているにすぎない。その限りにおいて〝民事関係への警察の関与〟という命題は、そもそも成立しないものなのである(48)。

(24)　美濃部にあっては《警察権の限界》として、佐々木にあっては《国家が、此の場合警察権を発動せざることを以て、寧ろ社会生活の秩序を保持する所以》であるとして。

(25)　例えば美濃部は『行政法撮要下巻（第三版）』（有斐閣、一九三三）四二頁以下で、民事介入の例を次のように説明している。
「警察ガ民事關係ニ關與スルハ、唯事當事者間ノ利益ニ關スルニ止マラズシテ、同時ニ公衆ノ安全、衞生、風俗、交通其ノ他公共ノ利益ニ影響スル場合ニ於テ、公共ノ利益ヲ保護スルガ爲ニスル場合ニ限ル。就中勞働爭議、小作爭議ハ本來民事關係ニ付テノ爭ニ外ナラズト雖モ、爭ノ當事者ガ多數人ニシテ、公共ノ秩序ニ直接ニ影響ヲ及ボスヲ以テ、法律ハ警察機關ガ其ノ調停ニ關與シ得ベキコトヲ認ム。」

ここで調停が民事介入の例として示されていることは、行政による民事介入の例としてこれを挙げる今日の学説に通ずるところがある。大橋洋一「『民事不介入』の観念と行政型ＡＤＲ」自治体学研究九一号（二〇〇五）二〇頁以下（同『都市空間制御の法理論』（有斐閣、二〇〇八）所収二三八頁以下）。

(26) 佐々木・前掲（14）一〇一頁。

(27) ここで再度確認しておかなければならないのは、佐々木の主眼は《警察権が民事関係に関与しうる》ということではなく、《警察権は、特別な法律規定が存在しない限り、民事関係に関与しえない》ということ、つまり《警察公共の原則の核心は、私人の自律的意思の尊重にある》ということである。仮に警察権が民事関係に介入する特別規定が設けられるような場合であっても、それは、社会障害の除去を私人の自律的意思に委ねないという明確な意図の下で設定されるものでなければならない（このことは、佐々木の「直接の被害者が任意に國家の手段を要求すると否とに關係なく」という叙述からも明らかである。）。

(28) 佐々木・前掲（14）一〇一頁。

(29) 佐々木・前掲（14）一〇二頁。

(30) 佐々木・前掲（14）八頁。

(31) 佐々木・前掲（14）一五頁以下。

(32) 藤田宙靖『第四版行政法Ⅰ（総論）（改訂版）』（青林書院、二〇〇五）一九〇頁。

(33) 事実、佐々木は認可を「警察権の発動形式」の中に含めていない。佐々木・前掲（14）一〇三頁。同旨、美濃部達吉「警察の目的――警察法概論第一節　警察の概念（二）」警察研究二巻七号（一九三一）四頁。

(34) 佐々木・前掲（14）一四二頁。

(35) 以上、佐々木・前掲（14）一四三頁。

(36) 佐々木・前掲（14）一四三頁。

(37) 参照、美濃部達吉「警察下命と私法との関係」警察研究四巻一号（一九三三）七頁以下。

(38) 佐々木・前掲（14）一四三頁。

(39) 柳瀬良幹『行政法教科書（再訂版）』（有斐閣、一九六九）一八六頁以下。

(40) 柳瀬・前掲 (39) 一八七頁。

(41) マイヤーはその例として開墾の禁止、森林荒廃の禁止を行う山林警察、療養泉を持つ財産権者の処分権の制限を挙げている。Mayer, a.a.O. (Anm. 13), S. 219 Anm. 10.

(42) Mayer, a.a.O. (Anm. 13), S. 220.

(43) 田上・前掲 (17) 六九頁は、警察がその公共の秩序を保持するために民事関係に介入することがある例として破防法を挙げる。同法によれば、公安審査委員会は破壊的団体の機関誌紙を一定の期間頒布することを禁止することができ (同法五条一項二号)、違反者に刑罰が科せられることになっているため (同法四三条)、田上によれば、この場合には私法的契約の履行は事実上不能となるというわけである。しかし破防法に基づいて警察が介入するのは、第一次的には、公共の秩序を保持するためであって、当事者間の権利行使の制限は、売買契約禁止に伴う事実上の効果であるにすぎない。売買契約の禁止はあくまで、その売買契約の〝事実上の履行〟を不能とするものであって、警察が民事関係それ自体に関与するものではない。田上も以上の点を認識しているが、これを「民事上の関係に警察が介入する」例として挙げているため、誤解を誘うものとなっている。

(44) また、《法律行為によってつくられた法律関係は、その法律行為を含まない概念である》ことを明確に示すものとして、森田寛二『憲法制定の《謎》と《策》(上)』(信山社、二〇〇四) 八一頁以下。また、参照、同「行政事件訴訟法の『法律関係』、そして同法三六条の趣旨 (上) ――『自由』に関する『法律学』的研究・第二部」自治研究七八巻九号 (二〇〇二) 一四～一六頁、二〇～二一頁。

(45) 田上・前掲 (17) 六八頁。

(46) 参照、奥平・前掲 (19) 八一頁。柳瀬は「法律上の行為としての民事行為、従つてその効果としての法律関係としての民事関係の規律」と「事実上の行動としての民事行為、従つてその結果としての事実関係としての民事関係」を区別しているが (柳瀬・前掲 (39) 一九六頁)、他方で柳瀬は、「法律関係としての民事関係」と同じく「事実関係としての民事関係」も、通常はその影響するところは当事者間に限り社会一般には及ばないという理由から警察の対象ではないとしており、両者の区別が相対化されている。

(47) 参照、奥平・前掲 (19) 八二頁。

(48) なおこの点に関連して奥平は、多くの論者が〝公法上の法律関係不干渉の原則〟を挙げていないことに疑問を呈しながら、民事上及び公法上いずれの場合についても〝法律関係不干渉の原則〟が実定制度上成立するように思われると述べている (奥平・前掲 (19) 八二頁)。確かに、警察の作用は自然の自由に介入するのであって、法律関係に介入することは概念上不可能であるという点においては、民事上の法律関係不干渉の原則と公法上の法律関係不干渉の原則は共通する。しかしそこでの法律関係（権利）が、自律的意思に基づき私人によって実現されるべきものであるのか、それとも自律的意思とは無関係に《職務上》国家によって実現されるべきものであるのかという点では看過し得ない違いがあろう。民事上の法律関係不干渉の原則は、私人の任意によって実現されるべき私権を念頭において議論されてきたものであるため、これまで公法上の法律関係不干渉の原則が語られることがなかったのではないかと推測される。

第三款　小　括――講学上の警察概念の議論の影響

一　戦後の警察法理論の形成に大きな影響を与えてきた田中二郎によれば、〝民事上の法律関係不干渉の原則〟は次のように説明されている。

「個人の財産権の行使・親族権の行使・民事上の契約などは個人間の私的関係たるに止まり、その権利の侵害・債務の不履行などに対する救済は、もっぱら司法権のつかさどるところで、警察権の関与すべき事項ではない（……）。ただし、これらの民事上の法律関係であっても、公共の安全と秩序に影響を及ぼす場合には、その限度において警察権発動の対象となるを免れない。例えば、映画館に実力で無料入場しようとする者を抑止し、子女や動物を虐待する行為を抑止するがごとし（軽犯罪法参照）。」(49)

しかしこれまでの検討を前提とすると、この説明は次の二点で疑問なしとしない。第一に田中も美濃部と同様、警察の民事上の法律関係への関与の可否を〝公共の安全と秩序への影響〟といった社会学的要素ないし条理に基づいて判断しているということ、第二に田中も佐々木と同様、括弧書で軽犯罪法参照としていることからも明らかなように、本来私人の行為の自由を規制する純粋に警察の任務である事例を、民事上の法律関係への例外的関与として挙げていることである。とりわけ第二の点は注目されてよいだろう。というのは、これまで民事上の法律関係に警察が関与し得るとされてきたものが事実上民事の世界に関与しうるという意味においてであったとすれば、我が国の警察法理論において〝警察公共の原則〟に対する例外として議論されてきた問題は、実はそもそも最初から存在しなかったと言うことになるからである。(50) このような問題が生じた原因は、警察の概念を専ら講学上の概念（実質的意味における警察（危険防御）概念）、しかも危険防御という〝目的〟よりも、法の一般理論にかかわる〝自由（行為）の制限〟という要素に注目し、実定法の定めに基づく組織体としての（執行）警察の具体的権限に焦点を合わせて同種の問題を観察してこなかったことにあると言えよう。

二　むろん、確かに消費者金融業者による貸金取り立てやいわゆる地上げなどの〝民事に関係する事案の警察の対応〟という問題はこれまで実務上取り上げられてきたところであり、今日でもまた大きな関心事ではある。後に触れるように過去の裁判例でも、倒産した債務者の財産を債権者が勝手に持ち出す行為を、警察が被害者（債務者）から一一〇番の後、現場で止めたというようなケース、(51) 賃借権の存続が争われているときに賃貸人の側が賃借人の営業を妨害するバラックを建築する工事を行った際、被害者（賃借人）が警察に訴えたにもかかわらず警察が何も行動しなかったというケース、(52) 貸金業者が私人にその義務がないにもかかわらず消費貸借契約の連帯保証人になるよう執拗に要求し私生活上の平穏を侵害しているにもかかわらず、現場に臨場していた警察官が何ら措置を講じなかったケース(53)等が、〝警察公共の原則〟ないし〝民事不介入の原則〟が問題となった事例として取り上げられてきたところである。(54)しかし後に見るようにこれらのケースの多くは、民事上の法律関係であることを理由に処理されたというよりも、警察介入の構成要件が充たされていたか否かという問題として処理し得るものばかりであり、これを民事関係への関与が問題となった事例として挙げるのは、必ずしも適切ではない。(55) 確かにそこでは警察権限の行使によって私権が事実上保護されることにもなるが、そこで論点として提出されているのは私権を保護すべき警察活動の適法性ではなく、単に公共の安全と秩序を維持する警察活動の適法性であるにすぎないからである。しかし、にもかかわらず裁判例の中には、民事不介入の原則を念頭に置きながら警察活動の適法性を審理したものも存在する。(56) この問題については、後に改めて検討することにしよう。

(49) 田中・前掲（４）五九頁。
(50) 従って「ただし」という文言は、原則に対する例外を意味してはいないということになる。むろん「ただし」という文言は、例外ではなく〝警察公共の原則〟が適用されないことを意味すると解する余地もある。しかし他方で「公共の安全と秩序に影響を及ぼす」「その限度において」適用されないとされており、その区別の境界は曖昧である。古谷洋一編『注釈警察官職務執行法（改訂版）』（立花書房、二〇〇二）四〇頁は、端的に、民事上の法律関係不干渉は「国民の権利又は能力自体の変動や法律行為の効果の制限を目的とする行政作用と区別される」という警察権に関する説明を単に言い替えているにすぎないとする。同旨、田村正博『四訂版警察行政法解説』（東京法令出版、二〇〇一）六九頁も参照。
(51) 最判昭和三五年四月二六日刑集一四巻六号七四八頁。
(52) 名古屋高判昭和三六年三月一四日高刑集一四巻三号一三二頁。
(53) 宮崎地判平成一四年二月一五日消費者法ニュース五二号七二頁。
(54) 参照、田村・前掲（２）五八頁以下。
(55) 参照、遠藤博也『行政法Ⅱ（各論）』（青林書院、一九七七）一四一頁。
(56) 東京地判昭和四七年二月二六日判例時報六七〇号五九頁、東京地判平成三年五月二九日判例地方自治八八号七〇頁。

第二節　警察法二条一項と警察公共の原則

一　次に、我が国において〝警察公共の原則〟の存在が疑われることを、これまで見てきたような警察概念論とは別の、実定警察法の観点から論じようとする議論に触れておきたい。公共の安全と秩序の維持をその直接の目的とする警察法（昭和二九年法律第一六二号）はその二条一項で「警察は、個人の生命、身体及び財産の保護に任じ、犯罪の予防、鎮圧及び捜査、被疑者の逮捕、交通の取締その他公共の安全と秩序の維持に当ることをもつてその責務とする」と明文で定め「個人の生命、身体及び財産の保護」を警察の責務として承認しているため、少なくとも実定法のレヴェルでは〝警察公共の原則〟は否定されているのではないかという見解がそれである。(57)(58)

(57)　以上のような見解の可能性を理論的に位置付け、整理するものとして、藤田宙靖「警察法二条の意義に関する若干の考察（一）」法學（東北大学）五二巻五号（一九八八）七一六頁以下（同『行政法の基礎理論上巻』（有斐閣、二〇〇五）所収三五六頁以下）。

(58)　もっとも裁判実務においては、警察の責務を限定し、その濫用の防止を定める警察法二条二項が、民事不介入の原則の「法意」を示すものと解されることがある。参照、東京地判昭和四七年二月二六日判例時報六七〇号五九頁など。

第一款　任意活動の根拠規範？

一　警察法二条一項が定める「個人の生命、身体及び財産の保護」の意味についてはこれまで次の二つの考え方が存在していた。一つは〝個人の生命、身体及び財産の保護〟が規定されているといっても、それはあくまで〝公共の安全と秩序の維持〟に還元することができ、またその限りでのみ警察の責務であるとする見方である（これを以下、甲説と呼ぶ。）(59)。この考えに立てば警察法二条一項で特別に〝個人の生命、身体及び財産の保護〟が規定されているとしても、そのこと自体に特に法的な意味は認められないということになり、〝警察公共の原則〟を否定する論拠にはならないということになる。事実、個人の保護が警察責務の中で筆頭に掲げられているのは、戦前までは治安維持の作用が強調されることにより一般市民の保護が軽視されがちであったことを戒めるため、あえて注意的に規定されたと解されてきたところである。[60] もう一つは〃個人の生命、身体及び財産の保護〃と〃公共の安全と秩序の維持〃はあくまで異なる内容であって両者ともに独立して警察の責務であるとする見方である（これを以下、乙説と呼ぶ[61]）。この考えに立てば〃個人の生命、身体及び財産の保護〃の明文規定によって警察による個人の保護が明確に位置付けられることになり、〃警察公共の原則〃が規範的に否定されたと見ることも可能となろう。[62] 近時においても、〃個人の生命、身体及び財産の保護〃は〃公共の安全と秩序の維持〃に還元することができるとする甲説の理解は「社会が平等な『個人の集団』から構成され、私生活の自由はできる限り尊重するのが民主主義・個人主義の要請であるという……古典主義的モデル」であって「虚構に近い」とし、むしろ今日では「警察は、……個人の権利・自由の侵害の回復及びそのおそれの除去のためにより積極的に介入していくことが求められている」[63]として警察法二条一項の規定から〃個人の権利と自由の保護〃の必要性を強調する見解が唱えられている。[64] この見解は、〃二面的法律関係〃から〃三面的法律関係〃へといった社会的事情の変化を前提とした警察の役割論を背景とするものでもあるが、では警察法二条一項は、右の甲説と乙説のうち、どちらの立場をとっていると考えられるだろうか。[65] この問題は、解釈論的には「個人の生命、身体及び財産の保護」という場合の「個人」とは一体何を意味するのか、またこの概念が〃警察公共の原則〃と果たして、またどのような関連性を有するのか、という問題とかかわる。

二　警察制度研究会編『全訂版警察法解説』（二〇〇四年）によれば、「個人の生命、身体及び財産の保護」の責務は、既に行政警察規則第三章二条、三条、一四条等によって警察の職務に属していたが、個人の権利と自由の保護を重視する理念に従って警察法では第一の責務として規定されることとなったという。[66] そして「個人の生命、身体および財産」は警察実務では例示列挙であるとされ、名誉・プライバシー、人の行動の自由、住居の平穏、社会的信用、貞操、人としての尊厳等、個人生活上の利益を広く意味すると解されている。[67] しかし個人の生命、身体及び財産の保護のための実際上の活動の多くは、警察官自身による迷い子等の発見活動や指導、助言、情報提供など、何らの強制力も伴わないものとして行われているという。個人の生命等の保護のために強制力をもって一部国民の権利・自由の制限を行う場合には、あくまで警職法〔三条〔保護〕、四条〔避難等〕、六条〔立入り〕〕、酒に酔つて公衆に迷惑をかける行為の防止等に関する法律〔昭和三六年六月一日法律第一〇三号〕〔三条〔保護〕、六条〔立入り〕〕、暴力団対策法〔平成三年五月一五日法律第七七号〕〔一一条、一二条〕等がその根拠規定になるというわけである[68]。他方「公共の安全と秩序の維持」は、「法規又は社会的慣習をもって確立している国家及び社会の公の安全秩序」を意味し、「犯罪の予防、鎮圧及び捜査、被疑者の逮捕、交通の取締」がその主たるものの例示とされている。このうち「犯罪の予防」とは「社会秩序の維持一般を目的として、犯罪の発生を予防すること」をいうとされ、具体的には犯罪に巻き込まれるおそれのある者を保護すること等により犯罪の発生を未然に防止することのほか〔警職法二条〔質問等〕、五条〔予防・制止〕、六条〔立入り〕など〕、少年を補導し、その不良化を防ぎ、もって犯罪の発生を防止することや、すり、置き引き、屋内に侵入する窃盗犯等について国民の防犯上の指導を行うこと、犯罪の発生を予防する防犯資機材の開発普及、地域、職域等における民間防犯活動の伸張への協力等による国民の防犯意識の啓発等により犯罪の発生を一般的に防止することまで幅広い事務を指すという。なお警察法二条一項にいう「犯罪」とは、法令によって刑罰を科することとされた行為の総称であり、地方公共団体の制定する条例において刑罰を科することとされた行為をも含むとされている。

しかし右説明においては、「公共の安全と秩序の維持」「犯罪の予防」によって保護されることになる個人の生命、身体及び財産が、「公共の安全と秩序の維持」と独立して規定されている「個人の生命、身体及び財産の保護」とどのような関係にあるのかといった点まで説き及んでいない。せいぜい《実務上「個人の生命、身体及び財産の保護」と「公共の安全と秩序の維持」の区別は大きな違いを生むものではないが、現在は各種の困りごと相談等のように強制力を伴わない市民とのふれあいを重視する警察活動の比重が高くなっていることから「個人の生命、身体及び財産の保護」の規定は法理念上このような運用を支えやすい》と解されている程度である[69]。このような説明においては、個人の保護を謳う同規定によって〝警察公共の原則〟を否定する規範的内容を読み込むことは困難と言えるだろう。(70)もとより、警察法二条そのものが警察の任務を定めた〝組織規範〟であり、具体的な権限を授権する根拠規範ではないということもその原因の一つとして挙げられるが、(71)しかしそれ以上に、我が国では「公共の安全と秩序の維持」「個人の生命、身体及び財産の保護」あるいは「私権」の保護がそれぞれ明確に区別されず、一括して〝個人の保護〟と論じられていることが大きな理由であるように思われる。

三　この問題をより明確にするためには、ドイツ警察・秩序法の警察一般条項の規律構造を比較対象とすることが有益であろう。というのも同条項は、私人の権利利益を制限する具体的な警察活動の一般的根拠規定であるという点において組織規範たる我が国の警察法二条とその性格は異なるものの、同条項において「公共の安全」「個人」「私権」概念が明確に秩序立てられ、これに応じた警察による個人保護の規定が整備されているからである。

(59)　宍戸基男ほか編『新版警察官権限法注釈上巻』（立花書房、一九七六）一三九頁（宍戸基男）。

(60)　参照、田宮裕＝河上和雄編『大コンメンタール警察官職務執行法』（青林書院、一九九三）二一頁（渡辺咲子）。

(61)　例えば、警察制度研究会編『全訂版警察法解説』（東京法令出版、二〇〇四）五三頁以下、田村・前掲（50）二四頁以下。

(62)　この問題の理論的整理については、藤田・前掲（57）七一六頁以下。

(63)　北村滋ほか編『改革の時代と警察制度改正』（立花書房、二〇〇三）四三頁（北村滋）。

(64)　また関連して、田村正博「警察活動の基本的な考え方――警察への国民の期待と行政関係の三面性」警察学論集五一巻一二号（一九九八）一三三頁以下、同・前掲（2）一七頁、五四頁以下も参照。警察責務の範囲拡大という現象に関して従来とりわけ議論されてきたのは、警察法二条一項を根拠とした任意活動の是非であったが、最近ではさらに、警察権限の強化・警察組織の拡充をも議論の対象とされている。このような制度改革の概観として、参照、北村ほか編・前掲（63）一頁以下。

(65)　藤田・前掲（57）七一八頁以下によれば、警察実務では〝警察公共の原則〟について様々な疑義が呈され、議論がなされているにもかかわらず、行政法学の側からこの問題について正面からのより突っ込んだ発言は聞くことは無く、「現行警察法二条と『警察公共の原則』との関係を、理論的にどのように考えれば良いのか、ということは、まさしく行政法学者に課せられた宿題である」（七三三頁）と述べられている。

(66) 警察制度研究会編・前掲（61）五三頁。

(67) 宍戸ほか編・前掲（59）一三八頁。

(68) 田宮＝河上編・前掲（60）二四頁では個人の「保護」の態様につき、警らや人命救助、特定の地域、施設の警護、特定人の護衛、警護など「通常は強制力を伴わない事実上の警察活動によって行われることが多い」とする。

(69) 田宮＝河上編・前掲（60）二二頁。

(70) 島田茂「警察法における犯罪防止義務論」甲南法学五一巻三号（二〇一一）九〇頁は、個人の保護のための根拠として警察法二条の任意規範だけに求めるのは適切でないとする。

(71) 宮田三郎『警察法』（信山社、二〇〇二）五八頁は、我が国の警察法二条一項は、警察法の一般条項ないし一般的根拠規範には当たらないと解している。もっとも警察法二条一項は、果たして純粋に《組織規範》に留まるのか、またその他に独自の意義が認められるのかという点については議論あるところである。これについては本章補論において検討する。

第二款　「公共の安全」「個人権」、そして「私権」
――ドイツ警察・秩序法の警察一般条項と私権保護条項

一　ドイツにおいてもまた我が国でいう〝警察公共の原則〟、とりわけ〝民事上の法律関係不干渉の原則〟に対応する考え方が存在する。私権の保護は通常（民事）裁判所やその決定の執行の権限を持つ機関（執行機関）の任務であって警察の任務ではないという考えがそれであり、[72] プロイセン上級行政裁判所（以下、PrOVGと略す。）の判例は、伝統的に、警察には私権保護のために民事上の紛争に介入する権限は認められないという立場をとってきた。[73]

もっともPrOVGはこの立場を必ずしも厳格に貫いてきたわけではない。PrOVGは、通常（民事）裁判所による救済が適時に達成不可能であるような緊急事態が認められる場合には、例外的に警察は私権保護のための措置を講ずることができるという立場を採ってきたからである[74]（警察は民事裁判所による措置に対しては補完的でなければならないという意味で、警察の行政機関に対する補完性と同じく、「補完性原理（Subsidiaritätsprinzip）」と呼ばれている。）[75]。このような考えは、戦後、警察による私権の保護を警察一般条項とは別の定めの中で認める各州の警察法にも反映されており[76]、各州においてある程度の統一的な警察・秩序法を形成すべく起草された統一警察法模範草案（MEPolG）[77]一条もまた、その一項で「警察は、公共の安全あるいは秩序に対する危険を防御する任務を有する」とした上で、二項で「この法律により警察が私人の権利の保護を義務付けられるのは、ただ、裁判所による保護が適時に得られず、警察の援助なしには権利の実現が不可能となるか、或いは著しく困難となるであろう場合に限られる」と明文規定を用意しているところである[78]（同条二項は一般に私権保護条項と呼ばれている。）。これらの条文を、我が国の警察法二条一項と比べて見た場合、次の二点においてその特徴を指摘することができる。第一に、MEPolG一条は、警察による民事関係への介入を、（我が国における伝統的な理解のような）公権力による民事上の法律関係への事実上の介入という意味においてではなく、警察組織（執行警察）による私権の保護という意味において具体的かつ明示的に規定していること、第二に――ここでは特にこちらが重要であるが――我が国の警察法とは異なり、MEPolG一条には「個人の保護」といった規定は存在せず、代わりに「私権の保護」のための権限規定が警察一般条項とは別に独立して存在している、ということである。ここで直ちに解明されるべきなのは、「公共の安全あるいは秩序」と「個人権」「私権」は如何なる関係にあるのか、また警察一般条項と私権保護条項は如何なる関係にあるのか、という点である。

二　通説的見解によれば[79]、〝公共の安全〟はプロイセン警察行政法一四条の公式理由書に準拠し[80]、「客観的法秩序、個人の主観的権利と主観的法益、並びに国家その他の高権力の主体の存立、設置並びに運行の不可侵性」を意味するとされる[81]。〝公共の安全〟の中に含まれる保護法益のうち、公法規範、とりわけ刑法と秩序法（行政法）を念頭に置く[82]

「客観的法秩序」は、「国家の本質的な要素」[83]として最も重要な地位が与えられている（ちなみに、法秩序の維持・危険の防御を目的とする刑法・秩序法の違背が差し迫っている場合、あるいは既に違背された場合に、警察一般条項はこれを〝公共の安全〟に対する危険とみなし、警察ないし秩序行政庁が即時執行などでもって阻止し得ることを授権している[84]）。また「公共の安全」には、「個人の主観的権利と主観的法益の不可侵」といった個人権も含まれる。[85]「個人の主観的権利と主観的法益」には、生命、健康並びに自由といった保護法益のほか、財産、占有、一般的人格権、名誉、親の養育権（Recht der elterlichen Sorge）その他あらゆる私権が含まれる。[86]また個人権はその性質に応じて、妨害されることのない宗教的活動（基本法四条二項）や集会の自由（基本法八条）、選挙権など、第三者による侵害から保護される基本権にも及ぶ。合法的で平和的な集会を妨害者から保護し、何人も自らの選挙権の行使が第三者によって阻止されないことを保障することも、警察の任務とされるわけである。

　さて、右に見た警察上の保護法益の中で特に注目されるのは、「公共の安全」の中に〝個人の主観的権利と主観的法益〟（個人権）も含まれる、とされている点である。もっとも、この個人権は、それが刑法や秩序法の保護の下におかれている限りにおいては「客観的法秩序」の保護法益として捉えられるため、客観的法秩序の保護が問題となる限りにおいては、あえて私権を含む〝個人的権利や個人的法益〟の保護について論じる必要はない。[87]例えば、その例として、私的所有権ないし占有の毀損が同時に住居侵入罪（StGB 一二三条）を構成する家屋の不法占拠（Hausbesetzung）を挙げることができる。[88]ここで危険に曝されている保護法益は、刑法（StGB）一二三条（住居侵入罪）の規範であるが、同時に家主の私法上の財産（財産の処分や電気窃盗などのおそれ）でもある。この場合、警察による住居明渡し命令は、第一次的には、私法上の財産の保護ではなく刑法規範の保護を目的とするもの、と説明されることになる。[89]もっとも〝私権〟もまた〝公共の安全〟に含まれるということは、警察は私権保護のためのあらゆる権限を独占している、ということを意味するものではない。[90]刑法や秩序法の保護の下におかれていない〝私権〟については、法制度上、原則として通常（民事）裁判所が保護することになる[91]（〝保護の対象〟と〝権限の所在〟は別問題である。）。ただ、通常（民事）裁判所によっては私権を十分に保護できない場合もあり得る。MEPolG一条二項は、このような場合を想定して例外的に、警察一般条項とは別の厳格な前提条件の下、警察に当該私権を保護する権限を授権しているのである[92]（以上を踏まえると、私権保護条項は、警察任務を新たに拡大することを認めるものではなく、権限行使に条件を付けこれを制限することに、その発想のベースがある、と理解することができよう[93]。）。

三　かくして、MEPolG一条に現れる〝私権〟には二つのものがあると整理することができるだろう。一つは、警察一般条項が規定する「公共の安全」に含まれる〝私権〟、言い換えれば公法規範（刑事法・秩序法）によって保護されている〝私権〟である。この場合の〝私権〟は、公共の安全が維持されるのと同時に保護されることにもなるため、法解釈上独自の意味を持つことはない（この場合の〝私権〟は、通常〝個人権〟と総称して呼ばれる[94]。）。もう一つは、私権保護条項が規定する「私権」である[95]。この「私権」は、「公共の安全」が維持されることによっては保護されない〝私権〟、つまり公法規範によっては保護されず、専ら私法規範によってのみ保護される〝私権〟である[96]。この〝私権〟は通常は民事裁判所によって保護されるが、しかしMEPolG一条二項が定める私権保護条項は、厳格な前提条件の下で、例外的に警察に当該私権も保護する権限を付与しているのである[97]。

もっともドイツの戦後の判例は、右に見たような警察一般条項と私権保護条項の関係について必ずしも明確な態度を示してきたわけではない。とりわけ、警察一般条項と私権保護条項とを明確に区別するために重要な〝私権〟概念について言及する判例は少なく、これが両者の関係を曖昧にする原因となっていた[98]。他方で学説は私権に関して、様々な議論を展開してきた[99]。例えばクリュガー（R. Krüger）は、警察による個人の保護を充実させるという立場から、私権は私法秩序から導かれうる権利のみならず、個人に帰属するすべての権利を含むものでなければならない、と主張した[100]。クリュガーによれば、個々の個人に帰属するすべての権利が私権保護条項の意味における私権概念に該当するのであって、これらの権利がその基礎を公法秩序に有するのか、それとも私法秩序に有するのかは問題ではない、という訳である。[101] しかし州警察法の多くの私権保護条項が文言上一致して「私人の権利の保護（Schutz der Rechte Privater)」ではなく「私権の保護（Schutz privater Rechte)」と規定していることから、この主張は学説上支持されていない。むしろ今日では、私権保護条項が規定する私権とはその基礎を私法秩序に持つすべての権利を意味すると一致して理解されている。[102] いずれにせよ、私権保護条項の〝私権〟概念は、警察一般条項の公共の安全概念に含められる〝私権〟概念と異なる独自の意味を持つ、ということを前提とすれば、〝私権〟概念は他の類似の概念と明確に区別されなければならない。[103]

四　以上のドイツ警察・秩序法の規律構造を見ると、我が国の警察法二条一項が定める「個人権」が十分な規範的意味内容を含んでいないことが明らかとなるだろう。少なくとも警察法二条一項が明示的に「個人の生命、身体及び財産の保護」を謳っているからといって、そこから直ちに個人保護のための警察権限を導き出すこと、従って〝警察公共の原則〟は実定法によって否定されているという結論を導き出すことは、解釈論上、困難であると言わざるを得ない。警察による個人の保護というとき、〝私権〟と〝個人権〟を同列に論じることには慎重でなければならない。

(72)　但しドイツの場合、これを我が国のように「警察権の限界」論としては捉えていない。

(73)　PrOVGE 77, 333 (336); 59, 441 (446); 58, 264 (268f) Vgl. B. Drews/G. Wacke/K. Vogel/W. Martens, Gefahrenabwehr, 9. Aufl. 1986, S. 238.

(74)　PrOVGE 59, 441 (446), 38, 291 (299), 32, 425 (429).

(75)　Vgl. F. Baur, Der polizeiliche Schutz privater Rechte, JZ 1962, S. 73ff. W. v. Hellingrath, Der polizeiliche Schutz privater Rechte, JZ 1962, S. 244ff.; W. Frotscher, Der Schutz der Allgemeinheit und der individuellen Rechte im Polizei- und Ordnungsrecht, DVBl. 1976, S. 699ff.; W. Martens, Der Schutz des einzelnen im Polizei und Ordnungsrecht, DÖV 1982, S. 460.

(76) 例えばBayPAG二条二項、ASOG Berlin一条四項、BremPolG一条二項、SaarlPolG一条三項等。これらの規定は、すべての警察並びに秩序官庁に妥当するものもあれば（NdsGefAG一条三項）、執行警察のみに妥当するものもある（ASOG Berlin一条四項）。なおHmbSOGは私権保護条項を設けていないが、一般的に妥当する法原理と考えられている。Vgl. M. Möller/G. Warg, Allgemeines Polizei- und Ordnungsrecht, 6. Aufl. 2012, S. 50.

(77) 一九七七年の統一警察法模範草案の制定過程については、島田茂「西ドイツ統一警察法模範草案をめぐる若干の法的諸問題」横浜市立大学論叢（社会科学系列）三二巻一号（一九八一）一一四頁以下。

(78) Vgl. G. Heise/R. Riegel, Musterentwurf eines einheitlichen Polizeigesetzes 2. Aufl. 1978, S. 26. なお、この規定は、「義務付ける(obliegen)」とされていることから、介入しなければならない（sollen）ということまで意味するものではないとされている。Vgl. T. Würtenberger, Polizei- und Ordnungsrecht, in: N. Achterberg/G. Püttner (Hrsg.), Besonderes Verwaltungsrecht, Bd. 2, 1992, Rn. 60 Anm. 105.

(79) Vgl. C. Gusy, Polizeirecht, 4. Aufl. 2000, Rn. 81ff.

(80) Vgl. Drews/Wacke/Vogel/Martens, a.a.O.（Anm. 73), S. 232.

(81) V. Götz, Allgemeines Polizei- und ordnungsrecht, 12. Aufl. 1995, Rn. 89. これに対応した法的定義を含んでいるのは、ThurOBG五四条一項、BremPolG二条二項。この定義は法律上明示的に規範化されていないところでも一般的に承認されている。〝公共の安全〟並びに〝公共の秩序〟概念については、Vgl. H. Klein, Zur Auslegung des Rechtsbegriffs der „öffentlichen Sicherheit und Ordnung", DVBl. 1971, S. 233ff.; G. Erbel, Der Streit um die öffentliche Ordnung als polizeirechtliches Schutzgut, DVBl. 1972, S. 475ff.; R. Störmer, Renaissance der öffentlichen Ordnung?, Die Verwaltung 17 (1997), S. 233ff.; K. Waechter, Die Schutzgüter des Polizeirechts, NVwZ 1997, S. 729ff. もっとも〝公共の秩序〟概念はその解釈の多義性ゆえに今日徐々に放棄されつつある。

(82) Drews/Wacke/Vogel/Martens, a.a.O.（Anm. 73), S. 236.

(83) P. Hansen, Allgemeines Verwaltungsrecht der Polizei, 2003, Rn. 177.

(84) ここでは、〝公共の安全〟概念を通じて、刑法並びに秩序法と警察法とが結びつけられているのである。ちなみにこの場合、当該法規範によって保護された法益に対する危険あるいは毀損が客観的に存在しているかどうかが問われることになるが、その際、過失や有責性、行為の可罰的違法性などは問われない。危険を予防する警察活動は客観的な法規範の違反を阻止することのみを目的とし、犯罪行為の訴追や処罰を目的とするものではないからである。

(85) 相矛盾する法秩序と個人権を〝公共の安全〟概念の下で並立させることについては、言語使用上の観点から批判されることがあるが（G. Robbers, Sicherheit als Menschenrecht, 1987, S. 237f.）、解釈上の結論において特に問題を生じさせるものではない、と理解されている。もっともJ. Dietlein, Der Anspruch auf polizei- oder ordnungsbehördliches Einschreiten, DVBl. 1991, S. 685は、「しばしば容易に自明であると思わせる、一般条項に第三者保護の特徴があるという呪文は、やっかいにも、公共の安全の概念の内部での個人の保護利益と公衆の保護利益が並立するあるいは重複するという問題を覆い隠すだけである」と述べている。

(86) 例えば物権（財産権）、人格権、著作権並びに他人の作為あるいは不作為を要求する法的請求権が挙げられる。

(87) Götz, a.a.O.（Anm. 81）, S. 21.

(88) Vgl. B. Schlink, Die polizeiliche Räumung besetzter Häuser, NVwZ 1982, S. 529ff.

(89) なお、民事法違反が同時に刑事法違反として処罰されるような場合、当該民事法は、学説上、「罰則付き民事法規範（pönalisierte Privatrechtsnorm）」と呼ばれることがある。Vgl. M. Möller/J. Wilhelm, Allgemeines Polizei- und Ordnungsrecht mit Verwaltungszwang und Bescheidtechnik, 5. Aufl. 2003, Rn. 81; Baur, a.a.O.（Anm. 75）, S. 76.

(90) Möller/Wilhelm, a.a.O.（Anm. 89）, Rn. 90; Drews/Wacke/Vogel/Martens, a.a.O.（Anm. 73）, S. 235f. 私法規範の保護は、私権保護の観点から既に説明されうるので、私権概念と同様に捉えても問題はない。

(91) これはマイヤーが「民事法の違反も、善き秩序に属する」と述べながらも警察一般条項に基づいた警察権限の行使を否定していたことと一致する。Mayer, a.a.O.（Anm. 13）, S. 219f.

(92) 他方で私権が公法規範によっても保護されている場合には、その保護は国家（警察）が《職務上》行わなければならず、私人の意思に委ねたままにしておくことはできない。その意味において、私権保護条項は権利者の申し出の有無という要件において、国家が職務上活動する公法領域と個人が自由に処分することができる私法領域との境界線を最もよく表していると言うことができる。

(93) もっとも、B. Pieroth/B. Schlink/M. Kniesel, Polizei- und Ordnungsrecht, 7. Aufl. 2012, Rn. 42は、私権保護条項が警察の活動を拡大するものか制限するものかという争いについて、警察に危険防御の任務が包括的に委託されていることを踏まえると、制限の意味において理解することは難しいとするが、H. Brenneisen/M. Martins, Schutz privater Rechte zwischen dem Gewaltmonopol des Staates, den Selbsthilferechten des Bürgers, dem Prinzip der Nichteinmischung und der Notfallkompetenz, in: H. Brenneisen/D. Staack/

H. Kopischke (Hrsg.), Schutz privater Rechte, 2011, S. 16 は、支配的見解によれば法秩序は公共の安全の保護領域に属し、民事法の領域における危険要素も概念上は公共の安全に対する危険とみなされることから、私権保護条項の存在は警察任務の制限を意味すると理解されている。

（94）Götz, a.a.O.（Anm. 81）, Rn. 96.

（95）なお、自然災害による私権への危険については裁判上の権利救済に期待することができないため、私権保護条項が問題となることはない。私権保護条項が問題となるのは、他の私人に起因する危険が問題となる場合のみである。Vgl. Pieroth/Schlink/Kniesel, a.a.O.（Anm. 93）, Rn. 45.

（96）W. Kowalzik, Der Schutz von privaten und individuellen Rechten im allgemeinen Polizeirecht, 1987, S. 91ff.; Frotscher, a.a.O.（Anm. 75）, S. 699; F.-L. Knemeyer, Polizei- und Ordnungsrecht, 9.Aufl. 2002, Rn. 135.

（97）Vgl. Gusy, a.a.O.（Anm. 79）, Rn. 96ff.; H. Brenneisen, Schutz privater Rechte als Teil der Gefahrenabwehr, DPolBl 1997, S. 3ff.

（98）Vgl. OVG Münster, v. 21. 5. 1968, DÖV 1968, S. 697; VG Bremen, Beschl. v. 6. 2. 1976, DVBl 1976, S. 720; OVG Berlin, Beschl. v. 13. 3. 1980, NJW 1980, S. 2484; VG Berlin, Beschl. v. 6. 4. 1981, DVBl 1981, S. 785. 警察一般条項と補完性（補充性）原則の関係について、学説・判例を詳細に分析するものとして、高橋明男「西ドイツにおける警察的個人保護（一）――警察介入請求権をめぐる学説と判例――」阪大法学一三九号（一九八六）一四九頁以下。

（99）Kowalzik, a.a.O.（Anm. 96）, S. 38ff. 並びにそこに引用されている文献を参照。例えばケーニヒ（H.-G. König）は、私法上の請求権、BGB 九八五条以下に基づく財産引渡請求権の行使を、〝公共の安全〟概念から除外している（H.-G. König, Bayerisches Polizeirecht, 2. Aufl. 1985, S. 38）。ケーニヒによれば、私法上の請求権が問題となるようなところでは、そもそも公共の安全に対する危険など存在しないというわけである。もっともケーニヒは、私権保護条項の要件が充たされている場合には、私法上の請求権は〝公共の安全〟概念に含められるとするが（König, a.a.O., S. 29）、私法上の請求権を完全に公共の安全の保護法益から除外しながらも、私権保護条項を介して再び公共の安全概念に含める理由は明らかでなく、警察一般条項と私権保護条項との関係が不明瞭なまま処理されている。

（100）R. Krüger, Privatrechtsschutz als Polizeiaufgabe, 1976, S. 12. また当該権利が（公法規範によって保護されている場合でも）その基礎を私法秩序に持っていればそれで十分であるとするものとして、Baur, a.a.O.（Anm. 75）, S. 76f.

（101）Krüger, a.a.O.（Anm. 100）, S. 12.

(102) Vgl. König, a.a.O. (Anm. 99), S. 37; E. Mußmann, Allgemeines Polizeirecht in Baden-Württemberg, 4. Aufl. 1994, Rn. 147; Frotscher, a.a.O. (Anm. 75), S. 699; E. Rasch, Allgemeines Polizei- und Ordnungsrecht, 2. Aufl. 1982, §1 Rn. 54.
(103) Vgl. F. Schoch, Der Schutz privater Rechte im Polizei- und Ordnungsrecht, Jura 2013, S. 470ff.

補論　いわゆる警察法二条責務規範説について

一　警察法二条一項は純粋に〝組織規範〟に留まり、警察公共の原則にとって特に意味をなさないという立場に立つとしても、新島漂着砲弾爆発事故事件判決[104]を切っ掛けにして同条項に次のような理論的可能性を認める見解がある[105]。「〔警察法二条一項は〕同法の定める警察機関に『個人の生命、身体……その他公共の安全と秩序の維持に当る』という（文字通りの）法的『責務』を積極的に負わせるものであって、警察はこの責務を全うする為に、任意的手段（非権力的手段）であれば、同二項の定める枠内で広く一般的にこれを取り得るし、又強制的手段（公権力の行使）の場合には、別に特別の法令の定めが無ければ権限行使は行い得ないものの、しかし、このような権限が与えられている以上は、一定の場合にはそれを行使することが義務付けられる[106]」という見解（いわゆる警察法二条責務規範説）がそれであり、藤田宙靖によって提示されているものである。

二　藤田がいう警察法二条責務規範説とは、簡潔に言えば、「警察法二条の規定を、公権力行使についての直接の根拠規範としては性格付けないが、しかし、同条は警察に文字通り条文上に示されたような責務を、法的拘束力を以て課するものであり、従って警察は、一定の場合には、この責務を果たす為に積極的な行動に出ることすらも、法的に義務付けられる、という考え方[107]」を意味し、その法解釈論上の効果は、警察機関に権限行使・不行使の自由が法令上与えられているように見える場合であっても、状況によっては積極的権限行使が義務付けられること、つまり行政便宜主義を制約する理論的根拠を与えることにある。例えば警察官職務執行法（以下、警職法と略す。）三条一項は「警察官は、異常な挙動その他周囲の事情から合理的に判断して次の各号のいずれかに該当することが明らかであり、かつ、応急の救護を要すると信ずるに足りる相当な理由のある者を発見したときは、取りあえず警察署、病院、救護施設等の適当な場所において、これを保護しなければならない」と定め、一号で「精神錯乱又は泥酔のため、自己又は他人の生命、身体又は財産に危害を及ぼすおそれのある者」と二号で「迷い子、病人、負傷者等で適当な保護者を伴わず、応急の救護を要すると認められる者（本人がこれを拒んだ場合を除く。）」と定めているが、警察法二条責務規範説はこの二号括弧書き、つまり本人がこれを拒んだ場合に、その意義を発揮するという。具体的に言うと、例えば学生が大学の門前でハンストを始め衰弱して生命の危険が生ずるに至ったが、同人の明確な意思で保護を拒んでいるというような場合、しかし同人の生命を救うにはその場に居合わせた警察官による右の「保護」措置以外に途が無いという状況にあったとする。このような場合、警職法三条一項二号括弧書きの規定は右のような極限状況についてまで想定して定められたものではないと解釈し得るのであれば、少なくとも権限規定の内容を解釈するに際しては、警察官は「個人の生命……の保護」を法的に義務付けられるとする責務規範たる警察法二条の存在を踏まえた上での〝合理的解釈〟を行うことが考えられるのではないか、というわけである。(108)

三　しかし、以上の説明には次の二点において、なお検討の余地があると考えられる。

第一に、実定法の規範構造の解釈に関わる問題である。警職法三条は、警察法二条で規定された「個人の生命……の保護」に関する責務を受けて精神錯乱者等に対する強制的な保護措置等、警察官に保護に関する権限を認めたものであり、(109)同法三条一項は「これを保護することができる」という規定ではなく、「これを保護しなければならない」と規定することによって警察の保護義務を明示している。このような規範関係を素直に読むのであれば、警職法三条一項二号括弧書きの「本人がこれを拒んだ場合を除く。」という規定は、警職法三条の保護義務を、さらには警察法二条の内容を、後から限定するものとして規定されていると解釈するのが素直であると考えられる。仮に警察法二条と警職法三条一項二号が抵触した場合、警察法二条によって警職法三条一項二号が合理的に解釈されるべきとするのであれば[110]、警職法三条一項二号が三条一項、さらには警察法二条の規範的内容を《後から限定的に規定する》という構成ではなく、警察法二条が警職法三条一項二号の内容を《予め規定する》という構成になってしまうことになる。しかしこのような構成を条文構造から読み取ることは難しい。なぜならこのような構成では、「本人がこれを拒んだ場合を除く」という規定を無に帰してしまい、私人の「同意」を保護という名の下に完全に否定してしまうことになるからである。責務規範の参照は、パターナリズムに基づく目的論的解釈を実践することになりかねない。むろん藤田が述べるように、仮にハンストのような「自己を危険に曝す権利[111]」が私人に認められる場合であっても、果たしてそれが十分な自覚の下における決定であるか否かについて警察が確認する必要性は否定できない。その意味においては、外見上保護を拒否しているように見える場合であっても、場合によっては一定の保護措置が認められる余地もあるだろう。しかしそうであっても、それはあくまで警職法三条一項二号括弧書きの「本人がこれを拒んだ場合を除く」の解釈の問題に尽き[112]、警察法二条の責務規範に独自の意味を認める必要性は弱い。

もっとも、藤田は、警職法三条一項二号括弧書を厳格に解釈する警察実務が、今にも自殺をしようとする者を発見した場合については、刑法三五条の正当業務規定の存在を理由に「現場の措置」を講じることができると理解していることとの矛盾を指摘し、この矛盾を解消する解釈論として責務規範説に基づく警職法三条解釈も提示しており[113]、その説明には合理性が認められる。

第二に、責務規範と義務付け規範の法的性格付けに関わる問題である。藤田は行政便宜主義に対する制約として働くことが責務規範説の機能上のメリットであるとした上で[114]、警察法二条を責務規範説のように理解することが可能かつ妥当かを検討する際において、F・マイヤー（Franz Mayer）の見解を参照している。F・マイヤーの見解は、Aufgabennorm（責務規範）とBefugnisnorm（権限規範）とを分離するバイエルン警察責務法を手掛かりとして〝責務規範からの警察権限行使の義務付け〟を導くものであるが、F・マイヤーが語るところによれば、「〔警察法の〕権限は〔責務規範によって〕許容されているものを行うことを授権する〔が〕、警察官吏が個別ケースにおいてこの権限を用いることが義務付けられているか否かは、権限それ自体から明らかとなるのではなく、警察責務から明らかとなる。従って警察権限の行使にとって、警察責務は二重の意味を有することになる。一つは、警察責務は警察権限一般が行使され得る領域をカヴァーするということ、もう一つはこの権限が行使されなければならないか否かという問題が、個別ケースにおいて再び責務から判断されるということである。従って警察責務と警察権限は、確かに厳密には互いに区別されるが、その再帰性（Rückbezuglichkeit）において互いに密接に結びつけられる。[115]」。このような説明を受けて藤田は、警察法二条の規定をバイエルン警察責務法二条（《警察は、一般内務行政の行政庁の執行機関として、又他の行政庁の補助機関として、危険の防止及び妨害の制止・除去によって公共の安全及び秩序の維持に協力する責務を有する。この責務の範囲内において、警察は、とりわけ憲法及び基本権を保護し、又、事故災難及び公共の危険若しくは困難に際して、他の諸機関の責務を妨げること無く、必要な援助を行わなければならない。》）が定めるような責務規定として性格づけ、また解釈する理論的可能性について認めるのである。[116] しかし責務規範と権限規範との結びつきが警察官の活動を義務付けるとするその説明はなお曖昧であるし[117][118]、むしろ便宜主義を制限する方向を模索するのであれば、権限規範の解釈を通じた義務付け、つまり警察官の主たる権限行使要件である〝危険〟の存在を厳密に認定する方法を明らかにすることの方が、理論的にはより明快である可能性も十分にある（第三章、参照）。

むろん藤田が検討を加えた警察法二条責務規範説は、当時の複数の裁判例（下級審・最高裁判例を含む。）において示されていた警察法二条一項の解釈を総合的に考察した結果、警察活動を義務付ける根拠として考えられる一つの理論的可能性であり、これまでの警察権限の積極的行使の要請が常に「個人の生命・身体及び財産の保護」との関連の中で提出されている以上、このような考え方もまた、個人の生命・身体及び財産の保護というものにつきどのような理解を持つべきかについての検討を抜きに問題を論ずることは許されない、と断じていたことに注意が必要である。[119] 従って警察法二条責務規範説は、警察法二条一項が警察活動において果たす理論的可能性を捉え、なお便宜主義の制約のため裁量権零収縮論以外の道筋[120]としてどのようなものが考えられるかという視点に立った、問題提起を含む思考実験としての性格を有するものであった。その意味では、この見解に対する最終的な評価は、依然残されたままになっていると言うことができよう。

(104) 最判昭和五九年三月二三日民集三八巻五号四七五頁。
(105) 藤田・前掲（32）五一一頁註一。
(106) 藤田・前掲（57）七二五頁。
(107) 藤田宙靖「警察法二条の意義に関する若干の考察（二）」法學（東北大学）五三巻二号（一九八九）二四四頁以下。
(108) 以上、藤田・前掲（107）二四五頁以下。
(109) 田宮＝河上編・前掲（60）二三六頁（渡辺咲子）。
(110) 藤田・前掲（107）四〇〇頁註七二。
(111) Vgl. Götz, a.a.O. (Anm. 81), Rn. 104ff.
(112) 実際、推定上の同意は、同条項の解釈論として提示されているところである。参照、田宮＝河上編・前掲（60）二六五頁（渡辺咲子）。
(113) 藤田・前掲（107）二五五頁註二一。
(114) 藤田・前掲（107）二五一頁。
(115) F. Mayer, Die Eigenständigkeit des bayerischen Verwaltungsrechts, dargestellt an Bayerns Polizeirecht, 1958, S. 236f. 藤田・前掲（107）二四七頁以下、参照。
(116) 藤田・前掲（107）二四八頁。なお、宮田・前掲（71）五三頁以下は、侵害的警察措置には責務規定や一般条項による授権は認められず個別具体的な規定が必要であるため警察法二条一項はそれに該当しないとしつつも、非侵害的措置を含む警察の職務遂行一般を抽象的に義務付ける職務領域を示す規定であるとする。

(117)　ちなみにF・マイヤーの見解をさらに発展させ、責務規範から保護義務を基礎づける論者として、クネマイヤー（F.-L. Knemeyer）を挙げることができる（Vgl. F.-L. Knemeyer, Funktionen der Aufgabenzuweisungsnormen in Abgrenzung zu den Befugnisnormen, DÖV 1976, S. 12ff. クネマイヤーの説については、差し当たり今村哲也「行政介入請求権をめぐる新動向」一橋論叢八九巻一号（一九八三）一六七頁以下、参照）。クネマイヤーによれば、立法者が特定の国家機能を特定の国家制度、つまり警察に割り当てることの目的は、警察が、自己に割り当てられた任務を履行することを認めるということだけではなく、履行しなければならないということをも含意するという（「任務履行義務（Aufgabenerfüllungspflicht）」）。クネマイヤーの見解は、保護義務・保護請求権を基本権といった「不安定な指標」に依拠せず、任務規範という個別法律の解釈によって導こうとする点において、他の従来の学説とは異なる独自の意義を有している。クネマイヤーによれば、プロイセン一般ラント法（ALR）第二部第一七章一〇条の規範は、元々は権限規範と任務規範の混合体として構成されていたところ、歴史的に国家と個人の対抗的な関係を前提とする権限規範に重点が置かれることで、任務配分という機能は次第に背景に退くことになった。しかし権限規範に重点を置き、裁判所による事後的な個人保護を重視するシステムは一方的な物の見方で限界があり、個人が様々な危険にさらされている今日では、今一度《行政庁による〝目的―任務〟規定的な保護システム》への視座の転換が図られなければならない、というのである（Vgl. F.-L. Knemeyer, Der Schutz der Allgemeinheit und der individuellen Rechte durch die polizei- und ordnungsrechtlichen Handlungsvollmachten der Exekutive, VVDStRL 35 (1977), S. 255ff.）。しかし、そもそも任務規範によって示される〝授権〟という法的性質と、行為を義務付ける義務付け規範の法的性質とは明確に区別されるものである。クネマイヤーは《任務規範が、立法者による行政への活動委託あるいは「職務委任」を含んでいるならば、このような委任は既に、受任機関にさらに任務の枠内での行動を義務付けることを意味している》とするが、しかし活動を委託する授権規範と、対個人との相関関係の中で行為を義務付ける規範とは質的に異なった種類の規範レベルに属する（Vgl. F. E. Schnapp, Anmerkung zu dem Urteil des VG Saarlouis vom 12. 12. 1968, DVBl. 1969, S. 597）。従って、クネマイヤーが言うように、《基本権規定的かつ裁判所による事後的な保護システム》から《行政庁による〝目的―任務〟規定的な保護システム》への視座の転換が、任務規範から義務づけ規範への質的な転換（いわゆる「転化理論」）をもたらす、ということは困難と言えよう。

(118)　なお藤田は、F・マイヤーの Aufgabennorm の分析の過程で、責務規範は法的拘束力はもつものの法的根拠としての性格は持たないとして、（警察法二条一項は警察権限の法的根拠であるが、ただ公権力の行使の場合には適正手続保障の見地から警職法等の個別法令による根拠をなお必要と考える）「警察法二条一般的根拠規範説」との根本的違いを指摘し、そこから「警察法二条責務規範説」に、警察法二条のような抽象的内容を持った法規定を根拠として公権力が行われることを一切否定するという法解釈論上の効果も見出している。もっとも他方で同時に藤田は、「警察法二条一般的根拠規範説」がいう「法律の根拠」ということの意味が、警察が警察法二条に掲げられているような責務を果たす為の行動をすることについての〝民主的正当性〟が既に与えられている、ということを主張するところにあるとすれば、「責務規範説にしたところで、警察が一般的にそのような責務を果たすべきことは法律によって命じられている、と考えるものであるから、その限りにおいて両者間に実質的な差は殆ど存在しない」（藤田・前掲（107）二五〇頁）と考えることも可能であるとして、責務規範説であれ一般的根拠規範説であれ、警察法二条に基づいて公権力行使を行い得る理論的可能性についても認めている。

なお、初出論文（拙稿「『民事不介入の原則』に関する一考察――『警察公共の原則』の規範的意味について」藤田宙靖博士東北大学退職記念『行政法の思考様式』（青林書院、二〇〇八）一五九頁以下）では、責務規範説もまた警察法二条一般的根拠規範説と同じく〝民主的正当性〟が与えられていることをもって警察法二条を根拠として公権力の行使を行い得る可能性について論じている藤田の議論（つまり「法律の留保の原則」がいうところの「法律の根拠」の性格の問題）を、右に引用した文章から、責務規範が公権力の行使を義務付けているとする議論（つまり「法律の優位の原則」がいうところの法律の内容の問題）であるかのように誤解する記述があった。従って、議論の混同を批判した部分については、これを削除し、本文のように改めたい。

(119)　藤田・前掲（107）二五二頁。その後、藤田宙靖「警察と公共性」（一九九二）同『行政法の基礎理論上巻』（有斐閣、二〇〇五）所収四〇五頁以下において、この問題提起に対する回答の一部が提示されているため、以下の本文の分析とともに参照されたい。

(120)　なお、裁量権零収縮論に関しては、藤田が述べるように「理論的に言えば、裁量権の幅が零になるということ自体は、行政庁が当該の権限を行使するか否かの判断の自由を失い、〝行使しなければならない〟か、〝してはならない〟かのいずれかになる、というだけのことであって、当然に行使しなければならなくなる、ということを意味するものではない」。「〝裁量権零収縮論の理論〟〝裁量権の限界論〟等々、どのような理屈を付けるにしても、いずれにしても、法律自体が、一定の要件の下では行政庁の権限行使を積極的に義務付けている（……）、という理論的前提が入らない以上は、問題は理論的には解決しない」（藤田・前掲（32）五一一頁註一。強調――筆者）からである。問題はそこでいう〝法律自体〟が、警察介入の権限行使要件のみで完結するのか、それともそれとは別の警察法二条の規定も含み得ると解するのか、という点にある。

第三節　民事介入の具体例——問題の再設定

第一款　裁判例の検討から

一　さて、これまで述べてきたことをまとめるならば、次のようになるだろう。第一に、これまで我が国において民事上の法律関係に警察が関与し得ると理解されてきたものは、警察が事実上民事の世界に関与し得るという意味においてであり、〝警察公共の原則〟に対する例外として議論されてきた問題は、実はそもそも最初から存在しなかった。また第二に、「個人の生命、身体及び財産の保護」を規定する警察法二条一項は、警察による私権の保護を積極的に根拠づける決定的な規範的根拠とはならない。

二　そこで次に検討しなければならないのは、では、警察による民事介入という事例はおよそ存在せず、〝警察公共の原則〟はそもそも存在しないものとして扱ってよいか、という問題である。これまでの検討結果を踏まえると、〝警察公共の原則〟は自然の自由を制限する警察は民事上の法律関係に介入することはできない、ということの当然の帰結を表したものであって、独自の意義は存在しないということになりそうであるし、またこのような理解は多くの警察実務家の見解とも一致しそうである。しかしこのような評価を下す前に、学説判例上、民事紛争における警察介入が問題になったと理解されている裁判例について幾つか検討することにしよう。これによって、民事不介入の原則が実務上問題となる局面をはっきりと確認することができると考えられるからである。

最初に取り上げるのは、東京地判昭和四七年二月二六日判例時報六七〇号五九頁である。事案は次のようなものであった。訴外甲は、昭和四五年、原告X会社の工場に赴き、X会社の従業員訴外乙に対し、自己が乙に貸し付けた金の担保として製版機械類を譲り受けたのでこれを受け取っていく旨を告げ、右機械類をトラックに積み込もうとした。乙はこれを拒否したが、甲はこれを無視して実力で搬出しようとしたので、乙は警察官の派遣を要請した。ところが現場にかけつけた警察官は甲に対して制止するよう求めただけで、他に何らの措置もとらなかった。そのため機械類は最終的に甲によって搬出されることになってしまった。そこで原告Xは、警察官は警職法五条により甲の右各物件の搬出行為を制止する職務上の義務を懈怠したとして、国家賠償法一条一項に基づき東京都に対し損害賠償請求をした、というものである。裁判所は警察官に警職法五条の義務懈怠があったか否かについて、次のように判示している。

「一般に、本件のように、現場における当事者からの事情聴取によって、根底に売買目的物に関する民事の紛争が存することが判明した場合には、警察法第二条第二項の法意に照らし、警察官職務法第五条に基づく警察官の介入は、謙抑であることが要請される。けだし、売買目的物の所有権の帰属はしばしば困難な法律問題を伴うのであるから、軽々に一方当事者の行為を犯罪視して制止することは、かえって個人財産の保護を奪う不当な干渉となることも十分ありうることだからである。

この点を念頭におきつつ……事実関係をみると、警察官Aは、現場到着後乙から搬出行為の制止を要請され、直ちに作業員に対し逮捕することもある旨の警告を発してまで作業を中止させており、その後処理を引継いだ警察官Bは民事上の紛争である旨の認識のもとに、乙と甲の両者に話合で解決するよう勧告し、両者の話合がなされ、実力を行使して搬出するような状況にはなくなったと判断して現場を離れたもので、前判示の経緯からみて右のように判断したのは無理もないところである。そうすると、警察官AおよびBが現場においてとった行動は、前記法条が警察官に期待した職責を一応果していたものといえる。」

その上で裁判所は、〃この場合搬出がなされないように処置することを要求するのは結局、人夫を解散させるとか甲を逮捕するとかの積極的行為を臨場した警察官に期待することに帰するが、警察官が仮に甲をいきなり逮捕したとすれば、右逮捕は、違法とまでは評価できないとしても、少なくとも不当逮捕であるとのそしりを免れ得ない。また、警察官に対し甲らを実力でその場から立ち去らせる行為を要求することも、民事上の紛争は当事者間の話合で解決されることが望ましく、これに対する警察権の介入は前記のとおり謙抑であることが要請されるのであるから、話合が全く期待できず実力行使による自力救済行為が予想される場合であればともかく、本件のような場合にはかえって穏当を欠く結果となりかねない。よって警察官ＡおよびＢには原告主張のような職務上の義務の懈怠は認められない。〃と述べるのであった。

しかし本判決には、いくつかの疑問点を指摘することができる。第一に、警職法五条に基づく警察官の介入が謙抑的であることが要請される理由として、裁判所は単に、争いの根底に売買目的物に関する民事の紛争が存在し、売買目的物の所有権の帰属はしばしば困難な法律問題を伴うということを挙げている。しかし本件事案では本来、所有権が誰に帰属しているかが問題とされているのではなく、所有権が誰に帰属しているのかという争いの過程で生じた私人の行為が、警察権の行使の構成要件を充足しているか否かが、問題とされている。(121) しかし、判決文の中ではこの論点について十分な検討がなされた形跡は見られない。(122) また第二に、裁判所は、「話合が全く期待できず実力行使による自力救済行為が予想される場合であれば」警察措置が認められるとし、警察介入に一定の余地を残しているが、しかしそこでは話合の結果如何によって生じる自力救済行為に対応する措置と、警職法五条の措置との関係が必ずしも明確にされていない。判決によれば、警察権の行使の構成要件が「話合が全く期待できず実力行使による自力救済行為が予想される場合」とされているが、しかし警職法五条に基づく措置は本来、「犯罪がまさに行われようとするのを認めたときに」行使されるものである。仮に「話合が期待できるか否か」の判断に重点が置かれるとするならば、警職法五条の要件認定は正しく行われなくなる可能性があろう。(123) 以上要するに、警察権の行使の適法性は、必ずしも警察介入の構成要件の充足という観点から判断されているとは言えず、むしろ、紛争の原因が民事紛争であったという事実が、意識的・無意識的に警察活動の適法性判断に影響を与えているという感が拭えないものとなっている。

次に取り上げるのは、東京地判平成三年五月二九日判例地方自治八八号七〇頁である。本件では、町田署の警察官Aらが、(ア)昭和六〇年八月六日、同月一八日、同月一九日、同月二二日、同月二四日の各時点で、原告の通報によりXの違法な行為がなされている現場に臨場し、あるいは原告から保護依頼、告訴等の申出を受けながらも、単に建物の明渡しの紛争であって刑事事件の対象ではないとして告訴を不受理とし、捜査活動に着手せず、又は、Xに対し、その犯罪行為を未然に防止するために今後の違法行為には刑事責任が問われる旨の警告を発しなかった不作為、あるいは(イ)同年一一月三日及び四日に現実に本件建物の破壊行為がなされ、現場に臨場した際に、右破壊行為が犯罪に当たるという適切な判断を誤り、原告の被害の発生を未然に防止するためにXを逮捕し、又は少なくとも破壊行為を中止しなければ逮捕する旨警告を発すべき義務があるのにこれを怠った不作為が、いずれも警察官の裁量権の行使の上で著しく合理性を欠く、と主張して東京都に対し損害賠償請求をした、というものである。これに対して裁判所はまず、民事紛争における警察官の介入の在り方について、一般的に次のように判示している。

「一般に、法令により警察官に一定の権限を与えられているが、その権限行使が警察官の裁量に委ねられている場合に、警察官がこれらの権限を行使しなかったことについて国家賠償請求が認められるためには、右権限不行使に関する警察官の裁量権の行使が、当該具体的事情の下で著しく合理性を欠く場合に限られると解される。そして、本件のように、現場における当事者からの事情聴取あるいは保護依頼、告訴の申出等によって、根底に売買目的物に関する民事紛争のあることが判明した場合には、警察官職務執行法五条に基づく警察官の介入には慎重さが要請される（警察法二条二項参照）。売買目的物の所有権が誰に帰属するかの認定判断は困難な場合が多く、良く事情を承知することなく一方当事者の行為を犯罪であるとしてこれを制止すると、かえって本来正当に保護されるべき権利を奪う不当な干渉となることも十分ありうるからである。」

その上で、裁判所は《警察官Aらは、双方の主張内容に大きな食い違いがあったため、とりあえず、作業を一時停止させた上で帰署したものであり、また双方当事者に代理人を交えて翌日話し合うよう指導したものであって、……警察官BがXに対し、建物破壊行為を中止しなければ逮捕する旨の警告を安易に口にすることは民事紛争の一方当事者に加担することになりかねず、これを発しなかったために結果的にXによる建物破壊行為が一時進行したことがあったとしても、警察官Aらの行為が警察官のなすべき措置として合理性を欠くものとまではにわかに認められない。また、原告から相談を受けた警察官Cらは、本件事案が、民事事件から派生した紛争であり、かつ、当事者双方とも弁護士に事件の解決を依頼して現在話し合いが継続中である旨の認識のもとに、両者に弁護士に実情をよく話して話し合いで円満に解決するよう勧告したものであって、同人がこの時点で直ちに具体的な捜査権限の発動等をしなかったことをもって警察官のなすべき措置として合理性を欠くものとは認められない》。さらに《この場合破壊行為がなされないように処置するには、結局、臨場した警察官が人夫を解散させるとかXを逮捕するとかの積極的行為を行うべきであるということになり、少なくとも不当との非難を受けるおそれがある》《警察官に対しXらを実力でその場から立ち去らせる行為を要求することも、民事の紛争は話し合いによる解決が望ましく、これに対する警察権の介入には慎重さが要請される以上、話し合いが全く期待できない場合であればともかく、本件のような場合にはかえって不適切な結果を招きかねない》などと判断している。この事案においても先に見た裁判例と全く同様の問題点を指摘することができるだろう。(結果の当否はともかくとして) ここでも民事紛争であるということが警察権の行使の適法性判断に影響を及ぼしているように思われるのである。[124]

三　右に挙げた裁判例からすると、警察実務家の田村正博が「民事上の法律関係の公権的解決自体は裁判所の事務であって警察の所管事項ではないが、民事上の法律関係を背景とした事案であっても、個人の保護や公共の安全と秩序維持等の観点から、警察が関与することが有り得ることは当然[125]」と述べ、民事に関わる紛争であれば警察は一切関与できないという誤った理解を払拭しなければならない、と唱えていることは説得的である。警職法五条によれば「警察官は、犯罪がまさに行われようとするのを認めたときは、その予防のため関係者に必要な警告を発し、又、もしその行為により人の生命若しくは身体に危険が及び、又は財産に重大な損害を受ける虞があつて、急を要する場合においては、その行為を制止することができる」のであるから、たとえ紛争の原因が民事上の法律関係をめぐるものであったとしても、警察権限の行使を認める構成要件を充たす事態に至った時には警察は介入できなければならないからである。[126] 犯罪行為がまさに行われようとしているにもかかわらず、ただ民事紛争であるという理由だけで警察が介入しないというのは、具体的な紛争のコンテクストを捨象し、〝民事関係〟という概念を一種の空間的概念として拡大的に把握し、評価したことの結果である。〝民事上の法律関係不干渉の原則〟は、民事上の紛争に起因する、あるいは民事上の紛争に外見上見え得る紛争であっても、公共の安全や秩序を害する行為(刑法・秩序法に違反する行為も含む) への対応が必要とされる場合には、そもそも妥当しない。このような観点からすると「今日新たに、……『民事不介入』の原則が議論の対象とされるのは、一つには、警察の民事関係への介入の行き過ぎに対する批判というコンテクストにおいてではなく、むしろ逆に、……介入の為の要件が充たされているにも拘らず、実務上『民事不介入』の原則を楯に警察が介入を避けようとする傾向が見られるのに対して、『民事不介入』ということの正確な意えるであろう。

味を再度確認し、警察による的確な介入を促そうとする意味合いにおいてである」[127]との指摘は、正鵠を射たものと言

四　しかし右に挙げた裁判例が提起している問題は、以上の点を指摘するだけでは十分ではない。というのも、一般に警察による民事介入の可否が問題とされるような紛争においては警察権行使の構成要件を充足しているか否かという判断が難しく、実際に紛争の中身に立ち入ってよく調べないと明らかとならないケースが多いからである。そもそも私人間同士の紛争には、明らかに純然たる民事事件に留まると認められるもの（両当事者間において実力行使が全く伴わない、権利義務関係に関する紛争）から、紛争の中に立ち入ってようやく民事事件か刑事事件かの判断がつくもの、あるいは紛争自体は純然なる民事事件ではあるが、これを原因として刑事事件に発展し得る言い争いが行われているもの等、種々の形態があり、当該紛争の処理が果たして警察活動の対象であるか否かの判断が、現場の警察官にとって困難な事例が多い[128]。このような多様な事件が存在する中で、ただ警察権行使の構成要件を規定する法規の忠実かつ適正な執行と言ったところで、具体的な紛争解決を期待することは難しいであろう。ここでまさに問われているのは、《何が刑事事件で何が民事事件なのか不明確であるというその境界線において、警察に果たして、また如何なる活動が認められるのか》という問題だからである。今現在、紛争がどのような性格のものであり、またそれが将来、どのように発展し得るかという、そういった時間軸の中において、警察が採り得る活動は一体何かということこそが正面から問われなければならない[129]。右裁判例に即して言えば、民事上の紛争に起因することが想定される事案であっても、犯罪行為にまで至っている、あるいは至る可能性があると判断し得るか否か、話し合い等によって解決することについて当事者間でしっかりとした合意があるか否か[130]、警察による何らかの措置がなければ私人の権利を（裁判手続きを含めて）十分に保護することができないか等について具体的に問われなければならないのである。この点、従来の議論では、民事と刑事のこの中間的な領域が十分に考慮されず、ただ《民事ゆえに不介入》《刑事ゆえに介入》といっ

た二者択一的な判断が行われてきたのではないだろうか。この問題はすなわち、民事と刑事の中間領域において警察が採り得る警察措置を明確にする、という課題でもある。[131]

(121)　藤崎義信『新版警察権の行使と国家賠償』（立花書房、一九八二）二三四頁は、本判決の評釈において、「警職法第五条の警告、制止の要件としての『犯罪』が、全ての場合に犯罪構成要件該当性、違法性の二つの要素を充足すれば足りるのか、有責性を必要としないとする場合、右警告、制止や緊急性を有する点に注目し、有責性の点までをも判断の要素とすることは、事実上不可能であるからとする理由によるものかなどの判断……が明確にされなければならない」と述べている。ちなみに、本条にいう「犯罪」について、支配的見解によれば有責性は必要ないと解されている。これは本条の目的が、犯人を処罰する刑事目的のためではなく、公共の安全を維持するという危険防御目的のためのものだからである。参照、警察法令研究会編『新版注解警察官職務執行法（全訂版）』（立花書房、一九九八）一〇九頁。

(122)　控訴審判決（東京高判昭和五二年三月三〇日判例時報八五三号五二頁でも一審と同様の判断が示されているが、その評釈において古谷洋一「判批」別冊判例タイムズ二六『警察基本判例・実務二〇〇』（判例タイムズ社、二〇一〇）二五頁以下は、判決が示す、「（民事紛争への警察の介入の在り方について）謙抑でなければならない」という表現について、その趣旨を次のように解釈している。

「警察官が話し合いによる解決を指示したことをもって一応の職責を果たしたと認定していることからすれば、民事上の紛争が関係する事案であっても警察には果たすべき一定の責務があり得ることを当然の前提とした上で、私法上の権利の帰属に関する判断を前提とする警察権限の行使に当たり、当該判断が行政機関としての一応の判断に過ぎない場合には、後にそれが覆る可能性もあることから、事案の具体的な状況を踏まえ、権限行使の態様や手段について警察としての責務を果たすのに必要な範囲を超えることがないように特に配慮すべきことを求めたものにとどまり、それ以上に、現実に刑事事件が発生している場合以外の介入を否定したり、民事に関係する事案であることのみを理由に必要な対応を差し控えることを是認したりするものではない。」

(123)　藤崎・前掲（121）二三五頁は、「本件判示は、……警察権の民事不介入の問題と、警察権行使の手段、方法における妥当性の問題とが混同されているのではないかとみられる」としている。

(124)　同様に、倉田潤「判批」佐々木史朗ほか編『警察関係基本判例解説一〇〇』（判例タイムズ社、一九九二）一一頁も、高松高判昭和四〇年四月三〇日下刑集七巻四号五六〇頁の評釈において、一審が正当にも警職法五条の要件該当性を審査したのとは異なり、「職務行為の目的が一方当事者の私権保護にあることの一事をもって、問題の権限の根拠規定である警職法五条所定の要件の具備についての判断を示さなかったことには疑問がある」と述べている。

(125) 田村・前掲（64）警察学論集五一巻一二号一四八頁註二五。

(126) もっともこのことは、民事紛争であるという一事をもって介入しないという態度は許されないということであり、現場の警察官の合理的な裁量に基づき、規制される側の権利保護等の観点から権限を行使しないということまで否定するものではない。

(127) 藤田宙靖「民事不介入」成田頼明編『行政法の争点（新版）』（有斐閣、一九九〇）二四〇頁以下（同『行政法の基礎理論上巻』（有斐閣、二〇〇五）所収四一八頁）。

(128) 参照、藤崎・前掲（121）二三二頁。

(129) 同様の方向性を示すものとして、田村・前掲（2）五四頁以下。

(130) ちなみに東京弁護士会民事介入暴力対策特別委員会編・前掲（1）一一六頁は、倒産の混乱に乗じて発生する民事介入暴力（債務者の自宅の占有）の事例を例に、被害者の警察に対する相談のポイントとして具体的に、①債務者の現在の意思の証明ができるか否か、②債務者が現在占有を承諾しているか否かの二点を指摘している。

(131) 以上のような問題を実務の観点から分析し、民事介入暴力に対する警察官の活動類型を具体的かつ精緻に検討したものとして、第七五回民事介入暴力対策広島大会実行委員会編（福永孝編集執筆主幹）『民事不介入原則の超克』（きんざい、二〇一三）一八九頁以下。

第二款　警察による私権の暫定的保護の可能性

第一項　裁判所に対する警察の補完性

ここで先に触れたMEPolG一条の条文構造を見ておくことは、右問題を解決する上で参考となるだろう。先に見たようにドイツにおいては私権の保護は通常、民事裁判所とその執行機関の任務であり、民事訴訟手続によって認められた仮の権利保護によって私権の保護ないし保全が図られることになるが、MEPolG 一条二項（私権保護条項）は、警察権限の発動要件を充たしてはいないものの民事訴訟手続による解決では遅きに失するという場合に、私権を保護するための警察介入を、一定の具体的な要件の下で認めているからである。つまり私権保護条項は、刑法・秩序法によって保護されていない私権について、民事裁判所による紛争解決を前提としつつも、このような静態的な権利救済手段を通じては実質的な権利保護が期待できない場合に、警察がこれを暫定的にサポートするという意味において、私権保護のための措置を講じることを認めているのである。

第二項　私権保護条項の要件効果

一　では、警察による私権の暫定的保護を認める要件とは、具体的に如何なるものであろうか。その詳細な要件は、各州によって若干異なるが、おおよそ次のような規定が設けられているのが通例である[132]。

第一に、私法上の請求権が成立する条件が警察介入の時点において明らかである、あるいは〝真実らしく（glaubhaft）〟みえることが挙げられる[133]。私権の保護という以上、問題となっている権利がやはり民事上のものであるか否かが確認されなければならない。もっともその判断が俄かに難しいような民事上の法律問題に答えることまでは要求されない。現場の警察官には時間的制約があるのと同時に、これを判断する専門的な知識もないからである。従ってここでは単に私法上の請求権が成立する条件が明らかであるか、あるいは被害者によって真実らしく主張されていれば足りる。

第二に、時宜に適した裁判的保護が不可能であることが挙げられる[134]。私権の保護は原則として民事訴訟手続によって実現されることが基本である。従って警察による保護措置が認められるのは裁判手続による保護があまりにも遅いというような場合に限られるということになる[135]。もっとも裁判所であっても、迅速な私権保護のため、仮の権利保護のための措置（民事訴訟法（ZPO）九三五条以下や九四〇条以下）を講じることができる。その意味において警察による保護措置は裁判所による仮の保護に対して補完的でなければならない。

第三に、警察の援助がなければ私権の実現が不可能もしくは困難となることが挙げられる。これは加害者が確認されないまま逃亡されると裁判手続を開始することができないというような場合が想定されている（なお第二と第三の要件は相互互換的である。[136]）。

第四に、権利者からの申し出（あるいは、少なくとも同意）が存在することが挙げられる。[137] そもそも私法上の請求権を行使するか否かはその主体である私人に委ねられている。[138] 従って警察による私権保護も、あくまで保護の対象が私権である以上、私的自治の原則が前提とされなければならない。[139] 私人が自己の有する私権を自ら防御することを希望する場合には、警察はもはや私人の意に反して私人の領域に介入することは許されない。[140] 権利者によって明示的に示された、あるいは推定上の意思に反するような措置は、警察には認められないのではなく、まさに禁止されるのである。[141] なお権利者の申し出ないし同意という要件は、一部の州を除き、[142] 明文の規定がないことが多いが、今日たいていの州において警察による私権保護のための「不文の条件[143]」であると解されている。[144]

二　以上は、警察による私権保護措置が認められる要件であるが、しかしこの要件が充たされたからといって如何なる措置でも講じることができるというわけではない。そこにはさらに次のような限界があるとされている。第一に警察活動は、介入時点において、権利者によって裁判上実現可能なものであることが求められる。警察は、当該私法上の請求権の法的効果を超える措置を講ずるようなことがあってはならず、例えば請求権者によって行使されていない、あるいは放棄された私的請求権を実現するようなことまで行ってはならない。第二に警察活動は、請求権の最終的な実現を先取りしてはならない。請求権の最終的な実現は裁判所が行うのであって、警察は単なる私権の一時的な保全（Sicherung）に留まらなければならない。もとより警察による保全が不可能な場合には、その限りで私人は裁判所による保護に頼らざるを得ないことになる[145]。

私権保護のため典型的な警察措置として学説上しばしば挙げられるのは、次の二つの措置である[146]。一つは身元確認措置（Personalienfeststellung）である[147]。これは例えば、私法上の請求権をもつ債権者が、道端で逃亡中の債務者に偶然遭遇した時に、その場に居合わせた警察官に対して、民事訴訟を提起するために必要な債務者の住所を確認するよう要請するような場合にとられる措置である。私法上の請求権者はときとして債務者の名前や住所を知らないがゆえに、自己の請求権を裁判で実現することができないという場合がある。債務者の名前や住所を確認するような裁判手続は存在しないため、ゆえに警察は身元を調査するために、特定の人物を呼び止める権限が認められる、というわけである。もう一つは既成事実阻止のための保全措置である[148]。これは賃貸人が賃貸料の支払いを遅滞している借主によって自己の所有物が持ち出され、引き払われることに気がついた場合に、自己の担保質権を保全するため翌日まで所有物を暫定的に留めおくことを命じるよう警察に要請したような場合にとられる措置である（担保質権の保全）[149]。いずれの警察による措置も、私法上の請求権を最終的に民事訴訟において実現するために最低限必要とされる暫定的な措置ということになる[150]。

三　以上のような、私権保護条項の定めは、刑事と民事の境界線において、警察がどのような対応をとることができるのかを示す基準となり得るものである。重要なのは、私権の存否をめぐる紛争の中で、なお犯罪抑止の警察権限の構成要件を充たしていない一方当事者の行為に対して、警察が民事訴訟手続による解決を図るべきとし、何らの行動もとらないということが、警察の責務との関連において、果たして、またどの程度許されるか、という視点である。我が国においては一般的な私権保護条項は存在しないため、具体的な権限発動要件と許容される措置を明記した条文の存在は少なくとも右問題点に対する一つの有効な解決策を示すものと言うことができよう。いずれにせよ現場警察官による場当たり的な対応を生み出さないようにするためにも、紛争の実態に即したきめ細かい行為規範を提示する必要があると言える。[151]

（132）　詳細は、Vgl. Kowalzik, a.a.O.（Anm. 96）, S. ff.

（133）　もっともこの点について厳格な証明準則が存在するわけではなく、その主張がある程度の蓋然性があることで充分であるとされる。Vgl. Kowalzik, a.a.O.（Anm. 96）, S. 156ff.

（134）　これを明示的に規定するものとして、HSOG 三条、NWPolG 一条二項、NdsSOG 一条三項。

（135）　Vgl. Kowalzik, a.a.O.（Anm. 96）, S. 183.

（136）　Brenneisen/Martins, a.a.O.（Anm. 93）, S. 14f.

（137）　この場合、特定の形式は問われない。電話で要請する場合でも黙示の行為のようなものであってもよい。Vgl. Krüger, a.a.O.（Anm. 101）, S. 37f. もっとも BWPolG 二条二項並びに SachsPolG 二条二項は明示的に申し出を要求している。

（138）　Gusy, a.a.O.（Anm. 79）, Rn. 84 によれば、国家がその解決を専ら私人のイニシアティブに委ねるのか、それとも委ねず自ら行うのかが重要であるとする。ここに、私的自治が妥当する〝私権〟と、妥当しない〝個人権（公権）〟との性質の違いがはっきりと現れているからである。

（139）　かつて佐々木惣一が警察活動の範囲を画す基準として提示した《被害者の任意》という視点は、この私権保護条項で実定化されていると言うことができよう。

（140）　ちなみに違背された刑事規範が親告罪を対象としているか否かは、私権保護条項の適用にとって重要ではない。親告罪は、危険防御ではなく、刑事訴追の利益との関連で意味をなすものであって、私的自治の原則を基礎とした申し出・同意とはその性質を異にするからである。Vgl. W. R. Schenke, Polizei- und Ordnungsrecht, 2002, Rn. 55.

（141）　むろん、国家の基本権保護義務の存在を主張するロッバース（G. Robbers）は、申し出の必要性は過大評価されてはならないと述べる。Robbers, a.a.O.（Anm. 85）, S. 240; Krüger, a.a.O.（Anm. 101）, S. 38 もまた、申し出の前提条件に批判的な立場をとる。

（142）　BWPolG 二条二項、SächsPolG 二条二項。

（143）　Gusy, a.a.O.（Anm. 79）, Rn. 96.

（144）　但し、Brenneisen/Martins, a.a.O.（Anm. 93）, S. 15 は、このような体系的解釈は条文の文言の意味を越えること、また申し出を求めることは、個別ケースにおいてよい結果をもたらさない可能性があるとしてこれに反対する。このような観点から例えばシュレスヴィヒ＝ホルシュタイン州では、申し出の要件は、一九九二年LVwG改正によって削除されている。

(145) ここには、警察による私権保護はあくまで例外的・補充的なものに止まるべき、という考えが前提にある。Vgl. Gusy, a.a.O. (Anm. 79), Rn. 97.

(146) E. Denninger, Polizeiaufgeben, in: H. Lisken/ders. (Hrsg.), Handbuch des Polizeirechts, 3. Aufl. 2001, Rn. 235. 藤田・前掲（119）四一一頁以下も参照。もっとも、多くの刑事法規範は私的利益の保護を基礎に置いており、また行政法上の命令や禁止も、健康、生命並びに財産の保護のための措置を独自に用意しているため、警察による私権保護が問題となるケースは極めて限られている。

(147) 明文規定として、BayPAG 一三条、HSOG 一八条、SOG LSA 二〇条。これは、MEPolG 一条二項の理由書にも「私権の警察保護の最も重要で且つ最も多いものは、一般的に、私法上の請求権の権利行使を可能にするための第九条第一項第一号による身元確認である」と明らかにされている。Heise/Riegel, a.a.O. (Anm. 78), S. 28.

(148) 明文規定として、PolG BW 三二条、BayPAG 二五条、ASOG Bln 三八条。

(149) Vgl. Götz, a.a.O. (Anm. 81), Rn. 101.

(150) その他の例の詳細については、Vgl. Schoch, a.a.O. (Anm. 103), S. 470ff.

(151) 藤田・前掲（119）四一四頁は、元夫の行方不明により養育費請求権の裁判的実現が困難となっているようなケースにおいて、偶然遭遇した元夫の身元を確認するよう元妻から警察に要請されても、警察は「民事不介入」を引き合いに一切の介入を断ることができるのかどうか、という問題は残されているとしている。

第四節　小　括

一　これまで論者は、警察による民事上の法律関係不干渉の原則を認めながらも、それが社会生活に影響を及ぼす場合には警察権の行使があると説き、しかも社会生活に影響を及ぼす分野が多いこと、そしてさらにそれが次第に多くなってきている傾向を承認してきた。しかしこれまでの検討結果によれば、我が国において警察公共の原則に対する例外として民事上の関係に警察が関与しうるとして考えられてきたものは、民事上の行為に対する事実上の規制に過ぎず、直接的に私権を保護するための法的な規制ではなかった。しかし、民事事件への警察介入の問題として本来検討されるべきは、《私権の存否をめぐる紛争の中で民事裁判所による解決が望めないまま現に（直接あるいは間接に）権利侵害を受けている被害者に対し、犯罪に至らない行為であることを理由に警察が何らの行動も取らないということが、警察の責務との関連において、果たして許されるか》という問題である[152]。

これは、まさにドイツでは私権保護条項が対応しようとしている問題であった。先に見たように、ドイツ警察法の私権保護条項は、民事裁判所による司法的救済と警察による暫定的保護が連動し、いわば〝危険防御の隙間〟を埋める役割を果たしている。しかし我が国の実務では、その隙間の補充は、警察が任意活動で対応するか（〝現場引き分け〟[153]）、あるいは単に正当防衛類似の自力救済[154]での対応に委ねられており、事実上、加害者によって静穏な解決を困難にされている一方当事者に対し不利益を負わせてしまっている状況にある。このような問題を解消するためには、現実的な警察措置が可能となるよう、その要件と具体的措置の選択肢が立法上整備されることが望ましいと言えよう。我が国の警職法は民事事件の介入に相応しい権限を用意しておらず、公共の安全確保にかかる包括的・一般的な定めに限定されているからである。

但し、この私権保護条項を理解するに当たっては改めて次の点を確認しておかなければならない。それは、同条項は、私権を保護するために警察任務の範囲を新たに拡大することを意図するものではなく、あくまで一定の条件、とりわけ私人の申し出（少なくとも同意）という条件を課すことによって、その権限行使を制限することを意図している、ということである。警察は、危険防御のために必要なあらゆる権限を独占するのではなく、国家に認められた権限配分の範囲内においてのみ権限を行使することが許される。私権保護の場合は、第一次的には、民事訴訟手続を司る裁判所がその役割を担うのであり、私人が自ら民事裁判所による救済を望む限りにおいては、その意に反して、警察が関与することがあってはならない。これは、私人の意思の尊重、私的自治の原則からの帰結であり、国家権力が活動しうる範囲を制限する権限配分の表れである。つまり、私権を保護する権限は警察に付与されているものの、私人の意思に反した権限行使は、禁止されるのである。従って私的自治の原則を前提とする限り、〝警察公共の原則〟の核心部分は、私権保護条項を前提とした場合でも、なお否定されないと言うことができるだろう。

二　もっともこのような理解は、ドイツにおいても必ずしも徹底されているわけではない。例えば、ドイツの学説判例上論じられている、いわゆる基本権保護義務論[155]は、私権は私法秩序による救済で足りるという認識を「時代遅れ[156]」とみなし、〝保護の程度〟を問題として「保護を求める権利」の承認を要請することで、必要な国家機関による積極的な権限行使を正当化しようとする理論である。例えば基本権保護義務論を展開するロッバース（G. Robbers）は、次のように述べている。

「被害者あるいは危険にさらされている者に対して警察的保護を求める権利を認めることなく、民事法の手段を用いるよう指示することは、仮にその方法で成功が見込まれる場合には、またその限りで特に法治国家的でないと見なされることはない。……もっとも、以上のことは、民事法の隣人法判例の今日的状況を見る限りおそらく当てはまらないであろう。……この領域にとって警察的保護を求める権利を承認するという場合には、要するに権利保護を裁判所とは異なる国家機関に対して事前に移動させるということが、つまり国家が保護義務を履行することが問題となっているのである。隣人法や……一般警察法における権利保護のこのような事前移動は当然、特定の危険に対する、事後的なあるいは一時的な裁判的権利保護に限定された防御では実効的でないゆえ、またその限りで、保護を求める権利によって要請されるのである。[157]」

ここでは、私権保護を民事裁判所の任務と理解する伝統的な見解を乗り越えようとする見方が示されている。しかしこの見方は同時に、私人の自律的意思を危険防御の実効性によって上書きないし相対化しようとする契機を孕むものでもある。私人の自律的意思の相対化を孕むこのような発想は、我が国の警察実務家の見解の中にも確認することができる。関根謙一は、ドイツにおける私権侵害行為に対して警察権の限界の内容を検討するに当たり、O・マイヤーの見解を紹介し、正当にも「被害者が、加害者による私権侵害行為に対して自己の力では処理することができず、国家の介入を求める決意をした場合には、法律制度上、私的紛争処理の専門的国家機関である司法裁判所の民事訴訟制度によるべき[158]」と述べ、さらに続けて、法律上、制度上、その危険ないし障害を処理する権限が、第一次的にその危険ないし障害の処理について専門的知識を有する他の国家機関の権限に属せられている場合には警察は直ちに介入することはできないが、第一次的処理機関が適時適切にその危険ないし障害を処理することができない場合には介入できるとして、裁判所に対する警察の補完的役割を説明している。しかし他方で関根は、右補完性（補充性）の原則を次のように述べ、警察と民事裁判所の関係を〝被害者の意思〟を前提とした〝私的自治の原則〟の問題ではなく、《組織法上の役割分担》（ないし立法政策）の問題として理解している。

> 「補充性の問題は、国家機関相互間において常に生ずる問題であって、特に警察機関と裁判機関との間にのみ生ずる問題というわけではない。災害が発生した場合における防災機関相互間の関係、特定の犯罪が発生した場合における特別捜査機関と一般捜査機関との関係、自衛隊法に規定する治安出動に係る事態が生じた場合における警察機関と自衛隊との関係などは、その一例である。なお、補充性の問題は、国家機関の事務配分の問題であるから、どの国家機関にどのような事務を配分するかは、立法政策の問題である。立法により警察機関その他の行政機関に民事上の法律関係に関する事務を行わせることとしている例は、数多く存在する。[159]」（強調——筆者）

しかし警察と民事裁判所の役割分担は既に見たように、第一次的には〝私的自治の原則〟をその基礎としており、警察と他の行政官庁との関係のように、組織法上の問題と同列に考えることはできない。改めてMEPolG一条二項が定める私権保護条項を確認するに、同条項は、《裁判所による適時な保護が不可能である》という要件に加え、私人の申し出（同意）を求めるという法的仕組みを採用することで、私権保護の方法と公共の安全の保護の方法とを、法治国家的に明確に峻別する規範構造を備えている。これはすなわち、私権保護条項は、《裁判所による適時な保護が不可能であるか否か》という第一の要件において、《裁判所と警察の間の権限区分》（狭義の組織法上の原理）を規律すると同時に、《権利者の申し出（同意）の有無》という第二の要件において、国家が職務上活動する公法領域と私人が自由に処分することができる私的自治の原則の私的領域との限界づけを、つまり紛争処理における《国家のイニシアティブの領域と私人のイニシアティブの領域》（広義の組織法上の原理）の限界づけを規律していることを意味する。このような規範構造からすれば、単純に実効的な危険防御の〝必要性〟といった戦略の下で、法治国家的原理を相対化させることはできないと言えよう。

三　しかしながら問題はこれでは終わらない。というのも今日この問題は、私権保護条項が典型的なケースとして想定している財産権上の債権債務関係の処理に留まらず、児童虐待、DVなど、主に私住居内、親密圏内で起きる暴力事件においてより深刻な形で現れているからである[160]。そこで大きな問題として現れるのは、警察介入と私人の自律的意思との衝突である[161]。私住居内における紛争はこれまで、《法は家庭に入らず》といった法諺が表すように、家族内での自主的な解決に委ねられてきた。むろん私住居といっても、全く〝法的に自由な空間〟と認識されてきたわけではなく、私住居の中でも犯罪行為が行われれば警察が介入できるのは当然と理解されていたところである[162]。しかし、現実問題として警察が住居内の紛争を外から知ることは容易でないほか、明らかに犯罪とまで言えないような争いに安易に警察が介入した場合、それが親密圏内で起きていることからしても、かえって争いを拡大させ、またその処理を誤れば時として訴えられる可能性も否定できない。事実、この点において民事不介入の原則は、警察が市民からの相談を前捌きするときの口実に使われていると批判されているところでもある。[163] しかし家庭内での自主的な解決が正常に機能しない状況である場合には、これを自律的意思が支配している領域として即断し、警察が完全に手を引いてしまうことがあってはならない。[164] その意味において、私的自治の原則の尊重と警察による保護の必要性との間で、ギリギリの調整が求められるのである。この問題については《親密圏内における人身の安全確保》を素材に、終章において改めて検討することとしたい。というのも、この問題を検討するためには、その前提として、警察介入の条件である〝危険〟の認定方法が明らかにされなければならないからである。

（152）　なお、現在語られる民事不介入の原則はそのまま単独で、形式的意義の司法・行政の権限を具体的に分画する基準として働くには機能不全を免れがたいとし、〝警察以外の行政作用領域〟における「私法関係関与」（例えば、仲裁・斡旋等の私人間紛争に対する行政の関与）というルートの可能性を踏まえた再検討と精緻化が必要であると指摘するものとして、斎藤誠「私人間紛争に対する行政の権力的関与――『行政法理と私法秩序』に関する一考察」成田頼明先生古稀記念『政策実現と行政法』（有斐閣、一九九八）一五九頁以下。

（153）　実際の現場では、例えば、現場で双方から事情聴取を行った結果、現に犯罪は成立しているとまでは認められないが、そのまま放置すれば犯罪に移行すると認められる場合に、関係者に警職法五条に基づく警告を発する、という実務がなされている。深山健男＝田中清隆「民事介入暴力に対する警察の現場措置――ことに『実力による権利行使』への対応」自由と正義三八巻九号（一九八七）八七頁以下（深山警察庁刑事局暴力団対策室長（当時））によれば、実力による権利行使に対する警察の基本方針として、①暴行・脅迫・強要等外見上明らかな犯罪行為については、どのような民事問題に起因していようが、それとは別個に考えて検挙する、②それ以外のものについては、現場凍結、とりあえず現場で第一次的に凍結するため、指導・警告・制止等の措置をとる、そして、警察としての厳しい姿勢を示す、ということが基本とされているようである。ちなみに古谷・前掲（50）二五三頁は、警職法五条に規定する警告に関連して、「この要件を満たさない場合（犯罪発生の可能性が『まさに行われようとする』程度にまで至らない場合）であっても、相手方の受ける不利益を上回る公益上の必要性があると認められるのであれば、任意活動として警告を発することは可能なのであるが、その場合には、必ずしも本条の場合と同程度の高度の公益上の必要性があるとはいえないため、他に根拠となる規定がない限り、用いる手段やその態様は、一般的には、本条の警告の場合よりも制限されることとなる」としている。もっともそこでは、五条の警告の場合よりも制限されることとなる警告の内容やその態様についてまでは示されていない。

(154) 法律の定める手続によったのでは権利に対する違法な侵害に対抗して現状を維持することが不可能又は著しく困難であると認められる、やむを得ない特別な事情がある場合に、それに必要な限度を超えない範囲内で、その侵害に対応する行為。例えば、土地にバラックを建てられ、不法占拠された者が数日後にそのバラックを破壊した行為や、窃盗の被害者が被害の発生からそれほど時がたっていないような時点で犯人から被害品を奪取する行為など。田村正博「民事紛争と警察活動」月刊警察九月号（一九八九）三七頁以下、参照。これらは基本的に民事訴訟による手続に従ったのでは権利の保全が不可能と考えられるような事例である。もっとも、正当防衛ができる状況は非常に限られていると言えよう。参照、山川一陽「自力救済と犯罪――その二　民事不介入との関連」捜査研究四七巻九号（一九九八）五九頁以下。

(155) 詳細については、小山剛『基本権保護の法理』（成文堂、一九九八）一頁以下。

(156) Dietlein, a.a.O. (Anm. 85), S. 686.

(157) Robbers, a.a.O. (Anm. 85), S. 228ff.

(158) 関根・前掲（3）一九八頁以下。

(159) 関根・前掲（3）二二一頁。

(160) この問題に関する研究業績として、小島妙子『DV・ストーカー対策の法と実務』（民事法研究会、二〇一四）、法執行研究会編『法はDV被害者を救えるか――法分野協働と国際比較――』（商事法務、二〇一三）。

(161) その究極的な問題は、自傷行為ないし自殺を警察が止めることができるか、という問題であるが、ここでは取り上げない。この問題を扱うものとして、藤田・前掲（119）四一四頁以下。

(162) 酒に酔って公衆に迷惑をかける行為の防止等に関する法律（昭和三六年六月一日法律第一〇三号）。同法律の制定過程については、佐藤ゆかり「『酔っ払い防止法』の再評価とその限界――ドメスティック・バイオレンス、セクシャル・ハラスメントの概念がなかった時代に」国立女性教育会館研究ジャーナル一四号（二〇一〇）八〇頁以下、参照。

(163) 参照、片桐裕「生活安全警察は何を目指し、いかに行動すべきか（上）～生活安全警察私論～」警察学論集六二巻五号（二〇〇九）二三頁。

（164）　中里見博「『市民の安全』とジェンダー——ＤＶへの警察介入をめぐって」森英樹編『現代憲法における安全』（日本評論社、二〇〇九）二三四頁以下は、「ＤＶ防止への警察の不介入は、民事関係への不介入ではなく、夫婦関係あるいは家庭内における刑事事件への警察の不介入」であると述べる。

第三章　危険概念の規範構造

序節　はじめに――「警察の比例原則」の「他の一の結果」

一　公共の安全と秩序の維持に寄与する国家活動に関する法律には、法的に保護されるべき利益に対する〝危険〟の存在を前提に、行政機関に規制権限の行使を認めるものが数多く見られる。例えば、警察官職務執行法（昭和二三年七月一二日法律第一三六号）は、その五条で「警察官は、犯罪がまさに行われようとするのを認めたときは、その予防のため関係者に必要な警告を発し、又、もしその行為により人の生命若しくは身体に危険が及び、又は財産に重大な損害を受ける虞があつて、急を要する場合においては、その行為を制止することができる」と定め、消費生活用製品安全法（昭和四八年六月六日法律第三一号）は、三九条で「主務大臣は、消費生活用製品の欠陥により、……一般消費者の生命又は身体について重大な危害が発生し、又は発生する急迫した危険がある場合において、当該危害の発生及び拡大を防止するため特に必要があると認めるときは、……一般消費者の生命又は身体に対する重大な危害の発生及び拡大を防止するために必要な措置をとるべきことを命ずることができる」と定めている。また、建築基準法（昭和二五年五月二四日法律第二〇一号）は、一〇条一項で「特定行政庁は、……建築物の敷地、構造又は建築設備（……）について、損傷、腐食その他の劣化が進み、そのまま放置すれば著しく保安上危険となり、又は著しく衛生上有害となるおそれがあると認める場合においては、当該建築物又はその敷地の所有者、管理者又は占有者に対して、……保安上又は衛生上必要な措置をとることを勧告することができる」と定め、道路交通法（昭和三五年六月二五日法律第一〇五号）は六条四項で「警察官は、道路の損壊、火災の発生その他の事情により道路において交通の危険が生ずるおそれがある場合において、当該道路における危険を防止するため緊急の必要があると認めるときは、必要な限度において、当該道路につき、一時、歩行者又は車両等の通行を禁止し、又は制限することができる」と定めている。もっとも規制権限の行使の根拠となる危険は、実定法上「危険」と明示されているものに限られない。右に挙げた条文の中にも示されているように「財産に重大な損害を受ける虞」「著しく衛生上有害となるおそれ」もまた〝危険〟と同義と考えてよいであろう。(1)(2)

二　以上のように、危険の存在は規制権限行使の重要な要件とされることが多いのであるが、しかしながら我が国の学説・判例を見るに、右のような危険の存否を合理的に論証するドグマーティクは今なお確立されていないように思われる。僅かに美濃部達吉の『日本行政法下巻』（一九四〇年）において、「警察の比例原則から生ずる他の一の結果」として次のような叙述が見られる程度である。

「警察權の正當なる作用としては、第一に、社會上の障害が單に發生の可能性が有るといふに止まらず、其の障害が現に存在し又は少くとも普通の事情の下に於いて其の發生を豫測し得べき場合にのみ發動し得べきもので、萬一の場合には障害が或は起るかも知れぬといふだけで、普通の事情の下に於いては其の發生を豫想し得ない場合であれば、警察權は全然發動せらるべきではない。(3)」

しかし警察の比例原則についてはこれまで、目的達成との均衡における警察措置の程度及び態様という、その効果に専ら関心が寄せられ、右に示された警察権発動の条件（とりわけ「社會上の障害が單に發生の可能性」と「其の障害が現に存在し又は少くとも普通の事情の下に於いて其の發生を豫測し得べき場合」の区別の指標）の方については、必ずしも十分に検討されてこなかったように思われる。[4] むろん「警察権の限界」論を批判する論者が言うように、「権限行使の要件は〔「警察権の限界」論で示された「条件」によってではなく〕当該法律の規定によって定まる」[5]のであるから、何にも増して実定法規の規範内容を確認することが重要である。警察活動を規律する代表的な法律である警察官職務執行法は、その四条一項で「警察官は、人の生命若しくは身体に危険を及ぼし、又は財産に重大な損害を及ぼす虞のある天災、事変、……等危険な事態がある場合においては、……危害防止のため通常必要と認められる措置をとることを命じ、又は自らその措置をとることができる」と定め、「危険な事態」の存在を警察措置発動の要件として挙げていることから、問題は右条文にいう「危険な事態」とは一体どのような場合を指すかということになるだろう。この点古谷洋一編『注釈警察官職務執行法（改訂版）』（二〇〇二年。以下、古谷注釈と略す。）によれば、「危険な事態がある場合」とは「人の生命若しくは身体に危険を及ぼし、又は財産に重大な損害を及ぼすおそれがある場合」をいい、「一般的又は抽象的な危険があるにすぎない場合〔は〕、本条の対象とはならず、人の生命、身体又は財産に対する現実的かつ具体的な危険のあることが必要」である、とされている。[6] しかし「現実的かつ具体的な危険」とは一体どのような場合を指すのかについて明確な説明はない。古谷注釈では単に「『危険な事態』があるか否かの判断は、警察官が現場で認めた事実のほか、その職業的な専門知識や経験に基づいて行うことができるが、客観的に合理性が認められるものでなければならない」[7]と記されているのみである。では具体的に警察官は如何なる事実を如何なる専門的知識や経験則を用いて、どのように客観的に合理性が認められる形で危険の存否を判断するのであろうか。これまでにも数多くの訴訟事案で危険の存否が裁判所で審理されているが、実際、訴訟当事者間で危険の認識に相違がある場合、裁判所はこれをどのように判断しているのであろうか。[8] 一方で危険を肯定し、他方で危険を否定する、その分水嶺は一体どこに認められるのであろうか。この点については、必ずしも明らかではない。[9][10]

このような状況において近年、とりわけ環境法の分野を中心にして、科学技術の進展によってもたらされる環境リスクをどのように規制、コントロールしていくかが議論されている。(11) その背景にあるのは早期の法益保護の要請、すなわち高度に複雑化した社会からもたらされる多種多様な有害な影響を阻止するためには、早期の対応・対策が必要であるという認識である。(12) しかし、この議論は危険までには至らない〝リスク〟への対応を主題とするものであることから、その射程は、当然テロ・組織的犯罪に対応せんとする警察活動の在り方にも及び得る。(13) 従って、リスクの問題を考える上でも危険とは何かについて、これまで以上に明確にしておく必要がある。(14)

三　むろん、（行政）法学者に馴染みの法治国家原理の重要性を強調すれば右問題が解決されるほど事態は決して単純ではない。直観的には、危険の存否はその時々の具体的事情によって大きく左右され、一般的な判断基準を立てること自体不可能であるようにも思われる。危険を引き起こす諸要因の多くが人間の経験的知識を超えたところ――多くは自然科学的領域――に存在することを想起すれば、このことはより明らかであろう。確かに、近年盛んなリスクをめぐる議論（リスク管理論、リスクコミュニケーション論）は、社会学的・自然科学的知見を駆使しながら危険をもたらす不確実な要素を制御することを狙いとするものであり、その成果は大いに期待されるところである。(15) しかし他方でそれらの知見を法適用者のレベルで使用可能なように、法的な言語に翻訳する作業もまた同時に行っておかなければならない。(16) 社会学的・自然科学的知見と法規範との関係に注意を払うことなしに、法実務に堪え得る解釈論を展開することは難しいと考えられるからである。果たして危険を認定する一般的判断基準を立てることは可能なのであろうか。危険の認定方法を行政・裁判実務に堪え得るものとして提示する道はないのであろうか。本章では、このような問題意識に基づき危険概念の規範構造、とりわけ危険の存否を判定する論証手続を明らかにすることにしたい。(17)(18)

四　そこで以下では、第一節で危険概念のうち具体的危険について、また第二節で抽象的危険について検討する。まず第一節の具体的危険では、予測・裁量・不確定法概念の用語法について整理する。これにより危険概念の分析がこれまで十分ではなかった原因を明らかにする。次にドイツ法を参照しながら、危険概念の規範構造について検討・分析を試みる。最後にドイツ法の分析を通じて得られた知見を元に、従来の我が国における危険概念の理解、また裁判実務における危険存否の判定方法について検証する。以下、検討に入る。

（1）　新村出編『広辞苑（第五版）』（岩波書店、一九九八）によれば、「危険」とは、「危害または損失の生ずるおそれがあること」とされている。ちなみに「おそれ（恐れ・畏れ・虞）」は、同書では「①おそれること。恐怖。②よくないことが起こるのではないかという心配。気づかい。不安。」などと解され、可能性という意味は示されていないが、金田一京助ほか編『新明解国語辞典（第五版）』（三省堂、一九九七）では、「可能性」は、「個個の文脈によっては、『見通し・実現性・公算・蓋然性・傾向・見込み・望み・チャンス・場合・用意・資格・成否・可否・おそれ・疑い』などのいずれかとほぼ同義に用いられることもある」と記されている。吉国一郎ほか編『法令用語辞典（第八次改訂版）』（学陽書房、二〇〇一）四二頁（吉国一郎）によれば、「おそれがあるとき（虞があるとき、恐れがあるとき）」とは、「望ましくない事実又は関係が生ずる可能性があるときという意味」であるとされている。むろん、そこにいう「可能性」が果たして「蓋然性」と区別された意味において用いられているかどうかは、不明である。

（2）　危険は、〝誰かをあるいは何かを保護するために、あるいは何かを阻止ないし予防するために必要な場合には、行政機関は何等かの行動をすることができる〟というような条文構造でも示されうる。Vgl. B. Pieroth/B. Schlink/M. Kniesel, Polizei- und Ordnungsrecht, 3. Aufl. 2005, §4, Rn. 29. なお「交通の危険が生ずるおそれがある場合」は、理論的には、「損害が発生するおそれ」と「損害が発生するおそれが生じるおそれ」の二つの意味の可能性があるが、立法政策上両者の意味の違いについて意識されているかどうかは、不明である。

（3）　美濃部達吉『日本行政法下巻』（有斐閣、一九四〇）七七頁。

（4）　戦後、田中二郎も警察作用の発動条件につき、「警察権は、普通の社会の平均人（Durchschnittmensch）を標準として、その堪えがたい程度の障害……の発生が相当の確実性をもって迫って来たときにはじめて発動しうる」（田中二郎『新版行政法（全訂第二版）下巻』（弘文堂、一九八三）六〇頁）としたが、「社会の平均人」という曖昧な概念にその基準を求めたことにより、議論は一層混迷を深めることとなった。田上穣治は、「明瞭な危険が切迫している場合」（田上穣治『警察法（新版）』（有斐閣、一九八三）七五頁）とするが、その内容もまた明確とは言えない。

（5）　田村正博「警察の活動上の限界（上）」警察学論集四一巻六号（一九八八）一一頁。

（6）　古谷洋一編『注釈警察官職務執行法（改訂版）』（立花書房、二〇〇二）二四三頁。

（7）　古谷・前掲（6）二四四頁。

（8）　また行政機関も、危険の存在を認定し危険防御の措置を講ずる場合、如何なる事実と如何なる思考処理に基づいて自らの判断に至ったのかにつき、具体的な理由づけが必要とされる（参照、行政手続法一四条一項）。

（9）　ちなみに警察実務家の中には「例えば、法が重大な被害を防止するために一定の事態が存在すれば具体的な危険性がなくとも権限を行使することができると規定しているのであれば、その要件に該当したことをもって権限行使をすべきであるのは当然である」と述べるものがある（田村・前掲（5）一一頁）。この見解に疑問の余地はないが、しかし「警察権の限界」論が担ってきた役割を踏まえつつ警察権の発動要件について議論する場合、論者の理解する「具体的な危険性」について示しておくことがより説得的であろう。「警察権の限界」論を否定する過程で生ずる警察権行使の制約の緩みには常に慎重であることが望まれるからである。危険概念の解明に最も早く取り組んだ須藤陽子が「個別法が警察法理論を越える緩やかな要件、軽度、抽象的な危険での介入を許容する場合があり得るのだとすれば、何故それが許容され得るかを警察法理論を下敷きにして論及すべきであろう」と指摘しているのは、まさにこのような理由に基づくものである。須藤陽子「ドイツ警察法における危険概念の展開」大分大学経済論集四八巻三＝四号（一九九六）二八九頁以下（同『比例原則の現代的意義と機能』（法律文化社、二〇一〇）所収一二三頁）。この田村・須藤論争については、終章で改めて触れる。

（10）　ドイツ法における危険概念に関する我が国の研究として、既に以下のものが存在する。須藤・前掲（9）二八八頁以下、桑原勇進「危険概念の考察――ドイツ警察法を中心に」金子宏先生古稀祝賀論文集『公法学の法と政策下巻』（有斐閣、二〇〇〇）六四七頁以下、同「非『客観的』危険――『危険の疑い』と『表見的危険』」塩野宏先生古稀記念『行政法の発展と変革下巻』（有斐閣、二〇〇一）六七七頁以下（同『環境法の基礎理論――国家の環境保全義務』（有斐閣、二〇一三）所収二〇九頁）、下山憲治「危険の予測とその防止手段に関する一考察――ドイツ危険防除法における『外見上の危険』および『危険の嫌疑』の分析を中心にして」新井隆一先生古稀記念『行政法と租税法の課題と展望』（成文堂、二〇〇〇）一六七頁以下（同『リスク行政の法的構造』（敬文堂、二〇〇七）所収三〇頁以下）。本章は、これらの先行業績を踏まえつつ、論証手続の明確化という観点から、さらに一歩、深化させることを目的としている。

（11）　参照、竹下賢「リスク社会と環境国家――法哲学の視点から」関西大学法学論集五六巻一号（二〇〇六）一三五頁以下、李斗領「行政法学における『リスク介入』と『法律留保論』に関する一考察」早稲田法学八一巻三号（二〇〇六）一六五頁以下、下山憲治

「不確実性の条件下における行政決定の法的制御に関する一考察——ドイツにおけるリスク制御の理論的分析を中心にして」行政社会論集一七巻三号（二〇〇五）一頁以下（同『リスク行政の法的構造』（敬文堂、二〇〇七）所収八八頁以下）、同「ドイツ公法学におけるリスク管理手法研究序説」行政社会論集一五巻一号（二〇〇二）三七頁以下（同『リスク行政の法的構造』（敬文堂、二〇〇七）所収七三頁以下）。

(12) 具体例として例えば、小早川光郎「事業者の安全管理と行政介入」ジュリスト一三〇七号（二〇〇六）四七頁、参照。

(13) 危険状態が具体的に顕在化する前の段階での警察活動（犯罪の予防的制圧）が伝統的警察法理論に及ぼす意義と限界につき、詳細な分析を行うものとして、島田茂「ドイツ警察法における『犯罪の予防的制圧』の任務と権限」甲南法学四七巻一号（二〇〇六）五三頁以下。その他、参照、小山剛「自由・テロ・安全——警察の情報活動と情報自己決定権を例に」大沢秀介ほか編『市民生活の自由と安全』（成文堂、二〇〇六）三二〇頁以下、D. Kugelmann, Der polizeiliche Gefahrenbegriff in Gefahr?, DÖV 2003, S. 781ff.

(14) リスク対応を憲法理論から支える基本権保護義務論にあっても危険概念を定める実定法規範の詳細な分析が必要となることに変わりはない。トータルな予防国家の危険性は、環境・警察といった行政領域論を持ち出したとしても回避されるわけではないからである。

(15) 例えば、藤垣裕子『専門知と公共性——科学技術社会論の構築へ向けて』（東京大学出版会、二〇〇三）一〇一頁以下、堀井秀之編『安全安心のための社会技術』（東京大学出版会、二〇〇六）、瀬尾佳美『リスク理論入門』（中央経済社、二〇〇五）等。

(16) このような方向性を示すものとして、山本隆司「リスク行政の手続法構造」城山英明ほか編『環境と生命』（東京大学出版会、二〇〇五）三頁以下、堀井編・前掲（15）一五四頁以下（山本隆司）、下山憲治『リスク行政の法的構造』（敬文堂、二〇〇七）一頁以下。

(17) なお、本章で問題とする危険概念は、（警察）行政法における危険概念であり、民事・刑事法における危険概念は対象としていない。刑事法における危険概念については、曾根威彦「刑法における危険概念をめぐる問題点」刑法雑誌三三巻二号（一九九三）一六三頁以下ほか、同雑誌所収の各論文を参照。民事法における危険概念については、瀬川信久「危険・リスク」ジュリスト一一二六号（一九九八）一四一頁以下ほか、同雑誌所収の各論文を参照。また、フランク・ツィーシャン／高山佳奈子訳「危険概念——ドイツ法における統一性か多元性か」日独法学（二〇〇八）一頁以下も参照。

(18) ちなみに、本章は警察法における危険概念を主として考察の中心に据えるが、損害発生の十分な蓋然性（具体的危険）の認定方法に関しては、警察法上のそれであれ、その他の一般行政法上のそれであれ、異なるところはない。従って本節では、危険防御を担う官吏を、便宜上一般的に「警察官吏」と呼ぶことにする。

第一節　予測・裁量・不確定法概念――用語の整理

一　行政機関が何らかの行政活動を行おうとする場合（法律を執行しようとする場合）、常にある種の〝予測〟が求められる。自らがなす活動が法律の目的に適っているか否か、その活動によってどのような結果がもたらされるのかなど、先を見越した判断が必要とされるからである。しかしこのような場合に求められる予測は、本章で問題とする危険、つまり損害発生の予測と、果たして同じ種類のものであろうか。これまで〝予測〟という判断作用の法的な意味について正確に問われたことはなかったと思われるため、ここで確認しておきたい。

二　まず、前者、つまり行政機関が法律執行する際に求められる予測について検討してみよう。行政機関に対する授権規範の多くのものは、裁量規範である。一般に、行政機関による裁量行使は、法律の授権目的に沿うものでなければならないため、行政機関は裁量行使によってどのような結果がもたらされることになるのか、またこの結果は、目的、つまり立法者によって意図された、あるいは法適用者によって望ましいとみなされた状態と合致しているか否かについて、常に先を見越して判断しなければならない。特にこのような要請が強く現れるのは、その判断のための立法による基準が欠如しているような場合である。このようなケースでは、行政機関は案件の処理の判断にあたり、案件ごとに必要な基準（補助規範）を補充しつつ、その判断を形成していくことが求められる。小早川光郎はこれを次のように述べている。

「立法が、一定事項について規定していても、それが、少なくとも文面上は、当該事項に係る案件処理において行政機関を特定の方向に――特定の処置を取るように、または取らないように――覊束するものでないという場合が、少なからず存在する。……案件処理にあたる行政機関としては、単に立法上の基準を文言どおりに適用することによってではなく、いかなる処置が適切であるかの判断の基準を案件ごとに補充しかつ適用することによって、その判断を完結させるべきものである。……このように、行政機関が、案件の処置の判断にあたり、立法による基準の欠如している部分について案件ごとに必要な基準を補充しつつその判断を形成していくということが、一般に〝裁量（Ermessen, discretion）ないし〝裁量の行使〟と呼ばれるものにほかならない。[19]」

そして小早川は、「裁量の行使にあたって行政機関は、とりわけ、補充されるべき基準の部分……につき、立法で定められたみずからの任務に即して当該案件を処理するのに最も適切な基準はいかなるものであるかを、誠実に探求しなければならない[20]」と述べている。このように見ると、行政機関が案件ごとに必要な基準（補助規範）を補充しつつ、いかなる処置が適切であるかの判断を形成するにあたっては——当該処置が適切であるか否かという判断において——〝予測〟が必要とされる、と言えるであろう（以下、これを《規範内容の具体化における予測》と呼ぶ[21]。）。

なおここで、しばしば裁量と密接な関係をもって語られることがある不確定法概念についても確認しておきたい。不確定法概念とは、〝否定の条件が肯定の条件の否定であることなしに、その意味が、肯定の十分な条件と否定の十分な条件によってのみ確定される法概念である〟と定式化することができる[22]。つまり、当該概念に明らかに該当する事例（肯定的事例）と明らかに該当しない事例（否定的事例）の中間的事例（中立的事例）が、不確定法概念として指示される（ここでのポイントは、不確定法概念は、肯定的事例や否定的事例には該当しないという点において一定の概念の枠を有しており、全く不確定というわけではない、という点にある[23]。）。むろん中立的事例に該当する事態に遭遇しても、法適用者は法を適用するか否か、そのどちらかを決定しなければならないため、決定を要する当面のケースが中立的事例に該当する場合、法適用者は、これをどのようにして決定すべきかが問題となる。言葉が持つ意味から決定することは、不確定法概念がその定義上すでに中立的事例を示しているゆえに不可能であるため、言葉の意味の補充あるいは明確化は、言葉の意味とは異なる方法で行われなければならない。従って具体的には、体系的解釈、立法者が意図する目的の参照（主観的目的論的解釈）、客観的合理的な目的の参照（客観的目的論的解釈）などにより補助規範を形成することによって、これを補充することになる。[24] もとより、これによって中立的事例が完全に消滅するわけではないが、中立的事例が適用される幅を狭くすることによって肯定的事例あるいは否定的事例のどちらかに当てはめることが可能となる。[25] このように見ると、行政機関は、不確定法概念を含む立法規定を個々の案件に適用するにあたり、当該案件における一定の事実状態が当該不確定概念に包摂されるかどうかについての何らかの妥当な判断基準を探索し、その上で当該案件の事実状態にそれを適用するという作業（立法上の不確定概念について包摂の基準を探索し適用するという作業）を行うということになるから、「立法によって与えられていない基準を探求・補充・適用するという意味での行政機関の裁量と、作業そのものの態様において類似する」[26] と言うことができる。つまり不確定法概念の適用においても、裁量行使の場合と同様、補助規範を形成するという同じテクニックが用いられるのである。[27][28]

三　次に後者、つまり損害発生の予測について検討してみよう。警察官職務執行法五条に規定されているような危険概念の解釈において求められる予測、つまり損害発生の予測は、《規範内容の具体化における予測》とは異なる方法での予測が求められる。それは、行政機関に対して〝ある一定の方法で〟損害発生を予測すること、つまり、現在存在している事実から将来の事象を推論するという方法で損害発生を予測することである（以下、これを《危険概念の解釈における予測》と呼ぶ。）。一般に、事実に関する命題の真偽を確認するためには、二つの方法がある。一つは、その命題を自身の知覚に基づいて〝直接確認〟する方法、もう一つは、その命題を自身の知覚に基づいて〝推論〟する方法である。通常、予測とは、このうちの後者、すなわち過去あるいは現在の事実の認識に基づいて将来の事象を〝推論〟する作用のことを意味する。[29] かくして危険概念は、現実に存在している事態ではなく、予測の推論過程を示す構成要件であるということができる。

四　さて、右に見たように《規範内容の具体化における予測》と《危険概念の解釈における予測》は異なる種類の〝予測〟であると言うことができるのであるが、しかしながらこのような理解は、必ずしも十分に徹底されているわけではない。危険概念の解釈において求められる予測としては、むしろ、次のような理解の方が一般的なのではないだろうか。《危険概念は不確定法概念であり、その解釈においては、行政機関による広範な裁量（専門技術的判断）が認められる》と。このような理解を裏づけるかのように、例えば、原子力施設の安全性審査をめぐる議論において次のような見解が唱えられることがある。つまり、事故発生の蓋然性がどの程度必要であるかは法解釈上最終的に結論を出すことのできない問題であり[30]、要は、行政機関の専門技術的判断をどこまで尊重するかという問題、いわば、行政と裁判所との役割分担の問題である、という見解がそれである[31]。そこでは危険概念はもはや〝行政決定を基礎づける規範の構成要件〟を問う法解釈論上の問題（法認識論上の問題）として位置付けられていない。そうではなく、〝行政決定を行う行政機関の正統性〟を問う問題、つまり、法律上規定されていない状況において最終的な判断権を持つのは誰なのか（行政機関か裁判所か）を問う憲法上の権限配分の問題（国家理論上の問題）とされている[32]。

しかし《危険概念の解釈における予測》とは、将来のある特定の事象が現実に起きるかどうか判断する作用、換言すれば、現在認識されている事実に関する命題から未だ認識されていない事実に関する命題を〝推論〟する作用であって、そもそも〝（危険）概念の不確定性〟とは本来関係がない[33]。危険概念が確定概念であるか不確定概念であるかは、危険存否の判断にとって特に意味をなさない。むしろ危険存否の判断は推論という作用である以上、法解釈の問題というよりも〝法適用の問題〟と言い換えた方がよいものである。危険概念が「不確定法概念の特殊なカテゴリー」[34]と言われるのは、以上のような理由による。従って、この点を考慮することなく、《危険概念は不確定法概念であり、その解釈においては、行政機関側の広範な裁量が認められる》と理解し、行政決定を基礎づける〝規範〟ではなく行政機関の〝正統性〟に焦点を当てて裁量統制について議論することは、危険概念が行政機関に対し〝一定の方法で〟予測することを求める規範であることを見失わせてしまうおそれがある。行政機関による〝決定〟の前提は、あくまでその時々の法適用のために明確化されている〝規範〟でなければならない（そもそも決定を基礎づけることは、その決定の前提が明らかにならない限り、不可能であるからである。）[35]。法規範において示されている概念の法構造を十分に吟味することなく行政決定を行う行政機関の正統性を問うことは、危険概念の正確な把握に無用の混乱を引き起こすことになろう。特に〝専門技術的判断〟という用語は、裁判的統制が困難な領域であるということを想起させるものであり、その使用には慎重であるべきである。[36]危険が構成要件上認定されても案件の処理において特定の処置を取らない、ということもあり得るように、《規範内容の具体化における予測》はその性格上、《危険概念の解釈における予測》も包含するものであるため、両者の区別については厳に意を払わなければならない。よって我々は、危険概念を不確定法概念であるとし、その規範構造の解明を諦めるのではなく、「危険」という概念の下で示された〝予測〟の推論過程を明らかにしなければならない。以上を確認した上で、検討に入る。

(19)　小早川光郎『行政法講義下Ⅰ』（弘文堂、二〇〇二）一九頁以下。

(20)　小早川・前掲(19)二一頁。そこでは、法に羈束される〝法の適用〟と法に羈束されない〝便宜裁量〟の区別という、伝統的な裁量理論の区別は採用されておらず、専ら外形的な意味での立法の規定の仕方に注目している。

(21)　なお、小早川によれば、裁量は、要件裁量と効果裁量とで二元的に理解されるのではなく、《いかなる場合であればいかなる処置をとるべきかの基準を案件ごとに補充する》という意味において、一元的に理解される。小早川光郎『行政法講義下Ⅱ』（弘文堂、二〇〇五）一九一頁。

(22)　参照、増田豊「曖昧な法概念のアナトミア」ホセ・ヨンパルト＝三島淑臣編『法の理論7』（成文堂、一九八六）一一三頁以下（同『語用論的意味理論と法解釈方法論』（勁草書房、二〇〇八）所収二八一頁以下）、森田寛二「行政裁量論と解釈作法（上）」判例評論三二七号（一九八六）三頁以下。

(23) 森田・前掲（22）三頁以下の例を参照。

(24) 参照、森田・前掲（22）四頁以下。

(25) むろん、最終的には法適用者による「決断」が求められる。増田・前掲（22）一三八頁以下、参照。

(26) 小早川・前掲（19）二七頁。

(27) Vgl. H.-J. Koch, Unbestimmte Rechtsbegriffe und Ermessensermächtigungen im Verwaltungsrecht, 1979, S. 101ff., S. 172ff.

(28) 不確定法概念と裁量との関係については、Vgl. K. Engisch, Einführung in das juristische Denken, 10. Aufl. 2005, S. 145ff. 田村悦一『自由裁量とその限界』（有斐閣、一九六七）八七頁以下、同『行政訴訟における国民の権利保護』（有斐閣、一九七五）六三頁以下、参照。

(29) 「推論」とは、認識された事実に関する命題から認識されていない事実に関する命題を導き出す行為であり、このような推論の一つの形態が「予測」とされる。つまり予測とは、現在認識されている事実に関する命題から将来の認識されていない事実に関する命題を特定の準則に基づいて導き出すことを意味する。なおこのような推論は、現在認識されている事実から、過去の出来事を導き出す（「説明する」）場合にも用いられる。刑法の議論で言えば、現在認識されている証拠事実から過去の犯行の存在を導き出す（「説明する」）場合であり、民事不法行為法の議論で言えば、現在認識されている損害事実から過去の原因行為を導き出す（「説明する」）場合である。予測と違うのは、推測によって導き出そうとしている結論が、刑法や民法の議論では将来ではなく過去にあるということだけである。このように事実に関する命題の「説明」も「予測」と同じ方法で行われるのは、ある事実が発生していることを一定の方法を用いて説明するものだからである。このような「説明」と「予測」の構造的同一性については、Vgl. K.-D. Opp, Methodologie der Sozialwissenschaften, 5. Aufl. 2002, S. 77f.

(30) Vgl. R. Breuer, Gefahrenabwehr und Risikovorsorge im Atomrecht, DVBl. 1978, S. 835.

(31) Vgl. O. Bachof, Beurteilungsspielraum, Ermessen und unbestimmter Rechtsbegriff im Verwaltungsrecht, JZ 1955, S. 100; F. Ossenbühl, Der polizeiliche Ermessens- und Beurteilungsspielraum, DÖV 1976, S. 467. 不確定法概念と行政責任の関係については、参照、高木光『技術基準と行政手続』（弘文堂、一九九五）四四頁以下。我が国の昭和三〇年以降の判例が、裁量を、法律による実体的な拘束の程度の問題としてではなく、裁判所と行政の機能的分業の問題として捉えていく過程を活写するものとして、藤田宙靖『第四版行政法Ⅰ（総論）（改訂版）』（青林書院、二〇〇五）一〇三頁以下。

(32) 《概念から決定へ》という標語の下に、このような考え方を最も鮮明に打ち出すものとして、Vgl. F. Ossenbühl, Vom unbestimmten Gesetzesbegriff zur letztverbindlichen Verwaltungsentscheidung, DVBl. 1974, S. 311, S. 313. 宮田三郎「行政裁量」雄川一郎ほか編『現代行政法大系2』(有斐閣、一九八四) 五五頁以下 (「不確定概念の問題は行政権と司法権との権限配分の問題である。」)。

(33) ちなみに、法概念は一般に記述概念と規範概念に区別しうることを前提として、危険概念が不確定記述概念であると論じられることがある。しかし、実際上、不確定記述概念も評価的要素を必要としうるし、また価値概念も記述的意味要素を必要としうる (「有害な環境影響」といった概念が代表例である。)。よって記述概念と規範概念の区別は、あくまで分析のための便宜的な意味を持つに過ぎないことに注意が必要である。H. P. Bull/V. Mehde, Allgemeines Verwaltungsrecht, 7. Aufl. 2005, Rn. 560. 田村悦一『自由裁量とその限界』(有斐閣、一九六七) 一〇一頁。

(34) Bull/Mehde, a.a.O. (Anm. 33), Rn. 561.

(35) 参照、森田・前掲 (22) 七頁以下。

(36) 原子力施設の安全性判断に関して裁量論を持ち出す理由に疑問を呈するものとして、交告尚史の次の発言を参照 (「私自身は、むしろ裁量の問題というよりは、判断をする人が、ある事実からある判断をするその結び付き具合というものが、どういう結び付け方であれば合理的であるかという問題で、それを裁判官がどこまで自分に自信を持って断言できるかという問題だと思います。」阿部泰隆ほか「〈座談会〉伊方・福島第二原発訴訟最高裁判決をめぐって」ジュリスト一〇一七号 (一九九三) 一五頁)。

第二節　具体的危険とその論証モデル

第一款　分析視角としてのドイツ法

第一項　二つの概念要素

一　ドイツ警察・秩序法の中心的概念として位置付けられている危険概念(37)は、その起源を遡れば、警察活動の一般的な任務配分の基準（〝一般的危険概念〟）(38)として、絶対主義と啓蒙主義との間の政治的論争の中で形成された。この論争では、警察任務に福祉も含まれるのか、それとも危険防御に限定されるのかという点が――国家権力、とりわけ警察権力の統制にかかわるイデオロギー対立を背景として――問題とされたが(39)、その際、警察任務への配分基準として、〝差し迫った損害〟という概念が、警察任務の範囲をめぐる歴史的展開の中で重要な役割を担った。(40)もっとも、警察活動を損害からの防御に限定するということそれ自体が、極めて重要な国家理論上の問題（組織法上の問題）であったために、如何なる前提条件の下であれば損害が差し迫っていると評価し得るのかという問題（作用法上の問題）は、依然後景に退かなければならなかった。危険概念の形成の本格的な議論は、プロイセン上級行政裁判所が活動を開始した後になって、漸く行われるようになったのである。

ドイツ警察・秩序法では、学説上、危険概念は「公共の安全（あるいは秩序）に対する損害が近い将来、発生する十分な蓋然性が、個別事例において存在する事態」(41)とか、法的に有意味な蓋然性でもって法的に有意味な損害が発生する事態が危惧される場合などと定義づけられているが(42)、連邦行政裁判所もこのような支配的見解と同様、危険とは「客観的に予期されるべき事態が妨げられずに推移すれば、ある事態やある行為が、警察上保護された法益に損害をもたらす蓋然性がある場合」(43)と判示している。ニーダーザクセン州、ブレーメン州の警察法は明文でもって右のような危険概念を定義している。(44)このように見ると、危険概念は、①損害（Schaden）(45)と②損害発生の蓋然性（Wahrscheinlichkeit）の二つの概念要素によって構成されていることが明らかとなる。

二　ところで、プロイセン上級行政裁判所の最後の判事であり、ドイツ警察法理論の形成に大きく寄与したドレフス（B. Drews）(46)によれば、このような危険の有無は「実際上の生活経験に従い、客観的事実に基づいて」(47)判断されるのであり、この点に「警察法と、民事並びに刑事法との間の最も根本的な区別の一つと、警察法一般の本質的核心が存在する[48]」という（これを以下、〝客観性原則〟という。）。この議論の文脈においてしばしば引用されるのは一九一五年四月三〇日にプロイセン上級行政裁判所によって下された、いわゆる褐炭コークス事件である[49]。事案は次のようなものであった。煙を出している褐炭コークスが置かれている納屋を見つけた巡回警察官が、消防組合に電話で褐炭コークスによる火事の危険性について問い合わせたところ、組合から自然発火の可能性は否定できないとの回答を得た。そこで警察官は消防隊を呼び放水を開始したが、後になって実はその褐炭コークスは単に煙を出しているだけのもので火事の危険性がないことが判明した。そこで褐炭コークスと納屋の所有者が、放水によって生じた損害の補償を求めて訴えを提起したというものである。これに対してプロイセン上級行政裁判所は、法律が危険の存在を要求しているところでは危険の外観があることで十分とすることは法律上許されないとし、原告らに補償を認めた。危険は存在しなかったという客観的事実を基準にして考える限り、当該警察措置を適法と認めることはできない、というのがその理由である。客観的事実に基づいて危険の有無を判断するという方法はこの事件の後、プロイセン上級行政裁判所の判例法理として形成されることとなった。

しかし当時の判例の歴史的展開を見てみると、右法理は必ずしも常に維持されてきたわけではなく、警察官吏の主観に基づいて危険が判断されることを認める判例も散見された。つまり、警察官吏が主観的に危険であると判断した場合でも、客観的事実とは無関係に危険が認定されるというわけである[50]。例えばプロイセン上級行政裁判所は褐炭コークス判決を下した同じ裁判部で、近くで建物が倒壊したことを理由に家の防火壁を支柱で支えるよう所有権者に義務付けた警察処分の適法性について審理している（防火壁事件）。この事案では、倒壊した建物の瓦礫によって警察は防火壁に近寄れなかったため処分の時点では防火壁の安定性を明らかにすることができない状態にあった。しかし防火壁を支柱で支えた後で専門家が詳しく調査したところ、防火壁が倒壊する危険性はなかったということが判明した。この場合、プロイセン上級行政裁判所のこれまでの判例法理からすれば、警察は防火壁の安定性についてよく知り得なかったという事情があったとしても、客観的に危険が存在していなかった以上、処分は違法として取り消されることが予想されたところである。しかし同裁判所は事後になって危険がなかったことが明らかになったということは重要でないとし、この処分を適法としたのである。(51)

三　今日では学説上明確に、警察法上の危険概念には、いわゆる〝外観的危険（Anscheinsgefahr）〟や〝危険の疑い（Gefahrverdacht）〟といった類の危険も含まれるという見解が示されている。(52)〝外観的危険〟とは、警察官吏が、現在の事情の下における分別ある評価においては危険の予測は正しかったが、後にこの承認の確実性が揺らぎ、さらには否定されるような場合を意味する。また〝危険の疑い〟とは、予測の判断事情が不確実であることを警察官吏が認識していたにもかかわらず、危険という予測が立てられているような場合を意味する。両ケースともに、現実に危険が存在していなくとも警察官吏が主観的に危険と認めたり、疑いをもった場合でも既に危険の存在が認められるというのである。外観的危険や危険の疑いも危険に含まれるか否かという議論は、警察による早期の規制を認めるか否かという問題とかかわるが、(53)危険存否の論証手続を明らかにする本章の検討にとって格好の素材を提供するものでもあるため、まずはこの議論の内容を検討することから始めよう。

（37）　U. Di Fabio, Gefahr, Vorsorge, Risiko: Die Gefahrenabwehr unter dem Einfluß des Vorsorgeprinzips, Jura 1996, S. 566. プロイセン一般ラント法第二部第一七章一〇条第二文における危険概念については、Vgl. H. Rosin, Der Begriff der Polizei und der Umfang des polizeilichen Verfügungs- und Verordnungsrechts in Preußen, VerwArch 3 (1895), S. 309f.; M. Walker, Abstrakte und konkrete Gefahr, 1994, S. 45ff. 危険概念の歴史的展開については、M. J. Pils, Zum Wandel des Gefahrenbegriffs im Polizeirecht, DÖV, 2008, S. 941ff.

（38）　任務規範における一般的危険概念の意味については、Vgl. G. Heise/R. Riegel, Musterentwurf eines einheitlichen Polizeigesetzes, 2. Aufl. 1978, S. 27.

(39) その歴史的概観については、Vgl. B. Drews/G. Wacke/K. Vogel/W. Martens, Gefahrenabwehr, 9. Aufl. 1986, S. 220ff.; W.-R. Schenke/R. P. Schenke, Polizei- und Ordnungsrecht, in: U. Steiner (Hrsg.), Besonderes Verwaltungsrecht, 8. Aufl. 2006, Rn. 2ff. プロイセン警察行政法の逐条解説書を執筆したE. Klausener-C. Kerstiens-R. Kempnerは、その「はしがき」において「まさに『危険』の概念の解釈は、警察概念の範囲を画す上で決定的であったし、今もまたそうである」と記している。E. Klausener/C. Kerstiens/R. Kempner, Das Polizeiverwaltungsgesetz vom 1. Juni 1931 2. Aufl. 1932, S. 3. Vgl. H. Dröge, Die „drohende Gefahr" und ihre Auswirkungen auf die Rechtsstellung der Zivilperson gegenüber der öffentlichen Gewalt, 1960, S. 3 Fn. 6.

(40) 一部の学説は、一般的危険概念を〝損害発生の客観的可能性〟と解していたが、支配的な学説はこれを〝損害発生の蓋然性〟と解していた。〝可能性〟も〝蓋然性〟も共にプロイセン上級行政裁判所の判例では既に使用されていた概念であったが、学説は両定義を互いに調和的に扱ったので〝可能性〟と〝蓋然性〟との間の構造的差異について、あまり意識されることはなかった。H. Heuer, Die Generalklausel des preußischen Polizeirechts von 1875 bis zum Polizeiverwaltungsgesetz von 1931, 1988, S. 170ff. この問題の解決に初めて取り組んだのが、後に本文で触れるショルツ (O. Scholz) である。Vgl. O. Scholz, Die polizeirechtliche Gefahr. Begriff, Erkennbarkeit und richterliche Nachprüfung, besonders bei Polizeiverordnungen, VerwArch 27 (1919), S. 1ff.

(41) H. J. Wolff/O. Bachof, Verwaltungsrecht, Bd. III, 3. Aufl. 1973, §125 III a; E. Denninger, Polizeiaufgaben, in; H. Lisken/ders. (Hrsg.), Handbuch des Polizeirechts, 3. Aufl. 2001, Rn. 29.

(42) 危険概念については、O. Schneider, Grundsätzliche Überlegungen zur polizeilichen Gefahr, DVBl. 1980, S. 406ff.; F. Hansen-Dix, Die Gefahr im Polizeirecht, im Ordnungsrecht und im technischen Sicherheit, 1982, S. 17ff.; E. Brandt/U. Smeddinck, Der Gefahrenbegriff im Polizeirecht, Jura 1994, S. 225ff.

(43) BVerwGE 45, 51 (57).

(44) NGefAG二条一項a、BremPolG二条三項a。なおNdsSOG二条一項aは、明示的に、「この法律において危険とは、具体的危険、つまり近い将来、公共の安全あるいは秩序に対する損害が発生する十分な蓋然性が個別ケースにおいて認められる事態をいう」と規定している。

(45) 保護法益の、現在ある通常の状態の客観的な減少。Vgl. Denninger, a.a.O. (Anm. 41), Rn. 30. 一般に、負担 (Belastung)・不利益 (Nachteil) などとは異なると説明されているが、法的に有意味な損害がここにいう「損害 (Schaden)」であるという以上の意味は持たない。Vgl. F. Schoch, Grundfälle zum Polizei- und Ordnungsrecht, JuS 1994, S. 667f.

(46) ドレフスは、版を重ねる『プロイセン警察法』(B. Drews, Preußisches Polizeirecht, Bd. 1, 1. Aufl. 1927) の著者であり、プロイセン警察行政法の精神的父と評されている。V. Götz, Polizei und Polizeirecht, in: K. G. A. Jeserich/H. Pohl/G.-C. v. Unruh (Hrsg.), Deutsche Verwaltungsgeschichte, Bd. 4, 1985, S. 417. ドレフスが、警察法理論を実定化したプロイセン警察行政法制定に及ぼした影響については、参照、島田茂「一九三一年プロイセン警察行政法に関する一考察（一）」甲南法学四七巻二号（二〇〇六）九八頁以下（同『警察法の理論と法治主義』（信山社、二〇一七）所収一頁以下）。

(47) Drews, a.a.O. (Anm. 46), S. 10.

(48) Drews, a.a.O. (Anm. 46), S. 42. 同様にJ. Hatschek, Lehrbuch des deutschen und preußischen Verwaltungsrechts, 7-8. Aufl. 1931, S. 132f. は、「〔警察法においては〕危険、すなわち、損害の発生が客観的に起こりうる状態が存在しなければならない」のに対して、「刑事法においては、客観的可能性の問題のほか、『主観的有責』の問題がある」として、警察法を刑事法と区別している。

(49) PrOVG, PrVBl. 38, 360f.

(50) プロイセン上級行政裁判所の判例の展開については、Vgl. R. Poscher, Gefahrenabwehr, 1999, S. 39ff.; Heuer, a.a.O. (Anm. 40), S. 170ff.

(51) PrOVG, PrVBl. 32, 119f.

(52) Vgl. Denninger, a.a.O. (Anm. 41), Rn. 36ff.; H.-J. Gerhardt, Anscheinsgefahr, Gefahrenverdacht und Putativgefahr im Polizei- und Ordnungsrecht, Jura 1987, S. 521ff.

(53) J. Aulehner, Polizeiliche Gefahren- und Informationsvorsorge, 2002, S. 474, S. 548 は、外観的危険や危険の疑いといったこのような法概念を、伝統的危険防御から現代的リスク統制へのパラダイム転換を導く「古典的危険概念の修正」として見ている。

第二項　客観的危険概念と主観的危険概念

一　外観的危険や危険の疑いは、真正の危険とみなすことができるか。この問題については学説上、真正の危険とは認めない客観的危険概念を支持する論者[54]と真正の危険と認める主観的危険概念を支持する論者[55]との間で対立がある[56]

（〝危険の疑い〟については後で詳しく論じるため、ここでは〝外観的危険〟についてのみ考察する。）。

二　客観的危険概念によれば、危険とは警察官吏が主観的に損害発生の蓋然性があるとみなした場合に認められるのではなく、（しばしば事後になって確認されるところの）客観的事実を基礎にして損害発生の蓋然性が現実に存在する場合に認められる、とされる。この立場においては、警察介入の決定時点において主観的に存在する不確実性について問われることはない。むろん、事実や経験則が不確実であるがゆえに、誤って危険と判断されることもありうる。しかし客観的危険概念の下では、損害の蓋然性が実際に実証された事実や経験則に基づき推論されるような状況が存在するか否かが、専ら重要となる。警察が事実あるいは経験則に関する誤った認識に基づき行動した場合には、その誤りの原因が官吏に帰するか否かに関わりなく違法となる。従って外観的危険は、実際に危険が存在しない以上、真正の危険ではないということになる。

客観的危険概念を主張する代表的論者であるゲッツ（V. Götz）は、自由主義的法治国家的警察観に基づき客観的危険の必要性を維持したプロイセン上級行政裁判所の判例に依拠して、客観性原則の立場を支持している。ゲッツがこのように客観的危険概念に固執するのは、外観的危険を真正の危険とみなすことによる法治国家的統制力の弱体を懸念するからに他ならない[57]。このような観点をさらに強調するのはシュヴァーベ（J. Schwabe）である。シュヴァーベによれば、外観的危険の存在において警察介入を認めるのであれば、法律上の構成要件において「外観的危険」を明記しなければならない。「危険」構成要件を「外観的危険」の構成要件にまで拡大しようとしても、それは精々「アナロジー」[58]に過ぎず、あくまで新たな法律上の根拠を設けなければならない、というのである[59]。つまりシュヴァーベは、外観的危険の問題とはすなわち、《法律上の構成要件が充足していると誤って承認した場合に、果たして介入を正当化しうるか》という問題である、として捉えるのである[60]。しかしシュヴァーベによれば、侵害行政の最たるものである警察法においては、介入の根拠となる法律上の構成要件は客観的に存在しなければならず、警察官吏が単に危険であると思い込んだり、損害が発生するであろうと評価することだけでは、明示的な法律要件を充足したとみなすことはできない(61)。

三　これに対して主観的危険概念によれば、危険は、事後的に証明された客観的な事実とは無関係に警察官吏の認識状況に基づいて判断される。つまりそこでは、警察介入の決定時点における警察官吏の主観的事情が考慮される。主観的危険概念を主張する代表的論者であるデニンガー（E. Denninger）は、「危険概念には、ある特定の知識状況と結びついた蓋然性判断が基礎に置かれている限りで、当概念は必然的に『主観的な』概念である(62)」と言う。さらにホフマン＝リーム（W. Hoffmann-Riem）は、過去あるいは現在の事実とかかわる〝診断（Diagnose）〟と将来の事実とかかわる〝予測（Prognose）〟とを明確に区別した上でこれを明らかにしている。ホフマン＝リームによれば、危険判断の前提とされるのは、次の二つである。まず第一に法益を危険にさらす状況が、（「客観的事実に基づいて」）警察に知られていること（診断）、さらに第二にその事実の確認が、損害の発生に関する蓋然性判断と結びつけられること（予測）、である。例えば子どもが空気銃で遊んでいるところを警察が確認した場合、この事実の存在を警察が確認した後に初めて次にどの程度の蓋然性でその子どもが自分あるいは他人を負傷させるか、という予測が立てられることになる(63)。もっとも診断と予測をこのように区別することの必要性は、客観的危険概念の支持者によっても承認されているところである。ただ客観的危険概念の支持者が主張するように、診断の結果、つまり危険判断の基礎に置かれる事実は、客観的に存在する事実と常に同置できるわけではない。なぜなら事実が客観的に存在するか否かは、現実にはしばしば明らかでないことが多いからである。シュナイダー（O. Schneider）はこれをロシアンルーレットを例にして説明している(64)。ある者Pが、実際は実弾が詰められていないが、警察にとってそれが明らかではないピストルの銃口を他人に向けていた時に、果たして警察は危険がないと判断できるだろうか、という例である。この場合、多くの者は危険があるとみなさざるを得ないであろう。しかし客観的な事実の存在を要求する客観的危険概念論者は、この場合であっても危険を否定しなければならないことになる。もっとも他方で、すべての回転弾倉の中身が外から見え、中に実弾が入っていないということが警察にとって明らかであるような場合には即座に危険がないと判断することができるだろう。この事実は、事実状況は全く変わらないのに観察者の知識状況によって危険になったりならなかったりするということを示すものである。つまり危険の有無は判断者の知識の量に依存するということになる。従って主観的危険概念に立つ場合、外観的危険は、知識の量において通常の危険判断と異ならない以上、真正の危険として説明されることとなるのである。

四　このような、主観的危険概念・客観的危険概念を支持するそれぞれの論者の見解を見ると、次の二点においてその立場の違いを認めることができるだろう。第一に、事前（ex ante）の観察を基礎にしているか、事後（ex post）の観察を基礎にしているか(65)、第二に、危険が客観的な事実のみを基礎にして判断されるのか、警察官吏の主観的な評価を基礎にして判断されるのかである。以下、順に検討することにしよう。

まず第一の違いについてである。そもそも危険な状況の必ずしもすべてが結果として損害をもたらすわけではない。実際に損害が発生しなかった、ということも当然想定されるところである。しかし、損害が発生せず実際は危険がなかったことが事後に判明したからといって警察が何らの措置も講ずべきではなかったとするならば、警察活動は極めて限定されざるを得ないだろう(66)。よって危険を前提とした警察介入の適法性判断は、その時点において存在する事実状況のみを基礎にして行う他はないのであり、客観的危険概念のように事後の観点を基礎にする見解は支持することはできない(67)。客観的危険概念は、損害の現実的存在と危険を混淆する見解として批判されることになる(68)。もっとも、客観的危険概念の支持者の主張を幾つか注意深く見てみると、主観的危険概念の支持者は、客観的危険概念の支持者が事後の観察を基礎にしている、という点についてやや誤解をしている部分も見られる。確かに、警察活動の適法性を事後に審査する裁判所は、その時々で活動する官吏よりもより完全な事実を収集し、その上でまた法的審査を行うことになるが、その場合でも裁判所はあくまで警察官吏の判断時点を基準として危険の存否を審査することになるのであって、このことは客観的危険概念の支持者であっても異なるところはない。従って損害が現実に発生したかどうかは重要ではない、という点については、客観的危険概念も主観的危険概念も立場は同じであると言えよう[69]。

むしろ実際に問題となり得るのは、第二の違い、つまり警察官吏の判断時点で考慮に入れられるべき事実に関し、警察官吏の主観的要素をどの程度考慮に入れるか、すなわち客観的な事実を基礎にするのか、警察官吏の主観的評価を基礎にするのかということになる。しかしながら、主観的危険概念の支持者が主張するように、《予測》は、①特定の事実の認識[70]（診断）に基づき、②その認識との関係において将来の事態を推論するものである以上[71]、やはり損害の発生を予測する危険概念は、必然的に警察官吏の特定の主観的認識状況と結びつくと言わざるを得ない。これを前提とする限りは、外観的危険も真正の危険概念に含まれると解されることになる[72]（外観的危険概念が語られる実質的意義は、むしろ、予測の基礎に置かれる事実が存在していない場合、例えば事実が誤った観察に基づいているとか、適用された経験則が誤っている等、特に〝予断〟に基づいて予測が行われたケースに認められる危険（「見せかけの危険（Scheingefahr）」あるいは「誤想された危険（Putativgefahr）」と呼ばれる。）との違いを明らかにする場合に認められるということになる[73]。）。もとよりこの場合の〝主観的〟というのは、恣意的と称されるような、全くもって純粋な主観を意味するものではない。事実認識に基づく評価は経験則からのみ獲得することができるが、この経験則は、活動する官吏の単なる推定以上のものによって根拠づけることができる〝客観性〟を有するものだからである。つまり〝主観的〟認識といっても〝義務に適合的に活動する官吏の基準〟に基づいた認識が前提とされているのである。従って、このような理解を前提とすると危険概念を「客観」と「主観」とに対置することは、必ずしも適切ではないということになる[74]。ホフマン＝リーム曰く、「『客観的な』基準の助けを借りて、……警察官吏の『個人的な』経験や評価範囲を問題にするようなことは避けるべきである。蓋然性判断は、代わりに規範的に形成された判断者に委ねられるべきである。その判断能力は、経験的に判定可能な平均人――例えば『平均的警察官』――ではなく、理念的に判定可能な平均人が基準とされる。想定されるべきなのは、事実を『正しく見通す力』で判断して法律上の価値秩序に組み入れることができる、思慮深く、慎重で専門的知識のある理念上の官吏である。[75]」。かくしてホフマン＝リームは、主観的危険概念に一定の客観性を付与するため「規範的主観的蓋然性（normativ-subjektive Wahrscheinlichkeit）」という概念を用いるのである。[76]このように考えるならば、危険概念は主観的要素と客観的要素との両方が分かちがたく結びついていると言うこともできるであろう[77]（規範的主観的危険概念）。

五　しかし主観的危険概念と客観的危険概念をめぐる以上のような理解は、近年、徹底されるどころか、むしろ両者の対立が先鋭化しつつある。

一つは主観化の方向をさらに強める見解である。この立場では、危険は、原則上、客観的カテゴリーとしてではなく、専ら判断者の主観的認識との相互関係の中で構成されるものとしてみなされ、不安の感情（Gefühl）あるいは意識（Bewußtsein）もまた危険判定の考慮要素に含まれるということになる。[78]これまで学説判例などにおいて、外観的危険や危険の疑いを危険概念に含める〝危険概念の主観化〟の傾向が促進されてきた一つの視点は、危険防御の〝実効性〟という観点にある。そこでは、科学技術の知識の複雑性に伴い客観的な危険の存在を求めていたのでは、実効的な危険防御は期待できないという〝目的的考慮〟が働いている。[79]しかし、危険概念が専ら目的的・主観的に判断されるものであるとすれば、それを基礎とした警察権の行使は著しく不安定なものとなる。[80]本章の冒頭でも述べたように、特に近年、権利保護のために規制権限をさらに前倒しし、危険防御の任務が徐々にリスクに対する〝配慮（Vorsorge）〟の方向へと拡大する現象が生じているが、[81]これは必然的に私人の権利利益の制限を導くものであるため慎重な検討が必要となる。[82]もう一つは客観化の方向をさらに強める見解である。ポッシャー（R. Poscher）は主観的要素を徹底して排除するため〝義務に適合的に行動する官吏の規範的主観的観点〟と〝客観的、理念的観察者の標準的な知識（世界知識（Weltwissen））〟とを明確に区別する。[83] 客観的理念的観察者は、主観的危険概念の、義務に適合的に活動する官吏よりもさらに広い知識範囲でもって対処し得るものとして位置付けられる。例えばある事実について誰もその事実を認識してはいなかったが、しかしその時点で存在する調査手段をもってすれば十分に認識可能であったのであれば、その事実も客観的理念的観察者によれば客観的知識範囲に属するとされる。[84] ポッシャーは、主観的危険概念が危険防御機関の義務適合性（過失）を考慮に入れるのであれば、客観性原則が支配する危険防御法システムに馴染みのない要素を注ぎ込むことを許し、延いてはその崩壊を導く、と強く警戒するのである。[85] もっともポッシャー自身、このように理解された客観的危険概念は警察官にとっては実際上の活動基準とはなり得ないと見ているし、実効的な権利保護のためには、事実の存否に不確実な場合でも介入しなければならない可能性を認めている。しかしポッシャーによれば、だからといって客観的に誤った外観あるいは疑いに基づく措置を適法とみなすことはできないし、またその必要性もない。外観的危険や危険の疑いの状況においては、介入措置が客観的に違法とされても、義務適合的に活動した警察官は服務規程上あるいは刑法上責任追及されることはないという形で実際上の妥当性を確保することが可能だからである。

以上のように、主観的危険概念と客観的危険概念は大きく対立しているように見えるのであるが、ただ既に見たように、およそあらゆる〝予測〟はある特定の知識状況と不可分に結び付くものであることは否定し得ず、このことは客観的危険概念を支持する立場であっても異なるわけではない。問題なのは、ただ観察者の知識の範囲如何にあるに過ぎない。かくして今日では判例、[86] 学説[87]ともに、危険概念には特定の認識状況と結び付いた主観的評価が基礎づけられているという意味で主観的危険概念（より正確には、規範的主観的蓋然性概念）を支持する立場が支配的であるが、しかしあえて警察法における客観性原則を否定するほどの説得的な理由も見当たらない。危険概念の客観的理解は、主観的評価の基礎づけを前提としつつも、なお維持することが可能と考えられるからである。[88] ショッホ（F. Schoch）曰く、「危険概念の主観化といったテーゼや〔危険概念を〕客観的危険概念と主観的危険概念とに分解するような見解に賛同することはできない。警察・秩序法の意味においてはただ一つの統一的な危険概念が存在するのみである。ある特定の知識水準と結び付けられる蓋然性判断が危険概念の基礎に置かれているということから主観的な概念理解も可能かもしれないが、しかし危険判断では事前の客観的な考察が考慮に入れられるのであるから、法的意味においては、具体的に活動する人物の考えを専ら重要とみなすような『主観的』危険概念は存在しないのである。[89]」。

六　もっとも右のような説明によって、危険概念が理論的にも解釈論的にも十分に解明されたというわけではない。というのも、危険の判断が、①事実の認識（診断）と②事実の認識に基づく評価（予測）の二つのレヴェルで行われ、それが客観的な判断とみなされるとした場合でも、《事実の認識が、なぜ将来の事象の推論を可能にするのか》《現在の事実の認識から将来の事象はどのような方法で推論されるのか》という点については何も答えられていないからである。通常、②の事実の認識に基づく評価は、単に事実の認識それ自体から導かれるのではなく、当該事実に、さらなる要素、つまり将来の展開を考慮に入れた、現在事実に対する評価が付け加わることによって行われる。例えば、横断歩道に立っている酩酊者は、それ自体では危険ではないが、もしかすると通過する自動車がその者を轢いてしまうかもしれないという評価がそれに付け加えられることによって、危険という予測が立てられることとなる。このような予測のプロセスは一般に承認されるところであるが、しかし問題はこの〝将来の展開を考慮に入れた、現在の事実に対する評価〟が一体どのようにして行われるのかという点にこそある。事実から将来の事象の推論方法が、次に問われなければならない。

（54）　客観的危険概念を支持する論者として、J. Schwabe, Fürmöglichhalten und irrige Annahme von Tatbestandsmerkmalen bei Eingriffsgesetzen, in: P. Selmer/I. v. Münch (Hrsg.), Gedächtnisschrift für W. Martens, 1987, S. 419ff.; B. Schlink, Das Objektive und das

Subjektive beim polizeirechtlichen Gefahrbegriff, Jura 1999, S. 169; V. Götz, Allgemeines Polizei- und Ordnungsrecht, 13. Aufl. 2001, Rn. 155; Poscher, a.a.O.（Anm. 49）, S. 110ff.

（55） 主観的危険概念を支持する論者として，W. Hoffmann-Riem, „Anscheinsgefahr“ und „Anscheinsverursachung“ im Polizeirecht, in: K. Vogel/K. Tipke (Hrsg.), Verfassung, Verwaltung, Finanzen, Festschrift für G. Wacke zum 70. Geburtstag, 1972, S. 327ff.; T. Darnstädt, Gefahrenabwehr und Gefahrenvorsorge, 1985, S. 85ff.; Denninger, a.a.O.（Anm. 41）, Rn. 36ff.; E. L. Nell, Wahrscheinlichkeitsurteile in juristischen Entscheidungen, 1983, S. 47ff, S. 74ff.

（56） Schlink, a.a.O.（Anm. 54）, S. 169ff.; C. Gusy, Polizeirecht, 6. Aufl. 2006, Rn. 112ff. 以下の議論は，既に我が国でも詳細な紹介・分析が行われている。前掲註（10）の文献参照。

（57） Götz, a.a.O.（Anm. 54）, Rn. 155.

（58） J. Schwabe, Urteilsanmerkung, DVBl. 1982, S. 655.

（59） Schwabe, a.a.O.（Anm. 58）, S. 657.

（60） Schwabe, a.a.O.（Anm. 54）, S. 431ff.

（61） なお，シュヴァーベは，警察一般条項に根拠を置くとされる危険調査介入（Gefahrerforschungseingriff）についても，権限行使の構成要件に該当する事実の存否を究明する権限もまた右一般条項が既に含んでいるとすれば，当該条項からどの範囲まで危険調査介入を導き出し得るのか不明確になるとして，これに反対の立場をとる。さもなければ，例えば刑事訴訟法上の警察介入権限からも，多くの不文の介入授権規範を認めてしまうことになるからである。従って，シュヴァーベは，危険防御規範を危険調査介入権の授権規範とみることを容認するゲッツに対し，同じく客観的危険概念の支持者でありながらも異議を唱えている。Vgl. Schwabe, a.a.O.（Anm. 54）, S. 438ff.

（62） Denninger, a.a.O.（Anm. 41）, Rn. 36.

（63） Hoffmann-Riem, a.a.O.（Anm. 55）, S. 327.

（64） Schneider, a.a.O.（Anm. 42）, S. 407.

（65） Schoch, a.a.O.（Anm. 45）, S. 668f.

（66） W.-R. Schenke, Polizei- und Ordnungsrecht, 4. Aufl. 2005, Rn. 80.

(67)　このことは、既にプロイセン上級行政裁判所の判決によっても示されている。「〔危険判断にとって決定的なのは〕処分の発令の時点において入手された事実が、客観的考察において、危険が差し迫っているものとして現れているか否かである。危険が差し迫っているものとして判断された事実がもし現れなかったとしても、その処分は、事実上公益に対する何らの損害を伴わなかったという理由で、妥当しないと事後的に判断されることにはならない」(PrOVGE 93, 87 (91f.))。裁判所がいう「客観的考察」とは、処分時点での知識の範囲と関連したものであり、事後の結果の発生・未発生とは無関係である。

(68)　Vgl. Schneider, a.a.O. (Anm. 42), S. 407.

(69)　Götz, a.a.O. (Anm. 54), Rn. 142; Poscher, a.a.O. (Anm. 49), S. 114ff.

(70)　この特定の事実の認識には様々な種類のものが考えられる。第一の種類として、本来の意味で自身の知覚から得られる認識であり、例えば酩酊者が横断歩道の上に立っているのを直接見て得られるような認識である。第二の種類として、起こり得る危険についての第三者の認識であり、例えばある人が助けを呼んでいる、とか、専門家がある建築物が倒壊の危険があると説明しているといった認識である。Vgl. Gusy, a.a.O. (Anm. 56), Rn. 112.

(71)　この二つの要素は、ホフマン＝リームが言う〝診断〟と〝予測〟にそれぞれ対応する。

(72)　イラン人が、ドイツ連邦政府とイラン国王との良好な関係を妨害することを目的として大規模なデモを行うであろうということが、ドイツ連邦刑事局（BKA）の報告書によって報告されたのを受けて、イラン国王の訪問の機に、イラン人の活動並びに滞在の禁止命令が下された事案において、連邦行政裁判所は「外観的危険の視点」の下であっても当該措置は正当化されると判示した（BVerwGE 49, 36）。イラン人が実際に妨害者であったか否かは「重要ではない」とし、連邦行政裁判所は、ドイツ連邦刑事局の報告書の存在のみを根拠に認めたのである。この判決で注目すべきなのは、裁判所が、危険が現実に存在するか否かについて一言も述べていないのみならず、この問題を明示的に重要でないとしている点である。つまり裁判所にとって重要なのは、行政庁が活動の時点で有していた、並びに有し得た情報である。裁判所は、危険と外観的危険との間を区別することなく「危険」と判断しており「外観的危険の視点」という言葉は、判決理由の最後ではじめて修辞的に述べられているに過ぎない。

(73)　Vgl. Drews/Wacke/Vogel/Martens, a.a.O. (Anm. 39), S. 225f.; Gerhardt, a.a.O. (Anm. 52), S. 525f.

(74)　その意味において、外観的危険を主観的危険概念ではなく客観的危険概念の観点から説明する論者もいる。Schoch, a.a.O. (Anm. 45), S. 668.

(75) Hoffmann-Riem, a.a.O. (Anm. 55), S. 339.

(76) Hoffmann-Riem, a.a.O. (Anm. 55), S. 339.

(77) また先に見た褐炭コークス事件と防火壁事件は、客観的危険概念と主観的危険概念とをそれぞれ示す事件として区別されうるように見えるが、注意深く観察すると、防火壁事件は必ずしも褐炭コークス事件と矛盾するものではないことが分かる。というのは、専門家が判断時点において危険の有無の判断が可能であった褐炭コークス事件とは異なり、防火壁事件では、専門家によっても危険の有無の判断が不可能であったという違いがあるからである。つまり、褐炭コークス事件においては、危険は、警察官吏の主観的判断に基づいて示されたのであるが、防火壁事件においては、専門家の主観的判断に基づいて示されたのである。防火壁事件においては、確かに客観的には誰もが危険なく瓦礫を除去し防火壁の安定性を確認することができる状態であったが、しかし主観的には誰も危険にさらされることなく客観的に危険がないことを認識することはできなかったのである。この判決からは、プロイセン上級行政裁判所は客観性を《警察官吏の主観的認識》ではなく《専門家の主観的認識》と同置しているということが明らかとなる。これは、褐炭コークス事件で示された客観性原則が主観的認識に読み替えられ得るということを示している。Vgl. Poscher, a.a.O. (Anm. 49), S. 40ff.

(78) Vgl. M. Kötter, Subjektive Sicherheit, Autonomie und Kontrolle, Der Staat 2004, S. 372ff.; W. Brugger/C. Gusy, Gewährleistung von Freiheit und Sicherheit im Lichte unterschiedlicher Staats- und Verfassungsverständnisse, VVDStRL 63 (2004), S. 151ff. 参照、植松健一「安全感情の保護に対する公権力の役割——ドイツ公法学の議論を参考にした序説」島大法学四九巻四号（二〇〇六）三四九頁以下、同「ドイツにおける『安全と自由』——安心感の維持向上への公権力の関与という視角から」森英樹編『現代憲法における安全』（日本評論社、二〇〇九）四五七頁以下。

(79) 例えば、K. H. Friauf, Polizei- und Ordnungsrecht, in: E. Schmidt-Aßmann (Hrsg.), Besonderes Verwaltungsrecht, 10. Aufl. 1995, Rn. 52は、国家の基本権保護義務論に依拠して、「危険概念の目的論的解釈」などとも呼んでいる。

(80) 「実効性という正体不明の言い回し」と称して、これを批判するものとして、W.-R. Schenke, Gefahrenverdacht und polizeirechtliche Verantwortlichkeit, in: R. Wendt (Hrsg.), Staat, Wirtschaft, Steuern, Festschrift für K. H. Friauf zum 65. Geburtstag, 1996, S. 456.

(81) 古典的危険防御から現代的危険配慮への転換については、V. Götz, Polizei- und Ordnungsrecht heute, DVBl. 1975, S. 877f.; R. Wahl/I. Appel, Prävention und Vorsorge: Von der Staatsaufgabe zur rechtlichen Ausgestaltung, in: R. Wahl (Hrsg.), Prävention und Vorsorge, 1995, S. 1ff.

(82)　この点を強く強調し警告するのは、W. Hoffmann-Riem, Abbau von Rechtsstaatlichkeit durch Neubau des Polizeirechts?, JZ 1978, S. 335f.

(83)　Poscher, a.a.O. (Anm. 49), S. 118ff. ポッシャーは、〝時間的次元〟・〝人的次元〟・〝事項的次元〟も踏まえた理念的観察者を前提とすることによって、あくまで客観的危険概念を維持することを主張する。Poscher, a.a.O. (Anm. 49), S. 112ff. ポッシャーにとって客観的危険概念と規範的主観的危険概念との決定的な違いは、事前と事後という時間的観点ではなく、むしろ知識の範囲にある。規範的主観的危険概念においては、状況に応じて生じる認識の限界を伴った、義務に適合的に活動する官吏の視点が基準となる一方、客観的危険概念においては、理念的で客観的な観察者の視点が基礎に置かれる。客観的観察者とは、すべての現在の知識、従って世界に存在するあらゆる知識を用いることができる者であり、客観的観察者は状況に応じた認識の限界に服することのない者である。

(84)　但し他方でポッシャーは、事項的次元の視点の下では、専門知識に裏打ちされた全世界知識と、日常知識、一般的な生活体験とを区別している。これによって、専門的領域に関して高次の知識水準を要求する特別法以外の領域では、日常知識も考慮されることになり、危険概念が拡大されることになるという。Poscher, a.a.O. (Anm. 49), S. 122ff.

(85)　Poscher, a.a.O. (Anm. 49), S. 127ff.

(86)　連邦行政裁判所は、ダッカ判決 (BVerwGE 45, 51) において、ホフマン＝リームの論文を参照して「標準的な授権規範の意味における危険とは、いわゆる外観的危険のケースにおいても存在する」ことを確認している。

(87)　Gusy, a.a.O. (Anm. 56), R. 123 は、主観的危険概念の立場に立ち、外観的危険を「解釈論上不必要」と述べる。もっとも、Schoch, a.a.O. (Anm. 45), S. 669 は、外観的危険は危険一般の下位ケースに他ならないということを認めながらも、概念そのものを放棄してしまうことには反対する。危険と外観的危険の区別は、警察措置の適法性の問題よりも、むしろ補償の問題において特に意味を持つからである。Vgl. Denninger, a.a.O. (Anm. 41), Rn. 40. この補償問題に関しては、下山・前掲 (10) 一六七頁以下が詳しい。

(88)　客観的危険概念は、主観的危険概念によって大きなダメージを受けるものではなかったにもかかわらず、本文で見たように学説判例では主観的危険概念が支配的立場となっている。Pieroth/Schlink/Kniesel, a.a.O. (Anm. 2), §4 Rn. 46 は、その理由を「危険の客観的概念を中心とした警察法ドグマーティクは、……カズイスティックな柔軟性を重視する判例には馴染みのない、『自由主義的法治国家の著しい厳格主義』をとっている」という点に認めている。また、Schlink, a.a.O. (Anm. 54), S. 172 は、主観化の傾向について「基本権を認める強力な立場と、適法性違法性の判断を専ら客観法に基づいてのみ基礎づけることとが、徐々に両立しなくなっているように思われる」と感想を述べつつも、「警察法における客観から主観への展開を偉大な歴史的展開と同じように結び付けるために、ヘーゲリアン（Hegelianer）になる必要はない」と安易な主観化に対して警告している。

(89) F. Schoch, Polizei- und Ordnungsrecht, in: ders. (Hrsg.), Besonderes Verwaltungsrecht, 15. Aufl. 2013, Rn. 141.

第三項　規範的主観的蓋然性概念の解明

第一　反比例定式——Je-Desto 定式

一　今日の通説的見解は、危険判断のプロセスである①事実の認識（診断）と②事実の認識に基づく評価（予測）を〝適合性、必要性並びに狭義の比例性という一般的考慮原理〟に基づいて行うという立場をとっている。[90] この原理は、警察法においては特に、〝損害の程度〟と〝損害発生の蓋然性〟の反比例という形で表れ、具体的には、損害の程度が大きいと予想され得る場合には（例えば生命、身体などに対する損害）、損害発生の蓋然性は僅かであっても危険の存在を認めるに十分である一方、損害の程度が小さい場合には（例えば財産的価値などに対する損害）、損害発生の蓋然性が十分に大きい場合に危険の存在を認める、という原理（いわゆる反比例定式（Je-Desto 定式）。「損害と蓋然性の積[91]」）を意味する。[92] この考え方は、既に連邦行政裁判所で明示的に採用されており、[93] 多くの裁判所においても広く受け入れられている。

しかしこの定式に対しては、疑問を呈する見解もまた存在する。この定式は、一般的には説得力があるように思われるものの、その判断基準が非常に抽象的であるため危険判断のプロセスを不透明にし、結局のところ行政実務を追認する機能を果たすおそれがある、という見解である（「法治国家的法律執行に対する危険[94]」）。確かに実際、警察官吏が損害の程度を非常に大きく見積もった場合、いつでも恣意的に危険の存否を判断することが可能となる。危険があるか否かが反比例定式によって明らかにされる、というよりも、反比例定式によって論証なく正当化されてしまう危険性が高い。このような方法では保護法益の価値秩序に、危険の存否の判断を完全に委ねてしまうことになり、客観的な危険判断を妨げてしまうことになるであろう。〝損害の程度〟と〝損害発生の蓋然性〟という二つの要素は、本来理論的には区別されるものである。もし〝損害の程度〟を過大に考慮に入れてしまうと、蓋然性概念はその意味を完全に失うところまで相対化されてしまうことになる。(95)

二　そこで検討されなければならないのは、これまで多くの判例や学説が当然のように用いてきた、損害発生の「蓋然性」の意味である。そもそも反比例定式の中で十分な蓋然性とか僅かな蓋然性と言っても、蓋然性の意味内容が十分に理解されていない場合、それを適用することさえ不可能だからである。(96)この問題の未解決は、恣意的な警察権行使を容認しかねない。客観的危険概念の支持者が、主観的危険概念を強く否定してきたのは、まさにこのような理由に基づくものであった。従って、危険の存否を正確に判定するために次に取り組むべき課題は、蓋然性概念を解明するということになる。蓋然性の内容を明らかにすることによって、危険概念の主観化現象についても説明できるのであれば、同現象は《危険概念は、損害発生の蓋然性に関する認識の獲得問題》として説明することができ、〝損害の程度〟から危険概念を説明する必要性もなくなるからである。(97)(98)

(90) Denninger, a.a.O. (Anm. 41), Rn. 42; Brandt/Smeddinck, a.a.O. (Anm. 42), S. 228; Drews/Wacke/Vogel/Martens, a.a.O. (Anm. 39), S. 224; J. Aulehner, Polizeiliche Gefahren- und Informationsvorsorge, 2002, S. 129; Nell, a.a.O. (Anm. 55), S. 163.

(91) Pieroth/Schlink/Kniesel, a.a.O. (Anm. 2), §4 Rn. 7.

(92) 危険概念をその時々の保護法益の助けを借りて定義しようとするものとして、A. Leisner, Die polizeiliche Gefahr zwischen Eintrittswahrscheinlichkeit und Schadenshöhe, DÖV 2002, S. 326ff.; M. Lingemann, Die Gefahrenprognose als Basis eines polizeilichen Beurteilungsspielraumes?, 1985, S. 29ff.

(93) Vgl. BVerwGE 47, 31 (40); BVerwGE 62, 36 (39); BVerwG, NJW 1970, S. 1892; BVerwG, DÖV 1974, S. 209.
(94) Vgl. G. Püttner, Besonderes Verwaltungsrecht, 2. Aufl. 1984, S. 46.
(95) Brandt/Smeddinck, a.a.O. (Anm. 42), S. 228. 本来理論的に区別されるべき〝損害の程度〟と〝損害発生の蓋然性〟が相互に影響を与えるとするならば、その理由が――実際上の区別の不可能性という消極的理由ではなく――合理的に論証されなければならない。多くの支持を受けている反比例定式は、法適用者の直観に訴えかけ、全く一般受けさせるところに最大の魅力と不安定さがある。
(96) もっとも例えば、Hoffmann-Riem, a.a.O. (Anm. 55), S. 333 は、「その時々で要求される異なる蓋然性の程度を言語で表す判例や学説の試みは、失敗に終わっている」と評している。
(97) オッセンビュール (F. Ossenbühl) は、危険防御という任務の特性が持つ論理 (Sachlogik) と法治国家的要求との間に緊張関係が存在することを指摘している (Ossenbühl, a.a.O. (Anm. 31), S. 464)。つまり、一方で、侵害行政の最たるものである警察には、特に厳格な法律上の拘束が必要とされる。しかし他方でこの法治国家的前提と、状況に大きく左右され、また限定的にしか規範化することができない危険防御の任務という対象が持つ論理とが対立する。危険防御に係るあらゆる決定は、対象論理的に状況に応じて下される「状況決定 (Situationsentscheidung)」なのである。オッセンビュールは、以上の認識に基づき、判例はこの緊張関係に対して危険概念を主観化することによって対応しているのであると評している。
(98) 新しい技術に伴う危険が問題となる環境法領域において、損害発生の〝蓋然性〟の中身が詳細に追究されたことによって、蓋然性の定義が欠如していたということが明らかになったと述べるものとして、Vgl. H. Wagner, Die Risiken von Wissenschaft und Technik als Rechtsproblem, NJW 1980, S. 668f.

第二　「可能性 (Möglichkeit)」と「蓋然性 (Wahrscheinlichkeit)」

一　損害発生の〝蓋然性 (Wahrscheinlichkeit)〟があるとは、一体どのような事象を指すのか。この問題にはじめて自覚的に取り組んだ論者として、ショルツ (O. Scholz)[99] を挙げることができる。プロイセン上級行政裁判所の判事として裁判実務を熟知していたショルツは、蓋然性の内容を明晰にすることによって危険概念をこれまでよりもより明確に把握することを試みた。[100] ショルツは、蓋然性概念を精緻に研究したクリース (J. v. Kries)[101] の見解を参照しながら、損害の〝蓋然性〟の明確化を試みるのであるが、その際、損害の〝可能性（Möglichkeit）〟との違いを明らかにするアプローチを採っている点に一つの特徴がある。(102)

ショルツによれば、可能性とは〝他のものと結びついて、損害発生の条件を充たしうる事実状態の存在〟を意味する。それに対して蓋然性とは、〝可能性を超えた危惧（Besorgnis）を基礎づけるもの〟、つまり、可能性に「特別な状態」(103)が付け加えられることによってさらに具体化されたもの、とされる。そしてさらにショルツは、このような説明に対して直ちに湧いてくる疑問を同時に先取りする。「危険を惹起する一般的な可能性と特別な事態との間には、論理的に厳格な区別は存在しない。なぜなら、一般的な可能性も事実から明らかとなり、また新たな事情が付け加わる特別な事態も、……同じように損害の可能性のみを基礎づけるからである。(104)」ショルツによれば、損害の一般的可能性を基礎づける事実状態と、蓋然性を根拠づける「特別な事態」との間を区別することは論理的に不可能であり、(105)現実に存在している事実の集まりを一般的条件と具体的条件とに分けるメルクマールなど存在しない、つまり可能性と蓋然性の区別は、判断の基礎に置かれるべき〝事態の種類〟からは明らかとならない、というのである。ここではショルツは、《損害の発生を惹起するあらゆる事実は、等価である(106)》という、刑事法学にいう〝条件（等価）説(107)〟を意識している。(108)

では、可能性と蓋然性の本質的な違いはどこにあるのだろうか。それは、ショルツによれば〝事態の考察のレベル〟での違いにある。つまり、可能性は〝危険を惹起する個々の条件の存在〟のみを考慮に入れて判断されるが、蓋然性は〝すべての具体的な事実状態(109)〟を考慮に入れて判断されなければならない。

「危険という警察法上の概念は、法益侵害の積極的条件と法益を保つ消極的条件とを区別すれば、単なる可能性よりも詳細に判断することができる、というようなものではない。両条件は互いに考慮されるべき事実であり、損害発生の蓋然性は、経験的に予想されるこれらの事実の相互作用に基づいて判断されなければならないのである。[110]」

ショルツはこれをある家屋の火災の危険性判断を例に説明している。[111] 一般に、家屋が可燃性の素材で作られているという事情が火災が発生する蓋然性があると言うことができるが、この時、家屋が木で作られているという事情が火災が発生しうるという予測の条件であるということになる。むろん火災発生の蓋然性を正確に判断するためには一つの事情だけでは足りず家屋をさらに詳細に観察しなければならない。例えば当該家屋が干し草でできているのか、またこの家屋が構造上火災を拡大させやすい性質を有しているかなども調査、検討されなければならない。いずれにせよこれらすべての条件は木の家という条件と等価値である条件であり、火災発生の予測の条件である。しかし、この家屋が消防隊の養成施設であることが明らかになった場合には、直ちに我々の予測は変更されることになる。消防隊の養成施設は特に耐火性に優れている素材で作られているのが常であることから、火災が発生する蓋然性は低くなるからである。この例からも明らかなように個々の事実だけを考察し導き出した結論と、すべての事実を考慮して導き出した結論は異なる。このように見ると、ショルツが言う《損害の可能性とは、損害を導く条件であるところの事態が存在するか否かを突き止めることによって証明されるものであるのに対し、損害の蓋然性とは、あらゆる事態を互いに考慮することによって証明されるものである》と合理的に再構成することができる。[112]

二　さて、ショルツの見解は、蓋然性と可能性を〝事態の考察のレベル〟という観点から区別するものであり、これによって蓋然性概念の輪郭をはっきりと描くものと評することができるのであるが、しかしショルツのこのような蓋然性の定義にも未だ解明されていない重要な問題が残されている。それは、ショルツが考えている《あらゆる事態を互いに考慮する》とは、一体どのようにして行われるのかという問題である。この点についてショルツは多くを語っていない。[113]

この問題は、一九八〇年代以降、主観的危険概念の考え方が自覚されるようになってもなお深く掘り下げられることはなく、判例の後追い的承認に終始してきた。むしろ法適用者によって直観的に理解され処理されてきたと言ってもよいかもしれない。しかしこの問題の重要性を正しく認識し、再び検討対象として取り上げた論者としてダルンシュテット（T. Darnstädt）[114]を挙げることができる。ダルンシュテットは、この問題を解決するために科学哲学の知見を取り入れている。ダルンシュテットは、危険概念の語用論的内容並びに危険概念の意味を明確にするために、科学哲学において論じられた知見を利用することによって危険概念の解釈を科学哲学の観点から支えることを試みたのである。ダルンシュテットは自らが採用した方法論について、次のように述べている。

「法律家は、〔危険概念のような〕構成要件メルクマールを定義づける際、その語用論的内容を明らかにすることができないがために苦労している。また、彼らがそれを明確にすることができないのは、科学理論において展開された命題の推論のテクニックないし、その使用上の留意点について全く通じていないからである。

私は、〔本書において〕科学理論において見出されたいくつかの知見を利用した。これらの知見は、非常に議論はあるが、差し迫って説明が必要な、いくつかの『古典的』並びに現代的危険防御法の構成要件の、語用論的内容と意味とを明晰にするものである。[115]」（強調――筆者）

ダルンシュテットはこのように述べた上で、損害発生の蓋然性は科学哲学者ルドルフ・カルナップ（R. Carnap）[116]によって示された〝帰納的確率（induktive Wahrscheinlichkeit）[117]〟という概念によってこそうまく説明できる、と主張するのである。[118] 以下、詳しく見ていくことにしよう。

(99) Scholz, a.a.O. (Anm. 40), S. 1.

(100) ショルツの危険概念についての分析は、Vgl. K.-H. Ladeur, Das Umweltrecht der Wissensgesellschaft, 1995, S. 12f.; Poscher, a.a.O. (Anm. 49), S. 47f.

(101) J. v. Kries, Die Prinzipien der Wahrscheinlichkeitsrechnung, 2. Aufl. 1927.

(102) Scholz, a.a.O. (Anm. 40), S. 20ff.

(103) Scholz, a.a.O. (Anm. 40), S. 21.

(104) Scholz, a.a.O. (Anm. 40), S. 21.

(105) Scholz, a.a.O. (Anm. 40), S. 22.

(106) Scholz, a.a.O. (Anm. 40), S. 22.

(107) 条件（等価）説については、さしあたり山中敬一『刑法総論Ⅰ』（成文堂、一九九九）二四二頁以下、参照。

(108) Scholz, a.a.O. (Anm. 40), S. 22. Anm 79.

(109) Scholz, a.a.O. (Anm. 40), S. 22.

(110) Scholz, a.a.O. (Anm. 40), S. 26.

(111) Scholz, a.a.O. (Anm. 40), S. 21f.

(112) Scholz, a.a.O. (Anm. 40), S. 26.

(113) もっともこの当時、ショルツと同じように蓋然性の概念の解明に努力した論者として、ミュラー（v. Müller）を挙げることができる（v. Müller, Möglichkeit und Wahrscheinlichkeit im Polizeirecht, RVBl. 1930, S. 92ff.）。ミュラーもまたプロイセン上級行政裁判所の判例（PrVBl. 16. 126）を合理的に再構成することを試みたが、ショルツとは異なり、自然現象の法則性、つまり統計的頻度に基づいて将来の事象の発生を推論することを考えていたようである。Vgl. Darnstädt, a.a.O. (Anm. 55), S. 43ff.

(114) Darnstädt, a.a.O. (Anm. 55), S. 43ff. コッホ（H.-J. Koch）の下で博士論文を執筆したダルンシュテットは、現在、ジャーナリストとして活躍中である。国内治安法制の進展を批判的に考察した著書として、T. Darnstädt, Der globale Polizeistaat, 2009 がある。

(115) Darnstädt, a.a.O. (Anm. 55), S. 1.

(116) カルナップの業績については、参照、飯田隆責任編集『哲学の歴史第一一巻 論理・数学・言語』（中央公論新社、二〇〇七）四五一頁、特に四六九頁（蟹池陽一）。

(117) 参照、ルドルフ・カルナップ／内井惣七訳「帰納論理について」永井成男ほか編『カルナップ哲学論集』（紀伊國屋書店、一九七七）五八頁以下。帰納的確率に関する論理学者・分析哲学者の手による我が国での詳細な検討として、永井成男＝大窪徳行『帰納的確率と様相の論理』（早稲田大学出版部、一九八六）一〇一頁以下、永井成男「帰納的確率論と論理主義」同『認識と価値』（早稲田大学出版部、一九八四）一一一頁以下がある。

(118) 同時期にダルンシュテットとほぼ同様のアプローチ方法で検討するものとして、Nell, a.a.O. (Anm. 55), S. 27ff. がある。M. Kötter, Pfade des Sicherheitsrechts, 2008, S. 111ff. によれば、危険概念の主観化に対する拒否は一九七〇年代に厳格な科学性を追求した自由主義的法理論の影響があるという。

第三　推論過程審査——T. Darnstädt の見解を中心にして

(1) 推論——演繹的推論と帰納的推論

一　ダルンシュテットは、危険概念の語用論的内容と意味を明確にするために、まず、①事実の認識（診断）と②事実の認識に基づく評価（予測）を、〝推論〟という論理作用として明確に位置付けることから検討を始めている。一般に、〝推論〟という作用には、二つのタイプのものが存在する。演繹的推論と帰納的推論である。[119]演繹的推論とは、次のような図式に従う推論形式である。すなわち、

すべてのFは、Gである（前提一）
対象xは、Fである（前提二）

対象xは、Gである（結論）

例えば、

すべての人間は、いつか死ぬ（前提一）
ソクラテスは、人間である（前提二）

ソクラテスは、いつか死ぬ（結論）

と推論される。

それに対して帰納的推論とは、右の前提の少なくとも一つに統計的法則が用いられることにより、次のような図式に従う推論形式となる。すなわち、

Ｆのｒ％は、Ｇである（統計的法則）
対象ｘは、Ｆである（前提）

===

対象ｘがＧである確率は、ｒ％である（結論）

例えば、

六〇歳のｒ％が、七〇歳まで生きる（統計的法則）
対象ｘは、六〇歳である（前提）

===

対象ｘが七〇歳まで生きる確率は、ｒ％である（結論）

と推論される。[120]

この帰納的推論が真である確率は、統計的法則が用いられている分、一〇〇％ではなく（この場合であれば演繹的推論となる。）、ｒ％となる。つまり演繹的推論の場合には《対象ｘは、Ｇである》といった命題を純粋論理的に（絶対確実に）推論することができるのに対して、帰納的推論の場合には《対象ｘがＧであることは、ほとんど期待できる》とか《極めてありそうである》といったような主張に弱められることになる。このような帰結は、結論は前提から多い程度であるいは少ない程度で確証されるという帰納的推論の特徴を示すものである（このような、前提と結論の結びつきは一般に〝前提と結論との確証関係〟と呼ばれている。）[121]。この場合、統計的法則の前提となる条件が一〇〇％正しいとしても統計的法則を適用して得られる結論はｒ％という確率あるいは信頼度しか持たないということになる[122][123]。

このような帰納的推論には次のような特徴がある。それは、ある前提に統計的法則を適用することによって導き出した結論（《対象ｘがＧであることはｒ％である》）は、その結論そのものの妥当性（すなわち、事実に関する統計的確率）を示すのではなく、その結論が導かれる確率（説明するものが提供する知識を前提にした、説明されるものの合理的な信頼性。〝帰納的確率（induktive Wahrscheinlichkeit）〟とも言う。）を示す、という特徴である[124]。ダルンシュテットは、これを次のように説明している。

「『帰納的確率』の概念の本質的メルクマールは、まさに、推論すべき結果の、前提からの非演繹的論理的推論にある。〔演繹的〕論理的推論が前提と結論との間の（必然的）結合を意味するように、帰納的確率は前提と『結論』との確証関係（Bestätigungs-Relation）を意味する。結論が前提から演繹的論理的に導出可能であるとする場合、それとパラレルに、『結論』は、前提から、確率の程度に応じて多い程度にあるいは少ない程度に確証されるということになる。その際、確認されなければならないのは、前提と結論の間の確証関係としての『確率』の意味は、『命題（Aussage）』と結びつけられており、現実（Wirklichkeit）とは無関係である、ということである[125]。」

二　ダルンシュテットは、損害発生の蓋然性の判断も、まさにこの帰納的確率と同じであると考える。ダルンシュテットによれば、損害発生の蓋然性は損害発生の確率を意味するのではなく、損害発生の条件を形成する諸命題から損害発生という結論が導かれる確率（信頼性）を意味する。この理解に基づけば、危険概念に基づく規制権限の行使も事実によってではなく事実を記述する諸命題間の推論関係によって根拠づけられる、ということになる。[126] 危険概念を事実を記述する諸命題間の推論関係として捉えるダルンシュテットのこの指摘は、特に重要である。というのは、従来、危険概念が法解釈論上明確に位置付けられてこなかったのは、この帰納的確率という概念を統計的確率という概念でもって示そうとしてきたからである。[127] 例えば、内扉のない一〇〇〇台のエレベーターのうち過去に三台が人身事故を起こしたという場合、統計的確率として言えばそのエレベーターには〇・三％の危険性があるということになる。この種の統計的確率は、内扉のないエレベーターの事故発生率、つまり一般的（抽象的）危険性を明らかにするという点において確かに有効な数値であるといえる。しかしこの一般的（抽象的）危険性は、内扉のないエレベーター一般に関する危険性について述べているだけで、個々のエレベーターの危険性については何も述べてはいない。個々のエレベーターは新たな条件――例えば、エレベーターのあるマンションには小さな子供が多く住んでいるといった条件や、工事関係者のみが使用するといった条件――が付け加わることによって、危険になったり危険にならなかったりするはずである。しかし統計的確率では個別具体的ケースにおける結果の発生について述べることはできない。[128] つまり、統計的確率とは《統計的法則の形式において示される相対的な頻度》を意味するものであって、《結論が経験的証拠によって確証される「度合い」》を意味する帰納的確率とは異なるのである。[129] 帰納的確率と明確に区別されるべき統計的確率を念頭においた危険概念は、その前提から誤っているということになる。[130]

(2)　帰納的推論の多義性と「最大詳述の要求」

一　さて、損害発生の蓋然性は帰納的確率と同じであると位置付けるとしても、帰納的推論によって結論を導き出すという方法には、なお避けることのできない大きな問題がある。それは右に述べたように、結論を導き出す前提が如何なる内容のものであるのかに応じて、結論の確率（帰納的確率）が変わりうるということである。これは、科学哲学の領域では、〝帰納的推論の多義性あるいは曖昧性の問題〟と言われているものである。[131]

先に見た通り帰納的推論とは、

ほとんどすべてのＦは、Ｇである（統計的法則）
対象ｘは、Ｆである（前提）

対象ｘがＧであることは、ほとんど確かである（結論）

と推論される種類のものをいうが、例えばこの場合において、対象ｘが、ある統計的法則に基づいてＧであることをほとんど否定するような他の特性（Ｈ）を持つことがありうる。この場合には、右推論図式に従えば《対象ｘがＧでないことは、ほとんど確かである》と推論することも可能となる。であるとすると、このように推論された《対象ｘがＧでないことは、ほとんど確かである》（ｂ）という結論は、《対象ｘがＧであることは、ほとんど確かである》（ａ）という初めの結論を無効にしてしまうことになる。[132]以上の問題は、次のような例で説明すると分かり易くなるだろう。[133]例えば、インフルエンザのほとんどはタミフル服用後すぐに治癒するということが分かっており、太郎がインフルエンザにかかっていたとする。このとき、タミフルの服用によって太郎のインフルエンザが治癒したなら、この結論は帰納的推論を使って次のように説明することができる。

A

インフルエンザのほとんどすべてのケースは、タミフル服用後すぐに回復する（統計的法則）
太郎は、インフルエンザであった（前提一）
太郎は、タミフルを服用した（前提二）

太郎がすぐに回復するのは、ほぼ間違いない（結論）

しかしインフルエンザには少数ではあるがタミフルの耐性を持つ種類があり、太郎はそのインフルエンザに感染していたとする。そうするとタミフル服用による治癒の確率は低くなるため次のように説明されることになる。

B

タミフル耐性インフルエンザのほとんどすべてのケースは、タミフル服用後すぐに回復しない（統計的法則）
太郎は、タミフル耐性インフルエンザであった（前提一）
太郎は、タミフルを服用した（前提二）

太郎がすぐに回復しないのは、ほぼ間違いない（結論）

ここで注目すべきなのは、帰納的推論のように前提に統計的法則が用いられる場合、真の前提のみを持つ複数の論証（AとB）が互いに矛盾した結果を導くことがありうる、という点である。[134] Aの帰納的推論によって導き出された結論は、太郎のタミフルによる治癒率が高いということだけで、全部が治癒するということではない。事実、ある種のインフルエンザはタミフルに対する耐性を有する。そうすると、あるインフルエンザの病気の事例がタミフル耐性インフルエンザの事例においてタミフルを服用したときに、治癒しない確率は極めて高いということになり、AとBの結論は矛盾することになる。これは要するに、与えられた個々の前提（例えば、太郎が感染しているインフルエンザ）が往々にしていくつかの母集団（例えば、通常のインフルエンザもしくはタミフル耐性インフルエンザ）のいずれからも無作為抽出によって得られるということ、しかも、与えられた個々の前提がどの母集団に属するものであるかによって異なる統計的法則を持つということに由来している。これに対し演繹的推論の場合には、このような問題は生じない。統計的法則を用いない演繹的推論の場合、対象xが、Gと例外なく結びついている特性（F）を持つならば、これがGであることを例外なく否定する特性（H）を同時に持つことはありえないからである。以上要するに帰納的推論の場合、与えられた個々の前提がさらにどのような統計的法則に従う内容を持つのかによって、その帰納的な確からしさの判断が互いに矛盾する結果を導くことがありうるわけである。[135] これが、〝帰納的推論の多義性あるいは曖昧性〟と呼ばれている問題である。[136] 従って、このような多義性あるいは曖昧性を除去し、二つの矛盾する論証の一方のみを〝正しい〟論証として受け入れるためには、《帰納的推論を正しく導くための規則》[137]、つまり前提の選択方法を新たに明確にしておく必要がある、ということになる。[138]

二　そこでダルンシュテットは、《前提を最も詳細に記述する》という方法を提唱することによってこの問題の解決を図ろうとする。これはカール・G・ヘンペル（C. G. Hempel）によって示された考え方で、一般に「最大詳述の要求（Requirement of maximal specificity）」[139] と呼ばれているものである。それは、《与えられた前提に対して帰納的推論を正しく適用するためには、結論を導き出すために必要な最も詳しい事情（前提）すべてを取り入れなければならない》という準則である。ヘンペルはこの準則を提唱するにあたり、まずルドルフ・カルナップが提唱した「全証拠（Gesamtdatum）の算入」という考え方（以下、全証拠の原理という。）に注目する。[140] カルナップによれば帰納的推論を正しく適用するためには、前提に単一のデータや法則だけを用いるのではなく、全証拠、すなわち予測にとって重要な、利用しうるすべての経験的知識が用いられなければならない。ある者Xが推論を行う場合、その推論は、Xが前提に含まれているデータ以外に全く知らないか、その他のすべてのデータが予測にとって全く重要ではない場合にのみ、正当化される。このカルナップの見解の最大の狙いは、予測にとって重要なすべてのデータが前提に取り入れられている場合は《反対の予測を支えるような他の前提はもはや存在しない》ということを確保する点にある。(141) 先に挙げたタミフルの例で言えば〝インフルエンザ〟の中に結論を否定するような〝タミフル耐性インフルエンザ〟が含まれているか否かをはっきりさせるということである。これによって帰納的推論において新たな前提が考慮に入れられるということはなくなり、前提が固定されることになる。このようなカルナップの見解は、全証拠を判断の基礎に据えなければならないという点において〝すべての具体的な事実状態〟を考慮に入れなければならないとした、かつてのシヨルツの見解とも一致すると言えよう。しかしながらこのカルナップの見解をそのまま受け入れるとなると、実際上、大きな問題が生じる。というのは、カルナップの見解通り利用可能なすべての経験的知識を取り入れるとすると、最終的には観察的知識・理論・仮説を含む、およそありとあらゆる証拠の算入を要求することになってしまい、そのリストが無限に続くことになってしまうからである。このような作業は、現実的に不可能である。

三　そこでヘンペルは、カルナップの全証拠の原理を基本的に維持しながらも、現実的にも使用可能な準則を立てるため、〝すべての前提〟ではなく〝限定された前提〟で十分であるとするような方法的補助準則を定式化する。その補助準則とは、《前提の中に、少なくとも予測の時点で結論を導き出すために必要な、最も詳しい事情（前提）すべてが取り入れられている場合には、これでもって最終的なものとして扱ってもよい》とするものである。ヘンペルが提示したこの補助準則は、予測者に次のような手続を行うことを要求する。予測者は、まず①予測の時点で知り得る限りにおいて、帰納的確証関係の前提を、つまり予測にとって重要なあらゆるデータを獲得する。そしてその次に

②この前提の束が予測すべき結論にとって十分な根拠であるか否かを判断する、という手続である。ヘンペルのこの主張に従えば、カルナップのように際限なくデータを収集する必要もなく、〝最終的な〟判断が可能となる。[142]

予測の時点でのデータと関連づけるということは、より詳細に言えば、次の三つの観点において前提を限定することが可能になることを意味する。例えば、予測の妥当性が問題とされている場合に、なぜＸは、Ｂという前提を考慮に入れなかったのか（なぜ、前提を制限したのか）ということが問題になったとする。その場合の理由づけとして次の三つのケースが考えられる。[143]

Ⅰ　Ｘは、Ｂという事実を知らなかった。

Ⅱ　Ｘは、Ｂという事実を知っていた。しかし、Ｂと予測すべき結果との間に重要な関連性が存在するということが、Ｘには明らかではなかった。

Ⅲ　Ｘは、Ｂという事実を知っていた。そしてＸには、この事実が予測すべき結果の条件として一定の役割を果たしているということも明らかであった。しかしこの事実は、他の事実に基づいて獲得されたＸの見解に影響を及ぼすには十分ではなかった。

予測の時点で知られていない事実は当然、予測の前提条件とならないため、Ⅰによる前提の制限については、説明は不要であろう。Ⅱによる前提の制限とはすなわち、Ｘが知っている情報から特定の情報を、明らかに重要でないものとして予め取り除く、ということを意味する。これは〝内容に基づいた説得的な考察（inhaltliche Plausibilitätsbetrachtung）〟と呼ばれることがあるが、具体的には、《ＫとＫ′の平均クラスにおいてＳという結果が生じる頻度が、ＫにおいてＳという結果が生じる頻度と異ならない場合、ＫとＫ′の二つのクラスからＫ′は無視されてもよい》ということを意味するとされる[144]。例えばXが、今日雨が降るかどうかを予測したいとする。そしてその際、Xには次の二つのデータと統計的法則が明らかにされていたとする。

今日は、雨が降り出しそうな蒸し暑さである（前提一）
今日は、火曜日である（前提二）
雨が降り出しそうな蒸し暑さの時、たいていは雨が降る（統計的法則）

しかし、この場合、前提二のデータを取り入れることは無意味であることは明らかである。Xにとって曜日が天候状態と何の関わりももたないということは自明だからである。従ってこの場合、前提二のデータは無視されてよいことになる。Ⅲによる前提の制限は、ダルンシュテットによれば、Xが有している統計的頻度に関する知識を用いることによって行われる[145]。つまり《もしXが、KとK′の平均クラスにおいてSという結果が生じる頻度がKにおいて生じる頻度よりもしばしば低いということを既に知っている場合には、K′の命題を無視して専らKとのみ関連づけてもよい[146]》とするものである。このようにして予測者は、①決定時点における、あらゆるデータを視野に入れた上で、②そのデータそれぞれが実際上損害発生に関連するか否か、また③関連するとして、どの程度までの関連性があるのかを見定める、そしてこれを通じて、無制限の前提から意味のある前提のみを取り出し結論を導き出すことになる、というわけである。ダルンシュテットは、かつてショルツによって示された蓋然性判断の定式、つまり《法益侵害を導く積極的な条件と、法益を保つ消極的な条件の全状況を、経験適合的に予想される相互作用に基づいて、互いに考慮する方法》を、このヘンペルの〝最大詳述の要求〟を提示することによって具体的に明らかにしているのである[147]。

(3)　具体的適用例

一　では、「最大詳述の要求」によって示された〝帰納的推論を正しく導くための規則〟は、現実の法的紛争において、果たして、またどのような形で適用することができるのだろうか。科学哲学上の理論が法解釈論上の問題に果たして、またどの程度適用されうるかは、それ自体、重要な問題である。ダルンシュテットは、自身が明らかにした右規則の法実務での有効性を示すために、一九七三年五月一七日にザールルイ上級行政裁判所[148]で下された判決を例にこれを検証している。[149]

事案は次のようなものであった。極右政党ドイツ国民民主党（ＮＰＤ）は、総選挙を前に一九六九年一一月一四日から党大会を開催することを予定していたところ、党大会の開催は反対デモなどを誘発し暴力事件を引き起こす危険性があるとして、ザールブリュッケン市長はこれを禁止する命令を出した。本件事案の争点は、この党大会の禁止命令が適法であったか否か、具体的にはザールラントの旧警察行政法（PVG）二一条が規定する「直接的に〔目前に〕差し迫った危険（unmittelbar bevorstehende Gefahr）」が存在したか否かである。ザールルイ上級行政裁判所は、結論として妨害発生の蓋然性を否定し、本件禁止命令を違法と判断したが、問題はその理由である。

二　ザールブリュッケン市長はどのようにして妨害の蓋然性があると判断したのか、判決文からは直ちに明らかではないが、ダルンシュテットによれば、裁判所が行った事実認定に基づきこれを合理的に再構成すると次のように説明することができるという。

①　ＮＰＤの党大会に反対する大規模なデモの予告と声明が出されていた

②　ＣＧＴやＫＰＦといった左派系外国人グループの構成員、フランスレジスタンス運動家並びに元ナチ強制収容所の被収容者がそのデモに参加するであろうという情報が存在していた

P　フランスレジスタンス運動家が極右政党に反対するデモに参加した場合、しばしば（八〇%ぐらいの程度で）参加したグループで暴力事件が発生する

S1　NPD党大会を暴力的に妨害する行為が行われる十分な蓋然性がある

このような再構成が可能であれば、ザールブリュッケン市長のS1の判断は帰納的推論に基づいた結論と言うことができるだろう。(150) しかし他方で裁判所は、ザールブリュッケン市長とは異なり、次の五つの事実を挙げることによって妨害発生の蓋然性がないとの結論を導き出している。

①　NPDの党大会に反対する大規模なデモの予告と声明が出されていた

②　CGTやKPFといった左派系外国人グループの構成員、フランスレジスタンス運動家並びに元ナチ強制収容所の被収容者がそのデモに参加するであろうという情報が存在していた

③　NPDは、最近の連邦選挙において、決定的な敗北を被った

④　二、三日前にザールラント内務大臣によってデモを警告し沈静化させるテレビ演説が行われた

⑤　今回のNPDの党大会は選挙戦のために行われるものではなく、政党の内部的な行事のために行われるものであった

P　フランスレジスタンス運動家が極右政党に反対するデモに参加した場合、しばしば（八〇%ぐらいの程度で）参加したグループで暴力事件が発生する

Q　政党が明らかに政治的に意味をなさない場合には、この政党に対する暴力行為が起こることは稀である（一〇%ぐらいの程度）

S2　ＮＰＤ党大会を暴力的に妨害する行為が行われる蓋然性はない

裁判所は、右の五つの事実に関する判断でもって、妨害発生の蓋然性はないとしたのである。[151]

三　さて、この妨害発生の蓋然性がないという結果は、裁判所によってどのような経緯を経て導かれたのか、判決文の中では特に明示的に述べられていない。しかしいずれにせよ裁判所は、前提となる事実そのものについては正しいものと認め、警察官吏もそのこと自体を争っていないことを考えると、両者は少なくとも前提そのものではなく、前提から結論への推論を問題にしているということが言える。[152]ところで、①から⑤までの事実命題を見るかぎり、①と②の事実命題はＰの経験則も含め妨害の蓋然性を認めるのにプラスの素材を提供し、③から⑤までの事実命題はＱの経験則を含めマイナスの素材を提供している、と言うことができそうである。では、なぜ裁判所は警察官吏の判断を誤りと判断したのであろうか。この点、ダルンシュテットによれば、警察官吏はヘンペルの言う「最大詳述の要求」を充たしていなかったとして、妨害発生の蓋然性があるとした警察官吏の判断を誤りであるとした、と説明される。

まず第一に、ＮＰＤ党大会の禁止命令の時点において存在していた①から⑤までの事実は、裁判所によって「全状況」[153]として認定されていた。逆に言えば、予測すべき結果とは無関係に存在する数多くの事実は、はじめから重要でないものとして排除されている。次に、予測の前提の中に取り入れる事実の選択方法（前提の限定方法）に関してである。警察官吏は、全状況として①と②の事実を重要とみなし、予測の前提の中に取り入れて党大会の禁止を命じている。確かに、①と②を共に考慮に入れた統計的法則、つまり極右政党に反対するデモ隊の中にフランスレジスタンス運動家がいる場合には特に暴力沙汰になるという経験則は、妨害発生を前提に党大会を禁止する十分な根拠を提供していたと言うことができる。しかし裁判所は、反対の結論を導く新たな事実を持ち出すのではなく、警察官吏は

〝最大詳述の要求〟を充たしていないという点を捉えて蓋然性がないと結論づけた。つまり裁判所は、①から⑤までの〝全状況〟が予測にとって重要なすべての事実として認めているにもかかわらず、警察官吏は〝全状況〟ではなく①と②の事実しか前提の中に取り入れていないということを問題にしたのである。むろん、警察官吏は③④⑤の事実を知らなかったということであれば、①と②の事実しか考慮に入れなかったということも正当化される。しかし今回のケースでは、警察官吏が決定時点でその事実を知らなかったということは触れられていない（従って、Ⅰ〔二三四頁〕による前提の制限は認められない。）。またＱが示すように政党の政治的重要度が妨害発生に影響を及ぼすということが警察官吏には明らかではなかったという事情があれば、③を考慮に入れなかったことが正当化される余地もあるが、そのような事情も認められていない（従って、Ⅱ〔二三四頁〕による前提の制限は認められない。）。さらに、警察官吏は〝ＮＰＤの決定的な選挙敗北〟という③のメルクマールの重要性を認めつつも、これは結論を左右するものではないとしてあえてそれを前提から排除した、という形跡も認められない（従って、Ⅲ〔二三四頁〕による前提の制限は認められない。）。

四　以上要するにダルンシュテットは、警察官吏が③④⑤の事実を自己の決定を基礎づける前提の中に取り入れられなければならなかったにもかかわらずそれを行わなかった（前提を不当に制限した）という点を捉えて裁判所は違法と判断した、と分析するのである。[154] 蓋然性判断は常に予測の基礎となる具体的事実に基づいている。そこで問題となるのは何を予測の基礎とすべきか、である。ダルンシュテットは右判例の分析を行った上で〝帰納的推論を正しく導くための規則〟が有効であることを示し、最終的に、危険、つまり損害発生の蓋然性は、次のような場合に認められると定式化するのである。

《予測者によって重要とみなされたすべての事実（前提）から損害（結果）を推論することが、合理的に受容可能

（rational annehmbar）である場合[155]》

（4）予測時点の確定

一　さて、右分析は、いわば予測の判断に一定の手続を要求し、これが十分でない場合には合理的な判断ではないとするものであるが、しかしこれで危険概念が完全に定式化可能となったというわけではない。というのも、右定式には予測の時点をどこに設定するかに関わる準則が含まれていないからである。既に明らかにしたように、蓋然性判断は、何を予測の判断の基礎として取り入れるかに決定的に依存している。ゆえに予測の時点を確定することが、前提事実の選択にとって極めて重要になる。時間の経過に応じて、警察官吏の知識の量は多くなったり少なくなったりするからである。[156]

二　プロイセン上級行政裁判所の判決によれば、それは「処分の発令の時点[157]」とされていた。なるほど、損害発生の事前と事後との対比において予測時点を見出すとすれば、処分の発令の時点ということで特に問題がないように思われる。予測とは常に事前の観察に基づいてのみ行われるものだからである。しかしこれだけでは必ずしも十分ではない。というのも、警察官吏は、たとえ事前の観察に基づいてもなお、できる限り多くの事実を収集するために事の成り行きを見守ることもありうるからである。そこで考えなければならないのは、できる限り多くの事実を考慮に入れるために処分を控えることは、どの時点まで許されるか、である。ダルンシュテットはこの点につき次のように考えている。

例えば、ある時点 t_1 の段階で損害発生の蓋然性があると認められる場合に、警察官吏が本来であれば時点 t_2（t_1＋n）においても対処可能であるにもかかわらず、（損害を確実に回避するという観点から）早期に規制手段を行使したとしよう。その後、損害発生の蓋然性を否定する事実が時点 t_2 の前に存在することが明らかになったとした場合、当該警察措置は、果たして適法と評価されるだろうか。この点損害発生防止のためにできる限り即座に対応すべきという視点を専ら重視するのであれば、当該警察措置を違法と判断することは難しいようにも思われる。しかし警察官吏が任意に予測時点を定めることができるとすれば、結果として予測の基礎に取り入れる前提事実も自由に取捨選択できるということになり、恣意的な危険判断が行われるおそれがある。従ってダルンシュテットは、「損害発生の十分な蓋然性が認められるとしても、危険防御のチャンスが失敗に終わることなく待つことができるのであれば、警察官吏は、損害発生にかかる十分な事実がなくなるまでのリスクを負わなければならない[158]」とし、予測時点は危険防御の〝決定可能な最終時点[159]〟、つまり《さらなる認識を得るために努力することによって時間を逸すると危険防御措置が失敗するリスクが高まるぎりぎりの時点》でなければならないとするのである[160]。この結果は、予測判断には、できる限り正確な情報を漏らさずに獲得しなければならないという、ダルンシュテットの方法論的立場から導かれる帰結である[161]。

以上を踏まえると、危険、つまり損害発生の十分な蓋然性とは、先に示した定式化に新たな修正を加えて、次のような場合に認められると定式化可能となる。

《決定可能な最終時点で予測者によって重要とみなされたすべての事実（前提）から損害（結果）を推論することが、合理的に受容可能（rational annehmbar）である場合[162]》

三　もっとも、ここで即座に次のような疑問が思いつく。そもそも損害発生の蓋然性は、警察措置の実効性とは全く無関係なのであって、蓋然性判断の中に危険防御の失敗・成功を考慮に入れた予測時点を取り入れることは不要ではないか、という疑問である。確かに損害発生の予測は、いかなる種類の措置であれ、その措置が行われる前に形成されるものである。損害発生の予測は、どのような前提事実が存在するのかに依拠しているのであって、どのような警察措置によって前提事実が変更され得るのかに依拠しているのではない。危険防御が手遅れにならない最終時点まで待つという〝必要性（Notwendigkeit）〟は、むしろ比例適合的な裁量行使という要請から導かれる条件なのではないか。例えばリンゲマン（M. Lingemann）はダルンシュテットを次のように批判している。「〔決定可能な最終時点を選択せよという〕高い要求は、法律からは読み取ることはできない。むしろここでは、介入裁量が示されなければならない。警察官吏は、即時に介入するのかそれともひとまず待機するのかを、この裁量の枠内において決定しなければならない。この裁量問題は、構成要件上の前提条件と結びつけられるべきではない[163]」と。しかしダルンシュテットはこのような理解に反対する。というのは、このような理解は比例性の意味における必要性の基準をあまりにも広く解釈するものだからである。通常、警察措置の必要性を問う場合には、警察官吏による判断の時点を出発点として、その上で目指されている具体的な目的の達成のために十分な手段であるか否かを問うものである。よってダルンシュテットは、決定可能な最終時点が来るまで待つ、換言すれば、限界までリスクある道を選ぶということは、裁量の問題ではなく危険概念に内在する要素でなければならない、というのである[164]。

(119) より正確には、非演繹的推論と名づけた方がよいが、ここでは理解しやすいように帰納的推論としておく。帰納的推論は、数ある非演繹的推論の中の一つのタイプである。

(120) 科学哲学の領域で主に議論されている「科学的説明」の一種で、説明項の一つに統計的法則（経験則を含む）が取り入れられているタイプの「説明」を言う。詳細は、内井惣七『科学哲学入門』（世界思想社、一九九五）一〇三頁以下を参照。

(121) 統計的法則によって特定の事象を説明することは、帰納的―統計的説明（通称、ＩＳ（inductive statistical explanation）説明）とも呼ばれる。カール・ヘンペル／長坂源一郎訳『科学的説明の諸問題』（岩波書店、一九七三）六二頁。森田邦久『科学とはなにか――科学的説明の分析から探る科学の本質』（晃洋書房、二〇〇八）六頁以下も参照。

(122)　演繹的推論の場合は異なる。演繹的推論の場合、前提が真ならば、結論も必然的に真となる。これに対して帰納的推論の場合、結論はある一群の証拠との関連において推論されるため、「であることはほぼ確かである」という表現になり、真偽という形で表現されない。かくして演繹的推論は真理値として真偽のみを認める二値の論理学であるとよばれるのに対して、帰納的推論は多値の論理学であるとよばれることがある。参照、近藤洋逸＝好並英司『論理学概論』（岩波書店、一九六四）一六五頁。

(123)　さらに確率rの統計的法則Aと確率sの統計的法則Bが連続的に適用される場合も考えられる。その場合、得られる結論は確率r・sということになり、信頼度はその分低下することになる。参照、G・H・フォン ウリクト／丸山高司ほか訳『説明と理解』（産業図書、一九八四）一六頁以下。

(124)　Vgl. R. Carnap, Induktive Logik und Wahrscheinlichkeit, 1959, 20ff.; ルドルフ・カルナップ・前掲(117)五八頁以下。Vgl. Nell, a.a.O. (Anm. 55), S. 27ff.

(125)　Vgl. Darnstädt, a.a.O. (Anm. 55), S. 46; Opp, a.a.O. (Anm. 29), S. 52ff. W・シュテークミュラー／中埜肇ほか監修・竹尾治一郎ほか訳『現代哲学の主潮流2』（法政大学出版局、一九八一）一三〇頁以下も参照。

(126)　従って、ときおり危険とは「損害を引き起こしうる状態」(H. Dröge, Die “drohende Gefahr” und ihre Auswirkungen auf die Rechtsstellung der Zivilperson gegenüber der öffentlichen Gewalt, 1960, S. 10) であるとか、あるいは、「具体的事象の危険性」(Götz, a.a.O. (Anm. 54), Rn. 142) 等といったように、「状態」とか「事象」が具体的危険の構成要件メルクマールとみなされることがあるが、そのような定式化は誤解を招きやすいということになる。というのも、そのような定式では、「具体的状態」（従って、現実に存在している行為並びに物の総体）にあたかも外観からの観察において確認されるような「性質」（例えば、車の色）を備えているような誤解を与えるからである。具体的危険のメルクマールは、現実に存在している「状態」といったようなものではなく、あくまで、状態に関する命題から将来の状態に関する命題への「推論」、つまり状態（前提）から損害（結果）へ「推論」を表示する構成要件から明らかとなるものであることに注意が必要である。

(127)　このような立場を明確にとったのがミュラーである。統計的確率（統計的頻度命題）をもって蓋然性を理解する論者は少なくない。例えば、その一人であるドレーゲ (Dröge, a.a.O. (Anm. 126), S. 17f.) は、ミュラーを参照して「『危険性』があるか否かが問われるべきある現在の状況から、全てのケースの七五％で損害が発生したということが確認されたのであれば、将来の損害に関する予測には、理論的には同じく七五％の確実性が認められることになる」と述べる。しかしこの説明では、「現在の状況」が、多くの条件を形成する個別ケースにおいては損害を引き起こさないこともあることを無視してしまうことになる。

(128) 統計的確率から個々の結果を導くことが可能なのは、危険判断の基礎に置かれる事態が単に一つしか存在しない場合だけである。しかし、危険判断の基礎に置かれる事態というのは、複数の条件から構成されているのが通例である。Vgl. W. Stegmüller, Probleme und Resultate der Wissenschaftstheorie und analytischen Philosophie, Bd. 1, 2. Aufl. 1983, S. 780f.

(129) 「確からしさ」は、事実に関する統計的確率を意味するのではなく、ある前提からその結論が導かれる論理的確率（確証度。帰納的確率）あるいは結論の支持の強さ（信頼度）を意味する。一般に「法的推論」と呼ばれるものは、前提がすべて真であれば結論も必ず真となるような論理的推論ではなく、（論理的には「いい加減な」推論ではあるが）「よい加減の推論」「合理的な推論」を追究する推論を意味すると言われることもあるが、帰納的推論はこのような法的推論とも親和的であると言えよう。参照、平野仁彦ほか編『法哲学』（有斐閣、二〇〇二）二二一頁（亀本洋）。

(130) シュテークミュラー・前掲(125)一二七頁以下も参照。Opp, a.a.O. (Anm. 29), S. 53.

(131) Vgl. Stegmüller, a.a.O. (Anm. 128), S. 807ff. 参照、ヘンペル・前掲(121)七一頁。

(132) むろんこの場合でも、先に述べたように、「ほとんど確か」を、前提とその結論との間にある関係、つまり「諸命題間の関連性」を表すものとして理解するのであれば、(a)と(b)の矛盾も〝見かけ上の矛盾〟として解消されることになる。というのは、「対象xはGである」は、ある前提と相対的にほとんど確かであり、また「対象xはGでない」は、他の前提と相対的にほとんど確かである、と説明可能だからである。しかし、これでもなお、両者の前提がどちらも真であるにもかかわらず、一方が他方を否定する余地が認められるため、問題の解決にはならない。シュテークミュラー・前掲(125)一一二頁以下。

(133) 簡潔な説明については、Poscher, a.a.O. (Anm. 49), S. 84ff. を参照。

(134) シュテークミュラー・前掲(125)一一二頁以下。

(135) このような現象を指して、「条件付き蓋然性 (bedingte Wahrscheinlichkeit)」と呼ぶこともある。Vgl. Nell, a.a.O. (Anm. 55), S. 28.

(136) このような問題性を指摘し、カルナップによる蓋然性理論につき、論理と現実に橋をかけることはできないと述べるものとして、Nell, a.a.O. (Anm. 55), S. 30ff.

(137) シュテークミュラー・前掲(125)一一三頁以下（「演繹的推論の場合にはこの規則に対応するものがない。或る主張が或る仮定から論理的に（つまり、演繹的に正しく）推論された場合には、他の仮定がもとの仮定に加えられても、その推論の正しさは変らない。

すなわち、前提を強化することによって論理的推論を不妥当にすることはできないのである。帰納的推論の場合には事情が異なる。この場合には、確からしさの判断は、新しいデータに基づいて二つの方向に変り得る。すなわち、帰納的な確からしさは大きくも小さくもなり得るのである。」)。

(138)　従って、ネルは言う。「ここでどのような範囲の情報が基礎に置かれるべきかは、蓋然性概念そのものからは明らかとはならない。」(Nell, a.a.O. (Anm. 55), S. 85.)

(139)　ヘンペルの「最大詳述の要求」については、科学哲学分野においても議論が多く、なお未解決な点が多い。ヘンペルの理論については、参照、内井・前掲（120）一一〇頁以下。なお、ヘンペル・前掲（121）七七頁では、「最大限定性の要求」と訳され、初出論文（拙稿「危険概念の解釈方法（三）――損害発生の蓋然性と帰納的推論」自治研究八三巻一一号（二〇〇七）一二三頁）では「最大の明細性の要件」とも記していたが、本書では森田・前掲（121）一二頁の訳に倣い、「最大詳述の要求」と記すことにする。

(140)　以下、ヘンペル・前掲（121）七四頁以下、Darnstädt, a.a.O. (Anm. 55), S. 49ff. 参照。

(141)　ヘンペル・前掲（121）七四頁以下に、より詳細な説明がある。また参照、シュテークミュラー・前掲（125）一一四頁以下（「この原理に従うならば、……二つの両立しない論証のいずれの場合においても、全く同じ前提を用いること、すなわち、すべての（関連のある）経験的知識を用いることになるのである。この知識が無矛盾ならば、それは仮説およびその否定に同時に高い帰納的確率を与えることはできない。なぜならば、これらの確率の総和は一に等しくならなければならないからである。」)。

(142)　シュテークミュラー・前掲（125）一一四頁以下。

(143)　Vgl. Darnstädt, a.a.O. (Anm. 55), S. 50f.

(144)　Vgl. Darnstädt, a.a.O. (Anm. 55), S. 51f.; Stegmüller, a.a.O. (Anm. 128), S. 816ff.

(145)　Vgl. Darnstädt, a.a.O. (Anm. 55), S. 52.

(146)　Darnstädt, a.a.O. (Anm. 55), S. 52 Anm. 199 によれば、これがヘンペルの「最大詳述の要求」の核心部分であるとされる。詳細は、Stegmüller, a.a.O. (Anm. 128), S. 814ff.

(147)　なお、「最大詳述の要求」は、カルナップの全証拠の原理も含めた意味で用いられるのが一般的である。

(148)　OVG Saarlouis, DÖV 1973, S. 863ff.

(149)　以下、Vgl. Darnstädt, a.a.O. (Anm. 55), S. 43ff. なお、公害裁判判決における因果関係論の法的推論を帰納論理学（帰納的確率）

の観点から分析し、帰納論理学の有効性を論証する試みとして、大窪徳行「環境公害裁判と帰納論理――因果関係論と帰納的確率論」論理哲学研究三巻（二〇〇三）一頁以下。また、裁判官による心証形成・事実認定に関連して帰納的推論（確率）に言及するものとして、太田勝造『社会科学の理論とモデル７　法律』（東京大学出版会、二〇〇〇）六六頁以下も参照。

(150)　ちなみに、帰納的推論によれば、警察官吏（市長）の判断、つまり《妨害の蓋然性がある》という結論は、これを単純に妨害に関する命題として理解してはならないことに改めて注意が必要である。既に見たように、ある事実に統計的法則を適用することによって導き出した結論は、その結論そのものの妥当性を示すものではなく、その結論が導かれる確率を示すものであるからである。従って、《妨害の蓋然性がある》という結論は、正確には、《『妨害に至る』という命題は、①②によってほとんど確証される》というように理解されなければならない。

(151)　またここでも、裁判所は事実として蓋然性がないと判断したのではなく、正確には《『妨害に至る』という命題は、①②によってはほとんど確証されない》と判断したと理解されなければならない。

(152)　警察官吏が誤った帰納的推論を用いたということは、演繹的推論のケースにおいて論理的に誤った推論を用いたということと同じことを意味する。シュテークミュラー・前掲(125)一二九頁以下。さらにカール・G・ヘンペル／黒崎宏訳『自然科学の哲学』（培風館、一九六七）九四頁以下も参照。

(153)　OVG Saarlouis, a.a.O. (Anm. 148), S. 865.

(154)　Vgl. Darnstädt, a.a.O. (Anm. 55), S. 52f.

(155)　ダルンシュテットは、また他方で、危険概念が前提としている蓋然性概念を、《事実の頻度に関する経験則による、事実命題の正確な裏づけの程度》とも定式化している。ダルンシュテットによれば、この「正確な」という表現の中に、ヘンペルの「最大詳述の要求」が示されているという。Vgl. Darnstädt, a.a.O. (Anm. 55), S. 53.

(156)　Vgl. Nell, a.a.O. (Anm. 55), S. 58. 知識が拡大すればするほど予測もより確実なものとなる。このような考え方は予測の強化のための情報収集の必要性を強く促すことになる。

(157)　PrOVGE 93, 87 (91f.).

(158)　Vgl. Darnstädt, a.a.O. (Anm. 55), S. 79ff.

(159)　Darnstädt, a.a.O. (Anm. 55), S. 81.

(160)　むろん、決定可能な最終時点は警察官吏の地位によっても変化しうるであろう。つまり臨機応変に現場で対応することのできる執行警察の予測時点と、一般行政機関の予測時点とでは、個々の機関が用いることのできる専門的知識・防御措置の種類との関連において異なることがあり得る。またこのような理解は、いわゆる新たな知見をめぐる処分の違法性判断基準にも影響を及ぼすことが考えられよう。このような観点から、ダルンシュテットが予測の範囲を時間的観点においてのみ制限し、人的・事項的観点について考慮に入れていないことを批判するものとして、Poscher, a.a.O. (Anm. 49), S. 85f.

(161)　Vgl. Nell, a.a.O. (Anm. 55), S. 205. も同旨。

(162)　Vgl. Darnstädt, a.a.O. (Anm. 55), S. 53, S. 87.

(163)　Lingemann, a.a.O. (Anm. 92), S. 31 Anm. 105.

(164)　同旨、Vgl. H.-J. Koch/R. Rubel/M. Heselhaus, Allgemeines Verwaltungsrecht, 3. Aufl. 2003, §5 Rn. 177.

補論　様々な種類の危険概念

一　ところで、危険防御を目的とする法律の中には、しばしば、「急迫な危険」「差し迫った危険」といったように、危険概念にさらに一定の要件を加えることによって損害発生の蓋然性の程度を修正しているようなものが存在する。(165)このような加重要件は、二通りの方法で示されるのが一般的である。つまり、「著しい（erheblich）」（BrandPolG 七条一項一号）という要件と「直接的な〔目前の〕（unmittelbar）」（VersG 一五条一項）あるいは「現在の（gegenwärtig）」（BremPolG 二条三号b）といった要件である。支配的見解によれば、おおよそ前者の例は問題となっている法益の重要度を考慮に入れた危険概念、後者の例は損害発生の時間的近接性を考慮に入れた危険概念とされているが、(166)問題は、これらの加重要件が、これまで見てきた危険存否の判断方法と、如何なる関係にあるかである。補論として考察を加えておこう。

二　まず、法益の重大性を考慮に入れた危険概念について検討する。損害発生の蓋然性の程度はどのような法益が危険に曝されているのかによって決定されるべきであるとするこの見解は、反比例定式が支配的見解であるように、学説でも広く支持されている。[167] しかし、法益の損害の程度は、蓋然性の判断と無関係であることは既に確認した通りである。であるとすると、この加重要件は一体何を意味するのかが問題となる。

この点、支配的見解によれば、法益の程度を考慮に入れた加重要件は、警察措置によって被る侵害法益を考慮に入れた当該措置の種類に影響を与えるという。つまり、法益の重大性を考慮に入れた加重要件は、損害発生の蓋然性の程度と関連しているのではなく、強力な警察措置によって制限される名宛人の法益と関連している、というわけである。具体的には、これらの構成要件上の加重要件は、法的効果の点で次のような三つの意味を有するとされている。[168]

第一に、基本権を制限するような強度の警察措置を授権するという意味を有する。例えば、「人の身体、生命あるいは自由、または重要な価値のある物に対する現在の危険（gegenwärtige Gefahr）」（NRWPolG 四一条一項四号）を防御するためには、所有者の同意なく警察が住居へ立ち入り捜索することが認められる。そこでは「重要な法益に対する現在の危険」という概念が、これを認める根拠とされている。第二に、危険に対して責任を負わない、いわゆる非妨害者であり、本来、警察措置が向けられてはならない私人に危険防御措置を講じることを授権するという意味を有する。例えば、警察は、「現在の著しい危険（gegenwärtige erhebliche Gefahr）を防御すべき場合にのみ、……責任者とは異なる者に対して措置を講じることができる」（PAG 一〇条一項一号）と定める条文がそれであり、「現在の著しい危険」という概念が、これを認める根拠とされている。[169] 第三に、本来権限を持たないにもかかわらず、警察に一定の作用を行うことを、あるいは手続規定を省略することを授権するという意味を有する。例えば、身体検査は原則上、同性あるいは医者によってのみ行われてもよいことになっているが、「身体あるいは生命に対する危険（Gefahr für Leib oder Leben）」がある場合には、医師以外あるいは異性によっても調査されてもよいと解釈されている（ndsSOG 二条一号d、二二条三項）。これはつまり、他の行政機関に対する警察の緊急権限を基礎づけるための規定である。

以上要するに、法益の程度を考慮に入れた要件とは、通常の措置とは異なる強力な警察措置を授権するがゆえに加重されているものと評することができる。保護すべき法益の程度が大きいのであれば、強力な警察措置は当然認められるかのように思われるが、しかし私人の権利・利益を制限する強力な警察措置を授権するのであれば、明確な条文規定が求められるのが法治主義の要請である。ゆえに加重要件には、たとえそれが複雑な形容を用いるものではあっても、警察措置の名宛人の法益に配慮しつつ警察措置を統制しようとする立法者の明確な意思が表れていると、学説上説明されているのである(170)。

三　しかしなおここで特に注目すべきなのは、「著しい」といった要件としばしば同時に規定されるところの「直接的に〔目前に〕差し迫った」といった時間的な要件である(171)。

既に、通常の危険判断において、予測の時点は〝決定可能な最終時点〟、つまり《さらなる認識を得るために努力することによって時間を逸すると、危険防御措置が失敗するリスクが高まるぎりぎりの時点》を選択しなければならない、ことが確認された。であるとすると、加重要件としてさらに時間的要素を要求することはどのような意味を持つのか問われなければならない。

この点、ダルンシュテットによれば、時間的要素を持ち出すのは不要であるということになる。なぜなら、時間的要素は、結局のところ、〝決定可能な最終時点〟はどこかという、通常の危険判断に収斂されることとなるからである。確かに《損害までの時間が離れていればいるほど、それを阻止する機会はますます増大する》あるいは《損害が時間的に迫っていればいるほど、それを阻止する機会はますます減少する》ということは、経験的には妥当するかもしれない。その限りにおいて、時間的要素は警察措置の行使に重要な影響を与えると考えられる。しかし、そうでなければならないというわけでもない。ドレーゲは、適切にも「『直接的』あるいは『現在』といったメルクマールと関連づけられている、危険防御が成功するか否かの蓋然性は、損害〔発生〕の蓋然性とは論理的に無関係である(172)」と述べている通り、損害発生の蓋然性とこれを阻止する警察措置の可能性は別次元の判断に属する事柄である。このように考えると、時間的な加重要件もまた、法益の重大性を考慮に入れた加重要件と同様、（通常の損害発生の蓋然性の存在を前提としつつ）その対処方法（法的効果）が通常の場合と異なることを表現するものと評価することができるだろう。(173)

なお、損害発生の蓋然性と加重な時間的要素との論理的関連性を否定する理解に立つと、いわゆる〃潜在的危険（latente Gefahr）〃という概念も特に意味をなさないということになる。学説や判例において時折用いられる〃潜在的危険〃とは、例えば、ある土地から有害な汚染物質が流れ出ている場合、その有害な汚染物質は、その影響を受ける近隣に誰も住んでいない限り、危険は潜在的なものに留まるということになるが、しかし後に近隣に建築物が建てられ人が居住するに至った場合には危険が顕在化する、といったように、《まだ実際上は危険ではないが、しかし時間が経つと（あるいは変化した事情の下では）危険になり得るといった状態》を意味するとされる。(174) しかし右のような理解には、危険とは、決してそれ自体として存在するのではなく常に具体的状況との関連においてのみ存在するということが考慮されていない。例えば夜間、誰もいないアウトバーンで時速二〇〇キロで車を走行する場合には、危険はないと言えるが、昼間、町の中心部で同じことをすると大きな危険をもたらすということは容易に想像できる。およそ多くの行為は、ある場所では危険ではなくとも、別の場所では危険であるということがある。危険の有無は、常にその判断の時点において決定されなければならない。ゆえに、周辺的事情の変化（時間的要素）を危険の判断の中に新たに持ち込む潜在的危険なる概念は、その判断時点を固定しない概念であるゆえに、解釈論上、不要と解されることになるのである。(175)

(165)　このような危険概念は、「要件加重された危険概念（qualifizierte Gefahrenbegriff）」とも呼ばれている。Denninger, a.a.O.（Anm.

41), Rn. 42.

（166） Dröge, a.a.O.（Anm. 126), S. 90ff.; Gusy, a.a.O.（Anm. 56), Rn. 127. もっとも、これらの条件は、併記されることもある。参照、MEPolG 六条一項一号、PAG 一〇条一項一号、NRWPolG 六条一項一号。

（167） Vgl. Denninger, a.a.O.（Anm. 41), Rn. 42; P. Hansen, Allgemeines Verwaltungsrecht der Polizei, 2003, Rn. 191.

（168） Vgl. Pieroth/Schlink/Kniesel, a.a.O.（Anm. 2), §4 Rn. 19ff.

（169）「直接的に〔目前に〕差し迫った危険（unmittelbar bevorstehende Gefahr)」もこの範疇に属する。ゆえにＮＰＤ事件において問題となった禁止処分の名宛人も、非妨害者であるＮＰＤ党であったわけである。

（170） Gusy, a.a.O.（Anm. 56), Rn. 130. なお、警察措置の名宛人の利益を考慮に入れることによって、《権限を行使した場合に保護される法益と侵害される法益を衡量し、生命身体のような重要な保護法益がかかわる場合には、損害発生の蓋然性の程度が比較的低いものであっても、危険の存在が肯定されうる》（Vgl. Friauf, a.a.O.（Anm. 79), Rn. 51）と説明されることもある。しかし、そもそも警察措置の名宛人の法益の重要度が、同時に、損害発生の蓋然性の程度の確定のための基準でありうるかは慎重に検討されなければならない。というのも、警察措置の名宛人の法益の重要度というのは、比例適合的な警察措置を確保するために必要なものであっても、損害発生の蓋然性判断を左右するようなものではないからである。危険とは、警察措置の名宛人の法益を考慮に入れた比例適合的な警察措置の種類とは無関係に確定可能でなければならない（損害の予測は、警察措置が行われる前に形成される考慮であるからである。）。警察措置の名宛人の法益の問題は、あくまで法的効果である警察措置の比例適合性の問題であり、であるとすれば、《損害発生の蓋然性は警察措置の名宛人の法益と相関関係である》とする定式は適切ではない、ということになる。

（171） 危険概念における時間的要素について検討するものとして、S. Röhrig, Die zeitliche der Komponente der Begriffe ›Gefahr‹ und ›Gefahrenabwehr‹ und ihre Konkretisierung bei Grundwasserverunreinigungen, DVBl. 2000, S. 1658ff. レーリヒ（S. Röhrig）の見解に対する反論として、J. Schwabe, Gefahrenabwehr und zeitliche Nähe des Schadens, DVBl. 2001, S. 968ff.

（172） Dröge, a.a.O.（Anm. 126), S. 94. Vgl. Darnstädt, a.a.O.（Anm. 55), S. 84.

（173） この問題は、我が国の実定法解釈においても生じ得る。消費生活用製品安全法（昭和四八年六月六日法律第三一号）は、三九条一項で「……消費生活用製品の欠陥により、……一般消費者の生命又は身体について重大な危害が発生し、又は発生する急迫した危険がある場合において」と規定し、労働安全衛生法（昭和四七年六月八日法律第五七号）は、九八条三項で「労働基準監督官は、……労働者に急迫した危険があるときは、……権限を即時に行うことができる」と規定することによって、危険概念にさらなる時間的要素を加えている。

なお、田宮裕＝河上和雄編『大コンメンタール警察官職務執行法』（青林書院、一九九三）二八七頁によれば、警察官職務執行法四条一項に規定されている「特に急を要する場合」とは次のように説明されている。

「関係者に危害防止の措置を警告していても、関係者がこれに従わず、更に危険が切迫してきた場合、又は警告をしていたのでは間に合わない程に危険が切迫した場合で（……）、警察官が危害防止のため実力行使に出るのでなければ危害を避けることができない場合、警察官は、危害防止のために行政上の即時強制の手段をとることができる。このような場合が『特に急を要する場合』である。」。

しかし右説明にはさらに慎重な考察が必要である。「更に危険が切迫してきた場合」又は「警告をしていたのでは間に合わない程に危険が切迫した場合で（……）、警察官が危害防止のため実力行使に出るのでなければ危害を避けることができない場合」とあるが、この両者の要件はどのような関係にあるかが問題となるからである。この点、食堂で酔って騒いでいたXが派出所に任意同行したものの、再び食堂へ行けば店員に暴行等を加えるおそれがあるとして、手を引っ張り、派出所内に入れようとした事案において、大阪高判昭和三四年九月三〇日下刑集一巻九号一九二四頁は、「〔同法四条と同じく五条で規定されている――筆者註〕いわゆる『急を要する場合』とは、その場で制止しなければその行為を阻止し得ない状況にあることをいうものと解すべきである」と判示している。ここでは、「急を要する場合」とは、その場で阻止しなければ阻止しえないかどうか、つまり危険の発生が急迫していたか否かではなく、危険防御の成功・失敗という法的効果を問題とする要件であるということができる（同旨、古谷編・前掲（6）二四七頁）。しかし、他方で「特に急を要する場合」を危険の急迫性の観点から説明する見解もある。例えば、警察庁総務課監修警察法令研究会編著『新版注解警察官職務執行法（全訂版）』（立花書房、一九九八）九八頁は、「危険な事態が『ある場合』とは、危険の発生が迫っている状態をいう〔が、〕……後段の『特に急を要する場合』は、この事態のなかでも危険の発生が現実に急迫してきた事態をいうのであるから、前段の『警告』の段階は、この急迫の度合いがやや緩い事態を予定しているものと思われる」と説明している。ここでは、「特に急を要する場合」は、危険が発生する時間的要素を問題とする要件であると考えられている。しかし、これまでの検討結果によれば、そもそも危険判断においては、決定可能な最終時点が選択されなければならないのであるから、危険にさらなる加重要件（時間的要素）を要求することは必要ではない。この立場に立てば、「特に急を要する場合」とは、通常の危険の発生を前提として、被侵害利益を考慮に入れて警察措置を選択する（つまり、警告と即時強制を分かつ）要件であると解する前者の見方が、法解釈論的に妥当であると言えよう。

（174）　Vgl. OVG Münster, E 11, 250; Drews/Wacke/Vogel/Martens, a.a.O.（Anm. 39）, S. 322ff.
（175）　Gusy, a.a.O.（Anm. 56）, Rn. 132ff.

第四　危険の疑い――R. Poscher の見解を中心にして

（1）　危険の疑いと危険調査権限――支配的見解

一　ところで、危険（Gefahr）のように、予測の基礎となる事実や経験則を警察官吏が確実に認識した上で損害発生の蓋然性を認定する場合とは異なり、予測の基礎となる事実や経験則が不確実であり、それを警察官吏自身も認識しているにもかかわらず損害発生の予測が立てられるような状況を、学説判例では〝危険の疑い（Gefahrverdacht）〟と呼んでいる。[176]

そもそも、危険には既に将来の損害発生について不確実性が含まれている。ある結果が発生する蓋然性があるという予測命題は、ある出来事が存在するという存在命題とは異なり、常に不確実なものである。しかし予測それ自体に内在しているこのような不確実性とは異なり、予測の基礎となるべき事実それ自体が持つ不確実性もまた存在する。危険の疑いとは、主にこのような不確実な事実が存在することによって発生するものであり、実務的に最も対処が必要となるケースである。[177]

二　支配的見解によれば、〝危険の疑い〟が認められる場合、その不確実な状況を解明する危険調査介入（Gefahrerforschungseingriff）[178]、あるいは疑わしい事象が推移することを一時的に中断させる措置が認められるとされている。[179]
このような取扱いは、プロイセン上級行政裁判所が一九二二年四月二二日に下した家具運搬車判決によって既に示されている。妻の兄弟が自己の所有する家財道具を家具運搬車で勝手に運び出すことは法律上の財産分与規定に基づく自己の財産管理権を毀損する行為であるとして、夫が異議を申し立てたところ、早期に民事裁判所から搬送禁止の仮処分を得ることが期待できなかったため、夫は、警察官吏に対し、裁判所の仮処分が出るまで一時的な留置（einstweilige Anordnungen）を求め、警察官吏はこれを妻に命じた。しかしその後の裁判によって、当該家財は夫が占有しているだけで所有しているものではないということが明らかになったため、妻がこの警察官吏による一時的留置の違法性を争ったというものである。

プロイセン上級行政裁判所は、民事紛争に対して警察官吏が果たして、またどの程度介入できるかという問題と並んで[180]、当該一時的留置の行使にあたって警察官吏が主観的に危険の疑いがあると考えただけで権限行使の要件を充足しているといえるか、という論点について審理した。この事案では、問題となった家財は夫の所有物ではなく、従ってそもそも所有権侵害の危険はなかったことが裁判により事後的に判明したわけであるが、警察官吏にとってはこのことは少なくとも警察措置の時点においては明らかではなかった。しかし裁判所はこのような場合であっても「〔褐炭コークス判決で示された客観性原則は〕警察が一時的処分、終局的命令を命じるいずれのケースにおいても無条件に妥当する」としつつも、他方で「発生しうるように思われる危険が実際上も存在するか否かを、適時にあるいは完全に審査することができない、ということを理由にして、適切な危険排除の可能性が奪われるようなことがあってはならない」[181]、と右原則の例外が存在することを認め、当該一時的留置を適法であると判断したのである。このような例外は、警察官吏が介入時点で事実の不確実性を除去できない以上、実効的な危険防御を図る上ではやむを得ないという理由によって正当化されている[182]。つまり、確実な認識がない以上真正の危険とは判断できないが、これをまた放置しておくわけにもいかないとして、危険防御の準備活動となる（暫定的な）介入権限に限り認められるとしたのである。なお、この場合の権限行使があくまで（さらなる調査のための）暫定的な介入権限に限定されるのは、比例原則適用の結果であると判断されている[183]。

三　ところで、客観的危険概念を支持する論者は右のような理解に反対し、損害発生の蓋然性が認められない以上、介入権限も認めてはならないと主張する。(184) 確かに危険の疑いは、危険の存在を証明するには不十分であり、《危険の存在を確証することができないから》といった理由は、規制権限の安易な行使を認めることになりかねない。(185) それでもなお介入権限を認めようとするのであれば、《はっきりとした確証はないが何らかの措置を講ずべき危険が存在しうる》という判断が一体どのようにして根拠づけられるのか、明らかにする必要がある。

ダルンシュテットの分析結果によれば、損害発生を導く諸前提事実は、決定可能な最終時点で予測者が把握しているものによって形成される。であるとすると、危険の疑いのケースもまた通常の危険のケースと同様の推論方法をとると説明することができそうである。例えばＸが、損害発生を予測しようとする場合、Ｘはｔという時点でＸが認識した事実T_1を予測判断の前提に取り入れなければならない。これが危険判断の基本パターンである。では、ｔという時点でT_1の事実において、《T_2という更なる事実が発生することが危惧される（＝未だ不確実な前提事実）》ことがＸに既に明らかであった場合ではどうか。これは危険の疑いが問題となるケースであるが、この場合でもT_2を予測判断の基礎に取り入れるのであれば、Ｘは《T_2の事実》それ自体ではなく《T_2の事実が発生することが危惧される》という〝命題〟をその前提に取り入れなければならないということになる。なるほど、この場合〝事実〟ではなく《危惧される》という〝命題〟を判断の基礎に取り入れるという点においては、基本パターンとはやや異なるようにも思われる。客観的危険概念の支持者が危険の疑いを危険概念に含めることができないとする論拠もここにある。しかしダルンシュテットによればこの場合、《T_2の事実が発生することが危惧される》という命題は、その根拠をT_1の知識に持っているということに注意が向けられなければならない、という。つまり、T_1の事実に関するＸの知識の中には、《T_2の事実が発生することが危惧されることを推定する根拠》もまた既に含まれているというわけである。このように考えると、危険の疑いの場合であっても通常の危険の場合と同様、ｔという時点での知識に基づいた損害発生の蓋然性が問われているということになり、通常の危険概念のように、《決定可能な最終時点で予測者が取り入れている知識からの将来の損害の推論》と何ら変わるところはないと説明することができる。もちろん、その場合の損害発生の蓋然性は、危惧されているT₂の事実の存在の分だけT₂の事実が実際に存在したであろう場合の蓋然性よりも低いと言うことができ[186]、その限りにおいて、危険の疑いは《決定可能な最終時点で予測者が取り入れている知識から推論される損害の『危惧』についての『危惧』》《危険の危険（おそれ）》と説明しなければならない[187]。しかし以上のことは、〝危険の疑い〟を〝危険〟とカテゴリカルに区別することを強いるものではない。両者は、事実に関する認識に通常のケースよりも一定程度の不確実性が含まれているという限りで、量的に区別されるにすぎないからである[188]。

このように、危険と危険の疑いを基本的に同一のものと理解する通説的見解に対して、例えばゲッツは、このような同置は警察法の法治国家的調和体系を誤解するものであるとして認められないと反対する[189]。またシェンケ（W.-R. Schenke）も、危険の疑いという概念を損害発生の十分な蓋然性を示す危険概念において使用することは、この概念の通常の用法に反し、危険調査介入の法的根拠を与える〝真正〟の危険の疑いケースとの違いを覆い隠してしまうと批判する[190]。むろんゲッツは、危険の疑いのケースでは危険調査介入が認められると理解する立場であるため、結論において通説的立場と一致している[191]。しかし問題は、警察措置の種類の区別をもって〝危険の疑い〟と〝危険〟とが異なる種類の判断方法に基づくと結論づけることが可能か否かである[192]。〝危険の疑い〟は、単に《高い程度の不確実性が内在している》《十分な蓋然性が欠けている》という限りにおいて、危険防御措置の種類に、つまり危険防御措置（終局的措置）と危険調査介入（暫定的措置）の違いをもたらすに過ぎないからである。

四　ところで、危険（損害の十分な蓋然性）が存在する場合には、危険調査介入は警察法上の一般条項によって正当化されるが、危険の疑い（損害発生の僅かな蓋然性）が認められるにすぎない場合には、この一般条項は適用されないことが考えられるため、法律の留保の原則との関係上、果たして如何なる法的根拠に基づいて危険調査介入が認められるかという問題が生じる（もっとも任意の危険調査介入の場合、法的根拠は不要であるため、ここでの問題は侵害的な危険調査介入の場合ということになる。）。

この点に関し、危険防御権限が法律で認められているということはその権限行使に必要な調査権も当然予定されているとして、警察法上の一般条項は危険調査介入権を暗黙の内に認めているという見解がある。[193] しかし、一般条項はあくまで介入権限を〝危険〟の存在に依拠せしめており、そこから黙示の授権を見出すことは不可能であることから、この見解は今日では支持されていない。[194] 一般条項が念頭に置いているのは、暫定的措置ではなくあくまで危険を前提とした終局的措置だからである。危険が存在しないところでも、危険調査任務を引き合いに出して危険調査介入を認めるようなことは、たとえ実効的危険防御の観点でも法治国家の下では認められない。[195] 危険防御の実効性は、介入根拠を与えるものではなく、単なる〝解釈指針〟にすぎない、というのである。[196]

もっとも近年では危険調査介入を「仮の行政行為（vorläufiger Verwaltungsakt）」という法形式を用いて基礎づけようとする試みも存在する。[197] 仮の行政行為とは《授益者は、受領した給付を最終的な決定が下されるまでの間、暫定的に保持していてもよい》という規律内容を含むものと説明され、[198] 判例では、これまで給付行政の領域においてのみ承認してきた法形式である。しかし、この法形式でもって危険調査介入を正当化することも、今日では支持されていない。そもそも不確実な条件下においてこのような給付措置が認められてきたのは、それが私人にとって授益的なものであったからであるが、負担付き行政行為を、法律の授権根拠がないにもかかわらず仮の行政行為という法形式でもって正当化することは、法律の留保の原則並びに法律の優位の原則（終局的規律としての授権規範違反）からも認められない。[199] これは、危険の疑いに対する措置を規定していない一般条項の不備を、仮の行政行為という概念を創造することによって、いわば概念法学的方法で補おうとするものに他ならない。[200] 一般条項に危険調査介入権限が明記されていないという欠陥を補充するのは、あくまで立法者の任務である、というわけである。[201]

また危険調査介入を職権探知原則（行政手続法（VwVfG. 以下、法と略す。）二四条）から正当化しようとする見解もあるが[202]、これも同様に支持されていない[203]。確かに行政庁は、介入措置の名宛人に受忍を強いることなく事実を解明することがしばしば困難であること、また行政庁は法二四条一項二文に基づき自ら調査の種類や範囲を確定できることになっているという点で、この見解は正当な指摘を含んでいる。しかし、シェンケが指摘するように、立法者は、事実関係の解明に関し私人に「協力義務（Mitwirkungsverpflichtung）」を命じているのではなく、単なる「協力責務（Mitwirkungsobliegenheit）」を命じているにすぎない（法二六条二項）[204]。もし強制力を伴う義務としてこれを課すのであれば、明示的な法律上の根拠がなければならない。しかし行政手続に関する規定である法二四条を、侵害の授権根拠とはみなすことはできない[205][206]。

五　以上要するに、支配的見解は、〝危険〟と〝危険の疑い〟は同置し得るとの立場を採りながらも、〝危険の疑い〟に基づく危険調査介入権の根拠づけについては、なお一致していないと整理することができる。

(176) Vgl. Schenke, a.a.O. (Anm. 80), S. 455ff.; Brandt/Smeddinck, a.a.O. (Anm. 42), S. 229f.; Schoch, a.a.O. (Anm. 45), S. 669; R. Lukes, Gefahren und Gefahrenbeurteilungen in der Rechtsordnung der Bundesrepublik Deutschland, in: ders. (Hrsg.), Gefahren und Gefahrenbeurteilungen im Recht, 1980, S. 27. 判例として、BVerwG, DVBl. 2002, S. 1562ff.; BVerwG, NVwZ 2003, S. 95 (96ff.). ここでいう「疑い」とは、事実や経験則に不確実な要素があるという意味で用いられており、損害が発生しうるか否かについての「疑い」ではない。Hansen-Dix, a.a.O. (Anm. 42), S. 61f.

(177) 通常の危険との違いは、危険は、基礎となる事実が全て収集され、その事実の内容に疑いがないことが前提となっているのに対し、危険の疑いは、収集された事実の中に、不確実な内容が含まれている、という点にある（薬の副作用などに関する経験則の不確定性もその中に含まれる。）。不確実性の対象や種類に基づく危険概念の分類については、Vgl. R. Breuer, Umweltschutz und Gefahrenabwehr bei Anscheins- und Verdachtslagen, in: P. Selmer/I. v. Münch (Hrsg.), Gedächtnisschrift für W. Martens, 1987, S. 333ff.

(178) 詳細に言えば、危険調査介入とは、危険の除去に直接寄与するのではなく、事案のさらなる解明や終局的な防御措置の準備に寄与する〝負担付き仮の措置〟と定義づけられる。Vgl. H. P. Bull, Polizeiliche und nachrichtendienstliche Befugnisse zur Verdachtsgewinnung, in: L. Osterloh/K. Schmidt/H. Weber（Hrsg.）, Staat, Wirtschaft, Finanzverfassung, Festschrift für P. Selmer zum 70. Geburtstag, 2004, S. 41ff.; M. Kniesel, Polizeirechtliche Störerbestimmungen-Befugnisnormen oder Ermessensgrenzen? DÖV 1997, S. 907f.; T. B. Petri, Der Gefahrerforschungseingriff, DÖV 1996, S. 443ff.; W. Weiß, Der Gefahrerforschungseingriff bei Altlasten-Versuch einer Neubestimmung, NVwZ 1997, S. 737ff.

（179）Vgl. Hansen, a.a.O.（Anm. 167）, Rn. 198. むろん、この場合は、仮の警察責任者としてみなされるため、実際には危険が存在しなかった場合の財産的損失に対して補償の問題が発生する。危険の疑いに基づく警察介入と補償との関係は重要な論点であるが、ここでは触れることができない。詳しくは、下山・前掲（10）一八一頁以下を参照。

（180）この事案は、警察による私権保護、すなわち補完性原理のリーディングケースとされている。補完性原理については、本書第一章参照。

（181）PrOVGE 77, 333（338）.

（182）PrOVGE 77, 333（338）. もっともこの場合に、仮の警察責任者に補償請求権が認められるか否かは、未解決のままとなっている。

（183）Schenke, a.a.O.（Anm. 66）, Rn. 87. ちなみに、危険調査介入が、損害除去に必要な終局的措置と区別できない場合（例えば、草原の中から砲弾を探すことが、その危険除去と同じ費用を必要とする場合など。Friauf, a.a.O.（Anm. 79）, Rn. 52b）、あるいは、それが特に重要な保護法益の保護を要求する場合（Drews/Wacke/Vogel/Martens, a.a.O.（Anm. 39）, S. 227）には、例外的に終局的措置も行うことができるとされる。

（184）客観的危険概念を支持するシュヴァーベは、プロイセン上級行政裁判所が促した危険防御の実効性という要請を拒否するとともに、自らの見解を維持することによる実際上の帰結、つまり、危険の疑いの多くのケースで警察活動ができなくなってしまうという帰結を、必ずしも深刻なものとみなしていない。Vgl. Schwabe, a.a.O.（Anm. 54）, S. 439ff.

（185）例えば、Friauf, a.a.O.（Anm. 79）, Rn. 52a は、危険防御の物理的権力が国家に留保され、国家は基本権保護義務に基づいて積極的に法益の保護が義務付けられるという理由から、事実に関し不確実な点があったとしても効果的な法益保護が実現されなければならないとして、危険の疑いを危険概念に含めている。

（186）Darnstädt, a.a.O.（Anm. 55）, S. 95f.

(187) また、「二重の蓋然性（doppelte Wahrscheinlichkeit）」（Schneider, a.a.O.（Anm. 42), S. 408）、「損害発生の蓋然性が比較的低い危険」（Brandt/Smeddinck, a.a.O.（Anm. 42), S. 230）、「第二段階の蓋然性」（K-H. Ladeur, Risikooffenheit und Zurechnung - insbesondere im Umweltrecht, in: W. Hoffmann-Riem/E. Schmidt-Aßmann (Hrsg.), Innovation und Flexibilität des Verwaltungshandelns, 1994, S. 119f.）などと呼ばれることもある。

(188) Vgl. Denninger, a.a.O.（Anm. 41), Rn. 40. そういった意味では、褐炭コークス判決で示された客観性原則に対する例外は、原則例外といった関係ではなく、蓋然性の程度という枠組みの中で統一的に説明されることになろう。ダルンシュテットは、最終的に、危険概念自体が明確に定義されていれば、「危険の疑い」といった概念は不要であると結論づけている。Darnstädt, a.a.O.（Anm. 55), S. 99.

(189) Götz, a.a.O.（Anm. 54), Rn. 155.

(190) Schenke, a.a.O.（Anm. 66), Rn. 83.

(191) ゲッツは、プロイセン上級行政裁判所と同じく、警察法上の一般条項を「意味適合的に（sinnmäßig）」解釈して危険調査介入を発する権限を認める。Götz, a.a.O.（Anm. 54), Rn. 155. その限りにおいて、客観的危険概念の支持者は、危険調査介入の存在を全面的に否定するものではないが、その根拠づけは不明確なままになっている。

(192) Gusy, a.a.O.（Anm. 56), Rn. 194などは、危険の疑いの概念を危険の概念と同置することによって、危険調査介入の許容性の問題はそもそも「仮像問題（Scheinproblem）」であると結論づけている。

(193) V. Götz, Die Entwicklung des allgemeinen Polizei- und Ordnungsrechts (1990-1993), NVwZ 1994, S. 655. ゲッツは、既述の通り、危険と危険の疑いの同置に反対するが、最終的には、危険調査介入の権限は警察一般条項から意味適合的に読み取られる、との結論を支持している。また、F. Schoch, Polizei- und Ordnungsrecht, in: E. Schmidt-Aßmann (Hrsg.), Besonderes Verwaltungsrecht, 13. Aufl. 2005, Rn. 97も参照。

(194) Schenke/Schenke, a.a.O.（Anm. 39), Rn. 62. これは、主観的危険概念を否定するSchwabe, a.a.O.（Anm. 58), S. 655ff. の主張でもあった。また、Vgl. Kniesel, a.a.O.（Anm. 178), S. 907.

(195) Vgl. F.-L. Knemeyer, Polizei- und Ordnungsrecht, 9. Aufl. 2002, Rn. 96.

(196) Weiß, a.a.O.（Anm. 178), S. 739. Vgl. PrOVGE 77, 333 (338f.).

(197) 代表的論者として、B. Losch, Zur Dogmatik der Gefahrenerforschungsmaßnahme, DVBl. 1994, S. 781ff. 慎重な立場をとりながら

もこれを支持するものとして、U. Di Fabio, Vorläufiger Verwaltungsakt bei ungewissem Sachverhalt, DÖV 1991, S. 629ff.

(198) BVerwGE 67, 99（103）.

(199) Vgl. K. Kemper, Der vorläufige Verwaltungsakt, 1990, S. 96.

(200) Schenke, a.a.O.（Anm. 66）, Rn. 63.

(201) 仮の行政行為という法的形態は、「危険の疑い」ケースにおける介入権限の〝説明モデル〟としては機能し得るかもしれないが、そこから危険調査介入を正当化する〝法的根拠〟を導くことはできないと述べるものとして、Di Fabio, a.a.O.（Anm. 197）, S. 636. ちなみに、P. Kickartz, Ermittlungsmaßnahmen zur Gefahrerforschung und einstweilige polizeiliche Anordnungen, 1984, S. 253ff. は、慣習法も危険調査介入の法的根拠となり得るとするが、これも支持されていない。

(202) Vgl. R. Breuer, Rechtsprobleme der Altlasten, NVwZ 1987, S. 755, Anm. 41; M. Möller/J. Wilhelm, Allgemeines Polizei- und Ordnungsrecht, 4. Aufl. 1995, S. 48; Petri, a.a.O.（Anm. 178）, S. 446f.; OVG Koblenz, NVwZ 1992, S. 501; VGH Kassel, NVwZ 1993, S. 1010.

(203) Vgl. Breuer, a.a.O.（Anm. 202）, S. 755 Anm. 41; Schoch, a.a.O.（Anm. 45）, S. 670; C. D. Classen, Gefahrerforschung und Polizeirecht, JA 1995, S. 609.

(204) Schenke, a.a.O.（Anm. 66）, Rn. 90. Vgl. P. Stelkens/H. Bonk/M. Sachs, Verwaltungsverfahrensgesetz, Kommentar, 6. Aufl. 2001, §26 Rn. 46. むろん、このような協力「要請（Aufforderung）」は、行政行為を意味しない。W.-R. Schenke, Verwaltungsprozessrecht, 9. Aufl. 2004, Rn. 200. ちなみに連邦行政手続法二四条が規定する職権探知原則と私人の協力義務について考察を加えたものとして、新山一雄「ドイツ行政手続法における職権探知原則（三）」自治研究六九巻二号（一九九三）一六頁以下、駒林良則「職権探知原則と協力義務」法学雑誌三九巻三＝四号（一九九三）五〇二頁以下。

(205) R. Dill, Amtsermittlung und Gefahrerforschungseingriffe, 1997, S. 74. もっとも、行政庁は、協力責務違反から、証拠の評価において否定的な結論を引き出すことはできると解されている。Vgl. Schenke, a.a.O.（Anm. 66）, Rn. 90.

(206) 実務の要請に応えるため、警察法の緊急規定（MEPolG 六条）を根拠に危険調査権限を認めようとするクニーゼル（M. Kniesel, a.a.O.（Anm. 178）, S. 907f.）の見解もまた、支持されていない。私人に不利益をもたらすこのようなアナロジーは、既に危険ではあるが誰がこの責任を負うかが不明である場合に適用される、警察法上の緊急規定の本来の趣旨に反するからである。Vgl. W.-R. Schenke/J. Ruthig, Rechtsscheinhaftung im Polizei- und Ordnungsrecht?, VerwArch 87（1996）, S. 359f.

(2) 客観的危険概念からの合理的再構成——損害発生の「蓋然性」と官吏の「心証度」の峻別

一　これに対し、警察法の主観化を強めることとなる〝危険の疑い〟を、危険概念の客観的把握という観点から、警察官吏の法適用における証明度の軽減（Beweismaßreduktion）という手法を用いて手続法的に説明しようとする注目すべき試みがある。[207]

ポッシャーによれば、〝危険の疑い〟の問題は、危険概念をめぐる実体法上の問題ではなく、危険調査にかかる手続法上の問題であるという。〝危険の疑い〟のケースにおいて危険防御の実効性が脅かされるのは、警察官吏が一般的な手続法に基づいた場合に必要とされる（損害発生はほぼ確実であるとする）心証を、適時に得られないからであるが、[208]その場合でもなお危険防御の任務を果たすためには、時間的に限定された中での事案の解明を、証明度の軽減という手法によって実現しなければならない。ポッシャーによれば、証明度が、果たして、またどの程度まで軽減され得るかは講じられるべき措置の目的によって判断されるが、いずれにせよ迅速な危険防御という目的に構造的に伴う事案解明の困難さは、十分に証明度の軽減を正当化するというわけである。むろん軽減が認められる証明度は、事案解明の困難さと相関関係にあることから、過度に軽減するようなことは認められない。[209]

ポッシャーのこのような考え方の基礎にあるのは、措置の適法性を判断する裁判官においては事後的に明らかとなったその時々の事実状態に関する心証が問題となるが、官吏の行為を制御する手続法上の規律においては、裁判官に求められるような程度の心証は必ずしも要求されない、という視点である。[210]ポッシャーによれば〝危険の疑い〟は、行政手続上通常要求されているような〝十分な心証〟によって危険の存在を確証できないものをいうが、そこには互いに異なる、法的評価において区別すべき二つの蓋然性判断があるという。一つは、損害の発生それ自体と関連づけられている蓋然性判断である。ポッシャーが支持する客観的危険概念によれば、損害発生の蓋然性は客観的観察者の知識水準に基づいて判断される（実体レベルでの蓋然性判断）。もう一つは、官吏の心証において生じる蓋然性判断である（手続レベルでの蓋然性判断）。この官吏の心証は、授権規範の要件が存在するか否かという判断に向けられ、客観的知識水準に基づいてではなく、官吏の主観的知識水準に基づいて形成される。つまり、前者の判断は損害発生それ自体の蓋然性と関連する一方、後者の蓋然性判断は、その蓋然性判断それ自体を対象とする。[211] ポッシャーはこの区別を用いて、危険概念に内在する前者の蓋然性判断の基準を低下させることなく、緊急のケースを考慮に入れ、官吏に要求される心証の後者の蓋然性判断の要求の程度を緩和し、これによって、危険概念の客観性を損なうことなく実効的な危険防御を確保することができる、とするわけである。[212] そこでの官吏の行為の職務上並びに刑法上の評価は、危険防御措置それ自体に対する適法・違法の評価と無関係である。[213] というのも、危険防御措置が違法であったとしても、それが必要とされる心証に基づいている限りで、官吏に職務上・刑法上の責任が問われることはないからである。もっとも証明度の軽減は安易に承認されるべきものではない。証明度の軽減は、事案解明のためのあらゆる認識源が尽きた場合にはじめて認められる。従って証明度の軽減は、さらなる事実解明の余地のない、即時の介入によって防御し得る場合にのみ考慮に入れられることとなる。

二　しかしながら、このようなポッシャーの見解には、次のような批判が存在する。

第一に、証明度の軽減を認めるような手続法の規定は、果たして存在するかという問題である。通常、行政手続法といった一般法は、行政機関の公務員にほぼ確実であるという程度の心証を要求しているからである。むろんポッシャー自身も述べるように、手続法上要求される心証の程度は、実体法の規範によって修正することも可能である。その限りにおいて証明度を軽減する際、常に手続法上の明文規定が求められるというわけではない。しかし証明度の軽減を認める実体法上の規定とは一体いかなる規定ぶりとなるのか必ずしも明確に示されているわけではなく、法律の留保の原則との抵触問題が生じることとなる。この点、ポッシャーはこの疑問を先取りし「確かに、証明度の軽減は危険防御措置の適法性を導くものではない[214]」ことを認めている。しかしポッシャーによれば、危険防御措置の違法が認定されようとも、証明度の軽減が認められることによって、警察官吏には職務上ないし刑事上の責任（サンクション）が問われることがなくなるため、実質上、警察官吏に「行為許可（Handlungserlaubnis）」が認められることになる、というのである。[215] もっとも、ポッシャーのいう行為許可を認める場合でも、明確な実体法上の法的根拠が必要ではないか、また措置の適法性を導く介入権限と、措置の適法性を導かないが警察官吏を各種サンクションから免除する行為許可とを区別することによって、果たして介入措置を法律上正当化できるのか、といった問題などなお検討すべき課題は多い。

また第二に、そもそもポッシャーが前提とする客観的危険概念は成立し得ない、という批判である。[216] 規範的主観的危険概念の立場によれば、危険概念の構成要件メルクマールとしての（損害発生の）実体法レベルの蓋然性概念と、要件充足にかかる手続法上の心証度を区別することはできない。つまり、手続レベルでの心証度（証明度）の軽減もまた、危険概念に直接的に含まれる実体レベルの蓋然性判断それ自体と結びついている、というわけである。ネル（E. L. Nell）が述べるように、「Aという事実が存在する蓋然性が高いと確信することと、Aという事実が存在することは確かであると判断することは同じ[217]」だからである。このような理解に立つと、実体レベルの蓋然性判断と手続レベルでの蓋然性判断を区別すること自体、不可能であるということになる。

そして第三に、危険防御法は、規範的主観的危険概念を前提とする場合にはじめて警察官吏を適切に統御することができる、という批判である。[218] 法の制御効果という観点からすれば、危険防御措置それ自体が違法であるにもかかわらず、職務上並びに刑事法上の責任から免除されるとした場合、官吏の行為を適切に制御することができない。つまり客観的危険概念を前提とすると、そもそも危険概念が警察の活動基準ではなくなってしまう、という批判である。

このようにポッシャーの見解は賛否両論あり、[219] なお議論が継続しているが、他方で今日では、〝危険の疑い〟を示す状況が個別の法律において明示的に規律されるケースが増えてきていることから、[220] 一部の学説では、危険の疑いに基づく危険調査権限を警察一般条項によって正当化する議論を行うことの実益は、もはや限定的であるとも評されている。(221)

(207) R. Poscher, Der Gefahrverdacht- Das ungelöste Problem der Polizeirechtsdogmatik, NVwZ 2001, S. 144. ポッシャーの見解が危険概念論争において果たした意義については、ラルフ・ポッシャー／拙訳・解説「国内治安法制における介入閾――最近の憲法判例に照らして見たその体系」北大法学論集六五巻四号（二〇一四）一六一頁以下。

(208) このような決定状況は、訴訟においては、仮の権利保護が問題となるケースと類似する。

(209) Poscher, a.a.O. (Anm. 207), S. 146. ポッシャーは自説を展開する際に、ホフマン＝リームの見解を参照している。ホフマン＝リームによれば、「我々の法秩序においては、事実は、それが存在しているがゆえに認識されるのではなく、それが法的に重要なものであると証明されて初めて認識される。この証明は、……証拠を評価する権限を持つ者の〝心証（Überzeugung）〟と結び付いている。……警察に付与された特別な任務から、警察は、例えば裁判所がいわゆる完全な証拠において求められる程度よりも僅かな蓋然性で、満足してもよいということが導かれる。」(Hoffmann-Riem, a.a.O. (Anm. 55), S. 330f.)。ポッシャーによれば、ホフマン＝リームが要求したのは、実体法の主観的な解釈ではなく、証明度の手続法上の緩和であったはずである、という。しかしホフマン＝リームは、手続法上の証明度の緩和と危険概念の実体法上の主観化を同置したがゆえに、後に判例や学説によって受け入れられることとなった主観的危険概念に至ったのである、と述べている。

(210) Vgl. Poscher, a.a.O. (Anm. 207), S. 157.

(211) より正確に言うと、二つ目の、危険の存在に対する官吏の心証に向けられた判断は、官吏の主観的知識水準に基づいて下された、客観的危険が存在するか否か、つまり損害発生が客観的観察者にとって蓋然性があるか否かという蓋然性判断をそれ自体に含んでいるということになる。

(212) Vgl. Poscher, a.a.O. (Anm. 207), S. 164ff.

(213) Vgl. Poscher, a.a.O. (Anm. 207), S. 177ff., S. 179ff.

(214) Poscher, a.a.O. (Anm. 207), S. 146.

(215) Poscher, a.a.O. (Anm. 207), S. 146 Fn. 48 und Fn. 49.

(216) Schoch, a.a.O.（Anm. 89）, Rn. 91 mit Fn. 91ff.

(217) Vgl. Nell, a.a.O.（Anm. 55）, S. 218.

(218) M. Möstl, Die staatliche Garantie für die öffentliche Sicherheit und Ordnung, 2002, S. 172ff.

(219) 〝危険の疑い〟概念の問題は、今日もなお決着がついていないと評されている。Vgl. F. Walper, Alles geklärt? Überlegungen zum polizeilichen Gefahrerforschungseingriff, DVBl. 2012, S. 86ff.; M. Ibler, Gefahrenverdacht und polizeiliche Generalklausel, in: G. Jochum/W. Fritzmeyer/M. Kau (Hrsg.), Grenzüberschreitendes Recht, Festschrift für K. Hailbronner, 2013, S. 737ff. 賛成・反対の立場を詳細に検討するとともに、最終的にポッシャーの見解を支持するものとして、L. Jaeckel, Gefahrenabwehrrecht und Risikodogmatik, 2010, S. 121ff. なお損害発生の「蓋然性」と官吏の「心証度」を区別するポッシャーの見解をヒントに、我が国の国家賠償法一条一項が定める違法概念について検討を加えたものとして、拙稿「国家賠償法一条が定める違法概念の体系的理解に向けた一考察（一）（二・完）――職務義務違反説の可能性」法學（東北大学）八一巻六号一頁以下、八二巻一号（二〇一八）一頁以下。

(220) いわゆるストック公害のケースでは、例えば連邦土壌保護法（BBodSchG）九条二項一号に、危険の疑いを解消する調査権限規定が設けられている。ストック公害に関する法的問題一般については、参照、山下竜一『ドイツ環境法における原因者負担原則』（大阪府立大学経済学部、一九九五）一頁以下。

(221) 例えばKnemeyer, a.a.O.（Anm. 195）, Rn. 96は、立法者のみが「整然とした解決（saubere Lösung）」を与えることができると述べている。

第四項　小　括

一　以上の検討結果を踏まえると、次のようにまとめることができるであろう。(1)〝(具体的)危険〟とは、〝損害発生の十分な蓋然性〟という解釈命題[222]として定義付けられる。損害が現実に発生したかどうかは、危険の判断とは無関係である。(2)規制権限の行使と結びつけられた右（具体的）危険の存否は、事実に統計的法則（経験則）を適用することによって認定されるが、具体的には、次のような推論手続を経て認定される（以下、これを〝危険存否の論証モデル〟（〝論証モデル〟ないし〝論証手続〟と略すこともある。）と呼ぶ。）。まず最初に、〝決定可能な最終時点（事実についてさらなる認識を得るべく努力することで時間を逸すると、危険防御措置が失敗に終わるリスクが高まるぎりぎりの時点）〟において、あらゆる事実を確認する（決定可能な最終時点・全証拠の原理）。但し、損害発生の予測者が、①当該事実を知らなかった、②当該事実を知っていたが、予測すべき結果との間に重要な関連性が存在するであろうということが、予測者には明らかではなかった、③当該事実を知っており、かつ、この事実が予測すべき結論の条件として一定の役割を果たしているということも明らかであったが、この事実は、他の事実に基づいて獲得された予測者の見解に影響を及ぼすには十分ではなかった、という三つのいずれかに該当する場合は、当該事実を無視しても構わない(223)（第一の手続）。次に、損害発生にプラスとなる事実とマイナスとなる事実とを〝最大詳述の要求〟に基づき明らかにする（第二の手続）。最後に、得られたすべての事実から損害の発生を推論（帰納的推論）することが（単純な利益衡量や価値判断ではなく(224)）合理的に許容され得るかどうかを判断する（第三の手続）。以上要するに、〝危険〟が認定されるのは、《決定可能な最終時点で、予測者によって重要とみなされたすべての事実（前提）から損害の発生（結果）を推論することが、合理的に許容できる場合》ということになる。第一の手続のポイントは、可能なかぎり、すべての事実を推論の基礎に取り入れるということ（危険を肯定する事実のみ、あるいは危険を否定する事実のみ取り上げることは許されない。）、第二の手続のポイントは、事実を最も詳細に記述することによって、ある事実の中に反対の結論を導く性質をもった事実が含まれていないことを確保すること、第三の手続のポイントは、合理的に許容され得る蓋然性の程度は〝確からしさ〟があることで十分であること(225)、である。

二　ところで、右に見たような論証手続、つまり帰納的推論によって危険の有無を判断するという方法に対しては、次のような批判が存在する。《ほぼ確実である》とか《実際上期待できる》といった曖昧な表現で結論が示されることからも明らかなように、統計的法則に依拠した帰納的推論は厳密な法適用を保障するものではない、という批判である(226)。確かに、例えば差し迫った危険性を認めるのであれば、一般的には、その確証関係が八〇～九〇％といった高い確証値であることが前提とされそうである。そうだとすれば、危険の認定のためにはこのような特定の数値を確定することこそが、確実な法適用にとっては重要であるように思われる。なるほど、帰納的推論では、確証度（帰納的確率）は、統計的法則の値と同じであることから、確証度の明確化は、統計的法則の精密度に依存しているということにもなりそうである。であるとすれば、この統計的法則の精緻化が試みられなければならないということも理解できないわけではない。しかし、既に示したように統計的法則そのものと帰納的確率とは、値が同じであるとしても、その性格は全く異なる。帰納的確率とは、あくまで、統計的法則をある事実との関連において当てはめた場合の結論の信頼度を示すものである。そもそも推論過程において重要な問題は、それが合理的ないし論理的に処理されたかどうかであって、決して将来の出来事に対して正しい答えを与えるか否かではない。推論の帰結としての決定が正しいかどうかという問題は、推論そのものの問題ではなく、むしろ推論のために設定される諸前提の選択にかかわる。ここで確認しようとしているのは、危険を前提とした規制権限の行使が《許容される》《許容されない》という、法律実務に堪え得るような〝合理的な基準〟に他ならない(227)。従ってここで、警察官吏に信頼性のある統計的法則のみを用いることを要求することは、あまり意味をなさない。シュテークミュラー（W. Stegmüller）は、生活実践という観点から帰納的確率を「帰納的理由づけ（induktive Begründung）」という形で説明することを試みているが(228)、そこで強調されているのは、帰納的確率とは、現実世界における原因（《なぜ、そうなのか》）ではなく、経験的な原因（《なぜ、そう思うのか》）について、つまり〝判断者がそう思う合理的理由〟について説明するものである、という理解の重要性である。確かに法律家にとって、認識の根拠を〝そのように思う理由〟でもって示すことは、違和感なく受け入れることが可能であろう(229)。このように考えるのであれば損害発生の蓋然性があるとは、〝判断者の目下の経験的知識との関係で合理的に受容可能な命題〟であると定義づけることも可能となる。論証過程を明確にする立場においては、〝帰結の合理性ないし妥当性の論証〟と、〝帰結の正しさ〟とは、異なる次元の問題であることを確認しておかなければならない。[230]その意味では、厳密な法適用を保障するものではないという批判は、その理解の前提が誤っているということになろう。

既にロレンツ・フォン・シュタイン（Lorenz von Stein）は、危険概念に基づく介入の前提条件に関し、《事実ではなく諸命題間の推論関係が、介入の根拠である》[231]と明快に述べていた。通説的な危険概念を語るこれまでの学説判例の多くは、反比例定式に依拠し、過去において既に直観的に明らかにされていた右仮説を検証することを怠ってきたと言えよう。その意味においてダルンシュテットの試みは、危険概念の解釈の不透明性を排し蓋然性判断の理論的構造を明らかにしたこと、また、科学哲学の知見を伝統的法律学の中にうまく取り入れることによって、裁判官の直観的な仮説を法律実務に堪え得る形で合理的に再構成させたことに功績が認められると言えるだろう。もっともこのダルンシュテットの理論が、行政・裁判実務において果たして、またどの程度まで自覚的に適用されうるものであるかは、なお検証が必要である。むしろ、蓋然性に関する無意識的な判断が支配しているというのが、実務の実際の評価として妥当であるかもしれない（反比例定式も、帰納的確率の適用の結果とその結論において、そう大きく異なるところはないことが予想される。[232]）。しかし、《危険存否の論証過程を明らかにする》という、このダルンシュテットのアプローチは、（安全という究極の目的実現のために行為を正当化する）警察法理論が陥り易い論証抜きの〝決断主義〟を排除するという意味において、理論的のみならず実践的にも重要な意義を有すると言えるだろう。

(222)　解釈命題とは、法文の規定の在り様とは無関係に、法文の意味内容を命題として合理的に再構成したものを指す。従って、法文上、明示的に「危険」という用語が用いられていない場合であっても、その意味内容が、損害発生を一定の手続に従って予測することを行政庁に求めているものと理解される限り、「損害発生の十分な蓋然性」と法律上解釈される。

(223)　あらゆる事実を確認することは人間の認識能力を超える作業であるため、正確に言うと、「可能な限り、あらゆる事実を確認すること」ということになる。

(224) 他方で予測の決定には行政に判断余地が認められるとするものとして、E. Pache, Tatbestandliche Abwägung und Beurteilungsspielraum, 2001, S. 141ff.

(225) ちなみに、平野仁彦ほか編『法哲学』（有斐閣、二〇〇二）二二一頁（亀本洋）によれば、一般に「法的推論」と呼ばれるものは、前提がすべて真であれば結論も必ず真となるような論理的推論ではなく、（論理的には「いい加減な」推論ではあるが）「よい加減の推論」「合理的な推論」を追求する推論を意味するとされている。帰納的推論は、まさにこのような法的推論の性格と親和的であるゆえ、法実務においても受け入れやすいと言えるだろう。

(226) Leisner, a.a.O.（Anm. 92）, S. 329. また、Nell, a.a.O.（Anm. 55）, S. 30ff. によれば、法律上の危険概念は、個別具体的ケースにおける蓋然性判断のために、様々な情報の「重要さの程度を判定すること」を要求するものであって、情報によって結論が大きく変わる帰納的推論を法律上の危険概念において用いることはできない、とする。

(227) Vgl. Darnstädt, a.a.O.（Anm. 55）, S. 53f.

(228) Stegmüller, a.a.O.（Anm. 128）, S. 852. Vgl. Darnstädt, a.a.O.（Anm. 55）, S. 60.

(229) 実際、ダルンシュテットは、帰納的確率の概念と、民事不法行為法でしばしば問題とされる「相当因果関係（adäquate Kausalität）」の法学的使用方法との類似性についても語っている。Vgl. Darnstädt, a.a.O.（Anm. 55）, S. 61. なるほど、我が国の最高裁判例でも、医療過誤訴訟における因果関係の認定に関して訴訟上の証明が「一点の疑義も許されない自然科学的証明ではなく、経験則に照らして全証拠を総合検討し、特定の事実が特定の結果発生を招来した関係を是認しうる高度の蓋然性を証明」するものであることで足りる旨、判示されている（最判昭和五〇年一〇月二四日民集二九巻九号一四一七頁。強調——筆者）。

(230) また実際にも、統計的法則の精密な値は危険防御の適用領域においてほとんど存在しない。精々「多かれ少なかれ」「主に」「確実性のある蓋然性を伴って」確認されるに過ぎない。

(231) L. v. Stein, Lorenz, Handbuch der Verwaltungslehre, 2. Aufl. 1876, S. 186f. Vgl. Darnstädt, a.a.O.（Anm. 55）, S. 21.

(232) 事実、ＮＰＤ判決においてもザールルイ上級行政裁判所は、自らが行った危険概念の定義（反比例定式）に従うことなく、危険判断を導いていた。OVG Saarlouis, a.a.O.（Anm. 148）, S. 865.

第二款　我が国の法実務による検証

以下では、〝危険存否の論証モデル〟を、我が国の裁判例に当てはめることにより、当該論証モデルの有効性とその限界について明らかにすることにしたい。論証モデルを我が国の裁判例に当てはめその有効性を検証する場合に注目すべきポイントは、裁判所を含む訴訟当事者が危険存否の論証手続を正しく踏んでいるかどうかである。すなわち、①可能な限り、あらゆる事実を確認しているかどうか、②その事実の確認が、決定可能な最終時点（事実についてさらなる認識を得るべく努力することで時間を逸すると危険防御措置が失敗に終わるリスクが高まるぎりぎりの時点）で行われたものであったかどうか、③確認された事実が最も詳細に記述（主張）されているかどうか、である。もっとも、これから取り上げる裁判の審理過程からも明らかなように、法実務において危険の存否は必ずしも右論証手続に則って判断されているわけではない。むしろ、損害を被る利益の内容や危険を惹起する事実の性格などの総合的な衡量を経て〝妥当な〟結論を導くものとなっている、と評価するのが適当であろう。むろんこの総合的な衡量がどのようにして行われているかは明らかではない。従って、〝危険存否の論証モデル〟を用いてこれを明らかにしよう、というわけである。ところで論証モデルの有効性を検証するためには、危険存否の論証の過程がはっきり示されるように当事者の主張を統計的法則（経験則）と事実とを組み合わせた推論形式（帰納的推論）として合理的に再構成することが必要である。その際、特に意を払うべきなのは、損害を被る法益の性質ではなく損害発生の〝蓋然性〟の有無を認定するのに資する有意味な事実を慎重に取り上げることである。[233] 以上を踏まえた上で次項では、概ね、①事件の内容、②争点、③訴訟当事者による主張内容並びにその推論形式への再構成、④判決（下級審・最高裁を含む）、⑤評価、といった順で検討することにしたい。[234]

(233)　むろん〝何らかの法的利益の損害〟が関連していることは議論の前提である。そもそも何らの損害も関連しないような状況において危険を語っても法的意味は認められないからである。その意味において、危険概念は、既存の事実状態と損害と間の（法律上の）因果関係を内包していると言うことができる。

(234)　なお、論証モデルの有効性を検証するという本款の目的との関係上、以下の判例分析では、危険の存否にかかる論点のみを扱うこととし、その他の事件固有の論点には原則として触れないこととする。また危険判断が、抗告訴訟と国家賠償訴訟のそれぞれにおいてどのように評価されるかという問題も、国家賠償法一条一項にいう違法概念の理解と絡み重要な論点であるが、以下では考察の便宜上この問題には直接触れず、（規制権限を規定する）法律が権限行使の要件に危険（ないしその解釈命題）を明示的に規定している場合の危険判断に絞って分析することとしたい。危険が認定された場合でも、それに基づく権限の行使ないし不行使が、直ちに国家賠償責任の成否を決することになるかどうかについては、責任成否を決定づける文脈における危険概念の役割とともに、別に検討を要する事項である。

第一項　裁判例の検証

第一　危険、外観的危険、そして決定可能な最終時点——馬匹輸送車両火災誤認事件

一　最初にモデルケースとして取り上げるのは、馬匹輸送車両火災誤認事件（広島地判昭和五八年九月二九日判例時報一一〇二号一〇九頁）である。これは、路上駐車中のトラックに積載されていた数頭の競走馬からの湯気や鼻息を、警察官吏・消防官吏らが火災による白煙であると誤認して消火剤の噴射・放水を行い、結果、競走馬に損傷を与えたことに対して損害賠償が請求された事件である。この事案で争われたのは、馬匹輸送車両から白煙が上がっている状態が、警察官職務執行法四条一項にいう「人の生命若しくは身体に危険を及ぼし、又は財産に重大な損害を及ぼす虞のある……危険な事態」に該当するか否かであった。

原告・被告の両訴訟当事者によって行われた主張は、大要、次のようなものであった（特に重要と思われる部分を示した傍点は、筆者による。）。

【被害者（原告）】

〝消防吏員及び警察官は、その職責上、消火活動を開始する前に果たして火事であるか否かを十分に確認する注意義務がある。本件の場合、本件車両の上に上がってみれば、容易に火事か否かの判別が可能な状況であり、また、消防吏員は煙の状況等で車両爆発の危険はないと判断していたのであり、時間的に余裕があったのであるから、単に懐中電灯で荷台内部をのぞき見るといった程度にとどまらず、梯子自動車を出動させて幌の上から火源を確認したり、荷台のシートをはずし、あるいは破って白煙を拡散させて火源を確認すべきであったが、これを怠った。〟〝車両が燃える場合、真黒な煙が出るはずであり、白煙とは明らかにその色を異にしていること、また、火事の場合であれば、それ特有の焼ける匂いがするものであるのに誰一人そのような匂いをかいでおらず、むしろ生臭い匂いがしていたもので、注意すれば火事の匂いと異なることに気づいたはずである。〟〝消防吏員及び警察官には、まず火事かどうかの判別について、少なくとも重大な過失があるが、さらにその消火方法は、正当な業務行為の範囲を逸脱したもので違法である。[235]〟

【警察官吏・県、消防官吏・市（被告）】

〝警察官及び消防吏員が本件現場に到着した時刻には、既に本件車両の荷台の中で馬が大暴れしており、白煙がもうもうと立ち昇り、今にも出火して車両全体が火に包まれるか、又は爆発でも起こるのではないかとさえ思えるような緊急事態であった。荷台内部に白煙が立ち込めているのに加えて、馬が暴れているため、これ以上の荷台内部の調査・確認は不可能な状態であった。右のような状況の中で、しかも、警察官や消防吏員が見た白煙については、馬の体から発生した湯気としても、現場付近の街燈等からの弱い光のもとで浮かび上ったような状態であり、これを見るときは湯気とはとても思えない異様な状態に見え、警察官及び消防吏員らが、本件車両に火災が発生していると判断したとしても、無理はない。さらに、夜間市街地の公道上の緊迫した状況のもとでは、仮に火災発生が確認できなくても、初期消火のための措置として、消火器を噴射したことは、車両全体の火災が発生し、又は車両が爆発した場合の危険性及び被害の大きさ等を考えるとき、極めて当然な措置であった。警察官及び消防吏員は、かかる異常事態に直面して、一刻を争う程に迅速にその対応措置をとることが求められていたのであり、幌の上からの火源確認のための梯子付消防自動車の出動や、施錠された本件車両を安全な場所に移動させるためのレッカー車の手配なども時間を要し、また暴れ馬が車外に飛び出す危険もあり、その他馬を車外に引き出すことも、馬についての取扱経験のない警察官らにとっては却って危険であり、現実的には他にとり得る方法はなく、本件において警察官及び消防吏員がとった措置は、当時可能なもので、かつ、まず最初にとるべき最低限の措置として必要適切なものであったといえる。[236]〟

右に挙げた主張では、警察官吏がとった措置の違法性と故意・過失の判断は必ずしも明確に区別されていないが、[237]いずれにせよ、損害発生の蓋然性に関して、これらの主張を統計的法則（経験則）と事実とを組み合わせた推論図式（帰納的推論）として合理的に再構成するならば、次のようになるであろう。[238]

【被害者（原告）】

白煙がもうもうと立ち上っている（前提事実一）

車両からは生臭い匂いがする（前提事実二）

白煙が立ち上がっており、車両から物が焼ける特有の匂いがしない場合には、たいてい火源は存在しな

い（経験則一）
車両火災はたいてい発生しない(239)

【警察官吏・県、消防吏員・市（被告）】
白煙がもうもうと立ち上っている（前提事実一）
白煙が立ち上がっている場合、たいてい火源が存在する（経験則二）
車両火災はたいてい発生する

二　ところで裁判所は、被告側の主張を認めた上で結果として原告の請求を退けたが、「危険存否の論証モデル」に基づきこれを説明するならば、裁判所は、決定可能な最終時点で警察官吏らによって重要とみなされたすべての事実から火災の発生を推論することが合理的に許容されると判断した、と言うことができるだろう。確かに、警察官吏らは、結果的に馬の湯気・鼻息を火災の煙と見間違ったものであるから、危険判断は誤りであったとも言えそうである。しかし、危険の認定は、実際に火災による損害が発生したかどうかとは無関係である。むしろ、損害発生の蓋然性があると判断したその時点での評価が何よりも重要である。本件において警察官吏らは認定したすべての事実から火災の発生を合理的に推論し得たのであれば——火災の有無に関係なく——危険があったと認定することができる（従って、今回の危険のタイプは、〝外観的危険〟のケースであったと言えよう。）。

もっとも、右結論が妥当と評価し得るのは、あくまで、危険判断（推論）の基礎とした事実が警察官吏らによって正確に認定されている限りにおいてである。原告の主張は、まさにこの点を問題とするものであった。つまり、原告によれば、《少し注意すれば、黒煙ではなかったこと、また生臭い匂いで火事特有の匂いはしなかったことが明らかになるはずであり、またそれを確認するための時間的な余裕もあった、それにもかかわらず、警察官吏らはこれらの事実を危険判断の基礎として用いなかった》というわけである。確かに、危険の認定のためには〃決定可能な最終時点で、予測者によって重要とみなされたすべての事実〃が必要であるところ、もし新しい正確な事実を得る時間的余裕があったのであれば、警察官吏らが当該事実を危険判断の基礎としなかったことは、論証の過程に誤りがあったということになろう（全証拠の算入要請の未充足）。つまり、推論自体に問題がなくとも、推論のために設定される諸事実の選定に誤りがあったということにわけである。[240] しかしながら、裁判所はこの点につき詳細な検討を行った上で次のように判示している。

「警察官及び消防吏員らとして、……本件車両荷台内前部に二頭の馬が既に横たわったりしていたことも、当時、警察官や消防吏員らは、少なくとも第二回目の放水までは、白煙や車の振動などに妨げられて知り得ない状況であり、火災の有無及び火源の調査確認も、当時の状況からすると、警察官らのとり得る措置は前記程度（強力ライトで照らす程度——筆者註）のものであったとみられる。警察官及び消防吏員らに、その通常の職務行為として、火災の有無に関連することとはいえ、馬の性状についての本件のごとき異常事態（稀な現象とされる）に対する特別の知識経験を期待することは困難であり、なかんずく、本件馬についての経緯を知らず、火源についての十分な調査もできないまま、前記きわめて特殊な状況に直面したものとして、緊迫した状況下での迅速な判断としては、火災と判断したことも、やむを得なかったものといわざるを得ない。」「なお、原告は、警察官らが梯子自動車を出動させて幌の上から火源を確認すべきであった旨主張しているが、幌を外すことの危険は前記のとおりである上、当時右出動を待つだけの時間的余裕があったともみられない。[241]」（強調——筆者）

以上要するに裁判所は、緊迫した状況の下においてはさらに火災の有無の調査を行う時間的余裕がなかったことを認定し、警察官吏らが強力ライトを照らして荷台内部を確認した時点が、「これ以上火源確認等に手間どると、火災が広がり、あるいは車両爆発、人家への延焼、馬の暴走等の重大な結果の発生[242]」を招いてしまうぎりぎりの時点、つまり決定可能な最終時点であったと認定しているのである。このように見ると、警察官吏らが新たな事実を危険判断の基礎として用いなかったとしても、そもそも当該事実を把握することが不可能であったわけであるから、推論の前提事実の選定に誤りはなかったということになろう。また、さらに裁判所は、《少し注意すれば、黒煙ではなく、火事の匂いでもないことを容易に知りえた》という原告の主張に対しても、「馬の性状についての本件のごとき異常事態（稀な現象とされる）に対する特別の知識経験を期待することは困難であ[243]」ると認定し、警察官吏らの知識の欠如も問題とはしていない。つまり、警察官吏は馬の性状を含めた当該事実を知らなかったとして扱ったのである（従って、経験則二は警察官吏にとって成り立ちうるものとされた。）。よって裁判所は、「かようにみた場合、警察官及び消防吏員らが、その消火活動に着手する前に、本件事態が火災でないことを知っていなかったのはもとより、（……）警察官らの通常の知識、経験に照らした場合、当時の緊迫した、かつ、特殊な諸状況の下での迅速な対応としては、右事態が火災でないことを予知し得たものとも認め難い[244]」（強調――筆者）と述べ、諸事実の選定に対する誤りはなかったと示している。このように見ると、本判決は、警察官吏らによる論証の過程に誤りは認められないとして「危険な事態」の存在を否定し、結果原告の請求を退けた、と説明することができるであろう。

なお、裁判所は、警察官吏らの過失等、責任の有無について検討するに先立ち、次のような一般的な定式を示している。「一般に、警察官及び消防官吏らの右〔火災などの〕判断及び措置は、その性質上、極めて緊迫した現在の危険状態に対するもので、迅速な対処を必要とする行為であるとともに、通常、火災の存在を見落としたことによる結果は重大であり、それぞれの状態に応じ、できるだけ速やかに、可能な程度の判断をして、相応の措置を講ずべきものといえる」[245]。「できるだけ速やかに」や「可能な程度の判断」という言葉が使用されているように、この説示は「危険存否の論証モデル」を法実務において言語化したものと評価することができよう（前者については〝決定可能な最終時点〟に、後者については〝全証拠の算入要請〟にほぼ対応すると言えるからである。）。迅速な対応が常に求められる警察官吏・消防官吏の職責として示されたものであるがゆえに、論証モデルの姿が最も鮮明に現れたと考えられよう。

(235)　判例時報一一〇二号一一一頁以下。
(236)　判例時報一一〇二号一一四頁以下。
(237)　特に原告の主張では、「危険な事態」（警職法四条一項）に該当するかどうかの判断を専ら故意・過失の問題として扱うとともに（危険の事態の有無について必ずしも明確に論じていない。）、消火活動の適切性を違法性の問題として扱っている。他方、被告の主張では、過失と違法性が実質的に一元的に論じられている。
(238)　ちなみに、二重線は、直線で示される演繹的推論とは異なり、前提（説明項）がすべて真であれば結論（被説明項）も真になるとは限らない（帰納的推論の特徴）、ということを示している。
(239)　ここでいう「たいてい」とは、損害発生の統計的な確率を意味するのではなく、前提からその結論が導かれる論理的な確率、つまり結論が前提との関係で支持される強さを意味することは、これまでに既に述べてきた通りである。つまり、ここで言う「たいてい」とは『『車両火災が発生しない』』という命題は、前提事実との関連で強く支持される」ということを意味する。
(240)　推論の帰結が正しいかどうかは、推論そのものの問題ではなく、むしろ推論のために設定される諸前提の選択にかかわる問題であることにつき、本節第三項第三、参照。
(241)　判例時報一一〇二号一二二頁。
(242)　判例時報一一〇二号一二一頁。
(243)　判例時報一一〇二号一二二頁。
(244)　判例時報一一〇二号一二二頁。なお、故意・過失と違法性は、判決においても必ずしも明確に区別されていない。論証モデルから言えば、「危険な事態」に該当するかどうかは法律要件該当性に関する問題であるため、本来、違法性の問題として処理されることになる。ただ、その認定においては、予測者の（主観的な）対応がどうしても問題とならざるを得ないので、実際上、過失の問題としても処理されることもあろう。

(245) 判例時報一一〇二号一二一頁。

第二　全証拠の算入要請――ナイフ一時保管懈怠事件

一　危険の存否をめぐり、行政法・警察法上しばしば議論となるのは、先の事例に見たような作為による違法ではなく、むしろ不作為による違法の場合であろう。次に取り上げるナイフ一時保管懈怠事件（最判昭和五七年一月一九日民集三六巻一号一九頁）は、まさにこの点が争われた事件である。本件は、警察がスナックでナイフを持って暴れていたXからナイフを一時保管せず帰宅させたが故に、Xが他人に怪我をさせるという事件を引き起こしてしまったとして、被害者Aから大阪府に対して損害賠償が請求された事案である。そこで問題となったのは、Xの状況が一時保管権限の要件を定めた銃刀法の規定（銃刀法二四条の二第二項）、「他人の生命又は身体に危害を及ぼすおそれがあると認められる場合」に該当するか否かであった。

二　まず被害者A（原告・控訴人・被上告人）側の主張を見てみよう。被害者Aは、警察官吏がXにナイフを所持させたまま帰宅させた行為について次のように述べ、この行為を「公共の安全を防止し市民生活を保護すべき義務を怠つた違法な行為である」と主張している。

【被害者A（原告・控訴人・被上告人）】

「警察官としては、Xを威力業務妨害、銃砲刀剣類所持等取締法違反の現行犯として逮捕し、右ナイフを差押若しくは領置し、又は酒に酔つて公衆に迷惑をかける行為の防止等に関する法律三条によりXの親族、知人その他関係者に通知して同人の引取方につき必要な手配をし、同法四条の違反者として右ナイフの占有を剝奪する等をして、Xが公衆に

危害を加えることを予防するべき義務があつたというべきである。」（一審）[246]

これに対し、警察官吏・大阪府（被告・被控訴人・上告人）側の主張は、次のようなものであった。

【警察官吏・大阪府（被告・被控訴人・上告人）】

「原告Ａは警察官に対し、『人や物に対する被害があつた訳ではなく、ただわめきたてナイフを出して商売の邪魔にならなかつたから連れて来ただけである』と述べ、警察官としてはＸが威力で業務を妨害したものと認めることができなかつた。」

「Ｘの携帯していた飛出しナイフは刃渡り七・五センチメートルで飛出し装置が壊れており、しかも同人は飯場生活者として食物用又は仕事上でもこの程度のナイフを携帯するのに正当の事由があると認められた。」

「Ｘは若干は酒に酔つていることは認められたが保護を要する酩酊者と言える状態ではなく、警察署を出る時には全く常人と変らない状態であつた〔。〕」（一審）[247]

なお右主張で被告側で挙げられた、《本件ナイフは刃渡り七・五センチメートルで飛出し装置が壊れている》とか、《飯場生活者として食物用又は仕事上でも必要と認められた》という事実は、一見、銃刀法二四条の二第二項にいう「他人の生命又は身体に危害を及ぼすおそれがある」か否かを判断するために真に必要な事実であるかどうか疑わしいところがある。これは被害者Ａの主張が、威力業務妨害罪、銃砲刀剣類所持等取締法違反罪による現行犯逮捕や「酒に酔つて公衆に迷惑をかける行為の防止等に関する法律」に基づく保護を介してのナイフの差押・占有の剝奪を主張し、銃刀法二四条の二第二項の該当性に言及していなかったことによるものとも考えられよう。この点も踏まえてこれらの主張を、先の事件と同様、統計的法則（経験則）と事実とを組み合わせた推論図式（帰納的推論）として再構成するならば、次のようになるであろう。

【警察官吏・大阪府（被告・被控訴人・上告人）の推論図式】

警察署を出る時には、Ｘの酔いはさめ、全く常人と変わらない状態であった（前提事実一）

酩酊していない者の多くは、他人の生命又は身体に危害を及ぼさない（経験則一）[248]

（本件ナイフは刃渡り七・五センチメートルで飛出し装置が壊れている）

（飯場生活者として食物用又は仕事上でも必要と認められた）

Ｘは、他人の生命又は身体に危害を及ぼすおそれはない

これらの主張を受け、一審の大阪地裁（大阪地判昭和五三年九月二七日判例タイムズ三七八号一二四頁）は、被害者Ａ側の主張を認め、銃刀法二四条の二第二項の該当性を認定している（但し、警察官の義務違反行為と被害者Ａが受けた傷害との間には法律上の因果関係はないとして、被害者Ａの請求を棄却している。）。その判示部分は次のようなものである。

「入墨をした男のＸは飲酒、酩酊し、深夜に具体的に必要もない鋭利なナイフを腹巻の中に携帯しており、同人は警察署に連れて来られる直前にこのナイフを出して『殺してやる』等と言つて他人を脅したものである。傷害、暴行、脅迫等の粗暴犯罪はその者の性格に由来し同一人によつて反復して犯されることが多いこと、入墨をした者に粗暴犯常習者が少なくないこと、飲酒、酩酊者が粗暴な行為に至ることが多いことは当裁判所に顕著であつて、このことは警察官ならば当然知つていたものと認められる。そのうえ、Ｘには前科がないとは断定できない状態であつた……。このよう

な事情の下においては、Xが『周囲の事情から合理的に判断して他人の生命又は身体に危害を及ぼすおそれがあると認められる場合』であつたと言うべきである。[249]」

判決文中に示された被害者Aの主張からは、果たして、またどのような事実に基づき「他人の生命又は身体に危害を及ぼすおそれがある」とされるのか明確に読み取ることはできないが、裁判所が物証、証人の証言、原告本人尋問により詳細な事実を認定した上で認めた右被害者Aの主張を推論図式として合理的に再構成するならば、次のように示すことができるであろう。

【被害者A（原告・控訴人・被上告人）の推論図式】

Xは、傷害、暴行、脅迫、強姦未遂などの粗暴犯一九犯を含む二三犯の前科を有する者である（前提事実二）

傷害、暴行、脅迫等の粗暴犯罪はその者の性格に由来し同一人によって反復して犯されることが多い（経験則二）

（Xの両眉及び左首より胸の付近には入墨がある（前提事実三））

（入墨をした者には粗暴犯の常習者が少なくない（経験則三））

（Xは相当酩酊していて当夜の行動を明確に記憶していないほどであり、その供述態度も反抗的であって必ずしも信用できるものではなかった（前提事実四））

（飲酒、酩酊者が粗暴な行為に至ることが多い（経験則一））

Xは、他人の生命又は身体に危害を及ぼすおそれがある

〝危険存否の論証モデル〟に基づきこれを説明するならば、裁判所は、決定可能な最終時点で警察官吏によって重

要とみなされたすべての事実からXが他人の生命又は身体に危害を及ぼすと推論することが合理的に許容できると判断した、と言うことができるだろう。原審大阪高裁（大阪高判昭和五五年一月三〇日判例時報九六九号六四頁）と最高裁（最判昭和五七年一月一九日民集三六巻一号一九頁）も、一審と同様、警察官の不作為を違法と判断している（但し、原審・最高裁は、一審と異なり警察官の不作為と被害者Aが受けた傷害との間の法律上の因果関係も認め、被害者Aの請求を認容している。）。

三　そもそも本件において、被害者A・被告大阪府とで認識を大きく異にしたのは、Xが酩酊しているかどうかの事実認定であった（前提事実一と前提事実四）。この点につき一審は、Xの当夜の飲酒量などの証拠に基づき、《警察署を出るときにはXは全く常人と変わらない状態であった》との当直警察官吏の証言は信用できないと認定している。この時点で警察官吏側の主張は大きく崩れることになるが、しかし裁判所はこの部分のみをもって銃刀法二四条の二第二項の該当性を判断したわけではない。むしろ裁判所は、警察官吏がXの「前科」そして「入墨」の事実をよく調べて危険判断の材料としなかった点を問題としている。《傷害、暴行、脅迫等の粗暴犯罪といった「前科」を有する者は反復して同じ罪を犯しやすい（経験則二）》《「入墨」のある者には粗暴犯が多い（経験則三）》といった経験則が認められる中でこれらの事実を調べず見過ごしたことは、結論に影響を及ぼす重大なミスであったというわけである。もっとも、警察官吏がこれらの事実を危険判断（推論）の基礎としなかったことについて合理的な理由が存在する場合には、この限りでない。しかし、警察官吏において、①これらの事実を認定する時間的余裕がなく知り得なかったという事情が主張されていたわけではないし、さらに②これらの事実を知っていたが、傷害事件の発生という予測すべき結果との間に重要な関連性が存在するであろうということが明らかではなかった、とか、③これらの事実を知っていたし、またこれらの事実が傷害事件の発生の条件として一定の役割を果たしているということも明らかであったが、他の事実に基づいて獲得された自らの見解に影響を及ぼすには十分ではなかった、などといった事情が主張されていたわけでもない（③に関しては、前科や入墨が存在することを知った上での判断ではないが、《本件ナイフは刃渡り七・五センチメートルで飛出し装置が壊れている》とか《飯場生活者として食物用又は仕事上でも必要と認められた》といった他の事実が、警察官吏の判断に影響を与えていたことは窺える。）。このように見ると、裁判所は、この警察官吏による危険判断は可能な限りあらゆる事実を確認することを求める〝全証拠の算入要請〟を満たしていなかった点で論証の過程に誤りがあると判断した、と評価することができる。本判決のポイントをこのように警察官吏の調査懈怠による事実認定の欠如にあったと見る論者は多い[250]（また、警察官吏は、損害発生の蓋然性判断に寄与しうる事実ではなく、《ナイフが短く壊れていた》とか《ナイフを所有する必要性がある》など、本来考慮する必要のない事実を過重に考慮したと指摘することもできるであろう。）。

四　もっとも、ここで注意を要するのは、警察官吏に求められる〝全証拠の算入要請〟はどの程度のものであるか、換言すれば、警察官吏に求められる調査義務の範囲はどこまでか、という問題である。〝全証拠の算入要請〟は、警察官吏が全く知り得ないような事実までも判断（推論）の基礎に取り入れることを求めるものではない。あくまで警察官吏がその予測の時点で知っていた事実に限られる。では、どのような場合に〝知っていた〟と認定してもよいのだろうか、あるいは、この〝知っていた〟には果たして、またどの程度〝知り得た〟部分まで含めてよいのであろうか。

この点、本節第一で見た馬匹輸送車両火災誤認事件では、裁判所は馬の性状に関する警察官吏らの知識の欠如を問題としなかった。「馬の性状についての本件のごとき異常事態（稀な現象とされる）に対する特別の知識経験を期待することは困難」としたわけである。しかし本件に関して一審は、「警察官としてはXが……〔銃刀法違反・脅迫罪の〕罪を犯していることを容易に知ることができた筈である」とか「警察官らは、Xの入墨のうち眉及び首の部分にあるものは見ることができた」と認定し、さらに「傷害、暴行、脅迫等の粗暴犯罪はその者の性格に由来し同一人によって反復して犯されることが多いこと、入墨をした者に粗暴犯常習者が少なくないこと、飲酒、酩酊者が粗暴な行為に至ることが多いことは当裁判所に顕著であつて、このことは警察官ならば当然知つていたものと認められる。」（強調――筆者）とも述べ、警察官吏に当然備わるべき一定の知識水準を求めている。むろん、本件事案において警察官吏は全く無策であったわけではない。警察官吏は、犯罪事実の有無に関しては傷害の事実や被害の有無について質問を行っているし、前科の有無に関しては大阪府警察本部への照会を行っている。しかしこの点についても、一審は、質問に関しては「〔当該〕質問は銃砲刀剣類所持等取締法……の罪、脅迫罪の調査としては無意味、不充分な質問」であると認定し、さらに照会についても「大阪府警察本部では他府県での前科は登録されていないこと、Ｘの本籍、前居住地は佐賀県であること、Ｘは入墨をし、警察署に来る直前にナイフを用いて罪を犯しているのであるから、Ｘについて前科がないとは言い切れない状態であつた」とし、事件の経緯全体を踏まえた十分な調査を警察官吏に求めている。[251] このように見ると、少なくとも本件事案では、問題となった事実が警察官の日々の職務活動で得られる知識で十分捕捉できる性質のものであったことが、調査義務の範囲を考える上で重要な要素となっていると考えられるだろう。ただ本件でやや注意すべきなのは、今回求められている十分な調査が、銃刀法の適用においてではなく、脅迫罪・銃刀法違反罪の犯罪捜査による事情聴取から導かれているという点である。例えば、最高裁は、「Ｘの本件ナイフの携帯は銃砲刀剣類所持等取締法二二条の規定により禁止されている行為であることが明らかであり、かつ、同人の前記の行為が脅迫罪にも該当するような危険なものであつた」ということを直接の根拠として警察官吏による事実の収集の必要性を導いている。この部分とそれに続く当該判示部分を見てみよう。

「以上の事実関係からすれば、Ｘの本件ナイフの携帯は銃砲刀剣類所持等取締法二二条の規定により禁止されている行為であることが明らかであり、かつ、同人の前記の行為が脅迫罪にも該当するような危険なものであつたのであるから、淡路警察署の警察官としては、飲酒酩酊したＸの……弁解をうのみにすることなく、同人を警察に連れてきた被害者Ａらに対し質問するなどして『スナックニュー阪急』その他でのＸの行動等について調べるべきであつたといわざるをえない。そして、警察官が、右のような措置をとつていたとすれば、Ｘが警察に連れてこられた経緯や同人の異常な挙動等を容易に知ることができたはずであり、これらの事情から合理的に判断すると、同人に本件ナイフを携帯したまま帰宅することを許せば、帰宅途中右ナイフで他人の生命又は身体に危害を及ぼすおそれが著しい状況にあつたというべきであるから、同人に帰宅を許す以上少なくとも同法二四条の二第二項の規定により本件ナイフを提出させて一時保管の措置をとるべき義務があつたものと解するのが相当であつて、……警察官が、かかる措置をとらなかつたことは、その職務上の義務に違背し違法であるというほかはない。[252]」（強調――筆者）

つまり、既に犯罪捜査として事情聴取等をすべき状況であり、そうであれば「容易に」事実を知り得るものであったにもかかわらずこれを行わなかった点を、裁判所は特に問題としているように理解し得るのである。[253]

五　ちなみに、本件では〝不作為による損害〟が問題となっているため、不作為と損害との間の因果関係の認定も争点の一つとされている。この点に関して、一審は、「他人の生命又は身体に危害を及ぼすおそれ」を認定しつつも、本件ではＸが、被害者Ａに対する傷害行為の前に被害者Ａの兄らによって暴行を受けていることを踏まえ、「Ｘが……〔被害者Ａの兄らによって〕暴行を受けるであろうことを警察官において事前に予測できたものとも認めることができない[254]」として、一時保管の不作為とＸの被害者Ａへの傷害行為との法律上の因果関係（相当因果関係）を否定し、被害者Ａの請求を退けている。これに対して、控訴審では「Ｘを酔いのさめないまま、ナイフを携帯させて帰すとすれば、場所柄、途中で他人と何らかの悶着を惹起し、所携のナイフで他人に危害を加えるに至ることは十分予見し得たものといわなければならない[255]」と述べ、法律上の因果関係を認定するとともに被害者Ａの請求を認容している。不作為と損害との間の法律上の因果関係の認定について両判決の結論を分けたのは、警察官吏の〝予測可能性〟の有無であることは明らかである。しかしここで気になるのは、一審が、「他人の生命又は身体に危害を及ぼすおそれ」を認定しつつも、「Xが〔……被害者Aの兄らによって〕暴行を受けるであろうこと」を事前に予測することができない、と判断している点である。というのも、通常の危険判断（損害発生の予測）は、（不）行為ないし状態と損害発生との間に法律上の因果関係が存在することをその判断の中に既に含むものであるから[256]、本件不作為が「他人……に危害を及ぼすおそれ」を認定しつつ、損害発生との因果関係を否定するようなことは、無理があるように思われるからである。それにもかかわらず、一審が法律上の因果関係を否定し請求を棄却したのは、本件訴訟が、被害者Aの兄らによる暴行という特異な事象が発生したことを前提とした国家賠償訴訟であることを踏まえ、不作為と損害との因果関係を回顧的に見て厳密に認定しようとしたものと考えられるだろうか[257]（実際、一審と原審では、予測すべき対象が、前者が〝Xが被害者Aの兄らによって暴行を受けること〟であるのに対して、後者は〝ナイフを携帯させてXを帰宅させた場合に他人に危害を加えること〟となっており、それぞれ異なっている。）。しかし、国家賠償訴訟においてもやはり重要なのは、――損害の現実の発生とは無関係な――その当時において警察官が判断すべき危険の存否である。そういった意味では、――損害の実際の発生を前に裁判官の心証が全く左右されることはないとしても[258]――原審以降、「危害を及ぼすおそれ」を認定することでもって法律上の因果関係も同時に認定した裁判所の判断は妥当であったと評することができよう[259]。

(246) 民集三六巻一号二七頁（判例タイムズ三七八号一二五頁）。
(247) 民集三六巻一号二八頁以下。
(248) 明示されていないが、再構成によって補充が必要となった経験則である。
(249) 民集三六巻一号三三頁以下（判例タイムズ三七八号一二七頁）。

(250)　大村敦志「判批」法学協会雑誌一〇〇巻一〇号（一九八三）二〇六頁。岡光民雄「判批」『昭和五七年度行政関係判例解説』（ぎょうせい、一九八三）五一五頁は、本件は「第一次的には、……警察署の警察官に本件ナイフの一時保管権限不行使があったか否かではなく、右警察官にそのような権限行使をすべきか否かの判断を可能にするような事情を調査する義務があったか否かを問題とすべきではないかと思われる」としている。塩崎勤「判解」ジュリスト七六五号（一九八二）七五頁も参照。

(251)　民集三六巻一号三三頁（判例タイムズ三七八号一二七頁）。もっともこれに対して最高裁は、前科照会を本籍地所轄の警察本部に対して行っていないことまでを注意義務違反として捉えておらず、「前科」を危険認定の基礎事実としていない（民集三六巻一号二二頁以下）。このような最高裁の判断を、近藤昭三は、「銃刀法二四条の二第二項が『異常な挙動その他周囲の事情から合理的に判断して』と規定し、外観的事実のみを挙げていることに対応している」と評している（近藤昭三「判批」判例評論二九二号（一九八三）二〇〇頁）。ただ、「異常な挙動その他周囲の事情から合理的に判断して」という条文が果たして外観的事実のみを挙げているかどうかについては疑わしい部分もある。逐条解説などによれば、「その場の外形的事実だけでは判断できなくても、警察官が持っていたそれまでの関係情報と総合した上で該当すると判断できた場合も、当然に対象となる」とされているところであり（田村正博編『現場警察官権限解説下巻』（立花書房、二〇〇六）二八六頁）。また、「本人の行動や、運搬ないし携帯されている物の状況から判断されることが一般的であるが、事前に得ている情報（例えば、その者の行動に関して第三者から得られている情報）や、本人の態度、言語も判断の資料となり得る（例えば、職務質問をしている中で、相手方の言動等から銃砲刀剣類等を所持していると疑われるだけの理由が生じることもある）」（同書二八五頁以下）とも説明されている。また、そもそも危険を認定する際、危険判断の基礎事実を外形的なものに限定しなければならない合理的理由も見当たらない。「異常な挙動その他周囲の事情から合理的に判断して」は、あくまで例示と読むべきであろう。

(252)　民集三六巻一号二二頁以下。

(253)　岡光・前掲(250)五一五頁以下はこの点を指摘する。そして「本件では刑訴法一八九条等の明文に基づく事情調査義務があり、これに対する違反としての不作為が、銃刀法二四条の二に定める一時保管権限という裁量権の不行使に著しい合理性の欠如をもたらしたもの」（同書五一七頁以下）と評している。

(254)　民集三六巻一号三六頁（判例タイムズ三七八号一二八頁）。

(255)　民集三六巻一号四〇頁（判例時報九六九号六六頁）。

(256) 西埜章「判批」『行政判例百選(第三版)』(有斐閣、一九九三)二七五頁は、この点を捉え、「因果関係の判断が違法性の判断の中に先取りされているものといってよい」と評価している。

(257) 大村・前掲(250)二〇八頁は、このような事態は全く予測不可能ではないにしても非常に抽象度が高いものとなっているとし、相当因果関係の認定に批判的な立場に理解を示している。

(258) この点を考慮に入れてか、原審は、Xの犯行直前になされた被害者Aの兄の暴行を被害者側の過失と見て、四割の過失相殺を認めている。

(259) ちなみに、近藤・前掲(251)一九九頁は、本判決は、裁量権零収縮論による作為義務を肯定する要件としてしばしば挙げられる、①「国民の生命、身体に対する具体的な危険が切迫し、その危険を知っているか、容易に知りうる場合であり」、②「規制権限を行使しなければ結果の発生を防止しえないことが予測され」、③「被害者たる国民として規制権限の行使を要請し期待しうる事情にあるとき」という要件を明示することなく、銃刀所持規制の在り方を根拠とすることによって右②③の要素を当然の前提とし、専ら①の具体的危険の存在とその予見可能性を不作為責任の成立の問題としている点に特色がある、と分析している。ただ、「危険存否の論証モデル」に従えば、具体的危険の存在とその予見可能性は、異なる二つの要素として捉えられるものではなく、後者は前者に吸収されるものと理解されるであろう。というのも、客観的危険概念ではなく規範的主観的危険概念に立つ限りここでいう予測可能性とは、つまるところ、損害発生(危険)の予測そのものを意味するからである。

なお、さらに厳密に言えば、危険の存在の肯定は、「他人に危害を及ぼすおそれ」という要件が認定されるだけであって、これが直ちに効果裁量の否定、つまり作為義務を導くことにはならない。これを導くためには、もう一つ、説明が求められるが、この点については、次の「第三」を参照。

第三　最大詳述の要求——新島漂着砲弾爆発事故事件

一　次に取り上げるのは、やはり同じく不作為の違法が問題となった新島漂着砲弾爆発事故事件(最判昭和五九年三月二三日民集三八巻五号四七五頁)である。これは、海浜に打ち上げられた旧日本軍(旧軍)の砲弾を警察官吏らが回収しなかった故に、右砲弾を焚火に入れるなどして遊んでいた中学生が爆発の被害にあったという事件である。そこで争われたのは、海浜に打ち上げられた砲弾を放置しておくことが警察官職務執行法四条一項にいう「人の生命若しくは身体に危険を及ぼし、又は財産に重大な損害を及ぼす虞のある……危険な事態」に該当するか否かであった[260]。

まず被害者（原告・被控訴人・被上告人）側の主張を見てみよう。被害者側は、一審（東京地判昭和四九年一二月一八日判例時報七六六号七六頁）において「被告都の公務員である警察官は、本件事故現場付近の海中および前浜海岸一帯に爆発の危険のある砲弾類が多数存在している事実を知っていながら、……警察官職務執行法第四条第一項に規定する措置を何ら講じないで放置し、本件事故の発生を招来させたものである[261]」と主張するとともに、原審（東京高判昭和五五年一〇月二三日判例時報九八六号五四頁）では砲弾の爆発の危険性を簡潔に次のように主張している。

【被害者X（原告・被控訴人・被上告人）】

「本件砲弾類は、その大部分が信管付きのものであって、衝撃又は加熱による爆発の危険性が大きい（旧軍の砲弾用火薬は主としてピクリン酸を用い、自衛隊のそれより安定度が低い。）。したがって、わが国における旧軍の砲弾類の爆発及びこれによる死傷例はすくなくない[262]。」

ちなみに、被害者側からは明示的に主張されていないが、一審では、「前浜海岸では暖をとるための焚火が一般に行なわれていたうえ、子供達の中には、拾得した砲弾類の火薬を抜き取り、これに点火して花火のようにして遊ぶ者がいた[263]」という事実、そして原審では、「旧軍の砲弾が焚火に投ぜられ、あるいは中学生が手でいじくる程度の衝撃を受けて爆発した例がいくつか存した[264]」という事実が認定されている。これに対し、警察官吏・東京都側（被告・控訴人・上告人）の主張は次のようなものであった。

【警察官吏・東京都（被告・控訴人・上告人）】

「砲弾類は、海中に投棄されてからすでに二〇年以上も経過していたため、特に強い衝撃等を加えない限り、爆発する危険がなかった」。「警察官職務執行法第四条一項……は、危険物の爆発等の危害が現に発生している場合または右のような危害の発生が確実に予測される場合に限り、その危害を除去するために必要最小限の措置をとる権限を警察官に認めたにすぎないのである。……本件では、前浜海岸に打ち上げられた砲弾類は、……強い衝撃等を加えない限り爆発する危険がなかったのであるから、……本件においては、右法条に基づいて警察官の権限を行使すべき具体的状況はいまだ発生していなかったものというべきである」（一審）[265]。「旧軍では、普通、炸裂弾は信管を本体・薬莢と別に保管し、本件砲弾類のうち炸裂弾は弾頭に信管が着装されていたものはなかった。しかも、信管付きの砲弾も長時間の高熱・人力を超える衝撃等極めて特別の条件のない限り爆発の危険はない」（原審）[266]。

これも先の事件と同様、統計的法則（経験則）と事実とを組み合わせた推論図式（帰納的推論）として、それぞれの主張を合理的に再構成するならば、次のようになろう。

【被害者Ｘ（原告・被控訴人・被上告人）の推論図式】

本件砲弾は、海浜に打ち上げられた旧軍の砲弾である（前提事実一）
中学生が本件砲弾を焚き火に投じ、またいじくる状況が存在する（前提事実二）
海浜に打ち上げられた旧軍の砲弾は、焚火に投ぜられ、あるいは中学生が手でいじくる程度の衝撃を受けても爆発する（経験則一）

本件砲弾は、爆発するおそれがある

【警察官吏・東京都（被告・控訴人・上告人）の推論図式】

本件砲弾は、旧軍の（一般的な）砲弾である（前提事実三）

長時間の高熱・人力を超える衝撃等極めて特別の条件は存在しない（前提事実四）

旧軍の（一般的な）砲弾の多くは、長時間の高熱・人力を超える衝撃等極めて特別の条件が存在すれば爆発する（経験則二）

本件砲弾は、爆発するおそれはない

二　さて、これらの主張を受け、一審、原審、そして最高裁は「危険な事態」の存在を認定し、被害者Ｘの主張を認容している。〝危険存否の論証モデル〟に基づきこれを説明するならば、裁判所は、決定可能な最終時点で警察官吏らによって重要とみなされたすべての事実から他人の生命又は身体に危害を及ぼすと推論することが合理的に許容できると判断した、ということになろうが、もう少しこれを詳しく見ていこう。

本件の主たる争点は旧軍の砲弾に爆発のおそれがあったかどうかであるが、そこで特に問題となったのは両訴訟当事者が、いかなる種類の「砲弾」を念頭に主張を行っていたかであった。右の主張から見ても分かるように、原告被害者Ｘは、「海浜に打ち上げられた旧軍の砲弾」（これを砲弾Ａと呼ぶ。）を対象としてその爆発の危険性を主張するものであった。それに対し、被告東京都・警察官吏の方は、その点必ずしも明らかではない。というのは、一方で《砲弾類は、海中に投棄されてからすでに二〇年以上も経過していた》と主張し「海浜に打ち上げられた旧軍の砲弾」（砲弾Ａ）を問題にしているように見えるが、他方で旧軍が所有していた「一般的な砲弾」（これを砲弾Ｂと呼ぶ。）を問題にしているふしもあるからである。例えば、原審で主張されていた、《旧軍では、普通、炸裂弾は信管を本体・薬莢と別に保管し、本件砲弾類のうち炸裂弾は弾頭に信管が着装されていたものはなかった。しかも、信管付きの砲弾も長時間の高熱・人力を超える衝撃等極めて特別の条件のない限り爆発の危険はない》といった内容は、旧軍が所有していた「一般的な砲弾」（砲弾Ｂ）を念頭に置いているようにも思われる。(267)

当事者が前提としている砲弾の種類が如何なるものであるのかは、爆発のおそれ（危険）の認定に大きな影響を与える要素である。というのは、仮に旧軍の砲弾が、「一般的な砲弾」（砲弾Ｂ）ではなく「海浜に打ち上げられた（その限りで一般性を失っている）特別なタイプの砲弾」（砲弾Ａ）であった場合には、被告東京都・警察官吏側のような結論は得られないということになるからである。なぜなら、砲弾Ｂの場合であれば、《旧軍の一般的な砲弾の多くは、長時間の高熱・人力を超える衝撃等極めて特別の条件が存在すれば爆発する》という経験則二が適用されることになるが、砲弾Ａの場合であれば、《海浜に打ち上げられた旧軍の砲弾は、しばしば、焚火に投ぜられあるいは中学生が手でいじくる程度の衝撃を受けても爆発する》という経験則一が適用されることになり、結論が異なってくるからである。この点、原審は、砲弾Ｂを念頭に「自衛隊の使用するＴＮＴ火薬を用いた砲弾による実験例」の結果を参照しつつも、次のように述べこれを否定し、砲弾Ａに関して生じた事件を採用することで爆発の危険性を認定している。

「控訴人〔都〕らは、本件砲弾類は高熱の持続・人力を超える衝撃等極めて特別の条件下におかれない限り爆発の危険がない旨主張し、《証拠略》によれば、自衛隊の使用するＴＮＴ火薬を用いた砲弾による実験例として、弾体をハンマーで外側から叩いても爆発しなかった例、焚火中に砲弾を投じてから四〇分ないし六〇分の経過により、あるいは弾の外側が摂氏五〇〇度に達してから数分ないし十数分後、弾薬箱の表面温度が摂氏三〇〇度に達してから一〇分ないし二〇分後に爆発した例があることが認められるが、《証拠略》によれば、旧軍が主として砲弾に使用した炸薬は、発火点摂氏三〇九度ないし三二〇度位のピクリン酸火薬であって、ＴＮＴ火薬に比し発火点が著しく低いこと、《証拠略》

によれば、旧軍の砲弾が焚火に投ぜられ、あるいは中学生が手でいじくる程度の衝撃を受けて爆発した例がいくつか存したことがそれぞれ認められるので、前示実験例をもって控訴人らの右主張を裏付け、前記認定判断を左右しうるものではない。」（強調――筆者）[268]

なるほど、二〇年以上も海中に投棄されていた砲弾が砲弾としての一般的な性能を維持しているかどうかは疑わしい。その意味では裁判所が「自衛隊の使用するTNT火薬を用いた砲弾による実験例」の結果を採用しなかったのは妥当であろう。旧軍が所有していた砲弾そのものの爆発のおそれではなく、今まさに問題となっている砲弾（海浜に打ち上げられた砲弾A）の爆発のおそれが問われているからである。もっとも、砲弾の種類が結論に大きな影響を与えるということから、この点がまさに当事者間で争われた形跡がある。[269] しかし原審は、「本件事故にかかる砲弾がいかなる性質・由来のものか直接確定すべき証拠はないが、……事実関係からすれば、第二次大戦中新島駐屯の旧軍が装備していた砲弾であって、右海中投棄後前浜海岸に打ち上げられたものの一つであると推認するのが相当である」[270]と述べ、最高裁もこれを支持している。

このように見ると、要するに裁判所は、この警察官吏は砲弾のタイプを最も詳細に示していない、つまり、〝危険存否の論証モデル〟でいうところの〝最大詳述の要求〟を充たしていなかった、ということを問題にし、被害者側の主張通り危険を認定したと評価することができるであろう。[271] 東京都・警察官吏側は「一般的な砲弾」（砲弾B）ではなく、これをさらに詳細に記述した「海浜に打ち上げられた旧軍の砲弾」（砲弾A）を推論の基礎事実とし、これに適用すべき経験則を示さなければならなかったのである。[272]

三　ところで、本件事案では「危険な事態」の存否と関連して、さらに警察官職務執行法四条一項の要件の中にある「特に急を要する場合」の解釈についても問題とされている。例えば塩崎勤調査官は判例解説の中で、砲弾類に爆発の危険があったとしても、このような事態を同法四条一項にいう「特に急を要する場合」にあたるとすることについて疑問がないわけではないとする。曰く、

「右にいう『特に急を要する場合』というのは、現実に危険が一段と切迫してきたような状態をいうのであって、もはや警察の警告だけでは間に合わず、即時強制の手段を用いるのでなければ、危害を避けることができないような場合をいうものであろう。これを本件のような事例でいえば、海岸に漂着した砲弾を子供達がもて遊んでいることを警察官が現認したとか、少なくとも砲弾が海岸に漂着したことを警察官が現認又は報告により認識したような場合を指すものであるといえよう。右のような解釈を前提とすると、本件事故の発生した昭和四四年六月当時新島の警察官としては、新島の海岸に不発弾が漂着していたとか、これらが子供達の遊び道具として使用されているようなことは現認していないし、またそのような報告を受けていないようであるから、厳格にいえば、不発弾爆発の危険の事態が『特に急を要する場合』に至っていなかったといわざるを得ないようにも思われる。殊に、原審は、Ｙ〔東京都〕に対し警職法四条一項に基づき『砲弾類を回収する義務』を負わせているが、不発弾の爆発の危険が『特に急を要する場合』にあたるかどうかの点に明確な判断を示していないので、この点に原判決の一つの問題があるように思われる(273)。」

民法学者の山本隆司も、この点を問題にする。山本は、「本件では、作為義務発生要件として、(a)危険状態の継続性、(b)公権力行使による危険状態除去の可能性、(c)公権力行使による除去の必要性、が挙げられている。損害賠償責任の発生という民事的法効果との関係で具体的事案を回顧的に見る時には、確かに右の(a)〜(c)の要件が作為義務を根拠づける（……）ものとなることが妥当である（……）と思われるが、逆に、行政作用法的見地から具体的事案発生以前の段階で現場警察に対し如何なる行為規範を設定していることになるか、という観点から見るならば、若干の問

題なしとなしえない」として、その具体例として、(a)〜(c)と「特に急を要する場合」という要件とは、「前者が後者を補強するのか、一方が他方に代替するのか（……）本判決理由にこの要件に触れるところがないので不明確であるが、いずれにせよ、結果的に警職法四条一項の権限行使要件を緩和することになる可能性がある」[274]と指摘している。両見解ともに、「特に急を要する場合」に該当しないケースでこれを認める点に、警察権行使の拡大に対する危惧を表明しているのである。

ここで改めて検討してみよう。まず、塩崎調査官が示した『特に急を要する場合』というのは、現実に危険が一段と切迫してきたような状態をいうのであって、もはや警察の警告だけでは間に合わず、即時強制の手段を用いるのでなければ、危害を避けることができないような場合をいう」という見解には、より正確な説明を与える必要があるように思われる。特に重要なのは、「危険が一段と切迫してきた」と「警察の警告だけでは間に合わず、即時強制の手段を用いるのでなければ、危害を避けることができない」との関係である。先に示したように、損害発生の蓋然性を予測する場合、その予測の時点は「決定可能な最終時点」、つまり、《事実についてさらなる認識を得るために努力することによって時間を逸すると危険防御措置が失敗に終わるリスクが高まるぎりぎりの時点》が選択されなければならない。これを前提とすると、「危険が一段と切迫する」という表現で示されるように、通常の危険判断にさらに時間的要素を加味して危険を判断するようなことは、不要ということになるであろう。なぜなら、時間的要素は、結局のところ、《事実についてさらなる認識を得るために努力し時間を逸することによって危険防御措置の失敗のリスクが高まってしまうぎりぎりの時点はどこか》という通常の危険判断の中で考慮されることになるからである[275]。このように考えると、「特に急を要する場合」というのは、「現実に危険が一段と切迫してきたような状態」をいうのではなく、警察措置によって期待される防御措置の効果（成功可能性）について規定したもの、と理解すべきことになるのではないだろうか。事実、警職法四条一項は、「危険な事態がある場合」は、「警告」を発し、「特に急を要する場合」においては、「引き留め」若しくは「危険防止のため通常必要と認められる措置をとること」を命じ、又は「自ら措置をとることができる」と定め、「特に急を要する場合」という基準を、警察措置の種類（警告か措置か）を区別する指標として扱っている。[276] もっとも、蓋然性判断の中に組み込まれている〝決定可能な最終時点〟の判断には、警察措置の成功可能性の判断（危険防御が失敗に終わるリスクが高まるか否かの判断）が実質上含まれると見ることができるため、その限りで、両者は一致するようにも見える。しかし、損害発生の蓋然性と、これを阻止する警察措置の成功可能性は、あくまで別次元の判断に属する事柄であることに注意が必要である[277]（危険防御措置の成功可能性を問うには、損害発生の蓋然性が前提として認められていなければならない。）。従ってこれを踏まえれば、本件では、――判決文上では明確ではないが――損害発生の蓋然性（危険）を前提とした上で、警告に留まらず積極的な措置を講じなければならない状況（具体的には、①砲弾類が毎年のように海浜に打ち上げられている（危険状態の継続性）、②島民等としてはこの危険を通常の手段では除去することができない（公権力行使による除去の必要性）、といった諸事実がこれに該当するであろう。）が存在していたがゆえに、「特に急を要する場合」に該当した、と説明することができよう（右①②の諸事実は、損害発生の蓋然性を認定する上で直接的に有意味な事実ではないからである。）。

四　さらに、本件事案で注目すべきなのは、法律要件の充足と効果裁量の関係である。本来、不作為による違法は、法律要件が充足していることを前提に、効果裁量の存在を理由に不作為とした場合の行政庁の法令違反を意味するものである。従って問われるべきなのは、法律要件を充足していたか否かではなく、（裁量権消極的濫用論によれば）効果裁量の存在を理由に不作為としたことに裁量権の逸脱濫用がなかったかどうか、（裁量権零収縮の理論によれば）不作為が作為義務に違反したかどうか、ということになる。しかし、しばしば法律要件の充足と効果裁量とが不可分に議論されることがある。

例えば芝池義一は、本件最高裁が作為義務を導く際、効果裁量に言及していないことに関連して、次のように述べている。「本件では、行為権限が認められる要件と行為が義務づけられる要件との間に余り懸隔がなく、前者の要件が認められる場合には同時に行為を行なうか否かについての裁量が余り認められないという特殊性がある」[278]と。また原田尚彦は、本判決が避難等の措置の決定についての裁量性に触れていないのは、上告審ではもっぱら警職法四条に基づく避難等の措置を発動すべき要件である「警告によっては間に合わず、即時強制の手段を用いるのでなければ危害を避けることのできない状態」があったかどうかという点が争われたからであるとする。そして、なぜ上告審では要件充足の有無のみが争われ、避難等の措置の決定について裁量の有無が問題とされなかったのかについて、原田は「この点は想像のほかないが」としつつも、警職法四条に基づく避難等の措置の場合は、それ自体が一種の緊急避難的な性格をもつ措置であるから、同条により避難等の措置の実施が許容される要件と、その実施が義務付けられるに至る要件との間にあまり大きな開きが認められないので、裁量権を論ずる実益があまり大きくないと考えられたためであろう、と評している[279]。右両見解に共通しているのは、要件が充足された場合には、もはや、する・しないの効果裁量は（余り）認められない（ないし論ずる実益がない）、とする点にある。これは端的に言って、危険の存在が法律要件で認定されておきながら法律効果として何らの措置も講じないというのは、多くの場合、当該措置を講ずることを認めた法規定の趣旨に反するからであろう。「行為権限が認められる要件と行為が義務づけられる要件との間に余り懸隔がなく」といった表現は、以上のことを示すものと思われる。

危険の存在が法律要件において認定された場合にはもはや効果裁量の余地はなくなるという、このような思考を可視化することで、この問題の理論的整理に寄与するのは、森田寛二が提示した〝結合空間の費消的否定論〟である[280]。

一般に、《pの場合にはqをすることができる》という規定がある場合に規制権限の不行使の違法性が導かれるのは、（裁量権零収縮論であれ裁量権消極的濫用論であれ）pという明示的要件が充足されている場合でも、一定の条件の下では《qをする》という効果発動の決定でなければならないとされるような場合であるが、そこでいう一定の条件とは、規制権限それ自体の規律目的と効果裁量承認の目的（多くの場合不明確であるため、行政庁によって補充される。）を比較した場合、前者が後者に優先する場合を意味する。しかし、規制権限の不行使の違法性を導く法律構成には、裁量を一旦認める右のようなやり方とは別に、明示的要件の判断において考慮要素がすべて尽くされてしまう結果、効果裁量が認められないとされるものも存在する（〝結合空間の費消的否定論〟）。本件は、まさにこの後者の事例に当てはまるということになるであろう。事実、（効果裁量を否定し）作為義務を導く要件として挙げられているもの（例えば予見可能性（損害発生の予測）など）は、法律要件である危険の成立要件（《決定可能な最終時点で、予測者によって重要とみなされたすべての事実（前提）から損害の発生（結果）を推論することが、合理的に許容できる場合》）の中で、消費し尽くされていると言ってよい。ゆえに、裁量について論ずる余地がなかったと推測できるのである（効果裁量の問題が要件充足の問題として処理されたと言ってもよい。）。

もっとも、一審判決は、作為義務を導く際、「前浜海岸付近の海中に存在する砲弾類は、前記のとおり、客観的にも、一定の条件のもとでは、爆発する可能性があり、かつ、その爆発によって人身事故等の惨事の発生する危険性があったのであるから、……警察官としては、右に認定したような状況のもとにおいては、……砲弾類の爆発による人身事故等の発生を未然に防止すべき法律上の義務があったものと解するのが相当である」と判示しているのであるが、この判示中に示された「前記のとおり」と「右に認定したような状況」は、それぞれ別の事実（前者は砲弾それ自体の危険性を示す事実、後者は海中に多数の砲弾が存在していること、これを放置することの危険性、これを回収する必要性をそれぞれ警察官吏が知っていた（予見可能性があった）ことを示す事実）を指しており[281]、危険を認定した事実と異なる事実によって効果裁量を否定したかのようにもみえる（これに対して、最高裁の判示は、事実を網羅的に挙げた上で作為義務を導いており必ずしも明確ではない）[282]。しかし、危険の存否は最初から予測者の主観的判断を内在させたものであることを想起すると（規範的主観的危険概念）、予見可能性の有無は、結局のところ、砲弾類それ自体の危険性の判断に結びつくものであるから、両事実は表裏の関係にあり、全く異なる種類の判断というわけではない。この点、先に見たナイフ一時保管懈怠事件の一審判決は、「ナイフを一時保管する要件が充たされているかどうかという判断」（要件判断）と「一時保管をする義務があったかという判断」（効果裁量の有無の判断）をそれぞれ形式上区別して審査し、前者の要件判断において要件充足を認めた上で作為義務の審査を行っているが、（銃砲刀剣類所持等取締法の）法制と運用を考慮しつつも、最終的には、要件充足の時に用いた事実認定と全く同じ条件の下で作為義務を導いている。これは、完全に、法律要件の充足から直接的に一時保管義務（効果裁量の否定）を導いたものと言えるだろう。この場合（銃砲刀剣類所持等取締法の）法制と運用は、作為義務を導く解釈上の補強論理として用いられていると解されよう。

以上要するに、危険防御に関わる権限行使にあって、基本的には、法律要件（危険）の充足から直接効果裁量の否定が導かれると結論づけることが可能であろう。これは、危険を認定しつつもこれに対する対応を講じない特別の理由があまり認められない、規制権限に特徴的な事情であるということができる。[283]

(260)　本件では、危険の原因を国自身がもたらしたという事情も無視することはできないが、ここでは専ら東京都の責任について、しかも国家賠償法一条一項の公権力行使責任のみを問題とする。国が危険物の管理者として最終の責任を負うべきだとしても、都に警察上の職務義務違反に伴う責任が、それとは別個に成立すると解されるからである（原田尚彦「判批」民商法雑誌九二巻三号（一九八五）一〇六頁）。

(261)　判例時報七六六号七九頁。

(262)　判例時報九八六号五五頁。

(263)　判例時報七六六号八三頁。

(264)　判例時報九八六号五八頁。

(265)　判例時報七六六号八二頁。

(266)　判例時報九八六号五七頁以下。

(267) このことは、東京都・警察官吏側による上告論旨からも窺い知ることができる。「砲弾は、一般的に、薬莢、信管、弾丸からなり、……信管には、必ず二つ以上の安全装置がついており、……安全装置は、弾丸が発射されたときの衝撃による慣性及び砲弾の回転による遠心力の作用によつてはじめて安全が解放される構造になつている」「本件砲弾類が前浜海岸に打ち上げられても、右に述べた以上の衝撃が砲弾類に加えられるということは通常考えられない。」（強調――筆者。民集三八巻五号四九一頁以下。）

(268) 判例時報九八六号五八頁。ちなみに一審東京地裁は、砲弾Aを念頭に「前浜海岸一帯においては、前記砲弾類の海中投棄が実施された直後から本件事故の発生時に至るまでの間、本件の場合のように砲弾類が焚火の中に投入された場合はもちろん、砂中に隠れて存在する砲弾類の上で焚火がされるなど、一定の条件が具備した場合には、その砲弾類の爆発によって人身事故等の惨事の発生する危険性が充分にあったものといわなければならない」（同八三頁）と簡潔に述べている。

(269) 東京都・警察官吏側による上告論旨では、「〔中学生が手でいじくって爆発した例は〕新島の砲弾によるものではなく、かつ、右砲弾の種類、性能、信管装着の有無及び使用弾か未使用弾かの区別が明確でないのであるから、これを、本件砲弾類と同一に論ずることはできない」（民集三八巻五号四九三頁）と主張されている。

(270) 判例時報九八六号五八頁。

(271) ちなみに原田・前掲（260）一〇〇頁以下は、本判決が、反射的利益に言及することなく警察官の不作為を国家賠償法上の加害行為と認定したのは、警察作用が公益維持だけではなく国民の権利保護をもその責務とするようになった警察作用の構造的な意味変化に対応するという。

(272) もっとも、東京都・警察官吏側は、「原判決は、本件砲弾類の爆発の危険性について、……その判断を誤り、若しくは、その危険性を過大視するという誤りを犯している」（民集三八巻五号四九〇頁）として、上告論旨においてこの点を集中的に主張している。しかし、そこでもあくまで「一般的な砲弾」の爆発の危険性について論じられているのみであり、結局、最高裁は「原審の専権に属する証拠の取捨判断、事実の認定を非難するか、又は原審の認定にそわない事実若しくは右と異なる見解に立つて原判決を論難するものにすぎず、採用することができない」（同四八二頁）と退けている。

(273) 塩崎勤「判解」『最判解民事篇昭和五九年度』（一九八九）九七頁以下。

(274) 山本隆司「判批」法律時報五七巻四号（一九八五）一二〇頁。

(275) 従って、「危険が切迫した場合」（河川法二二条一項）や「急迫した危険」（消費生活用製品安全法三九条一項）など、時間的要素を考慮に入れた危険概念も、通常の危険判断における「決定可能な最終時点」の問題として処理されることになろう。

(276) 古谷洋一編『注釈警察官職務執行法（再訂版）』（立花書房、二〇〇七）三三七頁以下は、警職法六条一項に規定する立入の要件（「危害が切迫した場合」）に関して「危害が『切迫』するとは、何らかの具体的な実力的措置を講じなければこれらの危害の発生や拡大を避けられないような状況になることをいい、第四条第一項後段に基づき避難等の措置をとることができる場合（「特に急を要する場合」）……がおおむねこれに当たると考えられる」とする。

(277) つまり《損害発生の蓋然性があるか否かの判断》と《警告をするか即時強制を行うかの判断》の違いということになる。

(278) 芝池義一「判批」判例評論三一一号（一九八五）一七七頁。同様の指摘は、既に見たナイフ一時保管懈怠事件の評釈でも示されていた（芝池義一「判批」民商法雑誌八八巻六号（一九八三）九〇頁以下）。

(279) 原田・前掲(260)一〇三頁。また、川上宏二郎「判批」法学論集（西南学院大学）一七巻一号（一九八四）二四〇頁も、生命等に危険を及ぼす虞れのある「危険な事態があって特に急を要する場合」にあってもなお、一定の措置をとるかどうかの裁量がはたらき、その一定の措置をとらないというようなことは考えられないとする。

(280) 森田寛二「行政裁量論と解釈作法（下）」判例評論三二八号（一九八六）一七頁以下、同「裁量零収縮論と〝結合空間の費消的否定論〟」小嶋和司博士東北大学退職記念『憲法と行政法』（良書普及会、一九八七）九六頁。

(281) 判例時報七六六号八四頁以下。

(282) 最高裁は次のように述べている。「①島民が居住している地区からさほど遠からず、かつ、海水浴場として一般公衆に利用されている海浜やその付近の海底に砲弾類が投棄されたまま放置され、その海底にある砲弾類が毎年のように海浜に打ち上げられ、②島民等が砲弾類の危険性についての知識の欠如から不用意に取り扱うことによつてこれが爆発して人身事故等の発生する危険性があり、しかも、③このような危険は毎年のように海浜に打ち上げられることにより継続して存在し、島民等は絶えずかかる危険に曝されているが、④島民等としてはこの危険を通常の手段では除去することができないため、⑤これを放置するときは、島民等の生命、身体の安全が確保されないことが相当の蓋然性をもつて予測されうる状況のもとにおいて、⑥かかる状況を警察官が容易に知りうる場合には、警察官において……権限を適切に行使……することは、その職務上の義務でもあると解するのが相当である」（番号は筆者による。民集三八巻五号四八二頁）。本文で示した疑問は、つまり、ここで①～⑥に挙げられた事実のいずれが爆発の危険性を認定するものであり、また作為義務を認定する（効果裁量を否定する）ものであるのか、必ずしも明確ではない、ということである。

(283)　もちろん、危険を防止する手段が全くないような場合（結果回避可能性がない場合）は、危険の認定から直ちに作為義務が導かれるということにはならない。

第四　「明白かつ現在の危険」の合理的再構成——泉佐野市市民会館事件

一　次に取り上げるのは、関西新空港反対全国総決起集会を開催すべく行った市立泉佐野市民会館の使用の申請が、泉佐野市長によって拒否された事件である（最判平成七年三月七日民集四九巻三号六八七頁）。この事件で主として争われたのは、本件集会のための会館の使用が市立泉佐野市民会館条例（昭和三八年泉佐野市条例第二七号）七条一号規定の「公の秩序をみだすおそれがある場合」に該当するか否かであった。

ここで検討に入る前に、この事件はこれまで見た事件とやや異なる問題状況であることを確認しておかなければならない。というのも、これまで見た事件は、損害発生の蓋然性（危険）がある場合に、これを阻止する警察措置（危険防御措置）が講じられるものであったのに対し、今回の事件は、損害発生の蓋然性（危険）がない場合にはじめて当該行為を許す（許可する）という、許可留保付き予防的禁止に基づく措置が講じられるものだからである。周知の通り許可留保付き予防的禁止とは、社会的に害ある行為ではないが経験則上何らかの悪影響を及ぼすリスクが認められる行為を一般的に禁止し、その解除を行政庁の事前の審査にかからしめることによって、当該行為を統制する法制度である。ところで、一般に損害発生の蓋然性（危険）がないことが当該行為の許可要件とされている場合、法は当該行為を厳しく規制しようとしているように思われる。《事前に統制する必要のないある特定の行為を具体的ケースにおいて規制することは許されるか》という問題と《経験則上何らかの悪影響を及ぼすリスクが認められるある特定の行為を具体的ケースにおいて規制することは許されるか》という問題とは別問題であり、後者のケースにおける危険判断は、前者のケースにおける危険判断よりもより厳しい判断方法、つまり損害発生の蓋然性がたとえ僅かであったとしても危険と認定するような判断方法が求められているようにも思われるからである。しかし、あくまで許可要件は――損害発生の〝僅かな蓋然性〟ではなく――損害発生の〝十分な蓋然性〟であることに変わりはないことを確認しておかなければならない。経験則上何らかの悪影響を及ぼすリスクを伴う行為であっても、それが具体的ケースにおいて損害発生の十分な蓋然性があると認められない限り許されるのであり、事前に統制する必要のある行為についてのみ蓋然性を低く見積もらなければならないという理由は存在しないからである。[284] そこで以下では、許可留保付き予防的禁止の下での危険判断は通常の危険判断に比して特別厳格な判断方法が求められているわけではないことを前提に、検討することにしたい。

二　本件事件をもう少し詳しく説明すると次のようなものであった。X_1・X_2らは、市立泉佐野市民会館で関西新空港反対全国総決起集会を開催することを企画し、右会館の使用許可の申請をしたが、「本件集会には不特定多数の中核派の参加が予定されているところ、同派はいわゆる過激派集団であり、また他の団体と闘争関係にもあるため、本件集会に他の対立団体グループが介入し、本件会館内のみならず会館付近一帯が大混乱に陥るおそれがあり、付近住民の生命・身体・財産に重大な影響を及ぼす結果を招来する」として、泉佐野市長によって不許可処分とされた。本件集会の名義人である全関西実行委員会は六団体によって構成されており、X_2は全関西実行委員会の代表者である。X_1はその六団体の一つの運営委員であり、中核派と活動を共にする活動家であった（なおX_1は、昭和五六年に岸和田市市民会館で行われた関西新空港の説明会で混乱を引き起こしたことがあった。）。

一審（大阪地判昭和六〇年八月一四日判例自治一四〇号四八頁）において訴訟当事者が行った主張を示すと次の通りである。

【Xら（原告・控訴人・上告人）】

「どのような思想、信条を持つ者に対しても集会の自由は保障されるべきであり、中核派が本件集会に参加するからといって不許可とすることは許されない。」

「本件集会は主催者の統制下で行われる屋内集会であって、……会館内や会館周辺が混乱するおそれは全くなく、抽象的に混乱が生ずるおそれがあるとの危惧感のみを理由に不許可とすることは違法である。現に、昭和五七、五八年にいずれも大阪市内の扇町公園で開催された関西新空港反対総決起集会や昭和五七年一〇月二四日に大阪城公園で開催された反核集会（中核派と対立していると目されるグループも参加）には中核派も参加したが、混乱が生じたことは一切ない。[285]」

【泉佐野市（被告・被控訴人・被上告人）】

「原告X_1は、いわゆる中核派（……）と行動を共にする活動家であり、本件集会にも不特定多数の中核派の参加が当然に予定されていた〔。〕」

「この中核派は、三里塚闘争から関西新空港反対闘争へと展開する反対闘争方針を打ち出し、デモ行進、集会等の活動を行う中で種々の社会的混乱を惹起しており、特に昭和五九年四月四日大阪府庁及び大阪科学技術センター等で起こった連続爆破事件につき自ら犯行声明を各新聞社に出しているもので、自らの思想、信条のためには全く手段を選ばず、法治国家に敵対するいわゆる過激派集団である。」

「X_1も、昭和五六年に岸和田市において開催された関西新空港問題の集会で混乱を惹起したことがある。」

「中核派は他の過激派集団と左翼運動の主導権をめぐって従来から対立抗争中であり、昭和五八年七月一日中之島中央公会堂においていわゆる第四インターが主催した三里塚闘争関西集会の際、中核派が実力行使に出て、同公会堂付近一帯が大混乱に陥ったことがある。」

「危険性を事前に察知し、憂慮した地元住民等から、泉佐野市長に対し、暴力行為防止と排除のため極左集団に本件会館を貸さないようにとの要望書等が提出されていた。」

「X_1による『泉佐野新空港に反対する会』の名称での本件会館小会議室の利用申込みに対しては、従来から何度もこれを許可しているのであって、本件会館の使用許可につき関西新空港に反対する団体であるからといって差別的取扱いをしていないことは明らかである。[(286)]」

原告Ｘらの主張では、集会の自由の保障の重要性は指摘されているが、混乱が生ずるおそれが全くないとする根拠は弱く、過去平穏に行われた集会の実績を挙げるのみに留まっている一方、被告泉佐野市の主張も、中核派の性格と過去の集会で起きた混乱の事実を指摘しているだけで、本件集会の開催が危険であることを必ずしも説得力をもって示せているわけではない。それでもあえて危険の存否を争う両当事者の主張を、統計的法則（経験則）と事実とを組み合わせた推論図式の形で再構成するならば、次のようになるだろう。

【Ｘら（原告・控訴人・上告人）の推論図式】

これまで中核派が参加した集会（昭和五七年、五八年に開催された関西新空港反対総決起集会。昭和五七年一〇月二四日に開催された反核集会（中核派の対立するグループも参加））で、混乱が生じたことは一切ない（前提事実一）

中核派が参加した集会でこれまで混乱が生じたことがなければ、集会が開催されても混乱が生ずるようなことはない（経験則一）

中核派が主導する集会が開催されても、たいてい一般市民の生命、身体、財産に対する安全を侵害するおそれはない

【泉佐野市（被告・被控訴人・被上告人）の推論図式】

X_1は、昭和五六年に岸和田市において開催された関西新空港問題の集会で混乱を惹起したことがある（前提事実二）
中核派は、三里塚闘争から関西新空港反対闘争へと展開する反対闘争方針を打ち出している（前提事実三）
中核派は、本件集会の動向を左右し得る有力な団体として重要な地位を占めるものであった（前提事実四）
昭和五八年七月一日中之島中央公会堂においていわゆる第四インターが主催した三里塚闘争関西集会の際、中核派が実力行使に出て、同公会堂付近一帯が大混乱に陥ったことがある（前提事実五）
中核派が主導する集会が開催される場合、中核派と対立する団体がこれに介入するなどして、混乱が生ずる（経験則二）

中核派が主導する集会が開催されると、一般市民の生命、身体、財産に対する安全を侵害するおそれがある

ここから少なくとも明らかになるのは、原告Xらと被告泉佐野市が、危険の存否を根拠づける過去の集会の実績例をそれぞれ別に挙げているという点であるが（原告Xらは過去平穏に行われた昭和五七年、五八年の関西新空港反対総決起集会、そして昭和五七年一〇月二四日に開催された反核集会を、被告泉佐野市は昭和五八年中核派が実力行使に出て大混乱に陥った第四インター主催の三里塚闘争関西集会などを挙げている。）、その他に互いの具体的な争点は必ずしも明確ではなく、推論形式として合理的に再構成することは難しい。

この点に関し、一審の大阪地裁は、「〔本件条例七条一号にいう〕『公の秩序をみだすおそれがある場合』の、公の秩序をみだすとは人々の生命、身体、財産の安全を侵害することを意味し、……右侵害行為を助長するおそれがある場合をも含むと解される」とした上で次のように述べ、原告Xらの請求を棄却している。

「本件においては、前記認定のとおり、中核派は関西新空港反対闘争等において、前記四月四日の連続爆破事件等人の生命、身体、財産を侵害する違法な実力行使を行ってきており、これを是認する闘争方針を打ち出しているところ、前記認定の中核派と原告X_1及び全関西実行委員会との関係、同原告及び同委員会の本件集会における地位、役割、本件集会の目的、同派の闘争方針及び本件集会への対応等を総合すると、同派は単に本件集会の一参加団体というにとどまらず、本件集会の主体をなすか、そうでないとしても重要な地位を占めるものということができ、したがって、このような組織に本件会館を使用させることは、中核派の関西新空港反対闘争に寄与し、右闘争に基づく生命、身体、財産の侵害行為を助長する結果となるおそれが多分にあるといわざるをえない[287]。」（強調――筆者）

一審判決の特徴は、「公の秩序をみだすおそれのある場合」の意味を拡張し、侵害行為を助長するおそれがある場合もこれに含まれるとした上で[288]、本件集会の実質的な主催者を過激な活動組織である中核派とし、そこから侵害行為を助長するおそれを認定している点にある。もっとも中核派が主導する集会が、なぜ直ちに「公の秩序をみだすおそれがある」と認定されるのか、必ずしも明確ではない。事実、一審は、被告が主張する「X_1は昭和五六年に集会で混乱を惹起したこと」「中核派が他の団体と対立抗争中であること」「同派が昭和五八年に他の団体の主催する集会へ乱入する事件を起こしたこと」などの事実は、原告X_1や中核派自体が主催し、又は主体となる本件集会において自ら混乱を起こすことは考えられないゆえに参考にならない、また、原告Xらの主張するように昭和五七年、五八年の本件集会と同旨の集会や全関西実行委員会主催の集会がいずれも平穏に行われていることに照らすと、中核派と対立する団体が本件集会に介入して混乱を生ずるおそれが高いとは必ずしも認められない、と判示しているところであり、このようなことを考えると、一審判決の結論はやや説得力を欠くものとなっている[289]（従って裁判所は、この点を考慮に入れて「侵害行為が惹起されるおそれがある場合」ではなく、「侵害行為を助長するおそれがある場合」に該当すると判断したとも考えられる。)。

これに対して、原審(大阪高判平成元年一月二五日判例自治一四〇号五二頁)は、「公の秩序をみだすおそれのある場合」を定める条項を拡大解釈などはせず、むしろ「公共の安全に対する明白かつ現在の危険が存在する場合」に限定しつつも[(290)]、一審と同様、本件集会の実質的な主催者を中核派と認定するとともに、さらに加えて次のように述べ、結果、原告Xらの請求を棄却している。

「このような状況(本件集会の実質的な主催者が中核派であること――筆者註)に加えて、前示のとおり、控訴人X1(原告)は昭和五六年の集会において混乱を惹起したことがあること、中核派が他の団体と対立抗争中であることは公知の事実であり、同派が他の団体の主催する集会へ乱入する事件を起こしたことがあることからして、本件集会に同派と対立する団体が介入するなどして本件会館内外に混乱が生ずることも多分に考えられたこと、本件不許可処分前日の中核派も参加したデモ行進については、市民の間からも不安の声が挙がり、このような極左暴力集団に対しては、本件会館を貸さないようにとの要望等がなされていた。

このような状況の下において、……被控訴人において、本件集会が開催されたならば、少なからぬ混乱が生じ、その結果、一般市民の生命、身体、財産に対する安全を侵害するおそれがあること、すなわち公共の安全に対する明白かつ現在の危険があると判断したことは、真に無理からぬものというべき[(291)]」(強調――筆者)。

原審判決の特徴は、本件集会の実質的な主催者を過激な活動組織である中核派と認定し、さらに加えて過去の集会(X1が参加した昭和五六年の集会、中核派が実力行使に出た昭和五八年の三里塚闘争関西集会など)における混乱の存在をも危険判断の有意味な事実と認定した点にある。一審が、過去の集会の事実を主催者が開催した集会ではないことを理由に参考にならないとしたのに対して、原審はこれを参考にしているということは、少なくとも主催者団体の性格のみでは判断していないという点で、結論に対する確証度は高いと言えるだろう。最高裁（最三小判平成七年三月七日民集四九巻三号六八七頁）もまた原審が示した判断を支持しているところである。

しかし原審の判断には、なお曖昧な部分が残ることは否めない。

第一に、一審が過去の集会の事実を原告X_1や中核派が主催者として開催した集会ではないことを理由に参考にならないとしたことに対する原審の判断が示されていない、という点である。原審が示した判断を導くのであれば、少なくとも《原告X_1や中核派が集会の主催者側であっても混乱が生ずる》という経験則についてさらに論じる必要があったと言えよう（経験則二の妥当性の問題）。全関西実行委員会と中核派には密接な関係があり、後者は前者の主催する本件集会において重要な地位を占めており、そして中核派が関西新空港の建設を実力で阻止する闘争方針を打ち出していたとしても、中核派が主体的に参加する集会がすべて直ちに混乱をもたらすと認定することは困難であるという見方もなお可能である。[292] もっとも最高裁は、「本件不許可処分は、本件集会の目的やその実質上の主催者と目される中核派という団体の性格そのものを理由とするものではなく、……中核派が、本件不許可処分のあった当時、関西新空港の建設に反対して違法な実力行使を繰り返し、対立する他のグループと暴力による抗争を続けてきたという客観的事実からみて、本件集会が本件会館で開かれたならば、本件会館内又はその付近の路上等においてグループ間で暴力の行使を伴う衝突が起こるなどの事態が生じ、その結果、グループの構成員だけでなく、本件会館の職員、通行人、付近住民等の生命、身体又は財産が侵害されるという事態を生ずることが、具体的に明らかに予見されることを理由とするものと認められる[293]」と述べ、団体の性格そのものを理由とするものではないことを強調しているところである。

しかし、最高裁が示すような判断であっても「違法な実力行使を繰り返し、対立する他のグループと暴力による抗争を続けてきた」という客観的事実から「グループ間で暴力の行使を伴う衝突が起こるなどの事態が生じる」と推論するには、なおこれを支える事実ないし経験則を認定する必要があったであろう。[294]

また第二に、第一点の弱点を補うためか、原審は地元住民等から提出された極左暴力集団に対する不許可処分の要望書を考慮に入れているが、これは損害発生の蓋然性の認定においては他事考慮である可能性がある。このことは、主催者団体の性格に基づいて、あるいは不十分な経験則に基づいて不許可処分をしたことを疑わせるものである。[295]

三　しかし、右に見た点以上に、とりわけこの事件で注目すべきなのは、原審が「一般市民の生命、身体、財産に対する安全を侵害するおそれがあること」の中に「侵害行為の助長のおそれ」を含めることなく、むしろ「公共の安全に対する明白かつ現在の危険がある」ことに限定している点である。そこで問題となるのは、「侵害行為の助長のおそれ」と「明白かつ現在の危険」との関係である。

文言通り解するのであれば、「侵害行為の助長のおそれ」と「明白かつ現在の危険」とでは、危険判断に違いが認められるであろう。後者の場合、明らかに時間的要素が加味されており、その分、危険認定のハードルが高められているように思われるからである。しかし、危険判断は常に〝決定可能な最終時点〟が選択されるものである以上、あえて時間的要素を加味する必要がないことは既にくり返し述べてきた通りである。このように考えると「明白かつ現在の危険」という表現は、不許可処分によって被る法益侵害が大きい場合に、安易な規制が行われることのないよう裁判所がこれを注意的に表現したものと考えるべきであろう。事実、原審は、特別に厳格な危険判断を行っているわけではないし、最高裁も次に示すように、通常の危険判断と異なる判断方法をとっているわけではない。

「本件条例七条一号は、『公の秩序をみだすおそれがある場合』を本件会館の使用を許可してはならない事由として規定しているが、同号は、広義の表現を採っているとはいえ、右のような趣旨からして、本件会館における集会の自由を保障することの重要性よりも、本件会館で集会が開かれることによって、人の生命、身体又は財産が侵害され、公共の安全が損なわれる危険を回避し、防止することの必要性が優越する場合をいうものと限定して解すべきであり、その危険性の程度としては、前記各大法廷判決の趣旨によれば、単に危険な事態を生ずる蓋然性があるというだけでは足りず、明らかな差し迫った危険の発生が具体的に予見されることが必要であると解するのが相当である（最高裁昭和二六年（あ）第三一八八号同二九年一一月二四日大法廷判決・刑集八巻一一号一八六六頁参照）。そう解する限り、このような規制は、他の基本的人権に対する侵害を回避し、防止するために必要かつ合理的なものとして、憲法二一条に違反するものではなく、また、地方自治法二四四条に違反するものでもないというべきである。

そして、右事由の存在を肯認することができるのは、そのような事態の発生が許可権者の主観により予測されるだけではなく、客観的な事実に照らして具体的に明らかに予測される場合でなければならないことはいうまでもない。[296]」（強調——筆者）

右説示の中で最も重要なのは後半の危険の認定方法に関する部分であるが、「事態の発生が許可権者の主観により予測されるだけではなく、客観的な事実に照らして具体的に明らかに予測される」ことを必要としている点は、通常の危険判断と全く異なるところはない。憲法上の権利である集会の自由（ないし表現の自由）に対する制限を特に意識した上での危険判断ではあるものの、実際、その認定方法は特別なものではないのである。従って「明らかな差し迫った危険」という表現（最高裁は、新潟県公安条例事件・最大判昭和二九年一一月二四日刑集八巻一一号一八六六頁の説示に倣いこの表現を用いているが、その内容は原審がいう「明白かつ現在の危険」と大きな違いはないと考えられる。）は、（ドイツの実定法上に表れた様々な種類の危険概念と同様に）集会の自由（ないし表現の自由）という憲法上の権利に重要な価値を見出し、これを規制する広範な条文を形式上、危険の程度を高めることによって補ったものと見るべきであろう。[297]「右

〔不許可処分の〕要件の設定あるいは右要件の解釈については、憲法の定める集会の自由ひいては表現の自由の保障にかんがみ、特に周到な配慮が必要とされるのである」としてその解釈適用に特別な注意を促す園部補足意見は、このような見立てを端的に裏づけるものと言える。(298)

この点、本判決は、集会の自由（ないし表現の自由）への制限に対して憲法上の価値を前面に出した審査方法を展開していると見ることができる。最初に公共の福祉と集会の自由の利益衡量による審査を行い、さらに「明らかな差し迫った危険」を要求することで同条例七条一号の限定解釈を行い、行政裁量の恣意的な行使を防ぐといったやり方がそれである（利益衡量→限定解釈の二段階審査）。ここでは、最高裁が施した限定解釈に、本件条例が文面上漠然としており過度に広汎であるゆえにもたらされる、許可権者による裁量行使をコントロールするという役割が期待されていることは明らかである。しかし、その実効性という点では夙に指摘されているように、その役割を十分に果たしているとは言い難い。例えば、一段階目の利益衡量は、利益状況の差異を全く考慮に入れるものではないこと、また二段階目の「明らかな差し迫った危険」という基準も、自由の制約が最小限のものであることを要求するものではなく「必要かつ合理的なもの」であればよいとしている点で厳格な基準にはなっていない、と批判されている。(299)さらに、とりわけ二段階目の審査に関しては、限定解釈だけでは不十分であるという認識から、危険概念の内容を具体的に類型化した条項そのものがはじめから許可基準として明文化されていることが望ましいといった主張もなされているところである。(300)結局のところ、このような問題点が指摘されるのも、「明白かつ現在の危険」あるいは「明らかな差し迫った危険」が、その概念自体の内容、つまり〝損害発生の十分な蓋然性があるか否か〟というよりも、重要な憲法上の権利の制約にかかる違憲審査基準の一つとして、裁判所の審査密度の観点からやや抽象的に論じられていることに由来しよう（「明らかな差し迫った」や「明白かつ現在の」などは、あくまで集会の自由という憲法上の価値に配慮した修辞であり、通常の蓋然性の有無の認定判断において決定的な意味を持つわけではない(301)）。本件事案は、公物管理権と公物警察権が交錯する領域であり、なお論ずべき課題も多いが、少なくとも〝危険存否の論証モデル〟は、従来のような、憲法上の権利の価値に重点を置いた合憲性審査方式ではなく、損害発生の蓋然性を左右する諸事実を丁寧に挙げながら「公の秩序をみだすおそれ」(危険)を判定する推論過程審査方式として、この問題の見通し良い処理に寄与し得るのではないだろうか。

(284) 但し許可留保付き予防的禁止が前提としている一般的な危険を、許可手続が個別審査による具体的危険の有無を審査する制度であるという意味において「抽象的危険」と称することも不可能ではない。もっともその詳細な説明については、本章第三節を参照。

(285) 判例自治一四〇号四九頁以下。なお原告は、その前提として、本件条例が極めて抽象的包括的な許可基準を定めているにすぎないとして、いわゆる「漠然性による無効」の理論により違憲の条例であると主張している。

(286) 判例自治一四〇号四九頁以下。

(287) 判例自治一四〇号五二頁。

(288) 同様の解釈論は、長野地判昭和四八年五月四日行集二四巻四＝五号三四〇頁以下においても採用されている。

(289) 従って、前提事実五は結論を導くのに少なくとも有意味な事実ではなかった、ということになる。

(290) 判例自治一四〇号五四頁。なお原告は、高裁において「同条例七条一号の不許可事由の解釈につき、『生命、身体、財産の侵害行為が直接惹起されるおそれがある場合』だけでなく、右『侵害行為を助長するおそれがある場合』をも含むとするが如きは、尚更許されない」と主張していた(判例自治一四〇号五三頁)。

(291) 判例自治一四〇号五四頁。

(292) 紙谷雅子「判批」判例評論四四二号(一九九五)二五頁は最高裁判例の評釈において、裁判所は、泉佐野市が行った不許可処分が原告X_1の性格に基づくものではないことを立証するために、過去、原告X_1もしくは「全関西実行委員会」に対して会館の使用許可を与えていた事実を示すべきところ、これを示していないとする(「泉佐野・新空港に反対する会」に対して会館の使用を許可した例は、泉佐野市が原告X ら全員を一体として、あるいは本件集会の主催者である「全関西実行委員会」に対して過去会館の使用を許可してきたことを示すものではないとする。)。

(293) 民集四九巻三号七〇〇頁以下。

(294)　この点に関し、最高裁は「主催者が集会を平穏に行おうとしているのに、その集会の目的や主催者の思想、信条に反対する他のグループ等がこれを実力で阻止し、妨害しようとして紛争を起こすおそれがあることを理由に公の施設の利用を拒むことは、憲法二一条の趣旨に反するところである」と述べ、《主催者側と対立グループとの衝突による混乱》という論点に言及している。学説ではこの判示部分とアメリカの判例法理である「敵意ある聴衆」の理論との類似性が指摘されることがあるが（紙谷・前掲(292)二五頁、竹中勲「判批」ジュリスト臨時増刊一一一三号（一九九五）二〇頁）、調査官解説によれば、本件は主催者自らが対立抗争を続けている事例であるから、このような場合に該当しないとされている（近藤崇晴「判解」『最判解民事篇平成七年度』（一九九五）二九四頁）。なおその後、やはり同じく公の施設の利用不許可処分が争われた上尾市福祉会館事件において最高裁（最二小判平成八年三月一五日民集五〇巻三号五四九頁）では、「主催者が集会を平穏に行おうとしているのに、その集会の目的や主催者の思想、信条等に反対する者らが、これを実力で阻止し、妨害しようとして紛争を起こすおそれがあることを理由に公の施設の利用を拒むことができるのは、……警察の警備等によってもなお混乱を防止することができないなど特別な事情がある場合に限られるものというべきである」と述べて利用拒否処分を違法とし、泉佐野市市民会館事件での不許可処分は「特別な事情」が存在するケースであったことを明らかにしている。ちなみに、損害発生の蓋然性があるか否かという問題と、警察の警備等によって混乱を防止することができるかどうか、という問題は理論的には別個の問題であり、後者の問いの解答から前者の問いの結論を導くことはできないという点には注意が必要であろう。損害発生の蓋然性をもたらす原因が集会を阻止しようとするグループにある場合にも、不許可処分の要件である「公の秩序をみだすおそれ」があるか否かがまずは審査され、これとは別に、「警察の警備などによって混乱を防止することができるかどうか」が検討される、ということでなければならない。前者は損害発生の蓋然性の問題であり、妨害阻止の成功可能性の問題ではないからである。

(295)　泉佐野市が、政治団体による集会や社会的影響のある集会等を「比較的重要な事項」に該当すると分類し、泉佐野市総務部長の専決事項として取り扱っていた事実の存在もこのような評価を裏づける。参照、紙谷・前掲(292)二五頁。

(296)　民集四九巻三号六九七頁以下。

(297)　「基本的人権たる集会、表現の自由を制限できるのは、右公共の安全に対する明白かつ現在の危険が存在する場合に限る」としているように（判例自治一四〇号五四頁）、原審が「明白かつ現在の危険」と被侵害法益の内容との関係を特に意識していることは明らかである。

なお、原審がいう「明白かつ現在の危険」に類似する表現として、「せん動」が処罰される場合を限定する、アメリカ連邦最高裁の判例法理「明白かつ現在の危険（clear and present danger）」がある。これは、表現の自由の内容規制に関する「違憲審査基準の一つ」とされており、①ある表現行為が近い将来、ある実質的害悪をひき起こす蓋然性が明白であること、②その実質的害悪がきわめて重大であり、その重大な害悪の発生が時間的に切迫していること、③当該規制手段が右害悪を避けるのに必要不可欠であること、の三つの要件が充たされている場合には、当該表現行為を規制することが認められる、とするものである（参照、芦部信喜／高橋和之補訂『憲法（第四版）』（岩波書店、二〇〇七）一九四頁以下）。下級審では、公職選挙法の戸別訪問禁止規定についてこれを適用するものが見られるが、最高裁は「〔同規定は〕害悪の生ずる明白にして現在の危険があると認められるもののみを禁止しているのではないと解すべきである」として、これを採用していない（最三小判昭和四二年一一月二一日刑集二一巻九号一二四五頁）。この判例法理と本件最高裁判決との類似性を指摘する学説も存在するが、小山剛『「憲法上の権利」の作法』（尚学社、二〇〇九）八四頁は、最高裁が表現した「明らかな差し迫った危険」が、アメリカの判例法理として紹介される「明白かつ現在の危険」と同じかどうかについては議論がある、としている。ちなみに田上・前掲（4）七五頁は、この表現を警察上の比例原則の説明の中で用いている（「明瞭な危険が切迫している場合（clear and present danger）でなければ、警察作用は違法となる。」）。

(298)　民集四九巻三号七〇三頁。小高剛「判批」法学教室一八〇号（一九九五）一〇三頁も、公の施設条例には、本件条例と同様に「公の秩序をみだすおそれがある場合」など比較的広義の表現で不許可事由を定めるものが多いため、規定の仕方や解釈運用上の歯止めが最も問題になると指摘している。

(299)　川岸令和「判批」『憲法判例百選Ⅰ（第五版）』（有斐閣、二〇〇七）一七九頁。

(300)　藤井俊夫「判批」『平成七年度重要判例解説』（有斐閣、一九九五）一七頁。

(301)　浅利祐一「判批」法学セミナー四八八号（一九九五）七六頁は、「明白かつ現在の危険」も、それ自体としてはなお抽象的であって、具体的な適用段階において明確な基準となり得るのか疑問とする。

第五　抽象的危険と裁量——栃木県警銃所持許可事件

一　最後に取り上げるのは、銃砲刀剣類所持等取締法（以下、銃刀法と略す。）に基づき銃所持の許可を得た者（以下、Xと称す。）が、長年トラブル関係にあった隣家住民らを猟銃で殺害したため、銃所持の許可を与えた警察に対し被害者（以下、Yと称す。）から損害賠償を請求された事件である（宇都宮地判平成一九年五月二四日判例時報一九七三号一〇九頁）。ここで争われたのは、銃所持の許可審査の際、銃刀法五条一項六号（平成一四年法改正前。現行法一八号）で「他人の生命若しくは財産又は公共の安全を害するおそれがあると認めるに足りる相当な理由がある者」と規定する欠格事由に加害者Xが該当していたかどうかであった。[302]

二　本件事案は、事実認定以前に、銃刀法五条一項六号の解釈をめぐって両訴訟当事者間で見解が分かれている点に特徴がある。被害者Y側は、銃刀法五条一項六号を次のように解釈していた。

【被害者Y（原告）】

「我が国では、銃砲の所持は、その甚だしい危険性に鑑み、一般人については厳重に禁止され、一定の要件を備えた者の許可申請があった場合に、例外として都道府県公安委員会が許可するものであり、その許可は、厳重な羈束裁量行為である。

……したがって、六号の欠格事由の解釈運用においても、実質上の絶対禁止的運用を前提にした上で、必要性、適格性が特に明らかに認められる場合に例外的に許可するというものであるべきである。

すなわち、六号の欠格事由に該当する場合とは、違法な使用の具体的蓋然性が認められるときという狭いものではなく、所持者によって違法な使用がされる可能性が皆無とはいえないという事情が存在すれば足りるというべきである。[303]」

これは、銃砲を所持すること自体の危険性（「甚だしい危険性」）を踏まえ、許可を「厳重な羈束裁量行為」と捉えた上で六号の欠格事由を広く解している点に特徴がある。そして、このような解釈を前提とした上で、次のような事実を挙げ、六号該当性を主張している。

〝YとXとの間では、不正常かつ不穏な状況が二〇年以上存在しており、Xの退職後には轢過事件〔Xが運転する自家用車がセンターラインをまたいでYのすぐ脇で停止しYを轢こうとした事件〕も起きていた〟〝Xによる本件事件は計画的犯行であった〟「Xにおける、隣人との甚だしい不和の関係、トラブルの継続という状況は、根深い怨恨感の醸成の原因となり、銃が不正使用されるきっかけを与えやすい危険な環境因子であったから、本件では、所持者によって違法な使用がされる可能性が皆無とはいえない事情があり、六号の欠格事由の『他人の生命若しくは財産又は公共の安全を害するおそれ』が存在したことは確実である。(304)」

ここでは、六号該当性が、違法な銃使用の「具体的蓋然性が認められるとき」ではなく、銃所持者によって違法な使用がされる「可能性が皆無とはいえない」という事情が認められれば足りる、とされている点が重要である。これに対して許可の審査をした警察官吏側は、被害者Yとは異なり、銃刀法五条一項六号を狭く厳格に解釈している。

【警察官吏・栃木県（被告）】

「六号の欠格事由については、主観的な憶測では足りず、同号所定の『おそれ』を認定すべき客観的・合理的な根拠が必要と解されるのであり、本件では、XとYとの間のトラブルが、銃器による殺傷事件等にまで発展しかねないとのおそれを人に抱かせるようなものであったかどうかが関係する。(305)」

その上で、大要次のような事実を挙げ、六号該当性を否定している。

〝XとYのトラブルは、刑事事件として立件できるようなものではなく、隣同士の諍いが些か度を過ぎているといった類のものであった。〟〝平成一三年一一月三日以降、警察への通報、相談等はなかった。〟〝Xのトラブルは専らYとの間のものであって、他の近隣との間では何の問題もなかった。〟〝Xは穏和な性格で粗暴性はないと認められた[306]〟。

つまり警察官吏側は、六号の欠格事由を限定的に厳格に解釈した上で、警察官吏が認定した事実によれば六号該当性は否定されるべきと主張するものであった。被害者Yと警察官吏のこの対立を見ても分かるように、本件事案は、六号の欠格事由を広く解するか狭く解するかが、結論を左右する争点の一つになっている。

二　では、両訴訟当事者からの主張に基づき、裁判所は、これをどのように判断しているのであろうか。裁判所はまず「殺傷を目的とする凶器である銃砲刀剣類及びこれらに類する物件を所持、使用することなどにより生ずる危険性に鑑み、その危害を予防し、国民の生活の安全を図る」という銃刀法の目的を踏まえた上で、欠格事由を定めた六号の条文の文言の在り様に注目し、同号は「不許可の幅を広げる意味」を有すると判示する。曰く、

「……六号の欠格事由の規定が上記一般的禁止の目的を実現すべく、『おそれ』『認めるに足りる相当な理由がある者』と、不許可の幅を広げる意味で認定者の要件該当判断の裁量を広く認めていることに照らせば、六号の欠格事由に該当しないとして銃所持を許可する判断については、判断の基礎とされた重要な事実に誤認があること等により事実の基礎を欠くか、又は事実に対する評価が合理性を欠くこと等により判断が社会通念に照らし妥当性を欠く場合に、裁量権の逸脱又は濫用があったものとして、処分要件の充足を欠くというべきである。」（強調——筆者[307]）

そしてその上で裁判所は、「六号の欠格事由の規定が不許可の幅を広げる意味で認定者の要件該当判断の裁量を広

く認めていることからすれば、同号に該当すると判断するには、他人の生命若しくは財産又は公共の安全を害する抽象的危険性の存在をもって足りると解するべきであり、本件許可申請については、前記……に説示した事実によれば抽象的危険が認められるといえるから」、不許可処分には「現実的危険性及び明白性がある」ことが必要であるとする警察官吏側の主張を退けたのであった。[308]

三　本判決で注目すべき点は、六号の規定が行政庁に裁量を広く認めていることを理由に、不許可処分は抽象的危険性の存在でもって足りると判示している部分である。しかし、ここで直ちに湧いてくる疑問は、裁量を広く認めていることと抽象的危険との関係である。判決文を読む限り、前者から後者への導出過程は不明である。[309] またそもそも抽象的危険と具体的危険の違いについて特に示されているわけでもない。被害者原告側が主張していた「所持者によって違法な使用がされる可能性が皆無とはいえない」という状況を念頭に、蓋然性の程度が低い場合でも可とすることで、抽象的危険という概念を用いたということだろうか。いずれにせよ、本判決は六号が規定する裁量の広狭が危険判断を大きく左右すると考えているようである。

しかし実際に裁判所の審理過程を見てみると、裁量の広狭とは無関係に六号該当性を判断しているようにも思われる。裁判所が抽象的危険を認定する際の根拠として挙げている認定事実を改めて確認してみると、①XがYとの間に長期かつ険悪、深刻なトラブルを抱えていた、②XはYに対する加害意思を有していた、③Xは激情性というべき性格を有していた、④XはYへの加害に銃を用いることを意図して本件許可申請を行った、という事実がそれぞれ認められるが、これをもって具体的危険を認定することも十分可能であろう。つまり、これを統計的法則（経験則）と事実とを組み合わせた推論図式として合理的に再構成すれば、次のようになる。

【裁判所の推論図式】

XとYとの間のトラブルは二〇年以上の長期にわたり継続しており、両者間のトラブルは、通常見られるような近隣同士のトラブルにとどまらず、相当険悪化しており、深刻なものであった（前提事実一）

隣人との甚だしい不和の関係、トラブルの継続という状況は、根深い怨恨感の醸成の原因となり、銃が不正使用されるきっかけを与えやすい（経験則一）

（XはYに対して加害意思を持っていた（前提事実二））

（Xは激情性に該当する性格を有していた（前提事実三））

（XはYに危害を加える意図で本件許可申請を行った（前提事実四）[310]）

Xは、Yの生命あるいは身体に危害を加えるおそれが高い

事実、裁判所は、被害者Y側が主張するような「違法な使用がされる可能性が皆無とはいえない」という表現ではなく、端的に「本件許可処分時において、Yの生命あるいは身体に危害を加えるおそれがあったというべきである」と断定して述べている。このように見ると、抽象的危険という概念には特別な意味が認められているわけではなく、通常の（具体的）危険を認定しているのとほとんど異ならないと言えるであろう。むしろ、裁判所が特に強調しているように、銃それ自体の危険性並びにそれによる損害の重大性を重視した結果が、単に、危険を広く認定しやすいイメージをもつ「抽象的危険」という概念を使用せしめたと考えるのが妥当である[311]。

もっとも、本件の場合、銃の不正使用に関する経験則を提示することが難しく、結果判定が困難であることが考慮に入れられて、当該概念が用いられたということも考えられなくはない。実際、右に見た経験則一は、「銃が不正使用されるきっかけを与えやすい」としか述べておらず、危害を加える蓋然性を測る物差しとしては何とも頼りない。

しかしながら、経験則が完全に未知というわけではない以上、裁量を認める規定を根拠として抽象的危険で足りると

するのはやや強引であり、これを認めてしまうと具体的危険概念が有している、権限発動を抑制するという法治国家的統制機能を著しく弱めてしまうことになる。かくして裁判所は、この点を考慮に入れてか、これら経験則の不十分性を、前提事実二ないし四によって補強し[312]、また加えて、銃所持の審査の過程をかなりの程度丁寧に審理しているようにも考えられるのである[313]。

このような混乱は、危険判断と裁量判断が混同されていることにその原因の一つがあると考えられる。しかしそもそも法律文言から直ちに裁量の有無を断定することは困難であるし、仮に裁量が認められるとしても、そこから何か特別な危険の判断方法が採用されるわけでもない（蓋然性の程度が低くても構わないといった解釈が可能であると読み取ることはできない[314]）。確かに、論証モデルの適用の局面を考えた場合、予測者に全く判断の余地（判断の基礎とすべき事実の取捨選択の余地）が認められないと断定することは難しいが、それはあくまで危険判断に内在的な判断の余地であり、法的拘束を緩和するような意味での裁量などではない。やはり〝裁量↓抽象的危険〟の図式は認められないと考えられよう。

(302)　この事件もまた、泉佐野市市民会館事件と同様、許可要件の中に《損害発生の蓋然性（危険）がないこと》が挙げられているタイプのものである。もっともこの銃刀法が定める許可要件には、もう少し詳細な解説が必要である。というのも、許可要件の中にはある特定の事実の存在のみで認定される危険と、あらゆる事情を考慮に入れた上で認定される危険が存在するからである。詳しくは、本章第三節第二款第一項第三参照。

(303)　判例時報一九七三号一一二頁。

(304)　判例時報一九七三号一一二頁。

(305)　判例時報一九七三号一一五頁。審査担当者が審査の際参考とした警察庁保安部保安課編集の「銃刀法解説書」には、六号の欠格事由について「例えば、殺人、強盗、傷害等の犯罪を犯し再犯の疑いのある者、……、犯罪の経験はないが、その性格、環境などからみて現に人の生命、身体、若しくは財産又は公共の安全を害するおそれのあることが明らかである者等がこれに該当する」と記載され、

「公共の安全を害する」の例として、「直接には人の生命又は財産に対して危害を加えないが、絶えずゆすり、たかり、脅迫等を行っている者が、近隣の者に畏怖心を起こさせるような言動をする場合」が挙げられていた（事実認定）。

(306) 判例時報一九七三号一一四頁。

(307) 判例時報一九七三号一二六頁以下。

(308) 判例時報一九七三号一二八頁（強調——筆者）。なお北村和生は、本判決は猟銃所持許可を講学上の許可よりもむしろ特許に近いものとして捉え裁量的判断を認めていると考えられる、としている。北村和生「判批」『速報判例解説1号』（日本評論社、二〇〇七）四三頁。

(309) また、裁量と危険とのこのような関係は、被害者Y側からも特に主張されていたわけでもなかった。

(310) なお、前提事実二ないし四は、損害発生の蓋然性を認定するのに直接必要な事実ではなく、前提事実一を補強するものと理解すべきであろう。

(311) ちなみに、抽象的危険という概念は、具体的危険ではないという意味合いと同時に、しばしば「非危険」として扱われる傾向がある。具体的危険概念と対比される抽象的危険概念については、次節参照。

(312) 中でも前提事実二（並びにこれと密接な関連がある前提事実四）は、加害意思を示すものであり、強い因果性を推定させる。

(313) 参照、田井義信「判批」判例評論五九一号（二〇〇八）一九頁以下、拙稿「銃所持の許可」法学教室三三七号（二〇〇八）三頁以下。

(314) もっとも、『「おそれ」を『認めるに相当の理由がある』』は、場合によっては、「危険の疑い」の認定を許容する趣旨（つまり、事実が不確実である分、蓋然性の程度が僅かであっても足りる）と読み込むこともできるかもしれない。確かに、現行法上、「おそれ」と「おそれを認めるに相当の理由」が使い分けられることがあるが、これが法実務的にも独自の意味を持つかは、必ずしも明確ではない（なお、法制局長官を長年務めた林修三氏の手による『法令用語の常識』（日本評論社・一九七五）一六六頁以下によれば、「おそれのある」「必要があるとき」「必要があると認めるとき」の表現のどれを用いるべきかが問題となった場合には、原則として、その必要性が客観的に明らかに立証される場合にのみ行政権限が発動できることになるように、規定の書き方に厳重なしぼりをかける立前で、用語を選択する心がけが必要であろう、と述べるに留まる。）。ちなみに、このような論点を、情報公開法の不開示情報規定（「公共の安全と秩序の維持に支障を及ぼすおそれがあると行政機関の長が認めることにつき相当の理由がある情報」）にかかる情報公開審査会の判断事例（とりわけ当・不当審査（裁量問題審査））において検討するものとして、稲葉馨「情報公開審査会における裁量問題審査に関する一考察」藤田宙靖博士東北大学退職記念『行政法の思考様式』（青林書院、二〇〇八）二八七頁以下並びに同「行政法上の『不当』概念に関する覚書き」行政法研究二号（二〇一三）八頁以下が有益である。

第二項　危険存否の論証モデルの有効性とその限界

以上、危険存否の論証モデルの有効性を危険の存否が争点とされた裁判例を素材にして検証してきた。この検証によって、論証モデルが危険存否の判断のために一定の役割を果たし得ることがある程度示されたであろう。むろん、訴訟当事者は、意識してこのようなモデルに基づいて危険存否の主張立証を行っているわけではないし、従って推論構造も――これまで見てきたように――常に明確な形で示すことができるわけではない（何らかの合理的再構成は避けられない）。しかし、この論証モデルを自覚的に採用することによって得られる効用は決して小さくないように思われる。以下、改めて危険存否の論証モデルの有効性を、行政決定（ないし裁判判決）の〝正当化の文脈〟と、〝発見の文脈〟の観点から、二点示すこととしたい。

第一　論証モデルの有効性

(1)　説得価値の獲得（正当化の文脈）

一　第一点は、論証モデルを可視化することにより、行政決定（ないし裁判判決）に対する説得価値を獲得することができる、という点である。[315]従来、如何なる事実に如何なる専門的知識や経験則をどのように適用することによって危険の存否が認定されるのか明らかではなく、これらの点の多くは行政機関による裁量事項として処理されてきたように思われる。ゆえに、我々はこれまでこの主題を主に裁判所による裁量統制論の中で扱ってきたと言えよう。しかしこれでは、厳格な統制が期待できない、予測不能な行政決定をもたらし、常にその決定内容の正当性を疑う状況を作り出してしまうおそれがある。いかなる事実をいかなる過程を経て評価し結論を導き出したのかが明確に示されることによってはじめて、その行政決定の正当性が獲得され、説得価値もまた生まれるのである。[316] とりわけ、国家賠償訴訟で危険の存否が争われる場合、従来は往々にして〝諸般の事情の総合考慮〟の下、行為の違法性と決定権者の故意・過失などが混然一体となって考慮されていたが、危険存否の論証モデルは、この点において見通しのよい整理を可能にするであろう。[317]

二　説得価値の獲得は、また同時に、行政庁による規制権限の積極的な行使を促すことにも寄与する。例えば、危険概念は、場合によって、また論者によって、損害発生の〝可能性〟とか〝僅かな蓋然性〟、あるいは〝差し迫った危険〟や〝明白かつ現在の危険〟など様々な呼び名で論じられてきたが、このことは、これまで行政庁の規制権限の適正な行使を妨げる原因にもなっていた。つまり、行政庁が法適用（危険判断）をするに際し常に難しい判断を強いられるため、違法な介入行為による私人からの訴えの提起をおそれ、規制権限の行使を控える事態が生じていたのである。[318] しかし、危険存否の論証モデルは、危険類似の概念を論証モデルの適用の局面において簡潔に統一的に説明することを可能にするため（不確実な事実を含む危険の疑い、被侵害利益の重大性、決定可能な最終時点などを通じて）、単なる理論上の利点のみならず、行政庁の権限行使を見通しよくし、執行の欠缺の是正に寄与するという点で、実務的にも効果があると認められるのである[319][320]（これは、概念の最小化・単純化の試みとも言えよう。）。

(315) 説得価値については、参照、中村治朗『裁判の客観性をめぐって』（有斐閣、一九七〇）八一頁以下。
(316) 「諸事情の総合考慮」は、一見するとわかりやすい判断方法であるかのように思われるが、現状を追認し、国家賠償責任の否定を導きやすい考え方であるとする旨、参照、西埜章『国家補償法概説』（勁草書房、二〇〇八）六三頁。
(317) 例えば過失など主観的要件は、危険判断（違法性判断）において考慮されることになろう。

(318) 参照、阿部泰隆『行政法解釈学Ⅰ』（有斐閣、二〇〇八）三六七頁以下。

(319) また論証モデルは、危険判断の基礎となるべき要件事実を法律レベルのみならず政令・省令レベルで細かく規定することも助けるだろう。

(320) なお、危険存否の論証モデルは、義務付け訴訟（行政事件訴訟法三七条の二「第三条第六項第一号に掲げる場合において、義務付けの訴えは、一定の処分がされないことにより重大な損害を生ずるおそれがあり、かつ、その損害を避けるため他に適当な方法がないときに限り、提起することができる」）や差止め訴訟（同法三七条の四第一項「差止めの訴えは、一定の処分又は裁決がされることにより重大な損害を生ずるおそれがある場合に限り、提起することができる」）、仮の権利救済など、一定の損害発生の予測が求められるような行政活動の適法性を審理する場合にも広く応用される余地があろう。帰納的推論による論証モデルは、〝予測の仕方・方法について〟を明らかにしたものだからである（むろん、要件審理と本案審理では、その蓋然性の程度に違いが認められる可能性はあろう）。

(2) 迅速かつ適正な訴訟審理への寄与――要件事実論の視点から（発見の文脈）

一　第二は、論証モデルは迅速かつ適正な訴訟審理に寄与する、という点である[321]。従来、危険の存否については訴訟手続上、訴訟当事者により、単に危険判断に寄与するであろう事実が列挙され、《危険がある》もしくは《危険がない》のどちらかの主張（結論）が示されるだけで、危険判断を支えるどのような事実に見解の相違があるのか不明確なまま審理されることがあったように思われる。例えば、これまで見た裁判の審理過程においても、危険の存否が最終的な問題であるにもかかわらず、それを論証する主張の中に既に損害発生の蓋然性を判断する事実とは無関係の事実が並べられるようなこともあったし（泉佐野市市民会館事件）、作為義務を認定する事実と危険を認定する事実が区別されず曖昧なまま主張されることもあった（ナイフ一時保管懈怠事件、新島漂着砲弾爆発事故事件）。しかし、これまでの検討からも明らかなように、危険判断は、損害発生にプラスとなる事実とマイナスとなる事実相互間の評価にかかわるものであることが示されると、危険をめぐる争いは、危険があるかないかという二者択一の問題ではなく、具体的な個々の事実をめぐる争いである、ということがより一層明確になると思われる。つまり訴訟当事者間の争いが、〝否認〟から〝抗弁〟へと変わるわけである。[322]

このように問題をとらえる際に参考となるのは、特に民事法領域で注目されている、いわゆる要件事実論であろう。本章では詳細に論ずることはできないが、要件事実とは「法律効果を生じるために必要な実体法の要件に該当する具体的事実」であって、「民事訴訟において主張立証責任の対象となる事実」を意味し、要件事実論は、主張立証責任対象事実を決定すること（つまり証明責任の分配）がその基本的な機能であるとされている。[323] 行政訴訟の分野においてはまだ本格的な展開は見ていないが、[324] 当該理論は、複数の要件事実が訴訟物との関係で相互にどのような意味をもっているかを考え、訴訟当事者の攻撃防御方法を体系的に位置付けることによって裁判における合理的な法的判断の構造を明らかにする、という点に意義が認められている。このような要件事実論の観点に基づき、「おそれ」規定（評価的要件[325]）など危険判断においても、危険存否の判断にかかわる事実（評価根拠事実ないし評価障害事実）を具体的に示していくことになれば、危険の存否を主張立証する場合、どのような事実を誰が主張立証すればよいのか当事者並びに裁判所にとって明らかになり、立証活動・訴訟指揮の指針として紛争の適正迅速な解決に寄与することになると言えよう。前項では、（甚だ不十分ではあるが）原告・被告の主張を対比させ、両者の推論構造（危険の存否を支える事実と経験則）を検証しやすい形で示したが、このような方法を採用したのも、行政決定ないし裁判判決の妥当性を明らかにする上で有意義であることを示そうとしたためであった。[326]

二　もっとも、評価的要件をめぐる審理方法に関しては、藤山雅行裁判官が《裁量処分取消訴訟では、要件事実は審理の指標とならない》と述べている点が注目される。[327] 藤山判事によれば「裁量権行使の内容をなす裁量判断の対象は、……具体的事実の有無に関するものではなく、一定の事実関係を前提とする法的価値判断であ」り、最終的には「総合した事実関係の下で」法が適用されるのだから、誰がどのような要件事実について主張立証しなければならないかは審理においては重要ではなく、むしろ「裁判所が、当該事案ごとに処分の根拠法規の趣旨目的や当該事案の性質を基に健全な社会通念に照らして審理の対象となる事項を画す」ことこそが重要というわけである。[328] この見解は、裁量判断が法的評価であることを強調しつつ裁判官の訴訟指揮の重要性を指摘する、説得的な見解であるが、しかし裁量判断につき「要件事実は審理の指標とならない」と言い切ることついてはなお慎重な検討を要するように思われる。そもそも、裁量判断とされる評価的要件といっても事実性の強いものから弱いものまで多種多様であるし、少なくとも危険の存否については、事実認定がとても重要な役割を果たしている。確かに従来危険判断は、「おそれ」規定などが不確定法概念であることを理由に法的な評価は不可避であり裁量判断であるとみなされる傾向があったように思われる。しかし、第一に、危険判断は、認識されている事実から将来の出来事を導く（推論する）という作用であり、そもそも概念が確定であるか不確定であるかとは全く無関係であるし、また第二に、危険判断において評価の基礎となる事実すべては、基本的には損害発生にプラスに作用するかマイナスに作用するかという観点から取捨選択されるため、事実認定の側面が強く評価の幅は限定的である（土地利用計画のように高度な利益調整が求められているわけではない。）。[329][330] このようなことを考えると、評価的要件を強調することで「裁判官の健全な社会通念」による審理対象の画定に過度に期待することは、裁判官によるその場対応の判断を誘発する（ないしは、審理方法をいたずらに不明確なものにする）ことにならないか注意が必要であろう。訴訟の審理過程を透明にし、行政決定に対する統制を確実に及ぼしていく観点からすれば、重要なのは、訴訟指揮を執る裁判官の「健全な社会通念」といった曖昧な基準ではなく、《諸事実を総合的に勘案する評価的要件の判断過程を構造化》した上で、《その判断構造を組成する諸因子を分解し、さらにこれを相関的に評価することを可能とするような審理手続》[331]を明らかにすることであるように思われるからである。[332] その意味においては、評価的要件の判断過程を構造化する本論証モデルは、このような審理手続を明らかにすることにも寄与すると言えるのではないだろうか。

(321)　詳細は、拙稿「行政訴訟における要件事実論・覚書」伊藤滋夫編『環境法の要件事実』（日本評論社、二〇〇九）一九七頁以下。

(322)　河村浩「環境訴訟と予測的因果関係の要件事実」伊藤滋夫編『環境法の要件事実』（日本評論社、二〇〇九）一六〇頁以下。

(323)　参照、伊藤滋夫「要件事実論と基礎法学の協働・序説」法学セミナー六三九号（二〇〇八）九頁。さらに包括的に「要件事実というものが法律的にどのような性質のものであるかを明確に理解してこれを意識した上、その上に立って民法の内容・構造や民事訴訟の審理・判断の構造を考える理論」とも説明される。伊藤滋夫『要件事実の基礎――裁判官による法的判断の構造』（有斐閣、二〇〇〇）一四頁。

(324)　例外として、笠井正俊「行政事件訴訟における証明責任・要件事実」法学論叢一六四巻一～六号（二〇〇九）三二〇頁以下、王天華「行政裁量の観念と取消訴訟の構造（五・完）」国家学会雑誌一二〇巻七＝八号（二〇〇七）四八頁以下、参照。

(325)　評価的要件（ないし規範的要件）については、差し当たり、難波孝一「規範的要件・評価的要件」伊藤滋夫ほか編『民事要件事実講座1』（青林書院、二〇〇五）一九七頁以下、参照。

(326)　これを弁証法的論理学の観点からさらにその意義を強調するのは、高橋文彦である。高橋は、法的思考の論理を、全称命題を大前提とする三段論法の形式で捉えることができないことを指摘し、対話的なデフォルト論理（「非単調論理」）の規則の有効性について論じている。高橋文彦「法的思考と法論理学――シャーロック・ホームズのように『論理的』に考える」法学セミナー六五〇号（二〇〇九）三八頁は、「要件事実論は対話的なデフォルト論理（非単調論理――筆者註）という基礎の上で法的思考を理論化したもの」と定式化する。「法律家〔は〕、法律や判例から学んだ法規範や経験則というデフォルト論理の規則を用いて、『正しい結論』を導こうと全力を傾ける」との記述は、法的思考の核心と法律家の「経験」と結びづけている点で非常に興味深い。また同「要件事実論と非単調論理：〈法律要件⇒法律効果〉における『⇒』の論理学的意味について」伊藤滋夫先生喜寿記念『要件事実・事実認定論と基礎法学の新たな展開』（青林書院、二〇〇九）三頁以下も参照。

(327)　藤山雅行「行政事件と要件事実」伊藤滋夫ほか編『民事要件事実講座2』（青林書院、二〇〇五）三三八頁。

(328)　藤山・前掲（327）三三四頁、三三八頁。

(329)　もっともそれでもなお、裁判所における、裁量の判断過程における考慮要素審査（分類については、村上裕章「判批」判例評論五八四号（二〇〇七）三頁以下、参照）のうち、形式的考慮要素審査（これは、「最良の判断条件充足義務」（亘理格『公益と行政裁量』（弘文堂、二〇〇二）三三二頁）、「考慮事項発見義務」（仲野武志「判批」判例評論五七八号（二〇〇七）八頁（呉市学校施設使用不許可処分取消訴訟）にほぼ対応しよう。）は「全証拠の算入要請（ないし最大詳述の要求）」に、実質的考慮要素審査は「無視してもよい事実かどうかの判定」に対応するとも言え、その限りにおいて、裁量判断と危険判断とが親和的であることは否定できない。

(330)　もっとも藤山・前掲（327）三三四頁註二五は、一般に評価的要件（規範的要件）と呼ばれているものの中には、正当事由など当該事案における事実関係の総合評価によってその有無を決すべきものと、過失などその事案に則して具体的に特定された注意義務違反（それに該当する具体的事実）によって直接その有無を決すべきものの両者が含まれているとし（そして、後者は評価的要件の典型例ではないとする。）、評価的要件と呼ばれているものの中にも性質の違いがあることに既に注意を払っているところである。

(331)　小粥太郎『民法学の行方』（商事法務、二〇〇八）七一頁以下。一般条項（評価的要件）の判断に関する審理手続に関してではあるが、同書八〇頁註五〇は、本節の考察にとって大変興味深い：（「一般条項の該当性の判断過程が構造化されているなら、①手続の初期段階では、法規から導かれるその判断構造の組成因子を手がかりに構成されたおおまかな事実を当面の審理の目標とし、②手続の進行途上では、事実関係の解明・裁判官と当事者との法的対話によって徐々に具体的な要件事実が裁判所にも当事者にも明らかになり、さらに判断構造を組成する諸因子間のバランスについて裁判所・当事者間の緩やかな共通認識が形成されるなら、当事者は容易に争点を把握して攻撃防御活動をすることができる。③手続の最終段階では、判決の基礎とすべき事実関係が明らかになり、一般条項の判断構造に即した総合判断が行われる。」）。

(332)　拙稿・前掲（321）二〇四頁。

第二　論証モデルの限界

一　しかしながら、本件で示してきた論証モデルも決して万能なものではなく、次に見るように一定の限界があることもまた確認しておかなければならない。

第一に〝事実の認識可能性の有無〟をどのように判定するか、という問題である。繰り返し述べてきたように、危険を判断するためには決定可能な最終時点におけるすべての事実を推論の基礎に取り入れなければならないが（全証拠の算入要請）、但しそこで取り入れられるべき事実とは予測者が知り得るものに限られる。そこで問題となるのは、予測者にどの程度までの事実の調査が要求されるかである。予測者の立場によっては容易に当該事実を知ることができる場合もあれば、これが困難な場合もあり得、これをどのように評価するかが問われる。例えば、ナイフ一時保管懈怠事件では、警察官吏が前科や入墨という事実を推論の基礎に取り入れていたかどうかが特に問題とされたが、この事案では警察官吏は容易に事実を調査することができる立場にあったことから、その認識可能性が求められていたと説明することができよう。しかし、例えば薬害訴訟においてしばしば問題とされるように、最新の医学的知見など、それが海外で行われた学会発表などによって初めて入手し得るようなものである場合には、処分権限を持つ行政庁が、果たしてその調査手段を容易に行使できる状況にあったかどうかについて議論の余地があろう。[333] 予測者に期待される調査権限の範囲に幅があることは否めず、この場合、予測者の主観的要素（予測者が置かれている状況）をどうしても問わざるを得ないのである。いずれにせよ、予測者が《当該事実を知っていた》と《当該事実を知り得た》の間を測る物差しを論証モデル自体は持ち合わせていないことを確認しておかなければならない。[334]

第二に《決定可能な最終時点》、つまり、〃さらなる情報を得るために時間を費やすと危険防御が失敗に終わるリスクが高まるぎりぎりの時点〃をどのように判定するか、という問題である。そこでは、危険にさらされる法益の種類や危険防御措置の種類について、さらに問われなければならない。特に重要となるのは、危険にさらされる利益の内容である。ドイツ連邦行政裁判所によって採用され、学説でも通説的見解となっている反比例定式（《損害の程度が大きければ大きいほど蓋然性の程度は僅かであってもよい》とする定式）は、この被侵害利益を危険判断に取り入れることによって妥当な結論を導くことに成功しているが、本論証モデルにおいても、被侵害利益を完全に無視することはできない。しかし注意しなければならないのは、それはあくまで決定可能な最終時点を決定するための判断要素であり、危険の存否を最終的に決定するための判断要素ではない、という点である。既述の通り、損害発生の蓋然性と、これを阻止する警察措置の成功可能性は、あくまで別次元の判断に属する事柄だからである。もっともこれがいくら理論的に導かれるものであるとしても、現実にはその二つの判断を明確に区別することが非常に困難であることを認めざるを得ない。被侵害利益に対する重みづけ評価は、危険存否の最終的な判断を左右することもあり得、その意味において一定の価値判断はやはり避けられないだろう。

第三に、これまで当然のように用いてきた〝統計的法則（経験則）〟を果たして、またどの程度まで信頼してよいか、という問題である。そもそも統計的法則（経験則）を明確に打ち立てることができるのかどうかも疑わしい。もしある程度信頼性のある統計的法則を打ち立てようとするのであれば、一定以上のサンプルが必要であるし、またそのサンプルにも偏りがあってはならない。既述の新島漂着砲弾爆発事故事件では、砲弾は中学生が手でいじくる程度でも爆発するという統計的法則（経験則）を裁判所は採用したわけであるが、これについては中学生の異常な行動という特異なケースであり統計的法則としては成立しないと見ることも不可能ではないだろう（実際、裁判でも東京都側はこの点を争っていたが、結果として、明確に否定されている。[335]）。今日のリスクをめぐる論点は、まさにこのような〝統計的法則〟自体が不確実であることも前提とされており[336]、そういった意味においては、本論証モデルは、事実や統計的法則が比較的明らかである単純な事例にのみ妥当するものなのかもしれない。統計的法則をあまり有効に活用できない場合には、最終的には、事実に一定の重みづけを与えた考慮が求められることになろう（栃木県警銃所持許可事件[337]）。

二　このように、論証モデルも決して万能なものではないが、しかし右に見た問題点・限界を指摘することができるのも、当該論証モデルが危険の存否を判定する一定の物差しとしての役割を果たしていることを示すものであろう。論証モデルを用いる際、その限界を意識しておくことは重要である。モデルに固執するのではなく[338]、裁判官が採用している思考方法を内在的に読み解く姿勢が重視されなければならないことは言うまでもない。モデルはあくまでそのための手段に過ぎないからである。

(333)　この点を指摘するものとして、野呂充「不作為に対する救済」公法研究七一号（二〇〇九）二二〇頁（「第一部会 討論要旨」）。もっとも、野呂充は、〝予測可能性に依拠した危険〟（ナイフ一時保管懈怠事件の例）と、〝予見可能性の有無にかかわらず客観的に存在する危険〟（医薬品の副作用などの事例）を区別し、これが国賠訴訟と義務付け訴訟における請求の認容の違いに対応する可能性について述べている。しかし、危険の判断は常に予測者の認識状況から導かれるとする規範的主観的危険概念を前提とすれば、予測可能性は全て危険判断に吸収されることになるため、（予測者にどこまでの調査能力を求めるかという問題は残るものの、）上記二つの危険の区別は理論的には解消されることになろう（しかし、請求が認容されるための条件は危険の存否のみではないため、その限りにおいて両訴訟の請求認容の判断は異なり得る。）。なお、予測者の認識状況と密接に結びつく、危険の認定時期等について検討を加えるものとして、日野辰哉「行政の危険防止責任と作為義務成立の時期（一）――薬害C型肝炎訴訟判決を素材として」人文社会論叢社会科学篇（弘前大学人文学部）二二巻（二〇〇九）一八三頁、一九六頁以下。

(334)　ちなみに、この〝事実の認識可能性〟の部分に関する予測者の判断を、行政庁の裁量の問題として位置付けることも不可能ではないだろう。どのような手段を用いて事実を収集するかについて一義的に解答を導き出すことは困難であり、行政庁の〝判断の余地〟を認めざるを得ないからである。

　また、この〝事実の認識可能性〟の部分は、国家賠償訴訟では、予見可能性にかかる過失の問題と結びつけて議論されることもあり得る。馬匹輸送車両火災誤認事件やナイフ一時保管懈怠事件においても〝事実の認識可能性〟は、過失の問題として処理されていたところである。しかし、推論の基礎に取り入れる事実の選定はまさに危険の構成要件該当性にかかわる判断であるため、〝事実の認識可能性〟は理論的には、違法性の問題として処理するのが筋であろう。野呂は、栃木県警銃所持許可事件の評釈の中で、判決が、担当警察官の、第三者に対する加害行為の予見可能性を違法性の問題と別個に過失の問題として取り上げたことに疑問を呈している。野呂は、加害者が（当時の）銃刀法五条一項六号の欠格事由に該当していたのであれば、加害者による第三者への侵害を予見し得たことが既に違法性要件において認定されている、としており（野呂充「判批」受験新報二〇〇七年一二月号二九頁）、本書も同じ見解に立つものである。

(335)　判例時報七六六号（一審）八一頁、八四頁以下、判例時報九八六号（原審）六〇頁以下。

(336)　リスクに対する法的制御に関する基礎的かつ包括的な研究として、戸部真澄『不確実性の法的制御』（信山社、二〇〇九）、参照。

(337)　もっとも、この考慮にあまりに期待すると、その判断過程が見えにくくなり、結果的に恣意的な判断を助長することにもなりかねない。そういった意味では、むしろ〝経験則〟をより柔軟に用いることにより、妥当な結論を導いていく可能性を模索することも考えるべきであろう（伝統的に活用されてきた〝経験則〟の再発見・再検討の必要性）。蓋然性の認定は、究極的には、「合理的な理由づけの問題」であることが想起されるべきである。

(338)　モデルの採用は、立法者による慎重な法律用語の選択を平均化してしまう危険性もある。さらに「明白かつ現在の危険」といったような解釈論的営為による国家権力の統制機能を弱めてしまう危険性も認めざるを得ない。しかし同時に、被侵害利益の内容によって如何様にでも処理されうる判断方法の問題点を明るみに出すことにより、恣意性を排除したヨリ強固な判断方法を確立することができる、と言うこともできよう。

第三項　小　括——論証モデルと我が国の議論への示唆

一　本章冒頭でも述べたように、従来、我が国において、危険概念は、「警察権の限界」論を構成する比例原則の一適用例として、「社會上の障害が單に發生の可能性が有るといふに止まらず、其の障害が現に存在し又は少なくとも普通の事情の下に於いて其の發生を豫測し得べき場合[339]」と説明されてきたに過ぎなかった。そもそも「警察権の限界」論が、当初、条理を根拠とする非実定法的要請であったという歴史的背景を考慮に入れると、この点につき十分な検討がなかったことはやむを得ない部分もあろう。しかし、「警察権の限界」論を実定法規範の上で再定位する立場に立つならば、改めて危険とは何かを問わざるを得ない。危険とは「現実的かつ具体的な危険」であると説明したところで、危険が説明されていない以上、残るのはトートロジーのみである。その意味において、本節が示した、危険存否を帰納的推論によって判断する方法は、これまでの議論の地平から一歩踏み出すものとなるであろう。というのは、これにより、次に挙げるような、これまで意識されることのなかった解釈論的視点が幾つか浮かび上がってくるからである。

第一に、危険の存在は、あくまで事実に経験則（統計的法則）を適用することによって合理的に推論されるものであり、事実に対する評価そのものから直接判断されるものではないという、これまで無意識的に了解されていた視点が、意識化される。先に見たように古谷注釈では、警察官職務執行法四条一項が規定する「『危険な事態』があるか否かの判断は、警察官が現場で認めた事実のほか、その職業的な専門知識や経験に基づいて行うことができるが、客観的に合理性が認められるものでなければならない[340]」と説明されていたが、事実と経験則は（事実上は、一体として扱われるものであるとしても）理論的には厳密に区別し、推論過程を明確にする必要がある。古谷注釈を改めて再構成すれば「警察官が現場で認めたすべての事実」に、「職業的な専門的知識や経験」を適用することによって、損害発生の結論を推論することが「合理的」に許容され得る場合に危険が認められる、ということになろう。危険を肯定する事実のみを取り上げ評価するのではなく、危険を否定する事実（つまり、決定可能な最終時点における全証拠）との関係も審査することが求められるのである。危険の有無を帰納的推論によって判断するという方法は、一見、法適用者にとって馴染みがないもののように思われるかもしれないが、しかしこのような解釈方法は、法解釈に携わる者であれば誰もが無意識的に行っていることである。事実に経験則（統計的法則）を当てはめ、そして合理的な結論を導く。本節では、ただ、その事実の選択方法、選択時点、また結論の導き方（推論の仕方）に、一定の準則を与えることにより、裸の価値判断に左右されない客観的な判断方法の可能性を指摘したにすぎない。ちなみに、このような推論方法から直ちに想起されるのは、伊方原発最高裁判決であろう[341]。というのは、この推論は、原子炉施設の設置許可処分の違法性を「具体的審査基準の不合理性」と「原子力委員会若しくは原子炉安全専門審査会の調査審議及び判断の過程に看過し難い過誤、欠落」があるか否かという観点から審査した、この最高裁判決において最も明確に示されているからである[342]。この違法性判断基準は、一般に、原子炉施設の安全性審査に特有の司法審査手法としてしばしば引き合いに出されるが、判断の過程そのものを審査するという点では、特に事案に差異はない。判断の過程は、裁量審査であれ実体的判断代置方式であれ、問われ得るものだからである[343]。通常の警察官吏が行う危険判断と原子力規制庁などが行う危険判断とを比較した場合、後者の判断が適用すべき経験則や事実の認定においてより難しく慎重を要するものであるがゆえに、その判断手法が明確に可視化されたものと理解することも不可能ではない[344]。重要なのは（安全審査において）正当な判断を導く手続が正しくとられているかどうか、損害発生の結論を推論することが「合理的[345]」に許容されうるか否か、という点である。

第二に、これまで曖昧に理解されてきた危険概念の、実定法上の規定のされ方に注目し、これを正確に解釈することの重要性が明らかとなる。従来、警察行政法領域における危険概念は、明確な法的輪郭が与えられることのないまま、単に日常言語の用法において理解されてきたといえるだろう。しかし、本節の検討項目であった〝危険の疑い〟や〝様々な種類の危険概念〟の中でも示した通り、危険概念も、その規制措置の種類との関連で慎重に用語が選択されていることに注意を向ける必要がある。本節では、特に「危険」（「おそれ」）「急迫した危険」「危険の疑い」といった概念を中心に検討してきたが、その他にも規制権限の発動にかかわる危険概念類似の文言が存在する[346]。その意味においては、先に挙げた原子炉施設の安全性審査で念頭におかれている危険についてもさらに検討が必要であろう。核原料物質、核燃料物質及び原子炉の規制に関する法律（昭和三二年六月一〇日法律第一六六号）二四条で定める許可の基準は、具体的に危険という文言を用いず、「二　その者（……）に……原子炉を設置するために必要な技術的能力及び経理的基礎があり、かつ、……原子炉の運転を適確に遂行するに足りる技術的能力があること。三　……原子炉施設の位置、構造及び設備が核燃料物質（……）若しくは核燃料物質によつて汚染された物（……）又は……原子炉による災害の防止上支障がないもの」としており、損害発生の蓋然性ではなく、原子炉の運転を適確に遂行するに足りる、設置者の「技術的能力」、「災害の防止上支障がない」原子炉施設の位置、構造及び設備を問うているからである[347]。むろん、これらの規定に、果たして、またどの程度まで明確な法的意味が付与されているのか、明らかではない。しかし、この点、例えばドイツの原子力法（Atomgesetz）などでは、一条二号並びに一九条三項において危険概念を明示的に使用するとともに、七条二項や九条の許可要件では、「損害の配慮（Vorsorge gegen Schäden）」を挙げ、また一七条五項では、「著しい危険性（erhebliche Gefährdung）」という概念を用いている。[348] そしてこれらの規定すべては、明確に、原子力法の精緻な体系的連関の中で位置付けられている。[349] 我が国では、未だこのような規範構造は明らかになっていないが、[350]「原子炉施設の安全性に関する審査」（最一小判平成四年一〇月二九日民集四六巻七号一一七四頁）という一般的表現が、実定法上の用語の差異を相対化してしまうことのないよう、要件事実と実定法規範との関係を吟味しなければならないであろう。

第三に、規制権限不行使に基づく国家賠償請求訴訟の違法性判断要素の再検討を促す。規制権限不行使に基づく国家賠償訴訟に関しては、周知の通り、比較的早くから注目され、行政便宜主義の克服を目指す様々な議論が展開されてきたところである。しかし、規制権限の不行使を違法と判断する諸要件については、《重大な権利利益の侵害のおそれ》といった最大公約数的説明が与えられるだけで、その論証は未だ明確に示されていない。そのような中、本節との関連で注目すべきなのは、規制権限不行使が違法となる判断基準の中に、しばしば、危険の存在が挙げられている点である。例えば、芝池義一によれば、「一般的にいえば[351]」という留保がつけられているものの、規制権限の不作為責任が認められるには[352]「①行政による対処を要請するものとしての危険（またはその発生の可能性）が存在していなければならず、また、②その危険への行政の対処が可能であり、さらに、③それが必要でなければならない[353]」（強調——筆者）という。また、宇賀克也は、作為義務発生要件の最大公約数として、「①被侵害法益の重要性、②予見可能性の存在、③結果回避可能性の存在、④期待可能性の存在」を挙げ、各要件相互の関係として「①の法益が重大であれば、当然、④の期待可能性は、それだけ高くなる傾向があるし、②についても、①の被侵害法益との関連が重要であり、生命侵害や重大な身体侵害が予想される場合には、相当程度の危険の蓋然性があれば、規制権限の行使が要請されるであろうし、逆に、被侵害法益がそれほど重要でなければ、より具体的な予見可能性が必要となるであろう」[354]（強調——筆者）と述べている。いずれにせよ、規制権限の不行使の違法性判断には危険の存在が重要な役割を果たしているという点では一致している。しかし、ここで挙げられている危険とは如何なるものであるのか、必ずしも十分に解明されているわけではない。

一般に、《pの場合にはqをすることができる》という規定がある場合に規制権限の不行使の違法性が導かれるのは、（裁量権零収縮論であれ裁量権消極的濫用論であれ）pという明示的要件が充足されている場合でも、一定の条件の下では、「qをする」という効果発動の決定でなければならないとされるような場合であるが、そこでいう一定の条件とは、規制権限それ自体の規律目的（A）と効果裁量承認の目的（B。多くの場合不明確であるため、行政庁によって補充される。）を比較した場合、前者が後者に優先する場合を意味する。[355] しかし、規制権限の不行使の違法を導く法律構成には、裁量を一旦認める右のようなやり方とは別に、明示的要件の判断において考慮要素がすべて尽くされてしまう結果、効果裁量が認められないとされるものも存在する。このような視点を明らかにした森田寛二は、一般に裁量権零収縮論を採用したものと解されてきたナイフ一時保管懈怠事件最高裁判決[356]に検討を加え、当該判決は、銃刀法二四条の二第二項の規定（「警察官は、……他人の生命又は身体に危害を及ぼすおそれがあると認められる場合において、その危害を防止するため必要があるときは、これを提出させて一時保管することができる」）の明示的要件の充足判定において考慮されるべき法的に意味のある視点をすべて消費し尽くしてしまう結果、（要件と効果の）「結合上の自由」活動のための空間はないという考えをとった可能性もあると分析している。[357] なるほど、明示的要件の充足が、効果裁量をそもそも否定するか否かを問うことは、重要な作業である。効果裁量の有無は、どのような要素が要件の判断において考慮されるのかに依存する。[358] 問題は、その考慮要素が明示的要件においてすべて判断し尽されるのか否かである。この点宇賀克也は、「Aの場合には、Bの処分をすることができる」（X）と規定されていても、「Aの場合には、Bの処分をすることができる。ただし、Cの場合にはBの処分をしなければならない」（Y）というのが立法者意思である場合もあり得るとし、この解釈に立てば、Ｘの規定は、Ｃの状況以外で効果裁量が与えられているにすぎず、Ｃの状況では常に作為義務があることになる、とする。そして、続けて宇賀は、Ｃの要件の充足の有無は、裁量権零収縮の理論や裁量権消極的濫用論が提示した諸事情を総合的に考慮することにより判断されることになるので、どちらの理論を採用するにせよ説明の仕方の相違に過ぎないと結論づけている。[359] しかし、これは、単に説明の仕方の相違に留まらない重要な指摘を含んでいる。なぜなら、Ｃの要件の存在を明らかにすることによって、ＡとＣの関係を見極める必要性を説くものだからである。[360] 明示的要件のレベルで判断されるべき要素を、効果レベルで再度考慮に入れることは条文解釈としては不可能である。従って、これまで違法性判断基準として挙げられてきた諸要素が、一体どのレベルにおいて考慮に入れられてきたのか検討が必要であろう。[361] 規制権限の不行使の違法性判断に重要な役割を果たしている危険の有無の判断も、明示的要件の中で、考慮されるべき法的に意味のある視点としてすべて消費し尽くされてしまう可能性があるからである（例えば、効果のレベルで考慮に入れられている予見可能性は、要件のレベルで審理される「危険」、つまり決定可能な最終時点の判断の中に吸収される可能性がある。）。従来の議論が、このような視点を見落としてきたのは、これまで規制権限の不行使の違法性を導く諸要件につき要件と効果を明確に区別することをせず、要件が充足されていることを当然の前提としつつもなお効果のレベルで様々な要素を渾然一体に考慮に入れてきたからであると考えられる。これは、要件と効果の内的連関に目を向けていないからに他ならない。[362] むろん、明示的要件において、考慮されるべき法的に意味のある視点がすべて消費されない場合もあり得る。その場合には効果裁量承認の目的と規制権限それ自体の規律目的とが比較される必要があり、その限りにおいて危険の有無もその判断に影響を及ぼすことがあり得るであろう。これは《規範内容の具体化における予測》として位置付けられるものである。しかし既に指摘したように、《規範内容の具体化における予測》は、その性格上《危険概念の解釈における予測》を包含するものであるため、裁量判断と危険判断を混同することのないよう厳に意を払わなければならない。[363]

第四に、危険存否を帰納的推論によって判断することの確認は、我々に推論過程に取り入れられるべき「前提の選択」の重要性を新たに認識させる。既に述べたように、推論の帰結としての決定の正しさは推論の前提の選択にかかっていると言うことができる。特に危険防御の実効性は予測の基礎となる事実を確実に収集することができるか否かに大きく依存している。しかし、従来の行政法学説は、事実認定にかかわる資料の収集方法について、民事法・刑事法に比して積極的な議論を展開してこなかった。その大きな原因の一つとして、民事訴訟による議論との連続性を強調してきたことを挙げることができる。しかし、行政訴訟における事実認定には、職権証拠調べが採用されていることからも明らかなように、特殊な位置づけが与えられているため[364]、行政過程における資料収集、手続、調査方法の在り方が重要な検討課題とならなければならない。とりわけ問題になるのは、行政過程における行政庁による調査義務とそれと密接に結びついた訴訟における証明責任である[365]。しかし、この課題は、容易に解決することのできない問題を抱えている。山本隆司は、行政の判断過程を十全に把握するためには、行政機関が判断を行う論理的なプロセス、推論・論証の方法たる「内的手続」と、行政機関を含む様々な主体が役割を分担して、情報や知識を収集または加工し公益に関する決定にまとめあげる過程たる「外的手続」を有機的に関連させて考察する必要があるという観点から[366]、「リスクの有無は、そもそも構造的に『真偽不明』であり、それでも敢えて行政庁が実体法と一定の手続に従って創造的に判断（その意味で「決断」）するもの」である以上、証明責任が果たして、またどの程度まで独自の意味を持つものであるのか、疑問の余地があると述べている[367]。外的手続である前提の選択問題それ自体が、内的手続である推論の成立にも構造的な影響を与え得ることを明らかにしているものと言えよう[368]。事実認定において究極的に真偽不明な事態に陥った場合、その証明責任を誰が負うべきかという問題は、証拠ないし情報の入手可能性・困難性という問題と絡んで、今なお解決のなきまま残されている[369]。

二　科学技術の進展により、クローズアップされてきた〝危険な疑い〟や〝リスク〟といった諸概念は、危険概念を中心にして自由と安全の調和を図ってきた伝統的な警察法に、果たして「パラダイム転換」[370]を迫るものだろうか。しかしこの問いの前にまず必要なのは、問題解決に即効性のある処方箋ではなく、実践に隠された論理の飛躍を見定め、立法者により（意識的に・無意識的に）実定法規範に組み込まれた（広い意味での危険防御の）法技術を発見するという姿勢である。[371]〝危険防御の実効性〟という、単純明快で誰も否定しようのない要請を前に、解釈論を正しく展開し得るのは「問題を可能な限り正確に位置づけようとする態度」[372]であると考えられるからである。もとより本章で検討した論証手続が、構造的に認識不可能な事実やその影響を問題にする現在のリスク理論の議論を見るとき、通用しない部分があることは筆者自身よく承知している。[373]しかしこの問題に取り組む前に、〝危険な疑い〟や〝リスク〟などとの関連において、なお検討されなければならない危険概念がある。それが次に見る〝抽象的危険〟概念である。

(339)　美濃部・前掲（3）七七頁。
(340)　古谷・前掲（6）二四四頁。
(341)　最一小判平成四年一〇月二九日民集四六巻七号一一七四頁。
(342)　淡路剛久の次の発言を参照。「安全審査をまかされている委員会があって、調査審議するための具体的な審査基準というのがあって、それに基づいて安全だと判断したという場合に、その争い方には、二つの形があり得ます。一つは審査基準自体が駄目だということ、もう一つは基準を適用して出てきた結論の出し方、推論の仕方が駄目だということの両方しかありません。」阿部ほか・前掲（36）一五頁。
(343)　南博方「もんじゅ訴訟判決についての一考察」自治研究八三巻六号（二〇〇七）一二頁以下は、原子力施設の安全性審査に関し、裁量問題ではなく事実問題との近接性について言及する。ここにおいて、再び、阿部ほか・前掲（36）で挙げた交告尚史の発言が想起されるべきである。
(344)　警察法において本来問題となる蓋然性概念が注目されたのも、環境法分野における議論がきっかけであったことも想起されるべきである。なお、ここで注目されるのは、日光太郎杉事件（東京高判昭和四八年七月一三日行集二四巻六＝七号五三三頁）である。日光太郎杉事件においては、土地収用法の解釈・適用が裁量問題として捉えられたが、「説明と予測の構造的同一性」を前提とすれば、予測の方法（蓋然性の認定方法）は説明にも応用可能である。日光太郎杉事件では、特に他事考慮の禁止が問題となったが、これをヘンペルの「最大詳述の要求」に照らせば、本来、結果を左右させるものではないにもかかわらず特定の事実を取り上げた、あるいは、結果を左右させないわけではないがこれを過大に重視した、と言うことができよう。

(345) なお、ここで用いられている「合理的」という言葉は、憲法訴訟理論で言われる「合理性審査」のように、「ある程度まで行政庁の判断を追認する」といった意味を有するものではない。参照、阿部ほか・前掲（36）一六頁の小早川光郎・淡路剛久・阿部泰隆のコメント。

(346) 物それ自体に内在している危険性を表わす概念（いわゆる傾性的危険概念）などもその例である。立法者が特別な規律を設けることによって、危険概念に修正を加えることは、もとより妨げられない。Vgl. Nell, a.a.O. (Anm. 55), S. 166ff.

(347) 参照、南・前掲（343）一二頁。

(348) 詳しくは、参照、桑原勇進「ドイツ原子力法における危険概念——一九八〇年前後の判例・学説」上智大学法学会編『変容する社会の法と理論』（有斐閣、二〇〇八）八三頁以下（同『環境法の基礎理論——国家の環境保全義務』（有斐閣、二〇一三）所収二二六頁）。

(349) また、連邦イミシオン防止法（BImSchG）は、三条一項において「性質、程度又は持続時間に応じて、一般公衆又は隣人に対して危険、著しい負担（Nachteil）又は著しい不利益（Belastung）を惹起するのに相応しい（eigenen）イミシオン」を意味する「有害な環境影響（schädliche Umwelteinwirkung）」を挙げ、これと結びつけて五条一項二号で「配慮（Vorsorge）」を規定している。

(350) 我が国の実定法の中にも、ある程度体系的な説明を施す必要性のある、危険に関する文言が散見される。感染症の予防及び感染症の患者に対する医療に関する法律一三条二項（「感染症に……かかっている疑い」）、食品衛生法七条二項（「人の健康を損なうおそれがない旨の確証がなく」）、建築基準法四八条一一項（「安全上若しくは防火上の危険の度……が低い」）、鉱山保安法一一条二項（「危険性の大きい機械」）等。

(351) 室井力ほか編『コンメンタール行政法Ⅱ行政事件訴訟法・国家賠償法（第二版）』（日本評論社、二〇〇六）五三七頁（芝池義一）。

(352) ここでは「不作為責任」とされているが、違法性の判断基準について言及していると見てよい。室井ほか編・前掲（351）五二七頁、五三六頁。

(353)　室井ほか編・前掲（351）五三八頁。さらに、五三九頁では違法判断の付加的要件として「要件①との関係では、……危険の切迫性」を「要件②との関係では、……危険認識の容易さ」などを挙げている。
(354)　宇賀克也『国家補償法』（有斐閣、一九九七）一五七頁、一六六頁。また一六四頁では、予見可能性の要件の考察において「どの程度の予見可能性を要するか、たとえば、危険が急迫していることを必要とするか、蓋然性があれば足りるとするかという問題がある」とも述べられている。
(355)　森田寛二「行政裁量論と解釈作法（下）」判例評論三二八号（一九八六）一七九頁以下、同「裁量零収縮論と〝結合空間の費消的否定論〟」小嶋和司博士東北大学退職記念『憲法と行政法』（良書普及会、一九八七）七九六頁。
(356)　最判昭和五七年一月一九日民集三六巻一号一九頁。
(357)　森田・前掲（355）判例評論一八三頁以下。「……することができる」が「……しなければならない」と読み替えられるべきなのは、「銃刀法二四条の二第二項の『異常な挙動その他周囲の事情から合理的に判断して他人の生命又は身体に危害を及ぼすおそれがあると認められる場合において、その危害を防止するため必要があるときは』という明示的要件は、『国民の生命・身体の保護という警察の責務（警察法二条）』という、『警察』活動をおこなう際に考慮されるべき視点を既に取り上げ・収容しているばかりか、『その危害を防止するため必要があるときは』という部分から知られるように、ありうべき他の（『警察』活動をおこなう際に考慮されるべき）視点をもすべて取り上げ・収容している、そういう判断があるため」であり、「明示的要件が充足されていると認定した上で、なお、『提出させて一時保管する』ことをしないという決定を下す余地を認めることは、背理であると考えられるから」（一八三頁）である。
(358)　効果裁量の有無が要件の認定の問題に収斂されることについては、前掲（21）も参照。
(359)　宇賀克也『行政法概説Ⅰ行政法総論（第二版）』（有斐閣、二〇〇六）二九二頁以下。
(360)　Cの要件が、Aの要件の認定においてすべて考慮し尽される場合もありうる。宇賀克也「行政介入請求権と危険管理責任」磯部力ほか編『行政法の新構想Ⅲ』（有斐閣、二〇〇八）二六二頁以下も参照。
(361)　規制権限の不行使の違法を導く法律構成である裁量権零収縮論と作為義務論は、いずれの立場をとっても要件の点では両者の間に差はないとしつつも、裁量権零収縮論における「裁量性の重視が違法判断基準の具体的な適用において微妙に作用し、その結果、作為義務説に比して違法認定の余地が狭くなるおそれがないとはいえない」という評価（室井ほか編・前掲（351）五三六頁）は、本文で示した理論的整理がなされた上で理解可能となろう。

(362)　なお、青井秀夫『法理学概説』（有斐閣、二〇〇七）五一一頁註一六は、構成要件と法効果の内的連関に言及しつつ、「裁量概念が、『構成要件』のなかに組み込まれるか、それとも『法効果』のなかに組み込まれるかということは、単なる法律技術の問題にすぎない」と述べる。しかし、そこからの「法理論的帰結として」、なぜ要件に真正の裁量概念（「公益」「相当な理由」など）が帰属している限り、表面的には「ねばならない規定」として謳われているものであっても実際には「できる（権限）規定」にほかならないということになるのかについては、必ずしも明らかではない。

(363)　山本隆司＝金山直樹「判批」法学協会雑誌一二二巻六号（二〇〇五）一一一五頁以下は、裁量権零収縮論は、違法性判断を導く諸因子を根拠規範から離れて一般的に評価した上でどの根拠規範の解釈にも平準的に持ち込む危険があると述べる。

(364)　行政訴訟においては、職権主義が採用されていることを理由に、証明責任の概念に積極的な意味を求めない見解もあるが、職権証拠調べによっても常に裁判の基礎となる要件事実の存否が確定されるとは限らないため、——弁論主義を採る民事訴訟におけるほどではなくとも——やはり証明責任の問題は残ろう。参照、村上博巳『証明責任の研究〔新版〕』（有斐閣、一九八六）四〇四頁。

(365)　山本・前掲（16）八頁以下は、「事実が存否不明の場合における証明責任は、行政法の分野では、行政訴訟の局面のみならず、行政機関が決定を行う局面でも問題になる」とし、リスク行政法の特徴として、申請者に対する調査説明義務の存在を挙げる。この問題に触れるものとして、大塚直「環境法における予防原則」城山英明ほか編『法の再構築Ⅲ　科学技術の発展と法』（東京大学出版会、二〇〇七）一三一頁以下。

(366)　山本・前掲（16）一一頁。本節でいう「推論」「前提の選択」は、山本のいう内的手続・外的手続にそれぞれ対応すると言ってよい。

(367)　山本・前掲（16）四八頁。

(368)　このような問題の典型的な例の一つは、「現在の科学技術水準に照らし」具体的審査基準の合理性が審査されると示した伊方原発最高裁判決である。山田洋は、行政機関の過去の判断過程を再吟味する場合、当時は知り得なかった知見が考慮に入っていなかったことをもって判断過程に瑕疵があったと言うことの違和感について述べている（山田洋「判批」『平成四年度重要判例解説』（有斐閣、一九九三）四五頁）。決定可能な最終時点を判決時に設定する根拠を、義務付け訴訟が容易には認められない現状の反映である（髙木光「判批」『環境法判例百選』（有斐閣、二〇〇四）一九七頁）と消極的に評価する余地を認めつつも、この問題は、外的手続を通じて獲得した知見を内的手続へ導入する仕組みの整備（立法政策）によって解決されるべきであるように思われる。科学的不確実性への対応として専門的知識の導入の在り方について検討するものとして、参照、城山英明「リスク評価・管理と法システム」城山英明ほか編『環境と生命』（東京大学出版会、二〇〇五）一〇〇頁以下。

(369)　これは、原子炉施設の安全審査に関する資料をすべて被告行政庁の側が保持していることなどを考慮に入れ、被告行政庁の側に、その依拠した具体的審査基準並びに調査審議および判断の過程等、被告行政庁の判断に不合理な点のないことを相当の根拠、資料に基づき主張・立証する必要があることを求めた伊方原発訴訟判決の評価にもかかわる。立証責任の転換、事案解明義務、信義則など、その理由づけは様々である。この判決の分析を含む、民事訴訟法学説における事案解明義務論の展開について、参照、伊藤眞ほか『民事訴訟法の論争』（有斐閣、二〇〇七）一二二頁以下。また拙稿・前掲（321）一九七頁以下も参照。

(370)　憲法学の視点からの分析として、参照、西浦公「『安全』に関する憲法学的一考察」栗城壽夫先生古稀記念『日独憲法学の創造力下巻』（信山社、二〇〇三）九五頁。

(371)　白藤博行は言う。「自由を志向する『法治国家』から、安全を志向する『予防国家』・『安全国家』へのパラダイム転換が問題なのではない。……『予防国家』・『安全国家』に逃げ込むのではなく、あくまでも『法治』主義の徹底のもとでの安全確保を目指すべきなのではないか。」（「『安全の中の自由』論と警察行政法」公法研究六九号（二〇〇七）六六頁）。本章は、これと同様の認識に基づき、危険概念の規範構造を探究しているものである。

(372)　森田・前掲（355）一八四頁。

(373)　統計的法則には、日常の経験から得られる常識に属するものから、自然科学における専門的知識・法則に属するようなものまで幅広く含まれる。いわゆるリスク制御（Risikosteuerung）に関する議論は、この経験則自体の妥当性を疑うところから展開されていると見てよい。ポッシャーは、警察法における危険の疑いの問題は、環境法などにおけるリスク統制の新たな現象と、次の点で区別されるという。つまり、警察法においては原則上認識可能で、またその因果的経過において評価可能な危険が問題となっているのに対して、環境法においては既に構造上複雑で、見通し不可能な危険が問題になっている、と。Vgl. Poscher, a.a.O. (Anm. 49), S. 88ff. リスクに焦点を合わせた行政法理論について検討を加えるものとして、大橋洋一「リスクをめぐる環境行政の課題と手法」長谷部恭男編『リスク学入門３　法律からみたリスク』（岩波書店、二〇〇七）七三頁以下（同『都市空間制御の法理論』（有斐閣、二〇〇八）所収一九一頁以下）がある。

第三節　抽象的危険と危険防御命令

第一款　問題の所在

一　前節でも見たように、我が国の現行法上、危険、つまり十分な蓋然性をもって損害発生が認められる場合に、行政機関が個別具体的な措置（事実行為、または行政行為）[374]でもってこれに対処するとされていることが多い。例えば、警察官職務執行法四条一項は「危険な事態」がある場合に警察が避難等の措置をとることができるとしているし、又、消費生活用製品安全法三九条一項は「一般消費者の生命又は身体について重大な危害が発生し、又は発生する急迫した危険がある場合において」主務大臣が必要な措置をとるべきことを命ずることできるとしている。[375]しかし、あらゆる種類の危険に常に個別具体的な措置でもって対応することは、現実的には不可能、あるいは好ましくない場合があり得る。例えば、個別具体的な状況とは無関係に、ある特定の行為あるいは状態が存在するだけで十分な蓋然性をもって損害をもたらすことが判明している場合には、個別具体的な危険の発生の度ごとに行政機関が個別的措置で対応することは、現実的ではない。こういった場合はむしろ、法律あるいは行政立法といった一般的抽象的規範でもってその特定の行為または状態の発生そのものを阻止すべく規制することの方が有効であると考えられる。[376]例えば、「高速道路で停止すること」はしばしば追突事故を引き起こすため、一般的抽象的規範によって高速道路での停止を一般的に禁止するとか、「エレベーターのカゴ及び主要な支持部分」はその運行においてしばしば摩耗し、カゴの落下を引き起こすため、一般的抽象的規範により、カゴに腐食もしくは腐朽しにくい材質を用いることを義務付けるといった具合にである。事実、このような規制方法を現行法は採用しているところであり、道路交通法七五条の八は高速道路での停車禁止を定めることによって「道路における危険」（同法四条一項）の防止を図り、また建築基準法三四条はエレベーターのカゴの材料を特定の材質に義務付けることにより「安全な構造」（同法同条一項）を保っている。そして、このような危険への対処には、しばしば迅速さや専門的な知見が必要とされるため、規制の詳細な内容は、法律ではなく政令（建築基準法施行令一二九条の四）や省令といった行政立法で規律されることが多い。

二　しかし我が国の学説上、このような立法による規制方法は、規制すべき対象（危険の種類）や個別具体的措置（行政行為など）による規制との対比において、正面から論じられてきたことがなかったように思われる。[377] 例えば田中二郎は、この立法による規制方法について「警察立法」という概念を立てて論じるが、「警察立法というのは、警察作用に関する事項を対象とする立法を総称する」[378]と、単に「立法」の一般的抽象的性格を説明しているのみであって、対象とする「警察作用に関する事項」そのものについて詳しく論じているわけではない。[379] また、警察立法の中で中心的な地位を占める行政立法（政令・省令）[380]についても、主に授権法律との関係（白紙委任の禁止、明確性原則など）や命令制定手続（パブリックコメント手続）等に関心が寄せられ、[381] 行政立法によって規律される対象は何かという実体法的観点からの関心は、特に警察行政（危険防御）の法領域ではほとんど議論されてこなかったように思われる。しかし立法者が現に右に見たような異なる二つの危険防御の方法を採用していることは明らかであり、問題は、この立法技術が自覚的に意識されていない、換言すれば規制すべき対象（危険の種類）の違いが法解釈のレベルにおいて明確に示されていないことにある。

このような問題意識は、平成一六年以降、規制権限不行使の違法性をめぐる国家賠償訴訟において、省令による危険防御の方法について言及する各種判決にも基づいている。例えば、塵肺被害を防止する各種規制権限の不行使の違法が争われた筑豊炭鉱塵肺国家賠償訴訟（最三小判平成一六年四月二七日民集五八巻四号一〇三二頁）において最高裁は

「〔鉱山保安法〕三〇条が省令に包括的に委任した趣旨は、規定すべき鉱業権者が講ずべき保安措置の内容が、多岐にわたる専門的、技術的事項であること、また、その内容を、できる限り速やかに、技術の進歩や最新の医学的知見等に適合したものに改正していくためには、これを主務大臣にゆだねるのが適当であるとされたことによるものであ」り、「同法の目的、上記各規定の趣旨にかんがみると、同法の主務大臣であった通商産業大臣の同法に基づく保安規制権限、特に同法三〇条の規定に基づく省令制定権限は、鉱山労働者の労働環境を整備し、その生命、身体に対する危害を防止し、その健康を確保することをその主要な目的として、できる限り速やかに、技術の進歩や最新の医学的知見等に適合したものに改正すべく、適時にかつ適切に行使されるべきものである。」と述べている。本判決の論点は多岐にわたるが、本節のテーマとの関連でとりわけ注目に値するのは、「上記の保安規制の権限（省令改正権限等）が適切に行使されていれば、それ以降の炭坑労働者のじん肺の被害拡大を相当程度防ぐことができた」と指摘し、「石炭鉱山保安規則の内容の見直し……粉じん発生防止策を一般的に義務付ける」（強調――筆者）といった省令（改正）権限の行使を、被害拡大を防ぐ有効な手段として明確に位置付けている点にある。その意味で本判決は、主務官庁による危険防御の任務遂行のため、時間的・場所的・内容的に広範囲かつ迅速な対応を可能にする行政立法の意義を明確に示した判決と言えるだろう[382]。しかし本判決は同時になお理論的に解決されるべき課題を残すものでもあった。第一に、そもそも省令制定（改正）権限は、果たして、またどのような条件を充たした場合に行使することができるのか（また、行使すべきなのか）、また関連して第二に、省令制定（改正）権限による危険防御と個別具体的措置によるそれとの間に、どのような違いが存在するのか、また違いが存在するとした場合、それが権限不行使の違法性判断にどのような影響を与えるのか、という課題である[383]。

もっとも後者の論点については、「本判決の判断は、省令制定改正権限の不行使という点を単独で取り上げてその違法をいうものではなく、省令を改正の上、当該省令に係る規制を前提とする各種の監督権限を行使するという一連の権限に着目して、その不行使の違法として捉えているものであり、その意味では、規制権限の不行使一般の問題と特別に異なるところはない」[384]との評価が存在する。しかし行政立法を個別具体的な規制権限とは異なった独自の危険防御手段として認識するならば、これを「一連の権限の不行使」としてのみ捉えるのではなく、この行政立法権限の適正な行使を確保するための条件、つまり行政立法による規制を行うための考慮要素を、規制すべき対象（危険の種類）や個別具体的措置による規制との対比の中で明らかにすることもまた重要な作業と言えるだろう。このような作業によって初めて一般的抽象的規範による危険防御の方法が、個別具体的措置による規制と比べてどのような点で有効であるのか、また、権限行使の発動要件の違いについても明確に示されることになると考えられるからである。しかしながら我が国の学説は、行政立法による規制方法を十分に論じてこなかったため[385]、我々は右問題を分析する道具立てを欠いていているというのが実情である[386]。

三　このような我が国の現状は、ドイツの法制度と比較するとより際立つ。ドイツ警察・秩序法は、プロイセン上級行政裁判所によって形成されてきた判例法理に基づき、個別具体的措置で対応すべき危険を〝具体的危険〟、行政立法で対応すべき危険を〝抽象的危険〟として、二つの種類の危険をドグマーティシュに区別し、それぞれの権限行使の発動要件、解釈命題を明確にすることで見通しの良い法体系を構築している[387]。従って、このドイツにおける危険防御の法体系との比較分析は、我が国で一般的抽象的規範による危険防御の方法を論じる上で有効と言えるだろう。法文の有無やその定め方を超え、法治国家原理の判例による彫琢の結果として徐々に輪郭が与えられてきた右二つの解釈命題は、ドイツと同じく法治国家原理を採用する我が国の法秩序においてもまた妥当する余地があると考えられるからである。

もっともドイツ警察・秩序法を参照する場合には、その前提として次の点に注意を払わなければならない。後に詳しく見るようにドイツ警察・秩序法は、行政庁（秩序行政庁もしくは一般警察行政庁）に警察命令を発令する権限を一般授権規定ないし特別授権規定によって与える構造になっているのに対し[388]、我が国の場合、警察法、警察官職務執行法等にはそのような授権規定は存在せず、たいていの場合、個別の行政法規が実現しようとする目的の枠内で、その都度個別に主務大臣に危険防御の任務に資する行政立法を授権する形になっている。この両者の違いは、危険防御にかかる法律の委任規定（授権規定）の在り様という観点からすると重要な帰結をもたらす。というのも、ドイツのように警察命令権限が警察法あるいは秩序法の中で一般的あるいは特別に授権されている場合、――明文であれ不文であれ――その要件は常に危険の防御を念頭においた法規定（例えば、権限発動要件における（抽象的）〝危険〟の明示[389]）になるのに対し、危険防御を目的とした行政立法権限に必ずしも限定されていない授権根拠規定では、（危険防御の目的以外の目的の実現も想定されているため）その発動要件は必ずしも明示的な形で示されないということになるからである。このような法規定の在り様は、我が国の法秩序が〝危険防御（＝公共の安全と秩序の維持）〟という任務を公的任務全体の中でどのように位置付けているのかという、批判的に検討されるべき問題ともかかわるが[390]、いずれにせよ我が国においては、危険防御を目的とした行政立法権限の発動要件を一般的に取り上げて議論する（あるいは公的任務の中から「危険防御」という任務を前景化して議論する）実定法上の基盤がない、もしくは非常に弱い[391]ということを確認しておく必要があるだろう。

本節では、以上の点を踏まえた上でドイツ警察・秩序法を参照し、我が国においてはなお曖昧な〝行政立法による危険防御の姿〟に明確な輪郭を与え、個別具体的措置が前提とする規律対象との異同を明らかにしながら、行政立法に対する適切な法的統制の在り様を提示することとしたい[392]（なお本節では「危険防御を目的とした行政立法」を以下、〝危険防御命令〟と称することで、危険防御としての任務を明確に表わすこととする。）。

そこでまず第二款では、ドイツ警察・秩序法に規定されている危険防御命令の制定要件、より具体的には抽象的危険の内容・認定方法を学説判例の検討を通じて明らかにし、「行政立法による危険防御」の全体像を獲得する。これを踏まえて第三款では、我が国の裁判例を素材とし、裁判所による個別の判断過程の分析を通して、行政立法権限の法的統制のための指針を提示することとしたい。

(374) ここにおいて事実行為とは、――即時強制（執行）のように――行政機関自らの力で危険防御の措置を講ずる行為形式として、また、行政行為とは、危険状態の創出に責任を負う者（妨害者、警察責任者）に対し、当該責任者が自ら危険防御措置を講ずるよう義務付ける行為形式として整理される（なお後者において行政行為によって課された義務が履行されない場合には、通常、強制執行が予定される。）。

(375) 個別具体的な措置による権限行使の前提とされている危険は、具体的危険と称されるものであることは、本章第二節で見た通りである。

(376) 抽象的危険犯の成否との関連でこれを明確に述べるものとして、東京簡判昭和五五年一月一四日判例時報九五五号二一頁（道路交通法違反被告事件）。

(377) なお本節では、主に行政立法による対応に焦点を絞る。法律による対応と行政立法による対応の異同の問題については、本節の「おわりに」で言及する。

(378) 田中二郎『新版行政法下巻（全訂第二版）』（弘文堂、一九八三）六一頁。

(379) 田上穣治『警察法（新版）』（有斐閣、一九八三）五六頁以下も、行政立法たる「警察命令」に言及するが規律対象は「警察事項」であるとしか示されていない。また、宮田三郎『警察法』（信山社、二〇〇二）七五頁以下では、「警察作用の法的形式」の中に立法的作用は含まれていない。

(380) ちなみに、行政立法は多種多様な目的の実現のために寄与する一般的抽象的規範であるが、本節で扱うのはその中でも危険防御を目的とした法規命令であり、これまで我が国では「警察命令」と呼んできたものである。しかし警察命令という用語が（警察概念が過去において背負ってきたイメージとともに）無用の解釈態度を招くことのないようにという実践的な理由と、執行警察官吏が命令（行政立法）を制定できるかのような誤解を避けるという理論的な理由から、同用語は――ドイツ警察法において明示的に「警察命令（Polizeiverordnung）」という用語が用いられている場合を除いて――以後、原則として用いないこととする。

(381) もっとも、以上のような傾向とは別に、法執行の実効性の確保という観点から行政立法の機能を類型化し、これによって当事者間の法律関係の確定度合いを測ることについて論じる興味深い論考として、野口貴公美「『行政立法の機能論』の可能性――消防法を素材として」阿部泰隆先生古稀記念『行政法学の未来に向けて』（有斐閣、二〇一二）二〇五頁以下がある。

(382)　そして同様の判示は後に見る泉南アスベスト事件訴訟（最一小判平成二六年一〇月九日民集六八巻八号七九九頁）においても確認されているところである。

(383)　また関連して省令制定権者には、個別具体的措置を講じる行政機関との対比において、また法律制定権者との対比において、果たしてどの程度の「裁量」が認められるかという問題もある。この点につき、原審（福岡高判平成一三年七月一九日判例時報一七八五号八九頁）は「省令の制定は、行政庁が行うものであって、議会制民主主義の原則とは関係がなく、原則として、国民全体に対する関係で政治的責任を負うにとどまり、個別の国民の権利に対応した関係での法的義務を負わない国会議員の立法行為とは、本質的に異なる」として広範な免責を否定するも、他方で、「省令の制定は、あくまで一般的法規を定立する純然たる立法行為であり、……一般の行政行為とは著しく性質が異なり」「省令制定権限の行使に関する裁量の範囲は、（諸般の事情）を考慮要素としうる意味で相当に広い」と判断し、立法行為と行政行為との性質の違いをも強調している（熊本地判平成一八年七月一三日訟務月報五五巻三号七九七頁も同旨）。

ところで行政立法制定の際に認められる「裁量」の位置付けに関しては、夙に宮田三郎が次のように分析していたところである。

「行政立法について行政機関に裁量が認められることは一般に承認されている。しかし行政立法の裁量を論じた文献はほとんどない。その理由は、①問題が、行政立法についての裁量ではなく、行政立法の限界という形で論ぜられたこと、②行政立法の限界を問題にする場合にも、関心は、主として行政立法を授権する法律に向けられ、行政立法そのものに向けられなかったこと、③行政立法の抽象性の故に、行政行為の場合ほど、裁量の瑕疵が明らかになりにくいこと、④訴訟との関連で、規範統制訴訟が許されないため、実用的意義がなかったこと、をあげることができる。行政立法の裁量論については、立法裁量に準じるか、行政行為の場合と同一に考えるか、または第三の類型がありうるかが問題になるが、この点の研究はわが国では未開拓の分野である。現在のところ、法規命令または行政規則の形式による一般的な『裁量』行使については、原則として、行政行為に関する原則が妥当するというほか、特別に具体的な理論を示すことができない。」（宮田三郎「行政裁量」雄川一郎ほか編『現代行政法大系第二巻』（有斐閣、一九八四）五八頁以下。）。

また大浜啓吉「委任立法における裁量」公法研究五五号（一九九三）一七六頁も「行政立法の裁量論は行政法の理論の中でも独り取

り残された形になっている」と評しているが、同様の指摘はドイツにおいても見られる。例えばF. O. Kopp/W.-R. Schenke, Verwaltungsgerichtsordnung. Kommentar, 21. Aufl. 2015, §47 Rn. 113ff. なども、行政行為に妥当する裁量にかかる諸原則やその裁判の対象にかかる問題が、詳細な検討もなく法規命令にも引き継がれていることに疑問を呈している。このような疑問はいずれも行政立法が有する「立法的性格」に由来するものであるが、いずれにせよ行政立法に対して行政行為と異なる「裁量」理論が要請されるか否かは――それが純粋な意味における「裁量」かどうかも含め――慎重な検討を要するであろう。この問題に正面から取り組むことは他日を期したいが、近時、この問題について論じるものとして、山本隆司「行政裁量の判断過程審査――その意義、可能性と課題」行政法研究一四号（二〇一六）一五頁以下、またアメリカ法を素材に検討するものとして、原島良成＝筑紫圭一『行政裁量論』（放送大学教育振興会、二〇一一）一六〇頁以下（筑紫圭一）、正木宏長「委任命令の違法性審査――委任命令の内容に着目して」立命館法学三五五号（二〇一四）七六頁以下、高橋正人「行政立法制定における考慮事項と司法審査」法政研究（静岡大学）二一巻二号（二〇一七）七二頁、ドイツ法を素材に検討するものとして、山本真敬「『立法裁量』と『行政裁量』の関係についての一考察――裁量論の総合的検討のための予備的考察」早稲田法学会誌六三巻二号（二〇一三）三七一頁以下がある。

(384)　宮坂昌利「判解」ジュリスト一二七九号（二〇〇四）一四二頁。同趣旨のものとして、中原茂樹「判批」『行政判例百選Ⅱ（第六版）』（有斐閣、二〇一二）四七五頁。また、山本隆司『判例から探究する行政法』（有斐閣、二〇一二）五七二頁は「省令制定による権限の不行使の違法性のみについて判断基準を質的に違えるのは、事案の判断枠組として適切でなかろう」と述べる。

(385)　もっとも、高木光「省令による規制権限の『性質論』――泉南アスベスト国賠訴訟を素材として」ＮＢＬ九八四号（二〇一二）三六頁以下（同『法治行政論』（弘文堂、二〇一八）所収二八一頁以下）は一部でこの問題を扱い、「技術基準を定める省令の性質論」という観点から「技術者の良心を最大限尊重する」省令制定権者の「職務上の義務」を導き出すことを試みている。省令が規制対象とする抽象的危険に焦点を当て、行政立法（危険防御命令）が果たす機能を解明しようとする本節のアプローチとは異なるが、「〈どの程度安全であれば十分安全であるか？〉という問題の解決を、単なる利益衡量や政治的決断に委ねるのではなく、科学的・技術的知見を踏まえた『専門的合理性』を有する『技術基準』によって行おうとする試み」に注目する点で、本節での考察と同じ方向にある。

(386)　もっとも警察命令が果たすこのような役割は、戦前から認識されていたところであったが（参照、土屋正三「警察命令と地方公共団体の自主法」警察研究二七巻八号（一九五六）一五頁）、警察命令については独立命令ないし勅令としての「形式」に注目が集まり、戦前の警察法体系を特徴づけるものとして批判的に論じられてきたため、戦後法学的な議論が低調だったのではないか、と推測される。

(387) Vgl. Heuer, a.a.O. (Anm. 40), S. 170ff.

(388) 一般条項によって規定するものとしてPolG BW 一〇条、ASOG Bln 五五条、HbgSOG 一条など。例外的に特別条項によって規定するものとして、BayLStVG 一二条。バイエルンは、個別の授権がある場合にのみ安全行政庁が命令を発することができるとし、警察命令を発令する一般条項を認めていない。

(389) 例えば「危険の防御」(ASOG Bln 五五条)、「危険防御に必要である場合」(HSOG 七一条)、「抽象的危険」(NdsSOG 五五条一項)など。Vgl. F. Rachor, Das Polizeihandeln, in: H. Lisken/E. Denninger (Hrsg.), Handbuch des Polizeirechts, 5. Aufl. 2012, S. 325.

(390) 例えば後に見る大阪高判平成二三年八月二五日判例時報二一三五号六〇頁（泉南アスベスト第一陣控訴審判決）のように、規制権限不行使の違法性を否定する上で重要な役割を果たした「産業分野に対する影響」を考慮に入れるような法解釈は、危険防御任務を相対化させる契機を孕む、戦後脱警察化の負の側面とも言い得るだろう。そして、このことは戦後実施された脱警察化が、執行機関と行政機関の機関（組織）特性を踏まえた法原理を探究することなく、両者の関係をいわば意図的に切断してきたことにも由来する。以上の問題を含む、脱警察化のドグマーティシュな意味については、第一章、参照。

(391) 僅かな例として条例ではあるが、「地方公共の秩序を維持し、住民及び滞在者の安全、健康及び福祉を保持すること。」を普通地方公共団体の事務と定めた（平成一一年法律第八七号改正前）地方自治法二条三項一号を挙げることができる。だが、しかしこれも組織規範であって根拠規範ではない。

(392) 具体的危険については、本章第二節を参照。

第二款　分析視角としてのドイツ法

第一項　抽象的危険

第一　判例・学説

一　ドイツ警察法学によれば、危険防御の任務は行政行為等の個別具体的措置によってのみならず行政立法によっても遂行されるものであることが明確に位置付けられている。その伝統は「警察命令」という名の法的手段を明記したプロイセン警察行政法二四条に遡る。[393] 同条項によれば警察命令とは「不特定多数のケースを対象に不特定多数の人々に対して向けられる警察上の命令あるいは禁止」を意味し、危険の中でも特に《抽象的危険》に対応するための法的手段として位置付けられてきた。[394] 警察命令は、今日においても「議会立法者の詳細な法律制定を俟たずとも、時間的、地域的、内容的に広範囲にかつ柔軟に対応することができる、欠くことのできない手段」[395]として重要な役割が与えられており、ドイツ各州の多くの警察・秩序法も、警察一般条項（ないし特別条項）[396]を通じて秩序行政庁（一般警察行政庁ないし特別警察行政庁）に警察命令の公布権限を授権している。[397]

もっとも、警察命令を一般条項によって授権することについては、警察一般条項が持つ文言規定の曖昧さから、一部の学説からその憲法適合性に疑いの目も向けられてきた。しかし連邦憲法裁判所は、警察一般条項に示されている概念の意味と内容は「プロイセン上級行政裁判所の長年の判例理論によって詳細に形成されてきた」との理由により、その憲法適合性を繰り返し確認しているところである。[398] 実際、警察命令の前提となる《抽象的危険》という概念は――一部の例外を除き[399]――これまで法律用語としては使用されることがなかったにもかかわらず（あるいは、法文上では単に「危険」と表示されているに過ぎないにもかかわらず[400]）、学説上一致して、警察命令によって対応すべき危険は《抽象的危険》である、と理解され[401]、抽象的危険は明文規定の有無にかかわらず〝警察命令によって対処されるべき危険〟あるいは〝抽象的危険が存在する場合、命令制定権者はその防御のために適切な命令を発することができる〟という解釈命題（警察命令公布の構成要件命題）として受け入れられている。[402]

二　さて、プロイセン上級行政裁判所の判例理論によって形成されてきたこの抽象的危険概念は、連邦行政裁判所の判決によって改めて次のように定義されている。

「一般的抽象的な観察によれば、特定の種類の行為あるいは状態が、個別ケースにおいて常に十分な蓋然性でもって損害が発生するという結果を伴う場合、従って、この危険を一般的抽象的手段、つまり法命題、特に警察命令によるそれでもって阻止すべき状況が存在する場合に、抽象的危険が認められる。(403)」

右の定義は判例上では既に定着したものとなっており、学説の多くもこの連邦行政裁判所の見解に異議を唱えていない。(404) しかし個別の条文や学説よる定義を詳細に見ると、必ずしも完全に一致しているというわけではない。「一般的な生活経験あるいは専門家の知見に基づけば、それが生じれば（具体的な）危険を示す、将来起こりうる事態(405)」といった定義や、「経験則によれば通常、危険を惹起せしめるのに十分な、規律と結びつけられた事態(406)」といった説明、さらに「行為あるいは状態が保護法益に対して具体的な危険を典型的に導く場合に認められる(407)」といった説明が存在する。また、「経験則によれば法益毀損をもたらす、起こり得る事態の発生(408)」とか、「多数のケースにおいて統計的に有意な、高度のリスク(409)」などと説明されることもある。従って一部の学説では、抽象的危険概念は実はこれまで正確に定義されたことはなかったとの評価も存在するところである。(410) 確かに判例で示された定義の中で用いられている「一般的抽象的な観察」や「それが生じれば（具体的な）危険を示す……事態」といった用語法、学説の中で示される「典型的に発生する」などといった表現もなお曖昧で、さらに詳細な説明を必要とするものである。

もっとも他方で連邦行政裁判所は、抽象的危険を定義する際、次のように、具体的危険との差異についても説明を加えている点が注目される。

「危険の存在をつきとめるために決定的な基準となるのは、損害発生の十分な蓋然性である。これは、個別ケースにおいて防御措置の権限を与える『具体的』危険のみならず、安全法上の命令の前提である『抽象的』危険にもあてはまる。抽象的危険は損害発生の蓋然性の程度によって具体的危険と区別されるのではなく、危険予測の基準点（Bezugspunkt）ないし……観察方法（Betrachtungsweise）によって区別されるのである。[411]」

右判示によるならば、抽象的危険と具体的危険との違いは、危険の程度（より正確には、その時々で必要となる蓋然性の程度）ではなく（むしろその程度は、具体的危険も抽象的危険も同じとみなされる。[412]）、その時々の危険予測の基準点にあるということになる。つまり個別具体的措置と関連づけられた具体的危険の予測は、あらゆる有意味な個別的・具体的状況（諸事情）をすべて考慮に入れなければならないのに対して、[413]一般的抽象的規範と結びつけられる抽象的危険の予測は――それが実際に発生すると仮定するならば十分な蓋然性でもって損害発生を引き起こすであろう――特定の条件（行為ないし事態）に対する観察に基づく、というわけである（従って命令制定権者は不特定多数の事例について判断しなければならないことから、必然的に特定の条件を定める規範内容を類型化しなければならないこととなる。[414][415]）。確かに、人的にも内容的にも時間的にも個別のケースを超えて作用する不特定多数のケースを対象として、不特定多数の者に向けた一般的抽象的規範を定立しようとする場合、あらゆる事情を考慮に入れるようなことは不可能である。[416]このように見るならば、抽象的危険が〝抽象的〟とされるのは、危惧される損害発生にとって有意味なあらゆる具体的状況その他の要素を考慮に入れていないからである、と説明することが可能となろう[417]（このことから、抽象的危険概念は、主として現場で個別措置を講ずる警察執行官吏にとってではなく、屋内で業務にあたる秩序行政庁にとって有用な概念であるということも導かれることとなる。[418]）。従って、抽象的危険と具体的危険の違いが危険の程度（その時々で必要となる蓋然性の程度）などではなく、その時々の危険予測の基準点にあるとするならば、抽象的危険概念の定義でしばしば用いられる「典型的に発生する」という概念要素は、蓋然性の程度の意味において理解されてはならないことになろう。「一般的抽象的な観察」というのも、あらゆる具体的状況その他の要素を考慮せず、特定の行為ないし状態のみを予測の基準点にすることができるという意味において理解されなければならない[419]。

ちなみに、右のような抽象的危険概念の特徴に基づくならば、命令制定権者は規範を制定するにあたって個別ケースにおいて危険が存在することを証明する必要はない[420]。抽象的危険は、ただ危険の原因として想定される特定の行態に基づいてのみ認められるものである。例えば、「カーブした道路」がしばしば死亡事故を引き起こす原因として想定されるのであれば、その道路がたとえ例外的に優良ドライバーにとっては全く具体的危険がないものであったとしても、すべてのドライバーに速度規制が命じられてもよいことになる（もっともそのような例外的ケースがどの程度まで存在してもよいかは、また別問題である。危険防御命令は、少なくとも警察上の監督を軽減するといった目的のために用いられるようなことがあってはならないと解されている[421][422]。）。従って、仮に個別ケースにおいて（具体的）危険が確認されないような場合であっても、十分な蓋然性でもって損害を引き起こす特定の条件（行為ないし事態）が想定される限りで抽象的危険が認定されることになる。かくして、不特定多数の事案において危険の防止を図る一般的抽象的規範は、——仮に禁止規範によって具体的危険が存在しないようなケースをも規制対象に含めることになったとしても——〝広範囲に及ぶ安全の確保〟という任務に資するものとして認められることになるのである[423]。

もっとも個別具体的な事情を無視してもよいということは、命令制定権者が特定の条件（行為ないし事態）に対して主観的な危惧を有することで十分とするものではない。抽象的危険の判断においても、具体的危険の場合と同様、「事実の点において十分に確かである予測[424]」が必要であり、「抽象的一般的な観察において、損害が差し迫って発生するとの推論を正当化する十分な根拠が存在しなければならない[425]」。

三　ところで右で示されたような抽象的危険を認定するには、ある特定の条件（行為ないし状態）が損害を引き起こすか否か、つまり損害を引き起こすような「特定の条件」を突き止めることが何よりも重要となる。この条件を探し求める際に特に重要な根拠となるのが、ある特定の条件の存在が十分な蓋然性をもって損害の発生と結びつくことを《一般的形式》において示す〝統計的法則（ないし経験則）〟である。例えば、エレベーター利用時における事故の抽象的危険の存否が問われた事案において連邦行政裁判所は、明示的に統計的法則（経験則）を用いて抽象的危険を認定している。[426] 抽象的危険が認められる場合、政府は、営業法二四条の規定に基づき昇降機令において扉を取り付けることを要求する権限が認められていたところ、連邦行政裁判所は扉が取り付けられていないエレベーターでは一九六九年では八七件の事故があり、そのうち三四件で（扉が存在しないことによる）挟み事故が起きたという調査結果（統計的データ）を援用した上で、扉を取り付けていないエレベーターではたいていの場合事故が発生する、と認定し抽象的危険の存在を認めている。[427] 連邦行政裁判所は、この事故の統計データをもって「経験則によれば、人が搭乗する、扉が付いていないエレベーターを稼働する際、搭乗者が死亡あるいは怪我をすることがあり得る」[428]と判示し、扉が取り付けられていないエレベーターは典型的に挟み事故を引き起こす（つまり、「扉の付いていないエレベーター」は挟み事故を引き起こす特定の条件である。）と認定したのである。統計的法則が抽象的危険の存在を認定する十分な根拠としての役割を果たしていることを示した判決の一例と言えよう。[429]

四　以上がドイツ警察法（学）においておおよそ一致して理解されている抽象的危険概念の内容である。しかし、実務上重要な論点であるにもかかわらず学説ではなお十分な説明が与えられていない論点が幾つか存在する。それは、一つに統計的法則の発見方法にかかわる問題、もう一つに危険防御命令の内容形成にかかわる問題である。以下、さらに検討を進めることにしよう。

(393)　Rachor, a.a.O. (Anm. 389), S. 310. なお、警察処分（polizeiliche Verfügung）と警察命令（polizeiliche Verordnung）はともにその内容として「命令と禁止（Gebote und Verbote）」を含み得ることから、かつては（広義の）警察命令（Polizeibefehl）と総称される

こともあった が（Vgl. R. Thoma, Der Polizeibefehl im badischen Recht, 1906）、法形式、権限行使要件、訴訟類型の差異を踏まえ、現在では両者は明確に区別して取り扱われるべきと考えられている。Vgl. Drews/Wacke/Vogel/Martens, a.a.O.（Anm. 39）, S. 358.

(394)　具体的危険・抽象的危険概念の理解にかかる歴史的な経緯をWalker, a.a.O.（Anm. 37）, S. 3ff. を参照して略述すれば、以下の通りである。Polizeiwissenschaft から Polizeirecht への移行期に活躍したピュッター（J. S. Pütter）、ヘーベルリン（K. F. Häberlin）、ベルク（G. H. von Berg）においては、警察の任務は単に〝現に存する障害の除去並びに将来の災いの阻止〟と理解される程度のものであったが、スワレツ（C. G. Svarez）によるプロイセン一般ラント法（ALR）の編纂において、より具体的に「差し迫った危険」（第二部第一七章一〇条第二文）という概念が使用されることとなった。本条は、警察命令と同時に警察処分の法的根拠でもあったが、その後一八七〇年代に国家学の議論の中で「抽象的」「具体的」という概念が用いられることとなった。当初、プロイセン上級行政裁判所の判例では、〝危険は不利益、負担並びに妨害とは同義ではない〟と確認される程度のものに過ぎなかったが（具体的危険概念の消極的定義）、判例の積み重ねを通じ、最終的には〝危険とは将来起こり得る損害〟（具体的危険概念の積極的定義）と理解されるに至った。そして「差し迫った」という概念は予測的要素を含むものとして解され、時代により様々に解釈されたが（「将来的に」「近い将来」など）、明確に整理されることはなかった。しかし警察命令と警察処分が量的な観点から次第に区別されるようになると、その区別は以後、構成要件レベルの違いへと移ることとなり、一九一九年にショルツ（Scholz）が初めて「抽象的危険」と「具体的危険」という概念を使用するに至った。そして一九二九年一一月二八日のプロイセン上級行政裁判所の判決（PrOVGE 85, 272）において両概念に言及されると、その後両概念は判例や学説において広く承認されることとなった。

(395)　VGH Mannheim, VBlBW 2002, S. 293.

(396)　Vgl. W.-R. Schenke, Polizei- Ordnungsrecht, 7. Aufl. 2011, S. 346 Fn. 2.

(397)　ドイツ各州の多くの警察・秩序法は、この概念規定を文言上若しくは内容上受け継いでいる。ちなみにプロイセン警察行政法二四条は法規命令を警察命令（Polizeiverordnung）と呼んでいたが、今日、危険防御のための命令の名称は州によって様々である。執行警察と秩序行政庁を警察の名の下で統合する統一システムを採用している州（ブレーメン、バーデン＝ヴュルテンベルク、ザールラント、ザクセン等）では、プロイセン警察行政法と同じく警察命令という名称を維持しているが、脱警察化を実現した分離システムを採用する州（バイエルン、ニーダーザクセン、シュレスヴィヒ＝ホルシュタイン、ヘッセン等）では、「命令」「危険防御命令」「秩序行政庁による命令」「公共の安全に関する命令」「公共の安全あるいは秩序に関する命令」等といった名称が用いられている。Vgl. V.

Götz, Allgemeines Polizei- und Ordnungsrecht, 15. Aufl. 2013, § 22 Rn. 1ff.

(398) Vgl. BVerfGE 14, 245 (253), BVerfGE 54, 143 (144f.).

(399) § 2. Nr. 2 NdsGefAG.

(400) Vgl. § 71a HSOG; § 26 OBG NW; § 1. Abs. 1 Hamburg PolG.

(401) 特殊な例として、〝一般的危険〟という概念を用いるBayPAG二条一項がある。一般的危険は、経験則によれば（将来）具体的危険が予期される典型的な事例に認められるものとされているが、判例学説上では抽象的危険と同義に取り扱われることがある。Vgl. Götz, a.a.O.（Anm. 397), § 6 Rn. 23.

(402) Vgl. Darnstädt, a.a.O.（Anm. 55), S. 99.

(403) BVerwG, DÖV 1970, S. 715. 同判決は、連邦行政裁判所が抽象的危険について論じた最初の判例である。比較的近時のものとして、後述するBVerwGE 116, 347 (351).

(404) Vgl. B. Pieroth/B. Schlink/M. Kniesel, Polizei- und Ordnungsrecht, 7. Aufl. 2012, § 4 Rn. 9; Götz, a.a.O.（Anm. 397), § 6 Rn. 17ff.; E. Denninger, Polizeiaufgaben, in: H. Lisken/ders.（Hrsg.), Handbuch des Polizeirechts, 5. Aufl. 2012, Rn. 42.

(405) Nds. SOG二条二項、SOG LSA三条三項(f)、thürOBG五四条三項(e)。

(406) W.-R. Schenke/R. P. Schenke, a.a.O.（Anm. 39), Rn. 327a.

(407) F. Schoch, Verordnungen zur Gefahrenabwehr, Jura 2005, S. 604.

(408) D. Kugelmann, Polizei- und Ordnungsrecht, 2. Aufl. 2012, S. 97. 他方でS. 108では「十分な蓋然性でもって損害の発生を典型的にもたらす事態」とも定義されている。

(409) C. Gusy, Polizei- und Ordnungsrecht, 9. Aufl. 2014, § 3 Rn. 126.

(410) R. Poscher, Eingriffsschwellen im Recht der inneren Sicherheit. Ihr System im Licht der neueren Verfassungsrechtsprechung, Die Verwaltung, 41 (2008), S. 359. ラルフ・ポッシャー／拙訳「国内治安法制における介入閾——最近の憲法判例に照らして見たその体系」北大法学論集六五巻四号（二〇一四）一三一頁以下。

(411) BVerwGE 116, 347（351).

(412) BVerwG, DÖV 1970, S. 715. なお蓋然性の標準的な程度は、具体的危険の場合と同様、損害が大きければ大きいほど蓋然性の程度は僅かでもよいという定式（反比例定式）によって判定されるというのが連邦行政裁判所の見解である。もっとも蓋然性判断に被侵害法益の重要性を加味することの問題性、並びに、被侵害法益は本来、蓋然性判断の基準時、つまり〝多くの情報を得る為にできる限り時間をかけて事実の収集を行うことが、かえって危険防御措置のタイミングを逸し、危険防御が失敗に終わるリスクが高まるギリギリの時点〟を設定する際に考慮されるべき要素であり、蓋然性の程度そのものを判定する際に考慮されるものではないとする見解について、本章第二節、参照。

(413) このような要請は「全証拠の算入要請」と呼ばれる。「全証拠の算入要請」を含む、具体的危険の認定方法の詳細については、本章第二節、参照。

(414) Götz, a.a.O. (Anm. 397), §6 Rn. 22.

(415) Vgl. Schenke, a.a.O. (Anm. 396), S. 38.

(416) Vgl. Gusy, a.a.O. (Anm. 409), §7 Rn. 406.

(417) このことから両者は、「危険状況の実在様式（Realitätsmodus）」によって区別されると説明されることもある。Denninger, a.a.O. (Anm. 41), Rn. 32.

(418) Vgl. Knemeyer, a.a.O. (Anm. 195), Rn. 91; Gusy, a.a.O. (Anm. 409), §7 Rn. 403.

(419) このような見方からするならば、具体的危険と抽象的危険は、その観察方法（Betrachtungsweise）において区別されるのではなく、より正確には、観察対象（Betrachtungsgegenstand）において区別されるというべきであろう。そもそも観察方法における差異とは、同じ対象が観察方法によって異なって評価されることを意味するが、具体的危険と抽象的危険の判断の基礎となる対象は、そもそも同じではないからである。Vgl. Nell, a.a.O. (Anm. 55), S. 63.

なお、以上述べたことを踏まえるならば、個別具体的な事情が特定の行態と完全に一致する場合には、抽象的危険と具体的危険との間に差異は認められないことになる。例えば、搭乗者の安全確保のため、エレベーター運行事業者に対しエレベーターに扉を設置することを事後的に義務付けた個別命令の適法性が争われた、一九七三年七月一二日の連邦行政裁判所判決（BVerwG, DVBl. 1973, S. 857ff.）では、次のように述べられている。

「この〔個別の〕命令は具体的危険を前提としている。しかし、個別的措置にかかるこの授権規定は、技術命令（昇降機令――筆者注）の公布にかかる営業法二四条一項三号の授権規定よりも予期される損害発生の蓋然性が高いことを必要とするものではない。

両者に違いが認められるのは、ただ、昇降機令八条に基づく〔個別的〕措置における観察方法が具体的措置と関連したものであるのに対し、法規命令の公布においては典型的な事例と関連したものである、という点だけである。……原告のエレベーターは、……一般的な通常の扉なしエレベーターと基本的に異なるものではない。……ゆえに〔問題の〕個々のエレベーターは、命令制定権者が公布の際に念頭に置いた典型的なそれと、同じ危険が認められるという点で一致する。このことはすなわち、昇降機令八条二項の適用に関して、個別ケースであっても原則的に、命令制定権者の観察方法と関連づけられた典型的ケースの場合と同じ程度の蓋然性でもって損害が発生するおそれがあるということを意味する。危険防御のための個別的措置は、人が搭乗するエレベーターに扉を付けることを求める法規命令よりも高度の損害発生の蓋然性を必要とするものではないので、事業者が個別ケースの特殊な事情が存在するため損害発生の蓋然性はないと主張できない限りは、通常、所管の行政庁は昇降機令八条二項の意味における危険が存在するものとしてみなすことができる。〔もっとも〕これによって、学説や判例によって明らかにされた、抽象的危険と具体的危険の違いはかなりの程度まで不鮮明になるが、しかしそれは具体的な設備と典型的なそれとが一致することに帰するものなのである。」

また学説では、抽象的危険をもたらす特定の行態が個別ケースにおいて実現された場合、本来認められていた抽象的危険が具体的危険に移行する、と説明されたり（Vgl. Hansen, a.a.O.（Anm. 167）, S. 162）、抽象的危険を伴う「扉なしエレベーター」を追加の安全装置が必要な障害者が個別ケースにおいて利用する際、抽象的危険と同時に具体的危険も認められる、などと説明されることもある。

Vgl. Pieroth/Schlink/Kniesel, a.a.O.（Anm. 404）, §4 Rn. 12.

(420)　BVerwG, DÖV 1970, S. 715; BVerwGE 116, 347（351f.）.

(421)　明文規定を置くものとして、OBG NRW 二九条一項第二文、BdgOBG 二八条一項第二文。

(422)　同様に、自動車が全く見当たらず具体的危険が存在しないにもかかわらず、夜間、運転者が停止することを強いられるようなことがあったとしても、命令制定権者は〝信号機が赤のとき、停止しなければならない〟という規範を制定してもよいということになるのである。もっともこの場合、停止を命じる危険防御命令に違反することは、それだけで警察一般条項で規定されている「公の秩序」、つまり法秩序を犯したことを理由として、具体的危険を基礎づけることになる。その限りにおいて、具体的危険と抽象的危険は多くの場合において内容的に一致する、と説明されることがある。Vgl. Schenke, a.a.O.（Anm. 396）, S. 38f.

なお、危険防御命令と刑事法規範の区別に関連し、刑事法規範では通常「結果」が禁止されるのに対して、危険防御命令においては「原因」が禁止される、と説明するものとして、Vgl. Darnstädt, a.a.O.（Anm. 55）, S. 30.

(423) なお、この広範囲に及ぶ安全の確保という要請は、警察上の監督を軽減するといった目的の為に命令を用いてはならないという要請と矛盾するものではない。後者の要請はより正確に言うと、命令制定権者は、それが発生しても散発的にしか危険をもたらさないような行為ないし状態を、危険に発展しうるか否かの監視をしなくてすむように制限するようなことはあってはならない、ということを意味するものであり、広範囲な安全の確保の要請とは別次元の話だからである。Vgl. K. Habermehl, Polizei- und Ordnungsrecht, 2. Aufl. 1993, Rn. 372.

(424) BVerwGE 116, 347 (352).

(425) BVerwGE 116, 347 (352).

(426) BVerwG, DVBl. 1973, S. 857.

(427) Vgl. Darnstädt, a.a.O. (Anm. 55), S. 101f. なお、統計的確率と、具体的危険の認定の際に用いられる帰納的確率の違いについては、本章第二節、参照。

(428) BVerwG, DVBl. 1973, S. 858.

(429) もっともここでいう統計的法則はあらゆるエレベーターを対象とした統計的全称命題ではない。「エレベーター一般」の事故の統計ではなく、「問題となっている当該（扉が取り付けられていない）エレベーター」の事故の統計が主たる対象である。Vgl. Darnstädt, a.a.O. (Anm. 55), S. 103f.

第二　抽象的危険を正確に認定するための二つの補助準則

一　ある特定の条件（行為ないし状態）が十分な蓋然性をもって損害を引き起こす場合、つまり、これを示す統計的法則が認められる場合に、抽象的危険の存在を認定するというのは、一見、分かりやすい説明ではある。しかしながら単に統計的法則を頼りにするだけでは、本来であれば因果関係があるとみなすことのできない、すなわち、たまたま明らかとなる（あるいは純粋な）統計的法則をもこれを正しいものとして採用してしまう可能性が生じる。例えば、今我々が、ある特定の場所では火曜日に限って車の追突事故が起きているという事実を確認しているとしよう。この場合、我々は「すべての交通事故のうち、当該場所では火曜日に車の追突事故が起きる割合が相対的に高い」と説明することができる。しかし高い頻度を示す統計を頼りにするということだけであれば、「追突事故の抽象的危険は、火曜日に原因がある」ということを認めざるを得なくなってしまう。しかし当然のことながら、車の追突事故と「曜日」とは全く無関係である。従って、追突事故とは全く無関係な「曜日」という要素が統計的法則の中に混入しないよう、単なる相関関係ではなく因果関係を導くような一定の方法論的準則が必要になるのである。(430)

二(1)　まず、その補助準則の一つとして挙げられるのは、次のようなものである。

《ある特定の条件（行為ないし状態）は〝統計的に積極的な要素である（統計的関連性がある）メルクマール〟、つまり損害の発生にとって有意味な要素によって形成されなければならない》（第一補助準則）

これはすなわち、ある特定の条件の中で、損害発生において重要な役割を果たしているメルクマールが常に探し出されなければならないという準則である。これを図式化して言うと、「統計的法則の形成（損害の発生）にとって有意味な要素（これを部分クラスXとする）は、その部分クラスXと結びつく損害の相対的頻度が、次に大きな部分クラスY（これを以下、基準クラスと呼ぶ）と結びついた損害のそれよりも高い場合に、認められる」ということになる。つまり抽象的危険の存在が認定される特定の条件（行為ないし状態）とは、その特定の条件と類似した他の条件（行為ないし状態）よりも高い程度で損害を引き起こすものでなければならない。

この補助準則を適用すると、先の例は次のように処理されることになる。火曜日に追突事故の割合が高いとした場合、まず「火曜日」が統計的法則の形成にとって真に有意味な要素かどうかが判定されることになる。そのためにはまず「火曜日」と類似する他の条件、つまり「火曜日以外の曜日」の追突事故の割合を確認した上で（基準クラス）、その次に「火曜日の追突事故」に対する割合を確認しなければならない。その結果、「火曜日」における追突事故の割合が「基準クラス」に対する追突事故の割合よりも高かった場合には、「火曜日」は「統計的法則の形成にとって有意味な要素」であると結論づけることができる。つまり「追突事故の抽象的危険は、火曜日に原因がある」ということになるのである。

(2)　しかし、特定の条件（行為ないし状態）を形成する要素Aが、確かに「統計的法則の形成にとって有意味な要素」であると認められるとしても、「より有意味」である他の要素Bが存在する場合には要素Aは役立たないおそれがある。例えば、仮に「火曜日」という要素が統計的法則の形成にとって有意味な要素であったとしても、実際上「曜日」は追突事故の頻度にとって本来的な要素ではあり得ないことは容易に想像することができる。従ってその場合にはさらにより有意味である他の要素を探し出す必要がある。例えば、我々が調査の過程で「火曜日」にはいつも「ごみの回収」が行われ、さらにごみ回収者が公道で作業を行う場合にしばしば追突事故を起こしているという事実を確認したとしよう。その場合我々は、本来的に有意味な要素は「火曜日」ではなく「ごみの回収日」であったと突き止めることができる。このことは同時に、ごみの回収が火曜日ではなく水曜日であった場合、火曜日という要素はもはや統計的法則の形成にとって全く無意味な要素であるということも明らかとなる。これを図式化して言うと、「火曜日」は追突事故にとって有意味な要素であり、「ゴミの回収日」も追突事故にとって有意味な要素であるという前提の下で、火曜日における追突事故がゴミの回収日における追突事故よりも大きくない場合には、「ゴミの回収日」が、「火曜日」より損害発生にとって「最も有意味な」要素であるということになる。以上から次のような、抽象的危険の認定のための二つ目の補助準則が導かれることになる。

《損害発生を導く二つの競合する統計的法則がある場合、常に、より重要な頻度関連を伴う統計的法則が選択されな

ければならない》（第二補助準則）
「競合する統計的法則」とは、同じ損害に対して二つの異なる部分クラスを持つ統計的法則が存在することを意味する。右の例で言えば、「火曜日」という部分クラスと「ゴミの回収日」という部分クラスは、互いに追突事故という同じ損害発生の帰結を含んでいるがゆえに競合する。このような場合には、より高次の頻度関係を伴う「ゴミの回収日」という部分クラスを持つ統計的法則が選択されなければならない[431]。

三　以上の二つの補助準則を踏まえると、〝抽象的危険は、損害発生にとって最も有意味な（ないし本質的な）、ある特定の条件（行為ないし状態）に原因がある〟と説明されることになるであろう。抽象的危険を正しく認定するためには、ある特定の条件の中から、損害発生と本質的な関係がある部分クラスを説明しなければならない[432]。抽象的危険がある部分クラスに原因を持つとされるか否かは、損害発生にとって最も有意味な要素が存在する関係（〝有意味な統計的法則〟）と、損害発生にとって有意味な要素が存在しない関係（〝純粋・偶然の統計的法則〟）を区別することに成功した時にはじめて明らかになる、というわけである[433]。

(430)　以下に挙げる補助準則の詳細については、Vgl. Darnstädt, a.a.O. (Anm. 55), S. 105ff.; Koch/Rubel/Heselhaus, a.a.O. (Anm. 164), S. 247ff.

(431)　従って例えば、高速道路で追突事故が起きる抽象的危険を語る場合、単に「高速道路では追突事故の抽象的危険が認められる」という言い方ではなく「〝高速道路での停止〟に抽象的危険が認められる」という言い方をする方がより正確になる。この場合、「高速道路での停止」という行為が、損害発生に対する条件（部分クラス）ということになる。本文に挙げた以外の事例としては、C. Weitzel, Justitiabilität des Rechtsetzungsermessens, 1998, S. 65 が詳しい。

(432)　なお、二つの部分クラスの中で、可能な限り最も強力な関係性を探し当てることは、「因果的な」依存関係に関する正しい命題を探し当てるという問題である、と説明することができる。これは、サモンによって提唱された科学的説明のモデルであり、科学哲学の議論の中で一般に「因果メカニズム・モデル（Causal Mechanical Modell）」と呼ばれているものである。参照、戸田山和久『科学哲学の冒険』（日本放送出版協会、二〇〇五）一一五頁以下。

(433) 戸田山・前掲 (432) 一一五頁以下の表現を借りれば、損害発生という「結果」に対する真の「原因」を突き止めるには、まず被説明項となる出来事（損害）を、統計的関連性のネットワークの中に置き、続いてそれを、対照実験を用いて因果関係で説明するという二段階を踏む必要がある、と説明することができるだろう。従って、第二補助準則を用いる場合には、多くの場合、「実験」という能動的行為が伴わなければならないということになる。これは、後述するように、対照実験を行うための期限付き命令（暫定的命令）の許容性という問題として現れることになる。

第三　危険防御命令の内容形成

一　次に危険防御命令の内容形成に関する問題である。命令制定権者は、命令制定において、損害発生の十分な蓋然性の存在を前提に特定の条件（行為ないし状態）を阻止する規律を行うことになるが[434]、その際、命令制定権者には複数の選択肢が認められる。

二　まず考えられるのは、言うまでもなく、ある特定の行為ないし状態の発生の〝一般的禁止〟である。この一般的禁止という手段が採用されるのは、通常のケースでは危険（抽象的危険）はあるが、①具体的危険が存在しないといったような「例外的ケース」が存在するか否かを個別に審査する手続を全く想定することができない場合や、②想定できたとしても非常に僅かな場合である。この一般的禁止は、損害発生を導く特定の条件（行為ないし状態）の発生そのものを規制するものである。

三(1)　次の選択肢として考えられるのは〝仮の一般的禁止〟、つまり許可留保付き予防的禁止という制度の創設である。許可留保付き予防的禁止とは、通常は危険（抽象的危険）があると想定されるが、具体的危険も存在するか否かを個別ケースごとに特別な審査手続によって明らかにする制度である。この種の制度が採用されるのは、〝通常では危険（抽象的危険）であると評されるものの、これを一律に禁止することが不可能、あるいは比例適合的ではない行為や状態を規制する場合〟である。例えば、《命令制定権者の評価によればその抽象的危険の存在ゆえにこれを認めることはできないけれども、しかし他方で自然の自由の存在を考慮しそれが社会的に有用な行為である場合において、詳細な個別事情審査を経た場合、具体的危険が発生しないことが明らかになるケースが非常に多いことから、直接的にかつ最終的に作用する一般的禁止を命じることが比例適合的でないと評価されるような場合》がこれに当たる[435]。ここでは、特に、一般的に想定される危険（抽象的危険）を前提とした仮の禁止、そして個別事情審査手続での〝具体的危険〟の有無の審査という、連続したプロセスを経ることになる（「管理された危険許可[436]」）。

(2)　なお、この許可留保付き予防的禁止の制度に基づく危険判断については、島田茂が栃木県警銃所持許可事件（銃所持の許可処分の違法性について、具体的危険が存在しなければならないとして、結果として銃所持を許可した警察署長の行為を違法と認定し、請求を認容した国家賠償請求訴訟[437]）を素材に詳細に論じており[438]、ここでの検討にとっても有益と考えられるため取り上げたい[439]。

(ア)　島田によれば「具体的危険」とは「個別状況において危険状態が明白に顕在化した状態」を指すのに対して、「抽象的危険」は「経験的・統計的に法益侵害を惹起する可能性の高い類型的・抽象的状況を前提として、具体的危険の発生の有無に関わりなく、予防的観点から一定の法的規制をかける必要があるときに、当該規制の根拠の説明概念として、あるいは規制権限の行使の正当化概念」として用いられるものであるという[440]。そして島田によれば、この抽象的危険概念は、さらに「類型的概念としての抽象的危険」（経験則に基づいて類型化される危険）と「事実関係概念としての抽象的危険」（「個別状況下の事実から推論される危険」あるいは「個別状況的抽象的危険」とも呼ばれる。）の二つに分かたれる[441]。

ところで島田によれば「事実関係概念としての抽象的危険」（個別状況的抽象的危険）を「具体的危険」と同一視することはできない。その理由は必ずしも明示的には示されていないが、「具体的危険とは別に事実関係概念としての抽象的危険概念を設定する意味は、個別状況において存在する危険状態を認定するにあたって、どの範囲の事実まで考慮することができるか（または、考慮すべきであるか）という論点について一般的な判断基準を提供することにあ」り、「法益侵害の発生を予測せしめる具体的な事実の存在が認められない状況のもとであっても特定の措置をとる必要性と正当性が認められる場合が存在するのであって、このような場合において〔事実関係概念としての〕抽象的危険概念を設定する意味が認められる[442]」と述べられている。以上からすると、島田にとって「具体的危険」と「事実関係概念としての抽象的危険」を分かつのは《考慮すべき事実の範囲の違い》ということになるだろう。実際、島田は「具体的危険の要件のもとでは、銃砲等の使用によって殺傷事件が生じるおそれを推論せしめる現実的・具体的な事実の存在の証明が求められることになるのにたいして、個別状況的抽象的危険の要件のもとでは、申請者の過去の犯罪歴だけでなく、日常生活で生じる多様なトラブルに関わる事柄まで広く審査対象の範囲に取り込まれる可能性が生じてくる[443]」と述べているところである。

(イ)　しかし島田が述べる《考慮すべき事実の範囲の違い》の例は、詳細に見ると、必ずしも純粋に「事実の範囲の違い」とはなっていないようにも思われる。というのも島田は、具体的危険の場合には「現実的・具体的な事実の存在の証明が求められることになる[444]」とか、「法益侵害のおそれが直截に認識できる明確な事実が存在する[445]」と述べるように、実際には〝事実の範囲〟というよりも、むしろ〝明確な現実的・具体的事実の存否〟に注目しているように思われるからである。このような理解が可能であるとすれば、島田のいう「事実関係概念としての抽象的危険」と「具体的危険」の違いは、《考慮すべき事実の範囲の違い》ではなく、法益侵害の発生を推論することを正当化する《事実の信頼度ないし確実性》ということになろう。実際、島田は「具体的危険にあっては法益侵害のおそれが直截に認識できる明確な事実が存在するのにたいして、〔事実関係概念としての〕抽象的危険は一般的な社会通念あるいは経験則に照らして判断した場合、それだけでは法益侵害の発生のおそれを推論することが困難な事実しか存在しない場合にも警察権の発動を許容(446)すると述べているからである。

しかし、具体的危険と抽象的危険を分かつのは、蓋然性の程度ではなく予測の「基準点」ないし「考察方法（対象）」であり、具体的危険の認定には考慮すべき事実の範囲は限定されず、「あらゆる個別事情」を判断の基礎に取り込む必要がある一方、抽象的危険の場合には「ある特定の条件（行為や状態）」が経験則上（あるいは統計法則上）十分な蓋然性をもって損害発生を導くことが明らかであれば認定されるものである、との本節でのこれまでの考察結果に従うならば、抽象的危険概念の中に新たに「事実関係概念としての抽象的危険」（個別状況的抽象的危険）概念の類型を立てることは必ずしも必要ない、ということになろう。右の島田の分類に従うのであれば、両概念は最終的には、法益侵害の発生を推論することを正当化する《事実の信頼度ないし確実性》という量的な差異に解消されることになるが、しかしこれでは具体的危険概念と抽象的危険概念の右の質的な違いを明確に表現することができなくなるからである。従って「事実関係概念としての抽象的危険」（個別状況的抽象的危険）は端的に「具体的危険概念」として整理されることになると思われる。

(ウ)　もっとも、島田が抽象的危険概念の中に個別状況的抽象的危険というカテゴリーを設ける必要性を考慮に入れたことに十分な理由があることも指摘しておかなければならない。

島田も指摘しているように(447)、そもそも銃所持の許可のような警察許可は、本来「銃の所持」という特定の行為が損害発生を引き起こす（抽象的危険）という立法者の判断を前提にこれを一般的に禁止しつつも、ただ銃の所持が場合によっては社会的に有用で個別具体的ケースにおいても例外的に（具体的）危険を惹起させないケースが存在し得ることを踏まえ、具体的危険の有無を行政庁の個別の審査にかからしめることで、その一般的禁止を個別に解除する制度であると位置付けられることから、許可基準の適合性審査（具体的危険の有無）は、そもそも抽象的危険の存在が前提になっていると見ることが可能だからである。従って島田が許可基準の適合性審査の中で、抽象的危険概念をさらに二つの類型に分けたのも、直観的に以上のような判断があったと推測されよう。しかしこの点については、個々の許可要件をさらに詳細に論ずる必要があるように思われる。

銃砲刀剣類所持等取締法は三条で銃の所持を一般的に禁止し、四条で都道府県公安委員会による審査に基づいた禁止の解除（許可）を定め、五条でその許可基準を規定している。そして五条が定める許可基準は大きく、〝人の適格性（一項、五項）〟と〝銃・設備の適格性（三項、四項）〟に関するものに分けられるが、中でも一項の〝人の適格性〟の審査については、同項一二号の「禁錮以上の刑に処せられた者で、その刑の執行を終わり、又は執行を受けることがなくなつた日から起算して五年を経過していないもの」のように《一定の事実の存在のみをもって具体的危険が存在すると判断されるタイプ》と、同項一八号の「他人の生命、身体若しくは財産若しくは公共の安全を害し、又は自殺をするおそれがあると認めるに足りる相当な理由がある者（前号に該当する者を除く。）」のように《すべての事実を考慮に入れた上で具体的危険の有無が判断されるタイプ》の二つのものが存在する。ここで注意を要するのは、この二つの類型の違いである。前者の場合は、ある事実の存在が確認されることでもって、もはや具体的危険が発生しないことを証明することはできないものとされる一方（より正確に言えば、この要件の存在は、個別具体的ケースにおいて具体的危険の存在を否定するその他の事実の有無を検討するまでもなく、具体的危険の存在を肯定する役割を果たす。）、後者の場合は、行政庁があらゆる事実を考慮に入れて判断をする必要があるものである。かくして、許可要件の中には「特定の事実の存在」が具体的危険を引き起こさないという判断をなし得ないとされているものと（その意味においては、同項一二号は、同項一八号で包括的に検討されるべき具体的危険の有無の判断が簡略化されているとも言える。）、「特定の事実の存在の有無」だけではなく、あらゆる事実を考慮に入れて具体的危険が存在するかどうかを判断する必要があるものの二つのタイプのものが存在するということが分かる。まさに両者を分かつのは、考慮すべき事実の範囲の違いということになろう。島田のいう「類型的概念としての抽象的危険」と「事実関係概念としての抽象的危険」（個別状況的抽象的危険）は、右の二つの類型として位置付けることも不可能ではない（また、実際、島田はそのような理解を前提としているものと思われる。[448]）。

しかし、ある（類型的な）事実が存在するか否かの判断も具体的危険を引き起こすか否かの判断の一種であると説明することは可能であるし、[449] またあらゆる事実を考慮に入れるという点は、「事実関係概念としての抽象的危険」（個別状況的抽象的危険）も具体的危険と何ら異なるところはないとすれば、[450] やはり具体的危険概念と抽象的危険概念の二つで把握することで十分と考えるべきであろう。「個別状況的」と「抽象的」は相対立する概念であるところ、法概念は、可能な限り単純かつ最小単位のものとして把握することが、解釈に安定性をもたらすと考えられるからである。いずれにせよ、島田による「抽象的危険論」は、我が国でほとんど議論のなかったこの種の概念整理を最も精緻に行ったものと評することができる。

四　最後に、危険防御命令の内容形成の選択肢として考えられるのは、特定の条件（行為ないし状態）の成立を阻止するための一定の行為の義務付けである。特定の条件（行為ないし状態）の発生は、これを「禁止」するのみならず、特定の条件を変更させることによって阻止することも可能である。例えば、「エレベーターのカゴ及び主要な支持部分」はその運行においてしばしば摩耗しカゴの落下を引き起こすため、一般的抽象的規範によって、腐食もしくは腐朽しにくい材料をカゴの材質として用いることを義務付けるといった例がこれに該当する。もっともどのような行為を義務付けるかについては、命令制定権者に選択の余地が認められるだろう。本来義務付けるべき行為が、義務者に物理的経済的に困難を強いるものである場合には、他の代替手段を講じることができるかどうかも含めて、行為の義務付けに関し命令制定権者に一定の裁量が認められることとなる。[451]

五　以上、抽象的危険概念の内容、認定方法について判例並びに学説を中心にして明らかにしてきた。以下では抽象的危険概念の輪郭をより明確にするため、抽象的危険の存否をめぐって争われた裁判例についてやや詳しく見ることとしよう。

(434)　なお、危険防御命令の内容は私人にとって十分に明確であることが求められる。当該命令は、命じられた「行為」ないし禁止された「行為」を詳細に示さなければならず、単に達成すべき「状態」を示すのみでは十分ではない。例えば「キャンプ場は常に綺麗に保たれなければならない」というような内容ではなお不明確であり、「事業者は毎週キャンプ場を清掃しなければならない」と規定し、義務の内容を明示することが求められる。Vgl. Gusy, a.a.O. (Anm. 409), §7 Rn. 408.

(435)　従って、この場合には、蓋然性の程度は具体的危険と同程度まで要求される必要はないと説明することも不可能ではない。最終的に具体的危険がないとして一般的禁止が解除される余地を残すものである以上、許可留保付き予防的禁止制定の前提となる蓋然性は、〝危険の疑い〟として考えることもできるからである。その限りにおいて許可留保付き予防的禁止は、〝危険の疑い〟を前提とした危険調査権限と同じ機能を果たすということになる。M. Möstl, Gefahr und Kompetenz, Jura 2005, S. 53 Fn. 43 は、以上のような理解に基づき、警察一般条項が許可留保付き予防的禁止の制定権限を既に命令制定権者に授権している場合には、危険調査権の制定権限もまた授権していると解釈することができるとしている。もっともメストルによれば、個別ケースにおいて活動する警察官吏が、警察一般条項を直接の根拠として危険調査権限を行使することができるかどうかは、これとは別問題であることに注意を促している。支配的見解はこれを肯定しているが (Vgl. Götz, a.a.O. (Anm. 397), §6 Rn. 29)、構成要件において具体的危険の存在を個別的措置発動の前提としている授権規範 (警察一般条項) が、具体的危険が存在するかどうかを確かめる調査権限も付与しているとすると、循環論法が生じることになるからである。しかし抽象的危険を前提とする、危険防御命令に関する一般条項では、このような循環論法のおそれはない。抽象的危険の存在を前提とする規範が、具体的危険が存在するか否かを判定する措置を制定する権限を授権することは、法律の留保の原則にも違反しないからである。従って危険防御命令の授権規定に基づき許可留保付き予防的禁止を定めることは問題ない、とするわけである。

(436)　Vgl. Habermehl, a.a.O. (Anm. 423), Rn. 19.

(437)　宇都宮地判平成一九年五月二四日判例時報一九七三号一〇九頁以下。

(438) 島田茂「警察法における犯罪防止義務論」甲南法学五一巻三号（二〇一一）七八頁以下。
(439) もっともここでは、行政立法ではなく法律に基づく許可留保付き予防的禁止を念頭において検討する。
(440) 島田・前掲（438）七八頁以下。
(441) 島田・前掲（438）八一頁。
(442) 島田・前掲（438）八二頁。
(443) 島田・前掲（438）八三頁。
(444) 島田・前掲（438）八三頁。
(445) 島田・前掲（438）八二頁。
(446) 島田・前掲（438）八二頁以下。
(447) 島田・前掲（438）七九頁。
(448) 島田・前掲（438）七九頁以下。
(449) この点において、許可手続において、ある形式的な事実の存在をもって〝抽象的危険〟の有無を判断するとした、拙稿「警察規制の概念と手法」髙木光＝宇賀克也編『行政法の争点』（有斐閣、二〇一四）二四三頁の記述は、本節での検討を踏まえ、修正する必要があると考える。
(450) 強いてその違いを挙げるとすれば、前者の場合（許可の可否の判定において具体的危険の有無を判断する場合）には、考慮要素の一つとして申請者の存在が既に前提とされているということであろう。
(451) この点は、後述する泉南アスベスト事件でも問題になる論点である。

第二項　裁判例での検証――抽象的危険、危険の疑い、そしてリスク

ドイツではこれまで危険防御命令そのものが訴訟の対象とされることは少なかったが(452)、比較的近時、学説・実務双方において大きく注目を集める判決が相次いで出されている。一九九〇年代から徐々に現れ始めてきたこのような現象は、一部で危険防御命令の「予想外のルネサンス(453)」とも称されているが、その代表的事例としてしばしば取り上げ

られるのが、危険犬種咬みつき事件（第一）、並びに公共空間における飲酒等禁止命令事件（第二）である。

(452) また、従来危険防御命令によってなされていた規律が法律（特別法）によってなされることが多くなり、危険防御命令そのものの意義が低下しているとも評されてきた。Vgl. Rachor, a.a.O. (Anm. 389), Rn. 312.

(453) W. Hamann, Die Gefahrenabwehrverordnung - ein Gebrauchsklassiker des Ordnungsrechts?, NVwZ 1994, S. 669.

第一　危険犬種咬みつき事件

(1) 連邦行政裁判所判決――危険な動物の飼育に関する命令

一　二〇〇〇年六月二六日ハンブルク州でブルテリアの血統を持つ（闘）犬が子供を襲い死亡させた事件（危険犬種咬みつき事件。）が起きて以降[454]、ほぼすべての州で、危険防御命令（いわゆる犬種規制命令（Hundesverordnung））が制定されるか、もしくはすでに制定されていた州では厳しい内容に改正されることになった[455]。中でもニーダーザクセン州は、危険防御法（NGefAG）五五条を根拠とする「危険な動物の飼育に関する命令（GefTVO）」において、ブルテリアの血統の犬種とアメリカンの血統の犬種とを区別し、前者をカテゴリーⅠに後者をカテゴリーⅡに分類することで危険犬種を規制する方策を講じていた。同命令によれば、カテゴリーⅠに属する犬種を営業以外の目的で飼育したり繁殖したりすることが禁じられ（GefTVO 一条一項）、また命令の公布時点で既に飼育されていた犬種については当該犬種が第三者にとって危険でないかどうかを個別ケース毎にチェックする、いわゆる特性検査（Wesenstest）を実施し、この検査をクリアーした場合に限り（妊娠不能とする措置が施された上で）例外的にその飼育等を許可するとされた（同一条二項、四項[456]）。つまり命令制定権者は、ブルテリアの血統を持つ犬は第三者に（抽象的）危険をもたらす犬であると判断し、その飼育・繁殖を禁止したのである。本事案は、ハノーファーでペット施設を経営しカテゴリーⅠに属する犬種を命令公布以前から五頭飼育していた事業者が、GefTVO 一条一項は NGefAG 五五条が定める委任の範囲を越え無効であると主張し、規範統制訴訟を提起したところ、リューネブルク上級行政裁判所が原告の請求を認容したため[457]、州政府が連邦行政裁判所に上告した事件である[458]。

二(1)　連邦行政裁判所は結論として原審の判決を支持し、上告を棄却した。本件の主たる争点は問題の犬種の危険性が果たして血統に基づくか否かであったが、連邦行政裁判所はまずプロイセン上級行政裁判所の判例を引用し、危険防御法（NGefAG）が基礎とする危険概念を定義した上で、次のように判示している。

「現在の科学水準によれば特定の因果関係を肯定も否定もすることができないがゆえに排除することができない損害発生の可能性は、危険ではなく、単に危険の疑い、あるいは『潜在的な懸念（Besorgnispotenzial）』を基礎づけるに過ぎない（……）。〔しかしながら〕この種の損害発生の可能性を、配慮という方法を通じて対処するいかなる論拠も危険防御の一般法は提供するものではない。NGefAG に基づく、行政庁や警察の権限規定ないし授権規定は、配慮措置を明記していない。〔また〕これらの規定を……執行権には現在の知識〔科学水準〕が抽象的危険を承認することを正当化するものであるか否かについて『評価余地』が与えられている、という意味において拡大解釈されてもならない。というのも、そのような評価余地は、NGefAG 五五条の一般条項において想定されている危険防御の一般法には、馴染みのないものだからである[459]」。「確かに〔危険の疑いが認められるような〕この種の状況においても危険にさらされる法益、特に生命や身体の不可侵といった高次の法益の保護のために、自由の制限を命じる必要性はあり得る。しかしそのような介入というのは、危険の確認に基づくものではなく、むしろ危険の領域を超えたリスクを抑止するものであろう。これは、危険の確認とは異なり、法適用を大きく超え、疑いの程度に関する判断と並び、リスクの受け入れや問題となる自由に対する制限を公衆一般が容認することができるか否かを含む、その意味において『政治的』な影響を受けるリスク評価を必然的に前提とするものである（……）。〔しかし〕NGefAG五五条の命令授権規定によれば、警察や秩序行政庁にこの種の広範囲に及ぶ評価権限や決定権限を認めることはできない。[460]」

このように連邦行政裁判所は、NGefAGはあくまで〝危険〟を前提とする古典的な危険防御措置を規定する法律であって、〝危険の疑い〟あるいは〝リスク〟を前提とした配慮措置を規定する法律ではないことを確認している。もし〝危険の疑い〟あるいは〝リスク〟を前提とした配慮措置を想定するのであれば、それは「通常、差し迫った損害（……）に対する『危険防御』から『配慮』へという、授権法律における危険閾を低下させることによって行われる。（……）しかしNGefAG五五条においては専ら『危険防御』のみが問題とされ、『配慮』あるいは『予防（Vorbeugung)』については問題とされていない[461]」というのである。その上で続いて連邦行政裁判所は、本件命令がNGefAGの想定する通りの〝危険〟を前提としているのか、それとも〝危険の疑い〟あるいは〝リスク〟を前提としているのかを次のように述べさらに詳細に検討している。

「専門的知識に基づいても、血統や種類ないしこれに対応した混血という属性のみによって、犬種の個体に危険の原因があると推論することはできない。確かに問題となっている血統ないし犬種が、遺伝に起因する高い攻撃性を備えている疑いがある。しかし攻撃的振舞いの解決にとって、数多くの他の原因——犬のしつけや教育、飼い主の専門的知識や適性並びに状況に基づく影響——と並んでこの要素にどのような意味が認められるのかは、学界においても議論があるところである。とりわけ、説得力ある統計やその他批判に耐え得る経験的知識も遺伝的調査も存在しない。その限りにおいては、本法廷での口頭弁論で確認されたように、当事者は基本的にこのような認識で一致していることから、これ以上この点について論ずる必要はない。[462]」。

この説示は、右で見た〃抽象的危険を正確に認定するための補助準則〃を用いると次のように説明することができるだろう。[463]第一補助準則によれば、カテゴリーⅠに属する犬種がカテゴリーⅡに属する犬種（基準クラス）よりもより統計的に損害発生の頻度が高いか否かが重要になるところ、連邦行政裁判所の判断によれば、この点についてはなお科学的な調査によっても明らかではないという。また第二補助準則によれば、いわゆる犬種の血統が最も有意味に（あるいは本来的に）著しく攻撃的である原因であるか否かが重要になってくるところ、しかしこれも連邦行政裁判所の判断によれば明らかではなく、むしろ犬の攻撃性は血統よりも飼い主の影響力に大きく依存する可能性さえ指摘されている。ゆえに連邦行政裁判所はこのような判断を踏まえて「血統の属性と損害発生の因果関係に関する十分な証拠、かくして抽象的危険が血統の属性に基づくものであるという証拠を欠いているため、一般的な危険防御法は、専ら血統の属性と結びつける命令制定権者の如何なる措置も容認するものではない」と結論づけたと説明できるのである。判決を貫く基本的前提は〃専門的知見に基づいた確かな判定根拠の欠如〃であると言えよう。

(2)　もっとも連邦行政裁判所は、このような理解に対して予想される反論にも慎重に答えている。

「確かに危険の認定に必要な損害発生の蓋然性の程度は、差し迫った損害の規模や深刻度によって決せられる。……しかし、深刻な損害が危惧される場合であっても、一般的経験則あるいは専門家の知識に基づき、少なくともある程度の蓋然性が、この損害の発生に有意なものでなければならない。このような（真性の）危険と――本件のように――知見が著しく欠如しているがゆえに単に危険の疑いが存在するに過ぎないケースとは区別されなければならない[464]」。「確かに危険の認定は、損害を導く因果関係の詳細な知識を必ずしも前提とするものではない。むしろ、今問題となっている因果関係、つまり損害発生の十分な蓋然性は――特に抽象的危険の認定が問題となっている場合には――統計的方法の助けをかりて間接的に証明されるに過ぎないものである。しかし、特定の血統の犬種が高度に危険であることを示すような、被告がGefTVOの公布において依拠することができる説得的な統計も、その他の確かな知識も、現在のところ存在しないのである」。(465)

この判示におけるポイントは次の二点にある。第一に、たとえ危惧される損害が大きく、そのために規制の必要性が高いものであったとしても、「ある程度の蓋然性」はやはり要求されなければならないということ、第二に、十分な損害発生を導く要素としての血統が数多くの他の原因（犬のしつけや教育、飼い主の専門的知識や適性、並びに状況的な影響）との関係においてどのような意味を有するかは、学界の水準によってもなお明らかではないこと（これを示す確かな統計的法則が存在しないこと）の二点である。その上で、連邦行政裁判所は、現在の専門的な知識水準に基づくと犬の特定の血統の属性からその危険性を推論することはできないという前提を基礎にして、このような〝危険の疑い〟に基づいた配慮措置を規定する危険防御命令は授権法律では認められていないため、当該命令は法律の留保原則に違反し無効と宣告したのである。

三　しかし本判決によって命令制定の目的そのものが否定されたわけではない。授権法律が危険を前提としている以上、危険の疑いに基づく配慮措置は〝危険防御命令〟という法形式によっては認められないということが確認されたに過ぎず、〝法律〟によって規制すること自体は否定されていないからである。このことから、本判決の以後、幾つかの州では危険防御命令を廃止し法規定を追加することで危険犬種を規制する方策が講じられることとなった。(466)しかし法律改正による対応でもって危険犬種に係る危険防御命令の問題が完全に解決されたというわけではない。次に見るようにその後連邦憲法裁判所が、連邦行政裁判所の示した右判断を覆す判決を下したからである。

(454) この問題については、J. Caspar, Die neuen Regelungen des Bundes und der Länder zum Schutz vor gefährlichen Hunden, DVBl. 2000, S. 1580ff.; A. Gängel/T. Gansel, Die rechtlichen Regelungen zum Schutz vor gefährlichen Hunden, NVwZ 2001, S. 1208ff.

(455) その詳細については、Vgl. Caspar, a.a.O.（Anm. 454）, S. 1580ff. なお、M. Möller/J. Wilhelm, Allgemeines Polziei- und Ordnungsrecht, 5. Aufl. 2003, Rn. 256 は、これらの現象を「規律ヒステリー（Regelungshysterie）」などと称している。

(456) そして、特性検査をできなかった犬種についてはその潜在的な攻撃性を理由に殺傷されることが定められていた（GefTVO 一条五項）。

(457) OVG Niedersachsen vom 30. 5. 2001 11 K 2877/00. ニーダーザクセン上級行政裁判所の他にも多数、同様の訴訟が提起されていたが、その判断は一致していなかった。

(458) BVerwGE 116, 347.

(459) BVerwGE 116, 347（351）.

(460) BVerwGE 116, 347（352）.

(461) BVerwGE 116, 347（353）.

(462) BVerwGE 116, 347（354）.

(463) Vgl. Koch/Rubel/Heselhaus, a.a.O.（Anm. 164）, S. 248.

(464) BVerwGE 116, 347（356）.

(465) BVerwGE 116, 347（357）.

(466) ベルリン州、ハンブルク州、ニーダーザクセン州等。他方、バーデン＝ヴュルテンブルク州、ヘッセン州、チューリンゲン州等は、連邦行政裁判所の判断に従うことなく、警察法ないし秩序法の一般条項に基づき危険防御命令の形式を維持したままでいる。Vgl. Rachor, a.a.O.（Anm. 389）, S. 314ff. そして、このような法律改正により〝危険防御命令のルネッサンス〟は早々に終焉したと評されることもある。Vgl. N. Marsch, Ende einer kurzen Renaissance der Polizeiverordnung in Baden-Württemberg? Anmerkungen zu VGH BW, Urteil vom 26. 07. 2012 - 1 S 2603/11, VBlBW 2013, S. 15.

(2)　連邦憲法裁判所判決——危険犬種持込み・輸入制限法

一　二〇〇四年三月一六日の判決において連邦憲法裁判所は、二〇〇一年四月一二日に公布された連邦法の「危険犬種の対処のための法律」（以下、危険犬種対処法と略す。）の一部を無効とした[467]（いわゆる闘犬判決（Kämpfhundeentscheidung)[468])。同判決は専ら連邦法を対象とするものであり、州によって制定された警察命令の適法性の問題とは基本的に無関係のものである。しかし連邦憲法裁判所はこの闘犬判決を援用することで、この間六つの裁判部に提出された同種の憲法異議を改めて判断することをしなかったため、この闘犬判決は、先に見た連邦行政裁判所の判決に対する連邦憲法裁判所の回答とみなされている[469]。

事案は次のようなものであった。危険犬種持込み・輸入制限法二条一項によれば、ピットブルテリア種、アメリカンスタッフォードシアテリア種、スタッフォードシアテリア種、ブルテリア種及びこれらの相互又は他種との交配種である犬（以下、ピットブルテリア種等と略す。）については連邦領内への持込み・輸入が、また、その他の犬種で、当該犬種が飼われることになる州の州法規定によって危険性が推定されるものについては当該州への持込み・輸入がそれぞれ禁止されていた。また遺伝的原因に基づく攻撃性が見込まれる動物については繁殖を禁止することができると定める動物保護法一一b条二項に基づき、右犬種とその交配種は動物保護・飼犬令一一条により繁殖禁止の対象とされ、当該州法に違反して危険犬種の繁殖又は取引に従事した者や許可なくこれを所持した者については、危険犬種対処法三条二項により二年以下の自由刑もしくは罰金刑が処せられることとなっていた。さらに、これに関連した物件は没収することができると規定する規定が刑法典（一四三条）に追加されていた。これら法令に対し、犬の輸入業者・繁殖業者などが提起した憲法異議では、(1)危険犬種持込み・輸入制限法二条が基本法一二条（職業の自由）、一四条（財産権の保障）等に違反しないかを問う実体法上の問題と、(2)動物保護法一一b条二項、動物保護・飼犬令一一条並びに刑法一四三条が、連邦の競合的立法権の範囲に属しているかを問う権限配分上の問題が論点となったが[470]、本節との関連で特に重要なのは(1)の論点である。

二(1)　連邦憲法裁判所は、結論において連邦行政裁判所とは異なり、特定の犬種の危険性は専ら血統に基づいていると推論することができ、ゆえに命令制定権者はこれを規制する規定を設けることができるとした。連邦憲法裁判所は「公衆に危害を与える危険の評価や、当該犬種に対する予防や対処に寄与する措置の判断において、立法者の判断余地を超えたと言えるのは、立法者による衡量がこの種の措置に対して十分な根拠を与えることができないほど誤っている場合に限ってであ」るが、本件事案において血統を理由に犬種を危険であるとしてこれを規制する当該立法は、立法者にとって十分な根拠があったと認定したのである。[471] 確かに連邦憲法裁判所は、連邦行政裁判所が既に認定していた事実、つまり「〔原告被告ともに〕口頭弁論においても、現在の科学的知識水準によれば犬の特定の血統のみに基づきその危険性を推論することはできないという点で一致していた」という事実を再び確認している。しかし連邦行政裁判所ではこれ以上この点について説明する必要はないとしていたのに対し、連邦憲法裁判所はさらに続けて「立法者は、人の生命や健康の保護のために、特定の血統の犬種が――上記で挙げた他の要素〔犬のしつけや教育、飼い主の専門的知識や適性、並びに状況的な影響〕との相互作用によってはじめてであったとしても――この保護法益にとって特に危険であり得る場合には法律上の措置を講じることが許される」とし、この問題に関する学者の見解と連邦政府が憲法異議手続において提出した統計データとを取り上げ、これに詳細な検討を加えたのである。

(2)　まず連邦憲法裁判所は、「専門家が集まる学界において、犬の攻撃的な振舞いやそれに基づく危険性は必ずしも遺伝にのみ原因があるわけではないという点で完全に一致しているとしても、しかしこのことは、危険性が遺伝的原因を有し得るということを一般的に排除するものでもない」との立場を示している。その上で連邦憲法裁判所は、(1)口頭弁論において犬種の危険性は血統に基づくとは言えないと示した学者が、他方で〝ピットブルテリア種等のグループは、生まれつき有している行動の特性を考慮に入れると、危険犬種となる可能性がある〟と評価していることを摘示するとともに、(2)食糧＝農業＝森林連邦大臣によって委託された鑑定書が、攻撃的な行為の種類や範囲が多くの部分において遺伝的にも規定されていると指摘していること、また(3)ドイツ犬連盟の構成員がいわゆる闘犬血統を、その攻撃的振舞いが「問題がないではない」犬の血統に分類していることを挙げるほか、さらに(4)連邦政府が憲法異議手続の中で提出した、全国都市連絡協議会によるアンケート結果についても検討を加えている。[472] そして連邦憲法裁判所は、これらの事実を挙げると同時に、損害を受ける法益の重要性にも言及した上で、次のように結論づけるのであった。

「連邦や州において危険犬種咬みつき事件に関する信頼ある統計が明確に示されておらず、……〔また〕個々の血統の犬種の詳細なサンプル数が欠けていたとしても、危険犬種持込み・輸入制限法二条一項一文が基礎においているデータには意味がないということになるわけではなく、これに基づいた立法者の考慮も必ずしも明らかに誤っていると言うことはできない。むしろこのデータは、本件において訴えられている危険犬種持込み・輸入禁止の措置を支えるものである。危険を認定するために要求される蓋然性の程度は、危険にさらされる法益や危惧される損害の種類によって決定されるが、その際考慮されなければならないのは、何よりも問題の血統の犬種によって生命を脅かす結果や重大な傷害をもたらした咬みつき事件が発生したという事実である。どのような具体的な前提条件の下であれば、この血統の犬種が飼い主の影響から脱し人間を襲うことになるのか、予め予想することはできない。〔しかし〕基本法の価値秩序の中で、人の生命、健康の保護に対して与えられる高い価値を考慮に入れ、また、その保護法益に対する攻撃性や咬合力によって危険犬種持込み・輸入制限法二条一項一文の犬種が関わる咬みつき事件が起こり得るという深刻な結果に思いをよせると、このような背景の下では、問題の血統の犬種による咬みつき事件に対して講ずる立法者の活動にとって、ここで挙げられたデータは、既に述べた専門家の見解とともに十分な根拠になるといえるのである。[473]」

以上要するに連邦憲法裁判所は、〃血統〃が数多くの他の原因（犬のしつけや教育、飼い主の専門的知識や適性、並びに状況的な影響）との関係においてどのような意味を有するかが学界の水準においても明らかではないとしても、危険性が遺伝的原因を有しうるということを一般的に排除するものではないとした上で、学者の見解とアンケート調査、そして保護法益の重要性を挙げることにより、――連邦行政裁判所が述べたような〃危険の疑い〃ではなく――抽象的危険の存在を認定したのである。連邦行政裁判所が犬種の危険性の原因が明らかではないとして立法による対応を危険配慮の方向へと舵をきったのに対し、連邦憲法裁判所は原因が明らかではなくともデータと専門家の意見、そして被侵害利益の重大性を考慮に入れるならば立法者による持込み・禁止措置も正当化できるとしたのである。いわば、原因にどの程度の確実性を求めるかによって、双方の見解が対立したと見ることができるだろう。(474)

(3)　もっとも、原因の確実性をある意味で緩和したかのような、このような連邦憲法裁判所の判示内容を見ると、抽象的危険の存在を認定する際、被侵害利益の重要性がやはり結果的に大きな要素になっているようにも見える。被侵害利益に基づき蓋然性の程度を緩和することに連邦行政裁判所は慎重であったことを踏まえると、どのようにして「立法者の活動にとって十分な根拠である」と評価されたのか慎重な検討が必要であろう。この点、確かに連邦憲法裁判所は「危険を認定するために要求される蓋然性の程度は、危険にさらされる法益や危惧される損害の種類に依存する」と述べ、法益の重要性や損害の種類を蓋然性判断の要素に組み込んでいるようにも見える。しかしながら、続いて「このような背景の下では、問題の犬種の血統による咬みつき事件に対して講ずる立法者の活動にとって、ここで挙げられたデータは……専門家の見解とともに、十分な根拠となる」と述べているように、法益の重要性はあくまでデータの信頼性を補強するためのものとして理解されており、統計的データ並びに学者の見解が第一次的に根拠とされている。もし被侵害法益の重要性が決定的要素とされるのであれば、客観的データがどのような数値を示していようとも危険が認定されることになりかねないだろう。その意味では、被侵害法益の重要性が直接的に危険認定の決定的な要素となっていない点では両裁判所の判断に違いはないと言ってよい。むしろ連邦行政裁判所と連邦憲法裁判所で判断を分けたのは、抽象的危険の発生となる原因をどの程度まで詳細に検討したかによると考えられよう。連邦行政裁判所は、血統が抽象的危険の発生原因であることを示す確かな統計的法則は存在しないと断定し、さらに詳細な検討をすることもなく早々に犬種規制命令を危険配慮措置にかかわるものであると結論づけている。しかし危険配慮措置が講じられるのは、蓋然性の予測がそもそも構造的に不可能であり、ゆえに〝危険〟を〝妨害者〟に帰属させることができないことが前提であると理解されているところ、[475]本件においては、少なくとも特定の犬種の血統ではしばしば咬みつき事件を引き起こしていることを証明する十分な統計的データその他の経験的知識が存在しており、その限りにおいて損害発生の蓋然性の構造的な未解明ないし妨害と損害の因果関係に関する不確実性は存在しない。つまり血統を理由とする犬種に対する措置は、あくまで古典的な危険防御の措置と言いうるものであった。[476]このような事情を踏まえれば、連邦行政裁判所は――一部の学者が指摘するように――詳細な事実の認定・分析を避けることで《危険防御から包括的なリスク統制へ》というテーゼの適用の誘惑に屈したと評価することもできるだろう。[477]

三　いずれにせよ本判決は、具体的危険・抽象的危険・危険の疑い・リスクなどの論点に関して多くの知見を提供するものとなっている。「抽象的危険と危険の前領域の境界領域での警察・秩序法のドグマーティクの明確化に寄与しうるという点で、……〔本判決は本件事案限りの〕狭いコンテクストを越えた意味を有している」[478]と評されているところである。

(467)　BVerfGE 110, 141.

(468)　邦語による評釈として、門田孝「いわゆる『危険犬』の輸入・繁殖の禁止」栗城壽夫ほか編集代表『ドイツの憲法判例Ⅲ』（信山社、二〇〇八）二九八頁以下。

(469) Vgl. Möstl, a.a.O. (Anm. 435), S. 49.

(470) 連邦憲法裁判所は(2)の論点について無効と判断した。(2)の論点については、門田・前掲（468）三〇二頁以下が詳しい。

(471) この連邦憲法裁判所による軌道修正を支持し、連邦行政裁判所の見解を批判するものとして、Möstl, a.a.O. (Anm. 435), S. 48ff.; C. Pestalozza, Hund und Bund im Visier des Bundesverfassungsgerichts, NJW 2004, S. 1840ff.; Schoch, a.a.O. (Anm. 89), Rn. 374; ders., a.a.O. (Anm. 407), S. 604; D. Ehlers, Anmerkung, DVBl. 2003, S. 336.

(472) 具体的には、(1)一九九一年から一九九五年にかけて実施されたアンケートによれば、その危険性ゆえに秩序行政庁による介入の根拠となった犬種のリストは、確かに個々の血統が実際上どのような潜在的危険性を示すものかについて確固たる情報を提供するものではないが、それでもなお犬種の構成要素に関する比較のためにシュレスヴィヒ＝ホルシュタイン州政府がドイツ犬協会の一九九二年から一九九七年までの統計を基礎にして二〇〇〇年に州議会に対し挙げた数値によれば、ピットブルテリア種の犬種が最も頻繁に咬みつき事件に関与しており、また他のブルテリア種の犬種も他の犬種の血統と比較しても非常に頻繁に咬みつき事件を引き起こしていることが明らかであることから、右アンケート結果の信憑性を十分に裏づけることが可能であり、また説得力があること、(2)危険犬種対処法案の議会審議の間に連邦政府によって実施されたアンケートに基づき連邦内務大臣が憲法異議において述べた認識によれば、ブランデンブルクでは二〇〇〇年においてピットブルテリア種等の犬種による咬みつき事件が他の犬種の八倍に上ること、またハンブルクでは一九九八年と一九九九年において犬による咬みつき事件の三分の一にピットブルテリア種等が関与していることからも、右アンケート結果が正しいことを証明していること、さらに(3)ラインラント＝プファルツ州でも同様の結果であることが明らかになっていること、を裁判所は認定している（BVerfGE 110, 141 (161ff.)）。

(473) BVerfGE 110, 141 (163f.).

(474) Kugelmann, a.a.O. (Anm. 408), S. 253 が述べるように、危険防御の規律は専門的知見による確実性を前提とするものではない、というこのような連邦憲法裁判所の立場自体は、連邦行政裁判所の立場と矛盾するものではない。ただ異なるのは、そこでいう専門的知見の確実性が、連邦行政裁判所においては、厳格に解されていたという点にある。

(475) Vgl. Möstl, a.a.O. (Anm. 435), S. 51f. 但し、抽象的危険の下位分類に危険配慮を位置付ける論者（Pieroth/Schlink/Kniesel, a.a.O. (Anm. 404), §4 Rn. 14）もいれば、危険配慮とは、抽象的危険が全く存在しないところでも講じられるものであることを指摘して、これを批判する論者もおり（W.R. Schenke/R. P. Schenke, a.a.O.（Anm. 39), Rn. 47 Anm. 94）、論者によって見解は一致していない。

(476) 但し、連邦憲法裁判所は他方で次のようにも述べている。
「むろん連邦の立法者は、さらなる展開を引き続き監視しなければならない。様々な血統の犬種が攻撃的に振る舞う原因や、異なる原因の相互作用に関する学問的知識並びに立法者によるその採用は、なお極めて不確実である。従って、犬の飼育によって生まれる危険状況やその原因にさらに視線を向け続け、特に危険犬種持込み・輸入制限法二条一項一文によって想定されている犬の咬みつき行為を、将来も、これまで以上に審査し評価することが必要である。その際、この犬種の危険性の立法者による予測的評価が正しい、もしくは全面的に正しいと証明されない場合には、立法者は、新しい知識水準に自ら定めた規律を適合させなければならないであろう。」（BVerfGE 110, 141（166f.））

(477) Vgl. Möstl, a.a.O.（Anm. 435), S. 51. もっとも他方で、T. Würtenberger/D. Heckmann, Polizeirecht in Baden-Württemberg, 6. Aufl. 2005, Rn. 724 は、危険防御命令は以前から抽象的危険の防御のみならず、必然的に危険配慮にも寄与してきたという立場から、連邦行政裁判所は命令制定権者の評価余地並びに予測余地について誤った判断をしていると、批判している。

(478) Möstl, a.a.O.（Anm. 435), S. 48.

第二　公共の広場での飲酒等禁止命令事件

一　危険犬種咬みつき事件以来、ドイツ警察法学では危険防御命令の適法性について盛んに議論されるようになったが、とりわけ近時、行政実務的に注目を集めているのは、公共の広場での飲酒の禁止に関する危険防御命令の適法性に関する問題である。[479]酩酊者による騒音、粗暴な行為、器物損壊を阻止するため、近年、多くの都市ならびにゲマインデ（Städte und Gemeinde. 以下、便宜上市町村と略す。）は、特定の場所での飲酒を禁止する命令を公布している。[480]飲酒に起因する暴力行為が発生した場合、通常は執行警察官吏がその時々において具体的危険の存在を認定し、個別具体的な措置（飲酒禁止命令や酩酊者の保護、場合によっては逮捕など）を講じて事態に対処するが、しかし暴力行為の発生の度に個別に対応するのでは、日々の行政実務に多大なコストをかけることになる。ここに、危険防御命令によって飲酒そのものを一般的に禁止することが最も容易でかつ効率的であるという動機づけが生まれることになる。このような市町村による取組みの中で、しばしばその代表例として紹介されるのは、フライブルク市（人口約二二万人の群都市（Stadtkreis））による「飲酒並びに酒類携帯の禁止に関する危険防御命令」である。[481]この危険防御命令は、フライブルク大学の近くにある広場（通称、Bermuda-Dreieck）[482]において週末、若者による暴力事件が度々発生し、その頻度も増加の一途をたどっていたことを踏まえ、フライブルク市が二〇〇八年七月二二日に、金曜の夜二二時から月曜の六時までの間と法律上の祝日前夜の同時間に限定して、レストランやバーなど許可された場所以外の路上や公共の広場において飲酒やあらゆる種類の酒類の携行を禁止することを二〇一〇年一月三一日までの期限付きで命じたものである。[483]

二(1)　〝フライブルガー・モデル（Freiburger-Modell）〟とも称されるこの取組みは、[484]命令の公布直後から一部の学説において積極的に支持されていた。[485]例えばファスベンダー（K. Faßbender）による見解は、都市における景観妨害やホームレスによる迷惑行為といったかつて盛んに論じられた議論[486]とは異なり、飲酒と暴力行為との関係を問題にする点で新しい論点を提示するものであった。[487]ファスベンダーによれば、個々の市町村が公共の広場での飲酒と暴力行為の関係性が強く認められる限られた区域において飲酒を一般的に禁止することは何ら問題ないという。現場警察官の経験則認識や住民の度重なる苦情によって飲酒が公共の安全に対する脅威であるとの推論を正当化できるのであれば、それだけで抽象的危険の存在を認めてもよい。[488]危険は、飲酒に基づいて行われた行為においてはじめてではなく、既に飲酒行為それ自体に直接的に認められるのであり、公共空間での飲酒はその後に続く暴力行為にとって危険防御法上有意味な原因としてみなされる以上、飲酒の禁止を危険防御命令で定めることは正当化される、というわけである。そしてさらにファスベンダーは、飲食店法五条一項三号に基づきキオスクの経営者に、サッカーの試合の開始二時間前と終了の三時間後それぞれにおいてアルコール飲料は最大三％のもののみを売ることを認めた飲食店法上の規定を適法としたマンハイム行政裁判所の判決[489]を自説の補強に加えるのだった。[490]

(2)　しかし他方でこれに明確に反対する学説もあった。ヘッカー（W. Hecker）は、暴力行為と公共空間における飲酒との関連性はファスベンダーが認めるほど明らかではないという。[491]ヘッカーによれば、飲酒が犯行の動機や方法に大きな影響を与えうるということは、確かに一般的に認められている事実であるが、しかし個別ケースにおいてその関連性を証明するには、慎重な検討を必要とする。[492]実際、多くの犯罪において飲酒が一役買っているという事実が存在するにもかかわらず、ドイツでは飲酒に対する一般的なサンクションは存在しない。[493]しかも飲酒を原因とする危険に対する対処の重点は、酒類の入手を困難にするための予防モデルであって、飲酒そのものを禁止するものではない。またファスベンダーが自説の補強のためにマンハイム行政裁判所の判決を援用したことも、ヘッカーによれば説得力を持つものではない。この判決では、特に、サッカースタジアムの傍らで唯一飲酒が認められている特定の区域で発生した事件や犯罪行為が問題となっているが、このような特殊な状況は、抽象的危険ではなく具体的危険を承認し得るケースといえる。またこの事案では、飲酒の一般的な禁止にかかる規律ではなく、酒類の販売を制限する規律、つまり〝濃度の高い、真正のビール（Vollbierausschank）〟の販売の禁止のみを内容とする規律が問題とされていたのであり（キオスクでの濃度の低いビール（Leichtbierausschank）は、許されていた。）、ファスベンダーの議論は、この事案の特殊性、並びに酒類販売の制限措置と飲酒そのものの禁止措置との区別を十分に理解していない、とするわけである。[494]

三(1)　以上のような学説の対立がある中、フライブルク大学法学部の博士課程の院生が当該命令の無効を訴え、二〇〇八年八月一一日、マンハイム行政裁判所に規範統制訴訟を提起した（飲酒等禁止命令事件）。これに対する被告の主張は大要次のようなものであった。飲酒は――確かに原則的にとまでは言えないものの――地域的に限定されたフライブルクの旧市街の区域において、身体の不可侵という高次の法益に対する抽象的危険となっている。警察の経験においても、飲酒はしばしば暴力行為の原因であると言ってよい。実際、二〇〇七年では、Bermuda-Dreieck における犯罪容疑の四三％が飲酒の影響下にあり、二〇〇八年ではさらに六〇％にまで上った。フライブルクの旧市街のほぼ一〇分の一を占めるBermuda-Dreieckでは、暴力事件の総数はその他の旧市街の区域との比較において、不釣り合いに大きい。Bermuda-Dreieckでは二〇〇七年も二〇〇八年も旧市街における全ての暴力事件のほぼ五〇％を占めた。これに対し、禁止命令の公布以来、旧市街の全ての地区における暴力行為が——当該命令の適用地域も含めて——低下したという実績がある。

これに対し、マンハイム行政裁判所は、二〇〇九年七月二八日、当該禁止命令は内容的には危険防御を目的とするものではなく危険配慮に寄与するものであり、バーデン＝ヴュルテンベルク警察法（BWPolG）一〇条一項が規定する警察一般条項では授権されていないとしてこれを無効とした。(495) つまり、「当裁判所も従う連邦行政裁判所によって定立された諸原則に基づき審査すると、当該事案においては、時間と場所に応じて禁止された行為が、通常、また典型的に、暴力行為を引き起こすことについての十分な根拠は存在せず」、「被告によって示された、飲酒と暴力との間の因果関係は、単に危険の疑いを基礎づけるに過ぎない」と判断したのである。(496) より具体的に言えば、①飲酒が個人においてどのように作用するかは、むしろその時々の状況、精神状態等に依存するのであり、飲酒が一般的に攻撃的な行為を導くというのは既に経験則に反するし、また被告によっても主張されていない。犯罪学の研究また警察上の犯罪統計において確認されている、飲酒と暴力犯罪の関係については様々な説明モデルがあるが、そこでは、そもそも因果関係が存在するのか、それともむしろ外見上の相関関係が存在するに過ぎないのかも争われているところである。二〇〇六年の連邦司法大臣の第二期治安報告書において、犯罪の成立において飲酒が、個別ケースにおいて犯罪行為を促すといった役割を果たしていることは確認されているが、飲酒の影響が唯一の原因として指摘し得るのは非常に稀である。②同じことは、本件禁止命令の適用地域においても当てはまる。被告が提示する警察研究においてもBermuda-Dreieckにおいて禁止された行為が抽象的危険を引き起こすことは証明されていない。特に、数多くの他の原因と並んで飲酒が犯罪行為に対してどのような意味を持っているのか何ら説明されてはいない。③また、禁止命令の導入以降に確認された暴力行為が一六％減少したことによっても、抽象的危険が存在することの証明にはならない。このような推論が正当化されるのは、禁止命令の適用領域において暴力行為のまとまった減少が記録された場合のみであるが、しかしそのような事情は今回、認められていない(497)。

(2)　マンハイム行政裁判所は、危険犬種咬みつき事件で連邦行政裁判所が示した判断枠組みに従い本件事案を処理しているが、先に見たように、同事件では連邦憲法裁判所は連邦行政裁判所の判断を覆し、抽象的危険の存在を肯定している。この観点からすれば、連邦憲法裁判所の判決とマンハイム行政裁判所の判決で異なるのは、損害発生の原因が、連邦憲法裁判所の危険犬種咬みつき事件判決の場合は「血統が複数ある原因の中の一つである」と積極的な評価をしたのに対して、マンハイム行政裁判所の飲酒等禁止命令事件判決の場合は暴力事件には飲酒の「他にも複数の原因があり得る」として消極的な評価をした点にあると見ることができる。そしてこのような評価の違いは、何よりも、判断の基礎においているデータの信憑性・確実性によると考えられる。すなわち危険犬種の規制の場合には専門家の意見並びにアンケート調査結果がその根拠となっていたが、飲酒等禁止命令事件の事案で用いられたフライブルク市による統計的データ（『フライブルク旧市街における暴力犯罪（フライブルク警察本部による研究調査）』）については、マンハイム行政裁判所は、多くの点で問題を含んでいると評価したのである。すなわち第一に、警察によるデータは、経験的に確実な結果を読み取り、禁止命令の適用領域での暴力事件の減少を高い信頼度をもって証明するには、非常に僅かな数にとどまる、第二に、調査において示された犯罪行為の数そのものは、Bermuda-Dreieck における禁止命令の公布の前と後で、禁止された行為に基づくどれくらいの暴力事件が示されているかという問いに対して十分な説得力がない、第三に、既に二〇〇七年の警察調査において強調されたように、警察上の犯罪統計の評価において犯罪が公共の広場において発生したのか、それとも飲食店など建物の中で発生したのか区別することができない(498)。従って、警察による経験並びに二〇〇七年と二〇〇八年にフライブルク警察本部が行った調査の結果は、「確かに飲酒と暴力行為との間の原因関係は排除することはできない」が、「しかしこの原因関係はせいぜい危険の疑いを意味するに過ぎず、……抽象的危険を根拠づけるものではない」。以上要するにマンハイム行政裁判所は、被告によって主張されたデータを詳細に審査し、抽象的危険を基礎づける根拠について、完全な審査を実施したのである。(499)

(3)　もっとも、マンハイム行政裁判所は結論として本件禁止命令の無効を認定したが、若者によるアルコールの過剰摂取が社会問題になっているということは認め、生命並びに身体の不可侵、自由の制限といった高次の法益の保護のために何らかの対応を行う必要性があることに言及している。(500)しかし同裁判所は、飲酒に由来する〝リスク〟に関し、危険の配慮のため抽象的危険の閾値を下回る法律上の規律を行うことが果たして合理的かという問題は、そもそも行政裁判所の審理対象には含まれないとの立場を示した。マンハイム行政裁判所は、連邦行政裁判所の判例（BVerwGE 116, 347）を引用し、危険配慮の領域でのリスク評価は専ら立法者のみが権限を持ち、その限りで命令制定権者にはいかなる評価権限も決定権限も認められないという立場を示したのである。

従ってマンハイム行政裁判所は、フライブルク市が二年間という飲酒禁止の試験期間を設定するということも認めなかった。(501)これは、市町村には「既存の知識が抽象的危険を裏づけるか否かの判断において試験を行う余地」は認められていないことを示してきた従来の裁判所の立場を、改めて明確にするものでもあった。(502)抽象的危険概念にリスクを読み込むことに、連邦行政裁判所は繰り返し反対し、危険閾を下回るリスクについて規律する権限を持つのは、命令制定権者ではなく立法者のみであるとしてきたのである。(503)もっとも、だからといってマンハイム行政裁判所は、もはや市町村に一切の対応の余地がないと論じたわけではない。市町村においてはなお伝統的な警察上の手段、つまり妨害者に対して個別ケースごとに立退き命令や滞在禁止命令でもって対応する余地が残されていることも確認しているからである。ただ裁判所は、そのような方法をとらず単に危険の疑いをもって一般的抽象的命令を発することは許されないとするのであった。

四　飲酒等禁止命令事件判決は、命令制定権者が基礎においていた事実（データ）を丹念に検証することにより、命令の違法性を導くものであり、先に見た危険犬種咬みつき事件にかかる判決と同様、具体的危険（行政行為による規律）、抽象的危険（危険防御命令制定権者による規律）、危険の疑い、リスク（法律制定者による統制）などの論点に関して理論的な認識・判断枠組みを提供するものであると言えよう。(504)

(479) Vgl. V. Köppert, Alkoholverbotsverordnungen in der Rechtspraxis, 2011, S. 28ff.; M. Pavel, Behördliches Vorgehen gegen Alkoholkonsum in der Öffentlichkeit, 2013, S. 98ff.

(480) 詳細については、Vgl. T. Hebeler/B. Schäfer, Die rechtliche Zulässigkeit von Alkoholverboten im öffentlichen Raum, DVBl. 2009, S. 1424 Fn. 1; Pavel, a.a.O.（Anm. 479）, S. 98ff.

(481) Vgl. M. Thiel, Polizei- und Ordnungsrecht, 3. Aufl. 2016, S. 252. なお、州レベルではこのような取り組みについては積極的ではなく、既存の州法で十分であるとされていた。Vgl. Pavel, a.a.O.（Anm. 479）, S. 95f.

(482) 一般にアメリカ本土近くにあるベルムーダ島付近を船で航行することが難しいとされていることから、危険であることを表す言葉としてフライブルク市民によってこのように呼称されている。より具体的には、旧市街地のうち、Martinstor, Bertoldsbrunnen, Platz Universität und Platz der Alten Synagoge に囲まれた一画である。

(483) なお本命令の公布の前に既に六ヶ月間の期限付きの同命令が試験的に適用されていたが、犯罪の減少という一定の効果が見られたことから、この度の命令が、市議会の議決を得て、期間をさらに延長して発令されることとなったものである。

(484) Vgl. Köppert, a.a.O.（Anm. 479）, S. 29.

(485) Vgl. K. Faßbender, Alkoholverbote durch Polizeiverordnungen: per se rechtswidrig?, NVwZ 2009, S. 563ff.; Köppert, a.a.O.（Anm. 479）, S. 139ff. なお、BWPolG 六二条四項によれば、地方自治体（Kommunen）はバーデン＝ヴュルテンベルク州で採用されている統一システムに基づき地域警察行政庁（Ortspolizeibehörden）として位置付けられ、指示に基づく義務的（ないし必要的）任務（Pflichtaufgabe nach Weisung）として BWPolG 一〇条一項により、警

察行政庁は危険防御のために警察命令を公布することが授権されていた。

(486) この問題にかかる包括的な研究として，Vgl. T. Finger, Die offenen Szenen der Städte, 2006, S. 31ff.

(487) Vgl. W. Hecker, Zur neuen Debatte über Alkoholkonsumverbote im öffentlichen Raum, NVwZ 2009, S. 1016.

(488) Faßbender, a.a.O. (Anm. 485), S. 565.

(489) VGH Mannheim, NJW 2005, S. 238.

(490) Faßbender, a.a.O. (Anm. 485), S. 564.

(491) Vgl. Hecker, a.a.O. (Anm. 485), S. 1016ff.

(492) また Kugelmann, a.a.O. (Anm. 408), S. 255 も，命令制定権者もまた法律の拘束を受ける行政の一部門であり，抽象的規律（命令）を定める場合でも経験的に確実である根拠を積極的に提示することができなければならないとして，ファスベンダー説を批判する。

(493) ドイツでは飲酒に対するサンクションは，道路交通法の免許資格との関連において考慮されているに過ぎず，これ以外での禁止・サンクション規定は青少年保護法の領域でしか認められていない。Vgl. Hecker, a.a.O. (Anm. 487), S. 1016.

(494) Hecker, a.a.O. (Anm. 487), S. 1018. またフライブルクの命令は，許可された飲食店での飲酒については規制の例外としながら，なぜ路上での飲酒のみが専ら危険防御法上重要とみなされるべきなのかも不明であるという。飲食店では飲食店法や青少年保護法において，経営者に飲酒の監督が義務付けられていることを理由とするファスベンダーの見解も，単に法律上のフィクションにすぎず，説得力を欠くとも言う。Hecker, a.a.O. (Anm. 487), S. 1017.

(495) なお，マンハイム行政裁判所の二〇〇九年七月二八日判決は，禁止される行為と許される行為の線引きが規範名宛人にとって明確ではないとして，当該命令を明確性の原則に反するとして無効とした１S 2340/08 判決と，命令の適用区域における飲酒に抽象的危険は認められないとして無効とした１S 2200/08 判決の二つある。ここで取り上げるのは後者の事案である。

(496) VGH Mannheim, NVwZ-RR 2010, S. 56f.

(497) VGH Mannheim, NVwZ-RR 2010, S. 56ff.

(498) ヘッカーも既にこのデータは批判的に検証される必要があることを指摘していた。また，フライブルク大学の犯罪学者であるヘーフェンデール（R. Hefendehl）も，フライブルガー（フライブルク市民）の経験上，飲酒と暴力行為との間に密な関係があるとすることは（暴力行為全体の数や頻度分布等から見て）非常に疑わしいとの認識を示していた。R. Hefendehl, Leserbrief zum Beitrag

Faßbender, NVwZ 2009, S. IXf. へーフェンデールによれば、確かに暴力的犯罪の増大は、警察や秩序行政庁、そして福祉行政庁もが対応すべき喫緊の課題ではあるが、しかしそこから直ちに、公共の広場での飲酒が十分な蓋然性をもって暴力行為を導くとまで推論することはできない。飲酒は公共の広場においてのみならず広範囲の場所で認められる行為であり、これが典型的に暴力行為を引き起こすとは言い難いからである。W. Hecker, Neue Rechtsprechung des VGH Mannheim zum Alkoholkonsumverbot im öffentlichen Raum, NVwZ 2010, S. 361 Fn. 19 は、このマンハイム行政裁判所が行った、フライブルク市の主張並びに警察本部の研究調査に対する批判的な分析は、危険防御の法における統計の形成とその評価、法政策におけるその適用という問題に関して、実務や教育現場にとって非常に分かりやすい模範例を提供するものと評している。

(499) NVwZ-RR 2010, S. 58f. なお本件では、飲酒の禁止が公共の秩序（die öffentliche Ordnung）に対する危険という観点からも問題とされたが、本判決はこれも否定的に解している。

(500) 本判決は飲酒に基づく犯罪からの予防を主張する論者から厳しい批判が向けられたが、裁判所のこの説示は、そのような批判が提出されることを予め想定したものである。Vgl. Hecker, a.a.O.（Anm. 498), S. 362.

(501) VGH Mannheim, NVwZ-RR 2010, S. 55ff. Vgl. A. Pewestorf, Anmerkung zu den Urteilen des VGH Baden-Württemberg vom 28. 7. 2009 - 1 S 2200/08 und 1 S 2340/08, DVBl. 2009, S. 1397.

(502) もっとも、飲酒と暴力との関係性をどのようにして証明すべきかという問題について、Köppert, a.a.O.（Anm. 479), S. 162ff. は、四つの段階的な取り組みを提案している。まず第一の段階では、命令を適用しようとする特定の地域を確定する。続いて第二の段階で、確定された特定地域における暴力行為の頻度データを収集する。そして第三の段階で、比較分析を可能にするため、期限付きの飲酒禁止命令を公布する（なお、二段階目と三段階目でのデータ収集のための期間は一年間とする。）。そして最後の第四の段階で、禁止命令がない場合と（期限付き）禁止命令がある場合の暴力行為の頻度データを比較し、飲酒禁止命令を公布するかどうかを最終的に決定する。以上要するに、飲酒禁止なしの一年と禁止ありの一年間で集められたデータを比較し、禁止によって犯罪行為の数が前年に比して低下する場合には、飲酒の危険性の証明がされ、この場合に、最終的に飲酒禁止を決定することができる、というわけである。先に第二補助準則を説明する際に示した対照実験の必要性を提案しているものと言ってよいだろう。

これに対しPavel, a.a.O.（Anm. 479), S. 130f. は、第一と第二の段階については完全に同意するも、最も重要な第三の段階についてては批判する。第一に、危険防御命令を試験的に公布することは抽象的危険の存在がなお明確でないことを自覚した上で行うことを意味するが、そもそもそれを認める法的根拠は存在しないこと、第二に、禁止によって犯罪数が減少を示したとしても、それが抽象的危険の存在を必ず根拠づけるとは限らない（マンハイム行政裁判所の見解）等の点で問題があるとし、ケッパートの提案でも飲酒と暴力の関係性を証明することはできない、とする。

(503) BVerwGE 116, 347. その限りにおいて危険配慮の観点からアルコール摂取を禁止することの是非は立法的になお開かれていると言える。州立法者はこれまで積極的であったとは言えないが、一部の州立法者においては州警察法に飲酒禁止のための法律上の根拠を設けようとする努力もみられた。例えば、二〇一一年三月三一日に制定されたザクセン警察法の改正に関する法律草案九a条では、地域的並びに時間的に限定した飲酒禁止命令の公布を市町村に授権する規定を含んでいる。それでもなお、飲酒と暴力事件に関連性を見出すのは難しいとして、新たに州法で規制することを選択しない州が大半であった。Vgl. Hecker, a.a.O.（Anm. 498）, S. 362ff.

(504) Hecker, a.a.O.（Anm. 498）, S. 362は、多くの市町村がフライブルクと同様の規律を設けていたがゆえに、本判決の指導的な役割、放射的影響力（Ausstrahlungswirkung）について論じている。

第三項　小　括

一　以上に見たドイツ警察法学における抽象的危険概念の、その特徴をまとめるならば次のように整理することができるだろう。

第一に、一般条項（ないし特別条項）に基づく危険防御命令は、《特定の条件（行為ないし状態）において認められる、損害発生の十分な蓋然性》と定義される《抽象的危険》の存在をその発令要件としている。第二に、抽象的危険は、損害発生の蓋然性の程度ではなく予測の基準点（ないし考慮すべき考察対象：「すべての個別具体的諸事情」か「特定の条件（行為ないし状態）」か）で具体的危険と区別される。特定の条件（行為ないし状態）に基づく予測では、その特定の条件（行為ないし状態）における損害発生の蓋然性のみ問題にすればよく、その他の個別具体的諸事情を考慮しなくてもよい。第三に、予測の際に用いられる統計的法則ないし経験則は、誤って純粋な（偶然の）統計的法則が用いられることがないよう、二つの補助準則を用いて選択される必要がある。第四に、抽象的危険の存在に基づき命令制定権者が危険防御命令の内容を形成する場合には、特定の条件（行為ないし状態）の発生を禁止するほか、具体的危険の存否を明らかにするための許可留保付予防的禁止を設けることも、また一定の作為を義務付けることも選択肢として認められる。第五に、危険の疑い、とりわけリスクへの対処が必要な場合には命令制定権者による危険防御命令によってではなく、これを明確に認める立法者によって制定された法律が必要とされる。

二　以下では、これまでに得た知見を一つの分析視角として、我が国の裁判例における当事者の主張や判決の判断過程を分析し、抽象的危険が裁判実務においてどのように理解され、また位置付けられているのかを検証することとする。(505) 右分析視角によって、我が国で理解されているところの抽象的危険・具体的危険概念が体系的に整序されるとともに、もって危険防御命令の実体的統制基準を獲得することができるのではないか、と考えるからである。

(505) ここでの判例分析は、もとよりオーソドックスな判例評釈ではなく、抽象的危険の認定にかかわる限りでのものである。その点で、本章第二節第二款と同じ手法による。

第三款　分析視角に基づく我が国の裁判例の検証

第一項　抽象的危険＝非危険？――抽象的危険概念の語用論

一　以下検討するにあたりまず、我が国の（行政法にかかる）裁判例において《抽象的危険》という概念が現在どのような意味において理解されているのか、確認しておく必要がある。というのも、そもそも具体的危険・抽象的危険という概念カテゴリーそれ自体が我が国において正確に認知されていない可能性があるからである。

二　例えば、訴訟における当事者の主張や裁判判決の中には、蓋然性の程度を根拠にして具体的危険と抽象的危険を使い分けているものが散見される。「石綿ばく露により被害者に重大な健康被害が発生するおそれ（抽象的危険）があれば、予見可能性が原則として認められ、医学的な発生機序、個別の疾患、ばく露態様などの厳密な意味での具体的な危険の認識又は認識可能性は必要とされない」[506]とか「危害発生の可能性がある（抽象的危険）」[507]といった表現、また「被害者の生命、身体及び財産に対する侵害発生の可能性が一般的抽象的に存在するというのでは足りない」[508]といった判示や「原告らの本人確認情報が単に住基ネットの外部へ漏えいされる一般的、抽象的危険が存するというにとどまらず、その危険が現に差し迫っているなど、原告らの本人確認情報の漏えいの具体的危険性があると認めることはできない」[509]といった判示もこれに含めることができるだろう。他方で、具体的危険の存在を抽象的危険でもって説明するような判決も存在する。銃による殺人事件を受け被害者が銃所持許可処分の違法を主張した訴訟（栃木県警銃所持許可事件）では、被害者原告が、銃所持の不許可要件は「抽象的危険で足りる」と主張していたのに対し、県警被告側が「現実的危険性及び明白性があることが必要」と主張していたところ、宇都宮地裁判決（平成一九年五月二四日判例時報一九七三号一〇九頁以下）は原告の主張を受け入れ、「本件許可申請については、前記……に説示した事実によれば抽象的危険が認められる」としつつも、しかし実際のところ個別具体的な事情を隈なく審理し、具体的危険が存在すると認定したと説明しても何ら違和感のない判断を示している[510]。つまり、裁判所は具体的危険の存否の判断に求められる個別具体的な事情を考慮に入れた上で、抽象的危険の存在を認定しているのである[511]。

三　このように我が国の判例では具体的危険と抽象的危険が、事案のコンテクストに応じて互換的に用いられているると言えるのであるが、特に抽象的危険概念については、《十分な蓋然性が存在しない》という意味での蓋然性の低さを主張するものが多く、《ある特定の条件（行為あるいは状態）が十分な蓋然性をもって損害を発生させる》という真正の抽象的危険概念について語られてはいない。むしろ実際は、抽象的危険は具体的危険ではない（＝非危険）というのと同義で用いられているようでもある。[512] しかし蓋然性の程度をもって二つの異なる概念カテゴリーを用いることは、蓋然性概念が定量的な内容を持つ以上――日常の言語使用としてならともかく――法概念の使用法として混乱を引き起こすものであり、また、このような概念使用のままでは、抽象的危険に対する立法的対応を正しく取り上げ、これを論じることはできないだろう。従って以下で見る、裁判過程において用いられている危険概念については、概念そのものに注目するのではなく、概念内容をその意味内容に応じて合理的に再構成して理解しなければならない。

このことを確認した上で、以下検討に入ることとしたい。なお、通常、行政立法の適法性の判断プロセスは、まず(1)議会が定める法律が行政機関に行政立法の白紙委任をしていないかどうか（法律の専権的法規創造力の原則違反）を問い、(2)その上で委任を受けて制定された行政立法が法律の授権内容に違反していないかどうか（委任した法律に違反していないか、あるいはその他の法律に違反していないか、さらには（比例原則違反を含め）憲法の規定に違反していないか）を問うという流れとなるが、本節で検討しようとする判断プロセスは主として(2)の審査にかかわるものである。[513]

(506) 神戸地判平成二四年八月七日判例時報二一九一号六七頁（尼崎アスベスト事件）の原告の主張。
(507) 最二小判昭和五九年三月二三日民集三八巻五号四七五頁（新島砲弾漂着爆発事故事件）の上告理由。
(508) 大阪高判平成一七年七月二六日裁判所ウェブサイト。
(509) 東京地判平成一九年一〇月二二日判例タイムズ一二八八号六五頁（住基ネット訴訟）。
(510) 本章第二節第二款第一項第五、参照。
(511) なお本件事案における抽象的危険概念は、裁量概念と結びつけて論じられ、さらにその概念の輪郭が曖昧なものになっている点について、本章第二節第二款第一項第五、参照。
(512) この点については、第二節、参照。
(513) もっとも本節冒頭でも述べた通り、ドイツと我が国との間の制度上・実定法上の違いについては改めて注意しなければならない。

ドイツの警察・秩序法は、行政庁（秩序行政庁あるいは一般警察行政庁）に対し危険防御命令を発令する権限を一般条項（ないし特別条項）によって与えている。この一般条項では既に明示的に（あるいは明示的でなくても）抽象的危険の存在が危険防御命令公布の要件とされていることから、その点において危険防御命令の法律適合性の審査は主に抽象的危険の存否という形で審査されることになる。これに対して我が国の場合、法律が明示的に危険への対応を前提として授権することは稀である。これを前提とすると、そもそも(2)の審査において、ドイツと同様に抽象的危険の存否を問うことに、果たして、またどの程度意味があるのか問われなければならないだろう。しかし本節では、右のような問題があることを承知した上でも、ドイツ警察法において論じられた抽象的危険概念は、具体的危険概念と共に——法治国家原則を介して——我が国の警察法秩序（危険防御にかかわる法秩序）において承認することが可能であり、実際、一部の法規定においても既に受け入れられていると考えるものである。このような考えの妥当性についてはまた改めて論証する必要はあるが、以下では右前提に立った上で論を進めるものであることを付言しておく。

第二項　裁判例の検証

第一　抽象的危険と保護法益——監獄法施行規則無効事件

一　省令が法律の委任の範囲を超え違法・無効と判断された有名な最高裁判例として、監獄法施行規則無効事件訴訟（最三小判平成三年七月九日民集四五巻六号一〇四九頁）を挙げることができる。周知の通り本件事案は、一四歳未満の幼年者との接見を一律に禁止するとともに例外的にのみこれを許容する（旧）監獄法施行規則が（旧）監獄法五〇条（「接見ノ立会……其他接見……ニ関スル制限ハ命令ヲ以テ之ヲ定ム」）の委任の範囲を超え無効かどうかが争われたものであった。

未決勾留は、刑事訴訟法の規定に基づき、逃亡又は罪証隠滅の防止を目的として、被疑者又は被告人の居住を監獄内に限定するものである。そして、この未決勾留によって拘禁された者は、逃亡又は罪証隠滅の防止という未決勾留の目的のために必要かつ合理的な範囲において身体の自由及びそれ以外の行為の自由に制限を受けることになる。しかし他方において当該拘禁関係に伴う制約の範囲外においては原則として一般市民としての自由を保障されると解される。本件の規則（法務省令）は、「一四歳未満」の幼年者との接見を一律に禁止する一方で（規則一二〇条）、その例外として限られた場合に監獄の長の裁量によりこれを許すこととするものであった（規則一二四条）。このような規則が果たして監獄法の予定するところであったか否かが問われたところ、結論として最高裁は「これらの規定は、たとえ事物を弁別する能力の未発達な幼年者の心情を害することがないようにという配慮の下に設けられたものであるとしても、それ自体、法律によらないで、被勾留者の接見の自由を著しく制限するものであって、法五〇条の委任の範囲を超えるものといわなければならない。」とし当該規則の無効を宣告した。ところが原審（東京高判昭和六二年一一月二五日行集三八巻一一号一六五〇頁）は「規則一二〇条（及び一二四条）は幼年者の心情の保護を目的とするものであり、これに対する具体的な危険を避けるために必要な範囲で監獄の長が幼年者と被勾留者との接見を制限することを認めた規定であるという限定的な解釈を施した上、法はそのような制限を容認していると解する余地があるとして、右各規定が法五〇条の委任の範囲を超え、無効であるということはできない」と判断していた。では、何が原審と最高裁で判断を分けたのだろうか。

二　主たる争点は規則が監獄法の委任の範囲を超えているかどうかであったが、これは訴訟当事者の主張に沿うと、さらに二つの論点に分けることができる。第一に「幼年者と被勾留者が接見する」という（特定の）行為が、果たして幼年者の心情に対して何らかの損害を引き起こす危険（ここでは、抽象的危険）があるかどうか、第二に、仮に抽象的危険が存在した場合において、これを規制することを監獄法は規則制定者に授権していたかどうか、また仮に抽象的危険が存在しない場合であってもこれを規制することを監獄法は規則制定者に授権していたかである。

第一の論点に関して、本節で先に示した抽象的危険を正確に認定するための第一補助準則に従えば、「幼年者と被勾留者の接見」が損害発生を示す統計的法則の形成にとって有意味な要素でなければならない。しかし原審が適法に確定した事実によっても、この点については否定されることになるだろう。というのも――国側も明らかにしていないが――そもそも「接見」が多くの場合において接見者の心情を傷つけるといったデータが示されているわけではないし、接見者が特に幼年者であった場合にそれが顕著になるというデータも示されているわけではないからである。また、仮に「幼年者の被勾留者の接見」に損害発生の十分な蓋然性を示す統計的法則が認められたとしても、第二補助準則に従えばさらに「幼年者の被勾留者の接見」が十分な蓋然性を伴った損害発生（幼年者の心情を害する）にとって最も有意味な要素である必要があるが、そのような事実も認定されていない。むしろ最高裁によれば「幼年者の心情の保護は元来その監護に当たる親権者等が配慮すべき事柄である」と示されているように、「接見」行為とは異なる他の事実（親の監護）の存在も幼年者の心情形成に大きな影響を及ぼすことが示されている。従って本件においては（抽象的）危険はそもそも存在しなかったと結論づけることができよう。

もっとも第二の論点に関して、本件の規制は、危険の有無そのものを考慮に入れて行われたというよりも、監獄法が保護しようとする法益の拡大という観点から行われていた点には注意が必要である。このような理解は、国側の次の主張から裏づけられる。

「監獄の長は、監獄の外にいる人間についての情報を十分に把握することができる立場になく、個々の事案に応じて、その都度、幼年者と在監者との面接が当該幼年者の心情を害する具体的危険を有するかどうかを判断することは、不可能又は極めて困難である。他方、幼年者の心情の保護の要請は、それ自体として十分に尊重されなければならないのであり、仮にもそれを害する具体的危険が判明していないからといって在監者との接見を認め、結果としてかかる重要な保護の要請を没却せしめるような事態（幼年者の心情を害する危険）を発生させることは避けなければならない。そこで監獄法は、幼年者の心情の保護の要請を考慮しつつ、監獄の長において右心情を害する具体的危険の把握が実際には極めて困難であることに鑑み、『一四歳未満』という一定の年齢をもって右心情を害する危険がある場合を擬制し、右客観的基準によってこれを判断することを許容したものというべきである。」(強調――筆者)

右主張は要するに、「幼年者の心情の保護」という「重要な保護」法益を守るためには、「具体的危険」の把握が極めて困難であることに鑑みて、監獄法は一四歳未満の幼年者であれば心情を害するおそれがあると「擬制」して――つまり抽象的危険が認められることを擬制して――これを規制したというのである。しかし当然のことながら、具体的危険の有無を判断することが不可能又は困難であることを理由にして抽象的危険の存在を擬制することは、立法事実の不存在という観点から認められないであろう。またここでは危険の疑い、あるいはリスクが存在しうることが論じられているわけでもない。さらに、(抽象的)危険の存否が真に問われているわけでもない。結局のところ右の主張においては〝(幼年者の心情の保護という)重要な保護法益の保護〟のみが、一四歳未満の幼年者の接見の一律禁止の正当化根拠となっているのである。

そもそも監獄法は在監人にも原則として一般市民としての自由を保障しているのであり、幼年者の心情の保護のみを絶対的な保護法益としているのではないという同法の趣旨からすると、仮に在監人の一般市民としての自由を前提としつつもなお幼年者の心情の保護を重視し接見を一律禁止するのであれば、最低限(ドイツ法が言うところの危険配慮措置として)立法者自身が自覚的にそのような趣旨を法律に盛り込んでいる必要があろう。しかし最高裁が述べるように、そのような考慮を監獄法から読み取ることはできない。かくして第二の論点、つまり抽象的危険が存在しない場合であってもこれを規制することを監獄法は規則制定者に授権していたか否かについて、これは否定されるということになろう。

三　また、所長のした本件処分につき裁量権の範囲を超え又はこれを濫用した違法があったかどうかについても、最高裁の立場によれば、本来、接見者が一四歳未満の幼年者であるということから一律の接見を禁止するのではなく、在監者と本件幼年者とが接見した場合に、(ア)在監者が逃亡し又は罪証を隠滅するおそれが生ずる、あるいは(イ)監獄内の規律又は秩序が乱されるおそれが生ずるかどうかが問われなければならなかった、ということになる。つまり、そこでは「被上告人（在監者――筆者註）が逃亡し又は罪証を隠滅するおそれ」や「監獄内の規律又は秩序が乱されるおそれ」といった具体的危険の存否が問われなければならなかったのであり、この論点こそが本件事案で最も詳細に論じられるべきポイントであった。[514]ところが国側は、既述の通り、「監獄の長は、監獄の外にいる人間についての情報を十分に把握することができる立場になく、個々の事案に応じて、その都度、幼年者と在監者との面接が当該幼年者の心情を害する具体的危険を有するかどうかを判断することは、不可能又は極めて困難である。」などと主張して、保護法益を「監獄内の規律又は秩序」から「幼年者の心情」へと読み替え、その認定を放棄している。[515]このような主張が、果たして、またどの程度説得力を持つのかが問われるが、原審が認定するように、「従来、拘置所では、在監者と一四歳未満の者（以下「幼年者」という。）との面会をかなり広く認めていた」が「昭和五三年後半ころ、特定の事件の支援者らが、子供を同伴した上在監者と接見し、その後子供と共に拘置所内でシュプレヒコール等をしたので、拘置所側がこれを排除しようとしたところ、子供の身体に危険が生じたことがあった」ため、「拘置所は、そのころから在監者と幼年者との面会を全面的に禁止」し、「昭和五四年八月二日、拘置所は、この取扱いを改め、在監者と幼年者との面会は、(ア)在監者の処遇上必要がある場合、及び、(イ)勾留が長期にわたっていること、面会の相手が在監者の実子であること、進学、進級等子供の教育上必要があるか配偶者の病気、入院等子供の成育上必要があるなど特別の事情があること、年二回程度であることという条件をすべて具備した場合にのみ、これを許可することとした。」という経緯があった。従って幼年者との接見禁止も本来は「監獄内の規律又は秩序」と関連づけられ、「幼年者の保護」も拘置所側による秩序維持行為によるその身体に対する危険への対応であって「幼年者の心情の保護」ではなかったのである。そのような意味においては、原審（並びに国側）の判断は、法律の全体的解釈を欠き、省令制定者の中で、本来考慮すべきでない事項（幼年者の心情の保護）を過大に（パターナリスティックに）評価した上で、法律（委任法律）の認容範囲を拡大的に解釈したものと評価することができよう。(516)

抽象的危険にかかる分析視角に基づく検討からは、省令の法律適合性を判断する上で、どのような保護法益がどのような危険（具体的危険、抽象的危険、危険の疑い）に晒されるため、法がどのような規制を行うことを行政機関に委任しているのかを明確にすることが、何よりも重要であるということが明らかとなる。

(514)　この点最高裁は、（特に詳細な事実を列挙することのないまま）「原審の確定した事実関係によれば」という説示に基づき、「被上告人（在監者――筆者註）とAとが接見したとしても、(ア)被上告人（在監者――筆者註）が逃亡し又は罪証を隠滅するおそれが生ずるとも、(イ)監獄内の規律又は秩序が乱されるおそれが生ずるとも認められない」と結論づけている。

(515)　しかし国側の（原審における）主張によれば、「監獄法施行規則一二四条の規定によって監獄の長が裁量権を行使し得るのは、幼年者の心情を害する危険性が擬制されているとしてもなおかつ行刑施設において在監者（……）の処遇（……）を行っていくうえで面会を認めることが相当であると判断し得る積極的な理由がある場合又は乳児との面会のごとく幼年者の心情を全く害さないことが一見して明白である場合に限られると解するのが相当であ」るというのであるから、これが認められるのは極めて例外ということになろう。

(516)　換言すると、被侵害利益への過大な評価による、法目的の緩和的解釈、損害発生の蓋然性の不問ということになろうか。平岡久「監獄法施行規則（法務省令）一二〇条事件」同『行政立法と行政基準』（有斐閣、一九九五）九三頁によれば、「本判決は、授権された『対象』以外のものを定め、かつ授権された『目的』以外のものを設定したものとして、規則一二〇条等は授権の『範囲』を『超えた』ものであると結論した」と評している。

第二　抽象的危険と規制対象――医薬品ネット販売規制事件

一　本来過大に評価すべきでない要素を過大に評価し、統計的法則の存否という主要論点が見失われた事例として、医薬品ネット販売規制事件（最二小判平成二五年一月一一日民集六七巻一号一頁）を挙げることもできるだろう。本件は、平成一八年法律第六九号一条の規定による改正後の薬事法（以下、新薬事法という。）の施行に伴い平成二一年厚生労働省令第一〇号により改正された薬事法施行規則（以下、新施行規則という。）において、①店舗以外の場所にいる者に対する郵便その他の方法による医薬品の販売又は授与（以下、郵便等販売という。）は一定の医薬品（第三類医薬品）に限って行うことができる旨の規定と②それ以外の医薬品（第一類・第二類医薬品）の販売若しくは授与又は情報提供はいずれも店舗において薬剤師等の専門家との対面により行わなければならない旨の規定（新施行規則一五条の四第一項一号（……）、一五九条の一四、一五九条の一五第一項一号、一五九条の一六第一号並びに一五九条の一七第一号及び同条二号（以下、本件各規定と総称する。））が設けられたことについて、インターネットを通じた郵便等販売を行う事業者らが、新施行規則の本件各規定は新薬事法の委任の範囲外の規制で無効であるとして争った事案である。[517]本件の論点は多岐にわたるが、ここでの分析対象は、専ら抽象的危険の存否にかかわるものである。

二　本件事案で省令制定によって対応しようとしている危険は、「〔第一類・第二類医薬品の〕インターネットによる販売」に由来する危険であり、この「〔第一類・第二類医薬品の〕インターネットによる販売」行為それ自体が十分な蓋然性をもって損害を発生させるか否かにかかっている（これは、訴訟では「本件各規定の憲法適合性」という見出し下で論じられている。）。事業者らが適切にも主張しているように、「法的規制に当たっては、インターネット販売の禁止によって防止できる副作用被害があるのかどうか、仮にあるとした場合にどれだけあるのか、副作用を防止するのにインターネット販売の禁止が必要かつ合理的な規制であるのかを吟味しなければなら」ず、「まず、立法事実については、情報提供の不十分さによる単なる医薬品副作用被害が生ずる抽象的危険ではなく、インターネット販売による副作用被害が問題になるのであって、それが対面販売であれば防げるものであるか、また、インターネット販売の利便性をも減殺するほどのものであるかが問題とされるべき」であった[518]。この事業者らの主張を合理的に再構成するならば、すなわち〝吟味しなければならないのは「情報提供の不十分さによる単なる医薬品副作用被害が生じる抽象的危険」ではなく、「インターネット販売による副作用被害が生じる抽象的危険」の存否であり、具体的には、インターネット販売によってどの程度副作用被害が生じているのか、また生じているとした場合、インターネット販売がその結果に対して（対面販売に比して）統計的関連性があるのか〟ということになろう。そのような立場に立って原告は、「実際、インターネット販売で購入された医薬品の使用により副作用が生じたことが報告されている事例は一件のみであ」るが、しかも「その事例についてはインターネットを通じた販売方法に起因するものか否かの調査が行われていない。」と主張するのであった。

これに対して、国側は「経済的自由権の規制の場合は、現実的・具体的危険がある必要はなく、原告らにおいて、抽象的危険もないことを立証しなければならないが、……本件では、抽象的危険のみならず、現実的・具体的危険も十分に認められ」、「医薬品の適切な選択及び適正な使用に関しては、……一般用医薬品の副作用が報告された事例の中で、専門家による適切な説明があれば、副作用の発生を未然に防止できた可能性が高い事例が存在する」と指摘した上で、事業者らの主張に対し次のように反論している。

「本件規制における立法事実として重要なのは、不十分な情報提供を原因とする医薬品による副作用被害が発生する抽象的危険の存在であり、上記被害が相当数存在したことによれば、上記危険が存在したことは明らかであるところ、改正法及び改正省令は、上記危険を防止する観点から、適切な情報提供方法として、対面による方法の方がインターネット等の対面によらない方法に比較して明らかに優位性が認められ、後者によっては上記危険を防止できないという事情を踏まえて、第一類・第二類医薬品について郵便等販売を禁止したものであるから、何ら立法事実として欠けるとこ

ろはない。」（強調――筆者）

これを見る限り、事業者らの主張とこれに対する国側の反論が十分に嚙み合っていないことは明らかであろう。第一に、国が「本件では、抽象的危険のみならず、現実的・具体的危険も十分に認められる」とした根拠が全く示されていないこと、第二に、事業者らが「インターネット販売であることを原因として薬害が発生した事実やその危険性」を問題にしているにもかかわらず、国側は「不十分な情報提供を原因とする医薬品による副作用被害が発生する抽象的危険の存在」を問題にしていること、第三に「不十分な情報提供を原因とする医薬品による副作用被害が相当数存在したこと」としているが、これは明らかに〝インターネット販売で購入された医薬品の使用により副作用が生じたことが報告されている事例は一件のみであり、しかしそれがインターネットを通じた販売方法に起因するものか否かは明らかではない〟とする事業者らの主張と対立する。

三(1)　同事件の一審判決（東京地判平成二二年三月三〇日判例時報二〇九六号九頁）は次のようなものであった。

「原告（事業者ら――筆者註）らは、インターネット販売が原因となって副作用が発生した事例の有無や件数は明らかでなく、インターネット販売を規制する立法事実がないと主張する（……）。しかしながら……、インターネット販売によって購入された一般用医薬品の服用による副作用被害の発症例は現に報告されて存在しており、その件数が判明していないのは、副作用情報の収集の際に購入経路等の調査がされていないことによるものであり、上記報告例の発症の原因が販売方法によるものか否かが判明していないのは、その原因の調査がされていないことによるものであるところ、一般用医薬品の服用による副作用被害の発症例が現に重篤な症状の例を含めて多数報告されて存在し、副作用による健康被害の防止のために医薬品の適正な使用に必要な情報の提供の確保が喫緊の課題とされる中で、……インターネット販売によっては、購入者側の属性・状態等の的確な把握に基づく医薬品の適正な使用に必要な情報の提供及び適切な相談の実効的な確保の点において、対面による販売によって実現し得る所要の水準を制度的に確保することができず、副作用による健康被害の防止を十分に図り得ないものといわざるを得ない以上、その危険を除去するために、本件規制によって副作用の危険性の相対的に高い医薬品につき対面による販売を義務付けることには必要性と合理性が認められるということができる（……）ので、上記指摘は本件規制の合憲性に係る前示の判断を左右するものとは認められない。」（強調——筆者）

裁判所の右判示は国側の主張を基本的に支持するものとなっているが、そのため国の主張の問題点をそのまま抱えることにもなっている。つまり一件のみ存在するインターネット販売によって購入された一般用医薬品の服用による副作用被害が、販売方法（インターネット販売）を原因とするものであるのか否か調査されていない（明らかではない）にもかかわらず、（販売方法に関係なく）「一般用医薬品の服用による副作用被害の発症例が現に重篤な症状の例を含めて多数報告されて存在」していることを根拠に、情報提供方法に劣るとされたインターネット販売を一律に禁止することは必要性と合理性が認められるとして正当化しているからである。つまり、副作用被害の原因が「販売方法」から「一般用医薬品そのもの」に差し替えられているのである。

(2)　これに対し原審（東京高判平成二四年四月二六日判例タイムズ一三八一号一〇五頁）は、本件各規定が新薬事法上の各委任規定の委任の趣旨の範囲内であるか否かを検討した後で「郵便等販売の実態や販売等方法により生じた副作用についての実態把握や検証がないか不十分な状況が認められる本件においては、店舗販売業者に対して、一律に第一類・第二類医薬品の郵便等販売を禁止する省令による本件規制の合理性が裏付けられているとも言い難い」として、（「オ　制限される利益との関係について」という見出しの下で）次のように判示している。

「本件規制により、郵便等販売（インターネット販売を含む。）を利用した第一類・第二類医薬品の販売が禁止される結果となるが、一般用医薬品を使用する者の適切な選択及び適正な使用を確保し、一般用医薬品の副作用による健康被害を防止し、その発生を最小限に抑えるため、一般用医薬品の販売時情報提供を販売業者に義務づけるとする規制目的の下において、その情報提供を電磁的方法等で行うことを制限したり、第一類・第二類医薬品の郵便等販売を行うことを制限するにあたり、制限の対象となる電磁的方法等による情報提供の正確性や受信者（購入者）側の認識との齟齬や誤解の有無、その利用状況、郵便等販売が利用される場面としては様々な形態が想定され、これらが立法に当たっての前提問題となると解されるところ、立法目的を達成するための必要性ないし手段の合理性があるといえるためには、その各態様等についての十分な調査・審議がされることが必要であると解される。また、法律の基礎にあってそれを支えている事実、立法目的を達成するための手段が合理的であることを基礎付ける事実、とりわけ、本件は、既に利用され、その販売方法で営業活動を継続してきた業者がある事案であるから、一般用医薬品のインターネット販売が認められることによって侵害される利益があることについて検証し、他の規制手段による合理的な制限の有無や方法を検討する必要があり、それがないまま、一律に第一類・第二類医薬品の郵便等販売を禁止し、これにより控訴人らが営業活動しているインターネット販売を規制することは、立法目的を達成するための必要性ないし手段の合理性があるとただちに認めることはできない。そして、こうした具体的検討については、検討部会の検討においても、国会の議論においても、対面販売との比較検討はされているが、営業の自由に対する規制を省令に委任するものとしての検討（例えば、インターネット販売によることを原因とした副作用事例発生の有無等の調査やインターネット販売の利用実態の検証等）がされていたものと認めることはできない。

　そうすると、法が一律に第一類・第二類医薬品の郵便等販売を禁止することを許容して、これを省令に委任したものと認めることもできない。」（強調——筆者）

つまり原審は、本件事案において最も争点とされるべき論点、つまり損害の発生が「インターネットによる販売」という販売方法に基づくものであるのか否か、つまり対面方式による販売に比して損害発生のおそれが高いのか否かという論点が全く十分な資料に基づいて議論されていないということを指摘している。ここでは適切に問題の所在が指摘されていると言えるだろう。最高裁の判断は、原審よりもさらに明解である。最高裁はこの問題（抽象的危険の有無の問題）に正面から取り組むのではなく、[519] むしろ、委任立法が法律の委任の範囲を超えないためには「授権の趣旨が、……規制の範囲や程度等に応じて明確に読み取れることを要する」としてこの事件を処理している。[520] 最高裁は、原審が「本件各規定が新薬事法上の各委任規定の委任の趣旨の範囲内であるか否か」に加えて行った「改正法の趣旨や目的から、例外なく第一類・第二類医薬品の郵便等販売を禁止することが委任の趣旨と認められるかどうか」という検討を行っていない。[521] むしろ最高裁は新薬事法の規定ぶり（新薬事法三六条の五及び三六条の六、三七条一項）に注目して、「いずれも上記各医薬品に係る郵便等販売を一律に禁止することとなる限度において、新薬事法の趣旨に適合するものではなく、新薬事法の委任の範囲を逸脱した違法なものとして無効」と判断したのであった。[522] これは、省令が委任の範囲を超えて違法（法律の優位の原則違反）というよりも、法律が専権的法規創造力の原則に違反していることを実質上宣言したに等しいとも言える。[523]

四　本件事案では本来、まず「インターネットによる販売」という行為が「対面販売」という類似の販売に比してしばしば副作用事例を引き起こすか否かがまず検討され（補助準則の適用）、その上で、これを規制することを省令に明示的に委任する法律規定を制定（改正）するというのが、国会ないし行政機関がとるべき政策実現のためのプロセスであった。[524] もちろん（抽象的）危険が存在しない場合であってもこれを政策的観点から危険配慮のための措置として規制することが否定されるわけではない。しかし、その場合には、法律規定の中にその旨が明確に規定されることが必要となる。[525] この観点からすれば、本件の規制は、先に見た（旧）監獄法施行規則の事件と同様、抽象的危険の原因となるところの「特定の行為ないし状態」を正しく捉えていなかったと評することができよう。[526]

本件事案における厚労省の対応ならびにこれを支持する一審判決において確認できるのは、医薬品は副作用を引き起こす危険なものであり、それは当然規制されるべきものであるという暗黙の前提が存在し、販売方法の危険性と医薬品そのものの危険性が混同されていること、またこれを裏づける法律規定（省令への委任）への洞察が軽視されていたことである。本節第二款第二項で見たドイツの各種判例が、法規定と並び統計的データをその信頼性も含めて慎重に吟味・検討していたのと極めて対照的である。[527]

(517)　なお一審（東京地判平成二二年三月三〇日判例時報二〇九六号九頁）では、薬事法施行規則に本件各規定を加える改正規定が無効であることの確認の訴え、並びに予備的に本件改正規定の取消しを求める訴えも提起しているが、改正規定が処分性を有しないことを理由に却下されている。

(518)　戸部真澄「判批」『速報判例解説八号』（日本評論社、二〇一一）四四頁も「本来論じるべきは、従来のネット販売では情報提供の不十分さにより副作用事故が多発していたのか（立法事実の問題）、ネット販売では副作用による健康被害を防止するに十分なレベルの情報提供ができないのか、その防止のためにネット販売を全面禁止する必要性があるかという点であって、対面販売とネット販売の優劣ではない」と述べるほか、下山憲治「一般用医薬品の流通・販売規制に関する考察」東海法科大学院論集三号（二〇一二）九七頁も「同一の医薬品ないし同程度のリスクを有する医薬品について、対面による販売方法と郵便等販売方法との相違に起因して、需要者の誤選択・誤使用リスクに有意差があると認められる事情があったかどうかが重要」と述べる。

(519)　この点に関しては、最高裁は原審が認定した事実関係の中から〝政府部内において、一般用医薬品の販売又は授与の方法として安全面で郵便等販売が対面販売よりも劣るとの知見は確立されておらず、薬剤師が配置されていない事実に直接起因する一般用薬品の副作用等による事故も報告されていないとの認識を前提に、消費者の利便性の見地からも、一般用医薬品の販売又は授与の方法を店舗における対面によるものに限定すべき理由には乏しいとの趣旨の見解が根強く存在していた〟ことを指摘するに留めている。

(520)　但し、最高裁が示したここでの判断基準は、〝規制の正当性につき一般消費者・専門家の中でも、また政府部内でも意見が分かれており、さらにその規制が職業活動の自由を相当程度制約することが明らかである〟という「これらの事情の下で」という前提条件が付されていることには注意を要しよう。その限りにおいて、当該判断基準の射程については慎重に検討する必要がある。

(521)　このことは原審が「委任立法である省令によって国民の権利を制限する場合、当該制限規定が法律の委任の範囲内かどうかを検討する場合、その法の規定の文言はもとより、法の趣旨や目的等を考慮して解釈すべきものと解される（最高裁昭和四六年一月二〇日大法廷判決・民集二五巻一号一頁、最高裁平成一四年一月三一日第一小法廷判決・民集五六巻一号二四六頁参照）」として挙げていた各種最高裁判例を引用していないことからも推測される。

(522)　より正確に言うと、最高裁は、原審が適法に確定した事実の中のうち「参考人として出席した検討部会の部会長は、検討部会の審議の経緯及び検討部会報告書の内容を説明した上、上記法案はこれらを十分に踏まえたものであり、医薬品はその本質として副作用等のリスクを併せ持つから、適切な情報提供が伴ってこそ真に安全で有効なものとなるが、これを対面販売で行っていこうというのが今回の議論の出発点であるなどと述べ」「こうした審議を経て、上記法案は、衆参両院で賛成多数により可決成立した」のであるが、それは法案が単に検討部会の中で十分に踏まえられたものと理解されていたに過ぎず、「新薬事法の授権の趣旨が、第一類医薬品及び第二類医薬品に係る郵便等販売を一律に禁止する旨の省令の制定までをも委任するものとして、上記規制の範囲や程度等に応じて明確であると解するのは困難」と評価したのであった。

(523)　一審の事業者らの主張は、まさにこの点を指摘するものであった。山本・前掲(383)二〇頁は、このような結論は、社会的に重要な事項は法律で定めるべしという本質性理論から説明しやすいと述べる。

(524)　このようなプロセスを踏まなかった厚労省の立場を批判的に論じるものとして、阿部泰隆「違憲審査・法解釈における立法者意思の探求方法」加藤一郎先生追悼論文集『変動する日本社会と法』（有斐閣、二〇一一）八五頁以下（同『行政法の解釈(三)』（信山社、二〇一六）所収四七頁以下）。

(525)　本件事案においても、販売方法に起因する損害発生の蓋然性を指摘し、法律の委任根拠を明確に用意した上で、同様の規則を制定することはもとより不可能ではない。本判決後、ネット販売は事実上可能な状態となったが、判決後は省令の改正ではなく薬事法の改正により、大衆薬の一部について、ネット販売を禁止する「要指導医薬品」に分類することが新たに規定されるとともに、処方薬から大衆薬に変わったばかりで副作用などリスクが確かでない薬については発売から原則三年、劇薬は無期限にネット販売できないこととされた。しかし、このような法改正が、ネット販売行為に抽象的危険ないしリスクが存在することを前提に行われたものであるのか、また、そもそもネット販売と損害発生との間に果たして有意な因果関係が存在すると判断されたのか、なお検討の余地があろう。改正薬事法に対する批判については、参照、阿部泰隆「医薬品のインターネット販売規制を行おうとする薬事法改正に関する意見」（www.online-drug.jp/files/20131031.pdf 最終確認二〇一七年六月五日）。

(526) 山本・前掲(383)一八頁は、判断過程審査の観点から分析し、本判決を「一種の他事考慮」を行った判決と評価する。

(527) 本判決のほかには、統計的法則を正確にとらえないことによりタクシー乗務距離の制限を定めた公示行為の裁量の逸脱・濫用を認定した東京地判平成二六年三月二八日判例時報二二四八号一〇頁も挙げることができる。道路運送法（平成二五年法律第八三号による改正前のもの。以下、法という）二七条一項の定めを受けた旅客自動車運送事業運輸規則二二条によれば、地方運輸局長の指定する地域内に営業所を有するタクシー事業者は、地方運輸局長が定める乗務距離の最高限度を超えて当該営業所に属する運転者を事業用自動車に乗務させてはならないとされていたところ、関東運輸局長は運輸規則二二条に基づき、平成二一年一二月一七日付けで特別区・武三交通圏を含む各交通圏をタクシー事業者の乗務距離の最高限度の規制地域に指定した上で、一乗務当たりの乗務距離を、隔日勤務運転者については三六五キロメートル、日勤勤務運転者については二七〇キロメートルと定め、これを公示した。これに対し、東京都の特別区、武蔵野市及び三鷹市で構成される特別区・武三交通圏でタクシー事業を営む者が、国を相手に、本件公示に定められた乗務距離の最高限度を超えて運転者を事業用自動車に乗務させることができる地位にあることの確認などを求めて訴えを提起したのが本事案である。

本節との関連において特に重要な論点は、「最高限度を超える乗務」（旅客自動車運送事業運輸規則二二条）という特定の行為類型が損害発生の原因とみなされるのか否か、つまり「輸送の安全」（法二七条の二）を阻害する抽象的危険が「最高限度を超える乗務」に由来すると言えるか否かである。結論として裁判所は、最高限度を超える乗務と損害発生との関係に因果関係を認められないとして原告の請求を認容したが、その際、抽象的危険を導く〝特定の行為類型〟を探究する手法をとり、被告国側が用いたデータの信憑性・正確性を丁寧かつ詳細に審査している。裁判所が抽象的危険の有無について適切に審理したリーディングケースとも言い得るだろう。

第三　抽象的危険と具体的危険、そして省令制定権限――泉南アスベスト事件

一

複雑な事象に見通しのよい説明を与えるためには、まずシンプルなものから考察することが基本とするならば、

危険防御命令の権限不行使が問題とされた事件は最後に検討されるべき事案であろう。危険防御命令の権限不行使について国家賠償法上の違法を認定した注目すべき事例は、本節冒頭でも触れた筑豊炭鉱塵肺事件判決（最三小判平成一六年四月二七日民集五八巻四号一〇三二頁）だが、そこで示された基本的な立場、つまり危険防御命令として位置付け得る省令の委任の趣旨を「鉱業権者が講ずべき保安措置の内容が、多岐にわたる専門的、技術的事項であること」と理解し、「内容を、できる限り速やかに、技術の進歩や最新の医学的知見等に適合したものに改正」することを求めた立場は、その後、泉南アスベスト事件判決（最一小判平成二六年一〇月九日民集六八巻八号七九九頁）[528]においても確認されているところである。[529]

ところで、省令制定権限の不行使については、省令が一般的抽象的規範であることから法律制定と同様の広範な裁量性が論じられ、これが理由で個別具体的な規制権限の不行使のケースに比して違法性を認定することが難しいと理解されることもあった。[530]しかし、これまでに得た分析視角を踏まえるならば、省令制定権限不行使の違法を判定するためのプロセスを見通しよく整理することが可能であろう。以下では泉南アスベスト事件判決を中心に、当該事案において抽象的危険と省令制定権限の関係がどのように理解され、また位置付けられるのかを見ていくことにする。もっとも検討にあたっては、本件が国家賠償訴訟であることを踏まえ、国賠法一条一項の違法をどのように理解するかという問題について無視することはできない（いわゆる公権力発動要件欠如説と職務行為基準説の対立）。「国又は公共団体の公務員による規制権限の不行使は、その権限を定めた法令の趣旨、目的や、その権限の性質等に照らし、具体的事情の下において、その不行使が許容される限度を逸脱して著しく合理性を欠くと認められるときは、その不行使により被害を受けた者との関係において、国家賠償法一条一項の適用上違法となる」という判断定式[531]（在宅投票制度廃止事件）が示す通り、最高裁は、客観的な法規範違反（法律で想定されている省令制定義務の違反）をもって直ちに国賠法上の違法を導くとの立場をとっているわけではないからである。[532]従って国賠法上の違法を論じる上で、（省令制定義務を命じる）客観的法規の違反にのみ着目して抽象的危険の存否を考察するだけでは十分ではないように思われる。[533]この問題は最終的には、省令の制定ないし改正権限を有する行政機関（公務員）に課せられる「職務上の義務」[534]の内容とかかわるが、ここでは最終的な回答は留保し、[535]本節では抽象的危険との関連において、以下の三点のみ検討することとしたい。第一に個別的規制権限と省令制定権限との関係、とりわけ権限発動要件の相違について、第二に要件の認定と効果としての権限発動義務との関係について、そして第三に省令制定権限行使の要件、つまり抽象的危険の認定方法についてである。

二　まず、個別的規制権限と省令制定権限との関係について検討しよう。これまでに得た分析視角を踏まえるならば、個別的規制権限と省令制定権限の発動要件はそれぞれ異なり、[536]前者の権限の発動要件は具体的危険の存在、後者の発動要件は抽象的危険の存在ということになろう。[537]改めて確認するに、この両者は、損害発生の蓋然性の程度ではなく、予測の基準点、すなわち考慮すべき考察対象（「すべての個別具体的諸事情」か「特定の条件（行為ないし状態）」か）によって区別される。従って、省令制定権限の不行使が問われた本件事案においては、石綿肺による健康被害を発生させる抽象的な蓋然性の程度が問われているのではなく、石綿肺による健康被害を十分な蓋然性をもって発生させる「〔粉塵対策を講じずに〕石綿工場で石綿製品を製造・運搬する」（特定の）行為が存在していたか否かが問われていることとなる。この場合、特定の工場の性質や地域環境等、（具体的）危険の有無を左右する個別具体的な諸事情を考慮に入れる必要はなく、ただ健康被害を十分な蓋然性をもって発生させる「〔粉塵対策を講じずに〕石綿工場で石綿製品を製造・運搬する」という（特定の）行為が存在していることのみが問題となる。もっとも既に確認したように、抽象的危険を認めるべき事情と具体的危険を認めるべき事情とが一致する場合はあり得る。[538]本件事案がまさにそうであるように、省令が規制対象とする「〔粉塵対策を講じずに〕石綿工場で石綿製品を製造・運搬する」という（特定の）行為は、本件個別具体的ケースにおいて既に現実化していたものであることから、具体的危険が認められる事情も存在したと言い得るからである。本件では、具体的危険を否定するような個別具体的な特殊事情が存在していたということもないし、被告によって主張されていたということもない。かくしてこの場合、「〔粉塵対策を講じずに〕石綿工場で石綿製品を製造・運搬する」という特定の行為は個別具体的な事情と完全に一致しているということになろう。そうなると、この場合においては、抽象的危険でもありながら具体的危険でもあるということになり、両者の危険を区別する必要性はなく、(539)（当時の）労働大臣が行う対策としては、理論的には、個別的措置も省令の制定もどちらもあり得るということになる。その限りにおいて、個別的措置の権限不行使の違法性と共通の判断枠組みで論じる基盤を見出すことができるだろう。そこで問題は、不特定の類型の行態を対象に不特定多数の人々に対して一般的抽象的規範たる省令で対応することが個別的措置に比して相応しいといった事情、あるいはこれらの点を考慮に入れて、行政庁が個別的措置を講ずる権限がなく省令で対応することが制度上前提になっている、といった事情があるかどうかということになろう。しかしこれを判断するためには、まず関係法令の仕組みを明らかにする必要がある。

この点、関係法令における個別的措置と省令の位置付けについて検討すると、旧労働基準法並びに労働安全衛生法は、危険防御の措置を第一次的に使用者ないし事業者が行うものとし、それらの者が講じるべき具体的な措置の内容を労働省が省令で定めることとしている。つまり労働大臣が自ら特定の使用者ないし事業者（場合によっては労働者）に対し個別具体的な措置を講じるというのではなく、あくまで使用者ないし事業者が講ずべき具体的措置を命令または労働省令で（罰則付きで）定めることによって、間接的に広く職場における労働者の安全・健康を保護する構造になっている。以上のような法的仕組みによれば、法は行政機関が個別的措置を講ずるのではなく、一般的抽象的な規律たる省令で対応することを前提としていると理解することができるだろう。最高裁がいう「労働大臣の……各法律に基づく規制権限は、……労働者の労働環境を整備し」という表現は、このことを表していると見ることもできる。(540)この場合、具体的危険を前提とした労働大臣の個別的措置の可能性については少なくとも法制度上は特に考慮する必要はないことになろう。かくして本件において行使されるべきであったとされる省令制定は、「(粉塵対策を講じずに)石綿工場で石綿製品を製造・運搬する」という(特定の)行為の発生を阻止すべく、石綿工場における粉塵防止策として「最も有効な方策であ」るとされた局所排気装置等による粉塵の発散防止措置の設置の義務付けということになる。なお、本件において原告は、局所排気装置のみならず、防塵マスクの使用に関わる省令制定権限の不行使についても主張し、原審(大阪高判平成二五年一二月二五日民集六八巻八号九〇〇頁)ではこれを認容しているが、最高裁は、労働安全衛生規則及び特定化学物質等障害予防規則において防塵マスク等の呼吸用保護具について事業者及び労働者に義務が課せられており、この義務を通じて、「労働者の防じんマスクの使用は相当程度確保される」のであるから、右各義務に加え「事業者に対し労働者に防じんマスクを使用させる義務及びその使用を徹底させるための石綿関連疾患に対応する特別安全教育を実施する義務を負わせなければ著しく合理性を欠くとまでいうことはできない。」と判示している。これは、原審が防塵マスクの使用を局所排気装置と同レベルの石綿粉塵曝露対策として「重要」とみなしているのに対して、本判決は局所排気装置に対する「補助的手段」と位置付けていることに由来するものである[541]。

ちなみに、労働大臣が行使できる権限は、省令の制定だけではなく、行政の調査権限や情報提供といった権限の行使もあり、これらの権限の行使が義務付けられることもあり得るとの見解が主張されることがある[542]。この見解は、アスベストのように産業的な利用が進められた後に健康等への危険性が判明するような場合には、調査権限や情報提供権限が(たとえ十分とはいえないとしても)被害防止に寄与するものと理解し、一定の危険や疑義があれば、「医学的知見の確立」が認めがたい段階であっても権限行使を義務付けることを支持する立場から示されたものである。裁判所はいずれの訴訟においてもこれに消極的であるが、今後、調査権限・情報提供権限の法的根拠、そしてその権限発動要件を、具体的条文に沿って検証する課題は残されていると言えよう[543]。

三　次に、要件充足と効果裁量の関係についてである。抽象的危険が要件レベルで認定された場合、行政機関はその効果として省令制定権限を行使することが可能になるが、その際、要件の認定における考慮要素と権限行使を義務付ける場合の考慮要素とは、原則として区別しておかなければならない。抽象的危険が存在するか否かと、省令制定権限を行使する義務があるか否かは、基本的に異なる判断事項だからである。もっとも、省令制定権限の行使を義務付ける諸事情は、危険防御の領域においては実際上、既に要件レベルでの抽象的危険の認定の際に考慮し尽くされていると考えられることから、要件の認定のみが問題になるとみることが可能である。というのも、危険を防御する規制目的と省令制定権限を発動しない目的とを比較した場合、前者を充足しているにもかかわらず後者が優先される事例は、通常の場合、想定することは困難だからである[544]。

もっとも、抽象的危険の存在が肯定され、これを規制することが法律上要請されるとしても、規制内容が一定の行態を単に禁止するといった単純なものではなく、一定の行為を義務付ける内容を持つ場合には、その限りで、行政機関に一定の裁量が認められる余地がある[545]。本件のように、事業者に対し局所排気装置の設置の義務付けを内容とする省令制定権限の不行使に関しては、――アスベストが損害発生をもたらすことにかかる医学的知見（「石綿関連疾患に関する医学的知見」）に加え――アスベストを規制する方法の知見（「局所排気装置に関する技術的知見」）が存在していたかどうかも重要な論点として問われることになる。本件では、抽象的危険の認識時点と省令制定権限が行使可能な時点が、ともに昭和三三年であったということで請求が認容されているが、いずれにせよ省令制定権限の不行使の違法性判断では、要件認定と効果裁量の以上のような関連性について整理しておかなければならない[546]。

四(1)　個別的規制権限と省令制定権限の関係、並びに要件充足と効果裁量の関係について以上のように整理するならば、最後に取り組むべき課題は、そもそも特定の行態に抽象的危険が認められるか否か、より具体的には、特定の行態と損害発生との間に十分な蓋然性が認められることが、いつの時点で認定されるか、ということになる。省令制定権限の不行使の国賠法上の違法評価には、（その権限の発動時点において）損害の発生が、統計的法則に基づき「特定の行態に由来する」と想定されることが必要であると同時に、またそれが規範制定権者にも認識されていたことが確認されなければならない[547]。

そこで以下、具体的に検討するに、アスベスト被害について言えば「〔粉塵対策を講じずに〕石綿工場で石綿製品を製造・運搬する」という特定の行為が損害発生を導いているということそれ自体は既に明らかなものとされていたことから、そもそも原因とされる行態自体が不明であるような事例とは異なり、損害発生を導く特定の行態については改めて問う必要はない。むしろ問題は、「〔粉塵対策を講じずに〕石綿工場で石綿製品を製造・運搬する」行為と損害発生との間に十分な蓋然性が存在すること、つまり、石綿が損害発生をもたらすことにかかる医学的知見（「石綿関連疾患に関する医学的知見」）について、国賠法一条が定める公務員たる労働大臣が、いつの時点で予見可能であったと判断されるか、という点にある（ここでは「局所排気装置に関する技術的知見」の部分については、抽象的危険の要件認定にかかわらない部分なので省略する[548]。）。

(2)　原告は一審（大阪地判平成二四年三月二八日判例タイムズ一三八六号一一七頁：LEX-DB【文献番号】25480808）において、「被告の規制権限の行使を義務付けるための予見可能性を肯定するためには、学術的な意味又は行政認定の基準策定に必要な程度の情報集積が求められるわけではな」く、「このような予見を可能とする程度の情報は、〔保険院（A）調査により〕石綿粉じんによって石綿肺に罹患することは昭和二二年までに、石綿粉じんのばく露と肺がんの関連性は昭和三〇年までに……すでに集積していた」と主張していた。これに対し被告国側は、「保険院（A）調査報告は、石綿肺に関する先駆け的な調査であって、石綿肺症例の一報告としての意味は有するものの、それ以上のものではなく、医学的又は疫学的知見としては仮説にとどまる」のであり、「当時は、臨床的診断方法が確立していなかったこと、国内での剖検例がなく、病理組織的な知見が確立していなかったこと、エックス線撮影の水準が劣っていたこと、感染症患者との鑑別ができていなかったこと、母集団を代表するかどうかが明らかでないこと、他業種従業者との比較調査が行われていないことなどの問題があり、Ａらの調査の結果を過大評価することはできない。」と主張した上で、石綿肺に関する医学的知見がおおむね集積されるに至ったのは、昭和三一年度から昭和三四年度にかけて労働省労働衛生試験研究が実施された後の昭和三五年ごろだとしている。この点、最高裁は、「労働省の委託研究において昭和三一年度及び昭和三二年度に行われた石綿工場での石綿肺の調査の結果、……上告人〔国〕においても、昭和三三年頃、石綿の粉じんによる被害が深刻なものであることを認識して」おり、「石綿肺に関する医学的知見については、昭和三三年三月三一日にされた……委託研究の報告において、石綿肺の概略を明らかにすることができたなどとされ、同日頃には石綿肺に関する医学的知見が確立していた」と判示しているが、これはすなわち保険院（Ａ）調査報告の正確性・信憑性について国側の主張を概ね採用したと理解することができるだろう。このような見方は、既に一審判決が、①保険院（Ａ）調査が行われた当時、日本において他に石綿肺に関する本格的な研究が存在しておらず、また②日本国内での剖検例はなく、病理学的観点からの検証の不十分さが否定できないこと、さらに③保険院（Ａ）調査で利用されたエックス線撮影装置の条件では、エックス線画像が不鮮明とならざるを得ず、そのフィルムの読解の正確性には限界があったこと等から、保険院（Ａ）調査が他の研究者による同調査の正確性の検証や病理組織学的な研究による確認が必要なものであり、この調査をもって石綿肺の医学的知見が概ね集積されたと認めることはできないと判示していたところであった。国内・海外を含め複数存在する調査結果のうち、どの調査結果を最も正確であり、また信憑性のあるものとして評価するかは、結局のところ、その調査方法の合理性・確実性によって左右されるものと判断されよう。(549)

(3)　他方で、このような最高裁の判断については、侵害される法益の程度や行使されるべき権限の内容との観点から疑問視する見解も存在する。医学的知見の確立がない場合であっても、法益侵害が重大であり、かつ、その回避手段が存在しているのであれば、行政は権限の行使を義務付けられることはあり得ると考えるべきとか、生命等の被侵害法益の重大性から行政に高度な注意義務が導かれ、医学的な知見の確立が早い段階で認められることもあり得る、といった見解[550]がその一例である。[551]もっとも、仮に医学的な知見の確立が科学的根拠の不確実な場合をも含むとするならば、それは省令ではなく法律によって規制する方向性について論じる必要はないのか、本節の分析を踏まえた場合には検討の余地が出てこよう。科学的根拠が不確実な中での早期の規制、これを予防原則と呼ぶならば[552]、それが果たして法律の明確な授権なく行政立法によって果たすことでも問題がないのかどうか、医薬品ネット販売規制事件で問題になったように、法律の授権との関係性を論じなければならない。しかし他方でこの問題は、ドイツにおいて遺伝的理由による犬種の危険性について連邦行政裁判所と連邦憲法裁判所の判断が分かれたように[553]、そもそも科学的知見の確実性をどの程度まで要求するかという形で論ずることも可能であろう。少なくとも本件は、石綿と被害との因果関係が科学的に解明されていないといった事案ではなく、科学的知見の確実性を厳格に解することには——被侵害利益の重みづけ評価と合わせても——慎重でなければならないとの見解も当然ありうるであろう。

(528)　泉南アスベスト事件は、第一陣訴訟（大阪地判平成二二年五月一九日判例時報二〇九三号三頁（責任肯定）、大阪高判平成二三年八月二五日判例時報二一三五号六〇頁（責任否定）、最一小判平成二六年一〇月九日判例時報二二四一号一三頁（責任肯定））と第二陣訴訟（大阪地判平成二四年三月二八日判例タイムズ一三八六号一一七頁（責任肯定）、大阪高判平成二五年一二月二五日民集六八巻八号九〇〇頁（責任肯定）、最一小判平成二六年一〇月九日民集六八巻八号七九九頁（責任肯定））があるが、ここでは、主に第二陣訴訟における最高裁判決を中心に取り上げる。

(529)　その他、省令の規制権限不行使が問われた事案として水俣病関西訴訟（最二小判平成一六年一〇月一五日民集五八巻七号一八〇二頁）もある。但し、当該事案での省令の改正は、水域指定と水質基準の設定であり、それ自体が直接的に危険防御に寄与するものではない。むしろそこで設定された水質基準に反する行為が行われて（つまり具体的危険が発生して）はじめて主務大臣が個別的命令を出す構造になっていることに注意が必要である。

(530)　稲葉一人「筑豊じん肺訴訟第一審判決」法律のひろば四九巻二号（一九九六）四九頁以下など。他方、政令は内閣が、省令は各省大臣が改廃権限を有するのであるから、立法の不作為と区別して、むしろ規制権限の不行使の事例として扱うべき、という見解も示されている。参照、西埜章『国家補償法概説』（勁草書房、二〇〇九）七三頁以下。

(531) 最三小判平成一六年四月二七日民集五八巻四号一〇三二頁など。

(532) なお、省令の法律適合性の問題と、省令権限の不行使に伴う国賠法上の違法性の問題とは関係ない。省令の改廃義務の存否の判断に当たっては、当該省令が法律の委任に反し無効でなければならないという必然性はない。参照、秋山義昭「炭鉱じん肺被害と国の責任」商学討究五三巻二＝三号（二〇〇二）一九頁註二一。

(533) 国賠法の違法性フィルターを介した個別法解釈がアスベスト国家賠償訴訟において重要なポイントであると理解するものとして、下山憲治「アスベスト国賠訴訟と規制権限不行使の違法判断に関する一考察」環境法研究四号（二〇一六）七七頁。二子石亮＝鈴木和孝「規制権限の不行使をめぐる国家賠償法上の諸問題について――その一」判例タイムズ一三五六号（二〇一一）一一頁以下は、権限の性質や権限行使の影響、権限の補充性、実際に採られた措置の合理性の程度等が、職務上の義務違反の認定において重要な要素となると見ている。

(534) 参照、高木光「省令制定権者の職務上の義務」自治研究九〇巻八号（二〇一四）三頁以下（同『法治行政論』（弘文堂、二〇一八）所収二九四頁以下）、高木・前掲（385）三六頁、北村和生「アスベスト国賠訴訟における行政法上の論点」環境法研究四号（二〇一六）一一三頁。

(535) この論点の一部については、拙稿「国家賠償法一条が定める違法概念の体系的理解に向けた一考察（一）（二・完）――職務義務違反説の可能性」法學（東北大学）八一巻六号一頁以下、八二巻一号（二〇一八）一頁以下で検討を加えている。

(536) 山下竜一「権限不行使事例の構造と裁量審査のあり方」芝池義一先生古稀記念『行政法理論の探究』（有斐閣、二〇一六）五八一頁は、「権限が複数あることと作為義務の成立要件はどのような関係にあるのか」を問うた上で、「理論的には、裁判所は、権限ごとに作為義務の有無を判断することになり、羈束処分以外は権限ごとに不文の要件を措定しなければならないであろう」とする。

(537) 下山・前掲（533）六八頁は、「政省令等の制定改廃は、抽象的な規範定立行為であって、個別具体的な危険に対応する措置ではなく、個別法によって求められる程度の抽象的な一定の危険性・有害性に対応するものである。そして、統計資料等に基づく相応の抽象的な一定の危険性・有害性の存在と、適時かつ適切に、それを回避・軽減しうる基準を設定できる程度の認識・予見が可能であったかなどが重要な判断要素となる」とする。同「基準設定権限等の不行使と国家賠償責任――じん肺予防領域を中心として」福島大学地域

創造一八巻一号（二〇〇六）四二頁も参照。

(538) 前掲（419）参照。

(539) 同一事情（行為ないし状態）が、抽象的危険でも具体的危険でもある場合には、どちらか一方の危険のみを「覆い隠す」ことになると表現するものとして、Pieroth/Schlink/Kniesel, a.a.O. (Anm. 404), §4 Rn. 11.

(540) 従って、ここでいう規制権限は、判決文を忠実に読む限り、旧労基法四五条に基づく命令と安衛法二七条に基づく労働省令であり、使用者や事業者が講ずべき具体的措置ではないことはもちろん、労働大臣が講じる具体的措置でもない。かくして筑豊塵肺訴訟判決は「省令を改正したうえで、それを前提として各種の監督権限を行使するという一連の権限の不行使」を問うたという説明（宮坂・前掲（384）一四二頁）は、少なくとも本判決においては当てはまらないと言えよう。戸部真澄「判批」『速報判例解説一六号』（日本評論社、二〇一五）五九頁は、筑豊塵肺訴訟判決は「保安規制の権限（省令改正権限等）」（強調——筆者）の不行使全体を違法としたため命令制定権限の特殊性が強調されにくい事情があったが、泉南アスベスト事件判決は、命令制定権限の不行使のみが問題となった事案であり、その事案でもまた通常の行政処分権限の不行使と同一の判断枠組みを採用した点で、この点に関する判例法理を明確化した、と分析している。

(541) 他方、防じんマスクの使用が十分に徹底されていなかったにもかかわらず、行政がこれを義務付けなかったことに対し、著しく合理性を欠くとまでは言えないと判断した最高裁の立場を批判するものとして、松本和彦「泉南アスベスト事件最高裁判決の意義と問題点」法律時報八七巻二号（二〇一五）九六頁以下、桑原勇進「判批」民商法雑誌一五一巻一号（二〇一四）八五頁以下。また、行政指導等によって一定の対応をとっていたことをもって違法性を認定しない立場（泉南アスベスト訴訟第一陣控訴審判決）に対して、北村・前掲（534）一一四頁は、行政指導等といったよりソフトな手段による対応が承認されるのは、これらの手段が被害を防止するための実効性を有する場合、また行政指導の相手方が専門家（医師や薬剤師等）であり専門家の判断を一定程度尊重する合理性が認められる場合であって、本件事案においては当てはまらない、と分析する。

(542) 北村・前掲（534）一一一頁。また、科学的知見の程度と規制の強度の関係については、下山・前掲（533）七一頁以下も参照。

(543) この場合には、「危険の疑い」と「危険」の異同といった問題も問われることになろう。危険の疑いを解消するための危険調査権限の法的根拠は、ドイツ警察法学では重要な論点として活発な議論が展開されている。参照、下山・前掲（10）一六七頁以下、桑原勇進「非『客観的』危険——『危険の疑い』と『表見的危険』」塩野宏先生古稀記念『行政法の発展と変革下巻』（有斐閣、二〇〇一）六

九四頁以下（同『環境法の基礎理論——国家の環境保全義務』（有斐閣、二〇一三）所収二二三頁以下）、本章第二節第一款第三項第四も参照。

(544) このような、規制権限それ自体の規律目的と効果裁量承認の目的の比較衡量という視点については、参照、森田・前掲(355)判例評論三二八号（一九八六）一八三頁以下。また本章第二節第二款第三項。近時、行き届いた体系的説明を通じて同指摘を行うものとして、戸部真澄「予防原則と国家賠償」行政法研究一一号（二〇一五）一三五頁以下。

(545) 北村・前掲(534)一一二頁も、筑豊塵肺訴訟、泉南アスベスト訴訟においては、危険性があるのに権限を行使しない裁量が許されているわけではなく、科学的な知見や技術進歩に応じて臨機応変に規制をさせる趣旨で裁量が認められているとする。桑原・前掲(541)八〇頁以下も基本同旨だが、行政の対応過程総体が合理的であったか否かを問うという視角からすれば、本件のような事案では省令制定行為の裁量を論点化すること自体が無意味であるとする。

(546) もっとも、省令制定行為については、その要件の認定と効果における義務が、必ずしも明確に区別されずに論じられることもある。二子石亮＝鈴木和孝「規制権限の不行使をめぐる国家賠償法上の諸問題について——その二」判例タイムズ一三五九号（二〇一二）七頁以下は、省令の制定は行政行為とは異なり要件規定はなく、法の委任の趣旨に従うことが求められるのみであり、また、一般法規を定立する行為であるという性質上、省令制定の裁量の幅は一般的に広いとするが、まさに本章の問題意識は、省令制定の不文の要件規定（山下・前掲(536)五八〇頁）を可視化させることで、幅が広いとされる裁量を適切に統制する道筋を明らかにしようとするところにある。

(547) 下山・前掲(533)六八頁は、「政省令等の制定改廃は、抽象的な規範定立行為であって、個別具体的な危険に対応する措置ではなく、個別法によって求められる程度の抽象的な一定の危険性・有害性に対応するものである。そして、統計資料等に基づく相応の抽象的な一定の危険性・有害性の存在と、適時かつ適切に、それを回避・軽減しうる基準を設定できる程度の認識・予見が可能であったかなどが重要な判断要素となる。」と述べる。

(548) また肺がん・中皮腫発症にかかる医学的知見の確立の問題についても、ここでは省略する。

(549) もっとも一審判決が、医学的知見の確立を昭和三四年（一九五九年）ころと認定したのに対し、戦前以来の知見の蓄積や、一九五七年以降、国自身が具体的対策に乗り出していることに鑑みれば、いささか慎重に過ぎるとの見解を示すものとして、野呂充「泉南アスベスト国家賠償請求訴訟」法律時報八四巻一〇号（二〇一二）六六頁。

(550) 北村・前掲 (534) 一一一頁。
(551) また桑原・前掲 (541) 八三頁以下は、「強制力のある義務付けに関して科学的知見の確立を一律に要求することは、かなり問題」と指摘する。
(552) 戸部・前掲 (544) 一四七頁以下は、予防原則に基づく予防的規制権限が存在したと仮定した場合には、遅くとも保険院調査の結果が出た昭和一五年には、石綿の使用禁止又は少なくとも濃度規制のかたちで権限行使することは可能であり、またその義務があったということができる、と述べる。
(553) 本節第二款第二項第一。

第三項　残された課題

一　本節の目的は、個別的措置による危険防御と行政立法によるそれとの二つの異なる規制手段を採用する立法技術が十分に認知されていない、換言すれば、規制すべき対象（危険の種類）が法解釈において提示されていないとの認識の下、――法文の有無とは無関係に――抽象的危険という法概念を提示し、その概念構成を明らかにすることによって、危険防御に寄与する行政立法権限を危険防御の法体系全体の中に位置付け、これを適切に統制するところにあった。行政機関が権限行使の要件認定並びに効果の発動において統計的法則を含む科学的知見をどのようなプロセスを経て考慮に入れるべきなのか、その判断過程を明らかにすることが危険防御命令の実体的統制にも寄与すると考えたからである。[554] また同時に、抽象的危険概念そのものではなく、当該概念を組成している要素を当該概念の下で整序して把握することで、本来抽象的危険が問われるべきケースで危険の有無とは無関係な要素が（過大に）考慮されたり、行政立法権限の広範囲な裁量がいたずらに強調されるような、我が国の判例においてしばしば見られる総合考慮型の立法裁量に、一定の構造を与えることができるのではないか、と考えたからである。

二　しかし行政立法による危険防御の方法については、なお検討すべき残された課題も多い。

第一に、法律と行政立法の法形式の違いが流動的であるということをどのように評価するかという問題である。特にドイツでは、危険防御に資するとして過去において制定された行政立法の多くは、時代の経過とともに特別法の形で法律化されており[555]、今日、危険防御命令としての行政立法の実務上の位置付けは、従来に比して相対的に低下していると評されているところである。これは行政立法（法規命令）が危険防御命令という一般的な形で、州警察法の一般条項（ないし特別条項）に基づいて公布される仕組みになっていることにも由来するが、いずれにせよ、法律であれば、抽象的危険が認定できる場合はもちろん、抽象的危険が認定できない場合であっても規制することが可能である。立法者は単に（危険ではなく）リスクとして性格づけられる事情、（法益ではなく）単なる利益の保護に寄与する事情、（損害ではなく）不利益から保護されるべき事情についても規律することができる。であるとするならば、行政立法から法律への移行というのは、通常は、行政立法として制定された規制内容が裁判所の審査に堪えられなかった場合に行われるということになるのだろうか。実際、ドイツにおいて危険防御命令は、最終的には法律で規制されることとなるような〝試験的特徴〟を持つことが多いようである[556]。しかし危険防御命令では対応できない新たな課題に即座に法律で対応するという一連の流れは、好ましいと同時に欠点でもあり得る。即時的・執行的法定立は、絶えず安定性を欠き、法律と命令の均衡を失する結果を生み出すおそれがあるからである[557]。抽象的危険ではなくリスクが存在することを前提に新たに制定された法律の規定が、果たして、またどのような定め方であればリスクに配慮する規定として性質決定されるのか、さらに、既存の法律を配慮規定的に解釈することが、果たして、またどの程度許されるのかという論点も、今後検討されなければならないだろう[558]。

法律と行政立法の法形式の流動性にかかる第一の課題とも関連して、第二に、行政機関と立法機関との間で、規範定立行為に質的な違いが認められるか、という問題である。これは具体的には、定立された規範の正統性のみならず、規範定立権限を行使する上での調査能力ないし権限行使の迅速性の問題として現れる。規範定立権限を実際上行使する場合、立法機関・行政機関と問わず、規制対象に対する調査を前提とし、その調査結果を踏まえて、規制内容を規範において「規格化」、すなわち、規制すべき行態の発生を適切に抑えるための規制内容を整える必要がある。この点、行政機関による規範定立権限の行使は、迅速な調査、そしてその結果の規格化において――保有する専門的知識の量並びに執行体制の観点から――立法機関よりも比較的容易であると評価できそうである。[559]詳細を省令に委任するという立法技術から、できる限り迅速に省令を改正する要請を読み取る筑豊塵肺訴訟判決の判示は、法律が規律しない事項を省令が定めるという、いわば静態的、法段階説的な従来の捉え方に対し、労働者の安全確保という法目的から、いわば動態的に右立法技術の法的意味を明らかにするものと言えよう。しかし他方で以上のような評価は、行政機関の迅速性や専門性を絶対的なものと理解し、法律が想定しない配慮的内容を規律する方向へと導きやすい（医薬品ネット販売規制事件の例がそうであったように、法律の専権的法規創造力を反故にする危険性を孕む。）。法律が専門的技術的細目にかかる規制を省令へ委任しているからといって、法律が想定していないリスクへの規制も承認していると直ちに見ることはできないだろう。「技術の進歩に適合させ、適時適切に行使すること」が要請される行政立法においても、法律が定める趣旨目的との連関性の分析は不可欠であることは言うまでもない。同判示は、行政機関の規範定立権限と立法機関による規範定立権限との間で違いを認めるものなのかどうか、公務員に課せられている「職務上の義務」の問題と合わせて、今後、さらに注視していく必要がある。

第三に、行政立法と行政行為、とりわけ一般処分との関係をどのように理解すべきか、という問題である。[560]そもそも、損害発生の原因が特定の行態に基づく抽象的危険を行政立法によって規制すると解されているのは、特定の行態の規制は不特定多数のケースを対象にすることが可能であり、また一般的広範囲に規制することが好ましいと解されているからに他ならない。しかし、しばしば見落とされるポイントではあるが、「特定」の行態を「不特定多数」のケースを対象に規制することは、何も一般的抽象的規範である必要はなく、伝統的な行政行為の一類型である一般処分によっても不可能ではない。行政行為（一般処分）によって被害拡大を防止することが可能であれば、特にその制定手続に時間を要する行政立法の形式を採らなくとも、行政行為によって事態を処理することが合理的と考える余地があろう。もっとも、両者の違いをどのように判別するかは、実際上容易ではなく、行政立法と一般処分の行為形式の選択に対しどのようなルールが存在するのか、さらに検討する必要がある。実体的・実質的内容の観点からこれを分類する方法もあれば、単に形式的・手続的観点にのみ基づいてこれを分類する方法もあり得るであろう。[561] ドイツでは、行政立法と行政行為どちらでも対応可能な場合は、命令制定のように厳格な手続が要求されない、より簡易な手続で済む行政行為を選択するのが実務の実際のようであるが、[562] 他方で、行政機関側の負担を軽減するという目的のために行政立法形式を用いるということであれば、それは、その規制範囲の広さという観点から否定的に解されなければならないという論点も出てこよう。

(554) 既に山本・前掲 (383) 一六頁は、法規命令についても、行政機関による行政処分等の具体的行為に関する行政裁量とパラレルに考えることによって、判断過程審査の考え方を含む、法規命令の裁量統制の方法を整理できるように思われると評している。

(555) このような展開の古典的例として、営業法・外国人法・道路交通法など。Vgl. Schenke, a.a.O. (Anm. 396), S. 347.

(556) Rachor, a.a.O. (Anm. 389), S. 312. 犬種規制命令を違法とした連邦行政裁判所の判決 (BVerwGE 116, 347) 後に生じた、一部の州による法律化がその典型例である。

(557) Rachor, a.a.O. (Anm. 389), S. 312.

(558) 磯部力＝櫻井敬子＝神橋一彦＝(ゲスト) 桑原勇進「環境保護と行政法」法学教室三二三号 (二〇〇七) 七七頁以下 (桑原勇進) は、熊本水俣訴訟の分析において、水質二法が不確実性組み込み戦略を採用して規定していたとすれば、微量水銀の定量分析ができなくても水質基準の設定はできるはずであったとする。これに対し七八頁以下 (神橋一彦) では、水質二法は警察法的色彩の強い規定であり、公共用水域の水質の保全に関する法律に予防原則を読み込むことが解釈上可能かと疑問も呈されているが、七九頁 (桑原勇進) では、基本権保護義務が憲法上の原理であるとすれば、法律も憲法適合的に解釈されるべきとする (桑原勇進『環境法の基礎理論——

国家の環境保全義務』（有斐閣、二〇一三）二六六頁以下も参照）。以上のような議論も受けつつ、環境基本法から予防原則を現行法令に読み込む解釈論を丹念に展開するものとして、戸部・前掲（544）一〇三頁以下、特に一一一頁以下を参照。そこでは、日本はドイツのように未然防止（危険防御）と予防（事前配慮）を規定上明確に二分する考え方を採用していないため、（幸いにも）予防的規制権限を明示する規定がなくても法令解釈によって予防的規制権限の存在を認めることは可能との見方が示されている。

(559)　参照、髙木・前掲（385）四一頁。

(560)　この問題は、我が国でも例えば、いわゆる二項道路の、告示による一括指定と行政行為による個別指定の対立という形で論じられることがある。裁判所（最一小判平成一四年一月一七日民集五六巻一号一頁）による理由づけは、建築基準法の制定過程を踏まえるものであるが、しかし純理論的な分類の余地はなお残されていると思われる。一般処分の法的位置付けについて検討するものとして、阿部泰隆「誤解の多い対物処分と一般処分」自治研究八〇巻一〇号（二〇〇四）二六頁以下、山田真一郎「ドイツにおける一般処分をめぐる論点」早稲田大学大学院法研論集一四〇号（二〇一一）二九三頁以下。また、佐伯祐二「行政処分と命令・条例」芝池義一先生古稀記念『行政法理論の探究』（有斐閣、二〇一六）一八七頁以下も参照。

(561)　Vgl. Götz, a.a.O. (Anm. 397), § 22 Rn. 14.

(562)　Vgl. Rachor, a.a.O. (Anm. 389), S. 310.

終章　「警察権の限界」論の再定位——まとめに代えて

序節　警察法理論と実務の対話

およそ法理論とは、〝実定法の定め〟をベースにどこまでも実務に寄与すべく構成されるべきものである。本書がこれまで考察の中心に据えてきた「警察権の限界」論もまた、その例外ではない。そこで終章では、本書のまとめに代えて、〝警察法理論と実務の対話〟という観点から、伝統的警察法理論たる「警察権の限界」論が今日において果たして、またどの程度、実務に寄与しているのか、改めて検証することにしたい。具体的には第一節で、これまでの理論（学説）と実務の対話を戦後の警察法研究を振り返りながら概観し、第二節で、本書第一章から第三章までの検討を踏まえつつ、警察実務における伝統的警察法理論の有効性を具体的素材を用いて検証する。そしてその検証結果の一般化を通じて、第三節で伝統的警察法理論が抱える課題と今後の展開について論じることにしたい。

第一節　理論と実務のこれまでの歩み

第一款　戦後の警察法研究

戦後、警察法研究が最も盛んであったのは、警職法改正法案並びに安保闘争が政治課題となった一九五〇年代後半である。(1) この当時、公安条例に支えられた警備公安警察活動の要件と限界が警察法研究の主要な論点であったが、違憲の疑いありとされた公安条例が最高裁によって合憲と判断されると、議論は警職法改正法案の廃案と共に一定の終息を迎えることとなる。(2) その後、高度経済成長期に入る七〇年代後半から八〇年代にかけて、学説の関心は、食品衛生・環境法分野における健康権保護の問題へと向かうこととなったが、(3) この間、暫く警察法研究は警察実務家による個別警察法令の解説が中心となり、学説との対話は急速に減少することとなる。これは特に学説の側において、国家による積極的な環境規制を警察法理論とは別の枠組みによって導くべく、(4) 意図的に警察実務と距離を置いたことも理由として挙げられる。

このような状況に顕著な変化が現れたのは二〇〇〇年以降である。(5) 実務では、警察法二条一項が定める「個人の生命、身体及び財産の保護」という法目的が前景化し、児童虐待防止法（平成一二年法律第八二号）やストーカー規制法（平成一二年法律第八一号）、配偶者暴力防止法（平成一三年法律第三一号）など、親密圏内の利益とその保護措置が次々と法化された。また相次ぐ警察不祥事を契機に警察刷新会議が示した「警察刷新に関する緊急提言」（二〇〇〇年）を受け、警察庁が「緊急治安対策プログラム」（二〇〇三年）を公表し、内閣総理大臣が主宰し全閣僚を構成員とする犯罪対策閣僚会議も設置されることになった。他方で学説は、このような実務の展開を、三面関係論[6]、基本権保護義務論[7]、「安全の中の自由」論[8]など様々なグランドセオリーをもって整序し、また根拠づけることを試みた。これらのグランドセオリーは、詳細を見るとその内容は微妙に異なっているが、いずれも、自由に先立つ安全の確保が国家の基本的任務であること、また〝自由に対峙する「国家」〟と〝自由の前提条件である「安全」〟とが密接不可分な関係にあることを再確認しようとするものであった点では共通していた。

（1）代表的な研究業績として、田上穣治『警察法』（有斐閣、一九五八）、戒能通孝『警察権』（岩波書店、一九六〇）など。
（2）広中俊雄『警備公安警察の研究』（岩波書店、一九七三）二二五頁以下（「警備公安警察にとっての立法手続不要路線の定着」）、参照。
（3）代表的な研究業績として、田村悦一『行政訴訟における国民の権利保護』（有斐閣、一九七九）、原田尚彦『行政責任と国民の権利』（弘文堂、一九七九）、下山瑛二『健康権と国の法的責任――薬品・食品行政を中心とする考察』（岩波書店、一九七九）など。なお、この時期の規制目的二分論に疑問を呈するものとして、髙木光『行政訴訟論』（有斐閣、二〇〇五）二二七頁以下、参照。
（4）その根拠付けは警察と環境の領域二分論や警察規制に対する警戒など、様々である。警察法と環境法の異同については、行政法理論研究会「特別研究　行政法理論の方向性」自治研究七九巻四号（二〇〇三）五～一八頁（報告とコメント）、三五～三七頁（討論要旨）も参照。
（5）この時期の代表的な研究業績として、田村正博『警察行政法の基本的な考え方』（立花書房、二〇〇〇）、宮田三郎『警察法』（信山社、二〇〇二）、野口貴公美ほか編『安全・安心の行政法学』（ぎょうせい、二〇〇九）ほか。
（6）田村・前掲（5）一五頁以下。
（7）多くの紹介・分析があるが、差し当たり、小山剛「自由と安全――若干の憲法学的考察」警察学論集五八巻六号（二〇〇五）七九頁以下、参照。
（8）例えば、磯部力「『安全の中の自由』の法理と警察法理論」警察政策七巻（二〇〇五）一頁以下、吉田尚正「ドイツにおける『安全と自由』論と日本の治安への含意」自治研究八〇巻一一号（二〇〇四）一一四頁以下。同理論に対する批判的分析として、白藤博行

『安全の中の自由』論と警察行政法」公法研究六九号（二〇〇七）四五頁以下。

第二款　「警察権の限界」論の耐久力

では、以上のような戦後警察法研究の中で「警察権の限界」論は、どのように位置付けられ、また評価されてきたのだろうか。警察実務において限界論は、一九八〇年代頃から警察実務の障害であるとして、その内容を法律ないし憲法規定の中に発展的に解消させる議論が展開された(9)。この限界論批判は、そもそも限界論が歴史的拘束を受けたものであったことからも学説によって支持され、この議論を主導した警察実務家の田村正博は、今では限界論に代わる警察法の新たな基本原則を提唱するに至っている(10)。しかし他方で警察活動に対する厳格な法的コントロールという観点から限界論の性急な一般法原則化ないし憲法化に慎重な見解もまた存在した(11)。限界論をめぐる今日的評価の対立を最も象徴的に示すのは、いわゆる田村・須藤論争(12)であろう。田村は、警察実務の観点から実定法の定めを重視し、条理に基づく限界論が現実の警察実務を停滞させると主張するのに対し、須藤陽子は、実定法の定めもまた限界論を中心とした警察法理論を下敷きにして論ずべき、と主張する。両者の対立は詰まるところ、「実定法の定め」に対する「理論」の存在意義をめぐる対立であると言ってよい。「理論」が「実定法の定め」とあまりにも乖離している時、理論の実務に対する弊害を指摘する田村の主張には説得力がある。しかし他方で須藤が述べるように、実定法の定めがあまりにも低い規律密度に留まる場合、「実定法の定め」を重視する主張は、限界論が担ってきた法治主義の理念を希薄化させ、アドホックな法規定の創出を承認しかねないという難点がある。しかしそれでもなお、規律密度が低い「実定法の定め」に消極的な評価を与えている点では、実務・学説ともに一致していた。二〇〇〇年代に現れた様々なグランドセオリーは、警察権限の積極的な発動を必ずしも支えない規律密度の低い実定法の不備ないし欠陥を、いわば単純法の外から埋めるべく登場してきたと評価することが可能であるし、また警察実務において近時有力な、組織・手続・コストを重視する社会安全政策論なども、ある面では〝実定法分析の限界〟を前提としていると見ることもできよう。では、確固とした実定法に基づかない「警察権の限界」論は、もはや実務を整序する能力を失ったのだろうか。そこで以下では、近時の大きな社会問題であり、また警察活動の今日的評価の座標軸ともなりうる、《親密圏内における人身の安全確保》、とりわけ虐待を受けた児童の安全確保を素材にして、警察実務における伝統的警察法理論の有効性について具体的に検証することにしたい。

(9)　先駆的議論として、関根謙一「警察の概念と警察の任務（二）」警察学論集三四巻四号（一九八一）七一頁以下（同『関根謙一警察法等論文集』（立花書房、二〇一八）所収二三四頁以下）、田村正博「警察の活動上の『限界』（上）（中）（下）」警察学論集四一巻六号一頁以下、七号六七頁以下、八号（一九八八）七九頁以下。田村警察法学を「権威への挑戦」として高く評価するものとして、髙木光「警察行政法の現代的位置づけ」「警察行政の新たなる展開」編集委員会編『警察行政の新たなる展開（上巻）』（東京法令出版、二〇〇一）一七二頁以下。

(10)　田村・前掲（9）（上）一四頁は、「警察権の限界」論と同じ機能を「憲法等に基づく実定法秩序の上の限界」として議論することの正当性を認めるも、これを「警察権の限界の再構成」として位置付けることには反対する。そこで田村は「警察権の限界」論に代わる警察権限法制の指導理念として、「法律による行政の原理」「基本的人権の尊重」に加え、「平等原則」「責務達成義務」「法令化」「効率性の確保」「適切な自己責任の範囲の設定」を挙げる（田村正博『警察行政法解説』（立花書房、二〇一一）四三頁以下）。他方で、小山剛「田村警察行政法学——憲法学の視点から」大沢秀介ほか編『社会の安全と法』（立花書房、二〇一三）二六頁は、「（警察権限法制における憲法と法の一般原則に立った）指導『理念』は、多かれ少なかれ抽象的であり、効果的な限界論となり得ているかどうかは、具体的事例における適用を見て判断されるべき」とする。

(11)　白藤・前掲（8）五九頁以下、須藤陽子『比例原則の現代的意義と機能』（法律文化社、二〇一〇）一二三頁など。

(12)　田村・前掲（9）（上）一一頁以下、須藤・前掲（11）一二三頁。さらに論争は、須藤・前掲（11）一〇八頁以下と田村正博『全訂警察行政法解説（第二版）』（立花書房、二〇一五）七八頁以下註六五・六六へと続く。なお、同論争について今村哲也「国家活動法定主義と警察――オーストリア警察法概説」警察政策一三巻（二〇一一）八八頁は、「警察実務家（警察実務教科書）による伝統的警察理論への手厳しい批判により、ドイツ警察法理論研究者の旗色は芳しくない」と評す。

(13)　田村正博「社会安全政策の手法と理論」警察政策研究八号（二〇〇四）五頁以下、四方光「法政策学としての社会安全政策論」大沢秀介ほか編『社会の安全と法』（立花書房、二〇一三）三一五頁以下。その他、渥美東洋編『犯罪予防の法理』（成文堂、二〇〇八）所収の各論文も参照。

(14)　二〇一七年一月一九日付け日経新聞によると、全国の警察が摘発した暴行事件のうち配偶者や親子など親族間で発生した事案は、二〇一六年で六〇〇〇件を超え、二〇〇七年からの一〇年間で三倍以上になっているという。二〇一六年の一年間に全国の警察が摘発した暴行事件全体のうち二四・三％を占めている。

(15)　今日的評価をめぐる一例として、小田中聰樹「刑事法制の変動と憲法」法律時報七三巻六号（二〇〇一）四三頁と戒能民江「警察の介入姿勢の『変化』と『法は家庭に入らず』の維持」法学セミナー四五巻一〇号（二〇〇〇）五六頁以下の、ジェンダーバイアス付きの近代刑事法原則の理解を巡る対立を挙げることができる。両説の分析として、中里見博『市民の安全』とジェンダー――DVの警察の介入をめぐって」森英樹編『現代憲法における安全』（日本評論社、二〇〇九）二二四頁。

第二節　親密圏内における人身の安全確保

第一款　現状認識と問題の所在

周知の通り、児童虐待防止の最重要課題の一つは、虐待を受けた児童の安全確保に向けた、児童相談所（以下、児相と略す。）と警察の連携である。(16)しかし今日、この両者の連携が必ずしも有効に機能していないこともまた、しばしば指摘されている通りである。連携を阻害している要因としては様々なものが挙げられているが、中でも大きな要因の一つとして、両機関それぞれにおいて両者が安易に接触することに対する警戒感がある。これは特に児相の側から、一種の〝相互不干渉の原則〟が主張されることに現れているが、(17)それは、児童虐待という同一課題に対し、警察と児相との間で異なる解決アプローチがとられることに理由がある。(18)つまりこれを単純化すれば、〝警察は保護者が犯した問題に対応するのに対して（刑事司法的アプローチ）、児相は保護者・家族がかかえている問題に対応する（福祉的アプローチ）〟という対立図式である。(19)連携の機能不全は、このような両機関の異なるアプローチに対する相互理解不足に原因の一つがある、という訳である。(20)実際、児童虐待の現場からは、「どういう場合には警察の手を借りて、どういう場合には福祉のみで対応するかということに関する、一貫したビジョンが不在である」(21)との指摘がなされている。児相職員による福祉的アプローチのみでは実効的な立入調査ができず積極的な警察の介入を期待せざるを得ない部分があること、また他方で積極的な警察の介入は児童虐待について十分な知識がないまま児童に対する聴取や近隣住民への聞き取りを先行させることで、児相の職務遂行を妨害するとの声が聞かれ、(22)このような現場のジレンマが、現場職員による場当たり的な対応を生み出し、連携を不安定なものにしている、というわけである。(23)しかし、およそ児童虐待に対する対応は児童保護・家族の再統合の観点から講じられるものであるとすれば、警察活動もまた右観点に服する必要があり、(24)警察は、自己の判断のみに基づき警察措置、とりわけ犯罪捜査を行うことで児相の福祉的任務を妨げることがあってはならない。このような主張は、児相の管轄領域を一般的に《警察から自由な空間》としてみなすことを警察側に求めるものと捉えることもできよう。もっとも他方で《警察から自由な空間》は《法的に自由な空間》を意味しない。具体的な犯罪行為の発生において、あるいは児童の安全確保において警察による措置が必要と認められる場合には、たとえ家庭内であっても警察の活動は認められなければならない。各々の機関が独自のアプローチに基づくことにより被害児童が両機関の任務の谷間に陥ってしまうことの問題性は、これまでも繰り返し指摘されてきたところである。そしてこのような認識は――既に数次にわたる法律改正ないし通達・指針の通知等(25)を通じて

――今日広く共有されていると言ってよいだろう。しかし問題は、連携の具体的な姿、連携の最も基本的な体制が定まっていない、という点にある。というのも、両機関のそれぞれの役割が明確に位置付けられていないゆえに、連携が中途半端なもの、あるいは不安定なものになっている現状が認められるからである。確かに近時、このような問題を解決すべく実態調査に基づいた様々な改善策も提案されている。例えば、児相においては、職員が実効的な立入り調査が可能となるように、警護術の研修を受けるなど警察と同様の機能を担おうとする努力が行われるほか[26]、また警察においても、児相による福祉的アプローチに対する十分な知識の習得に加え、児童虐待に特化した専従のチームを設けるなど[27]、両機関の歩み寄りが見られるところである[28]。児相と警察の人事交流や合同研修会の実施などもその一例であるが[29]、しかし両者の連携の詳細設計を支える基本方針についてはなお明確とは言えない。基本方針なく警察と児相とが統一的・一体的に運用されることは、互いの管轄領域を曖昧にし、均衡のとれた役割分担を阻害することになりかねない。さらに福祉行政における警察の排除という問題、つまり警察消極目的の原則との関係も無視することはできない。確かに本件は福祉行政に対する警察の介入といった問題ではなく、〝被害者の安全の確保〟にかかわる事項についての、警察と児相の管轄競合の問題と位置付けることが可能であることから、そもそも警察消極目的の原則は仮象問題であるとも言えそうである。しかし警察活動がしばしば児相による福祉的アプローチを阻害するのであれば、このような理解の一般化にはなお慎重でなければならない[30]。警察活動が児相の活動を阻害する場合、その限りにおいて、警察の活動を「厳格に」限定した警察法二条二項との関係を無視することはできないからである[31]。では、果たして伝統的警察法理論は、この問題を規範的に整序し、警察と児相の連携にかかる基本方針を提示し得るのだろうか。

(16)　この分野における最も詳細かつ有益な研究成果として、田村正博「警察の組織と行動の特性と他機関連携のための施策について」

早稲田教育評論二六巻一号（二〇一二）二五七頁以下。
(17) 参照、高橋幸成「警察と児童相談所」町野朔ほか編『児童虐待の防止』（有斐閣、二〇一二）二四六頁。
(18) 横田光平「子ども法と警察」角松生史ほか編『現代国家と市民社会の構造転換と法』（日本評論社、二〇一六）一四二頁以下。
(19) 山田不二子「子ども虐待対応における警察の役割」警察政策一三巻（二〇一一）三一頁以下は、警察・児童相談所の職責が異なり関心が異なることを、《警察は誰が何をしたのかという過去の方向に目を向けるのに対して、児童相談所は子や子の家族に何が必要かという未来の方向に目が向いている》と説明している。
(20) 田村・前掲（16）一三七頁以下。
(21) 刑事政策研究会「〈座談会〉児童虐待」ジュリスト一四二六号（二〇一一）一一五頁（西澤哲）。
(22) 山田・前掲（19）三三頁以下、山本恒雄ほか「児童相談所と警察・家庭裁判所等の司法機関との連携について」日本子ども家庭総合研究所紀要四五号（二〇〇八）三三七頁以下。警察との連携に関する児童相談所に対するアンケート結果によれば、警察は虐待に対する理解や判断が十分でなく捜査的動きが先行し福祉的配慮に欠ける、といった意見が出されている。詳細については、高橋・前掲（17）二四六頁、参照。
(23) 刑事政策研究会・前掲（21）一二七頁以下（岩佐嘉彦）。
(24) 従って立入りの際、援助内容と離れて犯罪資料を収集することなど（写真撮影など）はもとより認められない。民事執行法六条に基づき執行官から援助要請を受けた警察活動の限界については、参照、綾部弘ほか「改正民事執行法の運用状況について（二）」NiBEN Frontier 二〇〇七年六月号一六頁以下、また、二四一頁註九。
(25) 「少年警察活動推進上の留意事項について」（依命通達・平成一九年一〇月三一日）、「児童の安全の確認及び安全の確保を最優先とした児童虐待への対応について」（生活安全局長・刑事局長通達・平成一八年九月二六日）、「児童虐待への対応における警察との連携について」（厚生労働省雇用均等・児童家庭局総務課長通知・平成一八年九月二六日）、『虐待通告のあった児童の安全確認の手引き』について」（厚生労働省雇用均等・児童家庭局総務課長通知・平成二二年九月三〇日）等。
(26) 刑事政策研究会・前掲（21）一二七頁（岩佐嘉彦）。
(27) 大阪府警察本部生活安全部少年課に設置された「児童虐待対策班（愛称「チャイルド・レスキュー・チーム」）」など。参照、高橋・前掲（17）二四三頁。

(28) 山田・前掲(19)三三頁以下は、警察と児相のアプローチに違いによる歪みを除去すべく、警察に対しては児相の職員の職責を侵害しないように求める一方、児相に対しては警察の職務(証拠保全・証拠収集・事情聴取等)について十分に理解し、案件によっては早めに警察への通報を講じること等を求めている。

(29) 同一建物内に、児童相談センター、少年センター、教育相談センターを集約し、情報交換・共有を一層円滑にすることを目的とした東京都子供家庭総合センターの設置など。参照、高橋・前掲(17)二四七頁。詳細については、石川正興研究代表「子どもを犯罪から守るための多機関連携モデルの提唱」報告書(RISTEX戦略的創造研究推進事業 https://ristex.jst.go.jp/result/criminal/pdf/20121022_2.pdf 二〇一七年七月二八日最終確認)四〇頁以下、参照。

(30) 警察を狭義の行政警察と保安警察に区別し、前者を「衛生警察・建築警察・経済警察のように、特別な社会的利益の保護を目的とし、警察上他の行政作用と結合して行政の一部門を構成する〔もの〕」(田上穣治『警察法(新版)』(有斐閣、一九八三)四四頁)と呼ぶのであれば、他の行政作用と警察作用の協働の在り様が、他の行政作用のために主務官庁が定められていることとの関係において問われることはあり得る。今日の警察と他機関連携のアクチュアルな問題は、むしろここにある。

(31) 第一章、参照。

第二款 〝最初の権限行使者〟から〝事態対応の最適者〟へ

通常、行政機関所管の法律の執行は、当該行政機関が担うのが基本であり、児童虐待防止にかかる法執行の主たる担い手が児相であることは、法令からも明らかな通りである。しかし児相の所管事項であっても、警職法ないし刑訴法が定める要件事実の発生において警察官が〝最初の権限行使者〟として自己に与えられた権限を行使することは、何ら否定されるものではない。もっとも、警職法・刑訴法の、このような一種の空間的な適用は、他方で様々な懸念を生ぜしめる。例えば、警察による犯罪捜査活動によって家族の再統合を阻害してしまうおそれがあること、(32)また児相が安全確保にかかる任務について事実上警察に依存してしまうこと、さらにはその結果、警察組織による人的・物的手段の制度的投入によって警察が児相任務を恒常的に引き受けてしまうこと、等がその一例である。従って児相側に十分な執行体制が整っていない場合には、〝最初の権限行使者〟としての警察の役割が益々大きくなることが予想される。[33]しかし他方で、警察によるその主体的な権限行使は、本来児相が担うべき任務遂行とのバランスを崩し、互いに責任を転嫁しあう等、円滑な連携を阻害する原因ともなりかねない。また警察による児相任務の遂行を実質的に恒常的なものとしてしまうことは、法律上の管轄配分システムを事実上変更することに繋がりかねないだろう。従って、虐待防止に係る権限が組織法上の管轄を超え、事実上児相から警察に移行してしまうことのないようにするためには、児相と警察の関係を〝最初の権限行使者は誰か〟という問題から〝事態対応の最適者は誰か〟という問題として、新たに捉え直す必要がある。これはつまり、児相と警察の管轄競合を規律する規範を、事態対応の最適者の選定という観点から如何に理論化し、また可視化させるか、という問題である。

(32)　この観点から刑事事件の立件の是非を慎重に検討すべきことを論じるものとして、高橋孝一「児童虐待事案における捜査上の留意事項――真相を解明し適切・妥当な解決を図るために」警察学論集六九巻一一号（二〇一六）五二頁。

(33)　荻野徹「新しい『警察法学』の構想」関根謙一ほか編『講座警察法第一巻』（立花書房、二〇一四）四一頁は次のように述べている。「具体的な状況の下で求められるのは、各機関の権限の境界や優先劣後を再確認し、これに従って整然と行動することではなく、法的な『趣旨目的』はどうであれ、『事実上の』効果として被害者・相談者にとって望ましい措置が『実際に』発動されることである。多機関連携が重要な所以である。」と。当然の事ながら、このような見解は被害防止に待った無しの現場的認識によるものである。

第三款　警察と行政機関の連携を規律する規範

右に挙げた問題について、事態対応の最適者の選定という観点から、改めて警察官と行政機関をそれぞれ見た場合、次のような組織的特徴を指摘することができる。執行機関である警察官については、〝屋外での業務〟〝現場との近接性〟〝二四時間対応〟など機動力を活かした具体的危険の防御、また行政機関については、〝屋内での業務〟〝現場からの距離〟〝処分を通じた危険の制圧〟など専門的知見を活かした抽象的危険の防御[34]、がそれである。これらの特徴はあくまで相対的なものではあるが、しかしこの種の組織特性（「機能適正な機関構造」[35]）は、事態対応の最適者の選定において法令解釈の中でも十分に考慮されるべき要素である[36]。この点、行政機関と警察の管轄競合を規律するドイツの警察法令は、両者の組織特性を踏まえた連携の姿を示している点で参考に値する。第一章で確認した通り、ドイツ各州の警察法の統一化を図るべく制定された統一警察法模範草案（MEPolG）一ａ条は、その第一文で「警察は、危険の防御が他の行政庁によっては不可能であるか、或いは適時には不可能であると認められる場合に限り、活動するものとする。」とし、第二文で「警察は、秩序行政庁が把握することが当該行政庁の任務履行にとって重要であると認められる全ての事象を、遅滞なく当該行政庁に報告するものとする。」と定めている。この条項のポイントは、次の五点である。第一に、専門的知見を有する行政機関を通じた危険の防御を基本とすること、第二に、行政機関による危険の防御が不可能ないし実効的でない場合に初めて、警察の活動が認められること、但し第三に、行政機関による危険の防御が不可能ないし実効的でないことの判断は、あくまで現場で活動する警察官が行うこと、第四に、専門的知見を有する行政機関による危険の防御が実施可能になった時点で警察の活動は終了すること、第五に、行政機関による危険の防御を確実なものとするため、警察は持ち合わせている情報を遅滞なく行政機関に提供すること、である。そしてこの条項が示す規範内容は、一般に補完性原理と呼ばれ[37]、機能的な権力分立観に基づいた警察と行政機関の管轄競合を規律する規範として、ドイツ各州で広く承認され、また条文化されているところである。

この補完性原理は、ドイツと同じく法治国原理を採用している我が国の警察法秩序においても、受け入れ可能な規範であると言うことができる。臨機応変に対応可能な警察と専門的知見を持つ行政機関とが連動する姿は、現場で生じている不安定な連携を適切に規律することを可能とする。[38]児相は、家族の再統合に向けた専門的知見に基づく対応を行い、警察は児相の専門的知見に基づく対応を阻害することなく、緊急の場合に一時的に被害者の安全を確保し児相に繋ぐという連携の在り様は、警察と児相の見通しの良い連携の〝基本設計〟として有力な候補になり得ると考えられるのである。[39][40]もっとも、我が国の警察法令では、ドイツのように補完性原理を一般的に定めた条文が存在するわけではない。しかし補完性原理類似の立法例としては、既に市町村長による避難指示が間に合わない場合に警察官による避難の指示を定めた災害対策基本法六一条一項、三項などが存在するところであり、[41]これは補完性原理が我が国の法秩序においても成立可能であることを示すものである。この種の規定は警察実務では例外と解されているようであるが、[42]同規定は当初警職法に定めることが予定されていたこと、また我が国の警察法秩序は警察法・警職法以外の法令を迂回して形成されるという〝伝統〟[43]を踏まえれば、必ずしも例外とみなさなければならないわけではない。

(34)　調査に基づいた統計的法則が特に意味を持つ同概念の詳細については、第三章、参照。
(35)　同概念については、斎藤誠「公法における機能的考察の意義と限界――『機関適性』に関する断章」藤田宙靖博士東北大学退職記念『行政法の思考様式』(青林書院、二〇〇八)五一頁以下、参照。
(36)　田村・前掲(16)二五八頁以下。
(37)　補完性原理に言及する論考として、藤田宙靖「二一世紀の社会の安全と警察活動」警察政策四巻一号(二〇〇二)九頁以下(同『行政法の基礎理論上巻』(有斐閣、二〇〇五)所収四三一頁以下)、白藤・前掲(8)六一頁。荻野・前掲(33)四一頁以下は、夙に「多機関連携を実効あらしめるには、これを、追い詰められた現場担当者の機転に丸投げするのではなく、平素の準備段階から、関係機関相互の協力が円滑に行われるような事務配分の在り方を模索すべき」であり、「各機関の権限配分に関する規範についても、領土専管的・排他的・固定的なものではなく、一種の相互乗り入れ的な業務運営を可能とするような規定振りないし解釈態度が必要となるのではないか」と述べている。
(38)　高橋・前掲(17)二三九頁。田村・前掲(12)六三頁以下もまた、警察機関の他の行政機関に対する役割を考える際、「それぞれの機関の特定を踏まえて、どの機関が効果的かつ効率的にその事務の処理ができるかという面と、他の事務との一体的な運用による利点と欠点（権力集中による弊害の防止を含む。）という面とを、総合的に判断して決すべきもの」と的確に述べている。

（39）　連携を円滑にするための各種仕組み（例えば情報共有や児相への警察官ＯＢの配置や、各機関のインターフェースの機能を有する制度の設置など）も、まずはこのような認識を前提とした上で整えられるべき（連携の基本設計に肉づけられていくべき）であろう。警察の、他の行政機関には認められない特性（迅速性）や犯罪捜査の特徴を踏まえつつ、他機関連携をスムーズに行うインターフェースとして、他機関にとって分かりやすい非警察的な体質を持つ組織を警察内部に設けることの必要性を論ずるものとして、田村・前掲（16）二六四頁以下。

（40）　専門的知見をもって慎重な対応が求められる社会的症例に対し、執行警察上の手段のみでもって対処することの問題性は、親密圏内で起きる加害行為や虐待行為に対する警察介入に現場から注目し続けている警察実務家の青山彩子の指摘にも見られる。青山は、第一次的な責任官署の意向に先んじて警察が権限行使（被害者の保護）する場合があっても補完性原則が妥当することに留意すべきであると指摘した上で、次のように述べている。

「……警察の補完あるいは副次的な活動が仮に常態となるのであれば、それはシステム自体がうまく機能していないのだから、個別の立法で警察の権限を追認すべきという議論にもなりうる。児童虐待の例で言えば、児相の在り方について、より専門性を高めるべきとか司法的アプローチをとるべきなど様々な評価があるのと絡めて、警察についても『援助』ではなく、通告受理や立入調査の直接の主体とすべきという立法論、政策論もありうる。ただし、この種の家族間事案の解決を考える際には、加害者を立件することや、加害者からの被害者の分離に成功したことをもってよしとするのでは足りず、その先の被害者（場合によっては加害者を含む家族全体）の心理面・経済面などトータルな救済や支援に息長く取り組む必要があることを無視できない。各機関の責務に応じて関与の濃淡があったとしても、実効ある多機関連携の構築が急務であり、目的を同じくする範囲内で各機関・団体が持つ情報をできるだけ共有し合い、被害者が加害者の客観的な現状を踏まえて最善の措置をとることが求められる。」（青山彩子「家族・近親者からの被害防止」大沢秀介ほか編『社会の安全と法』（立花書房、二〇一三）二二二頁以下。強調——筆者）

その上で青山は、現在の連携の機能不全を過渡的なものとして捉え、将来的に連携の仕組みが成熟するまでの間は、個人の保護に総合的に任ずる存在である警察に期待が寄せられているとするのである。同様の視点は、夙に宮崎清文が戦後警察改革の直後において「今日に在つては、一般警察機関より権限の移譲を受けた行政機関の側で、受入態勢が未だ十分に整つておらぬ処が少なからず存し、警察官等が事実上本来の責務を超えた活動を余儀なくされていることが多い」が、「併しそれは飽く迄も過渡的な現象に過ぎぬのであつて、法治主義の徹底した現行憲法下に在つては、公安の維持或いは犯罪の予防と云うような漠然とした行政的権限を行使する場合は極めて慎重たるを要するのであり、社会通念に基づいた厳密なる客観的事実認定を俟たずしては、決してみだりに警察権を発動してはならない」と述べていたところである（宮崎清文「警察権の限界――特に一般警察機関のそれについて」中原英典ほか編『警察学の諸問題』（立花書房、一九五〇）一九四頁）。ここでの叙述は、今なお過渡的な「法治主義の理念の下での最適な連携の仕組み」を、現行警察法令の中に改めて明確に位置付けようとする試みでもある。

(41)　他に、原子力災害対策特別措置法二七条の二第一項と二七条の三第一項、二七条の六第一項と第二項にも同様の法構造が見られる。

(42)　参照、古谷洋一編『注釈警察官職務執行法（第四訂版）』（立花書房、二〇一四）二七二頁註五。

(43)　成田頼明「警察法五〇年の回顧と展望」警察学論集五七巻七号（二〇〇四）五三頁は、「警職法の不備は、……個別法の特別規定によってその例外を定めるバイパス方式によって補完されている」と評したが、――警察法令の一覧性を重視するドイツとは異なる――このような規律構造の複雑さは、戦後警察改革を強く反映する我が国警察法秩序の一つの特徴である。

第四款　補完性原理の具体的適用と危険存否の論証手続

しかし仮に補完性原理を一般的に承認したとしても、これを警察官の行為規範として具体的な適用まで視野に入れた場合、なお問題が残る。それは、警察官が〝児相による児童の安全確保が不可能もしくは実効的ではない〟といった判断を、いつ、またどのようにして行うか、という問題である。この点、例えば、児相からの援助要請を受けて立入調査に警察が同行するような場合では（事例1）、警察はあくまで児相と共に行動することになるため児相による対応の可否について特に判断する必要性は低いと考えられるが[44]、児相から援助要請がなく住民から通報を受けて現場に急行するような場合（事例2）については、警察が立入調査の要件事実たる「危険な事態」（警職法六条一項）を認定する際、児相による対応が不可能もしくは実効的ではないと認められる場合であるかどうかも、慎重に検討しなければ

図１　児童相談所と警察の権限行使の競合

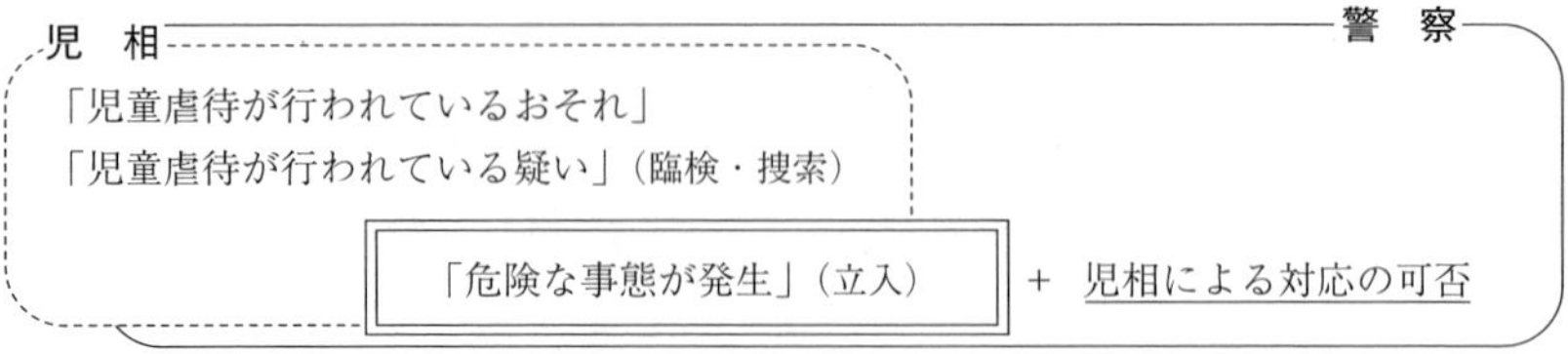

ならない。というのも、警察官が「危険な事態」を現場においてあまりにも〝迅速に〟判断した場合には、児相による臨検・捜索等の機会を奪い、児相の専門的知見に基づく職務執行を妨げてしまうおそれがあるからである(45)（図１）。そこで個々の警察官の個人的主観的な経験や勘によって児相との連携が不安定なものとならないよう、警察官が、児相の対応の可否を念頭におきつつ「危険な事態」を客観的に認定する方法についてモデル化しておかなければならない。

この点、第三章で分析検討を行った〝危険存否の論証モデル〟によれば危険の判断者は、まず、これ以上事実の収集に時間をかけると手遅れとなるギリギリの時点までに収集し得るすべての事実を収集し（全証拠の算入要請）、次に、危険を肯定する事実と否定する事実を選別し、異なる結論を導くことのないレベルまで事実を詳細に明らかにし(46)（最大詳述の要求）、そして最後に、得られたすべての事実に、統計的法則ないし経験則を当てはめた場合、損害発生という結果を推論することが高い程度で支持されるか判断する、というプロセスを経なければならない。この危険存否の論証手続には次の三つのポイントがある。第一に、危険を肯定する事実や否定する事実のみを考慮に入れるのではなく、入手可能なすべての事実を推論の基礎にすること、第二に、《損害発生の十分な蓋然性が認められる》という場合は、それはあくまで収集した前提事実との関係における推論の〝確からしさ〟（確証度あるいは結論の支持・信頼度の強さ）を意味するのであって、損害発生の統計的確率の高さを直接的に意味するものではないこと、第三に、論証プロセスをモデル化することを通じて、個々の警察官の一種の職人芸ではなく、「客観化された理論に裏付けられた(47)」安定した判断手順を確立し、もって、社会一般の警察活動に対する信頼を確保することができる、という点である。このような論証手続の客観化・モ

図２　警察官による介入判断

事実Ａ：要件認定（警職法６条１項「危険な事態」）にかかる，確認しうる全ての事実
事実Ｂ：効果発動にかかる事実

［帰納的推論］
事実A_1：隣人から児童虐待の可能性があるとの通報があった（事実A_2の補強事実）。
事実A_2：訪問する前，児童の泣き叫ぶ声が窓から聞こえていた（テレビの音ではない）。
事実A_3：当該家族に対しては，過去児相から虐待の疑いありとして指導が行われたことがある。
事実A_4：訪問した際，親子から虐待を否定する明確な意思が示されている。
事実A_5：部屋の中が散乱している様子があった（事実A_2の補強事実）。
経験則：過去，児相から虐待の疑いありとして指導が行われたことがあり，児童が泣き叫ぶ声が聞こえている場合には，親子から虐待を否定する意思が示されているとしても，児童虐待が行われる（または行われている）十分な蓋然性が認められる。
═══════════════════ (r)
判断結果：児童虐待が行われる（または行われている）十分な蓋然性が認められる。

＋

事実Ｂ：訪問時点において時間的に児相による措置を期待することができない（児相に連絡するも職員が不在，等）。

デル化は、警察官の現場における判断を安定化させ、また児相との連携を適切に規律することを可能にするだろう。これを先に挙げた児相からの援助要請がないケース（事例２）に当てはめるならば、警察官は、まず、現場に臨場した時点で入手し得るすべての事実Ａ（①訪問する前、児童の泣き叫ぶ声が窓から聞こえていた。②隣人から児童虐待の可能性があるとの通報があった（事実①の補強事実）。③当該家族に対しては、過去児相から虐待の疑いありとして指導が行われたことがある。④訪問した際、親子から虐待を否定する明確な意思が示されている。⑤部屋の中が散乱している様子があった（事実①の補強事実）。）を収集し、その事実を徹底して調査し（事実①の「児童の泣き声」は、テレビの音ではない。）、そして、自身が有している経験則（〝過去、児相から虐待の疑いありとして指導が行われたことがある場合において、児童が泣き叫ぶ声が聞こえている場合には親子から虐待を否定する意思が示されているとしても、児童虐待が行われる（または行われている）十分な蓋然性が認められる。〟）に照らした場合、損害発生の十分な蓋然性が推論されることを高い程度

で支持し得るか否かを判断するということになる。もっとも、仮に警察官が「危険な事態」を認定した場合でも、実際に立入調査に入る際には、さらに、児相職員と連絡が取れない等、「児相による措置を期待することができない状況にある」（事実B）ことも同時に確認しなければならない。児相による責任ある判断の機会を不用意に奪わないためには、補完性原理に基づき事実Bの有無の判断が要請されるからである（図2）。

さて、以上に見た論証プロセスを踏まえるならば、迅速かつ正確な危険判断のためには、如何に確度の高い情報をどこまで多く入手できるかが重要であり、そのためには、児相・警察が持つ情報の相互共有が不可欠ということになる（実際、経験則や事実A③などは警察独自に形成ないし収集することは困難である。）。この点に関しては近時、注目すべき取り組みが行われている。警察から児相への情報提供に関して、警察庁は二〇一六年四月、他機関との情報共有を進めるため、通報があっても虐待を確認できなかった事案等も児相に積極的に情報提供をするよう全国の警察に通達を出している。(48) また児相から警察への情報提供に関しては、二〇一七年から運用が開始された福岡県警と福岡市等との協定が注目される。この協定は、外見では虐待が認められないようなケースでも県警が児相に積極的に事例を照会し、被害拡大を防ぐ仕組みを明文化するものである。(49) いずれの情報共有の方策も、スピーディーかつ確実な危険判断を支えるものと評価することができる。

もっとも他方で、児相による対応の可否にかかる警察の判断が、現場において果たして、またどれほどの意味を持つかと言えば、実際上はそれほど大きくない可能性もある。というのも、臨場した警察が「危険な事態」を認定した場合には、既に児相の対応を待つ暇がないケースが殆どと考えられるからである。従って現場警察官の差し迫った判断に大きく頼ることなく、また、専門的知見を持つ児相による事前の対応をより確実なものとするためには、予め児相の執行体制を強化しておくことが有効であると言えよう。この点についても近時対策が講じられ、二〇一六年の児童福祉法等の一部を改正する法律（平成二八年法律第六三号）では、児相に弁護士やベテランの児童福祉司を配置することや（児童福祉法一二条三項、一三条五項）、児相職員による臨検の手続を簡略化することが盛り込まれたところであり（児童虐待防止法九条の三）、補完性原理は全体として、警察に過度に期待をかけるような連携のアンバランスを修正する方向で実現しつつあると評価し得る（もっとも、今日において児童虐待の件数は増加の一方であり、児相の組織体制の整備・強化が追いついていないというのが実情である。）。

さて、以上で見た検証結果によれば、児相と警察の連携問題について、従来の「警察権の限界」論では必ずしも十分に対応できないことが明らかになったと言えよう。〝補完性原理〟〝危険概念〟といった規範命題は、警察消極目的の原則や警察の比例原則の周辺部分において僅かに意識されていたに過ぎないからである。しかし同時に〝補完性原理〟や〝危険概念〟は、条文としては明確に規定されていないものの、警察と児相の連携問題を適切に整序することに寄与する重要な規範命題であることも確認されたところである。では、これらの規範命題は、従来の「警察権の限界」論において、果たしてどのように評価され、また位置付けられるべきだろうか。最後に、この問題を検討することを通して、伝統的警察法理論が抱える課題と今後の展望について論じることにしたい。

(44)　もっともこの場合であっても現場的には「警察官の意向」が尊重・優先される可能性は否定できない。刑事政策研究会・前掲(21)一二七頁（岩佐嘉彦）は、これに懸念を示した上で、児相のさらなる専門性強化を提言する。また、林弘正「児童相談所の児童虐待事案への介入の在り方」武蔵野大学政治経済研究所年報一三号（二〇一六）一頁以下も参照。

(45)　横田・前掲(18)一四六頁以下。

(46)　問題となる事実を最も詳細に示すことによって、当該事実の中に異なる結論を導く他の事実が含まれていないことを確認すること（最大詳述の要求）。

(47)　弘津恭輔ほか「〈座談会〉警察実務と理論をめぐって」警察学論集二〇巻一号（一九六七）三三頁以下（藤木英雄）。

(48)　「児童虐待への対応における関係機関との情報共有等の徹底について」警察庁丁少発第四七号（二〇一六年四月一日）ほか。本件通達の発出の経緯とその詳細な中身については、小西康弘「児童虐待防止に向けた警察の取組の強化について――関係機関との情報共

有を中心に」警察学論集六九巻一一号（二〇一六）五頁以下、参照。

(49) その他の事例として、大阪府警と大阪府・大阪市・堺市の協定（二〇一七年四月運用開始）。同協定は、府や市が所管する児相が児童の取り扱い状況を府警に伝え、府警は捜査などで収集した保護者の情報を児相に提供する仕組みを構築する。なお、このような取り組みによって一定の情報・経験則が集積した場合には、例えば危険性判定チェック表を作成し、（常に更新することを前提に）これを活用する方法もあり得よう。ストーカー事案における参考例として、兵庫県警「ストーカー安心コールシステム」など。

第三節　警察法理論と実務の対話に向けて

第一款　警察法理論の強い反省——体系の過剰と過少

この問題を考えるためには、まず、伝統的警察法理論がこれまで「実定法の定め」と大きく乖離して論じられてきた点について反省しなければならない。周知の通り戦後警察改革は、〝警察の民主化〟の名の下、行政執行法の廃止、旧警察法による自治体警察の創設、最低限の権限を定めた警職法の制定で一応の完了をみたが、警察権限規定が特別法に分断・分散されることで——警察組織改革の強力な実現と引き換えに——警察作用面での改革は取り残されることになった[50]。また本来、〝警察官庁〟から〝法の執行官〟へと警察官の責務が「厳格に限定」（警察法二条二項）されたことの法的意味について十分に検証されるべきところ[51]、戦後の学説は「学問上の見地から〔の〕警察の観念」[52]を実定法分析の中心に位置付けたことにより、「実定法の定め」そのものを精緻に理解する態度を失い、個別法解釈を深める道を閉ざす結果となった[53]。もっともこれは、可能な限り警察権限の範囲を縮小させようとしたＧＨＱによる政策の反映であり、むしろ意図的に目指された結果でもあった。しかし警職法の規定はなお曖昧な文言を残したため、戦後も引き続き「警察権の限界」論を実定法・憲法変遷に関係なく通用させる余地が残されることになった。

かくして田中二郎は「警察権の限界」論をなお警察法学の中心に位置付けた。警察改革によって警察が大陸的行政警察型から英米的執行警察型に転換された時点で、警察の新たな概念構成が可能であり、また必要でもあったが、田中は「實定法上どのような意義に警察の観念が用いられていようとも、それとは別に、學問上の觀點から警察の観念を定めることは、固よりこれを妨げない。警察法の定める警察組織が管掌するか、それ以外の行政組織が擔當するかに拘わらず、法律的に共通の性質をもち、従ってまた共通の法律原理の支配を受けるべき作用の類型が存するとき、その作用を実現する観念として警察の観念を用いることは、むしろ學問上有意義であり、必要でさえある[54]」と述べ、講学上の警察概念を維持した。田中によれば「大陸式より英米式への移行といつても、それは決して從來の大陸式の行政法を全面的に否定し、これを完全な意味において英米式の行政法に轉換しようとしているわけではない」「現在なお廣汎に従來の大陸式行政制度と行政原理とを存續せしめている[55]」というわけである。しかしこのような一見中立的な学問的態度に対しては、「如何に共通の性質を持ち、共通の法理の支配を受けるとは云い乍ら、現実の警察機関と全く関係のない作用迄も、それが学問上警察の観念に属するからと云う理由のみで、これを警察と称することは、いさゝか実態に即さぬのみか、寧ろ概念の混同を来す虞すらある[56]」と実務の側から疑問も呈されていたところである。実際、田中の講学上の警察概念は、説明概念とされながらも「共通の法律原理の支配を受けるべき作用の類型」（強調――筆者）として、既に解釈論的意義もまた付与されていた。しかし警察概念それ自体は現行法令上の概念でない以上、講学概念に基づく体系化が、現実の警察活動を規制する規範を抽象化してしまうことは避けられなかった。

かくして、伝統的警察概念は以後、いよいよ〝ドグマ〟として過剰な意味が付与されることになった。「公共の安全と秩序を維持するために一般統治権に基づき人民に命令し強制しその自然の自由を制限する作用[57]」と定義された警察概念によれば、戦後の歴史的改革の意義が反映されず、衛生、保健、消防、建築等に関する行政を警察組織に委ねることも差し支えないことになるほか、「自然の自由への制限」が定義の中に盛り込まれたことによって、警察作用は執行警察としての具体的な警察活動ではなく、「警察規制」「警察作用」といった国家作用として、全法分野で論じられることにもなった。さらに「自然の自由への制限」という概念要素から「自然の自由の内在的制限」も導き出されることとなった。[58] このような講学上の警察概念が実定法分析の中心に位置付けられると、実定法の解釈も不十分なものにならざるを得ない。裁判所が、個別具体的な事案の審理を通し、僅かな法規定の中から警察実体法を補塡する余地もあり得たところ、しかし裁判所もまた規律密度の低い実定法に依拠せざるを得なかった。[59] 結局、我が国の「警察権の限界」論は、実定法解釈を十分に展開することなく、法治国家的規範の含有率が低いまま、〝硬い〟体系として正体不明の影響力を発揮することになった。[60]

(50) 個人の生命、身体及び財産の保護、公共の秩序の維持にあたる行政警察作用がきわめて多岐にわたり、これを網羅した法律を定めることは技術的に困難であること、また戦前の警察権の濫用の歴史から警察権限を定めることに対する警戒、反発も多く、結局、同法は既に現実的に行われている警察活動に最低限の法的根拠を緊急的に与えることを前提に立案された。参照、上原誠一郎『警察官等職務執行法』(立花書房、一九四八)二四頁以下。

(51) 占領期におけるアメリカ法の影響は作用法的側面で言及されることはあまりない、と述べるものとして、須藤陽子『行政強制と行政調査』(法律文化社、二〇一四)四頁以下。

(52) 田中二郎『新版行政法(下)(全訂第二版)』(弘文堂、一九八三)三二頁。

(53) また、戦後の改革により、犯罪捜査について自らの責任と権限で行うことができることとなった結果、警察組織全体が、危険の事前予防よりも、発生した犯罪に対して事後的に対応する(つまり犯罪を捜査し、刑事裁判に向けて証拠を集める)ことを重視する存在になった旨、田村・前掲(12)一九頁。またこういった事情が、警察活動が主に刑事訴訟法が規定する厳格な諸原則に服せしめられる一方、行政警察の側面については——警備公安警察はもとより——必ずしも明確な諸原則は存在せず、せいぜい規律密度が粗い〝警察権の限界論〟が存在するに過ぎないものとなってしまったと分析するものとして、磯部力「犯罪予防の法理――行政法の視点から」警察学論集六〇巻八号（二〇〇七）七七頁以下。
(54) 田中二郎『行政法講義案〔下巻〕第一分冊』（有斐閣、一九四八）二二頁。
(55) 田中二郎『行政法の基本原理』（勁草書房、一九五〇）一〇頁。
(56) 宮崎・前掲(40)一七四頁。他方で、関根謙一「『学問上の警察』の概念と警察権の限界の理論」同ほか編『講座警察法第一巻』（立花書房、二〇一四）六七頁（同『関根謙一警察法等論文集』（立花書房、二〇一八）所収四九六頁）は、田中理論が占領及び占領解除後の期間を通じて警察実務家に大きな影響力を及ぼしたのは、占領権力による警察改革の思想について必ずしも全面的に納得しているわけではない一部の実務家にとっては、田中理論が占領権力の思想に対する対立の思想として、我が国の統治権の上に立つ絶対的独裁権力に対し学問の名において反論していると考えられたからではないか、との興味深い見方を示している。
(57) 田中・前掲(54)三二頁。
(58) 参照、田上穣治『警察法〔新版〕』（有斐閣、一九八三）三八頁以下。
(59) そしてその問題に対処するため、警察活動の正当性並びにその統制基準を〝任意活動〟や〝市民の義務〟など、その輪郭が不明瞭な概念に頼らざるを得ないこととなる。参照、最三小決昭和五五年九月二二日刑集三四巻五号二七二頁。
(60) このような硬い体系化による悪影響は、既に警察実務家からも指摘されていたが、同問題は近年でも繰り返し言及されている。参照、島田茂「現行憲法下における警察法理論の展開」甲南法学五五巻四号（二〇一五）一頁以下（同『警察法の理論と法治主義』（信山社、二〇一七）所収三五六頁以下）、甲斐素直「『警察』概念と憲法」嶋崎健太郎編集代表『憲法の規範力と行政』（信山社、二〇一七）一二九頁以下。

第二款　「実定法の定め」の解釈態度と「実定法の定め」の近時の展開

しかし「実定法の定め」に基づく個別法解釈は、制定法準拠主義を意味するものではない(61)。既存の「実定法の定め」を無批判に理解するのではなく、条文の下層に流れる理念、つまり警察法を頂点とする警察関連立法全体を規律する法治主義の理念に基づいた上で、個別法解釈を展開しなければならない。このような解釈態度が特に必要とされるのは、特に近年、個別法解釈の対象となる「実定法の定め」がその質をやや変容させているように思われるからである。

既に言及したように、二〇〇〇年以降、犯罪対策は、ストーカー規制法や生活安全条例、警備業法改正等[62]の各種警察関連立法を経て、犯罪対策閣僚会議によって主導的に展開されるに至っているが、このような動きは、危険防御にかかる従来の多様な権限や施策を総合的に組み合わせることで、いわば〝安全アーキテクチャ〟を構築するもの、と特徴づけることが可能である。[63]当初法制度の存立の〝基礎〟であったところの安全が法制度による〝保護の対象〟として前景化することで[64]、今や立法者の関心は、〝法の安全(安定)〟から〝法による安全〟へと大きく転換するに至っている。これは、安全を確保するための法的仕組みの増大と多様化をもたらしたが、このような中で注目されるのは、犯罪対策の多様なメニューに法的な枠組みを与えようとする議論である。例えば、研究者と実務家が共同で発表した「『これからの安全・安心』のための犯罪対策に関する提言」[65]では、〝警察基本法〟の制定が提唱されている。この提言は、国会の議論を踏まえて、継続的かつ持続可能な犯罪対策に法的枠組みを与えようとするものであり、これまでバラバラに行われてきた施策を法律によって正統化し体系化するという意味において、その積極的意義を認めることができるものである。[66]しかし他方で基本法制定は、警察法秩序を〝秩序としての法〟から〝制御手段としての法〟へと重点移行させ、法を、政策実現を第一とする機能的・道具的理解へと導くおそれがあることも見過ごすことはできない。[67]実際、〝制御手段としての法〟の重視は、執行機関たる警察官の行為規範の不在ないし不明確化という形で、個別法令の立法政策にも少なくない影響を与えていると思われるからである。例えば、配偶者暴力防止法はその八条で警職法の適用努力を、また八条の二で被害者の自律的意思を前提とした、警察本部長等の援助措置を規定しているが、これらの規定は法目的の実現を警察官による法適用の〝努力〟や〝被害者の意思〟に依らしめるものであり、本来最も改善すべき課題、つまり裁判所による保護命令と警職法の適用の〝谷間〟に陥る被害者への対応について十分応えるものとなっていない。(68) また、児童虐待防止法はその一〇条一項で児相所長から警察署長への援助要請を、また同条三項で所属の警察官に警職法等の措置を求める警察署長の〝努力義務〟を定めているが、これも単に警職法の適用要請をただ宣言的に規定するのみであって、いずれも事案に応じた警察権限の要件・効果を規律するものとなってはいない。(69) 確かに、その対象領域が警察公共の原則に関わるセンシティブなものであることとも相まって、警察権限を安易に認めない立法政策の採用は政治的判断としては一定の意味があるだろう。しかし法の制御機能に着目し、一般法たる警職法を事案の特殊性と無関係に適用し、紛争解決に相応しい権限規定を認めないことは、実効的な法執行も適切な統制もうまく機能しないおそれがあり、かえって弊害が多いとも言い得る。

従って、我々は、学問上の警察概念による硬い体系化でも、先行する治安政策の授権根拠の創出による形式的な体系化でもなく、分散した、規律密度が低い実定法を、如何に警察権限の実効性の確保とその統制に寄与する〝秩序としての法〟として体系化するか、という課題に取り組まなければならない。

(61)　「個別法律主義の解釈は、警察法の原理的内容をなし崩しにしてしまいかねない解釈」と称する白藤・前掲（8）五八頁は、この文脈で理解されよう。

(62)　それぞれ、成田頼明監修『これで実践！　地域安全力の創造　生活安全条例と先進事例の実際』（第一法規、二〇〇六）、同「警備業の法的性格とその治安政策への位置づけ」警察政策八巻（二〇〇六）一六頁以下、高橋明男「警察機能の分散・集中と地方公共団体・民間組織の役割――警察の法構造――」公法研究七〇号（二〇〇八）一九七頁以下、参照。

(63)　犯罪対策閣僚会議は「犯罪に強い社会の実現のための行動計画」（二〇〇三）の中で、治安回復のための三つの視点として、①国民が自らの安全を確保するための活動の支援、②犯罪の生じにくい社会環境の整備、③水際対策を始めとした各種犯罪対策を挙げている。そして、これら三つの視点は「個々の施策を立案・実施・評価するための視座を提供するだけでなく、総合的で包括的な犯罪対策を実現するための理念としても機能〔する〕」（『平成一六年警察白書』）とされる。なお成田・前掲（43）六四頁以下は、「治安対策について政府全体としてこのような『安全パッケージ』ともいうべき計画が策定されたのは、わが国でもはじめての出来事であり」「これに基づいて今後具体化されるであろう施策は、実質的意味における警察および形式的意味における警察法のあり方や方向を指示するものであると同時に、新たな警察法理論の形成・展開に有力な素材を提供するもの」と評している。

(64) 大石眞「『安全』をめぐる憲法理論上の諸問題」公法研究六九号（二〇〇七）二六頁、参照。

(65) 警察政策学会犯罪予防法制研究部会「『これからの安全・安心』のための犯罪対策に関する提言」警察政策学会資料七一号（二〇一三）三二頁以下。

(66) 他方で土屋正三（元警察大学校長）は、警察実体法としての警察基本法の制定を主張していた。土屋正三「警察の任務の基礎――警察実体法小論の一」警察研究二五巻一〇号（一九五四）一五頁、同「警察の活動――警察実体法の小論の二」警察研究二五巻一一号（同）一一頁以下、同「警察義務と警察緊急状態――警察実体法小論の三」警察研究二六巻一号（一九五五）一八頁以下、同「警察権の発動――警察実体法小論の四」警察研究二六巻三号（同）一四頁以下、同「警察実体法要綱試案（一）（二）」警察研究二九巻一号三頁以下、二九巻三号（一九八五）三頁以下、同「警察基本法制定の提唱」警察研究三二巻一号（一九六一）三頁以下。

(67) 「法律の道具化」「法体系の質の低下」については、川崎政司「立法における法・政策・政治の交錯とその『質』をめぐる対応のあり方」井田良ほか編『立法実践の変革（立法学のフロンティア三）』（ナカニシヤ出版、二〇一四）四三頁以下、参照。

(68) 例えば、（平成二八年法律第一〇二号改正前）ストーカー規制法では警察本部長による仮の命令（六条）が、警察本部長等による警告（四条）と公安委員会による禁止命令（五条）の〝谷間〟を埋める役割を果たしていた（もっとも平成二八年法改正により、同機能は、警察本部長等に委任可能であることを前提として公安委員会が担うこととなった。）。なお、暴対法の仮の命令（三五条一項）が公安委員会による委任を通じて警察本部長等の権限とされていることとの対比において（四二条）、各法令間における事務配分権限法制の整合性を精査する必要があることを指摘するものとして、白藤・前掲（8）五九頁。

(69) この点につき例えば、児童虐待防止法に、警察官の権限行使が児相による危険防御の手遅れを補完するものであることを表す「遅滞の危険」を明文化し（事実Bの考慮要請）、警察官による危険判断のプロセスを立法的に支えるといった方法もあり得よう。

なお、「警察署長に対する援助要請等」が、平成一六年の児童虐待防止法改正により「警察官の援助」から改められたことに関連して、この警察署長を中心とした「行政機関（行政官庁）」としての警察行政機関が、緊急権限を行使する「警察官」との関係においてどのような意味を有するのか、慎重に検討しなければならない。右法改正は、機動的な警察活動を確保するため、「組織」として対応することを明確にするためと解されており（「児童虐待の防止等に関する法律の一部を改正する法律の施行について」（平成一六年九月二一日警察庁生活安全局長・長官官房長・刑事局長連名通達））、その趣旨は是認しうるものであるが、児童虐待への対応とは別に、警察側の対応が、今後、緊急権限を行使する警察官から警察署長に重点移動することに対する長期的な影響について注視する必要がある。その取扱いに高度の配慮が求められる専門的知見を警察側に要求することは、即時強制を担う警察官の組織的特徴を変質させ（戦後、警察の改革対象とされた）一般行政機関としての性格を正面から担う潜在的可能性を秘めているからである。小林博志は、戦後の警察改革は警察官を法令執行機関と位置付けるものであったのに対し、現在は、これを行政庁の執行機関という地位に結びつける傾向がある、とその問題性を指摘している（小林博志『行政組織と行政訴訟』（成文堂、二〇〇〇）一二五頁以下）。つまり「警察官の法令執行機関と行政庁の執行機関という地位は基本的に異なるもの」であり、「戦後改革の〔警察の〕基本は前者にあった」ことからすると、警察官の二つの地位を結びつけることは問題である、と。その上で小林は、警察機関、特に警察官については、行政庁を中心とする補助機関、執行機関、諮問機関という「行政庁」概念及び行政官庁理論と、法令執行機関という二つの道具概念を使って捉える必要性があると主張するのである。さらなる検討を要する重要な課題である。

第三款　「警察権の限界」論の再定位――〝解釈構成〞による体系化

右に挙げた課題に取り組むためには、まず、田村・須藤論争で論じられた、「警察権の限界」論を重視する見解と「実定法の定め」を重視する見解に関連し、次の二点の問題性を確認しておく必要があろう。それはつまり第一に、これまでの「警察権の限界」論は、規律すべき警察活動の結節点を大まかに把握するための手段としてはなお有効であるものの、しかしそれを超えて限界論自体が具体的な規範内容をもって個別法の解釈を導く「包括的な解答の体系」(70)となってしまったこと、しかし第二に、分散した、規律密度の低い「実定法の定め」を制定法準拠主義の如く理解した場合、警察官の権限行使の実効性並びにその統制を緩め、さらに時として、その低い規律密度を補うべく〝国家の本来的任務〞など、法学的論証が容易でない要素を多分に含んだ〝大きな理論〞を誘発してしまうおそれがあること、である。[71]

かくして本書は、以上のような両者の立場が持つ問題点を回避するためには、「警察権の限界」論を、「実定法の定め」をベースに〝解釈構成〟という手法[72]を通じて精緻化し、事案に対応する秩序立った権限規定を〝解釈命題〟として再解釈すること、そしてこれによって〝秩序としての法〟[73]を体系化することが必要であり、また有効なのではないか、と考える。これはすなわち、「実定法の定め」を、限界論という、いわば〝柔らかい理論〟を梃子にして、より柔軟かつ精緻に解釈し直す試みである。ここでいう〝解釈構成〟という手法は、実定法の内容を改変することなく、事案解決に相応しい解釈命題を導き出すことであり、また〝解釈命題〟とは、「実定法の定め」の表面的な表現とは必ずしも一致しないものの、一つの秩序の中に割り当てられた、規範内容を伴った命題（規範命題）を意味する。[74]このような解釈命題が成立するとすれば、我が国の警察法令に特徴的な、分散した規律密度の低い「実定法の定め」に一つの秩序と概観を与え、同時に、警察権の発動の要件と限界について明確な基準を得ることが期待できるだろう。そしてさらに、解釈命題の集積を通じて、結果の妥当性を踏まえた動態的かつ開放的な警察法秩序の継続的な形成と定着を促すことにも寄与し得ると考えられる。解釈命題を導く〝解釈構成〟とは、法秩序の解釈上の柔軟性を通じて、法適用の結果をも視野に入れつつ法的問題の解決のための新たな法的構成を試みるものだからである。[75]このような観点から本章第二節の検証結果を見ると、〝補完性原理〟[76]や〝危険概念〟といった規範命題はまさに、児相と警察の不安定な連携に一定の秩序を与えるため、警察消極目的の原則や警察の比例原則を梃子として、規律密度の低い「実定法の定め」を〝解釈構成〟した〝解釈命題〟である、と位置付けることができるだろう。

もっとも、右のような〝解釈命題〟を〝解釈構成〟によって導き出すためには、法理論と実務の相互作用にかかる次のような前提が必要になることもまた確認しておかなければならない。

第一に、具体の紛争解決において「実定法の定め」を適用するとともに、これを事案に応じて改良し、解釈命題を形成する裁判官（判例）法の重視である。[77] 裁判官によって示される解釈命題は、抽象的な法規定を、警察実務を踏まえた具体の紛争解決に相応しい規範として切り出すものであり、解釈命題の重要な供給源であると言える。[78] 不文の警察権限の体系化など、裁判判決が〝解釈構成〟による体系化に大きく寄与するものであることは、強調されてよい。[79]

第二に、警察法と警察学ないし政策学との協働である。法制度の現実の運用に注目した実証研究（統計的調査、コスト計算、行動科学、組織文化の研究）[80] の充実は、法律の具体の適用を支えるほか、警察実務を規律する実定法の妥当性の検証に寄与する。社会安全政策論で展開されている様々な政策科学的知見[81] は、「行政運営上の仕組みに着目」した「新しい警察法学」[82] にとっても必要不可欠と言えよう。実務（実践）から解釈命題をどのように紡ぎ出していくかは、今後さらに検討されなければならない。

(70) 島田・前掲（60）五六頁。

(71) 警察法解釈における法外的要素（国家理論）の混入という問題に対し、他方で憲法学の視点から警察を国家学的理論（ないしメタ理論）から基礎づける必要性を論ずる論考として、岡田健一郎「日本公法学における『警察』についてのメモ――経済的自由規制目的二分論を出発点として」一橋法学七巻二号（二〇〇八）四三六頁以下。

(72) ここでは、いわゆる法ドグマーティクというドイツの法解釈の営みをイメージしている。法ドグマーティクは一般に、①秩序づけ・整序化機能、②安定化機能、③負担軽減機能（新しい規範の妥当性に対する論証負担の転換）、④法適用にとっての拘束機能・刷新機能、⑤批判ないし継続的形成機能（法政策のプロセスにおいて新しい諸提案が従来の体系に適合するか否かの検証基準）を持つとされる。B. Rüthers, Rechtstheorie, 3. Aufl. 2007, Rn. 321ff. R・ヴァール／野田昌吾訳「公法における法ドグマーティクと法政策」松本博之ほか編『法発展における法ドグマーティクの意義』（信山社、二〇一一）一六六頁も参照。

(73) 例えば、警察消極目的の原則を、行政機関の任務遂行に対する警察による補完活動を規律する解釈命題として、警察公共の原則を、私的自治に基づいた（民事）裁判所による紛争解決の限界を規律する解釈命題として、また警察の比例原則（の要件レベル）を、危険概念、とりわけ損害発生の十分な蓋然性を示す解釈命題として、それぞれ再構成する、といった具合いにである。

(74)　なお、このような解釈命題は、①単なる法テキスト、②法テキストの上でのみ構成されるような法規範、③具体的事案に対する裁判所による判断（判決はあくまで具体的紛争とのみ意味を持ち得る。）、④実践的な適用と無関係な、単なる法素材の理論的な記述、⑤法システムの内的関連の中で展開されるのではなく、これまでの法実務との断絶をもたらそうとするような法政策的提言、とはそれぞれ明確に区別されるものである。Vgl. A. Voßkuhle, Was leistet Rechtsdogmatik ?, in: G. Kirchhof u. a. (Hrsg.), Was weiß Dogmatik ?, 2012, S. 111.

(75)　R・ヴァール・前掲（72）一七二頁以下、参照。その意味において〝解釈構成〟という営みは、警察を単に統制すればよいという単純な主義主張ではなく、警察の機能を最大限活かすことを前提とした上での法治主義の実現を意味する。解釈構成という営みを、その批判も含めて分析するものとして、クリスティアン＝ブムケ／守矢健一訳「法解釈構成――ドイツ法学の思考法及び作業法の展開と形式とについての省察」日独法学三〇〜三二号（二〇一七）四五頁以下。

(76)　行政機関と警察の権限が競合する場合、原則として所管官署の要求又は連絡によって警察官の職権を行使させ、警察官の権限行使を二次的なものとすること（補完性原理）を、警察法の制定過程を踏まえて「広義の行政警察を戦後の民主化と事務の効率化の要請に基いて警察の責務を限定しようとしたための行政体系」と解釈構成してみせた論考として、出射義夫『警察権限詳論』（警察時報社、一九五九）二八三頁以下。

(77)　裁判官のこのような営みは、国家賠償法一条一項の文言を「国又は公共団体の公権力の行使に当たる公務員が個別の国民に対して負担する職務上の法的義務に違背して当該国民に損害を加えたとき」と再解釈したり、行政事件訴訟法三条二項の文言（「行政庁の処分その他公権力の行使」）を、「公権力の主体たる国または公共団体が行う行為のうち、その行為によって、直接国民の権利義務を形成しまたはその範囲を確定することが法律上認められているもの」に再解釈する等、既に先行例がある。このような解釈命題の構築は、多様かつ複雑な実務に対する実定法の開放性を確保する点に、その意義が認められよう。

(78)　荻野・前掲（33）二七頁は、夙に「制定法による規律密度は相対的に緩やかで、警察の現場における判断の余地をかなり容認しつつ、裁判所が経験的・帰納的に法を発見・創造するという現象について、どのように評価するか」という問題意識を示していたが、この文脈において、プロイセン警察行政法典がプロイセン上級行政裁判所による判例政策の結晶化（解釈構成による解釈命題の集積）であったということは想起されてよい。Vgl. T. Würtenberger, Modernisierung des Polizeirechts als Paradigma für die Entwicklung des Rechtsstaates, in: D. Heckmann (Hrsg.), Modernisierung von Justiz und Verwaltung, Gedenkschrift für F. O. Kopp, 2007, S. 432ff. また、

図3　警察法理論と実務の（継続的）対話

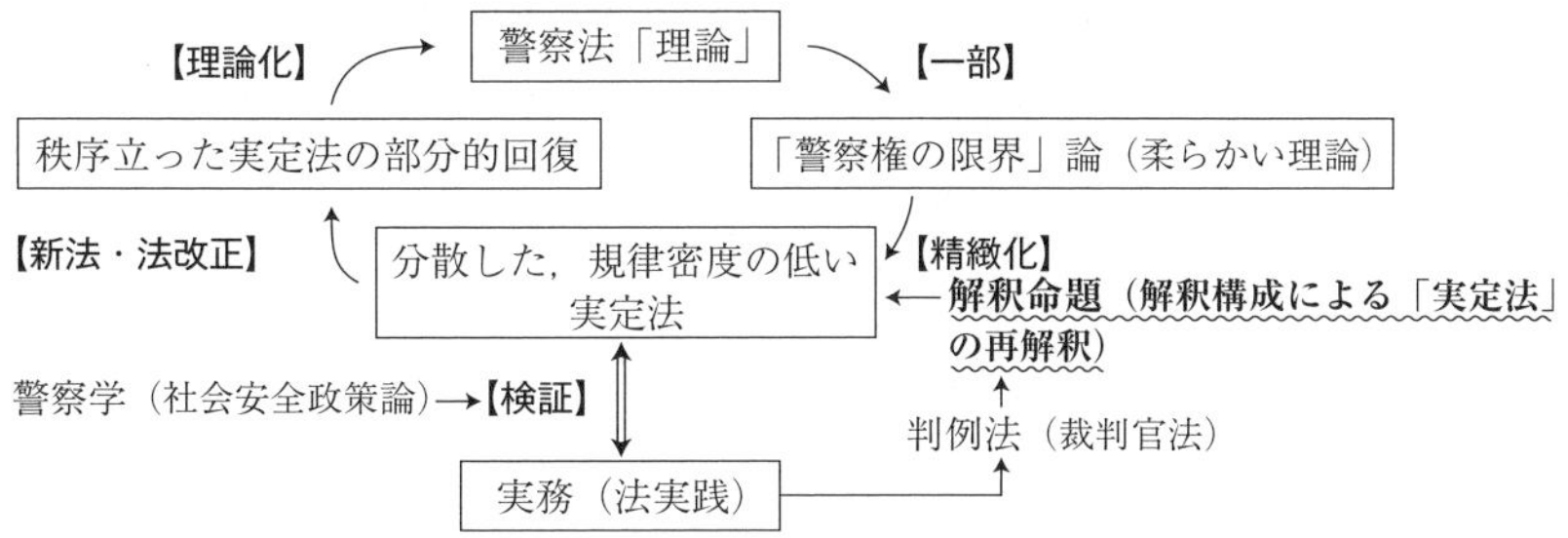

「判例による警察官の行動基準の定立」の問題については、林修三ほか「I　行政強制のシステム」ジュリスト増刊『行政強制――行政権の実力行使の法理と実態』（有斐閣、一九七七）三〇頁以下も参照。

(79)　その意味において、国賠判例研究会編『判例から見た警察活動と国家賠償（三訂版）』（三協法規、一九九一）や、長沼範良ほか編『警察基本判例・実務二〇〇』別冊判例タイムズ二六号（二〇一〇）、別冊判例タイムズ『警察実務判例解説』シリーズなどは重要な検証素材を提供するものである。

(80)　「法の支配」という観点から、有能な現場警察官をつくる仕組みと警察文化を普通化させるプログラムの重要性を指摘する興味深い論考として、橋本裕藏「法律執行と法実現――安全で安心できる社会を実現するひとつの知恵」法学新報一二三巻九＝一〇号（二〇一七）五三七頁以下。また、「職業文化」という観点から、警察官一人一人の認識に焦点を当て、警察介入の在り様を鋭く分析するものとして、浦中千佳央「職業文化から見た警察介入の在り方に関する一考察」社会安全・警察学四号（二〇一八）一一五頁以下。

(81)　この分野における必読文献として、四方光『社会安全政策のシステム論的展開』（成文堂、二〇〇七）。

(82)　荻野・前掲（33）一一頁。

おわりに

かつて元警察庁長官はある座談会において、警察法理論と実務の姿を〝干からびた理論とばらけた実務[83]〟と評していた。本書は、このような評価を念頭に置きつつ、〝干からびた理論〟を活性化させ、〝ばらけた実務〟に一定の秩序を与えるためには、規律すべき警察活動の結節点を大まかに捉える（柔らかい）「理論」を用いつつ、分散した、規律密度の低い「実定法の定め」を、実務を踏まえて解釈構成し、これを再び実務に照らして検証する、といった好循環を生み出すことが必要であることを、〝警察法理論と実務の対話〟という観点から述べようとしたものであった（図3）。もちろん「警察権の限界」論が前提とする警察活動のモデルは単純なものであり、これだけでは任意活動を含む、今日の多様な警察活動を捉えることはできない。「警察権の限界」論は決して固定的なものであってはならない。むしろ反復遂行される法実践を通じた解釈命題の集積によって、新たに更新される可能性が開かれていなければならない[84]。警察法理論を不断に検証し、これを多様な警察活動の実態[85]に応じてさらに多元化させていく必要があることを最後に確認して、本書を閉じることにしたい。

(83)　山田英雄ほか「〈座談会〉警察学の新展開のために」警察学論集五五巻六号（二〇〇二）三頁以下（山田英雄）。

(84)　これはすなわち、法治主義理念の規範含有率を高めた警察官の行為規範を可視化していくことでもある。

(85)　サイバー空間の安全確保、テロ・組織犯罪（暴力団）対策、公共空間の利用規制、警察によるデータ利用・管理・保存など。情報通信の発展に伴う、新たな課題に対する憲法学説からの応答として、例えば、山本龍彦「警察による情報の収集・保存と憲法」警察学論集六三巻八号（二〇一〇）一一一頁以下（同『プライバシーの権利を考える』（信山社、二〇一七）所収六七頁以下）、大沢秀介監修『入門・安全と情報』（成文堂、二〇一五）などがある。

あとがき

本書は、筆者が二〇〇七年から一〇年あまりの間に公表してきた複数の論文を元に、加筆・修正を加え、体系的にまとめたものである。個々の論文は後に一冊の書物にすることを前提に執筆されたものであるが、今回改めてこれらを編み直すにあたり、①章の組み替えや原題の変更、不十分な記述の加筆補充などによって全体のバランスを整えたほか、②論旨が曖昧な叙述や冗長な表現、誤記・誤植を改め（大きな修正については明示した。）、③特に第二章では、「現代国家における警察法理論の可能性――危険防御の規範構造の研究・序説（二・完）」法學（東北大学）七〇巻二号（二〇〇六）二三六頁以下の内容を一部取り入れた。もっとも、④註の文献（とりわけ教科書類の版の改訂）については、すべてのアップデートが困難であったため、初出論文当時のものから原則として変更を加えていない。いずれの加筆修正も初出論文の論旨に大きな変更を加えるものではないが、右に述べたような細かな修正があるため、今後同論文を引用することがあれば、本書によって頂けると幸いである。

なぜ私が警察法をテーマにした研究に取り組むことになったのか、はっきりとした記憶はない。しかし、私が大学院で研究をはじめた二〇〇〇年代初頭は、後に世界史的事件と呼ばれるアメリカ同時多発テロ事件（いわゆる九・一一事件）が発生した時期と重なる。法秩序が人々の安全に対する欲求を前にして大胆に変容すること、また本来安定的なものと了解されていた（国家）秩序が（その後の対テロ戦争が示したように）崩壊することさえあるという現実を同時代において目にしたことは、秩序維持を担う国家権力の最たるもの、すなわち警察権力を扱う法をテーマとして選択する一つの要因であったかもしれない。しかし私が当初意識的に有していた関心は、それとは別のところにあった。それは、社会（制度）ないし国家（制度）を、自然科学とは異なる社会科学の手法を通じて正確に理解し、これを運用することの可能性と限界についてであった。時代とともに移ろいゆく通俗的な常識や人々の評価に簡単に染まってしまうことを比較的明確に自覚していた私は、これに抗して、社会ないし国家を正しく観るための軸のようなもの、あるいは術を、自分の中で確保したいという思いがあったのである。東北大学の学部生時代、《認識・評価峻別論》や《M. Weber の価値自由》、《K. R. Popper の反証可能性》をはじめとした〝社会科学の方法〟に関する一連の議論と出会い、法学の奥深さを知り、また興味を惹かれたのも、このような動機と無関係ではない。

警察法の分野で展開されていた議論は、私のこのような問題関心と深く結びついているように思われた。当時、警察法に対する研究者の関心は低かったが、それは、行政法各論としての警察法固有の意義の低下（古典的行政法としての警察法の取り扱い）という方法論的な理由に加え、警察活動に対する人々の評価、つまりこれを可能な限り制限すべきという実践的主張と警察活動の積極的展開を論じる実践的主張とを、ともに警察法〝学〟という《学問》の名の下で論じることの難しさ、限界が露呈し、これを適切に処理する方法を見出し難い状況にあったことも、その理由であるように思われた。警察に福祉的活動を含めるか否かというかつての警察概念論争は、警察という概念で表現されているものは何かという警察概念の〝客観的認識に関わる問題〟と、警察活動はどの範囲まで認められるべきかという〝実践的主張に関わる問題〟とを（時に自覚的に）混交して展開されたものであるが、研究を進める過程で、同様の現象は今日でも、警察活動は抑制されるべきであるが環境規制は積極的に行使されるべきといった行政領域区分論、あるいは〝リスク〟〝配慮〟〝予防〟といった規制権限行使を支える説得的記述概念の多用、また国家の存在理由等を介して国の基本権保護義務を包括的に導く論法などにおいて現れ、「実定法の定め」の客観的認識と実践的主張の区別が不鮮明になっていることを知るに至った。本書序論で述べたように、私はここで《結果ヘノ権利ハ手段ヘノ権利ヲ与エル（ius ad finem dat ius ad media）》というかつての警察国家時代の自然法思考を法治国家においても完全に放棄することは難しいとするO・マイヤーの洞察が、現代でもアクチュアルな問題として現れ、実定法の解釈において（自然法を含む、主観的な主義主張を排した）〝客観性〟を維持することの困難さが継続的に問われているように感じたのである。私の警察法研究は、警察活動そのものへの関心というよりも、専ら右に述べたような問題意識から始まったものである。

本書第二章に収録した「『民事不介入の原則』に関する一考察」（初出論文・二〇〇八年）は、プライベートな領域への警察介入の是非という、人々の間で議論が多いテーマに関し、結果の当否はともかく、警察法令の理解において何が問題になっているのか可能な限り論拠を明確にし、共通理解を得ようと試みたものである。警察介入の是非を一気に結論づけてしまうような、警察公共の原則（民事不介入の原則）の妥当性の問題ではなく、警察が、どのような条件の下でどのような措置を講じ得るのかを、「私権」をめぐる具体の紛争を念頭に置きながら論ずることで従来の議論のフレームを組み直し、錯綜した議論を整理することに焦点を合わせている。また、本書第三章に収録した「危険概念の解釈方法」（初出論文・二〇〇七年以降）は、科学哲学の知見を応用したドイツの一法学者の独創的な研究を軸に、実定法が前提とする危険、つまり損害発生の〝予測〟の推論構造を明らかにしようとしたものである。警察権行使をめぐる積極・消極の議論対立が、表向き国家観あるいは基本権の機能をめぐる〝大きな争い〟であるように見えて、実のところは危険の評価・認定方法をめぐる争いであるとすれば、当該問題は、《危険を警察権限発動の構成要件として定める〝実定法の解釈・適用の問題〟》に還元されるのではないか、と考えたからである（本書の分析の多くをこの問題に費やしているのは、以上のような理由に基づいている。）。また科学哲学の知見を応用するという手法は、「実定法の定め」を客観的に理解し解釈するという、当初からの私の問題関心にも直接応えてくれるように思われた。というのも科学哲学は、世界の客観的な理解に向け、科学的知識の特徴や科学の方法、とりわけ説明・推論といった（日頃、我々が特に意識せず用いている）思考法を徹底的に明晰にしようとする知の一大プロジェクトに他ならなかったからである。この当時の研究はいずれも、言語で構成される理論ないし言語の用い方において認められる、論拠不明で曖昧な結論を導きかねない不確実性をどこまで除去できるか、という課題に取り組むものであったように思われる（もとよりこのような作業を安定的にかつ精度高く行うためには、まだまだ修行が必要であることは自覚している。）。

このような問題意識は、当時の私の大きな関心事であったし、今もまた変わらないが、しかし他方で次第に現実社会あるいは実務との繋がりという点で不十分さを感じ始めるようになった。客観的な考察を目指して選び取った（はずの）方法が、時に分析的に過ぎ、取り組むべき実務的課題それ自体が持つコンテクストから離れた（それゆえ、なお〝理論偏重〟の）考察であるように思われたのである。厳しく自己反省すれば、これまでの研究は《規律密度の高いドイツ法を頼りに我が国の法秩序ないし法実務を見通しよくすることだけに満足しているのではないか》《結局、ドイツの「実定法の定め」を（分析視角と位置付けながらも）幾らか理想化し、我が国の「実定法の定め」や法実務の実際に、すなわち対象それ自体に寄り添った分析を行っていないのではないか》《無意識裡に、規律密度の高い完成された「実定法の定め」を要求する、安易な立法政策論（実践論）ないし理想論を言外に語っているのではないか》、そのような不安を感じ始めたのである。この悩みは、私の中で重くのしかかっていた。

この状況に一つの転機をもたらしたのは、二〇一二年からアレクサンダー・フォン・フンボルト財団給付奨学生としてドイツ・フライブルク大学で行った在外研究であった。彼の地での最大の収穫は、ドイツ基本法を頂点とした規範の体系、そして規範がもつ規律力を――立場上当初からこの問題に関心を寄せていたというバイアスを差し引いても――日々の生活の中ではっきりと感じ取ることができたということであろう。人々の行動様式、社会の仕組み、法制度のつくり方、その機能の仕方などは、日本とは表面的には似ているものの、何か異なるもののようであった。警察実務に関して言えば、彼の地の警察実務家（警察本部長、警察署長、巡査長、警察アカデミー教官）へのインタビューにおいて顕著に感じたのは、警察官が具体の警察法令の一条一条を自らの行動の準則としてとても大切にしていること、むしろ準則が不在ないし不明確であることを不安視し、進んで警察法令の規律に服そうとしているとさえ言えるような態度であった。そしてこのような印象を裏づけるかのように、現にドイツの警察法令は実務の実際に対応し得るよう、極めて精緻にかつ体系的に整備され、法と実務とが表裏一体・相互補完的に織りなしているように感じられたのである。法が実務に深く根を下ろしているというこのような感覚は、私にとっては新鮮であった。というのも、我が国でも確かに警察法令が存在し、個々の警察官の行動準則も存在するが、その位置付けは（ドイツと比べれば）相対的に低く、むしろ（通達や実務慣行など）〝重層的な〟行動準則を介して、臨機応変に対応可能な活動の余地を残しているように感じられたからである（むしろ、ドイツと比較して初めてこのような我が国の法実務の姿が浮かび上がってきた、と言うのがより正確であろう。）。誤解を恐れずあえて図式化すれば、彼の地では規範を前提にそこから各種警察権限の行使とその限界が比較的ストレートに導かれているように見えるのに対し、我が国ではどこまでの警察活動であれば既存の規範の枠内において許されるか、という発想が強いように思われた。これは、我が国では紛争の存在を前提として必要な警察活動に相応しい行動準則が取捨選択されるのに対して、彼の地においては規範において既に紛争のコンテクストが全て隙間なく埋め込まれ、あとは権限が明記された規範を執行すれば足りるという状態にある、と言い換えてもよい（むろんこれは印象論の域を出ないが、ドイツには我が国とは極めて対照的に、膨大な数のコンメンタールが存在することは見逃せない。）。もとより、ドイツと比べた我が国の警察法秩序・法実務を、法治主義の実現の不徹底さによる日本法の後進性などと決めつけることはできない。むしろこのような日独の違いを生み出す制度的歴史的、さらには言語的（認知的）条件に視線が向けられるべきであろう。しかしいずれにせよドイツでの経験は、我が国の「実定法の定め」或いは法実務に対する、私のこれまでのアプローチに根本的な転換を迫るものであった。というのも、実定法が必ずしも体系的に整備されていない我が国においては、「実定法の定め」を微視的にではなく、紛争のコンテクストに応じて巨視的に考察することの必要性を説いているように思われたからである。「実定法の定め」を解釈するということは形式的な法律文言に忠実であるということと同義ではないことは勿論である。しかしドイツで獲得した右のような〝ものの見方〟は、単なる法解釈方法論の範疇で論じられる解釈方法とは明らかに違う種類のものであるように感じられたのである。

ドイツから帰国後に公表した本書第一章に収録の「脱警察化と行政機関に対する警察の役割」（初出論文・二〇一五年）は、右のような〝ものの見方〟を持ち始めた中で、不十分ではあるものの、自分なりに「実定法の定め」や法実務により寄り添い、我が国の警察法秩序の成立背景を踏まえながら検討を行ったものである。この研究を通して、時に偶然に形成され、不完全ながらも現に存在する「実定法の定め」を、ある程度通時的に捉えつつ、現実の実務の実際を踏まえて（もちろんそれは実務に追随するという意味ではなく、実務についての明確な根拠を踏まえるということであるが）理解することを意識し始めたように思われる。第一七回行政法研究フォーラム（二〇一七年）で報告発表した、本書終章に収録の『『警察権の限界』論の再定位」（初出論文・二〇一七年）では、条文それ自体には示されていないものの、反復継続・試行錯誤する日々の法実践（法実務）の中から規範を〝解釈命題〟という形で発見してゆく（あるいは条文の隙間を埋めてゆく）有効性を提示したものであったが、この論考において、これまで思案をめぐらせてきたものが一つの形として収斂したように思う。つまり「実定法の定め」の充分な規範的意味を、論拠不明な法外的要素にも形式的な法文上の文言にも依拠することなく、法治主義の理念に従いながら既存の法体系と整合的に導き出すという法的営み、つまり〝解釈構成〟という思考作用を意識するようになったことで、〝理論〟〝実定法の定め〟〝実務〟のすべてを射程に入れる認識フレームのようなものを、私なりに定め得たように思うのである。もとより、これをさらに具体的に展開するには、解釈命題の〝基礎づけ〟という点も含めて、なお方法論的に論じなければならない課題も多いが、いずれにせよこのような認識フレームを獲得することは、ドイツでの研究滞在抜きには不可能であったであろう。

本書の刊行もまた然りである。

なお当初は、ドイツで得た右認識フレームに基づき、本書の前半で「警察権の限界」論を通時的に分析した論考を収録することを予定し、一部その準備も行っていたところである。しかしこの作業を行うには、なお時間が必要であると思われたため、本書前半に収録を予定していた部分についてはさらに「問い」を明確にした上で、本書とは別のテーマの下で公表したいと考えている。「問い」の設定が今なお現在進行形であるため、本書をまとめる途中でもう一度書き直したいという思いに何度も駆られたが、それは実現すべくもない。本書の刊行を一つの区切りとして、次に進むことにしたい。

本書の執筆は、公私問わず実に多くの人々によって支えられた。ここでは本書の成立という観点から、特に次の方々に感謝の意を表したい。

まずは、私の師である藤田宙靖先生（東北大学名誉教授・元最高裁判所判事）に御礼申し上げたい。今の私のすべては、藤田先生との出会いがなければあり得ないものである。決して法律が好きとは言えず、進むべき道を見失っていた学生時代、藤田先生の講義受講をきっかけとして法律の眺め方が一変したこと、そして研究の世界に足を踏み入れる決意をしたことを今でも鮮明に覚えている。認識対象として頼りない印象を抱いていた条文の背後に、論拠を提示する中で露わになる揺るぎない〝学〟が存在することを、先生は行政法講義の中で、《学問》というものの魅力とともに鮮やかに示しておられたからである。表層的な事象に左右されず物事の本質をつかむ、研究者としての基本的な構えを、私は藤田先生から学ばせて頂いた。

次に、博士課程在籍中に藤田先生が最高裁判所判事に就任された後にご指導を頂いた私のもう一人の師、稲葉馨先生（東北大学名誉教授）に御礼申し上げたい。テーマの選択から分析方法まで、筆者が悩みながら選び取った道を温かく、そして辛抱強く見守って下さったことが、不安な心の何よりの支えであった。どのようなテーマを選んでもその道の先で必ず普遍的なテーマと出会う、と助言頂いたことは、学問の広がりと奥行きを意識した研究活動の指針として、常に心に留めている事柄である。藤田先生と同じく、やはり稲葉先生との出会いがなければ、今の私はなかったであろう。

また、大学院在籍時、同じ研究室で折にふれて研究の相談にのって下さった松戸浩先生（現・立教大学）をはじめ、東北大学大学院で行政法を専攻された先輩諸氏にも感謝申し上げたい。とりわけ神橋一彦先生（現・立教大学）には、〝権利〟〝義務〟といった法律学の基本概念を基礎にした法解釈の重要性を学ばせて頂いたほか、私の初めての就職先である金沢大学在籍時には、大学人として身につけるべきイロハについても懇切にご指導頂いた。また亘理格先生（現・中央大学）には、北海道大学では同僚として、フランス行政法の〝ものの見方〟からドイツ・日本行政法を相対化する幾つもの有益な視点を提供して頂いたのみならず、共同研究や在外研究の機会を与えて下さるなど、格別のご配慮を頂いた。心より深く感謝申し上げたい。

さらに、研究者としての揺籃の地である金沢大学法学類に所属の先生方、現在勤務する北海道大学大学院法学研究科公法講座の先生方に加え、ドイツ・フライブルク大学で素晴らしい研究環境と研究上のアドバイスを提供して下さった D. Murswiek 先生並びに R. Poscher 先生、そして本研究の一部を報告し議論する機会を与えて下さった田村正博先生をはじめとする社会安全・警察学研究所（京都産業大学）の先生方にも感謝の意を表したい。私の日々の思索はすべて、同じ学問共同体に属する人々との実りある対話を通じて行われたものである。

本書の刊行にあたっては、有斐閣書籍編集部の佐藤文子さんに大変お世話になった。私の作業が遅れる中、平成の終わりを区切りに本書を刊行することができたのも、ひとえに佐藤さんの熟練の編集技能の賜物である。心より感謝申し上げたい。なお、校正作業や索引・文献一覧の作成では、法学研究科博士課程に在籍する谷遼大君の手を煩わせた。

最後に、私事ではあるが、私がこれまで下した決断の全てに理解を示し、今日まで献身的に支えてくれた父と母、そして私に活力と安らぎを与えてくれる幼い二人の子供たちと妻に感謝の気持ちを伝え、本書を捧げることをお許し頂きたい。

二〇一九年三月

「雪は天から送られた手紙である」
人工雪誕生の地、北海道大学札幌キャンパスにて

米田雅宏

なお本書の執筆にあたっては、(財)野村財団研究助成・国際交流助成、JSPS科研費、そしてアレクサンダー・フォン・フンボルト財団の各種研究助成・奨学金を、また本書の刊行にあたっては、北海道大学大学院法学研究科学術振興基金の出版助成金を受けた。ここに記して感謝申し上げたい。

事項索引

サ行

マ　行

ヤ　行

ラ　行

人名索引（日本）

ア 行

カ 行

サ 行

タ 行

ナ 行

ハ 行

マ 行

ヤ 行

人名索引（ドイツ・オーストリア）

ア 行

カ 行

サ 行

タ 行

ナ 行

ハ 行

マ 行

ラ 行

文献一覧（邦文）

※ 引用当時の文献と2018年12月末時点の最新版を並記した。

［ア行］
青井秀夫『法理学概説』（有斐閣，2007）
青山彩子「家族・近親者からの被害防止」大沢秀介ほか編『社会の安全と法』（立花書房，2013）207頁以下
秋山義昭「炭鉱じん肺被害と国の責任」商学討究53巻2＝3号（2002）7頁以下
浅見勝也「災害対策基本法と警察の任務，権限について」警察研究32巻12号（1961）47頁以下
浅利祐一「判批」法学セミナー488号（1995）75頁以下
芦部信喜／高橋和之補訂『憲法』（岩波書店，第4版2007，第6版2015）
渥美東洋編『犯罪予防の法理』（成文堂，2008）
阿部泰隆「誤解の多い対物処分と一般処分」自治研究80巻10号（2004）26頁以下
――『行政法解釈学Ⅰ』（有斐閣，2008）
――「違憲審査・法解釈における立法者意思の探求方法」加藤一郎先生追悼『変動する日本社会と法』（有斐閣，2011）85頁以下（同『行政法の解釈(3)』（信山社，2016）所収47頁以下）
綾部弘ほか「改正民事執行法の運用状況について(1)(2)」NiBEN Frontier 2007年5月号8頁以下，6月号10頁以下
飯田隆責任編集『哲学の歴史第11巻　論理・数学・言語』（中央公論新社，2007）
石川正興・研究代表「子どもを犯罪から守るための多機関連携モデルの提唱」報告書（RISTEX戦略的創造研究推進事業 https://ristex.jst.go.jp/result/criminal/pdf/20121022_2.pdf. 2017年7月28日最終確認）
磯部力「『安全の中の自由』の法理と警察法理論」警察政策7巻（2005）1頁以下
――「犯罪予防の法理――行政法の視点から」警察学論集60巻8号（2007）74頁以下
磯部力＝櫻井敬子＝神橋一彦＝桑原勇進「環境保護と行政法」法学教室323号（2007）66頁以下
磯村篤範「行政機関相互間の協力関係と法的問題点の所在(1)(2)」大阪教育大学紀要第Ⅱ部門41巻2号（1993）73頁以下，46巻1号（1997）1頁以下
出射義夫『警察権限詳論』（警察時報社，1959）
伊藤滋夫『要件事実の基礎――裁判官による法的判断の構造』（有斐閣，2000）
――「要件事実論と基礎法学の協働・序説」法学セミナー639号（2008）8頁以下
伊藤眞ほか『民事訴訟法の論争』（有斐閣，2007）
稲葉馨「行政組織法としての警察法の特色」警察政策4巻1号（2002）13頁以下
――「情報公開審査会における裁量問題審査に関する一考察」藤田宙靖博士東北大学退職記念『行政法の思考様式』（青林書院，2008）287頁以下
――「行政法上の『不当』概念に関する覚書き」行政法研究2号（2013）8頁以下
稲葉一人「筑豊じん肺訴訟第一審判決」法律のひろば49巻2号（1996）42頁以下

今村哲也「行政介入請求権をめぐる新動向」一橋論叢89巻1号（1983）167頁以下
――「Polizei法における個人の保護（Ⅰ）（Ⅱ）（Ⅲ）」山形大学紀要（社会科学）18巻2号109頁，19巻1号（1988）49頁以下，21巻2号（1991）1頁以下
――「国家活動法定主義と警察――オーストリア警察法概説」警察政策13号（2011）88頁以下
R・ヴァール「公法における法ドグマーティクと法政策」松本博之ほか編『法発展における法ドグマーティクの意義』（信山社，2011）163頁以下
上杉信敬「プロイセン警察法における便宜主義の限界――過度の限界を中心として」法学論叢100巻1号（1976）73頁以下
上原誠一郎『警察官等職務執行法解説』（立花書房，1948）
――「警察官等職務執行法について（上）（中）（下）」警察研究19巻10号124頁以下，11号（1948）33頁以下，20巻3号（1949）42頁以下
――「マッカーサー書簡前後(1)～(3・完)」警察研究45巻7号75頁以下，8号90頁以下，9号（1974）68頁以下
植松健一「安全感情の保護に対する公権力の役割――ドイツ公法学の議論を参考にした序説」島大法学49巻4号（2006）349頁以下
――「ドイツにおける『安全と自由』――安心感の維持向上への公権力の関与という視角から」森英樹編『現代憲法における安全』（日本評論社，2009）457頁以下
――「連邦刑事庁（BKA）・ラスター捜査・オンライン捜索(1)(2)(3・完)――憲法学的観点からみたドイツにおける『テロ対策』の現段階」島大法学52巻3=4号1頁以下，53巻2号（2009）1頁以下，4号（2010）85頁以下
鵜飼信成「Polizeiの観念――その発展史的考察――」美濃部達吉教授還暦記念『公法学の諸問題第1巻』（有斐閣，1934）369頁以下
宇賀克也『国家補償法』（有斐閣，1997）
――『行政法概説Ⅰ行政法総論』（有斐閣，第2版2006，第6版2017）
――「行政介入請求権と危険管理責任」磯部力ほか編『行政法の新構想Ⅲ』（有斐閣，2008）257頁以下
内井惣七『科学哲学入門』（世界思想社，1995）
浦中千佳央「職業文化から見た警察介入の在り方に関する一考察」社会安全・警察学4号（2018）115頁以下
G・H・フォン　ウリクト／丸山高司ほか訳『説明と理解』（産業図書，1984）
遠藤博也『行政法Ⅱ（各論）』（青林書院，1977）
王天華「行政裁量の観念と取消訴訟の構造(1)～(5・完)」国家学会雑誌119巻11=12号（2006）62頁以下，120巻1=2号62頁以下，3=4号193頁以下，5=6号325頁以下，7=8号（2007）48頁以下
大石眞「『安全』をめぐる憲法理論上の諸問題」公法研究69号（2007）21頁以下
大窪徳行「環境公害裁判と帰納論理――因果関係論と帰納的確率論」論理哲学研究3巻（2003）1頁以下
大沢秀介監修『入門・安全と情報』（成文堂，2015）
大沢秀介編『フラット化社会における自由と安全』（尚学社，2014）
大沢秀介ほか編『市民生活の自由と安全　各国のテロ対策法制』（成文堂，2006）

――『自由と安全――各国の理論と実務』（尚学社，2009）
――『変容するテロリズムと法』（弘文堂，2017）
太田勝造『社会科学の理論とモデル7　法律』（東京大学出版会，2000）
大塚直「環境法における予防原則」城山英明ほか編『法の再構築Ⅲ　科学技術の発展と法』（東京大学出版会，2007）115頁以下
大橋洋一「『民事不介入』の観念と行政型ADR」自治体学研究91号（2005）20頁以下（同『都市空間制御の法理論』（有斐閣，2008）所収238頁以下）
――「リスクをめぐる環境行政の課題と手法」長谷部恭男編『リスク学入門3　法律からみたリスク』（岩波書店，2007）73頁以下（同『都市空間制御の法理論』（有斐閣，2008）所収191頁以下）
大浜啓吉「委任立法における裁量」公法研究55号（1993）172頁以下
大村敦志「判批」法学協会雑誌100巻10号（1983）201頁以下
岡田健一郎「日本公法学における『警察』についてのメモ――経済的自由規制目的二分論を出発点として」一橋法学7巻2号（2008）379頁以下
岡光民雄「判批」『昭和57年度行政関係判例解説』（ぎょうせい，1983）511頁以下
岡本篤尚『《9・11》の衝撃とアメリカの「対テロ戦争」法制』（法律文化社，2009）
荻野徹「警察事務の範囲と分担」安藤忠夫ほか『警察の進路』（東京法令出版，2008）715頁以下
――「新しい『警察法学』の構想」関根謙一ほか編『講座警察法第1巻』（立花書房，2014）5頁以下
奥平康弘「警察権の限界――条理上の限界について――」田中二郎ほか編『行政法講座第6巻』（有斐閣，1966）67頁以下
小倉裕児「マッカーサーと47年警察改革」関東学院大学経済学会研究論集『経済系』188号（1996）174頁以下
小田中聰樹「刑事法制の変動と憲法」法律時報73巻6号（2001）43頁以下

［カ行］
甲斐素直「『警察』概念と憲法」嶋崎健太郎編集代表『憲法の規範力と行政』（信山社，2017）129頁以下
戒能民江「警察の介入姿勢の『変化』と『法は家庭に入らず』の維持」法学セミナー45巻10号（2000）56頁以下
戒能通孝『警察権』（岩波書店，1960）
笠井正俊「行政事件訴訟における証明責任・要件事実」法学論叢164巻1〜6号（2009）320頁以下
片桐裕「生活安全警察は何を目指し，いかに行動すべきか（上）〜生活安全警察私論〜」警察学論集62巻5号（2009）1頁以下
加藤陽三監修『全訂警察法逐條解説』（新警察社，1952）
門田孝「いわゆる『危険犬』の輸入・繁殖の禁止」栗城壽夫ほか編集代表『ドイツの憲法判例Ⅲ』（信山社，2008）298頁以下
紙谷雅子「判批」判例評論442号（1995）21頁以下
ルドルフ・カルナップ／内井惣七訳「帰納論理について」永井成男ほか編『カルナップ哲学論

集』（紀伊國屋書店，1977）
川上宏二郎「判批」法学論集（西南学院大学）17 巻 1 号（1984）233 頁
川岸令和「判批」『憲法判例百選Ⅰ（第 5 版）』（有斐閣，2007）178 頁以下
川崎政司「立法における法・政策・政治の交錯とその『質』をめぐる対応のあり方」井田良ほか編『立法実践の変革（立法学のフロンティア 3）』（ナカニシヤ出版，2014）42 頁以下
河村浩「環境訴訟と予測的因果関係の要件事実」伊藤滋夫編『環境法の要件事実』（日本評論社，2009）154 頁以下
北村和生「判批」『速報判例解説 1 号』（日本評論社，2007）43 頁以下
──「アスベスト国賠訴訟における行政法上の論点」環境法研究 4 号（2016）107 頁以下
北村滋ほか編『改革の時代と警察制度改正』（立花書房，2003）
北村喜宣「行政的対応の限界と司法的執行 ── 産業廃棄物の不法投棄をめぐる環境行政と環境警察の活動(1)～(4･完)」自治研究 69 巻 7 号 53 頁以下，8 号 67 頁以下，9 号 44 頁以下，10 号（1993）69 頁以下
──『行政法の実効性確保』（有斐閣，2008）
行政法理論研究会「特別研究 行政法理論の方向性」自治研究 79 巻 4 号（2003）3 頁以下
金田一京助ほか編『新明解国語辞典（第 5 版）』（三省堂，1997）
楠芳伸「警察行政の民間委託についての一考察」安藤忠夫ほか編『警察の進路』（東京法令出版，2008）100 頁以下
倉田潤「判批」佐々木史朗ほか編『警察関係基本判例解説 100』（判例タイムズ社，1992）10 頁以下
桑原勇進「危険概念の考察 ── ドイツ警察法を中心に」金子宏先生古稀祝賀論文集『公法学の法と政策下巻』（有斐閣，2000）647 頁以下（同『環境法の基礎理論 ── 国家の環境保全義務』（有斐閣，2013）所収 193 頁以下）
──「非『客観的』危険 ──『危険の疑い』と『表見的危険』」塩野宏先生古稀記念『行政法の発展と変革下巻』（有斐閣，2001）677 頁以下（同『環境法の基礎理論 ── 国家の環境保全義務』（有斐閣，2013）所収 209 頁以下）
──「ドイツ原子力法における危険概念 ── 1980 年前後の判例・学説」上智大学法学会編『変容する社会の法と理論』（有斐閣，2008）83 頁以下（同『環境法の基礎理論 ── 国家の環境保全義務』（有斐閣，2013）所収 226 頁以下）
──『環境法の基礎理論 ── 国家の環境保全義務』（有斐閣，2013）
──「判批」民商法雑誌 151 巻 1 号（2014）75 頁以下
警察政策学会犯罪予防法制研究部会「『これからの安全・安心』のための犯罪対策に関する提言」警察政策学会資料第 71 号（2013）1 頁以下
警察制度研究会編『全訂版警察法解説』（東京法令出版，2004）
警察制度調査会編『警察制度百年史』（警察制度調査会，1975）
警察庁『平成 14 年警察白書』
警察庁編『諸外国における警察権限研究報告書』（2004）
警察庁警察史編纂委員会編『戦後警察史』（警察協会，1977）
警察法令研究会編『新版注解警察官職務執行法（全訂版）』（立花書房，1998）
小粥太郎『民法学の行方』（商事法務，2008）
国賠判例研究会編『判例から見た警察活動と国家賠償（三訂版）』（三協法規，1991）

小島妙子『DV・ストーカー対策の法と実務』(民事法研究会，2013)
小高剛「判批」法学教室 180 号 (1995) 102 頁以下
小西康弘「児童虐待防止に向けた警察の取組の強化について～関係機関との情報共有を中心に～」警察学論集 69 巻 11 号 (2016) 5 頁以下
小早川光郎『行政法講義下Ⅰ』(弘文堂，2002)
──『行政法講義下Ⅱ』(弘文堂，2005)
──「事業者の安全管理と行政介入」ジュリスト 1307 号 (2006) 46 頁以下
小林博志『行政組織と行政訴訟』(成文堂，2000)
駒林良則「職権探知原則と協力義務」法学雑誌 39 巻 3＝4 号 (1993) 502 頁以下
小山剛『基本権保護の法理』(成文堂，1998)
──「自由と安全──若干の憲法学的考察」警察学論集 58 巻 6 号 (2005) 79 頁以下
──「自由・テロ・安全──警察の情報活動と情報自己決定権を例に」大沢秀介ほか編『市民生活の自由と安全』(成文堂，2006) 305 頁以下
──『「憲法上の権利」の作法』(尚学社，初版 2009，第 6 版 2016)
──「田村警察行政法学──憲法学の視点から」大沢秀介ほか編『社会の安全と法』(立花書房，2013) 21 頁以下
近藤昭三「判批」判例評論 292 号 (1983) 35 頁以下
近藤崇晴「判解」『最判解民事篇平成 7 年度』(1995) 282 頁以下
近藤洋逸＝好並英司『論理学概論』(岩波書店，1964)

［サ行］
斎藤誠「私人間紛争に対する行政の権力的関与──『行政法理と私法秩序』に関する一考察」成田頼明先生古稀記念『政策実現と行政法』(有斐閣，1998) 159 頁以下
──「公法における機能的考察の意義と限界──『機関適性』に関する断章」藤田宙靖博士東北大学退職記念『行政法の思考様式』(青林書院，2008) 37 頁以下
佐伯祐二「行政処分と命令・条例」芝池義一先生古稀記念『行政法理論の探究』(有斐閣，2016) 187 頁以下
坂井孝行「産業廃棄物事犯の現状と警察の対応」法律のひろば 52 巻 7 号 (1999) 35 頁以下
坂元洋太郎「警察組織の分析」菊田幸一ほか編『社会のなかの刑事司法と犯罪者』(日本評論社，2007) 189 頁以下
櫻井敬子「犯罪予防と行政法」渥美東洋編『犯罪予防の法理』(成文堂，2008) 89 頁以下
──「行政法の観点から見た組織犯罪対策」警察学論集 61 巻 4 号 (2008) 75 頁以下
──「警備業の法的性格──行政任務の官民分担の観点から」法学会雑誌 44 巻 2 号 (2009) 1 頁以下
佐々木惣一『警察法概論』(日本評論社，1936)
佐藤英彦「警察行政機関の任務，所掌事務及び権限」河上和雄編『講座日本の警察第 1 巻』(立花書房，1993) 55 頁以下
佐藤ゆかり「『酔っ払い防止法』の再評価とその限界──ドメスティック・バイオレンス，セクシャル・ハラスメントの概念がなかった時代に」国立女性教育会館研究ジャーナル 14 号 (2010) 80 頁以下
塩崎勤「判解」ジュリスト 765 号 (1982) 74 頁以下

―― 「判解」『最判解民事篇昭和 59 年度』(1989) 97 頁以下
塩野宏『行政法Ⅱ 行政救済法』(有斐閣,第 4 版 2005,第 5 版補訂版 2013)
四方光『社会安全政策のシステム論的展開』(成文堂,2007)
―― 「罰則適用過程からみる行政法 ―― 生活経済事犯の取締りを中心に」警察政策 11 号 (2009) 224 頁以下
―― 「法政策学としての社会安全政策論」大沢秀介ほか編『社会の安全と法』(立花書房,2013) 315 頁以下
宍戸基男ほか編『新版警察官権限法注解上巻』(立花書房,1977)
芝池義一「判批」民商法雑誌 88 巻 6 号 (1983) 83 頁以下
―― 「判批」判例評論 311 号 (1985) 14 頁以下
島田茂「西ドイツ統一警察法模範草案をめぐる若干の法的諸問題」横浜市立大学論叢(社会科学系列)第 32 巻 1 号 (1981) 113 頁以下
―― 「警察規制の概念と手法」芝池義一ほか編『行政法の争点(第 3 版)』(有斐閣,2004) 212 頁以下
―― 「ドイツ警察法における『犯罪の予防的制圧』の任務と権限」甲南法学 47 巻 1 号 (2006) 53 頁以下
―― 「1931 年プロイセン警察行政法に関する一考察(1)(2)(3)」甲南法学 47 巻 2 号 (2006) 98 頁以下,3 号 1 頁以下,4 号 (2007) 7 頁以下(同『警察法の理論と法治主義』(信山社,2017) 所収 1 頁以下)
―― 「憲法改正と最近の警察法学の動向」法の科学 38 号 (2007) 31 頁以下
―― 「警察法における犯罪防止義務論」甲南法学 51 巻 3 号 (2011) 63 頁以下
―― 「明治憲法下における警察法理論の構造」甲南法学 53 巻 2 号 (2012) 1 頁以下(同『警察法の理論と法治主義』(信山社,2017) 所収 311 頁以下)
―― 「現行憲法下における警察法理論の展開」甲南法学 55 巻 4 号 (2015) 1 頁以下(同『警察法の理論と法治主義』(信山社,2017) 所収 356 頁以下)
―― 『警察法の理論と法治主義』(信山社,2017)
島根悟「現行警察制度の基本構造に関する一整理」関根謙一ほか編『講座警察法第 1 巻』(立花書房,2014) 237 頁以下
下山瑛二『健康権と国の法的責任 ―― 薬品・食品行政を中心とする考察』(岩波書店,1979)
下山憲治「危険の予測とその防止手段に関する一考察 ―― ドイツ危険防除法における『外見上の危険』および『危険の嫌疑』の分析を中心にして」佐藤英善他編『行政法と租税法の課題と展望』(成文堂,2000) 167 頁以下(同『リスク行政の法的構造』(敬文堂,2007) 所収 30 頁以下)
―― 「ドイツ公法学におけるリスク管理手法研究序説」行政社会論集 15 巻 1 号 (2002) 37 頁以下(同『リスク行政の法的構造』(敬文堂,2007) 所収 73 頁以下)
―― 「不確実性の条件下における行政決定の法的制御に関する一考察 ―― ドイツにおけるリスク制御の理論的分析を中心にして」行政社会論集 17 巻 3 号 (2005) 1 頁以下(同『リスク行政の法的構造』(敬文堂,2007) 所収 88 頁以下)
―― 「基準設定権限等の不行使と国家賠償責任 ―― じん肺予防領域を中心として」福島大学地域創造 18 巻 1 号 (2006) 29 頁以下
―― 『リスク行政の法的構造』(敬文堂,2007)

――「一般用医薬品の流通・販売規制に関する考察」東海法科大学院論集 3 号（2012）79 頁以下
――「アスベスト国賠訴訟と規制権限不行使の違法判断に関する一考察」環境法研究 4 号（2016）65 頁以下
W・シュテークミュラー／中埜肇ほか監修・竹尾治一郎ほか訳『現代哲学の主潮流 2』（法政大学出版局，1981）
白藤博行「警察法『改正』の行政法学的検討」吉川経夫編『各国警察制度の再編』（法政大学出版局，1995）205 頁以下
――「『監視社会』と『警察行政法』理論の展開」法律時報 75 巻 12 号（2003）35 頁以下
――「『安全の中の自由』論と警察行政法」公法研究 69 号（2007）45 頁以下
――「リスク社会下の警察行政」ジュリスト 1356 号（2008）82 頁以下
城山英明「リスク評価・管理と法システム」城山英明ほか編『法の再構築Ⅲ 科学技術の発展と法』（東京大学出版会，2007）89 頁以下
新山一雄「ドイツ行政手続法における職権探知原則(3)」自治研究 69 巻 2 号（1993）16 頁以下
須貝脩一『警察法逐条解説』（法律文化社，1948）
――『行政法総論』（有信堂高文社，1976）
杉村敏正編『行政法概説各論（第 3 版）』（有斐閣，1988）
須藤陽子「ドイツ警察法における危険概念の展開」大分大学経済論集 48 巻 3＝4 号（1996）288 頁以下（同『比例原則の意義と機能』（法律文化社，2010）所収 123 頁以下）
――「即時強制の系譜」立命館法学 314 号（2007）983 頁以下（同『行政強制と行政調査』（法律文化社，2014）所収 196 頁以下）
――「『行政調査に関する一考察』――警察権の分散と規制的予防的行政活動の導入」立命館法学 320 号（2008）23 頁以下
――『比例原則の現代的意義と機能』（法律文化社，2010）
――「日独警察法理論の相違――『警察権の限界論』に対する批判に答えて」立教法学 80 号（2010）164 頁以下（同『比例原則の現代的意義と課題』（法律文化社，2010）所収 114 頁以下）
――『行政強制と行政調査』（法律文化社，2014）
瀬尾佳美『リスク理論入門』（中央経済社，2005）
瀬川信久「危険・リスク」ジュリスト 1126 号（1998）141 頁以下
関根謙一「警察の概念と警察の任務(2)」警察学論集 34 巻 4 号（1981）71 頁以下（同『関根謙一警察法等論文集』（立花書房，2018）所収 234 頁以下）
――「明治憲法下における警察の概念」成田頼明先生古稀記念『政策実現と行政法』（有斐閣，1998）449 頁以下（同『関根謙一警察法等論文集』（立花書房，2018）所収 300 頁以下）
――「警察権の限界についての覚え書き」成田頼明ほか編『行政の変容と公法の展望』（有斐閣学術センター，1999）238 頁以下（同『関根謙一警察法等論文集』（立花書房，2018）所収 376 頁以下）
――「明治憲法下における警察権の限界の理論」「警察行政の新たなる展開」編集委員会編『警察行政の新たなる展開（上巻）』（東京法令出版，2001）184 頁以下（同『関根謙一警察法等論文集』（立花書房，2018）所収 384 頁以下）
――「『学問上の警察』の概念と警察権の限界の理論」関根謙一ほか編『講座警察法第 1 巻』

（立花書房，2014）45 頁以下（同『関根謙一警察法等論文集』（立花書房，2018）所収 472 頁以下）
――『関根謙一警察法等論文集』（立花書房，2018）
曾根威彦「刑法における危険概念をめぐる問題点」刑法雑誌 33 巻 2 号（1993）163 頁以下
園部敏「行政上の共助――行政機関の『実力による応援』」同『行政法の諸問題』（有信堂，1954）71 頁以下
――『行政法論』（法律文化社，1957）

［タ行］
大霞会編『内務省史第 4 巻』（地方財務協会，1971）
第 75 回民事介入暴力対策広島大会実行委員会編（福永孝編集執筆主幹）『民事不介入原則の超克』（きんざい，2013）
田井義信「判批」判例評論 591 号（2008）17 頁以下
高石和夫「現代社会と警察の責務（上）（下）講学上の『警察』概念と警察行政」警察公論 35 巻 10 号 29 頁以下，35 巻 11 号（1980）42 頁以下
髙木光『技術基準と行政手続』（弘文堂，1995）
――「警察行政法論の可能性」警察政策 2 巻 1 号（2000）17 頁以下
――「警察行政法の現代的位置づけ」「警察行政の新たなる展開」編集委員会編『警察行政の新たなる展開（上巻）』（東京法令出版，2001）163 頁以下
――「行政介入請求権」原田尚彦先生古稀記念『法治国家と行政訴訟』（有斐閣，2004）115 頁以下（同『行政訴訟論』（有斐閣，2005）所収 218 頁以下）
――「判批」『環境法判例百選』（有斐閣，2004）194 頁以下
――『行政訴訟論』（有斐閣，2005）
――「省令による規制権限の『性質論』――泉南アスベスト国賠訴訟を素材として」NBL 984 号（2012）36 頁以下（同『法治行政論』（弘文堂，2018）所収 281 頁以下）
――「省令制定権者の職務上の義務」自治研究 90 巻 8 号（2014）3 頁以下（同『法治行政論』（弘文堂，2018）所収 294 頁以下）
――『法治行政論』（弘文堂，2018）
高田敏「現代行政の展開と警察法」公法研究 34 号（1972）219 頁以下
高橋明男「西ドイツにおける警察的個人保護―警察介入請求権をめぐる学説と判例(1)(2・完)」阪大法学 139 号 117 頁以下，140 号（1986）137 頁以下
――「ドイツにおける警察任務の『民営化』，民間委託，民間との協同」多胡圭一編『二十一世紀の法と政治』（有斐閣，2002）119 頁以下
――「警察機能の分散・集中と地方公共団体・民間組織の役割――警察の法構造」公法研究 70 号（2008）197 頁以下
高橋孝一「児童虐待事案における捜査上の留意事項～真相を解明し適切・妥当な解決を図るために～」警察学論集 69 巻 11 号（2016）48 頁以下
高橋文彦「法的思考と法論理学――シャーロック・ホームズのように『論理的』に考える」法学セミナー 54 巻 2 号（2009）36 頁以下
――「要件事実論と非単調論理：〈法律要件⇒法律効果〉における「⇒」の論理学的意味について」伊藤滋夫先生喜寿記念『要件事実・事実認定論と基礎法学の新たな展開』（青林書院，

2009）3 頁以下
高橋正人「行政立法制定における考慮事項と司法審査」法政研究 21 巻 2 号（2017）24 頁以下
高橋幸成「警察と児童相談所」町野朔ほか編『児童虐待の防止　児童と家庭，児童相談所と家庭裁判所』（有斐閣，2012）236 頁以下
田上穣治「普魯西警察法制の概要」東京商科大学研究年報（法學研究）2 号（1933）321 頁以下
──「警察法の歴史的習俗的性格」一橋論叢 8 巻 4 号（1941）84 頁以下
──『警察法』（有斐閣，1958，新版 1983）
竹下賢「リスク社会と環境国家 ── 法哲学の視点から」関西大学法学論集 56 巻 1 号（2006）133 頁以下
竹中勲「判批」『平成 8 年度重要判例解説』（有斐閣，1995）18 頁以下
田中二郎「新行政執行制度の概観(1)(2･完)」警察研究 19 巻 8 号 3 頁以下，12 号（1948）3 頁以下
──『行政法講義案（下）第 1 分冊』（有斐閣，1948）
──『新版行政法（下）』（弘文堂，1962，全訂第 2 版 1983）
田中二郎ほか「現行警察法制定二十年の回顧と展望（座談会）」警察研究 45 巻 7 号（1974）3 頁以下
田中二郎編『法律学演習講座・行政法（下）』（青林書院，1956）
田中智仁『警備業の社会学』（明石書店，2009）
田中八郎「戦後の警察制度の変遷」警察研究 45 巻 7 号（1974）61 頁以下
田宮裕＝河上和雄編『大コンメンタール警察官職務執行法』（青林書院，1993）
田村博「『民事不介入原則』の呪縛」警察公論 54 巻 7 号（1999）14 頁以下
田村正博「民事紛争と警察活動」月間警察 9 月号（1989）37 頁以下
──「警察活動の基本的な考え方 ── 警察への国民の期待と行政関係の三面性」警察学論集 51 巻 12 号（1998）133 頁以下
──「警察の活動上の『限界』（上）（中）（下）」警察学論集 41 巻 6 号 1 頁以下，7 号 67 頁以下，8 号（1998）79 頁以下
──『警察行政法の基本的な考え方』（立花書房，2000）
──『四訂版警察行政法解説』（東京法令出版，2001）
──「社会安全政策の手法と理論」警察政策研究 8 号（2004）3 頁以下
──『今日における警察行政法の基本的な考え方』（立花書房，2007）
──『警察行政法解説』（立花書房，2011）
──『全訂警察行政法解説』（立花書房，初版 2011，第 2 版 2015）
──「警察の組織と行動の特性と他機関連携のための施策について」早稲田教育評論 26 巻 1 号（2012）257 頁以下
田村正博編『現場警察官権限解説下巻』（立花書房，初版 2006，第 2 版 2009，第 3 版 2014）
田村悦一『自由裁量とその限界』（有斐閣，1967）
──『行政訴訟における国民の権利保護』（有斐閣，1979）
地方自治研究資料センター編『戦後自治史第 5 巻（警察および消防制度の改革）』（文生書院，1977）
フランク・ツィーシャン／高山佳奈子訳「危険概念 ── ドイツ法における統一性か多元性か」

日独法学（2008）1 頁以下
土屋正三「警察の任務の基礎 —— 警察実体法小論の一」警察研究 25 巻 10 号（1954）15 頁以下
—— 「戦後の西ドイツにおける警察法の変遷 —— 主としてイギリス占領地域について」レファレンス 38 号（1954）1 頁以下
—— 「警察の活動 —— 警察実体法の小論の二」警察研究 25 巻 11 号（1954）11 頁以下
—— 「警察義務と警察緊急状態 —— 警察実体法小論の三」警察研究 26 巻 1 号（1955）18 頁以下
—— 「警察権の発動 —— 警察実体法小論の四」警察研究 26 巻 3 号（1955）14 頁以下
—— 「シュレスウイッヒ・ホルシュタインの警察組織法(1)〜(3)」警察研究 27 巻 5 号 19 頁以下，6 号 32 頁以下，7 号（1956）25 頁以下
—— 「警察命令と地方公共団体の自主法」警察研究 27 巻 8 号（1956）15 頁以下
—— 「広義の警察と狭義の警察」警察研究 28 巻 4 号（1957）3 頁以下
—— 「警察実体法要綱試案(1)(2)」警察研究 29 巻 1 号 3 頁以下，29 巻 3 号（1958）3 頁以下
—— 「警察基本法制定の提唱」警察研究 32 巻 1 号（1961）3 頁以下
—— 「西ドイツ統一警察法模範草案(1)〜(12・完)」警察研究 34 巻 1 号 35 頁以下，2 号 111 頁以下，3 号 114 頁以下，6 号 118 頁以下，7 号 133 頁以下，8 号（1981）143 頁以下，35 巻 1 号 137 頁以下，3 号 128 頁以下，4 号 132 頁以下，5 号 141 頁以下，6 号 128 頁以下，7 号（1982）132 頁以下
東京弁護士会民事介入暴力対策特別委員会編『新版民事介入暴力対策マニュアル』（ぎょうせい，2004）
戸田山和久『科学哲学の冒険』（日本放送出版協会，2005）
戸部真澄「私人による『公権力の行使』」法律時報 80 巻 8 号（2009）101 頁以下（岡村周一ほか編『世界の公私協働 —— 制度と理論』（日本評論社，2012）所収 133 頁以下）
—— 『不確実性の法的制御』（信山社，2009）
—— 「判批」『速報判例解説 8 号』（日本評論社，2011）41 頁以下
—— 「判批」『速報判例解説 16 号』（日本評論社，2015）57 頁以下
—— 「予防原則と国家賠償」行政法研究 11 号（2015）103 頁以下

［ナ行］
永井成男「帰納的確率論と論理主義」『認識と価値』（早稲田大学出版部，1984）111 頁以下
永井成男＝大窪徳行『帰納的確率と様相の論理』（早稲田大学出版部，1986）
中里見博「『市民の安全』とジェンダー —— DV への警察の介入をめぐって」森英樹編『現代憲法における安全』（日本評論社，2009）221 頁以下
長沼範良ほか編『警察基本判例・実務 200』別冊判例タイムズ 26 号（2010）
仲野武志「判批」判例評論 578 号（2007）7 頁以下
中原茂樹「判批」『行政判例百選Ⅱ（第 6 版）』（有斐閣，2012）474 頁以下
中村治朗『裁判の客観性をめぐって』（有斐閣，1970）
成田頼明「警察法 50 年の回顧と展望」警察学論集 57 巻 7 号（2004）45 頁以下
—— 「警備業の法的性格とその治安政策への位置づけ」警察政策 8 巻（2006）16 頁以下
成田頼明監修『これで実践！　地域安全力の創造　生活安全条例と先進事例の実際』（第一法

規，2006）
難波孝一「規範的要件・評価的要件」伊藤滋夫ほか編『民事要件事実講座1』（青林書院，2005）197頁以下
新村出編『広辞苑』（岩波書店，第5版1998，第7版2018）
西浦公「『安全』に関する憲法学的一考察」栗城壽夫先生古稀記念『日独憲法学の創造力下巻』（信山社，2003）81頁以下
西埜章「判批」『行政判例百選Ⅱ（第3版）』（有斐閣，1993）274頁以下
――『国家補償法概説』（勁草書房，2008）
西村めぐみ「対日占領下における警察制度改革」一橋論叢109巻1号（1993）98頁以下
日弁連民事介入暴力対策委員会編『民暴対策論の新たな展開』（きんざい，2000）
野口貴公美「秩序違反行為の『行政手法による取締り』――軽犯罪法を契機として」警察政策12巻（2010）107頁以下
――「『行政立法の機能論』の可能性――消防法を素材として」阿部泰隆先生古稀記念『行政法学の未来に向けて』（有斐閣，2012）205頁以下
野口貴公美ほか編『安全・安心の行政法学』（ぎょうせい，2009）
野呂充「判批」受験新報2007年12月号28頁以下
――「不作為に対する救済」公法研究71号（2009）174頁以下，220頁（第二部討論要旨）
――「泉南アスベスト国家賠償請求訴訟」法律時報84巻10号（2012）64頁以下

［ハ行］
橋本裕藏「法律執行と法実現――安全で安心できる社会を実現するひとつの知恵」法学新報123巻9＝10号（2017）537頁以下
初川満編『テロリズムの法的規制』（信山社，2009）
林修三『法令用語の常識』（日本評論社，1975）
林修三ほか「Ⅰ　行政強制のシステム」ジュリスト増刊『行政強制――行政権の実力行使の法理と実態』（有斐閣，1977）9頁以下
林弘正「児童相談所の児童虐待事案への介入の在り方」武蔵野大学政治経済研究所年報13号（2016）1頁以下
原島良成＝筑紫圭一『行政裁量論』（放送大学教育振興会，2011）160頁以下（筑紫圭一）
原田尚彦「判批」民商法雑誌92巻3号（1985）94頁以下
日野辰哉「行政の危険防止責任と行為義務成立の時期(1)――薬害C型肝炎訴訟判決を素材として」人文社会論叢社会科学篇（弘前大学人文学部）21巻（2009）183頁以下
平岡久『行政立法と行政基準』（有斐閣，1995）
平野仁彦ほか編『法哲学』（有斐閣，2002）
平原恭隆「警備業と警察の今後」警察学論集49巻5号（1996）26頁以下
広中俊雄『警備公安警察の研究』（岩波書店，1973）
福沢真一「占領改革と警察権限の縮小――昭和22年警察改革の政治過程を中心に」政治経済史学399号（1999）26頁以下
藤井俊夫「判批」『平成7年度重要判例解説』（有斐閣，1995）16頁以下
藤垣裕子『専門知と公共性――科学技術社会論の構築へ向けて』（東京大学出版会，2003）
藤崎義信『新版警察権の行使と国家賠償』（立花書房，1982）

藤田宙靖「行政法学における法解釈方法論――その学説史覚え書き――」ジュリスト増刊『法の解釈』（有斐閣，1972）173 頁以下（同『行政法学の思考形式（増補版）』（木鐸社，2002）所収 133 頁以下）
――「警察法二条の意義に関する若干の考察(1)(2)」法學（東北大学）52 巻 5 号（1988）1 頁以下，53 巻 2 号（1989）77 頁以下（同『行政法の基礎理論上巻』（有斐閣，2005）所収 356 頁以下）
――「民事不介入」成田頼明編『行政法の争点（新版）』（有斐閣，1990）240 頁以下（同『行政法の基礎理論上巻』（有斐閣，2005）所収 418 頁以下）
――「警察と公共性」（1992）同『行政法の基礎理論上巻』（有斐閣，2005）405 頁以下
――「警察行政法学の課題」警察政策 1 巻 1 号（1999）17 頁以下（同『行政法の基礎理論上巻』（有斐閣，2005）所収 347 頁以下）
――「21 世紀の社会の安全と警察活動」警察政策 4 巻 1 号（2002）1 頁以下（同『行政法の基礎理論上巻』（有斐閣，2005）所収 431 頁以下）
――『第 4 版行政法 I（総論）（改訂版）』（青林書院，2005）
――『行政法総論』（青林書院，2013）
藤山雅行「行政事件と要件事実」伊藤滋夫ほか編『民事要件事実講座 2』（青林書院，2005）320 頁以下
二子石亮＝鈴木和孝「規制権限の不行使をめぐる国家賠償法上の諸問題について――その 1・その 2」判例タイムズ 1356 号（2011）7 頁以下，1359 号（2012）4 頁以下
クリスティアン＝ブムケ／守矢健一訳「法解釈構成――ドイツ法学の思考法及び作業法の展開と形式とについての省察」日独法学 30＝31＝32 号（2017）45 頁以下
古川純「警察改革」加護善雄ほか編『現代の警察』（日本評論社，1980）192 頁以下
古屋等「行政機関相互の協力関係――ドイツ行政手続法（VwVfG）における職務共助（Amtshilfe）をめぐって」茨城大学人文学部紀要・社会科学論集 31 巻（1998）83 頁以下
――「職務共助の要件と情報提供の限界」茨城大学人文学部紀要社会学論集 32 巻（1999）123 頁以下
古谷洋一「警察官権限法の整備に関する一考察」「警察行政の新たなる展開」編集委員会編『警察行政の新たなる展開（上巻）』（東京法令出版，2001）331 頁以下
――「判批」別冊判例タイムズ 26『警察基本判例・実務 200』（判例タイムズ社，2010）24 頁以下
古谷洋一編『注釈警察官職務執行法』（立花書房，改訂版 2002，再訂版 2007，第 4 訂版 2014）
カール・G・ヘンペル／黒崎宏訳『自然科学の哲学』（培風館，1967）
カール・ヘンペル／長坂源一郎訳『科学的説明の諸問題』（岩波書店，1973）
法執行研究会編『法は DV 被害者を救えるか――法分野協働と国際比較』（商事法務，2013）
法セミ編集部編『共謀罪批判――改正組織的犯罪処置法の検討』（日本評論社，2017）
保木本一郎「西ドイツにおける警察法の動向――行政警察の解体」加護善雄ほか編『現代の警察』（日本評論社，1980）220 頁以下
星周一郎『防犯カメラと刑事手続』（弘文堂，2012）
ラルフ・ポッシャー／米田雅宏訳・解説「国内治安法制における介入閾――最近の憲法判例に照らして見たその体系」北大法学論集 65 巻 4 号（2014）131 頁以下
堀井秀之編『安全安心のための社会技術』（東京大学出版会，2006）

［マ行］

正木宏長「委任命令の違法性審査――委任命令の内容に着目して」立命館法学355号（2014）76頁以下

増田豊「曖昧な法概念のアナトミア」『法の理論7』（成文堂，1986）111頁以下（同『語用論的意味理論と法解釈方法論』（勁草書房，2008）所収281頁以下）

松井真理「学問上の『警察』の意味」警察公論38巻1号（1983）72頁以下

――「警察法二条一項の意味」警察公論38巻2号（1983）88頁以下

松本和彦「泉南アスベスト事件最高裁判決の意義と問題点」法律時報87巻2号（2015）92頁以下

松本尚子「近世ドイツの治安イメージとポリツァイ」林田敏子ほか編『警察（近代ヨーロッパの探究）』（ミネルヴァ書房，2012）17頁以下

三浦陽一「占領下警察改革の一断面」歴史学研究498号（1981）35頁以下

南博方「もんじゅ訴訟判決についての一考察」自治研究83巻6号（2007）3頁以下

美濃部達吉「警察の観念」法学協会雑誌30巻8号（1922）39頁以下

――「警察の目的――警察法概論第1節　警察の概念(2)」警察研究2巻7号（1931）1頁以下

――『行政法撮要下巻（第3版）』（有斐閣，1933）

――「警察下命と私法との関係」警察研究4巻1号（1933）1頁以下

――『日本行政法下巻』（有斐閣，1940）

宮坂昌利「判解」ジュリスト1279号（2004）140頁以下

宮崎清文「警察権の分配――現行法における一般警察機関と特別警察機関の関係」中原英典ほか編『警察学の諸問題』（立花書房，1950）144頁以下

――「警察権の限界――特に一般警察機関のそれについて」中原英典ほか編『警察学の諸問題』（立花書房，1950）196頁以下

――『警察官のための行政法講義（4訂版）』（立花書房，1959）

宮崎良夫「ナチズムの警察法論(1)――ドイツにおける警察観および警察法理の変遷」社会科学研究34巻5号（1983）1頁以下

宮田三郎「行政裁量」雄川一郎ほか編『現代行政法大系2』（有斐閣，1984）33頁以下

――『警察法』（信山社，2002）

深山健男＝田中清隆「民事介入暴力に対する警察の現場措置――ことに『実力による権利行使』への対応」自由と正義38巻9号（1987）85頁以下

武藤誠「占領下における日本警察――GHQ資料にみる戦後警察制度の改革（上）（中）（下）」警察学論集35巻1号76頁以下，2号104頁以下，3号（1982）101頁以下

村上裕章「判批」判例評論584号（2007）2頁以下

村上博巳『証明責任の研究（新版）』（有斐閣，1986）

室井力ほか編『コンメンタール行政法Ⅱ行政事件訴訟法・国家賠償法第2版』（日本評論社，2006）

望月彰「児童虐待ケースにおける警察と児童相談所の協力関係について」司法福祉学研究3号（2003）51頁以下

森口佳樹「ボン基本法13条における『遅滞の危険』概念の一考察――最近のドイツ連邦憲法裁判所判決を手掛かりとして」経済理論307号（2002）91頁以下

森田寛二「行政裁量論と解釈作法（上）（下）」判例評論 327 号 2 頁以下，328 号（1986）14 頁以下
――「裁量零収縮論と“結合空間の費消的否定論”」小嶋和司博士東北大学退職記念『憲法と行政法』（良書普及会，1987）789 頁以下
――「行政事件訴訟法の『法律関係』，そして同法 36 条の趣旨（上）（下）――『自由』に関する『法律学』的研究・第二部」自治研究 78 巻 9 号 3 頁以下，11 号（2002）26 頁以下
――『憲法制定の《謎》と《策》（上）』（信山社，2004）
森田邦久『科学とはなにか――科学的説明の分析から探る科学の本質』（晃洋書房，2008）
守矢健一「日本における解釈構成探求の一例――磯村哲の法理論の形成過程」松本博之ほか編『法発展における法ドグマーティクの意義』（信山社，2011）3 頁以下

［ヤ行］
柳瀬良幹「警察の観念――歴史的観念と合理的観念」（1935）同『行政法の基礎理論（二）』（弘文堂，1958）所収 173 頁以下
――「警察権の限界――主としてその根據に就て」（1937）同『行政法の基礎理論（二）』（弘文堂，1958）所収 203 頁以下
――『行政法教科書（再訂版）』（有斐閣，1969）
矢野久「プロイセン警察からナチ警察へ」林田敏子ほか編『警察（近代ヨーロッパの探究）』（ミネルヴァ書房，2012）149 頁以下
山川一陽「自力救済と犯罪――その 2・民事不介入との関連」捜査研究 47 巻 9 号（1998）59 頁以下
山口敏「犯罪被害から子どもを守り，非行を防止するための関係機関との連携について――学校と警察の連携を中心に」警察政策研究 12 号（2009）71 頁以下
山下竜一『ドイツ環境法における原因者負担原則』（大阪府立大学経済学部，1995）
――「権限不行使事例の構造と裁量審査のあり方」芝池義一先生古稀記念『行政法理論の探究』（有斐閣，2016）563 頁以下
山田真一郎「ドイツにおける一般処分をめぐる論点」早稲田大学大学院法研論集 140 巻（2011）293 頁以下
山田洋「判批」『平成 4 年度重要判例解説』（有斐閣，1993）45 頁以下
――「『保証国家』とは何か」法律時報 81 巻 6 号（2009）104 頁以下（岡村周一ほか編『世界の公私協働――制度と理論』（日本評論社，2012）所収 141 頁以下）
山田不二子「子ども虐待対応における警察の役割」警察政策 13 号（2011）25 頁以下
山中敬一『刑法総論Ⅰ』（成文堂，1999，第 2 版 2008）
山本龍彦「警察による情報の収集・保存と憲法」警察学論集 63 巻 8 号（2010）111 頁以下
山本恒雄ほか「児童相談所と警察・家庭裁判所等の司法機関との連携について」日本子ども家庭総合研究所紀要 45 号（2008）331 頁以下
山本真敬「『立法裁量』と『行政裁量』の関係についての一考察――裁量論の総合的検討のための予備的考察」早稲田法学会誌 63 巻 2 号（2013）371 頁以下
山本隆司「リスク行政の手続法構造」城山英明ほか編『環境と生命』（東京大学出版会，2005）3 頁以下
――『判例から探究する行政法』（有斐閣，2012）

――「行政裁量の判断過程審査――その意義，可能性と課題」行政法研究 14 号（2016）1 頁以下
山本隆司＝金山直樹「判批」法学協会雑誌 122 巻 6 号（2005）1092 頁以下
山本隆司（民法学者）「判批」法律時報 57 巻 4 号（1985）117 頁以下
由井正臣＝大日方純夫『官僚制　警察』（岩波書店，1990）
横田光平「判批」自治研究 84 巻 5 号（2008）130 頁以下
――「子ども法と警察」角松生史ほか編『現代国家と市民社会の構造転換と法』（日本評論社，2016）137 頁以下
吉国一郎ほか編『法令用語辞典』（学陽書房，第 8 次改訂版 2001，第 10 次改訂版 2016）
吉田尚正「ドイツにおける『安全と自由』論と日本の治安への含意」自治研究 80 巻 11 号（2004）114 頁以下
米田雅宏「現代国家における警察法理論の可能性(1)(2・完)――危険防御の規範構造の研究・序説」法學（東北大学）70 巻 1 号 32 頁以下，2 号（2008）236 頁以下
――「銃所持の許可」法学教室 337 号（2008）2 頁以下
――「行政訴訟における要件事実論・覚書」伊藤滋夫編『環境法の要件事実』（日本評論社，2009）197 頁以下
――「警察規制の概念と手法」髙木光ほか編『行政法の争点』（有斐閣，2014）242 頁以下
――「国家賠償法 1 条が定める違法概念の体系的理解に向けた一考察(1)(2・完)――職務義務違反説の可能性」法學（東北大学）81 巻 6 号 1 頁以下，82 巻 1 号（2018）1 頁以下
――「伝統的許可制度の現代的変容（上）（下）――原子炉設置許可とバックフィット命令を素材にして」法律時報 90 巻 7 号 80 頁以下，8 号（2018）96 頁以下
米丸恒治『私人による行政』（日本評論社，1999）

［ラ行・ワ行］
李斗領「行政法学における『リスク介入』と『法律留保論』に関する一考察」早稲田法学 81 巻 3 号（2006）165 頁以下
亘理格『公益と行政裁量』（弘文堂，2002）

［座談会，特集等］
〈座談会〉「警察実務と理論をめぐって」警察学論集 20 巻 1 号（1967）23 頁以下
〈座談会〉「伊方・福島第二原発訴訟最高裁判決をめぐって」ジュリスト 1017 号（1993）9 頁以下
〈座談会〉「警察学の新展開のために」警察学論集 55 巻 6 号（2002）1 頁以下
〈座談会〉「児童虐待」ジュリスト 1426 号（2011）112 頁以下
「特集　驚きの警備産業」週刊ダイヤモンド 95 巻 47 号（2007）28 頁以下
「特集　生活経済事犯対策と消費者保護（上）生活経済事犯全般・関係機関との連携」警察学論集 61 巻 11 号（2008）1 頁以下
「国際犯罪学会第 16 回世界大会フォーラム・パネルディスカッション」警察政策 14 巻（2012）198 頁以下
特別企画「検証・『民事不介入』の揺らぎ」法学セミナー 550 号（2000）56 頁以下
別冊判例タイムズ『警察実務判例解説』シリーズ

文 献 一 覧（欧文）

A

Artelt, J., Verwaltungskooperationsrecht - Zur Ausgestaltung der Zusammenarbeit von Polizei und Sicherheitswirtschaft, 2009.

Aulehner, J., Polizeiliche Gefahren- und Informationsvorsorge, 2002.

B

Bachof, O., Beurteilungsspielraum, Ermessen und unbestimmter Rechtsbegriff im Verwaltungsrecht, JZ 1955, S. 97ff.

Bastian, D., Westdeutsches Polizeirecht unter alliierter Besatzung (1945-1955), 2010.

Bauer, H., Public Private Partnerships als Erscheinungsformen der kooperativen Verwaltung, in: Stober, R. (Hrsg.), Public-Private-Partnerships und Sicherheitspartnerschaften, 2000, S. 21ff.

Baur, F., Der polizeiliche Schutz privater Rechte, JZ 1962, S. 73ff.

Behrendes, U., Von der Eilzuständigkeit zur Allzuständigkeit?, Die Polizei 1988, S. 220ff.

—, Polizeiliche Zusammenarbeit mit Ordnungsbehörden und sozialen Diensten im Rahmen der Gefahrenabwehr und eines ganzheitlichen Präventionsansatzes, in: Kniesel, M./Kube, E./Murck, M. (Hrsg.), Handbuch für Führungskräfte der Polizei, 1996, S. 169ff.

Boldt, H./Stolleis, M., Geschichte der Polizei in Deutschland, in: Lisken, H./Denninger, E. (Hrsg.), Handbuch des Polizeirechts, 5. Aufl. 2012, S. 9ff.

Brandt, E./Smeddinck, U., Der Gefahrenbegriff im Polizeirecht, Jura 1994, S. 225ff.

Brenneisen, H., Schutz privater Rechte als Teil der Gefahrenabwehr, DPolBl 1997, S. 2ff.

Brenneisen, H./Martins, M., Schutz privater Rechte zwischen dem Gewaltmonopol des Staates, den Selbsthilferechten des Bürgers, dem Prinzip der Nichteinmischung und der Notfallkompetenz, in: Brenneisen, H./Staack, D./Kopischke, H. (Hrsg.), Schutz privater Rechte, 2011, S. 10ff.

Breuer, R., Gefahrenabwehr und Risikovorsorge im Atomrecht, DVBl. 1978, S. 829ff.

—, Rechtsprobleme der Altlasten, NVwZ 1987, S. 751ff.

—, Umweltschutz und Gefahrenabwehr bei Anscheins- und Verdachtslagen, in: Selmer, P./Münch, I. v. (Hrsg.), Gedächtnisschrift für W. Martens, 1987, S. 317ff.

Brugger, W., Gewährleistung von Freiheit und Sicherheit im Lichte unterschiedlicher Staats- und Verfassungsverständnisse, VVDStRL 63 (2004), S. 101ff.

Bull, H. P., Polizeiliche und nachrichtendienstliche Befugnisse zur Verdachtsgewinnung, in: Osterloh, L./Schmidt, K./Weber, H. (Hrsg.), Staat, Wirtschaft, Finanzverfassung, Festschrift für P. Selmer zum 70. Geburtstag, 2004, S. 29ff.

Bull, H. P./Mehde, V., Allgemeines Verwaltungsrecht, 7. Aufl. 2005, 9. Aufl. 2015.

C

Carnap, R., Induktive Logik und Wahrscheinlichkeit, 1959.

Caspar, J., Die neuen Regelungen des Bundes und der Länder zum Schutz vor gefährlichen Hunden, DVBl. 2000, S. 1580ff.
Classen, C. D., Gefahrerforschung und Polizeirecht, JA 1995, S. 608ff.

D

Darnstädt, T., Gefahrenabwehr und Gefahrenvorsorge, 1985.
—, Der globale Polizestaat, 2009.
Denninger, E., Polizeiaufgeben, in: Lisken, H./ders., Handbuch des Polizeirechts, 3. Aufl. 2001, 5. Aufl. 2012, 6. Aufl. 2018.
Denninger, E./Poscher, R., Die Polizei im Verfassungsgefüge, in: Lisken, H./Denninger, E. (Hrsg.), Handbuch des Polizeirechts, 5. Aufl. 2012.
Dietel, A./Gintzel, K., Allgemeines Verwaltungs- und Polizeirecht für Nordrhein - Westfalen, 9. Aufl. 1980.
Dietlein, J., Der Anspruch auf polizei- oder ordnungsbehördliches Einschreiten, DVBl. 1991, S. 685ff.
—, Polizei- und Ordnungsrecht NRW, in: ders./Burgi, M./Hellermann, J. (Hrsg.), Öffentliches Recht in Nordrhein-Westfalen, 4. Aufl. 2011, 6. Aufl. 2016.
Di Fabio, U., Vorläufiger Verwaltungsakt bei ungewissem Sachverhalt, DÖV 1991, S. 629ff.
—, Gefahr, Vorsorge, Risiko: Die Gefahrenabwehr unter dem Einfluß des Vorsorgeprinzips, Jura 1996, S. 566ff.
Dill, R., Amtsermittlung und Gefahrerforschungseingriffe, 1997.
Drews, B., Preußisches Polizeirecht, Bd. 1. 1. Aufl. 1927.
Drews, B./Wacke, G., Allgemeines Polizeirecht, 7. Aufl. 1961.
Drews, B./Wacke, G./Vogel, K./Martens, W., Gefahrenabwehr, 9. Aufl. 1986.
Dröge, H., Die „drohende Gefahr“ und ihre Auswirkungen auf die Rechtsstellung der Zivilperson gegenüber der öffentlichen Gewalt, 1960.
Dürig, G., Art. 2 des Grundgesetzes und Generalermächtigung zu allgemeinpolizeilichen Maßnahmen, AöR 79 (1954), S. 57ff.

E

Ehlers, D., Anmerkung, DVBl. 2003, S. 336ff.
Enderling, E., Die Aufgaben der Ordnungsämter, 2. Aufl. 1952.
Engel, C., Herrschaftsausübung bei offener Wirklichkeitsdefinition. Das Proprium des Rechts aus der Perspektive des öffentlichen Rechts, in: ders./Schon, W. (Hrsg.), Das Proprium der Rechtswissenschaft, 2007, S. 205ff.
Engisch, K., Einführung in das juristische Denken, 10. Aufl. 2005.
Erbel, G., Der Streit um die öffentliche Ordnung als polizeirechtliches Schutzgut, DVBl. 1972, S. 475ff.

F

Faßbender, K., Alkoholverbote durch Polizeiverordnungen: per se rechtswidrig?, NVwZ 2009, S. 563ff.

Finger, T., Die offenen Szenen der Städte, 2006.

Finke, W./Sundermann, W./Vahle, J., Allgemeines Verwaltungsrecht, 8. Aufl. 1992, 9. Aufl. 2001.

Friauf, K. H., „Latente Störung", Rechtswirkungen der Bauerlaubnis und vorbeugende Nachbarklage, DVBl. 1971, S. 713ff.

—, Polizei- und Ordnungsrecht, in: Schmidt-Aßmann, E. (Hrsg.), Besonderes Verwaltungsrecht, 10. Aufl. 1995, 14. Aufl. 2008.

Frotscher, W., Der Schutz der Allgemeinheit und der individuellen Rechte im Polizei- und Ordnungsrecht, DVBl. 1976, S. 695ff.

Fügemann, M. W., Zuständigkeit als organisationsrechtliche Kategorie, 2004.

G

Gallwas, H.-U./Wolff, H. J., Bayerisches Polizei- und Sicherheitsrecht, 3. Aufl. 2004, 4. Aufl. 2015.

Gängel, A./Gansel, T., Die rechtlichen Regelungen zum Schutz vor gefährlichen Hunden, NVwZ 2001, S. 1208ff.

Gerhardt, H.-J., Anscheinsgefahr, Gefahrenverdacht und Putativgefahr im Polizei- und Ordnungsrecht, Jura 1987, S. 521ff.

Gönnenwein, O., Die Gestaltung des Polizei- und Ordnungsrechts in den Ländern der amerikanishen und französischen Besatzungszone, VVDStRL 9 (1952), S. 181ff.

Götz, V., Polizei- und Ordnungsrecht heute, DVBl. 1975, S. 876ff.

—, Polizei und Polizeirecht, in: Jeserich, K. G. A./Pohl, H./Unruh, G.-C. v. (Hrsg.), Deutsche Verwaltungsgeschichte, Bd. 4, 1985, S. 397ff.

—, Vor 60 Jahren - Preußisches Polizeiverwaltungsgesetz, JuS 1991, S. 805ff.

—, Die Entwicklung des allgemeinen Polizei- und Ordnungsrechts (1990–1993), NVwZ 1994, S. 652ff.

—, Allgemeines Polizei- und Ordnungsrecht, 12. Aufl. 1995, 13. Aufl. 2001, 15. Aufl. 2013, 16. Aufl. 2017.

Gusy, C., Polizeirecht, 4. Aufl. 2000, 6. Aufl. 2006.

—, Polizei und private Sicherheitsdienste im öffentlichen Raum, VerwArch 92 (2001), S. 344ff.

—, Gewährleistung von Freiheit und Sicherheit im Lichte unterschiedlicher Staats- und Verfassungsverständnisse, VVDStRL 63 (2004), S. 151ff.

—, Polizei- und Ordnungsrecht, 7. Aufl. 2009, 8. Aufl. 2011, 9. Aufl. 2014, 10. Aufl. 2017.

H

Habermehl, K., Polizei- und Ordnungsrecht, 2. Aufl. 1993.

Hamann, W., Die Gefahrenabwehrverordnung - ein Gebrauchsklassiker des Ordnungsrechts?, NVwZ 1994, S. 669ff.

Hansen, P., Allgemeines Verwaltungsrecht der Polizei, 2003.

Hansen-Dix, F., Die Gefahr im Polizeirecht, im Ordnungsrecht und im Technischen Sicherheit, 1982.

Hatschek, J., Lehrbuch des deutschen und preußischen Verwaltungsrechts, 7–8. Aufl. 1931.

Hebeler, T./Schäfer, B., Die rechtliche Zulässigkeit von Alkoholverboten im öffentlichen Raum, DVBl. 2009, S. 1424ff.

Hecker, W., Zur neuen Debatte über Alkoholkonsumverbote im öffentlichen Raum, NVwZ 2009, S. 1016ff.

—, Neue Rechtsprechung des VGH Mannheim zum Alkohlkonsumverbot im öffentlichen Raum, NVwZ 2010, S. 359ff.

Hefendehl, R., Leserbrief zum Beitrag Faßbender, NVwZ 2009 Heft 11, S. IXf.

Heise, G./Riegel, R., Musterentwurf eines einheitlichen Polizeigesetzes, 2. Aufl. 1978.

Hellingrath, W. v., Der polizeiliche Schutz privater Rechte, JZ 1962, S. 244ff.

Heuer, H., Die Generalklausel des preussischen Polizeirechts von 1875 bis zum Polizeiverwaltungsgesetz von 1931, 1988.

Hoffmann-Riem, W., „Anscheinsgefahr" und „Anscheinsverursachung" im Polizeirecht, in: Vogel, K./Tipke, K. (Hrsg.), Verfassung, Verwaltung, Finanzen, Festschrift für G. Wacke zum 70. Geburtstag, 1972, S. 327ff.

—, Abbau von Rechtsstaatlichkeit durch Neubau des Polizeirechts?, JZ 1978, S. 335ff.

Hoffmann-Riem, W./Eifert, M., Polizei- und Ordnungsrecht, in: Hofmann-Riem, W./Koch, H.-J. (Hrsg.), Hamburgisches Staats- und Verwaltungsrecht, 3. Aufl. 2006.

Honnacker, H./Beinhofer, P., Polizeiaufgabengesetz -PAG-, 19. Aufl. 2009.

Huber, P. M., Die Unaufschiebbarkeit - Rechtmäßigkeitsvoraussetzungen polizeilicher Maßnahmen, BayVBl. 1989, S. 5ff.

I

Ibler, M., Gefahrenverdacht und polizeiliche Generalklausel, in: Jochum, G./Fritzmeyer, W./ Kau, M. (Hrsg.), Grenzüberschreitendes Recht, Festschrift für K. Hailbronner, 2013, S. 737ff.

Ipsen, J., Niedersächsisches Gefahrenabwehrrecht, 1995.

—, Die staatliche Garantie für die öffentliche Sicherheit und Ordnung, 2002.

J

Jaeckel, L., Gefahrenabwehrrecht und Risikodogmatik, 2010, S. 121ff.

Jellinek, G., Besprechung von O. Mayer, Deutsches Verwaltungsrecht, 1. Band, 1895., Verw-Arch 5 (1897), S. 309f.

Jestaedt, M., Grundbegriffe des Verwaltungsorganisationsrechts, in: Hoffmann-Riem, W./ Schmidt-Aßmann, E./Voßkuhle, A. (Hrsg.), Grundlagen des Verwaltungsrechts, Bd. 1, 2. Aufl. 2012, § 14.

Jungk, F., Police Private Partnership, 2002.

—, Police Private Partnership, in: Stober, R./Olschok, H. (Hrsg.), Handbuch des Sicherheitsgewerberechts, 2004, S. 571ff.

K

Kay, W., Amts- und Vollzugshilfe als polizeiliche Aufgabe, Die Polizei 1982, S. 106ff.

Kemper, K., Der vorläufige Verwaltungsakt, 1990.

Kickartz, P., Ermittlungsmaßnahmen zur Gefahrerforschung und einstweilige polizeiliche Anordnungen, 1984.

Klausener, E./Kerstiens, C./Kempner, R. M. W., Das Polizeiverwaltungsgesetz vom 1. Juni 1931, 2. Aufl. 1932.

Klein, H. H., Zur Auslegung des Rechtsbegriffs der „öffentlichen Sicherheit und Ordnung", DVBl. 1971, S. 233ff.

Kleinrahm, K., Das Polizeiverordnungsrecht nach der Neugestaltung der Polizei in der Britishen Zone, DV 1948, S. 107ff.

Knemeyer, F.-L., Funktionen der Aufgabenzuweisungsnormen in Abgrenzung zu den Befugnisnormen, DÖV 1976, S. 11ff.

—, Der Schutz der Allgemeinheit und der individuellen Rechte durch die polizei- und ordnungsrechtlichen Handlungsvollmachten der Exekutive, VVDStRL 35 (1977), S. 221ff.

—, Rechtsgrundlagen polizeilichen Handelns - Grundlinien einer Polizeigesetzgebung in den neuen Bundesländern, LKV 1991, S. 321ff.

—, Polizei- und Ordnungsrecht, 6. Aufl. 1995, 9. Aufl. 2002, 11. Aufl. 2007.

Knemeyer, F.-L./Behmer, R., Vom LStVG zu einem Allgemeinen Sicherheitsgesetz (ASG), BayVBl. 2006, S. 97ff.

Knemeyer, F.-L./Müller, W., Neues Polizeirecht in den jungen Bundesländern, NVwZ 1993, S. 437ff.

Kniesel, M., Polizeirechtliche Störerbestimmungen - Befugnisnormen oder Ermessensgrenzen?, DÖV 1997, S. 905ff.

Koch, H.-J., Unbestimmte Rechtsbegriffe und Ermessensermächtigungen im Verwaltungsrecht, 1979.

Koch, H.-J./Rubel, R./Heselhaus, M., Allgemeines Verwaltungsrecht, 3. Aufl. 2003.

König, H.-G., Bayerisches Sicherheitsrecht, 1981.

Kopp, F. O./Schenke, W.-R., Verwaltungsgerichtsordnung, Kommentar, 21. Aufl. 2015, 24. Aufl. 2018.

Köppert, V., Alkoholverbotsverordnungen in der Rechtspraxis, 2011.

Kötter, M., Subjektive Sicherheit, Autonomie und Kontrolle, Der Staat 2004.

—, Pfade des Sicherheitsrechts, 2008.

Kowalzik, W., Der schutz von privaten und individuellen Rechten im allgemeinen Polizeirecht, 1987.

Kries, J. v., Die Prinzipien der Wahrscheinlichkeitsrechnung, 2. Aufl. 1927.

Krüger, R., Privatrechtsschutz als Polizeiaufgabe, 1976.

Kugelmann, D., Der polizeiliche Gefahrenbegriff in Gefahr?, DÖV 2003, S. 781ff.

—, Polizei- und Ordnungsrecht, 2. Aufl. 2012.

L

Ladeur, K.-H., Risikooffenheit und Zurechnung - inbesondere im Umweltrecht, in: Hoffmann-Riem, W./Schmidt-Aßmann, E. (Hrsg.), Innovation und Flexibilität des Verwaltungshandelns, 1994, S. 111ff.

—, Das Umweltrecht der Wissensgesellschaft, 1995.

Lange, H.-J., Sicherheitskooperationen und Sicherheitsnetzwerke in der eingreifenden Verwaltung - Zum Verhältnis von Polizei und Ordnungsverwaltug, in: Lenk, K./Prätorius, R. (Hrsg.), Eingriffsstaat und öffentliche Sicherheit, 1998, S. 82ff.

Leinius, R., Zum Verhältnis von Sitzungspolizei, Hausrecht, Polizeigewalt, Amts- und Vollzugshilfe, NJW 1973, S. 448ff.

Leisner, A., Die polizeiliche Gefahr zwischen Eintrittswahrscheinlichkeit und Schadenshöhe, DÖV 2002, S. 326ff.

Lingemann, M., Die Gefahrenprognose als Basis eines polizeilichen Beurteilungsspielraumes?, 1985.

Lorentz-Link, A., Verhältnis zwischen Polizei- und Ordnungsbehörden, 1998.

Losch, B., Zur Dogmatik der Gefahrenerforschungsmaßnahme, DVBl. 1994, S. 781ff.

Lukes, R., Gefahren und Gefahrenbeurteilungen in der Rechtsordnung der Bundesrepublick Deutschland, in: ders. (Hrsg.), Gefahren und Gefahrenbeurteilungen im Recht, 1980, S. 17ff.

M

Marsch, N., Ende einer kurzen Renaissance der Polizeiverordnung in Baden-Württemberg? Anmerkungen zu VGH BW, Urteil vom 26. 07. 2012-1 S 2603/11, VBlBW 2013, S. 15ff.

Martens, W., Polizeiliche Amts- und Vollzugshilfe, JR 1981, S. 353ff.

—, Der Schutz des einzelnen im Polizei- und Ordnungsrecht, DÖV 1982, S. 457ff.

Mayer, F., Die Eigenständigkeit des bayerischen Verwaltungsrechts, dargestellt an Bayerns Polizeirecht, 1958.

Mayer, O., Deutsches Verwaltungsrecht, Bd. 1, 1. Aufl. 1895, 2. Aufl. 1912, 3. Aufl. 1924.

Meixner, K./Martell, J. M., Gesetz über die öffentliche Sicherheit und Ordnung Sachsen - Anhalt, 2003.

Merkl, A., Allgemeines Verwaltungsrecht, 1927.

Merten, K./Merten, H., Hamburgisches Polizei- und Ordnungsrecht, 2007.

Mohrdiek, I., Privatisierung im Bereich öffentlicher Vehrkehrsräume, 2004.

Möller, M./Warg, G., Allgemeines Polizei- und Ordnungsrecht, 6. Aufl. 2011.

Möller, M./Wilhelm, J., Allgemeines Polizei- und Ordnungsrecht, 4. Aufl. 1995, 5. Aufl. 2003.

Möllers, M. H. W., Wörterbuch der Polizei, 2. Aufl. 2010.

Möstl, M., Sicherheitsgewährleistung im gewaltenteilenden Rechtsstaat, in: Demel, M. u.a. (Hrsg.), Funktionen und Kontrolle der Gewalten, 2001, S. 53ff.

—, Die staatliche Garantie für die öffentliche Sicherheit und Ordnung, 2002.

—, Gefahr und Kompetenz, Jura 2005, S. 48ff.

Müller, v., Möglichkeit und Wahrscheinlichkeit im Polizeirecht, RVBl 1930, S. 92ff.

Mußmann, E., Allgemeines Polizeirecht in Baden-Württemberg, 4. Aufl. 1994.

N

Naas, S., Die Entstehung des Preußischen Polizeiverwaltungsgesetzes von 1931, 2003.

Nell, E. L., Wahrscheinlichkeitsurteile in juristischen Entscheidungen, 1983.

Nitz, G., Private und öffentliche Sicherheit, 2000.

O

Ochs, R., Zusammenarbeit zwischen Polizei und privaten Sicherheitsdiensten, Die Polizei, 2005, S. 69ff.

Opp, K.-D., Methodologie der Sozialwissenschaften, 5. Aufl. 2002, 7. Aufl. 2013.

Ossenbühl, F., Vom unbestimmten Gesetzesbegriff zur letztverbindlichen Verwaltungsentscheidung, DVBl. 1974, S. 309ff.

—, Der polizeiliche Ermessens- und Beurteilungsspielraum, DÖV 1976, S. 463ff.

—, Eigensicherung und hoheitliche Gefahrenabwehr, 1981.

—, Staatshaftungsrecht, 5. Aufl. 1998, 6. Aufl. 2013.

P

Pache, E., Tatbestandliche Abwägung und Beurteilungsspielraum, 2001.

Pavel, M., Behördliches Vorgehen gegen Alkoholkonsum in der Öffentlichkeit, 2013.

Peilert, A., Police Private Partnership, DVBl. 1999, S. 282ff.

—, Das Datenschutzrecht des Sicherheitsgewerbes und Videoüberwachung, in: Stober, R./Olschok, H. (Hrsg.), Handbuch des Sicherheitsgewerberechts, 2004, S. 223ff.

—, Datenschutzrechtliche Probleme im privaten Sicherheitsgewerbe und in Sicherheitspartnerschaften, in: ders. (Hrsg.), Private Sicherheitsdienstleistungen und Datenschutz, 2006, S. 57ff.

Pestalozza, C., Hund und Bund im Visier des Bundesverfassungsgerichts, NJW 2004, S. 1840ff.

Petri, T. B., Der Gefahrerforschungseingriff, DÖV 1996, S. 443ff.

Pewestorf, A., Anmerkung zu den Urteilen des VGH Baden-Württemberg vom 28. 7. 2009–1 S 2200/08 und 1 S 2340/08, DVBl. 2009, S. 1396ff.

Pewestorf, A./Söllner, S./Tölle, O., Polizei- und Ordnungsrecht, Berliner Kommentar, 2009.

—, Praxishandbuch Polizei- und Ordnungsrecht, 1. Aufl. 2013.

Pieroth, B./Schlink, B./Kiesel, M., Polizei- und Ordnungsrecht, 3. Aufl. 2005, 7. Aufl. 2012, 10. Aufl. 2018.

Pils, M. J., Zum Wandel des Gefahrenbegriffs im Polizeirecht, DÖV 2008, S. 941ff.

Pioch, H. H., Polizeirecht einschließlich der Polizeiorganisation, 2. Aufl. 1952.

Pitschas, R., Gefahrenabwehr durch private Sicherheitsdienste?, DÖV 1997, S. 393ff.

—, »Sicherheitspartnerschaften« der Polizei und Datenschutz, DVBl. 2000, S. 1805ff.

—, Polizei und Sicherheitsgewerbe, 2000.

—, Polizeirecht im kooperativen Staat, DÖV 2002, S. 221ff.

—, Neues Verwaltungsrecht im partnerschaftlichen Rechtsstaat?, DÖV 2004, S. 231ff.

Poscher, R., Gefahrenabwehr, 1999.

—, Der Gefahrverdacht - Das ungelöste Problem der Polizeirechtsdogmatik, NVwZ 2001, S. 141ff.

—, Eingriffsschwellen im Recht der inneren Sicherheit. Ihr System im Licht der neueren Verfassungsrechtsprechung, Die Verwaltung 41 (2008), S. 345ff.

Poscher, R./Rusteberg, B., Die Klausur im Polizeirecht, JuS 2011, S. 898ff.

Prümm, H. P./Sigrist, H., Allgemeines Sicherheits- und Ordnungsrecht, 2. Aufl. 2003.

Püttner, G., Besonderes Verwaltungsrecht, 2. Aufl. 1984.

R

Rachor, F., Das Polizeihandeln, in: Lisken, H./Denninger, E. (Hrsg.), Handbuch des Polizeirechts, 5. Aufl. 2012.

—, Organisation der Sicherheitsbehörde in Deutschland, in: Lisken, H./Denninger, E. (Hrsg.), Handbuch des Polizeirechts, 5. Aufl. 2012.

Rasch, E., Allgemeines Polizei- und Ordnungsrecht, 2. Aufl. 1982.

Reinke, H., »Das Amt der Polizei« - Eine Einleitung, in: ders. (Hrsg.), »... nur für die Sicherheit da ...« -Zur Geschichte der Polizei im 19. und 20. Johrhundert, 1993, S. 9ff.

Rixen, S., Vom Polizeirecht über das Gewerberecht zurück zum Policeyrecht?, DVBl. 2007, S. 221ff.

Robbers, G., Sicherheit als Menschenrecht, 1987.

Röhrig, S., Die zeitliche der Komponente der Begriffe ›Gefahr‹ und ›Gefahrenabwehr‹ und ihre Konkretisierung bei Grundwasserverunreinigungen, DVBl. 2000, S. 1658ff.

Rosin, H., Der Begriff der Polizei und der Umfang des polizeilichen Verfügungs- und Verordnungsrechts in Preußen, VerwArch 3 (1895), S. 285ff.

Rüthers, F., Rechtstheorie, 3. Aufl. 2007, 10. Aufl. 2018.

S

Schenke, W.-R., Gefahrenverdacht und polizeirechtliche Verantwortlichkeit, in: Wendt, R. (Hrsg.), Staat, Wirtschaft, Steuern, Festschrift für K. H. Friauf zum 65. Geburtstag, 1996, S. 455ff.

—, Polizei- und Ordnungsrecht, 1. Aufl. 2002, 4. Aufl. 2005, 7. Aufl. 2011, 10. Aufl. 2018.

—, Verwaltungsprozessrecht, 9. Aufl. 2004, 15. Aufl. 2017.

Schenke, W.-R./Ruthig, J., Rechtsscheinhaftung im Polizei- und Ordnungsrecht?, VerwArch 87 (1996), S. 329ff.

Schenke, W.-R./Schenke, R. P., Polizei- und Ordnungsrecht, in: Steiner, U. (Hrsg.), Besonderes Verwaltungsrecht, 8. Aufl. 2006, 9. Aufl. 2018.

Schipper, D./Hainka, F., Allgemeines Verwaltungsrecht und Polizeirecht, 2. Aufl. 1978.

Schlink, B., Die polizeiliche Räumung besetzter Häuser, NVwZ 1982, S. 529ff.

—, Die Amtshilfe, 1982.

—, Das Objektive und das Subjektive beim polizeirechtlichen Gefahrbegriff, Jura 1999, S. 169ff.

Schmidbauer, W./Steiner, U., Bayerisches Polizeiaufgabengesetz und Polizeiorganisationsgesetz, 3. Aufl. 2011.

Schmidt-Aßmann, E., Das allgemeine Verwaltungsrecht als Ordnungsidee, 2. Aufl. 2004.（エバーハルト・シュミット－アスマン／太田匡彦ほか訳『行政法理論の基礎と課題 秩序づけ理念としての行政法総論』（東京大学出版会，2006））

Schnapp, F. E., Anmerkung zu dem Urteil des VG Saarlouis vom 12. 12. 1968, DVBl. 1969, S. 596ff.

Schneider, O., Grundsätzliche Überlegungen zur polizeilichen Gefahr, DVBl. 1980, S. 406ff.

Schneider, P., Polizei und Gefahrenabwehr in Japan, 2001.

Schoch, F., Grundfälle zum Polizei- und Ordnungsrecht, JuS 1994, S. 667ff.

—, Polizei- und Ordnungsrecht, in: Schmidt-Aßmann, E. (Hrsg.), Besonderes Verwaltungs-

recht, 13. Aufl. 2005.

—, Privatisierung polizeilicher Aufgaben?, in: Kluth, W./Müller, M./Peilert, A. (Hrsg.), Wirtschaft-Verwaltung-Recht, Festschrift für R. Stober, 2008, S. 559ff.

—, Polizei- und Ordnungsrecht, in: ders. (Hrsg.), Besonderes Verwaltungsrecht, 15. Aufl. 2013.

—, Der Schutz privater Rechte im Polizei- und Ordnungsrecht, Jura, 2013, S. 468ff.

Scholler, H./Schloer, B., Grundzüge des Polizei- und Ordnungsrechts in der Bundesrepublik Deutschland, 4. Aufl. 1993.

Scholz, O., Die polizeirechtliche Gefahr. Begriff, Erkennbarkeit und richterliche Nachprüfung, besonders bei Polizeiverordnungen, VerwArch 27 (1919), S. 1ff.

Schwabe, J., Urteilsanmerkung, DVBl. 1982, S. 655ff.

—, Fürmöglichhalten und irrige Annahme von Tatbestandsmerkmalen bei Eingriffsgesetzen, in: Selmer, P. /Münch, I. v. (Hrsg.), Gedächtnisschrift für W. Martens, 1987, S. 419ff.

—, Gefahrenabwehr und zeitliche Nähe des Schadens, DVBl. 2001, S. 968ff.

Seidel, W., Die Problematik der Verteilung der Gefahrenabwehr auf verschiedene Behörden, 1965.

Stegmüller, W., Probleme und Resultate der Wissenschaftstheorie und Analytischen Philosophie, Bd. 1, 2. Aufl. 1983.

Stein, L. v., Handbuch der Verwaltungslehre, 2. Aufl. 1876.

Stelkens, P./Bonk, H./Sachs, M., Verwaltungsverfahrensgesetz, Kommentar, 6. Aufl. 2001, 7. Aufl. 2008.

Stober, R., Staatliches Gewaltmonopol und privates Sicherheitsgewerbe, NJW 1997, S. 889ff.

—, Police-Private-Partnership aus juristischer Sicht, DÖV 2000, S. 261ff.

—, Gesetzlich normierte Kooperation zwischen Polizei und privaten Sicherheitsdiensten, 2007.

Störmer, R., Renaissance der öffentlichen Ordnung?, Die Verwaltung 17 (1997), S. 233ff.

Storr, S., Zu einer gesetzlichen Regelung für eine Kooperation des Staates mit privaten Sicherheitsunternehmen im Bereich polizeilicher Aufgaben, DÖV 2005, S. 101ff.

T

Thiel, M., Polizei- und Ordnungsrecht, 1. Aufl. 2013, 3. Aufl. 2016.

Thoma, R., Der Polizeibefehl im badischen Recht, 1906.

V

Vahle, J., Polizeiliche Aufgaben und Subsidiaritätsgrundsatz, Verwaltungsrundschau, 1991, S. 200ff.

Voßkuhle, A., Was leistet Rechtsdogmatik?, in: G. Kirchhof u.a. (Hrsg.), Was weiß Dogmatik?, 2012, S. 111ff.

—, Das Verhältnis von Freiheit und Sicherheit - Hat der 11. September 2001 das deutsche Verfassungsrecht verändert? , in: Heckmann, D./Schenke, R. P./Sydow, G. (Hrsg.), Verfassungsstaatlichkeit im Wandel, Festschrift für T. Würtenberger zum 70. Geburtstag, 2013, S. 1101ff.

W

Wacke, G., Das Frankfurter Modell eines Polizeigesetzes, DÖV 1953, S. 388ff.

Waechter, K., Die Schutzgüter des Polizeirechts, NVwZ 1997, S. 729ff.

Wagner, H., Die Risiken von Wissenschaft und Technik als Rechtsproblem, NJW 1980, S. 665ff.

Wahl, R./Appel, I., Prävention und Vorsorge: Von der staatsaufgabe zur rechtlichen Ausgestaltung, in: Wahl, R. (Hrsg.), Prävention und Vorsorge, 1995, S. 1ff.

Walker, M., Abstrakte und konkrete Gefahr, 1994.

Walper, F., Alles geklärt? Überlegungen zum polizeiliche Gefahrerforschungseingriff, DVBl. 2012, S. 86ff.

Weiß, W., Der Gefahrerforschungseingriff bei Altlasten-Versuch einer Neubestimmung, NVwZ 1997, S. 737ff.

Weitzel, C., Justitiabilität des Rechtsetzungsermessens, 1998.

Werkentin, F., Die Restauration der deutschen Polizei, 1984.

Werner, F., Wandlung des Polizeibegriffs?, DVBl. 1957, S. 806ff.

Winkler, M., Private Wachdienste als Horch- und Guckposten der Polizei?, NWVBl. 2000, S. 287ff.

Wohlnick, A., Tätigkeit, Auswirkungen und Wahrnehmung privater Sicherheitsdienste im öffentlichen Raum, 2007.

Wolff, H. A., Empfiehlt sich der Erlass eines einheitlichen bayerischen Polizei- und Sicherheitsgesetzes?, BayVBl. 2004, S. 737ff.

Wolff, H. J., Die Rechtsgrundlagen der sogenannte Ordnungsverwaltung im nordwestdeutschen Gebiet der preußischen Polizei-Verwaltungs-Gesetzes, MDR 1950, S. 5ff.

—, Werdendes Polizei- und Ordnungsrecht in den Ländern der britischen Besatzungszone, DVBl. 1951, S. 300ff.

—, Die Gestaltung des Polizei- und Ordnungsrechts insbesondere in der britischen Besatzungszone, VVDStRL 9 (1952), S. 134ff.

Wolff, H. J./Bachof, O., Verwaltungsrecht, Bd. III, 3. Aufl. 1973.

Wolzendorff, K., Die Grenzen der Polizeigewalt, Bd. 1, 1905.

Würtenberger, T., Polizei- und Ordnungsrecht, in: Achterberg, N./Püttner, G. (Hrsg.), Besonderes Verwaltungsrecht, Bd. 2, 1992, 2. Aufl. 2000.

—, Modernisierung des Polizeirechts als Paradigma für die Entwicklung des Rechtsstaates, in: Heckmann, D. (Hrsg.), Modernisierung von Justiz und Verwaltung, Gedenkschrift für F. O. Kopp, 2007, S. 428ff.

—, Polizei- und Ordnungsrecht, in: Ehlers, D./Fehling, M./Pünder, H. (Hrsg.), Besonderes Verwaltungsrecht, Bd. 3, 3. Aufl. 2013.

Würtenberger, T./Heckmann, D., Polizeirecht in Baden-Württemberg, 6. Aufl. 2005, 7. Aufl. 2017.

初出論文・原題一覧

序　章　書き下ろし

第1章　「脱警察化と行政機関に対する警察の役割(1)(2･完)――『隙間なき危険防御』の法的位置づけ――」北大法学論集65巻5号181頁以下，66巻1号（2015）1頁以下

補　論　「私人による警察活動とその統制――ドイツ警察法における二つの公私協働モデルを素材にして――」岡村周一ほか編『世界の公私協働――制度と理論』（日本評論社，2012）211頁以下

第2章　「『民事不介入の原則』に関する一考察――『警察公共の原則』の規範的意味について――」藤田宙靖博士東北大学退職記念『行政法の思考様式』（青林書院，2008）233頁以下

第3章　「危険概念の解釈方法(1)〜(4･完)――損害発生の蓋然性と帰納的推論」自治研究83巻8号95頁以下，83巻10号87頁以下，83巻11号（2007）118頁以下，84巻1号（2008）103頁以下

「『危険判断の論証モデル』の有効性とその限界(1)(2･完)――危険の存否が争われた裁判例の分析――」金沢法学52巻1号（2009）57頁以下，52巻2号（2010）25頁以下

「抽象的危険と危険防御命令――危険防御を目的とした行政立法の実体的統制――」行政法研究19号（2017）91頁以下

終　章　「『警察権の限界』論の再定位――親密圏内における人身の安全確保を素材にして――〔第17回行政法研究フォーラム――行政法理論と実務の対話――警察・安全と都市計画・まちづくり(1)〕」自治研究93巻12号（2017）27頁以下

〈著者紹介〉

米 田 雅 宏（よねだ　まさひろ）

1976 年　石川県生まれ
1999 年　東北大学法学部卒業
2004 年　東北大学大学院法学研究科博士後期課程単位取得退学　博士（法学）
金沢大学法学部助教授（准教授），北海道大学大学院法学研究科准教授を経て，
現　在　北海道大学大学院法学研究科教授

北海道大学大学院法学研究科叢書(22)

「警察権の限界」論の再定位

Die Theorie von Grenzen der Polizeigewalt

2019 年 4 月 30 日　初版第 1 刷発行

著　者　米　田　雅　宏
発行者　江　草　貞　治
発行所　株式会社　有　斐　閣
郵便番号 101-0051
東京都千代田区神田神保町 2-17
電話（03）3264-1314〔編集〕
（03）3265-6811〔営業〕
http://www.yuhikaku.co.jp/

印刷・株式会社精興社／製本・大口製本印刷株式会社

落丁・乱丁本はお取替えいたします。
★定価はカバーに表示してあります。

ISBN 978-4-641-22764-4